国家社科基金
GUOJIA SHEKE JIJIN HOUQI ZIZHU XIANGMU
后期资助项目

合同法分则研究

下卷

Specific Provisions of Contract Laws Volume II

王利明 著

中国人民大学出版社
· 北京 ·

国家社科基金后期资助项目
出版说明

后期资助项目是国家社科基金设立的一类重要项目，旨在鼓励广大社科研究者潜心治学，支持基础研究多出优秀成果。它是经过严格评审，从接近完成的科研成果中遴选立项的。为扩大后期资助项目的影响，更好地推动学术发展，促进成果转化，全国哲学社会科学规划办公室按照“统一设计、统一标识、统一版式、形成系列”的总体要求，组织出版国家社科基金后期资助项目成果。

全国哲学社会科学规划办公室

术语缩略表

一、主要法律及司法解释缩略语

1.《民法通则》:《中华人民共和国民法通则》,1986 年 4 月 12 日

2.《担保法》:《中华人民共和国担保法》,1995 年 6 月 30 日

3.《合同法》:《中华人民共和国合同法》,1999 年 3 月 15 日

4.《物权法》:《中华人民共和国物权法》,2007 年 3 月 16 日

5.《旅游法》:《中华人民共和国旅游法》,2013 年 4 月 25 日

6.《保险法》:《中华人民共和国保险法》,2009 年 2 月 28 日

7.《合伙企业法》:《中华人民共和国合伙企业法》,2006 年 8 月 27 日

8.《信托法》:《中华人民共和国信托法》,2001 年 4 月 28 日

9.《民法通则意见》:最高人民法院《关于贯彻执行〈中华人民共和国民法通则〉若干问题的意见(试行)》,1988 年 1 月 26 日

10.《物业服务纠纷司法解释》:最高人民法院《关于审理物业服务纠纷案件具体应用法律若干问题的解释》,2009 年 5 月 15 日

11.《区分所有权司法解释》:最高人民法院《关于审理建筑物区分所有权纠纷案件具体应用法律若干问题的解释》,2009 年 5 月 14 日

12.《房屋租赁司法解释》:最高人民法院《关于审理城镇房屋租赁合同纠纷案件具体应用法律若干问题的解释》,2009 年 7 月 30 日

13.《旅游纠纷司法解释》:最高人民法院《关于审理旅游纠纷案件适用法律若干问题的规定》,2010 年 10 月 26 日

14.《担保法司法解释》:最高人民法院《关于适用〈中华人民共和国担保法〉若干问题的解释》,2000 年 12 月 8 日

15.《买卖合同司法解释》：最高人民法院《关于审理买卖合同纠纷案件适用法律问题的解释》，2012 年 5 月 10 日

16.《商品房买卖司法解释》：最高人民法院《关于审理商品房买卖合同纠纷案件适用法律若干问题的解释》，2003 年 4 月 28 日

17.《合同法司法解释（一）》：最高人民法院《关于适用〈中华人民共和国合同法〉若干问题的解释（一）》，1999 年 12 月 19 日

二、国际公约及示范法缩略语

《欧洲示范民法典草案》：欧洲民法典研究组与欧盟现行私法研究组编著（共同参考框架）草案（Principles，Definitions and Model Rules of European Private Law），又称共同参考框架草案

目　录

细　目

第一章　特别法上的有名合同概述

第一节　特别法上有名合同的概念和功能

一、特别法上有名合同的概念

特别法上的有名合同，是指在《合同法》之外的法律、行政法规和司法解释规定的有名合同。《合同法》第123条规定："其他法律对合同另有规定的，依照其规定。"这就是对特别法上的有名合同的法律认可。在现代市场经济社会，由于交易形式日益复杂，社会关系逐渐多样化，无法通过一部合同法或民法典中的债编对各类有名合同作出规范①，因而需要通过特别法的形式对新型的、特殊的有名合同作出规定，特别法上的有名合同也成了合同法及其研究的重要内容。

应当承认，此类合同也属于有名合同的范畴，它们与无名合同的区别在于，其并非法律完全没有规定的合同，而是已经为法律所调整的合同。这里所说的"法律"应从广义上理解，即包括全国人大及其常委会制定的法律、国务院制定的行政法规以及最高人民法院颁布的司法解释。依据《合同法司法解释（一）》第4条规定："合同法实施以后，人民法院确认合同无效，应当以全国人大及其常委会制定的法律和国务院制定的行政法规为依据，不得以地方性法规、行政规章为依据。"既然地方性法规和行政规章不能作为认定合同无效时的依据，那么它们当然也不能作为认定有名合同的依据。从司法实践看，司法解释在现行法没有规定的情况下，对

① 关于成文法传统中体系性和法典化追求的局限性和实质性困难的观察，See Duncan Kennedy，"Thoughts on Coherence，Social Values and National Tradition in Private Law"，in Duncan Kennedy，*Legal Reasoning*：*Collected Essays*，The Davies Group，Publishers Aurora，Colorado，2008. pp. 175-190，206-207。

某些合同（如旅游合同）所作的规定，已经成为重要的裁判依据，可见，司法解释规定的合同也属于特别法上的有名合同。所以，本书以法律、行政法规和司法解释的规定，作为判断是否属于特别法上有名合同的依据。

特别法上的有名合同是《合同法》以外的其他法律、行政法规及司法解释所规定的有名合同，因此，其不属于合同法分则规定的具体有名合同类型。特别法是相对于普通法而言的，从比较法上看，大陆法系国家通常区分普通法上的有名合同和特别法上的有名合同，例如，在德国法中，特别法上的有名合同是指《德国民法典》没有明文调整但在其他法律中作出规定的合同类型。[①] 特别法上的合同涉及竞争法、知识产权法、保险法与劳动法等领域。[②] 我国目前尚未颁行民法典，但已经颁布了《合同法》，其中规定了15类有名合同，《合同法》性质上属于基本民事法律，在未来将会成为民法典的重要组成部分。我国《合同法》虽然规定了15种有名合同，但"社会生活变化万端，交易生活日益复杂，当事人不能不在法定契约类型之外，另创新型态之契约，以满足不同之需要"[③]。《合同法》所规定的有名合同并不能涵盖所有有名合同的类型，因此，许多有名合同是在特别法中规定的，这些特别法不仅包括法律、法规，还包括司法解释（例如，我国相关司法解释规定了借用合同、旅游服务合同等有名合同）。因此，可以说，凡是《合同法》以外的法律、法规及司法解释所规定的有名合同，都属于特别法上的有名合同。

特别法上的有名合同也是有名合同的类型。所谓合同的有名化，是指将各种交易关系进行类型化，归纳其特定的内容、性质和规则，并在法律上予以认可。凡是非典型的合同，一旦在法律上予以规定，就可认为其已经完成有名化。立法之所以要实现有名化，主要是根据交易的频发程度以及纠纷发生的几率，需要为此类合同确立一定的规则，从而为当事人缔约提供指引，并为法院裁判提供依据。有名合同都是立法者就实际存在的、具有成熟性和典型性的交易形式在法律上的确认。就有名合同的规范意旨来看，只要是法律法规及司法解释中对类型化的合同名称及当事人的权利义务作了具体规定的，就应当认为是有名合同。特别法上的有名合同是我国有名合同制度的重要组成部分，理由主要在于：一方面，从有名合同的

---

① Graf von Westphalen, Vertragsrecht und AGB-Klauselwerke, 2012, Franchising, Rn. 8; Staudinger/Ferrari/Kieninger/Mankowski, Verbrauchervertrage, Rn. 27.

② Franz Bydlinski, System und Prinzipien des Privatrechts, Springer, 1996, S. 416. ff.

③ 王泽鉴：《民法债编总论》（第一册），台北，三民书局，1996，第94页。

概念来看，凡是法律明确规范的合同都属于有名合同，这里所说的法律并不限于《合同法》。有名合同的重要特点在于，法律将特定的交易定型化，对当事人的权利义务予以集中规定。从合同法的立法史角度考察，特别法上的有名合同和合同法（债法）分则上的有名合同的区分没有固定的界限，起初仅仅在特别法中作出规定的有名合同，后来也可能成为合同法分则中明确规定的有名合同类型。例如，技术合同、融资租赁合同、建设工程承包合同等早期都属于特别法规定的合同，后来被纳入《合同法》。另一方面，从我国司法实践来看，凡是法律对于特定合同已经作出规定的，都作为有名合同对待，并依据该特定法律的规定确定当事人的权利义务关系。如果不承认其他调整合同法律关系的法律法规和司法解释作为认定有名合同的依据，反而会给法律适用带来麻烦。由于规范合同的法律并不以《合同法》为限，其他如《保险法》、《海商法》、《著作权法》、《拍卖法》等法律也规定了多种合同类型，从这个意义上看，合同法分则只是规定了部分典型合同，因而，实质意义上的合同法分则应当包括《合同法》上的典型合同以及特别法上的典型合同。①

特别法所规定的合同也是合同法分则的重要组成部分。严格地说，合同法分则有两种含义。从形式意义上说，合同法分则仅指《合同法》中的分则部分；从实质意义上说，合同法分则是指所有规范具体类型合同的法律的总称。如果将合同法分则仅限于《合同法》中分则所规定的有名合同，则特别法上的合同不属于有名合同的类型；但如果从实质意义上理解合同法分则，它是包括各种法律、法规及司法解释所规定的各种类型化合同的总称，而并不仅仅限于《合同法》中所规定的有名合同。从这个意义上说，特别法所规定的合同也属于有名合同的类型。特别法上的合同属于合同法分则的内容，主要理由在于：

第一，从我国《合同法》第 123 条的规定来看，应当承认特别法上的合同属于合同法分则的重要组成部分。该条规定："其他法律对合同另有规定的，依照其规定。"《合同法》明确规定"其他法律对合同另有规定"，这就意味着，《合同法》实际上是采纳了实质意义上的有名合同的概念，承认了特别法上规定的有名合同属于合同法的组成部分。它们和合同法分则中的有名合同的规定一起，构成了我国合同法分则的体系。

---

① 参见陈小君、易军：《合同法分则整体式研究》，载梁慧星主编：《民商法论丛》，第 21 卷，香港，金桥文化出版有限公司，2001，第 279 页。

第二，从妥当适用法律角度考虑，也应当将其纳入合同法分则之中。因为如果不承认特别法规定的合同属于合同法分则的组成部分，就会割裂合同法分则和总则的关系，从而将会给法律适用带来困难。从比较法上来看，一般认为，其他法律所规定的有名合同具有特殊性。如果当事人之间的约定不属于合同法分则中规定的有名合同，则应当适用合同法总则中的规定。[①] 在我国，《合同法》第124条规定："本法分则或者其他法律没有明文规定的合同，适用本法总则的规定，并可以参照本法分则或者其他法律最相类似的规定"，从该条规定来看，即便是无名合同也可以参照适用《合同法》的规定。而对于特别法已经作出规定的有名合同，就更应当参照适用《合同法》。据此，实际上承认了《合同法》之外的其他法律所规定的有名合同也属于合同法分则的内容。

第三，这是构建我国合同法分则的完整理论体系的要求。长期以来，我们只注重对《合同法》中有名合同的研究，从而认为《合同法》的分则针对有名合同所作出的规定就构成了全部的合同法分则体系，忽视了法律、法规等特别法中对有名合同所作出的规定。但合同法在本质上是由现有的《合同法》文本以及特别法中有关合同的规定共同组成的体系。只有将特别法中关于有名合同的规定纳入合同法分则之中，才能构建完整的合同法分则体系，并形成对有名合同的规范和调整。

特别法的有名合同与《合同法》中的有名合同的区分是相对的，且主要是一种形式上的区分，二者存在一定的转化之可能。当某种特别法上的有名合同在交易中越来越普遍，具有典型特征，则可以考虑将其转化为合同法上的有名合同。例如，我国《合同法》中的融资租赁合同在比较法上往往为特别法所规定，但由于此类合同在实践中适用范围较为宽泛，因而《合同法》将其置于分则中加以规定。尤其需要指出的是，特别法上规定的许多合同，例如《担保法》中规定的保证合同等，本来应该在《合同法》中规定，从比较法上看，许多国家也都将其放在合同法中加以规定，但我国《合同法》制定时鉴于这些合同类型在特别法上已经有所规定，从法律稳定性的体系协调的角度考虑，没有将其纳入《合同法》，而仍然将其保留在特别法中。

---

① See Tadas Klimas, *Comparative Contract Law, A Transystemic Approach with an Emphasis on the Continental Law Cases, Text and Materials*, Carolina Academic Press 2006. p. 639.

二、特别法上有名合同的特点

特别法上的有名合同与《合同法》中的有名合同一样，其之所以被有名化，主要是考虑到交易的频率、纠纷的发生几率、交易的重要意义等因素，立法者将特定的典型交易定型化，并明确当事人之间的权利义务关系。只不过因为一些技术上的原因或立法政策考量等，而将其置于特别法之中。特别法规定的有名合同具有如下法律特点：

第一，规则的特殊性。典型的有名合同往往为合同法分则加以规定，特别法上的有名合同主要为《合同法》之外的特别法、司法解释等加以规定。特别法上的有名合同之所以具有特殊性，一方面，是因为特别法上的有名合同往往具有特殊的法政策上的考虑，或者考虑到公权力的管制和私权利的保护之间的平衡，或者考虑到特殊群体的保护，所以特别法上的有名合同所贯彻的原则以及规则所体现的价值取向也具有特殊性。只有把握了这些原则和价值取向，才能准确地解释特别法的规定。从成文法国家的发展趋势来看，现代民法开始逐渐脱离那种由单一的民法典“一统天下”的形式主义法学时代。民法在体现国家法政策方面的功能和意义日益受到重视。在抽象的民法典或者合同法典之外的各种特别合同法规范，就体现了从形式性合同法向实质性合同法的转变趋势。① 例如，商品房买卖，尤其是期房买卖，体现了对买方的特别保护和国家的相应管制政策，如果将该种房屋买卖合同简单地归入合同法上买卖合同的具体类型，则法律对此类合同的特殊政策考量的意义就难以体现了，因此，只能将其作为特别法中的合同予以规定。另一方面，特别法规定的合同还考虑到特定行业的不同特点，以及行业监管的要求，合同的规则与行政法的规则是混合在一起的，甚至存在密切的联系。

第二，规则的技术性。特别法的规则往往具有很强的技术性，非常具体而琐碎。例如，特许经营合同中往往包含商标、专利的使用许可，其中大多包含一些技术性的规范。如果将其置于合同法之中，可能会产生不协调的效果。特别法上的有名合同会有法政策上的考虑。原则上讲，合同法分则所规定的有名合同是更典型更频繁的合同类型。合同法分则是立法者

① See Martign W. Hesselink，“The Sturcture of the New European Private Law”，in Martign W. Hesselink，*The New European Private Law：Essays on the Future of Private Law in Europe*，The Hague，London & Boston：Kluwer Law International 2002，pp. 227-249.

按照交易中的频繁程度有意进行的规制，目的在于为典型交易行为设立一般性的权利义务规范，同时为无名合同提供参照适用的依据。但是，特别法上的合同，立法者更多考虑的是公权力对市场行为的规制，或者对于特殊利益群体的保护。例如，在商品房销售合同中，因为一方当事人是建设单位，另一方是消费者，因而需要特别规定建设单位的信息披露义务来保护消费者。此外，特别法上的合同与国家对特别业务活动的管理联系在一起。例如，商品房销售合同是与国家的商品房登记业务联系在一起的，因此需要特别规定。

第三，适用领域的特定性。《合同法》上的有名合同在交易过程中更具有普遍典型意义，其适用领域具有相对的广泛性，往往可以适用于所有地域、所有行业和所有类型的民事主体。而特别法上的有名合同适用领域则相对较为狭窄，往往仅适用于特定地域、特定行业和特定主体。例如，特许经营合同主要针对特许经营行业适用。法律之所以用特别法的形式来规定，就是考虑到其适用领域的特定性。而《合同法》规定有名合同，实际上是认为其具有一般法的特点，可以适用于所有地域、所有行业和所有人群。

第四，部分合同类型具有新颖性。《合同法》分则所规定的有名合同，基本都是传统类型的合同，其历史较为悠久，而特别法所规定的有名合同，某些类型属于新合同类型，相对于传统有名合同而言，其出现时间较晚，多为现代社会经济和科学技术发展的产物，如信用卡合同、旅游合同、医疗美容服务合同等，以及与网络相关的电子商务合同，这些合同在传统社会中显然无法出现。特别法上的某些有名合同具有消费者合同的特点，例如，信用卡合同、旅游合同等，这些合同中的一些规则往往体现特别保护消费者的特点。所以，与《合同法》分则中的有名合同不同，特别法上的有名合同往往是新类型的交易出现，并经过一段时间的发展，才通过特别法的形式对交易进行规范。从这个角度来说，特别法上的有名合同可以克服《合同法》的滞后性，及时应对社会的发展变化。

第五，价值的非中立性。所谓价值中立，是指不考虑当事人的身份、角色，而对其实行一体保护。民法典大体上保持了价值的中立性，正如苏永钦指出："现代大陆法系的民法正是以其概念的高度抽象，而能抽离于现实社会的阶级、团体、族群、职业而闻名，而这些不同性质交易的主体在社会经济生活中最多只是一时一'角色'，而不是足以作为社会政策对象的可固定团体，近世民法典多尽可能保持政策中立（把政策性立法置于其他特别法），实良有以也。”[①] 但是，特别法上的许多有名合同在价值上则是非中立的。例如，在有消费者参与的合同中，立法者倾向于采取对消费者倾斜保护的政策，在劳动法中，立法者往往倾向于保护劳动者的利益。

第六，某些类型合同中国家干预的色彩较为浓厚。特别法上的合同，国家的干预色彩要更浓厚一些，一些合同义务的设定并非完全取决于当事人的意思自治，从而与一般的合同类型不同，如保险合同、信托合同等，往往涉及国家监管。在德国，1919 年赫德曼（Hedemann）提出了“命令型合同”（diktierten Vertrag）的概念，1920 年尼伯代（Nipperdey）提出了“强制缔约”（Kontrahierungszwang）概念。在纳粹时期，合同还被作为“形成大众秩序的媒介”[②]。20 世纪 60 年代后，行政契约的法律地位被普遍承认。该类合同目前广泛适用于建筑领域（如土地开发与房产建筑合同、建筑规划合同、车库建设合同等）、社会法领域（如养老金合同等）、环境领域（受环境法调整）、博彩合同等，这些合同在性质上都属于特别法上的合同，可见其体现了国家干预的特点。[③]

第七，法律适用的特殊性。《合同法》上的有名合同要首先适用《合同法》分则的规定，其次适用《合同法》总则的规定；而特别法上的有名合同首先要适用特别法规范，《合同法》总则的规定当然也应当予以适用，但在适用《合同法》总则规定之前，往往要考虑适用与该特别法上的有名合同最为相似的合同法上的有名合同类型的规定，以使得法律评价更为一致。

第八，开放性。与《合同法》中的有名合同相比，特别法上的有名合同更凸显出开放性的特点。立法者之所以通过特别法的形式规范有名合同，就是因为《合同法》中的规定不足以因应社会需求，需要以特别法确认新型的合同类型。未来随着社会经济和科学技术的发展，新型的合同还会不断产生，随着现代社会交易类型愈发复杂，合同的类型也在不断增加，未来单行法还可能对这些新型的有名合同予以规定。我国《合同法》

---

① 苏永钦：《走入新世纪的私法自治》，北京，中国政法大学出版社，2002，第 338 页。

② Dietrich A. Loeber, Der hoheitlich gestaltete Vertrag: eine rechtsvergleichende Untersuchung über den Planvertrag im Sowjetrecht und den “diktierten Vertrag” im Recht der Bundesrepublik Deutschland, Walter de Gruyte, 1969, S. 2.

③ Volker Schlette, Die Verwaltung als Vertragspartner: Empirie und Dogmatik, Mohr Siebeck, 2000, SS. 263ff.

对有名合同的规定也保持了开放性的特点。例如，《合同法》第 123 条规定："其他法律对合同另有规定的，依照其规定。"这就为未来各种新型的合同确立了应适用的法律依据，也适应了这些合同发展的需要。

特别法规定的合同种类繁多，本书仅就商品房买卖合同、商品房租赁合同、物业服务合同、出版合同、演出合同、借用合同、储蓄合同、信用卡合同、保证合同、保险合同、合伙协议、信托合同、和解协议、旅游服务合同、医疗服务合同、特许经营合同进行探讨。严格地说，这些合同仅是特别法中所规定合同类型中的一部分，但是，考虑到这些合同类型的典型性、重要性、与日常生活的密切关联性等因素，我们就这些合同进行了研究，希望从这些合同中能够窥见特别法中有名合同的整体面貌。

三、特别法上有名合同的功能

有名合同的功能，是指法律规定有名合同所体现出来的意义和作用。严格地说，合同当事人在缔约时并不受有名合同类型的约束，因为基于契约自由原则，当事人可以通过合同形成各种有名合同之外的合同类型。[①]即使就有名合同的规则而言，当事人亦可就其中的任意性规范作出变更。按照合同自由原则，当事人所依法形成的合意应优先于合同法的任意性规范而适用。合同法规定有名合同的目的，是规范当事人缔结合同的行为，积极引导当事人采取成本最低、风险最小、潜在争议最少的方式缔结合同。这并不意味着对合同自由的过分干预。[②] 对各类有名合同，如果法律规定了其必要条款，合同原则上就应当具备这些条款，尤其是依据合同性质而必须具备的条款，当事人在进行约定时必须具备该条款，否则可能导致合同无法成立。但是，对于必备条款之外的其他条款和内容，则完全可以由当事人进行自由约定。特别法规定各类有名合同有利于引导缔约行为，并可以规范当事人之间的权利义务关系，以实现当事人之间的利益平衡。特别法上有名合同相关规定的功能主要有：

1. 规范典型交易关系

所谓规范功能，主要是指特别法上关于有名合同的规定有利于规范典型交易关系。正如有学者所指出的："合同类型决定着当事人必须达成合

① 参见〔德〕迪特尔·施瓦布：《民法导论》，郑冲译，北京，法律出版社，2006，第 313 页。

② See Steven Shavell, *Foundations of Economic Analysis of Law*, Harvard University Press 2004, pp. 291-294.

意的合同范围。”① 一方面，这些规定有助于明确双方当事人的权利义务关系。在不同类型的交易中，当事人所应享有的具体权利义务是存在差异的，通过细致地、明确地规定当事人的权利义务，才能妥当地维护当事人之间的利益平衡，也才能贯彻民法的价值与精神。另一方面，有利于保证交易的公正性。在市场经济中，合同交换是人们获取社会财富的主要途径。通常而言，为了保证交易的公正性，需要对当事人的合同自由进行一定程度的干预。如在现代合同法中，大量的合同采取了格式化等方式，为了防止一方利用其优势地位侵害另一方的利益，阻碍人们通过合同交往自由公平地交换和获取社会财富，就应当在有名合同中规定国家干预的条款，对其予以必要的干预。② 又如，合同法贯彻合同自由原则，合同形式原则上以不要式为常态，但为了规范某些重要的交易关系，法律会对某些合同的形式作出强制性规定。

特别法上的有名合同的规范和一般的合同规则一样，主要属于任意性规范，绝大多数规则具有“缺省规则”（default rules）的特点，即它通常在当事人没有约定或者约定不明确时，具有补充当事人约定的作用。③ 如果当事人是完全理性的人、能够预见合同履行的各种情况、交易成本为零，则不需要法律规定有名合同。当事人可以自行发现并决定从事哪些让自己利益最大化的合同行为。④ 但在实践中这是不可能实现的，尤其是，交易成本本身取决于一个国家的法律政策，而不是先天决定的。例如，针对同样一种合同交易，采取书面合同生效主义的国家和采取非要式性合同的国家，交易成本存在明显的差异⑤，因此需要法律规定有名合同来弥补意思自治的不足。有名合同的规定可使社会上大量出现的交易，不必消耗成本在各种必要之点和非必要之点的约定上，交易者只需以法定的权利义务分配为基础，作加减的约定即可。对大多数标的不大、时间不长的交易

---

① 〔德〕梅迪库斯：《请求权基础》，陈卫佐等译，北京，法律出版社，2012，第43页。

② See Bingwan Xiong, “Dominant Plants Relocations and Property Rights in China’s Socialist Democracy”, 2 *China Legal Science* 82, 97-102 (2013).

③ 参见《欧洲民法典草案：欧洲私法的原则、定义和示范规则》，高圣平译，北京，中国人民大学出版社，2012，第64页。

④ 此即经典的科斯定理。See Ronald Coase, “The Problem of Social Cost”, *Journal of Law and Economics*, 3: 1-44 (Oct 1960).

⑤ 参见〔美〕曼瑟·奥尔森：《权力与繁荣》，苏长和、嵇飞译，上海，上海世纪出版集团，2005，第44～46页。

来说，当事人只需确定交易的契约类型即可。故此类规范越能反映社会常见的交易类型与条件，减省成本的功能也就越大①，也能够为当事人订立合同提供选择的空间。

2. 引导当事人高效缔约

特别法关于有名合同的规定，并不是代替当事人订立合同，也不是要求当事人必须按照有名合同的规定来订立合同，而主要是对当事人的缔约活动起到一种引导作用。大陆法系国家民法典债法分则部分，往往都详细列举了多种“有名合同”，但是除了法律规定的一些合同所必须具备的条款和内容之外，其他的内容通常并不具有强制性，合同当事人原则上可以自由约定合同的具体内容，而不需要严格按照这些规定订立合同。② 但特别法所规定的有名合同条款，对于引导当事人正确缔约、防范风险具有重要意义。在一些特殊的交易领域（如特许经营合同），由于交易内容的复杂性、技术性和专业性，当事人并不一定都有能力聘请专业人士帮助其订立合同，这就需要特别法中关于有名合同的规定发挥引导缔约的功能，以平衡当事人的权利义务关系。

3. 节约交易成本和鼓励交易（faveur pour le contrat）

特别法上针对有名合同的规定，具有一定的引导功能和补充功能，即具有事后补充意思自治不足的功能，有利于节约交易成本，从而鼓励交易。该项功能具体表现在：一方面，在合同订立过程中，特别法上的规定可以为各类有名合同的订立提供示范性样本，帮助当事人合理预料未来的风险，指引当事人订立完备的合同，这就可以减少当事人的订约成本，也可以有效防范未来的风险、避免纠纷的发生。③ 另一方面，就合同履行过程中可能发生的纠纷而言，特别法上的规定也可以引导当事人事先就纠纷的解决进行约定，从而有利于纠纷的及时解决。例如，针对特许经营等有名合同，如果法律、法规对合同的内容作出明确规定，当事人就可以参照这些规定订约，从而减少缔约成本，并可避免纠纷的发生。

4. 提供裁判规范

特别法中关于有名合同的规定可以为法官处理相关合同纠纷提供裁判

---

① 参见苏永钦：《私法自治中的国家强制》，载《中外法学》，2001（1）。

② Roderic A. Macdonad, Encoding Canadian Civil Law in Department of Justice Canada, *The Harmonization of Federal Legislation with Quebec Civil Law and Canadian Bijuralism*, (Department of Justice Canada 1999), pp. 161-162.

③ 参见朱广新：《合同法总则》，北京，中国人民大学出版社，2008，第17页。

依据，法官在处理这些与特别法上有名合同有关的纠纷时，如特许经营合同纠纷、旅游服务合同纠纷等，除了依据当事人的约定进行裁判外，在当事人没有就相关事项进行约定时，法官还可以依据相关法律、法规、司法解释的规定进行裁判。即使当事人就相关内容作出了约定，法律、法规关于有名合同的规定也可以帮助法官正确地解释合同，弥补合同的不足。在实践中，在涉及特别法规定的合同时，法官往往过多地依赖《合同法》，而对于特别法上的规则重视不够。这也会在一定程度上妨碍法官准确地适用法律。

最后还应当看到，在成文法国家，特别法上的有名合同还发挥着克服法典不足的作用。因为民法典的债法编所集中规定的有名合同，仍然不能完全满足经济与社会发展的要求，因而需要通过特别法的规定予以弥补。

第二节 特别法上有名合同的类型

一、特别法上有名合同的分类

拉伦茨针对有名合同的类型化指出："就私法而言，立法者的任务不在于直接规范当事人的权益，毋宁在于将人民日常生活中常见的生活关系加以'类型化'陈列出来，以供当事人缔约时选用。"[①] 特别法上的有名合同种类繁多，也较为散乱，对其进行类型化的整理是十分必要的。关于有名合同的分类，学界的观点不完全一致。[②] 根据不同的标准，可以对特别法上的有名合同做不同的分类，而从法律上对其进行分类的主要意义在于，有利于不同类型的有名合同适用不同的法律规则，或者参考类型相近的《合同法》中规定的有名合同的规则而适用相关的法律规定。

（一）依据法律渊源类型不同所作的分类

特别法上的有名合同既可以为法律法规所规定，也可以为司法解释所规定。因此，依据法律渊源的不同，可以将特别法上的有名合同区分为如下几种：一是单行法律所规定的有名合同。例如，《保险法》规定的保险合同，《信托法》规定的信托合同，《担保法》规定的保证合同等，这些有

① 〔德〕卡尔·拉伦茨：《法学方法论》，陈爱娥译，北京，商务印书馆，2003，第156页。
② 参见〔日〕我妻荣：《债法各论》，周江洪译，北京，中国法制出版社，2008，第2页。

名合同都是广义上的合同法分则的组成部分。在我国现行法律体系下，保险、合伙、保证等合同都没有为《合同法》分则所规定。[①] 由于《担保法》、《保险法》、《合伙企业法》等法律已对上述合同作出了规定，再将这些合同类型纳入《合同法》则必然会破坏法律的完整性，产生重复规定等不利后果，因而，《合同法》分则未对上述合同作出规定具有其合理性。但这些合同仍应被纳入广义的合同法分则体系之中，只有如此，才能形成关于有名合同的完整性的规定。二是行政法规中规定的有名合同。例如，我国现行法律并未规定特许经营等合同，但行政法规作了规定。三是司法解释中规定的有名合同。例如，借用合同、旅游服务合同就属于此类有名合同。

通过对特别法上的有名合同类型的法律渊源的整理，可以使现有的关于有名合同的规定加以类型化，实现对其规范化的研究，从而可以发挥补充《合同法》分则的不足的功能。作出这种分类的意义在于贯彻“下位法的规定不得违反上位法规定”的基本精神，从而规范法律适用。行政法规和部门规章中对有名合同的规定不得与法律中关于有名合同的规定相抵触，而司法解释对有名合同的规定也不得违反法律的规定。

（二）依据法律部门的分类

特别法上的合同虽然涉及诸多法律部门，但可归为如下几类：

1.《合同法》之外的民商事法律所规定的合同

此类合同主要包括：一是《物权法》规定的土地承包经营权合同、建设用地使用权出让合同、地役权合同和担保合同等；二是《土地管理法》规定的土地使用权出让等有偿使用合同；三是《担保法》规定的保证合同；四是《婚姻法》规定的赠与合同；五是《继承法》规定的遗赠抚养协议；六是《商标法》规定的商标使用许可合同、《专利法》规定的专利申请权转让合同、专利权转让合同以及专利实施许可合同、《著作权法》规定的著作权许可使用合同、著作权转让合同以及图书出版合同等；七是《公司法》规定的股权收购协议、公司发起人协议、承销协议、代收股款协议、公司合并协议以及股权转让协议等；八是《保险法》规定的保险合同；九是《海商法》规定的海上货物运输合同、海上旅客运输合同、船舶租用合同、海上拖航合同、海上保险合同及拖船合同等；十是《合伙企业

---

① 参见陈小君、易军：《合同法分则整体式研究》，载梁慧星主编：《民商法论丛》，第21卷，香港，金桥文化出版有限公司，2001。

法》规定的合伙协议；十一是《企业破产法》规定的和解协议。此类合同的特点在于，在坚持民法的私法自由原则的基础上，更注重效率、便捷，此外，一些合同具有明显的国家干预色彩。

2. 社会法上的合同

社会法上的合同主要是指《劳动法》和《劳动合同法》规定的劳动合同、集体合同，《社会保险法》规定的社会保险合同等，此类合同首先是出于特殊的法政策的考虑，对社会弱势群体提供特别保护。

3. 行政法上的合同

从比较法上来看，行政法上的合同大致包括如下几种类型：一是国家为提供公共产品与民事主体订立的合同，其中最为典型是政府采购合同等。[①] 二是国家因给付行政的需要而订立的合同，如服务外包合同等。三是国家在行使行政权力时与民事主体之间订立的合同，例如征收补偿协议、包税协议等。在行政法领域采用合同的方式，可以强化国家与公民的联系，具体而言，是建构“公私伙伴关系”、“（与公民）合作的国家”（Kooperativer Statt），通过公私协力行为实现公共任务，政府与公民之间可以形成合作伙伴关系。[②] 在我国，行政法上的合同主要包括《政府采购法》规定的政府采购合同、《国有土地上房屋征收与补偿条例》规定的征收补偿协议等。此类合同的特点主要在于：一方面，其在一定程度上是行政机关通过合同方式行使公权力的方式。另一方面，它也体现了国家对某些领域的特殊干预，尤其是对土地、建筑等领域，其本身也存在国家公权力的限制。

依据法律部门对特别法上的合同进行分类，其主要意义在于，不同的法律部门所体现的价值理念是不同的。例如，社会法体现了对弱势群体的保护，而行政法更强调国家干预。另外，特定法律领域的合同可能存在特殊的法律规则，例如，行政合同中行政主体往往享有行政优益权（如单方解除等权利）；又如，在有些行政合同中还会规定国家机关的行政处罚权。

（三）依据意思表示性质不同所作的分类

依据意思表示性质的不同，可以将特别法上的有名合同区分为共同行为和双方行为。所谓共同行为，是指当事人之间基于共同的目的作出的具有共同指向的两个或者两个以上的意思表示，最典型的共同行为有合伙协

---

① Thomas Haller，Die privatrechtliche Gestaltung öffentlich-rechtlicher Beziehungen am Beispiel der sogenannten Einheimischenmodelle，Muenchen 1986，SS. 30 ff.

② Volker Schlette，Die Verwaltung als Vertragspartner：Empirie und Dogmatik，Mohr Siebeck，2000.

议、设立公司的发起人协议等。而双方行为，则是指当事人作出的相对的意思表示一致的行为，典型的双方行为就是契约。

共同行为和双方行为都属于我国《合同法》第 2 条规定的“合同”的范畴。该条规定：“本法所称合同是平等主体的自然人、法人、其他组织之间设立、变更、终止民事权利义务关系的协议。”此处所说的“合同”就是一个广义的概念，既包括共同行为，也包括双方行为；既包括变动财产关系的行为，也包括变更人身关系的行为。事实上，无论是共同行为还是双方行为，当事人对同向并列的意思表示或者对向互异的意思表示都必须达成协议。但共同行为和双方行为仍然存在如下区别：第一，当事人之间是否具有共同的目的和指向不同。共同行为中行为人具有共同一致的行为目的和行为指向，而双方行为中当事人之间的意思表示的指向则是相向的，其往往具有各自不同的目的。第二，意思表示的方向不同，共同行为中数个意思表示的方向是一致的，这是其共同目的性的必然要求。而在双方行为中，行为人之间的意思表示方向是对立相向的，这是其各自具有不同目的的当然要求。第三，合意是否需要依据一定的程序达成。共同行为往往人数众多，难以通过一对一的谈判进行，如要形成全体一致的合意，谈判成本过高，因此，共同行为往往采取多数决的形式形成合意，它也往往被称为决议行为。而在双方行为中，则需要形成双方的合意。第四，对第三人的拘束力有所不同。共同行为不仅对缔约人具有约束力，而且对参与该法律关系的第三人具有约束力。而双方行为只能严格约束缔约当事人。①

二、特别法上的有名合同向普通法上的有名合同转化

《合同法》分则体系，是在有名合同的基础上构建起来的。尽管《合同法》上的有名合同和特别法上的有名合同都属于广义上的合同法分则的内容，但合同法的一般规则往往难以完全适用于特别法上的有名合同。例如，在人寿保险合同中，由于人身损害所产生的请求权具有严格的属人性，不得让与他人，他人无法代位行使，这与《合同法》通常涉及的财产请求权的情形显然不同，因而无法适用《合同法》的一般规则。但需要指出的是，特别法上规定的有名合同与《合同法》之中规定的有名合同相比，难以作为裁判规范而得到广泛适用。《合同法》规定的有名合同更便

① 具体可参见许中缘、屈茂辉：《民法总则原理》，北京，中国人民大学出版社，2012，第 350 页。

利于法官找法，因为《合同法》将各种合同集中起来规定，对于指导当事人订立合同和便利法官找法都具有重要意义。而特别法规定的有名合同对于法律适用的便利性有不利影响，也不利于发挥《合同法》的资讯集中功能，所以，在《合同法》之外通过特别法规范有名合同是必要的，但在条件成熟的时候，应当将特别法规定的有名合同纳入《合同法》之中予以规范。

从有名合同的发展历程来看，《合同法》上的有名合同也是从特别法上的有名合同逐渐演变、发展和转化而来的。特别法上的合同具备一定的条件，也可以向《合同法》上的有名合同转化，具体来说：第一，交易形态的典型性。有名合同是以典型的民事交易为基础而设计的，而这些交易经过长期的发展已经成为比较成熟的、典型的交易形式，对此，才有必要将其上升为特别法上的有名合同，确立交易的基本规则。第二，交易的频发性。有名合同所规范的交易并非偶发性的，而是社会生活中经常发生、频繁出现的交易。例如，随着融资租赁交易的迅猛发展，一些国家都将原本存在于特别法之中的融资租赁合同规定在合同法或民法典之中。第三，纠纷的多发性。合同法之所以要将特定的交易上升为有名合同，也是因为此种合同经常发生纠纷，法律作出特别规定可以为当事人正确订约提供引导，不仅可发挥事前避免纠纷的作用，而且可以为法官提供明确统一的裁判规范。第四，规则的成熟性。有名合同通常是对经济生活中反复适用的规则进行归纳、抽象而形成的成熟的、稳定的规则。有些合同虽然已经出现，但是，如果其规则还没有成熟和稳定，也无法上升为有名合同。① 例如，在融资租赁合同出现之初，因为其相关的规则还不成熟，为各方所认可的交易习惯尚未出现，故无法从社会生活事实中提取一定的规则从而形成有名合同的规范。

当然，并非所有的特别法中的有名合同都应当纳入民法典之中。关于民法典中是否应当广泛吸纳特别法中的合同，理论界曾经发生过争议。在德国债法现代化改革过程中，针对消费者合同是否应当纳入民法典之中，存在两种对立的观点：一种观点认为，特别法上的大多数合同都可以纳入民法典，如消费买卖合同可以纳入买卖合同，消费信贷合同可以纳入借贷合同，但权宜性规定除外。② 另一种观点认为，民法典难以纳入全部特别法的合同规定；而且，消费者合同的规定过于具体，难以体系化。消费者

① Pascal Puig，Contrats spéciaux，2e éd.，Dalloz，Paris，2007，p. 30.

② Friedrich Ebel，Kodifikationsidee und zivilrechtliche Nebengesetze，ZRP 1999，S. 46.

法与民法典的风格差异，如同流行音乐与古典音乐一样截然不同。特别法上的有名合同都纳入民法典之中，将破坏民法典体系的和谐。[①] 立法者最终采纳了后一种观点。这主要是因为，现代市场交易纷繁复杂，合同内容复杂、类型众多，无法全部纳入民法典之中，民法典只能就一些运用广泛的合同类型作出规范，其他合同则应当通过特别法规定，这有利于维持民法典的体系性。此外，对于保险合同、信托合同等技术性很强，且价值具有非中立性，而且存在特殊的立法目的和法律原则的合同（如保险合同中的最大诚信原则），如果纳入民法典之中，可能会影响其规范功能的实现，因此，可以继续以特别法的形式存在。

如前所述，我国合同法分则是由合同法规定的有名合同和特别法规定的有名合同组成的。在构建我国未来民法典合同法分则体系时，应当考虑到，民法典的合同编不应当局限于《合同法》中已有的合同类型，还应当总结特别法上的经验，将一些合同类型纳入民法典之中。在实现特别法上的有名合同向合同法之中的有名合同转化时，应当对特别法中的规则进行归纳整理，尤其是特别法之中的规定有些属于合同管制等仅仅应当纳入特别法规定的内容，不应当直接纳入《合同法》，而应当继续保留于特别法。但是，对于那些符合上述转化条件的合同，则应当考虑将特别法中的合同直接规定在民法典之中。当然，即便特别法上的合同转化为《合同法》中的合同，在法律适用时，仍然要结合《合同法》的规定和特别法的规定，以得出妥当的裁判结论。例如，在处理保险合同纠纷时，仅仅援引《合同法》的规定是不够的，还应当援引保险法的相关规定。

第三节　特别法上有名合同的法律适用

一、约定优先规则

合同法的重要特征在于，其贯彻了私法自治原则。[②] 该原则在合同法中主要体现为合同自由，特别法上的有名合同中也应当贯彻这一原则，因为特别法上的有名合同虽然包含一些特别规定，但涉及的也主要是当事人

---

① See Reinhard Zimmermann, *The New German Law of Obligations: Historical and Comparative Perspectives*, Oxford University Press, 2005, p. 199.

② See Lon L Fuller, "Consideration and Form", 41 *Column. L. Rev.* 799 (1941).

之间的私人利益，其主要规则仍然属于任意性规范，体现了当事人私法自治的原则，在相关法律适用的过程中原则上应该允许当事人自主约定。只要当事人之间的约定不违背法律的强制性规定，就应该尊重此约定的优先地位，而法律的任意性规范往往在当事人没有约定的情况下补充适用，或者在当事人约定不明确的情况下对当事人的意思表示进行解释适用。

特别法上针对某有名合同设置的规范是任意性规范，其法律适用规则如下：

第一，约定优先规则。当事人之间有特别约定的，依照该特别约定。该约定首先应当优先于特别法中的任意性规范而适用。因为法律制度中的任意性规范作为直接规制合同内容的一部分。如果当事人有约定，任意性规范就不能适用。但是，如果当事人没有作出约定，"即适用法律的规定，而不考虑此种规定是否已作为所想要的内容得到表示"①。特别法上也存在许多强制性规定，如果存在此类规定时，则此类规定应当优先适用。例如，《土地管理法》第37条规定，已经办理审批手续的非农业建设占用耕地，"连续二年未使用的，经原批准机关批准，由县级以上人民政府无偿收回用地单位的土地使用权"。该项规定就属于强制性规定，当事人不得通过合同约定的方式而排除该规则的适用。

第二，协议补充规则，即如果当事人之间没有特别约定的或者约定不明确，根据当事人的补充协议处理。

第三，对相关条款的解释规则。如果当事人之间未能达成补充协议或者约定不明确，依据合同有关条款对合同进行整体解释，如果能够得出整体解释结论的，依照该结论处理。

第四，根据交易习惯处理规则。如果不能得出整体解释结论的，应当考察当事人之间是否存在特殊的交易习惯，如果存在特殊交易习惯的，依据该交易习惯处理；如果当事人之间不存在特殊交易习惯的，依据特别法上针对该有名合同设置的任意性规范处理。特别法上未设置针对特定交易事项任意性规范的，依据《合同法》上的任意性规范处理。如果针对有名合同设置的规范是强制性规定，就应当径行适用该强制性规范。

二、特别法优先于《合同法》适用规则

《合同法》第123条规定："其他法律对合同另有规定的，依照其规

① 〔德〕迪特尔·施瓦布：《民法导论》，郑冲译，北京，法律出版社，2006，第414页。

定。”这就确立了特别法规定优先的规则。特别法规定的有名合同与《合同法》分则构成完整的合同法分则体系。其中，《合同法》是一般法，而其他法律、行政法规和司法解释属于特别法。因此，按照特别法优先于一般法的规则，应当优先适用特别法的规定。例如，保险合同纠纷首先应该适用《保险法》的相关规定，只有在保险法没有规定的情况下，才补充适用《合同法》的一般规定。在法律适用上，之所以要采用特别法优先原则的原因在于：一方面，特别法的规定更具有针对性，其直接针对特别法上的有名合同设置相应的法律规则，更能够考虑到特别法上有名合同的特殊情形，故应该优先予以适用。另一方面，特别法的规定往往还针对有名合同存在一些政策性的考虑，立法目的就是要使之适用于特殊的领域。例如，商品房预售合同的特别法规定往往存在对购房人的特别保护、防止卖方欺诈等内容，因此，我国《商品房买卖司法解释》就存在对卖方欺诈民事责任的规定，这就是其对买方保护的特殊政策考量之体现。

需要指出的是，我们所说的特别法规定优先原则，是以两部法律的效力等级相同为前提的。如果两部法律的效力等级不同，则应当考虑上位法优先于下位法的原则而进行法律适用。例如，行政法规和司法解释规定的合同规则，就不具有优先于《合同法》适用的效力。另外，特别法优先适用，针对《合同法》总则是不无疑问的；而针对《合同法》分则，是否仍然遵循特别法优先适用原则，则要依具体情形而分别决定。例如，我国《合同法》关于租赁合同的规定是以房屋租赁为中心规定的，其已经吸纳了特别法的规则。因此，《城市房地产管理法》等法律中有关租赁合同的规定，不应当与《合同法》的规定相违背，如果双方之间存在不一致之处，仍然应当以《合同法》为准。

三、参照合同法分则适用的规则

我国《合同法》第 124 条规定：“本法分则或者其他法律没有明文规定的合同，适用本法总则的规定，并可以参照本法分则或者其他法律最相类似的规定。”该条规定是针对无名合同所作的规定，但是，如果特别法对于特定的有名合同的某些具体规则没有作出规定，也应当类推适用《合同法》第 124 条的规定。所谓“参照”，主要从两方面来理解：一方面，它是指原则上可以适用。参照适用仍然意味着可以适用，通过指向其他法律规范的方法，指引法官寻找其他可以适用的法律规范。参照不同于“类推适用”，参照是法律明确规定的准用，其不同于法律没有明确规定情形下的类推适用，类推适用会受到法律更多的拘束；而在参照适用中，被参照的法条完全适用于待决案件，并不存在考虑待决案件特点而进行选择性适用的问题。另一方面，它是指应当考虑被适用的法律关系的性质。参照虽然也意味着可以适用，但不同于直接适用，它是指在不违背被准用事物性质时的适用。所以，参照适用要考虑被参照的事物的特点，只有不与被参照事物的特点相违背的法条，才可以适用。因此，当特别法对某类有名合同的具体规则未作规定的情况下，可以参考合同法分则中与该类有名合同最相类似的典型合同的规定进行法律的适用，这也是类似情况相同处理的平等原则的要求。

特别法中有名合同之所以可以参照《合同法》分则的规定，是因为其规则与《合同法》分则中关于有名合同的规定存在一定的相似性。主要表现在：一方面，特别法所规定的有名合同大多是对特殊交易关系的确认，这些交易关系是基于等价有偿原则而成立的，通常具有双务、有偿性。因此，在特别法未对当事人之间的具体权利义务作出明确规定时，可以参照《合同法》分则有关买卖合同等有偿合同的相关规定。另一方面，特别法所规定的有名合同的具体内容，可能是《合同法》分则所规定的多种有名合同类型的内容的集合。例如，在旅游服务合同中，旅游经营者所提供的内容包括交通运输、餐饮、住宿等，这就涉及买卖、运输等多个类型合同的内容。《合同法》分则关于有名合同的规定对于此类型的合同就具有适用价值。在很多情况下，有关特别法只是承认了特定类型的合同，而没有对其权利义务作出特别规定，在适用法律时，应当考虑《合同法》分则中与其最相类似的规定。此外，特别法所规定的有些有名合同本身就属于《合同法》分则的合同类型之集合，在此情形，《合同法》分则的规定对其具有直接适用性。例如，《合同法》关于买卖合同的规定可以直接适用于商品房买卖合同。严格地说，凡是法律对其名称和规则作出规定的合同，都属于有名合同，此处所说的“法律”并不限于《合同法》，还包括其他的法律。因此，特别法上有名合同的法律适用可以具体参照《合同法》分则的相关规定。

总之，对特别法上的有名合同，特别法的规定往往会有所不足、存在法律漏洞，对此不能直接交由法官自由裁量进行漏洞填补，而应该穷尽对法律的寻找，尤其应在《合同法》分则中寻找与该有名合同最相类似的典型合同的相关规定进行参照适用。《合同法》第124条沟通了特别法上的有名合同和合同法分则有名合同的关系，确定了二者共同属于广义合同法分则的内容，并提供了对特别法上有名合同法律适用上的指导。

问题在于，如何具体参照、是否存在一个参照顺序的问题？笔者认为，参照适用时应当遵循如下规则：

第一，确定是否属于特别法上规定的有名合同。这应当依据其性质加以判断，从而确定其究竟属于《合同法》分则所规定的有名合同，还是属于特别法上所规定的有名合同。如果无论是合同的性质或内容，都符合《合同法》分则规定的有名合同类型，则应依据《合同法》分则的规定确定当事人之间的权利义务关系。例如，在实践中大量出现的车辆承包合同，在性质上属于租赁合同，应当适用《合同法》分则的相关规定。又如，名为合伙实为借贷的合同，仍应依据《合同法》分则关于借款合同的规定加以处理。如果所涉纠纷属于特别法上的有名合同，则应当适用特别法上的规定。例如，名为借款、实为合伙出资的协议，则应当适用有关合伙协议的规定，而不得先适用《合同法》分则中关于借款合同的规定。

第二，参照适用《合同法》分则中最相类似的规定。如果所涉合同在特别法上找不到相应的法律依据，则应参照《合同法》分则中最相类似的规定加以适用。所谓“最相类似”，是指从合同性质方面进行整体判断，而不应该仅凭个别条款进行判断。例如，如果从性质上来看，合同的多个条款符合买卖合同，而只有个别条款符合租赁合同，则应当参照《合同法》分则中关于买卖合同的规定。

四、《合同法》总则规定兜底适用的规则

在穷尽前述找法的步骤之后，针对特别法上有名合同的相关纠纷仍不能找到相应的法律适用依据的情况下，要兜底适用合同法总则的一般规定。尽管《合同法》第 124 条在表述上采取了并列的方式，但实际上，法律适用顺序上应该遵循先具体后一般的顺序，在《合同法》分则规定不足以适用的情况下，应该寻找《合同法》总则中的一般规定加以补充适用。特别是有名合同中有关合同的订立、合同的效力、变更、解除、违约责任等在特别法上没有规定的，应该适用《合同法》总则的规定。这种先具体后一般的顺序也能够有效限制法官自由裁量权的行使。

如果不能找到最相类似的《合同法》分则的规定，就应该适用《合同法》总则的一般规定。《合同法》总则的规定具有兜底性作用，尤其是在合同订立、履行、解除、违约责任等方面都存在一般规定。对此，应该加以参照适用。这就是说，至少在如下几个方面应适用《合同法》总则的相

关规定：第一，关于合同的订立。通常来说，特别法中不会对于合同订立作出详细规定，有关合同订立的规则都应适用《合同法》总则的规定，即原则上经过要约、承诺，合同就已经成立。如果特别法中对于合同订立程序作出特别规定的，如必须经过审批、登记等，则应适用特别法的规定。第二，关于合同的形式。我国《合同法》总则原则上采取不要式主义，如果特别法中有明确的要式性要求时（如采用书面形式、经过公证等），则应适用这些要式的规定，否则，就属于不要式合同。第三，关于合同的变更和解除规则。特别法一般不会针对合同变更、解除的一般规则作出规定，而且，合同变更与解除的规则往往属于共通性的规则，所以，除非特别法对当事人的变更或解除权及其法律后果作出特别规定，否则，就应当适用《合同法》总则的规定。第四，合同效力的规则。合同的无效、可撤销的原因以及法律后果，是由《合同法》总则统一规定的。这些规则同样适用于特别法上规定的各类合同。当然，特别法也可能就其无效或可撤销作出特别规定。第五，违约责任制度。对于各类有名合同而言，在违约的形态、责任承担要件、违约金和损害赔偿的适用等方面，都具有共同性。因此，《合同法》总则规定的违约责任制度同样可以适用于特别法上的有名合同。

第四节　特别法上有名合同的发展趋势及完善

一、特别法上有名合同的发展趋势

在近代的法典化时期，立法者曾经希望通过一部民法典调整所有的民事法律关系。事实证明，这不符合纷繁复杂的社会现实，也难以满足快速发展的社会需求。所以，在进行了法典编纂的国家，也出现了多层次合同法立法模式，即采取功能主义，在民法典或合同法之下，根据特定的合同领域单独立法，以弥补抽象民法典的不足，典型的如连锁店经营法等。这在欧洲大陆表现得尤为明显。[①] 所以，合同法的多层次立法模式已经成为

---

① See Martign W. Hesselink, “The Sturcture of the New European Private Law”, in Martign W. Hesselink, *The New European Private Law: Essays on the Future of Private Law in Europe*, The Hague, London & Boston: Kluwer Law International 2002, pp. 227-249.

现代合同法的一大发展趋势。特别法上有名合同的发展也是现代合同法发展的一个重要方面。

从特别法上有名合同制度自身的发展来看，具有如下发展趋势：

第一，对交易习惯的逐渐认可。特别法上的有名合同大多是一些特殊的交易类型，在这些交易中，通常是由大量的交易习惯发挥调整性作用，其后逐渐获得法律的承认，而由交易习惯上升为法律规定，成为特别法上有名合同的规则。同时，特别法具有灵活性，可以灵活地吸收已经典型的交易类型，将其作为有名合同而加以规范，使之成为特别法上的有名合同。在经济全球化过程中，被称为“软法”的具有示范性效力的规则开始出现。这些规范往往通过交易习惯的形式出现，然后逐渐成为全球性的规则。例如，特许经营合同、旅游合同等之中的当事人的权利义务关系，首先由交易习惯来调整，久而久之，形成了相对固定的规则，并逐渐被国家法律所认可。由此可见，此类合同存在一个从交易习惯逐步上升为法律规定的过程和趋势。

第二，国际化的趋势。尽管特别法上的有名合同发生在特定的交易领域，但伴随着国际经济交流的日益频繁，某一特定领域内的交易类型也可能在国际范围内被广泛接受和采纳。① 经济的全球化推动特殊领域内的合同被更为广泛地认可，从而实现合同立法的国际化。从某种意义上说，合同法的国际化主要是通过有名合同的国际化来实现的。例如，融资租赁合同就是从有名合同的国际化起步，先在具体的交易规则上取得共识，最后形成一般的合同法国际通行规则。又如，特许经营合同先是发源于美国，然后输入到欧洲国家，再逐渐向其他国家推行，后逐渐成为一种有名合同。② 同时，由于国际经济交流和文化交流的加强，国际经济领域中的典型交易往往需要存在统一的贸易规则，因而，有名合同国际化的范围也在逐步扩张，这主要体现于合同领域，其中重要的一点就是有名合同的调整更具有国际统一的趋势。

第三，类型的多样化与规则的复杂化。伴随着经济和金融的发展，特别法所调整的有名合同类型越来越丰富，规则也越来越复杂、越来越细化。这些交易类型往往是多种交易形式的联合，而且在主体上具有多方参

① 比如，在建设工程领域，国际咨询工程师联合会（FIDIC）与英国土木工程师协会（ICE）提供的建设工程合同范本，已在国际范围内广泛采用。

② 参见詹森林：《民事法理与判决研究》，台北，自版，1998，第117页。

与的特点。[①] 例如，在信用卡合同中，直接当事人为发卡人与持卡人，但由于持卡人是在与发卡人有特约关系的商店刷卡消费，所以发卡人、持卡人与特约商店三者构成信用卡交易上的三角关系[②]，此时，交易形式和交易主体就更为多元化。为了寻求规则的统一性，这些特殊的、新的交易类型需要由法律予以调整。同时，为了尽可能地降低经济风险，公法管制的因素也不断加强。管制与自治、多种交易形式的融合以及多方参与主体利益的平衡，所有这些因素使调整这些交易类型的法律规则变得极为复杂。

第四，国家干预不断强化。由于特别法上的有名合同的交易规则极为复杂，交易主体多样化、范围也更广，利益的衡量和交易的监管更为困难，其甚至往往会涉及公共政策，因而国家就不仅仅满足于“守夜人”的角色，对特别法上的有名合同的国家干预就会更多，从而使当事人的意思自治受到更多的限制。例如，就商品房买卖合同而言，不仅当事人的权利义务受到必要的调控，而且，国家通过限购令的方式限制房屋的购买，通过价格的宏观调控来抑制房地产泡沫。这些都表明此类合同具有极强的国家干预色彩。

第五，向《合同法》上有名合同转化。相较而言，《合同法》上的有名合同更具典型性，是实践中频发的交易类型的立法化，而特别法上的有名合同在被逐渐完善之后，也有可能转化为《合同法》上的有名合同。在比较法上，许多国家对旅游合同，最初是通过特别法加以规制的，后来逐渐通过民法典等将其确立为独立的有名合同。在我国，《合同法》中的融资租赁合同、建设工程承包合同等，最初是在特别法中规定的，以后逐渐纳入《合同法》之中。

二、特别法上有名合同制度的完善

目前我国正在加紧制定民法典，而合同法应当被作为独立的一编加以规范。在我国民法典制定过程中，应当如何构建合同法的分则体系，协调特别法与合同法，构建完善的合同法分则，是立法者必须考虑的重要问题。

（一）有名合同制度与《合同法》分则的体系

传统大陆法国家民法所列举的典型合同主要包括赠与、买卖、互易、

① Philippe Malaurie，Laurent Aynès，Pierre-Yves Cautier，Les Contrats spéciaux，Paris：Defrénois，2004，pp. 8-11.

② 参见詹森林：《民事法理与判决研究》，台北，自版，1998，第119页。

消费借贷、使用借贷、租赁、雇佣、承揽、委托、保管、合伙、和解等。这是自罗马法以来，学者所整理的典型合同。《德国民法典》采纳此种模式，《日本民法典》沿袭了德国法的经验。[①] 但事实上，近几十年来，有名合同发展迅速，仅以买卖为例，就相继出现了分期付款买卖、网上交易、试用买卖、凭样品买卖等；而随着海上运输的发展，又出现了路货买卖；随着证券和期货市场的发展，又出现了证券买卖、期货买卖等。此外，买卖合同和其他合同结合在一起，产生了融资租赁等合同。基于这一原因，近几十年来，在新制定与修改的民法典之中，有名合同的类型呈日益增加的趋势。例如，1942 年颁布、2004 年修订的《意大利民法典》规定了买卖、附返还条件的转让、互易、代销契约等 26 种典型合同。[②] 1998 年 12 月的《阿根廷共和国民法典》规定了买卖、互易、定期供应、租赁、融资租赁等 27 种典型合同，而该国学说认为应将住宿合同、泊车合同、旅游服务合同、葬礼服务合同、私人墓地合同、信用卡合同、估价合同、专项分期储蓄购物合同、电子信息合同、结伴旅游服务合同、中心商场购物合同、广告合同、展览合同等典型合同纳入民法典中。[③] 我国台湾地区即在“民法债编”修订时增列旅游、合会和人事保证，以因应非典型合同有名化的需求。[④] 由此可见，民法典之中规定的有名合同类型日益增加，以满足交易复杂化、多样化的需要。

在我国，《合同法》虽然规定了 15 类有名合同，但其远远不足以涵括现实生活中的主要合同类型，如旅游服务合同、医疗服务合同等都是实践中重要的合同类型，都没有在《合同法》中加以规定。所以，现行的《合同法》分则中有名合同类型仍显不足，需要完善。在未来民法典的制定中，仍有必要将特别法所规定的重要的、更具典型意义的合同类型置于合同法分则之中，将特别法上的有名合同上升为合同法中的有名合同。

---

① 例如，日本学者将有名合同分为几大类：一是移转所有权的合同，包括赠与、买卖、互易；二是移转使用权的合同，包括消费借贷、使用借贷、租赁；三是提供劳务的合同，包括雇佣、承揽、委托、保管。我国学者大都借鉴此种分类。参见〔日〕我妻荣：《债法各论》，周江洪译，北京，中国法制出版社，2008，第 1 页。

② 参见易军：《“中国民法典草案”合同法编分则部分的缺陷及其矫正》，载《浙江社会科学》，2007（2）。

③ Csf. Garrido-Zago，Contratos Civiles by Comercialts，Tomo I，Ptte General，Editorial Universidad，BuenosAires，1998，pp. 30-34. 转引自徐国栋：《民法典草案的基本结构——以民法的调整对象理论为中心》，载《法学研究》，2000（2）。

④ 参见林诚二：《民法债编各论》（上），北京，中国人民大学出版社，2007，第 15 页。

合同法分则中所规定的有名合同类型，大多都是从特别法中的有名合同类型发展而来的。特别法上的有名合同类型，如果经过交易实践的检验、形成较为成熟的交易规则，则有可能被未来民法典的合同编收入进去，从而成为合同法中的有名合同。因此，应当将特别法上的有名合同加以类型化梳理，对于其中具有典型性和普遍适用性的合同类型，将其纳入“民法典”之中，例如，旅游服务合同、医疗服务合同等。又如，保证合同是人的担保形式，本来和物的担保是相对应的，物的担保在物权法中进行了规定，而将保证孤零零放在担保法这一单行法之中，不利于保证形式的广泛运用。因此，一旦物的担保纳入民法典的物权编之中，则人的担保就应当相应地纳入民法典的合同编之中。但这并不意味着在“民法典”制定之后，特别法上的有名合同将丧失存在的合理性。特别法上的有名合同所调整的是特定领域内的典型交易类型，对于尚不足以被纳入《合同法》之内的交易类型，如果仍存在进行特殊调整必要的，仍应由特别法加以规范和调整。

（二）协调特别法上的有名合同规则与《合同法》的关系

虽然部分特别法上的有名合同应当被转化为合同法中的有名合同，但是，毕竟还有不少有名合同仍然应当在特别法之中加以规定，因此，在未来的民法典制定中，有必要协调好特别法上的有名合同与《合同法》之间的关系。

首先，应当协调好特别法上的有名合同与《合同法》分则的关系。特别法上规定的合同类型，也属于有名合同，也应被纳入广义上的有名合同范畴之内。而《合同法》分则所规定的有名合同通常是具有广泛适用性和典型性的合同类型，并不仅仅限于某一领域。《合同法》分则所规定的有名合同具有代表性，其对于特别法上的有名合同具有参照适用的价值。相对于《合同法》分则中针对有名合同所确立的调整规则而言，在特别法针对具体合同没有规定时，可以参照《合同法》分则中最相类似的规定而进行适用。例如，《合同法》分则规定的委托合同，是针对服务贸易而确立的一般性交易规则，其对于特别法上更为具体的、特殊的与服务贸易有关的合同类型具有参照效力。又如，买卖合同是有偿合同中的典型交易形态，如果特别法上所规定的合同类型属于有偿合同，在无特别规定时，可以参照适用买卖合同的规定。

其次，应当协调好特别法上的有名合同与《合同法》总则的关系。《合同法》总则的订立是一个通过提取公因式的方式来实现合同法本身体系化的过程，通过《合同法》总则的订立可以将适用于各种合同类型的共通性规则加以提炼，并以统一的价值予以立法规整，从而实现合同法体系的完整性和内在价值的统一性，保持合同法内部的体系性和简约性。因而，《合同法》总则的规定具有一般性，例如，《合同法》总则关于合同订立、效力、变更和转让、违约责任等，可适用于各种合同类型。无论是《合同法》分则中的有名合同，还是特别法上的有名合同，因其都可被纳入有名合同的范畴之内，因而，《合同法》总则均有适用的价值。《合同法》第123条规定："其他法律对合同另有规定的，依照其规定。"这并不意味着，特别法上的有名合同完全自成体系，并完全脱离于《合同法》总则之外。该规定只是承认了特别法上有名合同的存在，但并没有排除该有名合同适用《合同法》总则的可能性。对于游离于合同法之外的、仍由特别法加以调整和规范的有名合同，仍可以适用《合同法》总则的规定，尤其是在特别法无特别规定或明文规定时。对于特别法上的有名合同，其通常无法就合同的订立、变更、转让、违约责任以及当事人的权利义务等内容作出全面性规定，这就有了适用《合同法》总则的必要。

第二章　商品房买卖合同

第一节　商品房买卖合同概述

一、商品房买卖合同的概念和特征

所谓商品房买卖合同，是指房地产建设单位（以下统称为出卖人）将尚未建成或者已竣工的房屋向社会销售，转移房屋所有权于买受人，买受人支付价款的合同。[①] 商品房买卖合同是房屋买卖合同的一种类型，而且是其典型形态。[②] 严格地说，商品房是我国法上的特有概念，它是指房地产建设单位开发、建成以后出售的住宅、商业用房以及其他建筑物。[③] 或者说是由建设单位为获取利益建设并出售的房屋。[④] 商品房概念的产生有其特定的历史背景，其是相对于计划经济时代单位分配住房而言，专门用来指称那些由房地产建设单位建设并专门面向市场销售的房屋。因此，根据特定用户需求而建设的具有特定用途的各类房屋，因为其用途的专业性以及销售对象的特定性，一般不属于商品房范畴。商品房主要用于居住和商业用途。就我国目前情形来看，商品房大多是为了满足社会公众的居住需求，但随着市场经济的发展，商业用途的商品房需求将逐渐增加，各类写字楼、办公楼、酒店式公寓等的建造将越来越多。

---

① 参见《商品房买卖司法解释》第1条。

② 《城市房地产管理法》第37条规定："房地产转让，是指房地产权利人通过买卖、赠与或者其他合法方式将其房地产转移给他人的行为。"

③ 参见高富平、黄武双：《房地产法新论》，北京，中国法制出版社，2000，第249页。

④ 参见最高人民法院民事审判第一庭：《最高人民法院关于商品房买卖合同纠纷案件司法解释的理解与适用》，北京，人民法院出版社，2003，第18页。

商品房买卖合同是特别法上的有名合同，之所以其要受到特别法的调整，主要基于如下原因：一方面，商品房买卖关系到消费者的基本权益，也关系到社会公众的居住利益。因此，国家有必要对此类合同进行必要的干预和管理。另一方面，商品房买卖也是经济领域的重要交易类型，其对于整体的经济秩序也会产生重要影响。在我国，土地所有权归国家或集体所有，不能作为交易的标的，因此，不动产的买卖主要体现为土地使用权和房屋所有权的买卖。此种买卖通常数额较大、交易频繁，关系到国计民生。商品房是向社会公众销售，涉及不特定多数购房人的利益。因此，为了维护正常的房地产秩序，就有必要对商品房买卖合同进行特别规范。针对商品房买卖合同，除了适用合同法之外，我国有关法律、法规（如《城市房地产管理法》、《商品房销售管理办法》、《城市商品房预售管理办法》等专门性的法律、法规和规章）也对其进行了规范。

商品房买卖具有一般买卖的特征，但也有其自己的特点，其特殊性表现在以下几个方面：

1. 出卖人的特殊性

在一般的买卖中，法律并没有对出卖人的资格作出特殊限制，任何完全民事行为能力人均可以从事买卖行为。但是在商品房买卖中，依据现行法律规定，出卖人限于房地产建设单位。根据《城市房地产管理法》第30条的规定，房地产建设单位是以营利为目的的，从事房地产开发和经营的企业。设立房地产建设单位必须具备相应的条件。[①] 在商品房买卖中，之所以要对于出卖人的资格进行限制，是因为商品房的质量直接关系到人们基本居住权的实现和人身、财产安全。而在商品房买卖合同中，房屋买受人难以了解房屋的建造结构、建造标准等，因此，有必要对商品房出卖人的资格进行特别的规制。此外，为了防止房地产建设单位在缺少资金和技术条件等情况下从事房地产开发、销售活动，避免其因不能按期交付质量符合规定的房屋而损害买受人的利益，所以法律有必要对出卖人的资格进行一定的限制。

商品房买卖一般是指直接从房地产建设单位购买房屋的情形，其主要

---

① 所谓房地产建设单位是以营利为目的，从事房地产开发和经营的企业。《城市房地产管理法》第30条规定："设立房地产开发企业，应当具备下列条件：（一）有自己的名称和组织机构；（二）有固定的经营场所；（三）有符合国务院规定的注册资本；（四）有足够的专业技术人员；（五）法律、行政法规规定的其他条件。"

是规范直接从房地产企业直接购买商品房的相关情形。[①] 也就是说，其是由房地产建设单位作为出卖人将其建造的、用于销售的房屋出售给公众，而不包括从非房地产企业和个人购买的房屋。虽然这些非房地产建设单位或个人所建设的房屋也存在转让的问题，但这些都是“商品房”概念所无法容纳的。此外，商品房买卖也不包括买卖原房地产建设单位建设的“二手房”的买卖。在法律上，“二手房”买卖合同被排除在商品房买卖合同的范畴之外，商品房买卖仅限于“一手房”买卖，主要是考虑到如下因素：第一，“一手房”买卖是第一次转让，“二手房”买卖多为二次转让、再次转让。第二，“一手房”买卖既包括现房买卖，也包括商品房预售，而且现实中多为商品房预售，而“二手房”买卖一般为现房买卖。商品房买卖远比“二手房”买卖复杂，其中涉及价格的控制、质量的保障、建筑规范等因素的考量。第三，“一手房”买卖的出售人是专业的建设单位，“二手房”买卖的出售人多为一般社会主体。所以，“二手房”的买卖所涉及的仍是私人之间的交易关系。第四，“一手房”买卖的销售对象是不特定的社会公众，“二手房”买卖的销售对象多为特定的购房人。基于上述原因，商品房买卖由专门的法律予以调整，而“二手房”买卖仍然适用《合同法》中的买卖合同规则。

值得讨论的是，除了房地产建设单位之外，商品房买卖的承销商是否能够作为商品房买卖合同的出卖人？笔者认为，商品房买卖合同的出卖人只能是商品房建设单位，其主要原因在于：一方面，从现行法律和司法解释规定来看，只有房地产建设单位才能作为商品房买卖合同中的出卖人，承销商不能作为商品房的出卖人。[②] 另一方面，从承销商的法律地位来看，其只是基于房地产建设单位的委托，从事商品房买卖活动。在商品房买卖关系中，承销商只是房地产建设单位的代理人，出卖人仍是房地产建设单位。

---

① 在《城市房地产管理法》、《城市房地产开发经营管理条例》、最高人民法院《关于审理房地产管理法施行前房地产开发经营案件若干问题的解答》、《城市商品房预售管理办法》、《商品房销售管理办法》等法律、法规、司法解释、规章中，均有“商品房”的称谓。从相关规定来看，商品房是指房地产建设单位所开发的、用于市场销售的房屋。商品房买卖是房屋买卖的组成部分，但是和一般的房屋买卖相比，具有自身的特点。

② 《商品房买卖司法解释》第1条规定：“本解释所称的商品房买卖合同，是指房地产开发企业（以下统称为出卖人）将尚未建成或者已竣工的房屋向社会销售并转移房屋所有权于买受人，买受人支付价款的合同。”

2. 买受人的特殊性

在商品房买卖合同中，买受人是不特定的社会公众。如前所述，商品房是面向社会公众进行销售的房屋，与一般的房屋买卖合同相比，商品房买卖合同的买受人具有如下特点：一是买受人具有不特定性。在商品房买卖合同中，房地产建设单位建造商品房不是为了满足某个特定用户的需求，而是面向不特定的社会公众进行销售，是为了满足社会不特定公众居住、商用等目的。例如，在目前BOT、BT项目中，也可能由建设单位建造一些房屋，但这些房屋并不属于商品房。因为建造这些房屋的主要目的不在于满足不特定公众的居住、商用目的，而是作为这些项目的配套工程出现的。二是买受人大多为消费者。这主要是因为商品房买受人购买房屋大多是用于居住等消费目的。从这个意义上说，商品房买卖合同实际上就是一方为消费者的合同。由于在商品房买卖合同中，同房地产建设单位相比，买受人在经济实力、缔约能力等方面通常处于弱势地位，缺少相应的专业知识和经验。同时，由于房屋价值巨大，购买一套房屋可能需要耗费购房人一生的积蓄，为了保障买受人的合法权益，在法律上有必要对买受人进行特殊保护。

3. 价值的非中立性

价值的非中立性，主要是指商品房买卖合同制度体现了对买受人的倾斜保护。由于买受人是单个的消费者，且商品房关系到公民居住权的实现，也关系到基本民生。因此，法律设置了一些特别的保护措施，以强化对买受人的保护。具体包括：一方面，在商品房预售合同中，法律对出卖人资质作出了一些要求，要求房地产建设单位取得相关的房屋预售许可，其本质上体现了对商品房买受人的事前保护。另一方面，在商品房预售合同中，要求房地产建设单位履行一定的信息披露义务，也是为了满足充分保护买受人利益的需要。[①] 与房地产建设单位相比，买受人通常在经济地位上、经验上处于明显不对等的地位，尤其是有关房屋的质量等，双方当事人往往处于信息不对称的状态，所以，从比较法上来看，通常都对商品房买卖合同的出卖人课以较重的信息披露义务，我国法律法规也对此作出

① 例如，《上海市商品房销售方案备案管理暂行规定》要求，房地产建设单位应当将《商品房销售方案备案证明》和销售方案的相关信息予以公开披露，并在售楼场所张贴公示。从而将销售价格、销售情况，土地性质、用途、使用期限，建设工程规划条件（包括绿地面积、容积率等），配套设施建设进度与竣工时间等告知消费者，避免因信息不对称而损害消费者权益。

了规定，以充分保护商品房买受人的利益。① 此外，在商品房预售合同中，现行法律法规规定房地产建设单位必须将买受人交付的购房款用于房屋的建造，并允许买受人查询相关资金的用途等，都是为了保护买受人的合法权益。同时，为了防止房地产建设单位利用其优势的缔约地位侵害商品房买受人的利益，如通过不合理的格式条款限制相对人的权利等，法律对当事人的合同自由进行一定程度的干预，以保护商品房买受人的合法权益。

4. 价格受规制性

一般的房屋买卖合同贯彻合同自由原则，房屋价格主要由当事人自由约定，但商品房的价格关系到社会公众基本居住权的实现，关系到社会公众的基本民生，也关系到房地产市场的有序发展和社会经济的稳定，因此可以说，商品房是涉及社会公共利益的商品。所以，法律法规对商品房价格实施了一定程度的规制。例如，《城市房地产管理法》第 35 条规定："国家实行房地产成交价格申报制度。房地产权利人转让房地产，应当向县级以上地方人民政府规定的部门如实申报成交价，不得瞒报或者作不实的申报。"在商品房的预售中，法律对商品房预售的价格问题设置较多的规定，以强化买受人利益的保护。尤其应当看到，为了遏制房地产价格的上涨，逐步解决城镇居民住房问题，促进房地产市场平稳健康发展，抑制房地产市场发展中的泡沫，国家就商品房买卖价格出台了一系列的限价令②，以对商品房价格进行必要的规制。

5. 标的物的特殊性

商品房买卖合同的标的物是房屋，与其他房屋买卖合同或一般买卖合同相比，商品房买卖合同的标的的特殊性主要表现在：

一是形态的特殊性。一般房屋买卖合同中，房屋往往是现实存在的，

---

① 例如，根据《商品房买卖司法解释》第 8 条和第 9 条，商品房买卖合同订立后，出卖人未告知买受人又将该房屋抵押给第三人，或者出卖人又将该房屋出卖给第三人，导致商品房买卖合同目的不能实现的；出卖人订立商品房买卖合同时，故意隐瞒没有取得商品房预售许可证明的事实、所售房屋已经抵押的事实、所售房屋已经出卖给第三人或者为拆迁补偿安置房屋的事实，或者提供虚假商品房预售许可证明，导致合同无效或者被撤销、解除的，买受人可以请求返还已付购房款及利息、赔偿损失，并可以请求出卖人承担不超过已付购房款一倍的赔偿责任。

② 如 2010 年国务院颁布《关于坚决遏制部分城市房价过快上涨的通知》（国发〔2010〕10 号）；2011 年，国务院办公厅《关于进一步做好房地产市场调控工作有关问题的通知》（国办发〔2011〕1 号）。

而在商品房买卖合同中，商品房既可以是已经合法建成并完成所有权初始登记的房屋（即通常所言的现房），也可以是尚未建成的房屋（即通常所言的期房）。买卖现房的合同，通常称为商品房现售；买卖期房的合同，通常称为预售。[①] 正是因为在期房买卖合同订立时，期房尚未建成或尚未进行初始登记，所以，其能否如期竣工并交付使用，质量、面积等是否符合合同约定，将来建成的房屋所有权上是否存在瑕疵，均具有不确定性。这就给买受人带来不可预测的风险，因此有必要对商品房预售进行特别的规制。[②]

二是标的物既包括房屋，也包括附属设施。《城市房地产管理法》第2条第2款规定，房屋包括土地上的房屋等建筑物及构筑物。实践中，除了房屋以外，商品房买卖也包括车位、车库等设施的买卖。也就是说，在法律上，房屋不仅包括一切有四壁的建筑物，也包括公路、码头、堤坝、烟囱等非人们生产、生活空间的构筑物。此外，具有独立利用价值和固定界限的特定空间，也可以纳入房屋的范畴。[③]

三是占用土地的特殊性。商品房是建造在城镇国有土地上的房屋，因此其建造必须以享有国有建设用地使用权为前提。国有土地上的房屋是指在城市规划区内国有土地上建造的房屋。集体土地上的房屋不属于商品房的范畴。按照我国现行法律规定，土地一级市场实行国家垄断的规则。不动产或者说房地产市场建立在土地国有的前提下。在集体土地上虽然也存在建造房屋的情形，并且这些房屋在符合法律规定的条件下也可以买卖，但这类房屋买卖不属于商品房买卖。这类房屋的买卖在交易对象、市场流通等方面具有很大的限制。

四是商品房买卖合同的标的包括房屋所有权和国有建设用地使用权。在我国，取得商品房房屋所有权必须以取得国有建设用地使用权为前提，因此，商品房所占用的国有建设用地使用权必须随商品房所有权一同移转。虽然房屋所有权和国有建设用地使用权是两种不同的权利，实践中，相关机关也核发两个不同的权利证书，但二者均为商品房买卖合同的标

---

① 根据《商品房销售管理办法》的规定，商品房现售，是指房地产建设单位将竣工验收合格的商品房出售给买受人，并由买受人支付价款的行为。商品房预售，是指房地产建设单位将正在建设中的商品房预先出售给买受人，并由买受人支付定金或者房价款的行为。

② 参见最高人民法院民事审判第一庭：《最高人民法院关于审理商品房买卖合同纠纷案件司法解释的理解与适用》，北京，人民法院出版社，2003，第21页。

③ 参见《房屋登记办法》第10条。

的。我国《物权法》第146条和147条确立了“房随地走”、“地随房走”的原则，即商品房买卖合同不仅包括房屋所有权的移转，还包括房屋占用范围内的国有土地使用权的移转。土地是房屋的载体，房屋是土地的附着物，只有取得土地使用权，才能拥有房屋所有权，而房屋所有权的移转，也必然伴随着土地使用权的让渡，反之亦然。[①]《城市房地产管理法》第32条也明确规定：“房地产转让、抵押时，房屋的所有权和该房屋占用范围内的土地使用权同时转让、抵押。”因此，商品房买卖合同的标的既包括商品房所有权，也包括相应的国有土地建设用地使用权，房屋所有权移转时，该房屋所占范围内的土地使用权应当同时移转，这是由房地一致原则决定的。

6. 要式性

合同法贯彻合同自由、鼓励交易的原则，因此，合同以不要式为原则，但对于商品房买卖合同而言，则要求合同必须采取书面形式。《城市房地产管理法》第41条规定：“房地产转让，应当签订书面转让合同”，因此，商品房买卖合同为要式合同。采要式的原因在于，一方面，由于商品房买卖合同标的价值巨大、涉及的权利义务关系较为复杂，为了规范商品房买卖法律关系、明晰双方当事人的权利义务关系，法律要求商品房买卖合同必须采用书面形式。另一方面，要求商品房买卖合同采取书面形式订立，也有利于保护买受人利益，例如，在商品房预售合同关系中，买受人通过办理预告登记，可以有效保护其利益，以防止出卖人一房数卖，但进行预告登记的前提是商品房预售合同必须采用书面形式。此外，要求商品房买卖合同采用书面形式订立，也是便于管理的需要，通过要求商品房买卖合同采用书面形式订立并进行登记备案，有利于房地产管理部门及时了解房地产市场运行状况，并采取相应措施。

7. 双务、有偿、诺成性

在商品房买卖合同中，出卖人在移转房屋所有权时，有权要求买受人支付价款；而商品房买受人在支付价款时，也有权请求出卖人移转房屋所有权。这些义务是商品房买卖合同双方当事人所负有的主要义务，因此，商品房买卖合同具有双务性，有关双务合同的规则如同时履行抗辩、不安抗辩、先履行抗辩等规则也适用于商品房买卖合同。[②] 同时，商品房买卖

① 参见金俭：《房地产法研究》，北京，科学出版社，2004，第161页。

② 参见吴志忠：《买卖合同法研究》，武汉，武汉大学出版社，2007，第11页。

合同既然是典型的商品交易的法律形式，则必然是有偿的交易。在商品房买卖合同中，出卖人要负担转移标的物所有权给买受人的义务，从而与买受人之间形成对价关系。商品房买卖合同具有诺成性，即以双方当事人意思表示一致为成立要件，而无须以标的物或价款的交付为合同成立要件。

作为房屋买卖的一种典型形态，商品房买卖与我国住房制度改革进程是分不开的。新中国成立以后，在计划经济体制之下，职工的住房、医疗、子女教育等均由国家承担。房屋买卖仅存在于新中国成立前沿袭下来的城市私宅之间。随着改革开放的发展，住房制度的改革主要体现为商品房制度的改革，土地进入市场，房地产建设单位在国有土地上建设商品房面向社会公众销售，改变了计划经济体制下单位建造福利房的历史。“安得广厦千万间，大庇天下寒士俱欢颜”，正是因为商品房买卖的出现，才使得亿万人民群众有机会购买房产，并能够通过商品房买卖而进行投资和积累财富，商品房买卖不仅改善了人民的生活，也极大地促进了经济的发展。商品房买卖是通过商品房买卖合同实现的，因此，商品房买卖合同成为约束买卖双方权利义务的最主要依据。鉴于商品房买卖合同的重要性，我国相关法律法规对其进行了规范。

二、商品房买卖合同的分类

（一）商品房预售合同和现房买卖合同

商品房买卖合同包括现房买卖合同和期房买卖合同（即商品房预售合同），二者都属于商品房买卖合同的形态，且要适用共同的规则，例如，出卖人必须具有相应的资质，土地的使用权来源必须合法，必须完成相关审批手续，必须采取书面形式订立合同等。但商品房预售合同和现房买卖合同也存在一定的区别，主要表现在：

第一，标的不同。商品房预售合同的标的是尚未建成的房屋，而现房买卖的标的是已经建成的房屋。关于现房究竟是已经取得所有权证书的房屋，还是完成竣工验收的房屋，存在争议。有学者认为，《城市房地产管理法》第 39 条规定：“转让房地产时房屋已经建成的，还应当持有房屋所有权证书。”因此，现房应当是已经取得所有权证书的房屋。一般认为，应当以是否办理了初始登记作为期房与现房的区分标准。这主要是因为，以此标准进行界分，可以明晰二者的差异，妥当界分商品房预售与现房买卖。同时，也可以为已经竣工而尚未办理登记的房屋买卖提供法律适用依据。

第二，办理许可的内容不同。由于商品房预售合同订立时，房屋尚不存在，为了防止房地产建设单位实施欺诈行为，法律要求房地产建设单位在进行期房销售时，应当办理房屋预售的许可；而在现房买卖合同中，法律要求出卖人办理的是商品房销售许可证。

第三，办理登记的类型不同。这就是说，在商品房预售中，由于房屋尚未建成，当事人无法办理所有权登记，只能办理预告登记，在办理预告登记后，买受人依据商品房预售合同取得的债权实际上具有了物权的效力，可以对抗第三人。而在现房买卖合同中，出卖人应当依据合同约定及时办理所有权过户登记手续。

（二）住宅房屋买卖合同和商用房屋买卖合同

住宅房屋买卖合同是指标的为住宅型商品房的合同，该类商品房主要用于满足家庭居住的需求。而商用房屋买卖合同指标的为商用型商品房的合同，该类商品房主要用于经营性用途。在通常情况下，住宅房屋买卖合同和商用房屋买卖合同都属于商品房买卖合同，原则上适用统一的法律规范。但两者之间仍存在区别，主要表现在：第一，房屋使用目的不同。商用房屋多为满足购房人经营、投资需求，而住宅房屋是为了满足购房人的居住需求，涉及购房人的基本生活保障和安全。第二，占用的土地使用权期限不同。按照现行法律规定，住宅类建设用地使用权期限为 70 年，商住类建设用地使用权期限为 30 年至 40 年。住宅房屋相应占用的建设用地使用权是住宅类建设用地使用权，依照《物权法》的规定，其期限届满后，可以自动延长。而商用类房屋相应占用的建设用地使用权则没有此项规定。第三，二者的管制不同。在我国现阶段，住宅房屋买卖存在限购、限价等政策，而商用房屋买卖则无此种限制。同时，因住宅房屋涉及保障普通市民的需求，因而二者在税责的承担方面也存在差异。

第二节 商品房买卖合同的订立

一、商品房买卖合同的订立

订立商品房买卖合同要采用要约、承诺的方式。因为商品房买卖合同也属于买卖合同的一种具体类型，其合同订立程序与一般的买卖合同基本相同。但商品房买卖合同作为一种特别法规定的有名合同，其订立也有一些特殊的要求，主要表现在以下几个方面：一是商品房买卖合同订立前，房地产建设单位往往会进行一定的广告宣传，如果广告宣传的内容符合要约的要求，也应当成为合同的内容。二是商品房合同的订立通常采用标准合同的形式，尤其是商品房预售合同的订立，一般均要求采用标准合同文本。这些文本大多是由工商管理部门、房地产管理部门等制定的，其中体现了对买受人利益的倾斜性保护。当然，这并不意味着当事人不能对此类合同文本进行任何修改。根据合同自由原则，双方当事人一般可以对合同示范文本的条款进行修改、增补或删减。三是当事人在缔约过程中，针对我国法律关于商品房买卖的一些强制性规定，不能约定排除，不论当事人是否对其作出约定，这些强制性规定都应当成为合同的内容。四是依据我国相关法律法规，商品房买卖合同还必须登记备案。这种登记备案是国家出于管理房地产市场的需求而采取的一种行政管理手段，但其并不是商品房买卖合同的生效条件，只要双方当事人就合同主要条款达成合意并具备书面形式，合同即可成立。

二、合同订立的特殊问题

（一）商品房销售广告和宣传资料的性质

在商品房销售过程中，房地产建设单位往往会进行一定的广告宣传，其中既包括了房地产建设单位对商品房配套设施、小区内外部环境的承诺，也包括了关于商品房所处环境、绿化、交通等的描述。买受人往往会基于对这些承诺和描述的信赖而购买房屋。但这些内容并不一定都会被纳入房屋买卖合同的书面文本之中。商品房建成之后，实际交付的商品房相关的配套设施等与宣传的内容具有较大差异，经常发生争议。这些宣传资料的性质是什么？对此存在争议，主要有两种不同的观点：

一是要约说。此种观点认为，建设单位对于房屋的配套设施、内外部环境的承诺，应当视为要约，一旦买受人同意购买房屋，这些承诺和描述就应当成为合同内容，无论是否将其写入合同文本中，都是商品房买卖合同的组成部分。

二是要约邀请说。该观点认为，建设单位所作出的承诺和描述只是一种广告宣传手段，其目的在于吸引社会公众购买房屋，在性质上属于要约邀请，如果当事人没有在合同订立时对这些承诺和描述的内容进行约定，这些内容就不能自动成为商品房买卖合同的内容。

笔者认为，上述两种观点都不无道理，依据《合同法》第 15 条的规定，商业广告原则上为要约邀请，据此，建设单位仅仅是为了推销房屋而进行的广告宣传，一般属于“要约邀请”，但在符合要约条件的情况下可以视为要约。《商品房买卖司法解释》第 3 条也确认商品房的销售广告和宣传资料为要约邀请，因为这些广告和宣传资料，通常是为了促进商品房销售，可能不够具体，并没有包含合同的主要条款，买受人也无法对其进行承诺。① 但该条同时规定：“出卖人就商品房开发规划范围内的房屋及相关设施所作的说明和允诺具体确定，并对商品房买卖合同的订立以及房屋价格的确定有重大影响的，应当视为要约。该说明和允诺即使未载入商品房买卖合同，亦应当视为合同内容，当事人违反的，应当承担违约责任。”依据该条规定，在符合下列条件时，销售广告和宣传资料可以视为要约：

1. 出卖人就商品房开发规划范围内的房屋及相关设施所作的说明和允诺具体确定。

第一，出卖人针对开发规划范围内的房屋及相关设施作出了说明和允诺。“说明”和“允诺”是指以书面或者其他方式对于上述内容进行的表述或解释。其中，“说明”是对于相关情况的表述，而“允诺”是指对相关情况所做的承诺。在买受人购房前，建设单位针对买受人通过商品房买卖合同所欲购买的房屋（如房屋的位置、朝向等）以及房屋的配套设施以及小区的配套设施，如生活设施、体育娱乐设施、安全保障设施等，作出了一定的说明和允诺，且出卖人所作说明和允诺的范围限于商品房开发规划范围。例如，建设单位在宣传中声称其所开发的小区附近将建设有小学，而事实上政府还没有相应规划，购房人因此购买房屋的，虽不能将建设单位的相关表述视为“要约”，但建设单位也应当承担相应的责任。“说明”或“允诺”可以采用书面形式，也可以以视频、模型等形式作出。例如，建设单位采用广告片形式对房屋及配套设施情况所做的说明，也应当认为是作出了说明和允诺。

第二，说明和允诺的内容必须具体确定。依据《合同法》第 14 条的规定，要约的内容必须具体、确定，在判断建设单位作出的广告宣传内容是否构成要约时，也应当依据这一标准进行。所谓“具体”，指上述说明与允诺不是抽象和概括的描述，而是非常清晰、详细的表述。例如，建设

① 参见吴兆祥、韩君贵编著：《房屋租赁买卖合同疑难问题案例解析》，北京，法律出版社，2012，第 17 页。

单位仅表述了“交通便利”，则不能视为“具体”，反之，建设单位若明确承诺某路公交车将会在小区开设站点，则应当视为“具体”。所谓“确定”，是指建设单位作出的表述是肯定的，而不是含糊不清的。例如，“力争达到一流环境”不是一个“确定”的承诺，而“保证居住环境达到当地最佳标准”则应当视为一个“确定”的承诺。当然，并不要求说明和允诺的内容必须完全确定，只要达到可以确定的程度即可。[①] 即使广告宣传资料的内容不够具体、确定，如果当事人在合同订立过程中对该广告宣传资料的内容作出了约定，其也可以成为合同的内容。

2. 对商品房买卖合同的订立以及房屋价格的确定有重大影响的

一是对于商品房买卖合同的订立具有重大影响。它是指购房人信赖建设单位有关“开发规划范围内的房屋及相关设施所作的说明和允诺”，并直接促成了购房人决心购买相应的房屋。一般认为，房屋周边有交通、学校、医院的配套，以及小区的绿地、花园、安全设施等配置，这些足以对订立合同及商品房价格构成重大影响。不过，这些因素是否具有重大影响，最终还是应当根据案件的具体情况，由法官行使自由裁量权，根据普通人的标准来判断哪些属于足以产生重大影响的因素。[②] 如果出卖人的相关广告宣传对商品房买卖合同的订立以及房屋价格具有重大影响的，则认定该售房宣传资料构成要约。例如，在“曾莹诉深圳市南山华庭房屋开发有限公司房屋买卖合同纠纷案”[③] 中，法院认为：“合同中虽没有对相关的基础设施、公共设施作明确的约定，但原告提供的小区规划图中对小区花园、网球场、幼儿园、停车场等配套设施和公共设施明确予以标识，系被告就环境质量向原告作出的明确允诺，对商品房买卖合同的订立足以产生重大影响，应视为要约。”当然，关于是否能够产生合理的信赖，必须根据具体情况来确定。例如，小区内是否有中小学校，对于老年人决定购房而言，通常并不是一个重要决定因素。因此，即便建设单位对此说明和允诺有错误，购房的老年人也不应当以此追究建设单位的相应责任。

二是对于买卖合同的价格有重大影响。这就是说，建设单位作出的说明和允诺对于其销售的房屋价格之所以高于同地段、同类型房屋，具有决

---

① 参见郑玉波：《民法债编总论》，修订2版，北京，中国政法大学出版社，2004，第40页。

② 参见吴兆祥、韩君贵编著：《房屋租赁买卖合同疑难问题案例解析》，北京，法律出版社，2012，第18页。

③ 广东省深圳市南山区人民法院民事判决书（2003）深南法民三初字第2840号。

定性影响。例如，在“徐某诉西乡县钜富房地产开发有限公司商品房买卖合同纠纷案”① 中，法院认为：“钜富公司在钜富小区商品房开发预售中所作宣传资料及鸟瞰图，就原、被告签订合同标的的位置及外观所做的说明和允诺具体确定，明确表明其作为商品房开发的第 4 幢第 2 层 04 号房屋东侧为水平晒台，无装饰墙体，且该宣传资料及鸟瞰图对商品房买卖合同的订立以及房屋价格的确定有重大影响，故该宣传资料及鸟瞰图应视为要约。”因此，基于出卖人的承诺，将会导致购房人的购房价格大幅提高，就可视为要约。

一旦符合上述两条件，则可以认为建设单位作出的宣传广告和销售资料将构成房屋买卖合同中的要约，并成为合同的内容。此处所说的“视为”是一种法律上的推定。“视为”表明其属于法律拟制，具有推定的功能，且建设单位不能通过举证证明自己有不同的意思而予以推翻，也不能通过约定排除其适用。在建设单位作出上述说明和允诺时，即便其没有表明愿受其约束，也视为要约。一旦违反这些说明和允诺，则房地产建设单位应当承担违约责任，而非缔约过失责任。② 例如，建设单位允诺小区绿地面积达到多少平方米，即便合同没有记载这些条款，在不能实现时，其同样应当承担违约责任。又如，如果房地产建设单位在广告宣传资料中宣称小区即将被划入某个学区，但实际上并无此种规划，买受人为子女读书而决定购买房屋，在此情形下，建设单位的行为也构成违约。

需要指出的是，在建设单位作出的说明和允诺能够成为要约内容时，在合同履行阶段，如果建设单位不履行这些说明和允诺的，买受人有权请求建设单位继续履行，如建设单位承诺在小区内规划一定区域的绿地，但后来没有履行的，买受人有权请求建设单位履行这一承诺；如果该违约事项事实上没有继续履行可能的，买受人能否请求解除合同应视情况而定，如果不影响当事人购房目的的实现，则不应当允许当事人解除合同，而只能采取赔偿损失等违约责任形式对买受人提供救济；如果该说明和承诺无法履行影响当事人合同目的的实现的，买受人有权解除合同，并有权请求赔偿损失。③

---

① 陕西省西乡县人民法院民事判决书（2007）西民初字第 612 号。

② 参见吴兆祥、韩君贵编著：《房屋租赁买卖合同疑难问题案例解析》，北京，法律出版社，2012，第 18 页。

③ 参见吴兆祥、韩君贵编著：《房屋租赁买卖合同疑难问题案例解析》，北京，法律出版社，2012，第 18～19 页。

如果建设单位作出的宣传广告和销售资料不构成要约，但事实上对买受人作出购房决定有重大影响的，如何认定其效力？笔者认为，应当依据具体情形分别认定其效力。如果房地产建设单位的行为已构成虚假广告，则可能构成欺诈，买受人有权撤销合同，因该欺诈行为造成的损失，房地产建设单位应当予以赔偿。但如果是因为买受人自己的过错造成的，则显然不能由建设单位承担责任。例如，在实践中，很多开发商在宣传图片中已经明确注明“图片内容系宣传之用，不作为合同内容”。而在开发商的广告中虽有夸大之词，并无欺诈内容，则不应当要求开发商承担责任。

（二）关于商品房认购书

商品房认购书是指双方当事人在订立正式的商品房买卖合同之前所签订的，约定将来订立正式的房屋买卖合同的协议。[①] 实践中，建设单位在拿到商品房预售许可证之前，为了提前确定销售目标，往往与买受人订立商品房认购书。关于商品房认购书的效力，存在几种不同观点：

1. 无法律效力说。此种观点认为，商品房认购书不具有任何法律效力。因为当事人没有作出订立商品房买卖合同的意思表示，也就不受法律保护。

2. 预约合同说。此种观点认为，认购书在性质上属于预约合同，预约与将来要订立的本约不同。签订认购书应当据此订立本约，否则构成违约。[②]

3. 独立商品房买卖合同说。此种观点认为，商品房认购书表明双方已经就商品房的买卖达成了协议，如果不购买，则买受人构成违约。

笔者认为，对于认购书的效力，应当区分具体情况考虑。因为有些商品房认购书具体确定了房屋的位置、面积、价格、交付时间等内容，而有些只是概括地和购房人确定销售意向，因而对其性质不应一概而论。根据相关司法解释，可以将其区分为两种情形：

1. 认定为预约合同的商品房认购书

所谓预约，是指当事人双方为将来订立本约而签订的合同。如果当事人双方就将来订立正式的商品房买卖合同进行了约定，且交付了相应定金，可以看做当事人之间存在有关商品房买卖的预约合同。2012 年最高

---

① 参见吴兆祥、韩君贵编著：《房屋租赁买卖合同疑难问题案例解析》，北京，法律出版社，2012，第 19 页。

② 参见符启林：《商品房预售法律制度研究》，北京，中国政法大学出版社，2002，第 94 页。

人民法院《买卖合同司法解释》第 2 条规定:“当事人签订认购书、订购书、预订书、意向书、备忘录等预约合同,约定在将来一定期限内订立买卖合同,一方不履行订立买卖合同的义务,对方请求其承担预约合同违约责任或者要求解除预约合同并主张损害赔偿的,人民法院应予支持。”该条款承认了预约合同的效力。在商品房买卖中,如果双方当事人以认购书、订购书、预订书、意向书、备忘录等形式达成预约合同时,一方当事人未按预约合同的约定订立合同,构成违反预约的行为,应当承担损害赔偿等违约责任。预约本质上是一种合意,它虽然是为了订立本约而订立的,而且是在订立本约的过程中订立的,但一旦就预约达成合意,就要对当事人产生拘束力。该合同具有与本约相分离的效力。我国司法实践也承认,当事人签订认购书可形成预约合同,并受法律保护。例如,在“黄某等诉广西某某企业集团有限公司商品房预售合同纠纷案”[①] 中,法院认为,原、被告所签订的《认购书》构成预约合同,原告应当按照《认购书》的约定,于支付定金之日起 3 日内与被告签订《商品房买卖合同》,并支付相应的购房款。

作为预约合同的商品房认购书,并不需要具备商品房买卖合同的主要条款,它应当包含未来订立商品房买卖合同的意思表示,并且所要订立的商品房买卖合同本身应当可以确定。商品房认购书也可以约定一定的条件或者期限,在该条件成就或者期限到来时合同才生效,在该条件成就前,认购书不具有约束力。

在当事人通过订立商品房认购书而订立预约合同时,虽表明双方当事人有义务签订商品房买卖合同,但并不一定签订合同,如果一方违反预约不签订商品房买卖合同,则应当依据预约合同承担违约责任,而不应当依据商品房买卖合同承担违约责任。如果在签订商品房认购书时,一方已经支付定金,因当事人一方原因未能订立商品房买卖合同,应当适用定金罚则。[②] 但是因不可归责于当事人双方的事由,导致商品房买卖合同未能订立的(如因为规划变更而无法建造房屋),则预约合同效力终止,出卖人应当将定金返还买受人。

2. 认定为商品房买卖合同的商品房认购书

商品房认购书也可能构成正式的商品房买卖合同。《商品房买卖司法

① 广西南宁市青秀区人民法院民事裁判书 (2011) 青民一初字第 274 号。

② 参见《商品房买卖司法解释》第 4 条。

解释》第5条规定："商品房的认购、订购、预订等协议具备《商品房销售管理办法》第十六条规定的商品房买卖合同的主要内容，并且出卖人已经按照约定收受购房款的，该协议应当认定为商品房买卖合同。"依据这一规定，如果符合如下条件，商品房认购书应当被认定为商品房买卖合同：

第一，认购书具备了商品房买卖合同的主要条款。一般来说，如果当事人双方在认购书中已经就房屋买卖的客体（如特定的房屋所在地以及面积）和房屋的价格进行了约定，可以认为认购书已经具备了合同的主要条款，此时应当作为商品房买卖合同来对待。例如，在"谢某丽诉深圳市水某花都房地产有限公司房屋买卖纠纷案"① 中，法院认为，原告谢某丽与被告水某花都公司于2010年10月4日签订的《深圳市房地产认购书》，该认购书具备合同主要条款，构成合同，双方均应全面遵照履行。

第二，出卖人已经按照约定收取购房款。在建设单位已经收取购房款的情况下，表明买受人已经开始履行商品房买卖合同的主要义务，而出卖人也已经接受其履行。在此情形下，可以通过双方的实际履行行为，推定合同已经成立，因此，应当认定商品房认购书已经构成正式的商品房买卖合同。

三、商品房买卖合同的主要内容

商品房买卖合同主要包括如下内容②：

（一）商品房的基本状况

商品房买卖合同的标的物是商品房，买受人购买商品房主要是为了满足一定的生产、生活需要，因此，商品房的基本情况对买受人而言具有重要意义。在商品房买卖合同中，当事人应当对房屋的坐落位置、面积等作出明确的约定，从而使商品房特定化。总体而言，商品房买卖合同应当载明以下信息：

1. 房屋的具体位置。买卖合同的标的必须确定，对商品房买卖合同来说，必须确定商品房的具体位置（如房屋所处的地理位置，或一栋楼内房屋的门牌号等），即使在商品房预售的情形，也应当在商品房买卖合同中载明商品房的具体位置，以使商品房特定化。同时，房屋的具体位置对

---

① 广东省深圳市宝安区人民法院民事判决书（2011）深宝法民三初字第363号。

② 参见建设部2001年颁布的《商品房销售管理办法》第16条。

于购房人决定是否同建设单位订立合同，往往也具有重要意义，因此，商品房买卖合同应当写明房屋所处的具体位置。

2. 商品房的面积以及相关设施的情况。商品房买卖合同中应当对商品房的具体范围、面积作出约定，商品房的面积和范围是商品房买卖合同的必要条款，其一方面使商品房特定化，另一方面也是为了确定买受人应当支付的价金数额。如果当事人没有在合同中具体确定房屋的面积和范围，则可以认定双方当事人没有就合同的主要条款达成合意，合同尚未成立。一旦当事人在合同中约定了商品房的面积，建设单位就不得随意进行变更。同时，为了满足买受人特定生产、生活的需要，当事人应当在合同中就供水、供电、供热、燃气、通讯、道路、绿化等配套基础设施和公共设施的基本情况以及其权属作出约定。

需要指出的是，商品房买卖合同的标的物必须合法，具体包括如下几个方面：一是用于建造商品房的土地来源应当合法。商品房建设单位建造商品房时，应当依照法律规定的程序和方式取得相关城镇土地的建设用地使用权，并且已经足额支付了土地出让金。[①] 二是商品房的建造应当经过政府的审批，取得建筑规划、施工许可等文件。因为按照我国法律的规定，必须完成报批手续、完成一定的投资额度并进行实际建设，才能够进行商品房的预售。此外，房屋建设必须按照相关的规划文件进行，未来建成的房屋必须要和规划一致，否则将作为违章建筑拆除。三是商品房不属于法定不得转让的情形。[②] 商品房买卖合同的标的必须具有合法性，才能保障买受人权利的实现。

（二）房价款

房价款，也就是价金条款，它是商品房买卖合同的主要条款，如果当事人没有就房价款数额达成合意，合同不成立。由于房屋关系到个人基本居住权的实现，国家往往对房价实行一定的调控政策，因而，当事人在合同中约定的房价款必须符合国家的相关规定。在合同中，房价款的约定主要应当包括以下内容：一是房价款的确定方式及总价款。房价款通常是基

---

① 参见吴兆祥、韩君贵编著：《房屋租赁买卖合同疑难问题案例析解》，北京，法律出版社，2012，第9页。

② 《城市房地产管理法》第38条规定："下列房地产，不得转让：（一）以出让方式取得土地使用权的，不符合本法第三十九条规定的条件的；（二）司法机关和行政机关依法裁定、决定查封或者以其他形式限制房地产权利的；（三）依法收回土地使用权的；（四）共有房地产，未经其他共有人书面同意的；（五）权属有争议的；（六）未依法登记领取权属证书的；（七）法律、行政法规规定禁止转让的其他情形。"

于房屋面积确定的，当事人应当在合同中就房价款的确定方式以及总价款作出规定。但如果是购买整栋房屋，当事人也可以就整栋房屋约定总价款。二是房价款的支付方式。房价款的交付方式包括一次付清和分期付款，有现金支付方式，也有转账或者汇兑支付方式[①]，当事人应当在合同中对房价款的支付方式作出约定。三是房价款的支付时间。如果采用分期付款的方式支付房价款的，当事人也应当在合同中就具体的付款方式、付款期限以及未按期支付的违约责任等作出约定。如果采用按揭付款的方式支付房价款，当事人应当在合同中约定首期付款的时间和办理按揭中所应承担的权利义务。

房价款的支付可能会受到情势变更的影响。所谓情势变更，是指合同成立以后，由于客观情况发生了当事人在订立合同时无法预见的重大变化，动摇了合同履行的基础，如果继续履行合同，对一方当事人有失公平，在此情况下，当事人一方有权请求变更或者解除合同。在商品房买卖合同履行中，时常发生情势变更的情形，例如，由于国家政策的变化，对商品房采取限购政策，导致已经签订的商品房买卖合同无法履行，当事人有权请求变更或者解除合同。依据《商品房买卖司法解释》第23条的规定，当事人约定以担保贷款的方式付款的，因一方原因致使未能订立商品房担保贷款合同并导致商品房买卖合同不能继续履行的，另一方当事人有权解除合同并请求承担违约责任；因不可归责于双方当事人的原因不能订立商品房担保贷款合同并导致商品房买卖合同不能继续履行的，任何一方当事人均可解除合同，出卖人应当将所收取的房价款及其利息或者本金等返还给买受人。此处“因不可归责于当事人双方的事由未能订立商品房担保贷款合同并导致商品房买卖合同不能继续履行的”，即属于情势变更的情形。例如，国家因为宏观调控收紧银根，使得合同双方未能订立贷款合同，从而严重影响商品房买卖合同的履行。近年来，为遏制房价过快增长的现象，国务院出台了一系列政策文件，以提高贷款门槛、限制购房条件甚至以停止贷款、暂停售房为核心内容。[②] 在司法实践中，大多认为此种

① 参见金俭：《房地产法研究》，北京，科学出版社，2004，第177页。

② 例如，2010年1月7日，国务院办公厅发出《国务院办公厅关于促进房地产市场平稳健康发展的通知》（国办发〔2010〕4号）。2010年4月17日，国务院发出《国务院关于坚决遏制部分城市房价过快上涨的通知》（国发〔2010〕10号）。2011年1月26日，国务院办公厅发出《国务院办公厅关于进一步做好房地产市场调控工作有关问题的通知》（国办发〔2011〕1号）。

情形属于情势变更。[①]

商品房买卖过程中价格的严重涨落是否属于情势变更，对此存在不同观点。罗马法确立了“短少逾半”规则，在价格涨落超过一半时，即可认为是显失公平。受此规则的影响，《法国民法典》第1674条则规定，出卖人因低价所受的损失超过不动产价金额的7/12时，达到利益关系严重失衡标准；《国际商事合同通则》第6.2.2条解释：履行费用或者价值如果能用金钱计算，应当达到或超过50%，即一方的给付要增加50%，或另一方的利益要减少50%以上，认为达到严重失衡标准。[②] 在我国，有学者认为，若价格正常浮动，属商业风险；当价格涨落幅度超过平均利润，即被认为是难以预见的暴涨暴跌。[③]

笔者认为，在商品房买卖合同中，不宜单纯根据价格涨落的幅度区分情势变更与商业风险。价格的涨落一般应当认定为商业风险，而不属于情势变更，原因主要在于：一方面，价格的波动常常具有一定的可预见性。[④] 商业活动是由无数的交易构成的，而交易都要受到供求关系等的支配，因此，供求变化、价格涨落等是商业活动必然面临的风险。在房地产市场中，交易当事人应当预见到价格的波动，因此，应当将价格的波动归入商业风险中。另一方面，情势变更应当根据多个因素综合判断，如需要考虑国家政策的变化、供求关系的变化以及国际市场的影响等，而不能单独依据价格因素进行判断。房产价格波动只是结果，还应当具体分析引起价格波动的原因。在特殊情形下，如果价格的变动确实符合情势变更的要件，则应当认定为情势变更。例如，房产价格因为国家宏观调控政策的变化而出现大的波动，则应当将其认定为情势变更的范畴。

（三）房屋交付使用条件及日期

商品房买卖合同中，买受人同建设单位订立合同的目的在于满足其生

---

① 参见“张某某诉宋旭红服务买卖合同纠纷案”，北京市海淀区人民法院民事判决书（2010）海民初字第16419号。

② 参见邹艳珏：《不可抗力与情势变更原则在房屋买卖合同纠纷处理中的适用探析》，载《仲裁研究》，2010（2）。

③ 参见张庆东：《情势变更与商业风险的法律界定》，载《法学》，1994（8）。

④ 例如，在有的案例中，法院认为，部分房价、地价仍出现一些增长过快的势头，投机性购房仍较活跃，因此，当事人应当预见到购房存在巨大商业风险，并在合同中对国家放贷政策变化导致按揭不能作出了自己的承诺，这种情形不属于情势变更，不能解除房屋买卖合同。参见最高人民法院中国应用法学研究所：《人民法院案例选》（第2辑），北京，人民法院出版社，2011，第128页。

产、生活需要，因此，房屋具体交付时间对买受人具有重要意义，如果建设单位不按期交付房屋，可能构成根本违约。通常，房屋必须在竣工验收后交付，但具体的交付日期应当由当事人约定。当事人可以在合同中特别约定房屋交付的条件或者约定以一定期限的到来作为交付房屋的条件，如当事人可以约定以买受人支付一定数额的购房款作为建设单位交付房屋的条件。

（四）办理房屋所有权变更登记的时间

依据《物权法》的规定，房屋所有权的移转以办理变更登记为条件，因此，当事人应当约定办理房屋所有权变更登记的具体时间。由于商品房买卖以移转所有权为目的，因而，建设单位为买受人办理房屋所有权变更登记是其负担的主要合同义务。

（五）争议处理方式及违约责任

当事人可能在合同履行过程中发生一些争议，尤其是在商品房预售合同中，由于合同订立时标的房屋尚不存在，在合同履行过程中就可能发生一些争议，为便利纠纷的及时解决，当事人可以在合同中约定纠纷的解决方式，如面积误差的处理方式等。同时，当事人还可以在合同中约定违约责任，如就违约责任的承担方式、违约金数额等作出约定。

四、商品房预售许可对合同效力的影响

依据《城市房地产管理法》第 44 条，商品房预售必须具备预售许可证明。《商品房买卖司法解释》第 2 条规定：“出卖人未取得商品房预售许可证明，与买受人订立的商品房预售合同，应当认定无效，但是在起诉前取得商品房预售许可证明的，可以认定有效。”据此可见，该司法解释认为，法律关于商品房预售许可的规定属于效力性强制性规范，法律作出此种规定是为了维护消费者权益、保护交易安全和秩序。据此，违反该解释关于商品房预售许可的规定将导致商品房预售合同无效。[①] 但该司法解释也认可事后取得商品房预售许可证明可以补正合同的效力，这主要是为了鼓励交易，且在买受人需要购买房屋的情况下，允许建设单位事后补办，也有利于保护买受人的利益。

不过，《商品房买卖司法解释》第 2 条规定，如果出卖人未取得商品

---

① 参见最高人民法院民事审判第一庭：《最高人民法院关于审理商品房买卖合同纠纷案件司法解释的理解与适用》，北京，人民法院出版社，2003，第 26 页。

房预售许可证明，其订立的商品房预售合同无效，这一规定的合理性是值得商榷的。笔者认为，此时所签订的商品房买卖合同并不应当然无效，主要原因在于：第一，从体系解释来看，《城市房地产管理法》第45条只是要求取得预售许可证明，但并未规定未取得该证明时合同的效力如何，所以，《商品房买卖司法解释》关于此种合同无效的规定，并不完全符合《城市房地产管理法》的精神。第二，从该规范的性质来看，该规范虽然属于强制性规范，但应当属于管理性规范而非效力性规范，出卖人违反该规定，应当受到行政处罚，而并不能导致商品房买卖合同无效。第三，从目的解释来看。预售商品房许可设立的目的是保护购房人的利益，在建设单位未取得预售许可的情况下同买受人订立商品房买卖合同，如果一概认定此类合同无效，不利于保护买受人，而允许购房人主张违约责任，更有利于保护购房人的利益，制裁商品房预售人的违约行为。尤其在房屋价格上涨的情况下，如果出卖人故意不办理房屋预售许可，简单地宣告合同无效，将不利于买受人利益的保护，还会纵容商业不诚信行为。

与预售许可相关的是，预售登记备案手续对商品房买卖合同效力的影响问题。《商品房买卖司法解释》第6条第1款规定："当事人以商品房预售合同未按照法律、行政法规规定办理登记备案手续为由，请求确认合同无效的，不予支持"。依据该规定，未办理预售许可并不能导致商品房买卖合同无效，原因主要在于：一方面，要求当事人进行登记备案的规定并不是效力性的规范，而只是管理性的规范。因为备案是政府管理的手段，目的是便于政府对房地产市场进行管理调控，不能将其作为效力性规范对待。当事人未办理房屋预售登记备案手续的，并不当然导致商品房买卖合同无效。另一方面，如果将房屋预售登记备案作为合同生效要件，可能对买受人产生不利影响，因为建设单位可能故意拖延办理商品房预售登记备案手续，如果一概认定合同无效，有可能诱导商业不诚信行为。但是，依据该司法解释第6条第2款的规定，如果当事人约定以办理登记备案手续为商品房预售合同生效条件的，从其约定。因此，如果当事人在合同中明确约定以登记备案作为合同生效的条件，该约定并不违反我国法律和行政法规的强制性规定，因此，应当认定为附条件的法律行为。①

---

① 参见最高人民法院民事审判第一庭：《最高人民法院关于审理商品房买卖合同纠纷案件司法解释的理解与适用》，北京，人民法院出版社，2003，第76页。

第三节　商品房买卖合同的效力

一、出卖人的义务

（一）按照约定交付房屋

按照合同的约定交付房屋，是出卖人的主要合同义务。在商品房交易实践中，经常发生出卖人延期交房、面积缩水、质量不合格等问题，因此，在法律上明确出卖人交付房屋义务的内容具有重要意义。该项义务主要包括如下内容：

第一，出卖人应当按照合同约定移转房屋的占有。《商品房买卖司法解释》第11条规定："对房屋的转移占有，视为房屋的交付使用，但当事人另有约定的除外。"这里所说的"转移占有"，包括现实交付和观念交付。现实交付是指出卖人将房屋的占有、使用等实际控制权现实地转移给买受人。实践中一般是指出卖人将房屋的钥匙交付给买受人。[①] 在房地产交易实践中，通常将此种现实交付的行为称为"交钥匙"[②]。除了现实交付外，还包括观念交付，包括指示交付、简易交付、占有改定。这些交付方式在商品房买卖中同样存在。例如，在买受人原已承租标的房屋的情况下，该房屋的交付可以以简易交付的形式进行，当事人之间的买卖合同一旦生效，房屋所有权则发生移转，房屋视为已经交付。

第二，出卖人应当按照合同约定的时间交付。商品房买卖合同生效后，出卖人应当按照合同约定的时间将房屋交付给买受人。而在商品房预售合同中，合同生效时，房屋通常尚未建成，房屋能否按期竣工并验收合格存在许多不确定因素。如果房屋无法按时交付，将可能给买受人造成损失。因此，在出卖人逾期交付房屋的情况下，买受人有权请求损害赔偿。一般来说，如果当事人在合同中就违约金条款作出约定时，一旦出卖人逾期交付房屋，原则上应当按照当事人的约定确定出卖人的违约责任。如果当事人未约定违约责任条款的，则应当根据《商品房买卖司法解释》第

---

① 参见韩延斌：《〈关于审理商品房买卖合同纠纷案件适用法律若干问题的解释〉的理解与适用》，载《法律适用》，2003（6）。

② 吴兆祥、韩君贵编著：《房屋租赁买卖合同疑难问题案例解析》，北京，法律出版社，2012，第11页。

17条所规定的逾期交房的具体赔偿计算标准进行确定，即“逾期交付使用房屋的，按照逾期交付使用房屋期间有关主管部门公布或者有资格的房地产评估机构评定的同地段同类房屋租金标准确定”。因为在迟延交付的情况下，买受人为了满足其基本的生产、生活需要，可能需要租赁同地段的同类房屋，以替代作为商品房买卖合同标的物的房屋来进行占有和使用，所以，可以以同地段同类房屋的租金标准确定出卖人因迟延交付而应承担的损害赔偿责任。①

第三，出卖人应当按照合同约定的面积交付。关于商品房面积的计算方法，如果当事人有明确约定的，应当按照当事人约定的测算方法计算。当事人没有作出约定的，如果相关地方性规范文件有具体规定的，可以参照该相关规定测算。当事人之间既没有作出约定，也没有相关地方性规范文件的，则应参考相关交易惯例加以测算。如果商品房买卖中实际交付的面积和约定面积存在差异，则出卖人的行为构成瑕疵给付，出卖人应当承担违约责任。②《商品房买卖司法解释》第14条对面积误差的不同情形规定了不同的法律效果，如果出卖人交付房屋面积误差比绝对值在3%以内（含3%），对于面积误差的部分，应当按照合同约定的价格结算。而如果出卖人交付房屋面积误差比绝对值超出3%的，买受人有权解除合同，并要求出卖人返还已付购房款及利息。当然，买受人也可以不行使解除合同的权利，而要求出卖人继续履行合同。③

第四，出卖人应当按照合同约定的地点交付。如果当事人未对交付地点进行约定的，依据《合同法》第141条，买卖合同的当事人也应当在不动产所在地进行交付。从体系解释来看，《合同法》第62条规定，履行地点不明确，如果当事人交付不动产的，在不动产所在地履行。而《合同法》第141条对此并未作出明确规定，据此可以认为，如果特别法未作规定的，则应当适用总则的规定。因此，不动产的交付地点为不动产所在地。需要指出的是，不动产所在地和登记所在地通常是一致的，但也可能不一致。当二者不一致时，依据《合同法》第62条的规定，应以不动产所在地作为合同的履行地。

---

① 参见最高人民法院民事审判第一审判庭编著：《最高人民法院关于审理商品房买卖合同纠纷案件司法解释的理解与适用》，北京，人民法院出版社，2003，第230页。

② 参见黄茂荣：《买卖法》，北京，中国政法大学出版社，2002，第384～385页。

③ 参见最高人民法院民事审判第一审判庭编著：《最高人民法院关于审理商品房买卖合同纠纷案件司法解释的理解与适用》，北京，人民法院出版社，2003，第183页。

（二）办理登记并转移房屋所有权

买受人订立商品房买卖合同的目的即在于取得房屋所有权，因此，及时办理登记，并向买受人移转房屋所有权是出卖人的主合同义务。因为商品房以登记作为其物权变动要件，如果出卖人只是交付而没有办理产权登记，买受人则不能取得所有权，因此，出卖人并未完全履行其合同义务。[①] 需要强调的是，办理转移登记并非商品房买卖合同的生效要件，而是商品房买卖合同生效后，出卖人应当履行的合同义务，属于合同履行的范畴。任何一方不履行合同义务，都应当承担违约责任。[②] 因此，在房屋交付之后，由于出卖人的原因，导致买受人无法办理房屋登记，并因而无法取得房屋所有权的，买受人有权要求出卖人继续履行，并有权请求其承担其他违约责任。[③]

在出卖人未及时办理变更登记的情况下，买受人有权请求出卖人为其办理相应的变更登记手续。如果出卖人拒不配合或者由于出卖人的原因导致无法办理变更登记的，则买受人有权请求其承担违约责任。依据《商品房买卖司法解释》第19条的规定，在商品房买卖合同约定或者《城市房地产开发经营管理条例》第33条规定的办理房屋所有权登记的期限届满后超过一年，因为出卖人的原因导致买受人无法办理房屋所有权登记的，买受人有权请求解除合同并请求出卖人赔偿损失。

买受人有义务协助出卖人办理变更登记手续，例如，买受人应当提供自己的相关信息，以协助出卖人办理变更登记手续。《城市房地产开发经营管理条例》第33条将出卖人的义务界定为协助买受人办理登记的义务，并规定买受人负有办理土地使用权变更和房屋所有权登记手续的义务。[④] 笔者认为，该规定将办理变更登记作为买受人的一项义务，值得商榷。因为请求变更登记并不是买受人的一项义务，而是其权利，买受人负有协助

---

① 参见北京市高级人民法院编：《房地产新型疑难案例判解》，北京，法律出版社，2006，第172页。

② 参见赵珊：《房屋买卖中的法律问题研究》，载《商业文化》（学术版），2009（10）。

③ 参见王丽华、邢立明：《论房屋买卖合同中的产权转移登记》，载《当代法学》，1999（4）。

④ 《城市房地产开发经营管理条例》第33条规定："预售商品房的购买人应当自商品房交付使用之日起90日内，办理土地使用权变更和房屋所有权登记手续；现售商品房的购买人应当自销售合同签订之日起90日内，办理土地使用权变更和房屋所有权登记手续。房地产开发企业应当协助商品房购买人办理土地使用权变更和房屋所有权登记手续，并提供必要的证明文件。"

的义务，但并不负有办理产权变更登记的义务，即便买受人因各种原因不及时办理登记，出卖人也不能强制买受人必须办理。因买受人不愿协助导致出卖人无法履行转移登记义务的，表明其暂时不愿将所有权转移到自己名下，并不能据此认为其放弃了该房屋所有权。相反，在法律上，出卖人负有为买受人办理变更登记的义务，如果出卖人未履行义务，买受人有权请求其履行。

（三）担保房屋质量合格义务

担保房屋质量合格，是物的瑕疵担保义务的一种类型。所谓物的瑕疵担保义务，是指出卖人应当负有担保其出卖的标的物符合法律规定和合同约定的质量要求的义务。商品房买卖合同中，出卖人不仅需要向买受人交付房屋、移转房屋所有权，还应当保证其交付的房屋符合合同约定和法律规定的质量要求，以保障合同目的的实现，因此，出卖人负有物的瑕疵担保义务。[①] 此种义务具体包括：一是出卖人应当按照合同约定的质量要求交付标的物。出卖人交付的房屋不符合当事人的约定标准，不符合出卖人单方作出的质量允诺、质量说明等，都属于物的瑕疵。二是符合国家有关法律法规规定的质量标准。[②] 如果法律法规关于房屋质量的规定是强制性的，当事人不得约定排除；而如果法律法规的规定属于任意性的，则只有在当事人没有约定时，才应适用国家有关法律法规规定的质量标准。三是如果当事人约定房屋用于特殊用途的，出卖人交付的房屋还应当满足该特定需求。如果合同约定以样板房的质量标准交付房屋，此种情形属于凭样品买卖。如果出卖人对实际交付的房屋的质量与样板房不一致作出特别说明的，则交付的房屋应当符合该实际说明的质量要求。[③] 如果出卖人未对实际交付的商品房质量、设备以及装修等情况作出特别说明，则出卖人交付的房屋应当与样板房一致，否则即构成瑕疵。如果出卖人所设置的样板房存在隐蔽质量瑕疵的，即使其交付的房屋与样板房质量一致，仍不能完全免除其物的瑕疵担保责任，此时，应当按照商品房的一般标准来确定所交付房屋的质量。[④]

---

① 参见王林辉：《商品房买卖合同纠纷若干问题探析（下）》，载《仲裁研究》，2010（2）。

② 参见最高人民法院民事审判第一庭编著：《最高人民法院关于审理商品房买卖合同纠纷案件司法解释的理解与适用》，北京，人民法院出版社，2003，第168页。

③ 《商品房销售管理办法》第31条规定："房地产开发企业销售商品房时设置样板房的，应当说明实际交付的商品房质量、设备及装修与样板房是否一致，未作说明的，实际交付的商品房应当与样板房一致。"

④ 参见吴兆祥、韩君贵编著：《房屋租赁买卖合同疑难问题案例解析》，北京，法律出版社，2012，第32页。

需要讨论的是，建设单位的瑕疵担保义务与竣工验收合格之间的关系。依据我国法律规定，房屋已经完工的，应当进行质量验收。竣工验收之后，出卖人应当向买受人提供住宅质量保证书、住宅使用说明书。[①] 虽然通常情况下，完成竣工验收意味着相关机构已经对建筑工程质量达标情况进行了检查、验收，但考虑到竣工验收本身是由建设单位组织完成，相关政府部门并不对竣工验收报告进行实质审查，而且绝大多数房屋功能和质量问题，需要在交付使用一段时间后才能发现。因此，竣工验收合格只是建设单位按照相关规定交付商品房的必要条件，并不意味着标的物必然合格。如果买受人能够证明房屋质量不符合约定或法定质量标准的，出卖人仍应当承担违约责任，而不能仅以建筑物已经过验收作为抗辩。

（四）房屋权利瑕疵担保义务

房屋权利瑕疵担保义务，是指出卖人应当确保买受人能够依法取得标的房屋的所有权。这就是说，出卖人有义务担保买受人取得完整的房屋所有权，避免因第三人的追夺而使其无法取得权利。[②] 所谓权利瑕疵，是指“所给付之权利，带有依契约之约定，不应带有之负担”[③]。权利瑕疵担保义务是商品房出卖人的一项重要义务，如果出卖人不履行此种义务，将可能导致买受人的合同权利无法实现。在此意义上，出卖人负担权利瑕疵担保义务是其主给付义务的应有之义。《城市房地产管理法》第38条、《城市房地产转让管理规定》第6条规定了出卖人不得转让房地产的几种情形，这就确立了出卖人的权利瑕疵担保义务，具体包括以下内容：

第一，应当保证买受人能够依法取得所售房屋的所有权。据此，建设单位必须合法建造，才能取得所建造房屋的所有权，并保证买受人取得所有权。因此，自工程建造伊始，建设单位就应当取得建设用地使用权，并办理相关的批准、备案手续。例如，依据《城市房地产管理法》第45条第1款规定：“商品房预售，应当符合下列条件：（一）已交付全部土地使用权出让金，取得土地使用权证书；（二）持有建设工程规划许可证；（三）按提供预售的商品房计算，投入开发建设的资金达到工程建设总投资的百分之二十五以上，并已经确定施工进度和竣工交付日期；（四）向县级以上人民政府房产管理部门办理预售登记，取得商品房预售许可证

---

① 参见吴兆祥、韩君贵编著：《房屋租赁买卖合同疑难问题案例解析》，北京，法律出版社，2012，第32页。

② 参见史尚宽：《债法各论》，北京，中国政法大学出版社，2000，第12～13页。

③ 黄茂荣：《买卖法》，北京，中国政法大学出版社，2002，第172页。

明。”只有在满足上述条件时，建设单位才能取得房屋的所有权，也才有可能将其所有权移转给买受人。

第二，出卖房屋的产权不存在争议。所谓产权不存在争议，是指商品房买卖合同的标的不存在产权纠纷。依据《城市房地产管理法》第38条的规定，“权属有争议”的房地产不得转让。因为建设单位只有将产权不存在争议的房屋转移给买受人，才能保证合同的顺利履行，保障买受人合同目的的实现。实践中，虽然房地产开发企业出售的房屋大多有明确的权属登记，极少发生权属争议问题，但也存在数人合作开发房地产而将产权登记在一人名下的情况。在此情形下，如果登记权利人擅自将房屋转让给第三人，构成无权处分，受让人取得的房屋所有权也可能受到他人的追夺。

对于出卖权属存在争议的房产是否导致合同无效，存在不同的观点。笔者认为，发生权属争议后，不应影响合同的效力，其原因在于：一方面，权属争议大多是发生在出卖人和第三人之间的，买受人对此往往并不知情，其基于对房地产登记簿所登记内容的信赖而进行交易，属于善意第三人，应当受到法律保护。另一方面，即便就权属提出争议的当事人就该房屋办理了查封或者异议登记等手续，也只是限制了标的物的处分权，导致房屋不能办理所有权转移登记，而不应影响买卖合同的效力。[①]《物权法》第15条规定，“未办理物权登记的，不影响合同效力”。因此，即使因为房屋权属存在争议，导致买受人无法取得房屋所有权，商品房买卖合同仍有效，但因为标的房屋产权争议而使得买受人无法取得所有权时，买受人可以依据有效的买卖合同要求出卖人承担违约责任，这也有利于保护善意买受人的合法权益。还应当指出，如果因该房产被查封等而导致买受人无法取得标的房屋的所有权时，属于合同履行的问题，其与权利瑕疵担保存在一定区别，因为权利瑕疵担保一般是指房屋所有权已经发生移转而受到第三人追夺的情形，但标的物因权属存在争议而无法移转所有权，则属于合同履行问题。

第三，所售房屋上不存在影响买受人取得所有权的其他权利负担。即在商品房买卖合同中，标的房屋可能存在多种权利负担，只有存在影响买受人取得房屋所有权的权利负担时，出卖人才有可能承担权利瑕疵担保责任。例如，在房屋之上存在租赁权，该权利的存在虽然会在一定程度上影

---

① 参见张慧静：《“权属有争议的房产不得转让”的法律缺陷》，载《中国房地产》，2010(7)。

响买受人的利益，但并不影响房屋所有权的移转。从实践来看，影响所有权移转的权利负担主要体现为所售房屋之上已经设定了抵押。例如，出卖人在出售房屋前已经在该房屋上设置了抵押权，则可能影响买受人取得房屋所有权。因为买受人受让了已经设立了抵押的房屋，其取得房屋所有权可能因抵押权的实现而受到追夺，此时，出卖人应当承担权利瑕疵担保责任。

依据《合同法》第151条的规定，如果买受人在订立合同时知道或应当知道标的物存在权利瑕疵的，出卖人不承担权利瑕疵担保义务。法律作出此种规定的原因主要在于，买受人在订立合同时就知道或者应当知道权利瑕疵，但其仍然订立合同，意味着其自愿承受第三人对标的物享有权利的风险。如果标的物被第三人追夺，则其应当自己承担相应的损失，而不能向出卖人主张违约责任。关于买受人知道或应当知道，还有如下问题有待厘清：一是"知道"的时间限于合同订立时，即在订立合同时或者订立合同之前，买受人就已经知道或者应当知道这些情况。但如果买受人在合同订立之后、接受标的物时才知悉存在权利瑕疵的，则意味着买受人并不存在过错，也不应要求其承担风险。二是如何认定"知道"或"应当知道"。这里所说的"知道"是指买受人明知，而"应当知道"是指按照一个一般人的通常理解，其在订立合同时理应从相关情形了解到标的物存在相关的权利瑕疵。出卖人不承担权利瑕疵担保义务，就意味着买受人无权就其不能取得标的物的完整所有权而请求出卖人承担违约责任。

（五）保修义务

所谓保修义务，是指在保修期间内，如果房屋出现保修范围的质量问题，商品房出卖人（通常是房地产开发企业）应当履行保修义务，并对造成的损失承担赔偿责任。保修义务虽是由法律明确规定的，但具体的保修范围、保修期限、保修责任等内容，应当由当事人在合同中作出约定。① 由于保修义务是法定的强制性义务，因而，当事人可以约定更高标准的保修义务，但约定的保修义务标准不能低于法定的标准。在建设单位以单方允诺的方式对买受人承担了更高保修义务的情况下，其不得以该义务超出了施工企业对其承担的义务范围为由来对抗买受人。当然，在房屋出现质量问题时，买受人也可以自行修理，但修理费用应当由出卖人承担。②

① 参见《商品房销售管理办法》第33条。

② 参见最高人民法院民事审判第一庭编著：《最高人民法院关于审理商品房买卖合同纠纷案件司法解释的理解与适用》，北京，人民法院出版社，2003，第170页。

（六）附随义务

所谓附随义务，是指按照诚实信用原则，商品房买卖合同的出卖人应根据合同的性质、目的和交易习惯履行告知、说明、协助、保密等义务。具体来说：一是告知义务。例如，依据《商品房销售管理办法》第24条的规定，房地产开发企业（通常为商品房出卖人）应当按照批准的规划建设房屋，如果相关建设规划发生变更，导致商品房的结构、户型、空间尺寸、朝向等发生变化的，房地产建设单位应当在规划变更之日起10日内，书面通知买受人，买受人可以选择解除合同，此时，出卖人无须承担违约责任。二是说明义务。商品房买卖合同大多采用格式条款，虽然大部分条款由政府制定，但建设单位也会增加部分条款，尤其是商品房出卖人应当向买受人提供《住宅质量保证书》、《住宅使用说明书》并应买受人要求就其相关内容作出说明。三是协助义务。在房屋销售前应当提前通知买受人，为买受人接收房屋留出合理的时间，协助买受人办理物业服务相关事项。四是保密义务。建设单位对在交易过程中了解到买受人的一些个人信息，应当严格保密，不得擅自泄露与非法倒卖。

二、买受人的义务

（一）按期支付价款的义务

因为商品房买卖合同是双务合同，故支付价款是买受人的基本义务或主给付义务，买受人取得标的物所有权就必须支付相应的价款。在当事人之间无特别约定或法律未作特殊规定的情况下，买受人应当在出卖人交付标的物的同时交付价金。支付价款的义务包括如下内容：

第一，按照约定的数额支付价款。在房屋买卖合同中，通常都要明确约定房屋的价款。房屋价款通常依据房屋的面积计算，即约定每平方米建筑面积的售价为多少元，然后用单价乘以建筑面积来计算房屋所需支付的价款。但由于实际交付的房屋面积可能与约定面积存在一定的误差，所以在房屋价款支付后，双方当事人可能需要进行一定的结算。①

第二，按照约定的方式支付价款。约定支付方式的内容包括一次缴清还是分期付款；邮汇、电汇还是现金以及亲自支付或由他人代理支付等。② 如果合同约定了支付方式，商品房的买受人就必须按照合同约定的

---

① 参见陈耀东：《商品房买卖法律问题专论》，北京，法律出版社，2003，第225页。

② 参见金俭：《中国住宅法研究》，北京，法律出版社，2004，第167页。

方式支付价款。例如，合同约定一次性支付的，就不能分期支付。但一般来说，如果合同没有约定分期支付，应当推定为一次性支付。

第三，按照约定的时间支付价款。在商品房买卖合同中，双方当事人一般会明确约定房屋价款的支付进度，例如，首期支付的时间以及分期支付的具体时间。一旦作出约定，买受人应当按照约定的支付进度表支付价款。在未约定价款支付时间时，依据《合同法》第161条的规定，应按照如下两个规则确定：一是依据《合同法》第61条的规定来确定履行时间。这就是说，首先由当事人对价款的支付时间进行协议补充，不能达成补充协议的，按照合同有关条款或者交易习惯确定。二是买受人应当在商品房出卖人交付房屋时支付房屋价款，按照同时履行的原则，在出卖人交货的时候，买受人就应当支付价款，这也是公平原则的体现，因此，在当事人就价款支付时间约定不明时，依据同时履行原则，买受人应当在商品房出卖人交付房屋时支付房屋价款。①

需要指出的是，如果买受人愿意提前支付价款，且并未给出卖人造成损害的，出卖人依诚信原则不能拒绝。因为提前支付价款对出卖人是有利的，出卖人不需要支付保存价款的费用，也不会给其带来额外的负担。但是，如果提前付款给出卖人增加了费用，该费用应当由买受人承担。

（二）及时受领房屋的义务

《商品房买卖司法解释》第11条第2款规定："买受人接到出卖人的书面交房通知，无正当理由拒绝接收的，房屋毁损、灭失的风险自书面交房通知确定的交付使用之日起由买受人承担，但法律另有规定或者当事人另有约定的除外。"据此，买受人负有及时受领房屋的义务。所谓受领，是指取得对标的物的占有。关于买卖合同中买受人是否负有受领标的物的义务，学说上存在不同看法。一种观点认为，受领标的物是买受人的权利，而不是买受人的义务。另一种观点认为，买受人有义务及时受领标的物。在我国台湾地区，学界通说认为，受领是债权人的一项义务，但并非主给付义务，而是从给付义务。受领义务不同于财产权的移转义务以及价金支付义务，其在性质上并非买卖合同的要素，也无法决定买卖合同的性质。② 笔者赞成后一种观点，受领标的物是买受人所负担的一项义务。因为一方面，出卖人在提出交付货物的请求之后，如果买受人不及时受领，出卖人的义务将无法履行，这既会增加出卖人保管标的物等费用的支出，

① 参见邓基联主编：《房屋买卖合同纠纷》，北京，法律出版社，2010，第61页。

② 参见黄立：《民法债编各论》（上），北京，中国政法大学出版社，2003，第96页。

增加出卖人的负担，也不利于标的物的有效利用，会导致社会财富的浪费。另一方面，现代合同法强调双方的协力，明确买受人负有此种义务，就使买受人负有协作的义务，从而保障交易的正常进行。还应当看到，从比较法上来看，现在也普遍承认买受人负有受领标的物的义务，此种义务在性质上属于买受人的从给付义务，违反该义务一般不构成根本违约，出卖人不得据此解除合同，但出卖人可以通过提存来消灭债务，由此造成的后果（包括风险负担、提存费用、相关税费等）都应当由买受人负担。①当然，如果买受人基于正当理由而拒绝受领房屋的，如出卖人交付的房屋质量不合格，存在严重危及人身安全的隐患，则买受人有权拒绝受领房屋。经验收合格的房屋，除非房屋主体结构质量不合格或因房屋质量问题而严重影响居住使用的，否则买受人一般不能拒收房屋。②

（三）及时检查房屋的义务

所谓及时检查房屋，是指买受人在接收房屋时，应当及时作出检查，查验房屋是否符合合同约定的条件和质量标准，如检查房屋是否与合同约定的面积、朝向、外观等相符，如果房屋存在质量瑕疵，买受人应当及时提出。从性质上看，及时检查义务属于不真正义务，因为即使买受人不履行此种义务，也无须承担违约责任，只是将使买受人承担相应的不利后果。例如，对于房屋的表面瑕疵，买受人负有及时检查的义务，否则，买受人可能无法获得要求出卖人及时维修或赔偿损害的证据。但如果当事人在合同中约定了保修义务的，即便买受人没有及时对房屋进行检查，建设单位也应当负担及时维修的义务。此外，对于隐蔽瑕疵，由于买受人即便及时进行检查通常也无法发现，而需要使用、居住一段时间才能发现该瑕疵。因而，对于隐蔽瑕疵，无论买受人是否及时对房屋进行了检查，商品房的出卖人都应当负担瑕疵担保义务。

（四）附随义务

除前述义务之外，买受人还负有依据诚信原则所产生的协作、保密、保管等附随义务。附随义务通常并非由法律明确规定，而是随着合同关系的发展根据具体的情形确定的。例如，在出卖人交付标的物不合格的情况下，买受人仍然应当妥善保管标的物，以防止损失的扩大。③ 又如，在不

---

① 参见金俭：《中国住宅法研究》，北京，法律出版社，2004，第173页。

② 参见周峰、李兴：《商品房买卖合同纠纷中开发商的几类违约责任认定》，载《法律适用》，2010（11）。

③ 参见郑玉波：《民法债编各论》（上册），台北，三民书局，1986，第49页。

动产买卖中，当出卖人通知买受人一同前去办理过户登记时，买受人无正当理由不得拒绝此种协助办理的要求。尤其需要指出，在房屋买卖关系中，为保障过户登记的顺利办理，买受人应当负有协助办理有关证件和手续的义务。[①] 例如，在办理房屋登记手续时，应当提供自己的身份证、户口本等相关证明材料；并且，买受人对于在交易中所知悉的商业秘密等，应当负有保密的义务。还有学者认为，买受人还负有交纳有关房地产税费的义务。[②] 从该义务的本质来看，该义务是依附于房产本身，而非由房屋买卖合同产生的，因此不应将其作为商品房买卖合同中买受人的合同义务。

第四节　商品房买卖合同中的一房数卖问题

一、一房数卖的概念

所谓一房数卖，是指商品房出卖人将同一商品房出卖给数个买受人，导致数份合同不能履行，由此产生纠纷。实践中，在房屋价格上涨的情形下，商品房出卖人在已经与他人签订买卖合同、甚至已经交付的情况下，又将同一房屋出卖给第三人，由此可能产生一房数卖的问题。正如王泽鉴先生所说："多重买卖，自古有之，在物价波动之际，最为常见。而此实际多出于罔顾信用，图谋私利。"[③] 在一房数卖的情形下，出卖人与多个买受人订立了数份买卖合同，但由于标的物是特定物，房屋所有权最终只能移转给一个买受人，因而，在一房数卖的场合中，一个合同的履行必然导致其他合同无法履行，也就必然涉及房屋所有权归属的认定以及违约责任的承担问题。一房数卖的特点主要表现在：

第一，出卖人以同一房屋为标的与数人订立数份商品房买卖合同。构成一房数卖必须是出卖人就同一房屋与数人订立商品房买卖合同，如果出卖人只是在同一房屋上设定权利负担并同时订立商品房买卖合同，则并不属于一房数卖，因为即使出卖人在房屋上设定权利负担，但该权利负担可以与房屋所有权的移转并存，并不构成一房数卖。

① 参见王林辉：《商品房买卖合同纠纷若干问题探析（下）》，载《仲裁研究》，2010（2）。

② 参见符启林：《商品房预售法律制度研究》，北京，中国政法大学出版社，2002，第65～66页。

③ 王泽鉴：《民法学说与判例研究》，北京，北京大学出版社，2009，第114页。

第二，出卖人对出卖的房屋享有所有权。一房数卖的认定，以出卖人对房屋仍然享有所有权为前提，从而不同于无权处分。构成一房数卖要求出卖人对出卖的房屋享有所有权，如果出卖人就他人的房屋订立数份房屋买卖合同，但已经为第一买受人办理了过户手续，在出卖人与第二买受人订立合同时，已经不享有对房屋的所有权，属于无权处分，从而不构成一房数卖。例如，甲乙双方达成买卖协议，并办理了登记过户手续后，乙已经取得了房屋所有权。出卖人甲再次将房屋交付给第三人丙，此时构成无权处分，而不再属于一房数卖。

第三，数份房屋买卖合同均有效。在一房数卖中，只要符合合同的生效要件，则出卖人与各个买受人之间订立的数份房屋买卖合同均为有效。一房数卖关系到各个合同的履行以及违约责任的承担等问题，但并不会对各个合同的效力产生影响。我国《物权法》区分了物权变动的效力和合同的效力，因此，一房数卖虽然不会导致发生数次物权变动的效果，但数份合同均为有效合同。[①]

在此需要讨论一房数卖与权利瑕疵担保的关系。如前所述，权利瑕疵担保，是指出卖人应当确保买受人能够依法取得标的房屋的所有权，权利人向买受人移转的房屋所有权上不应当存在权利负担，从而使买受人在取得房屋所有权后不会受到他人的追夺。一房数卖的情形下不会发生权利瑕疵担保的问题，因为在一房数卖的情形，出卖人实际上享有对房屋的所有权，所以，无论其为哪个买受人办理了登记过户手续，该买受人都取得了房屋所有权。而其他房屋买受人仅仅取得了合同债权，其无权对该房屋进行追夺，房屋所有权的归属也不存在争议。例如，在商品房出卖人将房屋移转登记给其中一个买受人之后，其他买受人无法再就该房屋主张权利，不适用权利瑕疵担保及其责任的规定。

二、一房数卖情况下房屋所有权的归属

在多重买卖的情形下，究竟应当如何确定产权归属？《买卖合同司法解释》第 9 条规定："出卖人就同一普通动产订立多重买卖合同，在买卖合同均有效的情况下，买受人均要求实际履行合同的，应当按照以下情形分别处理：（一）先行受领交付的买受人请求确认所有权已经转移的，人民法院应予支持；（二）均未受领交付，先行支付价款的买受人请求出卖

① 参见秦艳华：《不动产"一物数卖"纠纷的法律适用》，载《山东审判》，2007（1）。

人履行交付标的物等合同义务的，人民法院应予支持；（三）均未受领交付，也未支付价款，依法成立在先合同的买受人请求出卖人履行交付标的物等合同义务的，人民法院应予支持。”该规定是关于动产买卖的规定，但实践中已经将其规则扩张适用到了不动产买卖之中。在一房数卖的情形下，如果已经办理了登记，依据《物权法》的规定应当以登记为确定所有权归属的标准；但如果没有办理登记，则可以参照上述规则确定房屋所有权归属。具体而言，该规定包含如下规则：

第一，受领在先规则。该项规则是确立所有权归属的第一项规则，即由最先从出卖人处受领标的物的买受人取得标的物的所有权。确立该项规则的主要原因在于：一方面，如果当事人之间都只是订立合同而没有交付，各买受人之间的债权的效力平等。但如果出卖人将标的物交付给买受人，此时买受人已经取得了对标的物的占有。由于某一买受人已经合法占有了房屋，享有占有权，此种占有权本身就具有优先于一般债权的效力。占有已经不再是单纯的债的关系，而涉及物权关系，其能够产生对抗第三人的效力。另一方面，某个买受人在占有房屋之后，往往会对房屋进行装修改造，如果对此不予保护，而要求恢复原状，则会造成财产的浪费。

第二，付款在先规则。所谓付款在先原则，是指由最先支付价款的买受人取得标的物的所有权。如果某个买受人已经支付价款，则表明当事人已进入合同履行阶段，已经全部或部分实际履行的合同应当优先于根本未履行的合同受到保护。依据前述规定，对于各个买受人，有的已经支付价款，有的没有支付价款，则应当优先保护已经支付价款的买受人；如果数个买受人先后都已经支付了价款，则不应当考虑支付价款多少的因素，仍应当按照价款支付先后顺序确定所有权归属[①]；如果数个买受人同时支付价款，则应当参考其他标准确定所有权归属，在数个房屋买受人同时支付价款的情形，应当优先保护先请求交付的买受人。[②]

此外，出卖人往往会选择出价最高的买受人履行合同，在此情形下，出卖人可能已经将房屋交付给了其他的买受人，此时，为了保护已经受领标的物的买受人的合法权益，仍应当按照交付在先的原则确定所有权归属，即交付在先原则的适用应当优先于支付价款在先原则。

---

① 参见宋晓明等：《〈关于审理买卖合同纠纷案件适用法律问题的解释〉的理解与适用》，载《人民司法·应用》，2012（15）。

② 参见奚晓明主编：《最高人民法院关于买卖合同司法解释理解与适用》，北京，人民法院出版社，2012，第163～164页。

第三，合同订立在先规则。如果数个买受人均未受领标的物，也未支付价款，如何确定各个买受人合同债权之间的优先效力，存在争议。[①] 依据前述规定，在数个房屋买受人都没有交付或登记，也没有支付房款的情况下，应当由最先签订买卖合同的买受人取得房屋所有权，即合同成立在先的买受人所享有的合同债权具有优先效力。主要原因在于：一方面，与合同订立在后的买受人相比较，最先签订合同的人，最早与出卖人之间形成一种信赖关系，其有权信赖自己能够按照合同约定取得房屋。[②] 另一方面，在通常情况下，出卖人一房数卖，是为了获得更高的价款，如果由后来的买受人取得房屋所有权，则无疑纵容了出卖人的行为[③]，因此，由最初签订合同的买受人取得房屋所有权，就可以抑制出卖人获取暴利的企图，且有利于阻止出卖人的不诚信行为，防止一房数卖情形的发生，因为出卖人在同第一个买受人订立房屋买卖合同之后，其不履行该合同义务，而将该房屋再次出卖给第三人，该行为本身违反了诚实信用原则。[④] 因此，在各个买受人均未受领标的物且未支付价款的情形下，应当依照合同成立的先后顺序来确定应受到优先保护的买受人。但从法律上看，合同订立在先规则仍然存在争议，因为它限制了出卖人的处分自由，尤其是与债权平等原则发生冲突。因为按照这一规则，数个债权不再平等，违反了债权平等原则，因而不能因某个合同订立在先而被赋予优先于其他合同的效力。[⑤]

三、一房数卖情形下出卖人的违约责任

在出卖人一房数卖的情形下，数份合同都是有效的，出卖人只能向一个买受人履行合同，并且在向该买受人履行之后，对其他买受人就构成履行不能，从而应当依据合同约定向其他买受人承担违约责任。《商品房买卖司法解释》第 8 条规定："具有下列情形之一，导致商品房买卖合同目的不能实现的，无法取得房屋的买受人可以请求解除合同、返还已付购房款及利息、赔偿损失，并可以请求出卖人承担不超过已付购房款一倍的赔

---

① 参见胡鹏翔：《房地产双重买卖问题探讨》，载《经济师》，2003（6）。

② 参见吴兆祥、韩君贵编著：《房屋租赁买卖合同疑难问题案例解析》，北京，法律出版社，2012，第 38～42 页。

③ 参见王立志、李静：《债权平等性：解构与解困》，载《甘肃政法学院学报》，2010（1）。

④ 参见奚晓明主编：《最高人民法院关于买卖合同司法解释理解与适用》，北京，人民法院出版社，2012，第 163 页。

⑤ 参见程啸：《论动产多重买卖中标的物所有权归属的确定标准》，载《清华法学》，2012（6）。

偿责任：（一）商品房买卖合同订立后，出卖人未告知买受人又将该房屋抵押给第三人；（二）商品房买卖合同订立后，出卖人又将该房屋出卖给第三人。”据此确立了如下规则：第一，在一物数卖的情形，各个商品房买卖合同都有效。第二，如果合同履行不能，买受人有权请求解除合同。出卖人在将房屋所有权移转登记给数个买受人中的一个买受人时，对其他买受人则构成履行不能，其他买受人有权解除合同，并请求出卖人赔偿损失。第三，适用惩罚性赔偿责任。商品房出卖人在合同订立之后，又将该房屋出卖给第三人的情形，买受人有权解除合同，请求出卖人承担违约责任，并有权请求出卖人支付不超过已付购房款一倍的惩罚性赔偿金。

《商品房买卖司法解释》第10条规定，“买受人以出卖人与第三人恶意串通，另行订立商品房买卖合同并将房屋交付使用，导致其无法取得房屋为由，请求确认出卖人与第三人订立的商品房买卖合同无效的，应予支持。”依据这一规定，在出卖人同买受人订立买卖合同之后，与第三人恶意串通，同第三人订立买卖合同且将房屋交付使用，虽然依据交付在先原则取得对订立买卖合同在先的买受人的优先效力，但买受人有权请求宣告出卖人与该第三人之间订立的买卖合同无效。

第五节　违反商品房买卖合同的责任

一、商品房买卖合同的违约形态及其责任

在商品房买卖合同中，当事人双方都可能违反合同义务，但在实践中，出卖人违反合同义务的行为更为常见。商品房买卖合同的违约行为主要表现为：

（一）拒绝履行和预期违约

所谓拒绝履行，就出卖人而言，是指无正当理由拒绝交付房屋或拒绝办理房屋所有权移转登记；就买受人而言，是指无正当理由拒绝支付价款。实践中，当事人拒绝履行的原因很多，例如，因为商品房价格上涨，出卖人拒绝向买受人交付房屋或者拒绝为买受人办理房屋变更登记手续。在拒绝履行的情况下，表明出卖人违约具有恶意，且已构成根本违约，应当承担相应的违约责任。如果出卖人在签订买卖合同之后，将房屋一房两卖或者另行设定抵押，或者在签订买卖合同之前恶意隐瞒所售房屋已经出

卖给第三人或者为拆迁补偿安置房屋等事实，此时出卖人的行为就构成根本违约，买受人除有权解除合同、请求赔偿损失外，还有权请求出卖人承担不超过已付购房款一倍的赔偿责任。

预期违约，亦称先期违约，包括明示毁约和默示毁约两种。所谓明示毁约，是指在合同履行期限到来之前，出卖人无正当理由而明确向买受人表示其将不履行合同。例如，出卖人因资金链断裂，已经无法继续建造房屋，在实际交付房屋期限到来之前，出卖人向买受人明确表示其不能按期交付房屋，即属于明示拒绝履行的情形。所谓默示毁约，是指在履行期限到来前，买受人有确凿的证据证明出卖人在履行期限到来时将不履行或不能履行合同，而出卖人又不愿提供必要的履行担保。例如，在商品房预售合同订立之后，出卖人长期不开始建造房屋，买受人有足够的理由证明出卖人已无法按期交付房屋，在买受人要求出卖人提供履约担保之后，出卖人拒绝提供履约担保的，即构成默示违约。但预期违约毕竟是合同履行期到来之前的违约行为，其与履行期到来之后的违约行为存在一定区别，尤其是在违约损害赔偿的确定方面，应当考虑履行期尚未到来的因素。也就是说，在计算损失时，只能以违约时的损失作为计算违约损害赔偿的依据，而不能以尚未到来的时间作为计算实际损失的标准。

（二）瑕疵履行

瑕疵履行，主要是指出卖人所交付房屋的质量不符合法定或约定的标准。严格地说，只要房屋出现任何不符合合同约定或法定质量标准的情形，则不论其属于表面瑕疵还是隐蔽瑕疵，都属于房屋质量瑕疵。在商品房买卖中，瑕疵履行主要表现为如下形态：

1. 房屋主体结构质量不合格

《商品房买卖司法解释》第 12 条规定："因房屋主体结构质量不合格不能交付使用，或者房屋交付使用后，房屋主体结构质量经核验确属不合格，买受人请求解除合同和赔偿损失的，应予支持。"该条中的"房屋主体结构质量不合格"，主要是指房屋的主体结构不符合法定的或者约定的质量标准，从而影响买受人基本的居住或者使用需要。对此，应从广义上理解，因为房屋作为一个完整的建筑工程，其主体结构既包括房屋地下隐蔽工程的地基部分，也包括房屋地上工程部分。[①] 但房屋主体结构质量不

---

① 参见最高人民法院民事审判第一庭：《最高人民法院关于商品房买卖合同纠纷案件司法解释的理解与适用》，北京，人民法院出版社，2003，第 155 页。

合格必须在出现以下两种情形时，出卖人才应当承担相应的责任：一是出卖人无法交付。例如，因主体结构不合格导致房屋存在严重缺陷，从而使出卖人无法交付房屋。二是交付后检验不合格。在检验不合格的情形下，表明买受人有确切的证据证明出卖人的行为构成根本违约。因此，出卖人应当承担相应的责任。

2. 房屋质量问题影响正常居住使用

《商品房买卖司法解释》第 13 条第 1 款规定："因房屋质量问题严重影响正常居住使用，买受人请求解除合同和赔偿损失的，应予支持。"房屋质量问题可以分为一般质量问题和严重影响居住使用的质量问题[①]，这两种情况分别产生不同的法律效果。所谓严重影响，是指房屋质量存在重大瑕疵，对买受人的基本生产、生活或者人身、财产安全产生重大隐患。在出卖人交付的房屋出现严重影响买受人正常居住使用的情形时，将导致买受人的合同目的无法实现。在此情形下，如果出卖人仅对房屋进行修复，可能无法弥补买受人的受损利益，此时出卖人的行为已构成根本违约，买受人有权解除合同，并请求出卖人承担相应的违约责任。[②]

3. 在保修期内拒绝修复或者在合理期限内拖延修复

如果房屋仅出现一般的质量瑕疵，出卖人的行为并不一定构成根本违约。《商品房买卖司法解释》第 13 条第 2 款规定："交付使用的房屋存在质量问题，在保修期内，出卖人应当承担修复责任；出卖人拒绝修复或者在合理期限内拖延修复的，买受人可以自行或者委托他人修复。修复费用及修复期间造成的其他损失由出卖人承担。"据此，在房屋仅出现一般质量问题而未严重影响买受人的正常居住使用时，买受人无权解除合同，如在保修期内，出卖人应当依照合同约定及时修复，使房屋质量符合合同约定。如果其拒绝修复或者在合理期限内拖延修复的，买受人可以自行或者委托他人修复，修复费用由出卖人承担。房屋质量存在问题已过保修期的，买受人不能要求出卖人承担修复责任，但造成买受人人身、财产损害的，此时构成责任的竞合，买受人可以请求出卖人承担违约责任或者侵权责任。[③]

---

① 参见吴兆祥、韩君贵编著：《房屋租赁买卖合同疑难问题案例解析》，北京，法律出版社，2012，第 27 页。

② 参见最高人民法院民事审判第一庭：《最高人民法院关于商品房买卖合同纠纷案件司法解释的理解与适用》，北京，人民法院出版社，2003，第 172～173 页。

③ 参见最高人民法院民事审判第一庭：《最高人民法院关于商品房买卖合同纠纷案件司法解释的理解与适用》，北京，人民法院出版社，2003，第 164 页。

（三）迟延履行

迟延履行，是指商品房买卖合同当事人没有按照合同约定的期限履行合同义务。迟延履行主要包括出卖人迟延以及买受人迟延两种情形。具体而言，商品房买卖合同中的给付迟延主要包括以下两种情形：

1. 商品房出卖人迟延交付房屋或者买受人迟延支付购房款

《商品房买卖司法解释》第 15 条规定了房屋买卖合同中当事人因对方迟延履行而产生的合同解除权。根据该条规定，如果房屋出卖人迟延交付房屋或者买受人迟延支付购房款的，另一方当事人在符合以下条件时，有权解除合同。第一，一方履行迟延。出卖人迟延主要是指交付房屋迟延，买受人迟延主要是指迟延支付购房款。第二，非违约方必须作出催告。因为当事人可能因各种原因而迟延履行，如买受人因疏忽而忘记付款期，在此情形下，如果允许出卖人未经催告而解除合同，对买受人显然是不公平的，所以，法律规定出卖人解除权的行使必须以催告为前提。第三，违约方经催告后在 3 个月的合理期限内仍未履行。3 个月的合理期限实际上是恩惠期，从而使违约方能够在该期限内进行履约的必要准备。第四，解除权必须在法定期限内行使。依据上述司法解释的规定，在当事人没有对该解除权的行使期间作出约定的情况下，该解除权的行使期间因当事人是否进行催告而不同。如果当事人对另一方合同义务的履行进行催告的，则对方当事人应当在合理期间内履行，否则催告一方的解除权即产生，此时，该解除权的行使期间应当是该解除权产生之日起的 3 个月。如果当事人一方没有催告对方当事人履行合同义务，则应当依据《合同法》第 94 条的规定确定解除权产生的期限，即在一方迟延履行合同义务致使合同目的不能实现之日起，另一方的解除权产生，该解除权的行使期限应当是该解除权产生之日起的一年内。如果权利人在该期限内未行使解除权的，该解除权消灭。

在迟延履行的情况下，因为一方已经构成违约，另一方有权请求支付迟延履行的违约金，如果因此造成损失的，还可以请求赔偿损失。

2. 迟延办理登记过户手续

办理登记过户手续是出卖人负担的主要合同义务，出卖人应当按照约定的时间及时办理变更登记手续。如果因商品房出卖人的原因，而迟延办理登记过户手续超过一定期限，将构成根本违约。同时，《商品房买卖司法解释》第 19 条规定："商品房买卖合同约定或者《城市房地产开发经营管理条例》第三十三条规定的办理房屋所有权登记的期限届满后超过一年，由于出卖人的原因，导致买受人无法办理房屋所有权登记，买受人请求解除合同和赔偿损失的，应予支持”，如果超过合同约定或者法律规定的期限一年，由于出卖人的原因，导致买受人无法办理房屋所有权登记的，买受人可以请求解除合同并赔偿损失。但如果出卖人迟延办理登记过户手续的期限未超过一年，则出卖人的行为并不构成根本违约，从司法实践来看，也不允许买受人据此解除合同。[①] 需要说明的是，此处所说的“由于出卖人的原因”，主要是指出卖人在合同订立时并无故意或者恶意的违约。例如，由于出卖人在房地产开发过程中未及时缴纳土地出让金、建筑物不符合规划等违法行为导致无法办理房屋所有权初始登记，从而无法办理转移登记的情形。[②]

（四）部分履行

《商品房买卖司法解释》第 14 条规定，在实际交付的商品房面积与约定面积不符，如果当事人对相关纠纷的解决作出了约定，则应当按照该约定进行处理。如果当事人没有作出约定，则应当按照下列规则进行处理：

1. 面积误差比在 3%以内的，当事人应当继续履行合同，而不能请求解除合同。由于商品房买卖大多通过订立商品房预售合同的方式进行，从期房到现房，房屋的面积难免会发生一定变化，出卖人实际交付的房屋面积与约定面积不符的现象十分常见。根据我国房屋交易惯例，从期房到现房，房屋面积误差比在 3%以内的，属于正常的误差范围，如果面积误差比在 3%以内的，商品房买卖合同仍然有效，当事人应当按照约定的房价计算实际购房款，实际交付的房屋面积小于约定面积的，出卖人应当退还相应部分的购房款，实际交付的房屋面积大于约定面积的，则应当由房屋买受人补足相应部分的购房款。例如，在“开封市江南房地产开发有限公司与赵某某房屋拆迁安置补偿合同纠纷上诉案”[③] 中，法院认为，面积误差比在 3%以内（含 3%）部分的房价款由买受人按照约定的价格补足，因此，原告赵某某应支付面积误差比在 3%以内（含 3%）部分的房价款，即 1.14 平方米的价款应当支付给被告，余下 4 平方米房价款由被告自行承担，但所有权归原告。

2. 面积误差比在 3%以外的，买受人有权请求解除合同，并有权请求

① 参见“黄某某与广东宝岗房产有限公司商品房预售合同纠纷上诉案”，广东省广州市中级人民法院民事判决书（2006）穗中法民五终字第 2116 号。

② 参见邓基联主编：《房屋租赁合同纠纷》，北京，法律出版社，2010，第 100～105 页。

③ 河南省开封市中级人民法院民事判决书（2012）汴民终字第 263 号。

出卖人承担违约责任。由于房屋面积误差比可保持在3%以内，因而如果误差比超过3%，则可认定出卖人的行为已经构成根本违约，买受人有权解除合同。但如果买受人同意继续履行合同，则表明其已经抛弃了解除权，此时，实际交付的房屋面积大于约定的房屋面积的，则对3%以内的部分，应当由买受人按照约定价格补足购房款，超出3%的部分，则由买受人取得，而不必补足该部分的购房款；在实际面积小于约定房屋面积的情况下，对于3%以内的部分，房屋出卖人应当将多收取的该部分购房款及其利息返还给买受人，对于超出3%的部分，房屋出卖人应当将该部分购房款双倍返还给买受人。

二、商品房买卖中的惩罚性损害赔偿

惩罚性损害赔偿（punitive damages），是指由法院所作出的赔偿数额超出实际的损害数额的赔偿[①]，它具有补偿受害人遭受的损失、惩罚和遏制不法行为等多重功能。该制度主要在美国法中采用[②]，并逐渐为其他国家所采纳。[③] 惩罚性赔偿不仅具有赔偿损失功能，而且具有制裁和遏制功能，惩罚性赔偿主要适用于那些具有不法性和道德上的应受谴责性的行为，目的旨在对故意或恶意的不法行为实施惩罚。我国法律也借鉴了惩罚性赔偿，最初运用于消费者权益保护领域。《消费者权益保护法》第49条在我国创设了惩罚性赔偿，使其成为法律责任方式的一种。[④]

《商品房买卖司法解释》第8条、第9条、第14条根据上述法律规定，对于房地产建设单位在商品房买卖过程中从事的欺诈行为，设置了惩罚性赔偿的规定。这一规定显然已经将商品房买卖纳入消费合同之中。虽然根据《产品质量法》的规定，建筑物不属于产品的范畴，但承认商品房买卖属于消费合同，具有一定的合理性。一方面，《消费者权益保护法》的适用范围并不限于产品，依据《消费者权益保护法》第2条的规定，消费者是指为生活消费需要而购买、使用商品或者接受服务的主体。另一方

---

① David F. Partlett，"Punitive Damages：Legal Hot Zones"，56 *La. L. Rev.* 781，797 (1996).

② Malzof v. United States，112 S. Ct. 711，715 (1992).

③ ErnetC. Stiefel，"U. S. Punitive Damage Awards in Germany"，39 *The American Journal of Comparative Law*，1991，p. 784.

④ 该条规定："经营者提供商品或者服务有欺诈行为的，应当按照消费者的要求增加赔偿其受到的损失，增加赔偿的金额为消费者购买商品的价款或接受服务的费用的一倍。"

面，商品房买受人同其他商品的买受人一样，在交易中处于弱势地位，应当受到保护，买受人应当受到《消费者权益保护法》的保护。从消费者权益保护法的发展趋势来看，总的趋向是将商品房的买受人纳入消费者范畴。

《商品房买卖司法解释》的规定具有如下特点：第一，针对商品房出卖人恶意违约与欺诈行为的情形，分别规定了惩罚性赔偿责任。该司法解释第 8 条对商品房出卖人恶意违约的行为规定了惩罚性赔偿责任，而第 9 条针对商品房出卖人的欺诈行为规定了惩罚性赔偿责任。第二，该司法解释不仅规定在违约的情况下可以适用惩罚性赔偿。而且在合同无效、可撤销的情况下，也可以适用惩罚性赔偿。依据该解释第 9 条的规定，在赔偿范围上，将其作为一种纯粹的惩罚性赔偿方式，在损害赔偿之后仍可适用该规则。这就是说，在赔偿损失之后再请求双倍返还，将其作为纯粹的惩罚性赔偿。第三，惩罚性赔偿与违约责任、合同无效、被撤销之后的缔约过失责任，形成聚合关系。司法解释规定惩罚性赔偿的目的主要在于惩罚不法行为人，制裁商品房开发过程中的不法买卖行为（如一房多卖、出售之后设定抵押、无预售许可证等）。

根据《商品房买卖司法解释》的规定，商品房买卖合同中的惩罚性赔偿主要适用于以下情形：

（一）出卖人根本违约

出卖人根本违约，可以使得买受人享有合同解除权，并不一定要使出卖人承担惩罚性赔偿责任。但依据《商品房买卖司法解释》第 8 条的规定，在如下两种情形下，买受人可以请求出卖人承担不超过已付购房款一倍的赔偿责任：

1. 出卖房屋之后又擅自抵押该房屋的

商品房买卖合同订立后，出卖人未经买受人同意擅自将已出卖的房屋抵押给他人。例如，商品房出卖人为获取贷款将已出卖给买受人的房屋抵押给银行。尽管在订立商品房买卖合同之后，出卖人仍然享有房屋所有权，并有权进行处分，但出卖人已经与买受人签订商品房买卖合同，买受人对取得房屋所有权产生了合理期待。如果出卖人将已出售的房屋再设定抵押，在抵押权人实现抵押权时，将导致买受人取得的所有权受到追夺，此时，致使买受人将无法取得所有权，买受人订立合同的目的不能实现，出卖人的行为即构成根本违约，买受人可以请求解除合同、返还已付购房款及利息、赔偿损失，并可以请求出卖人承担不超过已付购房款一倍的赔偿责任。司法实践一般也采取这种做法。[①] 当然，出卖人在就房屋设定抵押之后，如果能够及时消除房屋的抵押状态，则不会影响合同的履行，即出卖人能够及时将房屋交付并移转登记给买受人，则出卖人的行为不构成根本违约，买受人不能解除合同。

2. 一房数卖

所谓一房数卖，是指在商品房买卖合同订立后，出卖人又将该房屋出卖给第三人，在一房数卖的情形下，出卖人的行为显然已经构成根本违约，买受人有权解除合同并请求赔偿损失，但依据《商品房买卖司法解释》第8条的规定，买受人可以请求出卖人承担不超过已付购房款一倍的赔偿责任。司法解释之所以对于一房数卖的行为也课以惩罚性赔偿，一方面是考虑到实践中一房数卖现象十分严重，规定惩罚性赔偿责任也有利于制裁和遏制出卖人恶意毁约的行为，维护市场的秩序，保护守约方的合法权益，促进社会诚信制度的确立。[②] 另一方面，出卖人从恶意毁约中获得了利益，通过惩罚性赔偿可以剥夺其获得的利益，从而维护等价有偿的交易原则。

值得讨论的是，应当如何理解此处的“出卖人又将该房屋出卖给第三人”？笔者认为，此处的“出卖给第三人”，与一般情形下的一房数卖不同，其不仅订立了数份合同，而且应当是指出卖人已经将房屋交付给第三人并已经办理移转登记，在此情形下，因为已经办理了权属变更登记，第三人取得房屋所有权，从而导致买受人的合同目的无法实现，因此才有必要适用惩罚性赔偿。如果出卖人仅是同第三人订立数份商品房买卖合同，虽构成违约，但不应适用惩罚性赔偿。如在“洛阳中大房地产有限公司与邢某某商品房买卖合同纠纷上诉案”[③] 中，法院认为，如果出卖人只是和第三人订立房屋买卖合同，即使出卖人选择将房屋出卖给第三人，但买受人仍有权向法院提出主张，请求出卖人继续履行合同，由于其订立合同在先，仍有可能受到优先保护，因此，出卖人仅仅同第三人订立房屋买卖合同，而没有交付或者办理移转登记，买受人无权请求惩罚性赔偿。笔者认为，确有必要将上述司法解释规定的适用范围进行限缩解释，以避免其适用范围过大而带来的弊端。

---

① 参见“王某某诉新乡市恒基投资发展有限公司拆迁安置纠纷案”，河南省新乡市卫滨区人民法院民事裁判书（2009）卫滨民二初字第37号。

② 参见最高人民法院民事审判第一庭：《最高人民法院关于审理商品房买卖合同纠纷案件司法解释的理解与适用》，北京，人民法院出版社，2003，第114页。

③ 河南省洛阳市中级人民法院民事判决书（2011）洛民终字第1179号。

（二）出卖人实施欺诈行为

《商品房买卖司法解释》第9条规定，出卖人订立商品房买卖合同时，在如下几种情况下，可能导致商品房买卖合同无效或者被撤销，或者商品房买受人有权解除合同，并有权请求商品房出卖人承担一定的惩罚性赔偿责任：

1. 商品房出卖人故意隐瞒没有取得商品房预售许可证明的事实或者提供虚假商品房预售许可证明

依据《城市房地产管理法》第44条和《城市房地产开发经营管理条例》第23条的规定，在订立商品房预售合同时，商品房出卖人必须取得商品房预售许可证，这是商品房出卖人与买受人订立商品房买卖合同的前提条件，也是保障买受人合法权益、防止商业欺诈行为的重要措施。[①] 如果商品房出卖人在订立商品房预售合同时没有取得商品房预售许可证，其可以继续办理，但必须如实告知买受人，而不得隐瞒未取得商品房预售许可证的事实，甚至骗取买受人与之订立商品房买卖合同。否则，将可能导致商品房买卖合同无效，或者商品房买受人有权撤销或者解除合同，有权请求商品房出卖人承担一定的违约责任，并有权请求出卖人承担一定的惩罚性赔偿责任。如在"翟某某诉河南省济源市太行建设（集团）有限公司等房屋买卖合同纠纷案"[②] 中，法院认为，被告经传票传唤未到庭，其也未举证证明已获得商品房预售许可证的事实，故原告要求确认合同无效，理由正当，应予认定，也应退还原告预交的房款及相关利息。商品房出卖人在订立商品房买卖合同时未取得商品房预售许可证的，应当及时告知买受人，按照《商品房买卖司法解释》第2条规定，只要出卖人能够在起诉前取得商品房预售许可证的，所签订的商品房买卖合同可以认定为有效。

2. 故意隐瞒所售房屋已经抵押的事实

如果出卖人在同买受人订立商品房买卖合同之前已经在房屋上设定抵押权的，出卖人在订约时应当将房屋抵押的情况告知买受人，而不能隐瞒该事实，如果在告知后，买受人仍愿意与其订立商品房买卖合同，则表明买受人自愿承担了因抵押权实现导致其不能获得或保持房屋所有权的风险。如果出卖人在订立合同时未告知买受人房屋抵押的相关情况，则构成欺诈行为，应当承担相应的法律责任。[③] 因为设定抵押权的行为，在抵押

---

① 参见黄侃：《论商品房买卖合同的登记备案》，载《法治研究》，2010（2）。

② 河南省济源市人民法院民事判决书（2012）济民一初字第50号。

③ 参见最高人民法院民事审判第一庭编著：《最高人民法院关于审理商品房买卖合同纠纷案件司法解释的理解与适用》，北京，人民法院出版社，2003，第124页。

权实现时，买受人将无法取得所有权，所以，该事实属于交易中的重大情况，隐瞒这一情况将构成欺诈。例如，在“开封市长江置业有限公司与王某某房屋买卖合同纠纷案”[①] 中，法院认为，长江置业公司与王某某签订《商品房买卖合同》时，已经将标的房屋抵押给南关信用社，同时，出卖人并没有将标的房屋已经设定抵押的事实通知买受人。因此，王某某要求退还房屋及赔偿损失的请求应予支持。需要指出的是，此处所说的“将所售房屋抵押”应当做扩大解释，其不仅包括房屋，还包括其所占土地的建设用地使用权或者在建工程等的抵押，这些情形也属于“将所售房屋抵押”的情形。

3. 故意隐瞒所售房屋已经出卖给第三人或者为拆迁补偿安置房屋的事实

此种情况包括两种行为，一是故意隐瞒所售房屋已经出卖给第三人。此处的“出卖给第三人”，应理解为出卖人已经将房屋交付给第三人并已经办理了变更登记手续，房屋所有权已经发生移转，在此情形下，出卖人对该房屋实际上已经不再享有所有权，如果其仍然以出卖人的身份同买受人订立合同，其行为即构成欺诈。当然，就买受人而言，其通过简单的查询就可以知悉房屋的登记权利人，而其怠于进行查询，也构成过失，从而应当适用过失相抵规则。二是故意隐瞒所售房屋为拆迁补偿安置房屋，即出卖人所售房屋为拆迁安置房屋。对于拆迁安置的房屋，依据《商品房买卖司法解释》第 7 条的规定，如果拆迁人与被拆迁人约定以所有权调换的形式订立拆迁补偿安置协议，将特定房屋用于拆迁补偿安置，则即使出卖人已经将房屋出卖给第三人，被拆迁人也可主张优先取得该补偿安置房屋。如果出卖人同买受人订立合同时故意隐瞒所售房屋为拆迁补偿安置房屋，其行为构成欺诈，买受人可以请求出卖人承担惩罚性损害赔偿责任。[②]

（三）商品房出卖人部分履行时的惩罚性赔偿责任

《商品房买卖司法解释》第 14 条第 2 项后段规定：“房屋实际面积小于合同约定面积的，面积误差比在 3%以内（含 3%）部分的房价款及利息由出卖人返还买受人，面积误差比超过 3%部分的房价款由出卖人双倍

---

① 河南省高级人民法院民事判决书（2011）豫法民提字第 169 号。

② 参见最高人民法院民事审判第一庭编著：《最高人民法院关于审理商品房买卖合同纠纷案件司法解释的理解与适用》，北京，人民法院出版社，2003，第 127 页。

返还买受人。”依据这一规定，如果出卖人实际交付的房屋小于合同约定面积的，如果面积误差比超过 3%，对于 3%以内的部分，买受人有权请求出卖人返还相应的房价款及其利息，而对于超出 3%的部分，买受人有权请求出卖人双倍返还购房款。[①] 该条实际上确立了面积误差比超出 3%部分的惩罚性赔偿责任。

对于超出 3%的部分，是否应当适用双倍返还，一直存在争议。双倍返还请求权最早规定于《消费者权益保护法》第 49 条。笔者认为，对于实际交付面积大于约定面积且面积误差比超出 3%的部分适用惩罚性赔偿责任过于严厉，且缺乏法律依据。《合同法》第 113 条第 2 款规定，经营者对消费者提供商品有欺诈时，应当适用《消费者权益保护法》。但上述法律规定并没有明确规定惩罚性赔偿可以适用于实际面积超出约定面积的情形。该司法解释全面突破了《合同法》的规定，一是在适用范围上，在商品房买卖合同中适用该规则，而没有考虑买受人是否是消费者。二是对于超过 3%的情形，直接类推适用《消费者权益保护法》第 49 条的规定，可以适用双倍返还。此种情形能否类推适用《消费者权益保护法》第 49 条的规定，值得探讨。

第六节　商品房预售合同

一、商品房预售合同（房屋预售合同）的概念

商品房预售，是指房地产开发企业将正在建设中的、尚未竣工的房屋预先出售给购房者，买受人交付定金或购房款，并在未来确定日期将房屋交付给购房者并移转房屋所有权的一种房屋买卖行为。[②] 商品房预售是商品房买卖的一种典型形态，其起源于香港，在香港称为“卖楼花”，后在大陆被广泛采用。[③] 从实践来看，商品房预售制度对于房地产开发具有重要意义。房地产开发一般需要巨额资金，且开发周期较长，通过商品房预售的方式，房地产开发企业可以在完成一定的资金投入之后，获得商品房预售的收入，这样就能够很好地解决其资金不足的问题，不仅可以使其在

① 参见邓基联主编：《房屋租赁合同纠纷》，北京，法律出版社，2010，第 120 页。

② 参见雷兰：《商品房预售法律问题研究》，北京，知识产权出版社，2007，第 1 页。

③ 参见周珂：《房地产法》，北京，中国人民大学出版社，2008，第 104 页。

施工过程中获得一部分建设资金，减轻其资金融通的压力，还可以加快商品房建造和销售的速度。通过商品房预售，房地产开发企业可以实现资金快速回笼，对于其自身发展具有重要意义。

商品房预售以期房为标的，《商品房销售管理办法》第3条第3款规定："本办法所称商品房预售，是指房地产开发企业将正在建设中的商品房预先出售给买受人，并由买受人支付定金或者房价款的行为。"从该条规定来看，其只是规定期房为"正在建设中的商品房"，而并没有详细规定"期房"的认定标准。理论上，对于期房的概念界定，存在争议。一种观点认为，期房是指尚未完成所有权初始登记的房屋。据此，应当以商品房是否完成初始登记作为判断是否构成期房的标准。[①] 另一种观点认为，期房是指正在建设、尚未竣工、验收的房屋。[②] 因此，应当以是否竣工并验收作为区分期房与现房的标准。笔者认为，以是否办理了初始登记作为界定是否构成期房的标准更为妥当，主要理由在于：一方面，这有助于明确期房和现房的区分标准。以初始登记为区分标准，在法律上更为清晰。购房人也可以便利地通过查询登记的方式，明确其购买的房屋是否属于期房。另一方面，有助于对房地产开发企业进行监督。只要是在初始登记之前的销售行为，都属于期房销售，都要进行更严格的监管，这有助于规范房地产建设单位的行为。

从比较法上来看，世界上多数国家和地区都认可了商品房预售法律制度，商品房预售合同的法律规制主要采取两种模式：一是严格的政府管制模式，如澳大利亚、日本、韩国、新加坡以及我国香港地区等。按照该种模式，政府一般都规定房屋预售的条件，对房屋预售实施许可管理，并对房地产建设单位所收取的购房款或者定金等的使用也有严格要求。二是相对宽松的政府管制模式，主要以欧美国家为主。按照该种模式，期房预售的条件相对宽松，也不实行许可管理，双方当事人可自由约定商品房预售合同内容，甚至关于房屋预购款或者定金的使用也可由双方当事人自由约定。[③] 就我国而言，采取了严格的政府管制模式。[④] 具体体现在，我国的法律法规对于商品房预售作出了较多的规定，规定了若干严格的条件和程

---

① 参见董健：《论期房及其登记（上）》，载《中国房地产》，2006（9）。

② 参见唐烈英：《个人住宅商品房买卖贷款按揭法律问题研究》，西南政法大学2005年博士学位论文，第44页。

③ 参见雷兰：《商品房预售法律问题研究》，北京，知识产权出版社，2007，第14～15页。

④ 参见董健：《论期房及其登记（上）》，载《中国房地产》，2006（9）。

序。例如，根据《城市房地产管理法》第 45 条的规定，商品房预售应当满足向县级以上人民政府房产管理部门办理预售登记、取得商品房预售许可证明等法定条件，商品房预售人应当按照国家有关规定将预售合同报县级以上人民政府房产管理部门和土地管理部门登记备案，同时，商品房预售所得款项，必须用于有关的工程建设。采取此种模式有利于强化对房地产建设企业的监管，保障房地产开发的有序进行，也有利于强化对购房人利益的保护。

二、商品房预售合同的特征

商品房预售合同，是指当事人双方订立的，由预购人支付一定数额的定金或购房款，而出卖人应当在一定期间之后将竣工的房屋交付给预购人并移转房屋所有权的合同。[①] 与现房买卖合同一样，商品房预售合同要求出卖人必须是房地产开发企业，同时，都应当取得相关的销售许可，二者也通常都是向社会不特定人公开出售，其出售行为具有社会化和公开化的特征。同时，与现房买卖合同一样，商品房预售合同具有双务性、有偿性和诺成性。[②] 而且，商品房预售合同通常也具有要式性、格式性的特征。《商品房销售管理办法》第 3 条第 1 款规定，商品房销售包括现房销售和商品房预售，而该办法第 16 条第 1 款的规定："商品房销售时，房地产开发企业和买受人应当订立书面商品房买卖合同。"因此，无论是商品房现售还是商品房预售合同，都应当采用书面形式，也即具有要式性。[③] 由于商品房预售的文本是主管部门拟定的，买受人通常只需要就房屋的面积和价款等有限的条款进行协商，其他条款原则上都不必进行协商和变更。因此，商品房预售合同具有格式性。此外，商品房预售合同与现房买卖合同一样，还应经主管部门强制备案。但与现房买卖合同相比较，商品房预售

① 参见金俭：《析商品房预售合同》，载《现代法学》，1996 (1)。

② 参见金俭：《析商品房预售合同》，载《现代法学》，1996 (1)。

③ 如《广东省商品房预售管理条例》第 6 条取得商品房预售许可证应当具备下列条件中的第 5 款规定："三层以下的商品房项目已完成基础和结构工程；四层以上的商品房项目，有地下室工程的，已完成基础和首层结构工程，无地下室工程的，已完成基础和四层结构工程。"这条规定，相当于要求建设单位投入开发建设的资金要达到工程建设总投资的三分之一以上才能预售；《重庆市城镇房地产交易管理条例》中除了规定商品房预售除了投入开发建设的资金达到建设总投资的百分之二十五以上外，还明确了拟预售的房屋属多层的，还需完成主体建筑封顶，属高层的，已建房屋面积还应达到规划批准的拟建房屋面积的三分之一以上。

合同具有如下特征：

1. 标的物具有特殊性

商品房预售合同的标的是期房，即正在建设中的房屋。与现房比较，商品房预售合同的标的物不是已经建成的房屋，而是未来之物，因此，期房买卖属于未来物的买卖。而现房买卖合同的标的物是已经竣工完成的房屋①，属于现实物的买卖。正是因为商品房预售合同的标的物是未来之物，所以，法律有必要对因未来物买卖而引发的问题进行规范，这主要表现在：一是房屋质量不合格的确定及责任。对于期房买卖而言，买受人在订立合同时无法确定未来交付的房屋是否存在瑕疵，出卖人交付的房屋质量取决于合同订立后的建造行为，买受人可能遭受面积缩水、房屋质量缺陷、绿地减少、配套措施不健全等风险。为此，法律上有必要对房屋的验收、瑕疵的确定及相关责任作出规定。二是规范一房二卖等行为。因为在订立商品房预售合同之后，房地产开发企业可能将已出售的期房一房多卖，或再设定抵押等，这些都可能影响买受人取得房屋的所有权。因此，法律上应当具体规定出卖人所实施的一房二卖等行为及其责任。三是迟延交付房屋和迟延办理房屋产权证的责任。因为出卖人在订立预售合同后一段时间才交付房屋，而房屋的交付对于买受人的权益影响甚大，法律有必要对迟延交付房屋时的责任承担作出特别规定，尤其是对于违约金责任的承担和损害的计算要作出规定。另外，在实践中，建设单位迟延办理房屋产权证的现象也比较普遍，购房人此时所遭受损害的确定、应享有的权利等都需要法律加以明确。四是出卖人挪用买受人交付的定金或购房款的责任。五是房屋所有权移转时间的规定。在商品房预售合同中，在合同订立之时，由于房屋尚未竣工，出卖人并不能即时将标的物所有权移转给买受人，即商品房预售具有非即时性。② 法律上应当对出卖人移转房屋所有权的时间及相关的法律责任作出规定。

2. 内容具有特殊性

期房买卖虽与现房买卖一样都属于买卖合同，但是，期房买卖在内容上又存在着特殊性，这主要是因为期房买卖属于未来物买卖，买受人权益很容易遭受侵害。所以，期房买卖合同在内容上具有特殊性，主要表现为，法律要求充分保障购房人的权利和强化出卖人的义务。例如，由于在

① 参见张少鹏等：《中国房地产法制研究》，广州，暨南大学出版社，2007，第 227 页。

② 参见周珂：《房地产法》，北京，中国人民大学出版社，2008，第 110 页。

商品房预售合同订立时标的物尚不存在，这就决定了房地产开发企业在合同订立后，负有按照合同约定、保证房屋如期建造完成并符合预定标准的义务。[①] 在现房买卖合同中，出卖人则不负有此种义务。又如，在买受人交付定金或购房款后，房地产开发企业可能将其挪作他用，而非用于房屋的建设。[②] 正是因为这一原因，需要对商品房预售进行更多的法律规制。如买受人交付定金或购房款以后，建设单位可能将其挪作他用，而非用于房屋的建设。为了防止建设单位将买受人交付的房款挪作他用，法律必须针对房地产开发企业所收款项的专款专用作出规定。同时，房屋买受人应当享有更多的知情权，如定期查询相关资金使用情况、监督房屋的建设情况等权利。

3. 对出卖人的法律规制更为严格

与现房买卖合同相比，在商品房预售合同中，买受人要承担更大的风险，因此，法律对商品房预售合同的出卖人进行了特别规制：首先，法律对预售人的资格提出了特别要求。在房屋预售合同中，出卖人具有法定性、特定性。[③] 依据《城市商品房预售管理办法》第 5 条的规定，商品房预售方必须具备下列条件：出卖人必须已经全部交付土地使用出让金，取得土地使用权证书；出卖人必须持有建设工程规划许可证和施工许可证；按提供预售的商品房计算，投入开发建设的资金达到工程建设总投资的25％以上，并已经确定施工进度和竣工交付日期。其次，在进行商品房预售前，房地产开发企业必须取得预售许可证。[④] 如前所述，我国对商品房预售合同采用了具有强烈政府干预色彩的模式，房地产建设单位在进行商品房预售前，必须取得商品房预售许可，否则不具备出售期房的资格。最后，在预售过程中，法律对建设单位的销售行为也进行了一定的规制。例如，一些地方法规或规章中，禁止出卖人在预售过程中捂盘惜售。在房地产开发企业取得的商品房预售许可证中，有关法律法规对商品房预售的条件、价格等都有明确的要求。在允许建设单位进行预售之后，政府也往往要求其通过一定的方式进行公示，从而使买受人对于自己将要购买的期房

---

① 参见雷兰：《商品房预售法律问题研究》，北京，知识产权出版社，2007，第 46 页。

② 参见陈明辉：《对商品房预售规范管理的思考》，载《中国房地产》，2001（5）。

③ 参见符启林：《商品房预售法律制度研究》，北京，中国政法大学出版社，2002，第 58 页。

④ 《城市商品房预售管理办法》第 6 条规定："商品房预售实行许可制度。开发企业进行商品房预售，应当向房地产管理部门申请预售许可，取得《商品房预售许可证》。未取得《商品房预售许可证》的，不得进行商品房预售。"

的基本情况（如竣工时间、交付时间、价格、可售房源状况、电热水气、医疗教育商业配套设施的竣工状况）有所了解，避免因为信息不对称而导致购房人的损害。

4. 商品房预售合同通常与按揭贷款联系在一起

大陆法上的按揭（mortgage）[①]，通常仅限于商品房按揭，包括现房按揭和期房按揭（楼花按揭）。期房按揭，是指在商品房竣工验收之前，买受人购买期房，同时将该期房的所有权抵押给银行，并从银行借款支付其房屋的价款。买受人在清偿贷款前不能取得完整的所有权。一旦偿还了全部贷款，买受人就有权办理房屋过户登记手续。[②] 在期房按揭中，由于房屋尚未建成，期房购买人尚无法享有物权或其他物权性权益，仅享有一种债权请求权。当然，在经过预售合同登记以后，买受人可享有物权，可以对抗第三人，但在此种权利之上所设定的担保只能是权利质。应当指出，根据《城市房地产抵押管理办法》第 34 条第 2 款的规定，在商品房竣工且抵押人领取房地产权属证书后，须重新办理抵押登记，从而使得权利质押转化为房地产抵押。

可见，按揭担保在不同的情形下具有不同的性质，其是担保和不动产交易等交易关系的结合，涉及三方当事人之间的数个法律关系，具体包括：一是购房人与房地产开发企业之间订立了房屋买卖合同，在该合同中约定了按揭或分期付款条款；二是购房人与银行之间订立了贷款合同，购房人用贷款拟购的住房及与房产商购房合同项下有权处分的全部权益作担保，用于担保所借款项[③]；如果购房人按期偿还了银行借款，则将解除担保关系；如果购房人未按期偿还借款，银行有权依据法律或合同规定实现其担保权益。三是购房人与银行之间就划拨资金给房地产开发企业达成委托合同。由此可见，按揭关系是以买卖、贷款、担保为中心，数个合同结合在一起，三方当事人相互制约而形成的多重法律关系。在按揭贷款实践中，有的购房人和银行订立抵押合同，或者由建设单位缴纳保证金，保证

① 按揭一语，转译自英语“mortgage”。“按”在广东话中有“押”、“抵押”、“压住不动”的意义。我国客家人常称“抵押”为“按”。参见戴炎辉：《吾国近世抵押权论》，载郑玉波主编：《民法物权论文选辑》（下），台北，五南图书出版公司，1984，第 527～528 页。香港学者何美欢教授认为，按揭是以合同构成担保，按揭给予受按揭人一项在担保物上的权益，而这项权益在按揭人清偿义务时要转还予按揭人的。参见何美欢：《香港担保法》（上册），北京，北京大学出版社，1995，第 181 页。

② 参见蒋方来：《评我国房地产业界对“按揭”的曲解》，载《法学》，2004（6）。

③ 参见陶丽琴：《以抵押方式适用按揭担保的制度设计》，载《法学杂志》，2006（6）。

在为购房人办理产权证时，一并为银行办理抵押权证。有的购房人将其与建设单位签订的《商品房预售合同》交付给银行，并以此合同项下的权益作担保，并在购房人依约清偿银行贷款的本息后，将该预售合同从银行处赎回，然后办理产权过户登记手续。在商品房预售合同中引入按揭贷款，有力地促进了商品房交易的发展。对买受人而言，其可以分期偿还贷款，无须一次性付清全部房款，从而可以缓解其一次性支付巨额购房款的压力。但按揭的方式也可能会产生一定的风险，例如，开发商筹集到资金之后，没有用于房屋的建设，从而损害购房人或银行的利益。因此，对于按揭贷款交易，国家应当更多地进行必要的规范和干预，以保证房地产市场的秩序和购房人的合法权益。

三、商品房预售合同的性质

关于商品房预售合同的性质，学界存在争议。主要有如下几种观点：一是预约合同说。此种观点认为，房屋预售合同在性质上属于预约合同。[①] 二是期货买卖说。此种观点认为，商品房预售合同在性质上属于期货买卖合同。[②] 三是分期付款买卖说。此种观点认为，商品房预售合同属于分期付款买卖合同。笔者认为，上述各种观点不无道理，但值得商榷。

商品房预售合同并非预约合同。所谓预约合同，是指当事人约定将来订立一定合同的合同[③]，而将来应当订立的合同，则称为本约。[④] 房屋预售合同与预约的区别主要表现在：一方面，预约是当事人之间约定将来订立一定合同的合同，它是为订立本合同而签订的。在预约合同中，当事人的义务就是订立本合同，但其通常并不就主合同的相关条款进行具体约定。商品房预售合同并非为了将来订立本约所订立的合同，其本身就是一种独立的房屋买卖合同。[⑤] 另一方面，在商品房预售合同订立后，买受人应当按照合同约定的时间、方式等支付购房款，而出卖人则应当按照合同

① 参见杨明刚：《预售房屋合同探微》，载《法学》，1994（5）。

② 参见范成山：《建立期房抵押制度势在必行》，载《经济与法》，1995（5）；李永然：《预售屋买卖经典》，台北，永然文化出版股份有限公司，1994，第16页；谢贤程：《香港房地产市场》，北京，商务印书馆，1995，第221页。

③ 参见王利明主编：《中国民法案例与学理研究》（债权编），北京，法律出版社，2003，第212页。

④ 参见王利明、崔建远：《合同法新论·总则》，北京，中国政法大学出版社，2000，第43页。

⑤ 参见金俭：《析商品房预售合同》，载《现代法学》，1996（1）。

约定的时间交付房屋并移转所有权，双方当事人无须在将来另行订立房屋买卖合同。此外，违反预约合同的责任虽然也是违约责任，但其要受到严格限制，而违反商品房预售合同的法律责任，法律通常不会作出限制，出卖人应当按照违约责任的一般规则承担责任。因此，商品房预售合同不同于预约合同。

商品房预售合同不同于期货买卖合同。所谓期货，是指双方签订买卖合同时，合同标的物尚不存在，但是按照合理的预期可以产生。期货合约是买卖双方根据公认的交易规则，在规定的地点和时间，就特定商品项目，按照规定的数量和质量交货和提货而达成的协议。① 或者说，是买卖双方提前约定，就某种商品以现在达成的价格在将来某一时间或期间交货的一种合同。② 尽管商品房预售合同与期货合同都是买卖合同，但两者之间存在一定的区别，主要表现在：一方面，在商品房预售合同中，商品房虽然尚未建成，但是双方当事人会就房屋的数量、规格、质量标准、价金等作出明确约定，而期货买卖的价格不是事先约定的，而是在期货交易所公开成交时才能最终确定。③ 另一方面，期货的标的物通常是种类物，具有数量多、价格波动大、便于储存等特点，且期货交易具有高度标准化的特征，必须在期货监管部门批准的地方、以批准的方式进行，否则即构成违法。而商品房预售交易则无此种严格要求。因此，商品房预售合同并非期货买卖合同。④

商品房预售合同与分期付款买卖合同存在较大区别。分期付款买卖（Abzahlungsgeschäft、Instament selling），是指双方当事人在合同中约定，由出卖人先交付标的物、买受人分期支付合同总价款的一种特种买卖。⑤ 应当看到，如果商品房预售合同采用按揭的方式，买受人也应当分期支付房款，这与分期付款买卖具有相似之处。但实际上，商品房预售合同与分期付款买卖合同存在本质区别，主要表现在：一方面，目的和功能不同。虽然采取分期付款方式的商品房预售合同可以缓解买受人一次性支付全部购房款的压力，但其主要功能在于解决房地产开发企业资金严重不

---

① See Robert E. Fink and Robert B. Febuniak, *Futures Trading*, New York Institute of Finance Practice-Hall, 1988, p. 10.

② 参见杨永清：《论期货合约的概念》，载《法学研究》，1995（3）。

③ 参见金俭：《析商品房预售合同》，载《现代法学》，1996（1）。

④ 参见符启林：《商品房预售法律制度研究》，北京，中国政法大学出版社，2002，第57页。

⑤ 参见郑玉波：《民法债编各论》（上册），台北，三民书局，1986，第101页。

足的困境，通过商品房预售的方式，房地产开发企业可以快速实现资金的回笼，这就可以有效解决房地产开发企业融资的需要。而分期付款买卖合同的功能则在于解决买受人资金不足的困难，因此，采用分期支付的方式解决的是买受人一次支付所带来的困难。[①] 另一方面，在分期付款买卖合同中，都是采用分期支付价款的方式，而在商品房预售合同中，双方当事人可以自由约定购房款的支付方式，既可以分期支付，也可以一次性支付。而且在实践中，买受人通常是在合同签订后较短时间内交付全部价款而非采取分期付款的方式。此外，即使在买受人采用按揭付款的方式支付购房款的情形，买受人分期支付也是向银行支付的，按揭贷款按月返还的不是购房款，而是与银行签订的抵押贷款中的贷款。实际上，在按揭关系中，买受人通过向银行贷款的方式已经完全地支付了购房款。

笔者认为，商品房预售合同就是不动产的买卖合同，只不过此种不动产买卖合同具有特殊性，即在订立合同时作为标的的房屋正在形成之中。由于其是买卖合同的一种具体类型[②]，因而《合同法》分则关于买卖合同的一般规定对其也有适用的价值。同时，由于商品房预售合同是以未来之物为标的，且通常和按揭结合在一起，与现房买卖合同相比，买受人订立合同后并不能即时取得预售房屋的所有权，该所有权的移转在将来发生，买受人可能因此承担更大的风险，其利益应当受到法律的特别保护。由于双方当事人的订约经验和地位存在较大差距，为防止房地产建设单位利用其优势订约地位侵害买受人利益，法律也需要对其进行一定的干预。[③]

四、商品房预售备案与预告登记

所谓商品房预售备案，是指在商品房预售合同签订之后，预售人应当就该商品房预售合同向相关房地产管理部门和土地管理部门申请备案。国务院于 1998 年公布了《城市房地产开发经营管理条例》，该条例第 27 条规定："房地产开发企业预售商品房时，应当向预购人出示商品房预售许可证明。房地产开发企业应当自商品房预售合同签订之日起 30 日内，到

① 参见房绍坤、杜甲华：《论商品房预售合同的几个问题》，载《烟台大学学报（哲学社会科学版）》，1998（3）。

② 参见姜战军：《论对商品房预售合同购买人权利的保护及其完善》，载《甘肃政法学院学报》，2006（4）。

③ 参见四川省成都市中级人民法院研究室：《商品房预售合同纠纷若干问题探析》，载《人民司法》，1998（3）。

商品房所在地的县级以上人民政府房地产开发主管部门和负责土地管理工作的部门备案。”我国许多地方性法规也规定了商品房的预售登记备案。《城市房地产管理法》第 45 条第 2 款规定对商品房预售备案制度进行了规定，建设部《城市商品房预售管理办法》将这一制度具体化，该办法第 10 条第 1 款规定：“商品房预售，开发企业应当与承购人签订商品房预售合同。开发企业应当自签约之日起 30 日内，向房地产管理部门和市、县人民政府土地管理部门办理商品房预售合同登记备案手续。”自《城市房地产管理法》颁布之后，我国一直实行商品房预售登记备案制度，尤其是针对实践中房地产开发企业一房两卖、将预售的房屋进行抵押等严重损害购房人利益的行为，国务院有关部门和最高人民法院联合发布文件，将商品房预售备案赋予更高的法律功能。[①]

但是，商品房预售备案制度建立在房地产开发企业单方履行备案义务的基础上，而开发企业可能虚构预售合同逃避义务，并不能够真正保护买受人的利益。《房屋登记办法》第 70 条规定：只有针对已登记备案的商品房预售合同才能申请预告登记。据此，商品房预售人仍然负有备案义务，但买受人可以要求开发企业进行预告登记。在当事人签订了商品房预售合同后，因为房屋尚未建成，因而买受人并不能即时取得房屋所有权，但买受人可以通过向登记机构申请办理商品房预售登记，来保障其商品房预售债权的实现。由于此种债权请求权的实现能够引起物权变动法律效果的发生，所以也有学者将其称为以将来发生不动产物权变动为目的的请求权的登记。[②] 在商品房预售合同中，房屋所有权的移转在将来发生。这主要是因为在商品房预售合同签订之时，作为合同标的的房屋尚未建成或者尚不具有移转所有权的条件，所以，不能立即进行所有权的移转登记。

商品房预售登记备案与预告登记不同，二者具有如下区别：

第一，二者的性质不同。预售登记备案在性质上是一种行政管理措施[③]，其主要目的在于方便有关主管机关了解商品房购买情况，并据此进

① 根据 2004 年 2 月 10 日最高人民法院、国土资源部、建设部联合发布的法发（2004）5 号《关于依法规范人民法院执行和国土资源房地产管理部门协助执行若干问题的通知》第 15 条，被执行人购买的办理了商品房预售合同登记备案手续或者商品房预告登记的房屋可以预查封。因此，预售合同登记备案制度和预告登记制度均具有保全债权的实现、保全将来发生的不动产物权的功能。

② MünchKomm/ Kohler，§ 883，Rn. 2.

③ 参见窦权宏：《商品房预告登记制度取代预售备案制度的法律诠释》，载《现代财经》，2004（8）。

行必要的监督和管理。而且，预售登记备案具有强制性，只要房地产开发企业与预购人签订了商品房预售合同，该商品房开发企业就应当自该合同签约之日起30日内，向房地产管理部门和市、县人民政府土地管理部门申请办理商品房预售合同登记备案手续。如果当事人不办理登记备案，主管机关有权作出行政处罚。而预告登记则是与本登记相对应的登记类型，其虽然具有一定的管理职能，但它主要是一种公示方法。通过将债权予以公示，能够保障预告登记申请人未来取得物权，并产生其他的法律效力。① 所以，是否办理预告登记，当事人有权依据《物权法》第20条的规定，依其约定申请办理。

第二，二者的法律效力不同。商品房预售登记备案本质上是一种行政管理措施，并不具有保障合同债权实现的功能，开发企业未进行商品房预售登记备案的，也不当然导致商品房预售合同无效。而预告登记具有特定的法律效力，即它使得债权具有对抗第三人的效力。② 尽管预告登记中，登记的对象不是物权，而只是根据合同而产生的交付房屋和移转所有权的债权。但是经过预告登记，债权就产生了物权的效力。

在此需要讨论的是，商品房预售登记备案的效力如何？能否对房屋预售合同的效力产生影响？有观点认为，该登记备案是房屋预售合同的生效要件。③ 笔者认为该观点并不妥当。从目的解释看，前述规定的目的在于便于政府部门了解房屋预售合同的状况，以及进行相关的行政管理④，如果房地产开发企业没有办理相应的登记、备案手续，应当受到相应的行政处罚，其规定的目的并非在于确定房屋预售合同的效力。同时，从《商品房买卖司法解释》第6条第1款的规定来看，当事人不得以商品房预售合同未按照法律、行政法规规定办理登记备案手续为由，请求确认合同无效。因此，如果当事人未在规定时间内办理相关的登记备案手续，不能因此否定该房屋预售合同的效力。⑤ 而预告登记是为了保障申请人将来取得物权，经过此种登记可以使债权获得一种公示的效力，从而可以对抗第三人。

① 参见金可可：《预告登记之性质》，载《法学》，2007（7）。

② 参见杨立新、宋志红：《预告登记的性质、效力和范围探索》，载《法学杂志》，2006（4）。

③ 参见钱明星、姜晓春：《房屋预售制度若干理论问题研究》，载《中外法学》，1996（5）；雷兰：《商品房预售法律问题研究》，北京，知识产权出版社，2007，第55页。

④ 参见杨峥嵘：《商品房预售适用预告登记制度之管见》，载《法学评论》，2008（1）。

⑤ 参见贾纯：《浅析商品房预售合同的登记备案》，载《中国房地产》，1997（4）。

第三，二者在是否需要审查方面不同。备案只是将相关的房地产信息提交管理部门，以备了解，对于当事人提出的申请材料，主管部门对此并不负有审查义务。而因为预告登记将使得债权产生对抗第三人的效力，所以，对于预告登记的材料，登记人员要依法进行审查。

第四，申请人不同。由于预告登记本质上是一种债权的保障措施，因而预告登记原则上需要双方当事人提出申请，但依据《房屋登记办法》第69条的规定，在商品房预售人未按照约定申请预告登记的情形，商品房买受人也可以单方申请预告登记。而在商品房预售登记备案的情形，由于其本质上是一种行政管理措施，因而，法律规定应当由房地产建设单位负担商品房预售登记备案的义务。

五、商品房预售合同的特殊效力

（一）出卖人的义务

商品房预售合同与现房买卖合同都是以房屋作为标的物，因此，出卖人所负有的诸多义务都与现房买卖合同中出卖人的义务相同，尤其是负有按期交付标的物并移转房屋所有权的义务。但是，商品房预售毕竟又不同于现房买卖，其自身的性质决定了出卖人还应当负有特殊的义务，主要表现在如下方面：

第一，出卖人负有允许买受人查阅相关材料的义务。在商品房预售合同中，因为是未来物的买卖，就可能出现信息不对称、出卖人可能在期房销售过程中进行虚假宣传、将买受人支付的定金或者购房款挪作他用，或建造质量与约定质量不合格等，且一旦出卖人延期交房、迟迟不办产权证等，买受人很难通过平等协商等途径保护自己的合法权益。因此，有必要赋予买受人查阅相关材料的权利。具体来说，买受人享有的查询权主要包括：查阅出卖人的土地使用权证书、交付全部土地使用权出让金的证明、建筑工程规划许可证、商品房预售许可证等，在房屋竣工后，买受人还有权查阅商品房质量合格证书以及出卖人是否办理商品房初始登记，是否取得“大产权证书”的情况等。①

第二，出卖人必须将商品房买受人交付的定金或者购房款用于预售房屋的建设。《城市房地产管理法》第45条第3款规定：“商品房预售所得款项，必须用于有关的工程建设。”因为商品房预售在很大程度上具有融

---

① 参见陈耀东：《商品房买卖法律问题专论》，北京，法律出版社，2003，第88页。

资的功能，但如果开发企业未将其所获得的融资用于预售房屋的建设，则可能影响建造房屋的质量和进度等，这不仅造成购房人的重大损失，还可能因众多业主不能按时入住，影响社会稳定。此外，一旦房屋建设达到预售条件，开发商取得预售许可，并收取定金、预售款、首付款和全部购房款后，如果挪用预售资金用于其他项目的建设，或将预售资金用于“圈地”，用于投机活动等，最终将诱导商业欺诈行为，给社会经济造成不利影响。因此，将预售资金用于建设活动是房地产开发企业所负担的重要合同义务。

第三，出卖人的信息披露义务。为了保护消费者利益，出卖人还应当负有信息披露的义务。从比较法上来看，欧盟在买卖关系中特别强调出卖人的信息披露义务。[①] 尤其是商品房预售合同属于未来物的买卖，双方当事人之间存在一定信息不对称的情形。[②] 为了保障买受人的利益，出卖人应当及时向买受人披露包括有关预售资金的用途、房屋建造的进度以及有关的面积误差、是否转包分包等情况在内的信息，以使买受人了解必要的信息，同时也可以对出卖人进行必要的监督。尤其是对于关系到买受人重大权益的事项（例如，土地或者房屋本身已经被抵押的事实），必须向买受人披露，并取得其同意，否则可能构成欺诈。

第四，按期交付商品房的义务。在商品房预售合同中，合同订立时，标的房屋尚未建成，当事人从事的是未来房屋的买卖，因此，未来的房屋是否可以如期建成并按期交房，对买受人的利益影响重大。出卖人不按期交房，可能导致买受人无法如期入住，影响到其正常居住；也可能导致买受人无法如期开业，影响到其营业活动。这些都会给买受人造成巨大损害，甚至影响社会的稳定。所以，出卖人按期交付商品房的义务应当成为其主要的合同义务。出卖人交付的房屋面积应该符合合同的约定，除了正常的误差之外，面积不符将构成违约。此外，有关小区绿化、配套设施等方面也应当符合当事人的约定和法律规定。

第五，出卖人应当交付符合合同约定和法律规定质量的房屋。由于在商品房预售合同订立时，标的房屋尚不存在，所以，在交付房屋时很可能出现质量不符合约定或法律规定的情形。[③] 而买受人又不能在房屋的建造

① 参见2012年《欧盟统一买卖合同指令草案》。

② 参见雷兰：《商品房预售法律问题研究》，北京，知识产权出版社，2007，第59页。

③ 参见钱明星、姜晓春：《房屋预售制度若干理论问题研究》，载《中外法学》，1996（5）。

过程中及时发现房屋的质量和其他状况，这也可能因信息不对称而导致质量不符。在实践中，有的开发商交付的房屋出现了朝向不符、容积率不符、以次充好（如材料变更）、设备改变等质量不符问题，这些都极易引发争议。所以，在商品房预售中，更应当要求出卖人严格按照合同约定和法律规定交付房屋，以保证房屋的质量。

第六，及时办理房屋产权证的义务。在商品房预售中，房屋建成之后，都是登记在建设单位的名下，而没有转让给小业主，因而即使已经交付房屋，出卖人也并没有完全履行其合同义务，其应当及时办理变更登记，将房屋所有权移转给买受人。从实践来看，故意拖延办证的问题比较严重，买受人有权基于商品房预售合同请求出卖人及时办理房屋过户登记手续。

第七，接受买受人监督的义务。由于商品房预售合同订立之时，房屋尚不存在，其能否符合约定以及法定的质量标准，完全取决于出卖人的建造行为。为监督出卖人的建造行为，保障房屋的质量，买受人有权到现场及附近查看周围环境、交通状况和生活需求的供给状况，以及确定预售方的广告宣传是否真实等，出卖人应当接受该监督①；同时，买受人在查看过程中发现出卖人的工程质量存在问题，可以提出建议，对于合理的建议，出卖人应当接纳。

（二）买受人的权利和义务

由于商品房预售合同与现房买卖合同都是以房屋作为标的物，所以，买受人也应当负有与现房买卖中买受人相同的义务，尤其是按期支付合同价金的义务。该义务是买受人的基本义务，买受人未按期支付价金的，出卖人可以解除合同并请求赔偿相应的损失。另外，因为商品房预售合同的特殊性，买受人也有负有特殊的义务，尤其是协助义务（如协助出卖人办理房屋过户手续的义务等）。为了保障买受人的利益，我国有关法律法规也规定了买受人的权利，主要包括如下方面：

1. 请求查询相关资料和披露信息的权利。如前所述，在期房买卖中，买受人有权了解出卖人是否享有预售资格等信息，因此，其有权请求查询出卖人的预售许可证等资料。另外，在订立商品房预售合同之后，为了避免房地产开发企业的违法行为，买受人还享有知情权，以了解房屋建造情况、购房款的运用情况，并能够及时维护其权利免受侵害。

---

① 参见陈耀东：《商品房买卖法律问题专论》，北京，法律出版社，2003，第88～89页。

2. 请求办理商品房预售合同登记的权利。商品房预售合同登记是为了保障购房人权益而设置的重要制度，可以有效避免一房二卖、已售房屋的再抵押等问题。因此，在签订了商品房预售合同之后，买受人享有请求办理合同登记的权利。

3. 支付价款后享有的对抗一定范围内的第三人的权利。商品房预售合同中，买受人在支付定金或者购房款后，对将来建成的房屋享有一定的权利，该权利性质上属于债权，应当受到法律的保护。需要指出的是，买受人所享有的权利虽然是合同债权，但依据相关司法解释的规定，在一定范围内具有对抗第三人的效力。最高人民法院《关于建设工程价款优先受偿权问题的批复》第 2 条规定："消费者交付购买商品房的全部或者大部分款项后，承包人就该商品房享有的工程价款优先受偿权不得对抗买受人。"根据该规定，对于支付了全额价款的购房人，应当优先于建筑承包人的法定优先权，承包人的优先权不得对抗作为消费者的房屋买受人的权利。例如，甲房地产开发公司将其开发的房屋一套出售给买受人乙，乙已经支付了全部购房款。事后，因甲拖欠承包人丙的工程款，被起诉到法院，因为乙已经支付了全部款项，所以，丙不得要求买受人乙腾退房屋。司法解释作出此种规定的原因在于：第一，保护小业主的居住权。因为房屋不仅是一般的生活资料，而且是公民赖以安身立命的场所，也是公民基本的财产。保护公民的房屋所有权实际上也是保护公民基本的财产权和生存权①，因此，建筑工程的承包人不能因其行使优先权而妨碍公民作为买受人的权利的实现以及房屋所有权的取得。第二，保护消费者的利益。在预售商品房合同中，买受人一般都是消费者，因为信息不对称，其在买卖关系中处于弱者地位，容易受到侵害，所以，有必要依据法律对其作出特别保护。② 第三，符合"生存利益大于经营利益"的原则。在法律上，生存利益的保护都要优先于经营利益。③ 消费者对房屋享有的利益属于生存利益，而建筑工程承包人所享有的利益则属于经营利益。需要指出的是，在《物权法》颁行之后，由于《物权法》已经设立了预告登记制度，因而，应当对最高人民法院《关于建设工程价款优先受偿权问题的批复》进

① 参见孙宪忠：《论住宅权的制度保障》，载《南京大学法律评论》，2001（2）。

② 参见梁慧星：《合同法第二百八十六条的权利性质及其适用》，载《山西大学学报》，2001（3）。

③ 参见王旭光：《建筑工程优先受偿权制度研究》，北京，人民法院出版社，2010，第 215 页。

行限缩解释，即在商品房预售合同中，买受人享有的权利必须经过预告登记以后才能产生优先于建筑承包人法定优先权的效力[①]，如果没有经过预告登记，买受人只是享有一般的债权，不能产生对抗建筑工程承包人优先权的效果。

最后需要指出的是，买受人是否享有转让期房的权利?《城市房地产管理法》第 46 条规定："商品房预售的，商品房预购人将购买的未竣工的预售商品房再行转让的问题，由国务院规定。"但目前国务院并没有对此作出具体规定，学界对此一直存在两种不同的观点。一种观点认为，依据上述法律规定，应当对期房转让作出严格限制，否则，可能鼓励"炒楼花"，导致房产市场出现泡沫。另一种观点认为，期房转让与现房转让不存在本质上的差别，现行法律没有作出禁止性规定，既然允许现房再次转让，也应当允许期房转让。[②] 我国现行法律没有对期房转让问题作出规定，但实践中转让期房的现象一直存在，对此，有些地方性法规作出了相应的规定。如 2008 年《北京市城市房地产转让管理办法》第 44 条的规定，实际上承认了期房转让的合法性。[③] 笔者认为，从性质上来说，期房的转让并非是现存房屋的转让，而是合同权利的转让或合同权利义务的概括移转。因为期房的转让并不涉及社会公共利益，所以，法律上不应当禁止该转让行为。但是，在期房转让的情形，转让人应当履行合同转让的义务。如果期房买受人已经付清商品房预售合同价款的，则需要及时将期房转让情况通知房地产建设单位；如果期房买受人尚未付清价款的，期房转让则需要征得房地产建设单位的同意。

---

① 参见王泽鉴：《债法原理》，北京，北京大学出版社，2009，第 14 页。

② 参见耀振华：《房地产开发中的法律问题》，载梁慧星主编：《民商法论丛》，第 4 卷，北京，法律出版社，1996，第 98 页。

③ 《北京市城市房地产转让管理办法》第 44 条规定："预购人在预售合同登记备案后、商品房竣工前转让其预购的商品房的，按照下列规定办理：（一）未付清预售商品房预售合同约定的总价款的，预购人应当取得房地产建设单位同意；（二）已付清预售商品房预售合同约定的总价款的，预购人应当将其转让预购商品房的情况书面通知房地产建设单位。转让预购的商品房的，预购人与受让人应当签订书面合同，并在合同签订后 15 日内依照本办法第四十条的规定到原登记机关申请变更预售合同登记备案。"

第三章　商品房租赁合同

第一节　商品房租赁合同概述

一、商品房租赁合同的概念和特点

商品房租赁合同，是指出租人将出租的商品房交给承租人使用、收益，承租人交付租金，并在合同终止时将房屋返还给出租人的协议。① 商品房，是指经过政府有关部门批准，由房地产建设单位在取得国有土地建设用地使用权的前提下开发，并在建成后用于出售的房屋。商品房包括住宅、商业用房以及其他建筑物。在商品房买卖和商品房租赁中，“商品房”的概念存在区别。在商品房买卖中，要求必须是房地产建设单位所建造的，向社会公众销售的房屋。而在商品房租赁中，只要是业主从市场上购买到的，或是房地产建设单位自建的，都可以进行租赁。商品房租赁中出租人既可以是所有权人，也可以是享有处分权或经营权的主体。因此，商品房租赁中的“商品房”比商品房买卖中的“商品房”的外延更为宽泛。法律之所以在商品房租赁中将其规定为“商品房”，主要是为了将其与公民自建房屋租赁、保障性房屋租赁以及农村房屋租赁相区别。

商品房市场是随着我国住房改革的发展而逐渐兴起的，在公民拥有商品房产权的基础上逐渐形成了商品房租赁市场。实践中，除了商品房租赁外，房屋租赁还包括城镇居民或单位自建房屋租赁、城镇保障性房屋租赁以及农村居民或单位自建房屋租赁。其中，商品房租赁是房屋租赁合同的典型形态。商品房租赁市场的健康发展对于保障公民的基本居

① 参见吴兆祥、韩君贵编著：《房屋租赁买卖合同疑难问题案例解析》，北京，法律出版社，2012，第233页。

住权，实现“居者有其屋”、保障民生具有重要意义。为了保障商品房租赁市场的健康发展，有必要从法律上对其作出规范。商品房租赁合同作为房屋租赁合同的一种类型，与其他的房屋租赁合同相比，具有如下特征：

1. 合同标的物的特殊性

商品房租赁合同的标的物是商品房。如前所述，房屋租赁合同中的商品房与房屋买卖合同中的商品房存在一定区别，实践中，界定商品房的概念还应当将其与其他相关概念相区分。一是与“公房”相区分。此处所说的商品房是与“公房”相对的概念。所谓“公房”，分为公管房（或统管房）与自管房（或非统管房），前者主要是指国有房屋管理部门直接管理的房屋，后者则是指国家授权的企事业单位、机关、社会团体等部门自行管理的房屋。① 二是与社会保障性住房（如公有住房、经济适用房和廉租住房）相区分。社会保障性住房具有政府福利性和保障性的特点。社会保障性住房的租赁具有一定的社会保障色彩，主要体现了特定的国家政策，不完全属于民事法律关系的范畴。例如，并非每一个主体都有资格租赁经济适用房、廉租房，政府对租赁主体的资格设置了严格的条件，而且这些房屋的租赁价格，也不同于市场价，其往往低于市场价格。② 这些类型的房屋租赁合同均不属于商品房租赁合同的范围，而应适用有关特殊的政策和法律规定。③ 三是与自建房屋相区别。商品房必须是由取得相应资质的房地产建设单位面向社会公众出售的房屋，因此，自然人或法人自建的房屋不属于商品房，而主要是为了满足自己利用的需要。自建是一种事实行为，依据《物权法》规定，自建人能够在房屋建成后取得自建房屋的所有权，但这些房屋并不能向社会公众出售。有关自建房屋的租赁仍然属于房屋租赁的范畴，但不属于商品房租赁的范畴，不应适用有关商品房租赁合同的规定。由于商品房租赁是房屋租赁领域的典型形态，适用范围也较为宽泛，其所涉及的相关法律问题也较为典型和全面，因而，对于自建房屋租赁等情形，也可以参照适用有关商品房租赁合同的相关规则。

---

① 参见郭明瑞、王轶：《合同法新论·分则》，北京，中国政法大学出版社，1997，第124页。

② 参见吴兆祥、韩君贵编著：《房屋租赁买卖合同疑难问题案例解析》，北京，法律出版社，2012，第234页。

③ 《商品房屋租赁管理办法》第25条规定：“保障性住房租赁按照国家有关规定执行。”

2. 价值的非中立性

所谓价值的非中立性，是指在商品房租赁合同中，需要对承租人进行倾斜保护。因为一方面，与出租人相比，承租人在订约能力等方面处于弱势地位；另一方面，商品房租赁合同关系到承租人的基本居住权，居住权属于承租人的基本人权。因此，在商品房租赁合同中对承租人进行倾斜保护，在价值上具有正当性。从比较法上看，各国普遍强化了对承租人的保护。例如，在法国，曾有判决认为，房屋出租合同不能剥夺承租人为其亲友提供住宿的权利，有关合同必须尊重承租人的家庭生活权利。出租人的宗教信念不能导致要求承租人必须忍受某项特殊义务。[①] 又如，在一些国家，政府通过制定商品房租赁标准合同的方式，对双方当事人的基本权利义务进行规范，对出租人的权利进行必要限制，避免出租人利用其订约优势地位侵害承租人的利益。在我国，有关商品房租金的宏观调控等，也都体现了对承租人的倾斜保护。

3. 内容的特殊性

在商品房租赁中，出租人移转其房屋的使用权，目的是获得租金；而承租人支付租金，是为了获得房屋的使用权。因此，商品房租赁合同是以对价为基础的合同。其在内容上具有如下特殊性：第一，与一般租赁相比较，商品房租赁期限相对较长。第二，从承租人的角度来看，其在商品房租赁合同生效以后所享有的权利，不仅限于对租赁房屋的使用，而且可能包括利用房屋从事经营活动并获取收益。商品房租赁合同的订立，既可以是为了满足生活居住的需要，也可以是基于生产经营的目的。但是，如果当事人之间并未就合同的目的作出约定的，则应依据该租赁物的性质以及通常的用途等进行确定。在商品房租赁合同中，当事人除了对租赁房屋的使用、收益等作出约定外，还可以就业主权利的行使作出约定。如果商品房租赁主要是为了满足居住之用，则承租人可以依据业主的委托而代为行使共同管理权等业主权利，并承担相应的义务。[②] 承租人代为行使共同管理权等，也可以成为商品房租赁合同的内容。第三，一般情况下，承租人只能按照租赁物的性质对租赁物进行使用，并不能对租赁物进行改造、改

① Cass. civ. 3ème，6 mars 1996，RTD. civ. 1996，p. 897，obs. J. Mestre et 1024，obs. J.-P. Marguénaud.

② 《物业服务纠纷司法解释》第 12 条规定，"因物业的承租人、借用人或者其他物业使用人实施违反物业服务合同，以及法律、法规或者管理规约的行为引起的物业服务纠纷，人民法院应当参照本解释关于业主的规定处理。"

建等。而在商品房租赁中，承租人往往会基于其使用目的而对租赁物进行一定的装修、改建等行为。在商品房租赁合同效力终止时，租赁房屋可能由于装修等行为使房屋结构或外观发生了变化，因此，当事人可以在合同中就合同终止后，对承租人装修、装饰等添附行为的处理作出特别约定。

4. 要式性

房屋租赁涉及承租人的基本居住权的保护，关系到人民的民生问题，因此，为了便于管理、避免纠纷，房屋租赁应当采用书面形式。《城市房地产管理法》第54条规定，"房屋租赁，出租人和承租人应当签订书面租赁合同，约定租赁期限、租赁用途、租赁价格、修缮责任等条款，以及双方的其他权利和义务"。依据这一规定，商品房租赁合同应当采用书面形式订立，其主要原因在于，商品房租赁合同是一种继续性合同，在合同履行过程中可能发生一系列的纠纷，采用书面形式有利于明确租赁双方当事人之间的权利义务关系，避免纠纷，同时也便于政府对商品房租赁活动进行管理。

5. 继续性

所谓继续性合同，是指合同并非一次性履行完毕，其履行需要持续一定的期间。对房屋租赁合同而言，如果以房屋移转给承租人占有的角度来看，其属于一次性履行完毕的合同；但是，出租人要持续地使房屋处于适于居住的状态，这一义务是持续存在的，所以，房屋租赁合同应当属于继续性合同的范畴。[①] 由于商品房租赁合同是一种继续性合同，在承租人占有房屋期间，出租人应当保证租赁房屋处于适于居住的状态，出租人行使房屋所有权也不得妨碍承租人对房屋正常、合理的使用。[②] 所以，在租赁合同解除时，也仅对未来发生效力，不具有溯及力。在租赁合同解除之前，承租人对标的物的占有使用是有效的，即便在合同解除之后，此前的占有使用仍然是有效的，合同解除的效力只针对解除之后发生效力。

6. 诺成、双务、有偿性

商品房租赁合同是诺成合同，只需要双方当事人就房屋租赁合同的主要条款意思表示达成一致，房屋租赁合同就可成立，并不以房屋的交付或者租金的交付为成立要件。[③] 在房屋租赁合同成立并生效以后，出租人和

---

① 参见崔建远：《继续性债权与诉讼时效》，载《人民法院报》，2003-06-27，第3版。

② 参见蔡耀忠主编：《中国房地产法研究》，北京，法律出版社，2002，第210页。

③ 参见蔡耀忠主编：《中国房地产法研究》，北京，法律出版社，2002，第210页。

承租人都享有权利并互负义务，出租人必须将租赁房屋交付给承租人，而承租人必须按期支付租金。因此，租赁合同是当事人互负义务的合同，属于双务合同。正是因为其属于双务合同，所以适用于双务合同的同时履行抗辩以及危险负担规则均适用于租赁合同。此外，在房屋租赁合同中，承租人取得房屋的使用权，必须以向出租人支付租金为代价，所以，房屋租赁合同是有偿合同。因此，如果缺少相关规定，在符合条件的情况下，可以类推适用买卖合同的有关规定，如出租人的担保责任可以类推适用出卖人担保责任的相关规定。[①]

二、商品房租赁合同是特别法上的有名合同

虽然商品房租赁本质上属于租赁合同的范畴，可以适用《合同法》关于租赁合同的相关规定，但此类合同又是特别法规定的有名合同，与《合同法》分则规定的有名合同存在一定的区别。首先，《合同法》关于租赁合同的规定过于原则，针对的是所有的租赁合同，难以适应商品房租赁交易持续时间长、交易频率高、涉及关系广、细节事项繁杂的特点。因此，需要通过在特别法上对商品房租赁合同作出规定。从比较法上来看，在租赁市场比较成熟的国家和地区，都有比较完善的租赁行为立法制度。其次，我国相关法律、法规及司法解释对商品房租赁合同作出了特别规定。《城市房地产管理法》对商品房租赁合同双方当事人的基本权利义务作出了规定。2010 年住建部颁布了《商品房屋租赁管理办法》，也以部门规章的形式对商品房租赁相关法律问题作出了全面规范。2009 年 6 月 22 日，最高人民法院颁布了《房屋租赁司法解释》，针对审判实践中房屋租赁纠纷的特殊问题作出了规定，该解释从法律适用的角度对城镇房屋租赁的若干法律问题进行了规范，对于完善我国商品房租赁法律制度具有重要意义。这些法律、法规和司法解释对商品房租赁合同作出了较为全面的规定，构成了商品房租赁合同制度的基本内容。由此表明商品房租赁合同是特别法上的有名合同。再次，商品房租赁合同在法律适用上具有特殊性。《合同法》也专门规定了租赁合同，商品房租赁合同作为租赁合同的一种类型，应当适用《合同法》关于租赁合同的一般规定。但就商品房租赁合同而言，在发生纠纷后，由于《合同法》关于租赁合同的规定较为原则，所以，商品房租赁合同中的一些特殊问题主要由上述特别法进行调整，在

① 参见蔡耀忠主编：《中国房地产法研究》，北京，法律出版社，2002，第 210 页。

特别法没有规定的情形，才适用《合同法》关于租赁合同的一般规定。例如，最高人民法院《房屋租赁司法解释》采用了城镇房屋租赁合同的概念。但是，该司法解释第1条第3款规定："当事人依照国家福利政策租赁公有住房、廉租住房、经济适用住房产生的纠纷案件，不适用本解释。"可见，该司法解释实质上是针对商品房租赁合同中的一些特殊问题所作出的规定。因此，商品房租赁合同在法律适用上具有特殊性。

三、商品房租赁的分类

按照租赁用途进行划分，商品房租赁可以分为住宅用房租赁和经营性用房租赁。住宅是指房屋用途为居住的房屋；而经营性用房则是指用作商业经营的房屋。[①] 无论是住宅用房租赁还是经营性用房租赁，都属于商品房租赁的范畴，原则上要适用统一的法律规则。而且，这两种租赁与广大人民群众的切身利益息息相关，也与社会的和谐稳定、经济的平稳发展息息相关。[②] 因为居住用房是人类生存的基本物质条件，经营性用房是人类从事生产经营的必要生产资料。

不过，在法律上，住宅用房租赁合同和经营性用房租赁合同也存在重要的区别，主要表现在：第一，订约目的不同。住宅用房的租赁是为了满足承租人的居住需要，而经营性用房租赁则是为了满足承租人经营活动的需要，正是因为这一原因，如果当事人在合同中约定商品房仅应作生活居住之用的，承租人不得将该商品房用于商业经营。第二，在住宅租赁中，法律更注重对于承租人利益的保护。住宅租赁直接涉及公民居住权的保障，而居住权是公民基本生活条件的重要组成部分，对居住权的保护属于人权保障的重要内容。例如，通过对住宅租赁的租金的涨幅等加以限制，保护承租人的居住利益。[③]《商品房屋租赁管理办法》对商品房不得租赁的情形作出了规定。第三，国家对当事人合同自由的干预程度不同。因为住宅用房的租赁涉及承租人的居住利益，涉及弱者保护的问题，所以，法律上对于当事人的合同自由作出了较多的限制。例如，住宅用房的租赁，

① 参见《物权法》第77条。

② 参见刘岚：《妥处房屋租赁纠纷 促进市场健康发展——最高人民法院民一庭负责人就〈关于审理城镇房屋租赁合同纠纷案件具体应用法律若干问题的解释〉答记者问》，载《人民法院报》，2009-09-04。

③ 如美国法确立了一套涵盖最低租住标准、默示担保条款、限制出租人的合同解除权、推定驱逐和租金控制等制度，以保护承租人。

应当执行国家和房屋所在城市人民政府规定的租赁政策，从而保障承租人的利益，维护正常的租赁秩序。而经营性用房租赁不直接涉及承租人的居住利益，而且，出租人和承租人基本上属于实力相当的民事主体，不存在弱者保护的问题。因此，国家对于经营性用房的租赁较少进行干预，往往允许当事人通过协商确定相关的合同条款。[①] 不过，从比较法上看，为了保障商业活动的开展，出现了对经营性房屋承租人进行特别保护的趋势。如在2000年12月《法国商法典》的修订中，规定经营性房屋的租赁期限不得低于9年，并且在合同期满后，承租人有权提出延长租赁期限，出租人如果不同意延长该期限，则应当向承租人支付一定的赔偿金，而且也规定租金数额不得超过规定的限额。[②]

四、商品房租赁合同与相关合同的区别

（一）商品房租赁与保障性住房租赁

城镇保障性房屋租赁是为了满足城镇居民基本生活需要，将国有保障性住房租赁给低收入城镇居民的一种房屋租赁形式。虽然商品房租赁与保障性住房租赁都属于房屋租赁，但两者也存在诸多区别，主要表现如下：

第一，功能不同。保障性住房租赁是政府为解决部分群众住房困难，而将在划拨土地使用权、集体土地上建成的房屋（如廉租房、公共租赁房屋）低价出租给特定主体的租赁方式。而商品房租赁并不具有保障功能，不具有社会福利的性质。

第二，主体不同。保障性住房的目的在于满足特殊群体的居住需要，因此，保障性住房租赁的出租人和承租人都具有特殊性。从我国的实践来看，廉租房的出租人限于政府；公租房的出租人则可以是集体经济组织或者从事公租房经营的特定法人。同时，依据相关法律、法规的规定，廉租房和公租房的承租人也应具备特殊的资格。[③] 而商品房租赁的出租人和承租人则是普通民事主体，法律对主体资格并没有特殊限制。

第三，客体不同。保障性住房租赁的客体是保障性住房，它是政府因满足城镇低收入居民基本生活需求等特殊目的而利用划拨土地等建造的。

① 参见吴春岐：《房地产法新论》，北京，中国政法大学出版社，2008，第281页。
② 参见许中缘：《民法强行性规范研究》，北京，法律出版社，2010，第49页。
③ 参见《廉租住房保障办法》第2条和《公共租赁住房管理办法》第3条。

而商品房租赁的客体则主要是上述保障性住房之外的房屋，包括各种居住型或商业型房屋。

第四，转租的限制不同。在商品房租赁中，虽然未经出租人同意的转租，法律规定出租人有权解除租赁合同，但原则上允许承租人转租。而保障性住房租赁旨在解决特定人群的居住困难，因此其具有人身专属性，从目前的政策来看，廉租房、公租房等原则上禁止转租。①

第五，承租人违约的法律后果不同。在商品房租赁中，出租人和承租人所负担的责任主要由合同约定；如果当事人对责任没有约定，则应当适用合同法的规定。例如，承租人不按照合同的约定而进行转租、改建等的，出租人享有解除合同等权利。而在保障性住房租赁中，承租人的行为不符合法律、法规等规定以及合同约定的，除了承担约定的责任或合同法规定的责任以外，还可能要承担特殊的责任，如退回廉租住房、调整租金等。② 此外，在保障性住房租赁中，承租人的违约行为还可能导致其承担行政法上的不利后果（如在一定期限内禁止其承租保障性住房），而在商品房租赁中，承租人的违约行为原则上不会导致行政法上的不利后果。

第六，适用的法律不同。城镇保障性房屋租赁一般受国家强制性法律、法规的约束，多由特别法进行调整。保障性住房租赁属于多层次住房保障体系的重要组成部分，应当受到住房保障法的调整，在住房保障法颁行之前，其受到特殊政策的调整。而商品房租赁则主要受合同法以及房地产法的调整。《房屋租赁司法解释》第1条也明确规定："当事人依照国家福利政策租赁公有住房、廉租住房、经济适用住房产生的纠纷案件，不适用本解释。"

（二）商品房租赁与公房租赁

公房租赁是一个特定的概念，公房又分为公管房（或统管房）与自管房（或非统管房）③，前者主要是指国有房屋管理部门直接管理的房屋，后者是指国家授权的企事业单位、机关、社会团体等部门自行管理的房

① 如《北京市经济适用住房管理办法（试行）》规定：经济适用住房产权证上注明"经济适用住房"，并且只能自住，不得上市转让、出租或出借以及从事居住以外的任何活动，但可向申请人户口所在区（县）住房保障管理部门申请回购。

② 参见《廉租住房保障办法》第26条。

③ 参见郭明瑞、王轶：《合同法新论·分则》，北京，中国政法大学出版社，1997，第124页。

屋。在我国，从出租人拥有住房的产权归属来区分，可以为个人、单位或机构所有，其中又以个人私房出租为主。单位租赁房的主要类型包括人才公寓、单位职工宿舍和农民工公寓等。当前，在我国多层次的住房保障体系中，租赁住房主要包括廉租住房、公共租赁住房和少量公房等。[①] 公房租赁和商品房租赁之间存在明显的区别，主要表现在：

第一，主体不同。公房租赁对承租人的身份有特别要求，一般要求是单位的职工，并且在通常情况下，承租人和出租人之间具有劳动关系。而商品房租赁的承租人和出租人属于平等的民事主体，二者之间并无此种关系。同时，公房租赁的出租人是代表国家行使所有权的各级政府房管部门和国家授权的拥有房屋所有权的机关、社团和企事业单位；而商品房租赁的出租人则并无特殊资质要求。

第二，租赁的性质不同。公房租赁带有一定的福利保障性质，由于单位公房租赁涉及单位职工的住房问题，因而一般只租给本单位职工使用，其租金往往低于市场价格。[②] 而商品房租赁则不具有福利保障的性质，其本质上仍是平等主体之间的交易关系。

第三，租金的标准不同。公房租赁的租金由当地政府统一规定，当事人不得自行决定租金标准。在租赁期间，因住房条件发生变化或者租金标准改变的，承租人须按照调整后的租金标准交付租金。[③] 而在商品房租赁中，为了保护处于弱势地位的承租人的利益，虽然国家对租金标准设置了一定的限制，但在国家规定的租金标准范围内，具体的租金数额仍由双方当事人自由协商。

第四，是否接受单位管理不同。公房租赁中，单位对于房屋如何利用通常有明确的规定，这些内部规定一般会转化为合同内容。而商品房租赁中，租赁的商品房通常属于私人所有，并不存在单位管理的问题，具体合同内容由当事人自由约定。

（三）商品房租赁和旅馆住宿合同

所谓旅馆住宿合同，是指旅馆经营者与旅客之间订立的，由一方提供

---

① 2009 年，“公共租赁住房”首次出现在政府保障性工作三年规划中，随后，推进公共租赁住房建设成为中央及各地政府高度关注的重点。2010 年 3 月，国务院政府工作报告明确提出，要大力发展公共租赁住房。我国城镇居民在住房消费上存在着明显的“重购轻租”习惯。

② 参见许德风：《住房租赁合同的社会控制》，载《中国社会科学》，2009（3）。

③ 参见郭明瑞、王轶：《合同法新论·分则》，北京，中国政法大学出版社，1997，第 125 页。

住宿以及相关服务、另一方支付相应报酬的合同。商品房租赁和旅馆住宿合同有相似之处，如在两个合同中，经营者或出租人的主要义务均为将房屋提供给他人居住并有权收取一定的费用，而承租人或旅客则可在一定期间内对房屋进行占有。一般而言，两者的区别如下：

第一，合同性质不同。商品房租赁合同本质上是移转标的物使用权的合同。该合同以承租人对房屋使用、收益为目的[①]，即以出租人提供房屋给承租人使用、收益为目的。而旅馆住宿合同本质上是一种提供服务的合同，同时又是一种综合性服务合同，该合同包括了租赁、保管及其他合同的内容。例如，当事人有特别约定时，旅馆的经营者还应当提供接送服务。虽然旅馆的经营者需要按照合同约定向旅客提供房间，但该义务只是宾馆所提供的住宿服务的一部分，旅馆住宿合同本质上属于服务合同范畴。

第二，义务内容不同。商品房租赁本质上属于租赁合同，在租赁合同中，出租人的主要义务是提供租赁物供承租人使用，以及保证租赁物质量符合合同约定。[②] 除此之外，出租人主要负有保障租赁物安全等义务，其一般不需要积极主动地从事某种行为，而只是承担消极的不干涉承租人使用租赁房屋的义务。但在旅馆住宿合同中，旅馆经营者提供的主要是一种服务，旅馆除了为旅客提供住宿房间及物品外，还需要按约定提供其他的相关服务，如贵重物品保管服务、叫醒服务，旅馆经营者的义务主要体现为积极作为的义务。

第三，财产、人身的安全保障义务不同。如前所述，商品房租赁合同是一种以承租人对房屋进行使用收益为目的的合同，出租人的主要义务就是保证承租人对房屋的正常使用收益。[③] 除了避免房屋因存在质量瑕疵造成承租人人身、财产损害以外，在租赁期间内，出租人并不负担保障承租人人身、财产安全的义务。而旅馆住宿合同中，旅馆经营者还需依法承担安全保障义务等，如旅馆应当提供相应的安全保障措施保障旅客的人身、财产安全。

第四，房屋维修义务不同。在商品房租赁合同中，出租人依法负担一

---

① 参见邱聪智：《新订债法各论》（上），北京，中国人民大学出版社，2005，第222页。

② 参见吴兆祥、韩君贵编著：《房屋租赁买卖合同疑难问题案例解析》，北京，法律出版社，2012，第233页。

③ 参见吴兆祥、韩君贵编著：《房屋租赁买卖合同疑难问题案例解析》，北京，法律出版社，2012，第235页。

定的维修义务，即出租人应当保证房屋符合合同约定的质量，以保证承租人的正常使用、收益。在有特别约定或者出现紧迫情形时，也可以由承租人承担房屋维修义务，但维修费用一般应当由出租人承担。而在旅馆住宿合同中，均应由旅馆方面承担住宿房间的维修义务，旅客无权自行维修。

第五，合同期限不同。商品房租赁合同的主要目的在于对租赁房屋进行一定期间的使用、收益，承租人通常是为了居住或者从事商业经营活动，因此合同期限通常较长。而在旅馆住宿合同中，旅客同旅馆经营者订立旅馆住宿合同的目的多是临时住宿，其期限通常较短。

第二节　商品房租赁合同的主要条款

《城市房地产管理法》第 54 条规定："房屋租赁，出租人和承租人应当签订书面租赁合同，约定租赁期限、租赁用途、租赁价格、修缮责任等条款，以及双方的其他权利和义务，并向房产管理部门登记备案。"该条规定了商品房租赁合同的基本内容。此外，《商品房屋租赁管理办法》第 7 条也对房屋租赁合同的基本内容进行了规定。根据上述规定，商品房租赁合同一般应当包括以下内容：

一、租赁商品房的具体情况

商品房租赁合同的目的于对租赁房屋进行占有、使用和收益，因此，在商品房租赁合同中，当事人应当对房屋的坐落位置等作出明确约定，从而使租赁房屋特定化。总体而言，房屋租赁合同必须载明以下信息：

1. 房屋的具体位置。在当事人在合同中明确约定房屋的具体位置以后，才能使合同标的物确定。一般来说，只有确定房屋的具体位置，承租人才能够确定该房屋能否满足其使用、收益的需要，同时也有利于承租人查询该房屋的具体权属状况。

2. 房屋的数量、面积以及相关的设施情况。一是租赁房屋的具体数量。如果房屋是以间计算的，则双方当事人应当在合同中具体约定房屋的间数。实践中，承租人为满足其具体的居住、使用的需要，可能需要同时承租多处商品房，当事人应当在合同中约定具体的租赁房屋数量。二是租赁房屋的面积。当事人应当在合同中具体约定租赁商品房的面积，商品房的面积与租金具有密切关联，只有确定了商品房的面积，才能够使租赁房屋具体化。三是租赁房屋相关的设施情况。在商品房租赁合同中，双方当事人应当对房屋的附属设施、家具和家电等室内设施状况进行明确约定。在租赁合同中，如果承租人对房屋及其设施的安全性能有特殊要求的，双方还应当对此作出约定。此外，为了保证承租人对房屋的正常使用、收益，减少争议，房屋租赁合同中还应当载明房屋中设施的状况、装修状况等。① 在双方当事人对租赁房屋数量、面积以及相关设施的情况进行明确约定以后，才能具体明确出租人的义务，这也有利于明确承租人在租赁期限届满时的返还义务。②

3. 车位及其他附属物的具体情况。除了房屋之外，其他附属物也可能成为房屋租赁合同的标的，如车位、储藏室等。由于上述附属设施具有独立的利用价值以及明确的界限，也可能和房屋一起出租，从而成为租赁合同的标的物。如果当事人在房屋租赁合同中约定租赁房屋时一并租赁车位的，则车位也属于租赁合同的标的物。

二、租金和押金

租金是指因承租人对出租人提供的租赁物进行使用、收益而支付的对价。租金通常是以货币的形式支付，但当事人也可以约定以其他给付代替货币支付。从比较法上来看，一些国家的合同法认可租金形式的多样性。③ 租金条款是房屋租赁合同的主要条款，请求支付租金是出租人最重要的合同权利④，也是出租人对自己所有或者有出租权的房屋享有收益权的体现。对承租人而言，支付租金是其占有、使用租赁房屋应当支付的对价。因此，当事人应当在房屋租赁合同中明确约定租金的数额、支付方式、支付期限等，以减少争议的发生。

商品房租赁合同中，具体的租金数额原则上由当事人自由约定，但“住有所居”关系到基本民生，与公共利益具有密切关联，因此，从比较

① 参见乔燕主编：《租赁合同》，北京，人民法院出版社，2000，第119页。

② 参见胡康生主编：《中华人民共和国合同法释义》，北京，法律出版社，1999，第316页。

③ 例如，在英国法中，无论是在普通法还是制定法中，租金可以是货币或者是其他的价值形式。Kare Lilleholt et al.，*Lease of Goods*，Oxford University Press 2008，p. 115.

④ 参见吴兆祥、韩君贵编著：《房屋租赁买卖合同疑难问题案例解析》，北京，法律出版社，2012，第234～235页。

法上来看，很多国家都对商品房租赁中的租金加以规制。[①] 当事人在约定租金条款时，应当遵守法律法规关于租金的限制性规定。在我国，关于租金的标准，没有规定租金标准的，由双方根据公平合理的原则，参照房屋所在地租金的实际水平协商确定[②]，但国家有统一规定的，应依统一标准确定。

当事人在订立商品房租赁合同时，为了防止房屋和配套设施遭受损害，也为了保证承租人能够按期支付租金，出租人在合同订立时往往要求承租人支付一定的押金。押金在性质上具有责任保证金的功能，即如果承租人不能按期支付租金，或者在租赁期间内造成租赁房屋或者相关设施毁坏的，出租人有权从押金中扣除相应份额。需要讨论的是，在承租人不按期支付租金的情况下，押金能否直接转化为租金？一般认为，在当事人有约定的情形下，应当依据当事人的约定处理，在当事人没有作出特别约定的情况下，押金具有保证金的作用，可以转化成租金。

三、租赁目的和租赁房屋用途

在商品房租赁合同中，由于租赁房屋的用途和租赁目的直接关系到双方当事人的权利、义务，因而，当事人应当在合同中对上述内容作出约定。例如，商品房可以用于商业使用目的（例如开设餐厅、用作办公场地等），也可以用于居住使用目的。租赁合同目的不同，当事人的权利义务也会存在一定区别。此外，房屋租赁的用途和目的，还涉及对房屋的改造、装修，以及处理与其他建筑物区分所有人的关系等，因此，当事人应当在租赁合同中对其作出明确约定。根据《合同法》第 219 条的规定，承租人应当按照合同约定对房屋进行使用收益，妥善管理和合理使用房屋[③]，承租人未按照合同约定的方法或者房屋的性质使用房屋，造成房屋或者其设施毁损的，房屋出租人有权解除合同，并要求承租人赔偿损失。

四、租赁期限

房屋租赁期限是租赁合同所约定的当事人权利义务的存续期限，也是承租人能够占有、使用和收益租赁房屋的期限。租赁期限不仅关系到租赁

---

① 参见许德风：《住房租赁合同的社会控制》，载《中国社会科学》，2009（3）。

② 参见邓基联主编：《房屋租赁合同纠纷》，北京，法律出版社，2010，第 5 页。

③ 参见吴兆祥、韩君贵编著：《房屋租赁买卖合同疑难问题案例解析》，北京，法律出版社，2012，第 237 页。

物的使用期限，还关系到租赁物的返还时间等。租赁期限的计算可以按照年、月、日计算，也可以按照周计算。从比较法上看，很少有国家直接在法律中规定有关租赁期间开始的问题。通常的做法是，如果当事人对租赁期间没有明确的约定，通常可以要求即时履行。[①] 房屋租赁合同没有约定存续期限的，属于不定期租赁合同，根据《合同法》的规定，对于不定期租赁合同，当事人双方均可以随时终止合同，但一方在解除合同时，应当提前通知对方当事人，并给对方必要的准备时间。

租赁期间的长短关系到租金数额的确定，一般而言，租赁期间越长，同一期间内租金的平均数额越低。承租人的租赁权不同于物权，其有一定的期限限制。因此，承租人租赁房屋的期限不得过长或者无期限限制，因为永久的租赁将使所有人事实上丧失了对物的占有、使用和处分权能，也可能使当事人通过虚假租赁的方式规避法律关于房屋买卖合同的一些强制性规定。因此，法律一般规定了租赁合同的最长期限。从比较法上来看，很多国家法律都明确规定了租赁合同的最长期限。[②] 我国《合同法》第214 条规定："租赁期限不得超过二十年。超过二十年的，超过部分无效。"因此，商品房租赁合同的最长期限也是 20 年，即出租人与承租人在签订租赁合同时，最长只能约定 20 年的租赁期限。在期限届满后，如果承租人确有继续租赁的需要，法律允许双方再次签订租赁合同，以实现对房屋继续利用的目的。

五、房屋维修义务

房屋租赁合同的目的在于使承租人获得对租赁房屋一定期限内的使用、收益，因此，在租赁期间内，房屋出租人应当保证租赁房屋符合约定的使用状态。在租赁期间内，如果出现可能影响承租人正常使用租赁房屋的情形，出租人应当承担维修义务，以保证房屋符合当事人约定的质量标准。租赁房屋的维修费用应当由出租人承担，因房屋维修而影响房屋的使用、收益的，承租人有权请求减少租金或者延长租期。[③] 在我国许多地

---

① Christian von Bar and Eric Clive, *Principles, Definitions and Model Rules of European Private Law*, Vol. 3, Sellier, European Law Publishers GmbH, Munich, 2009, p. 1466.

② 例如，《日本民法典》第 604 条规定，租赁期限不得超过 20 年。我国台湾地区"民法"第 449 条第 1 项规定，租赁契约的期限不得超过 20 年，逾越 20 年的，缩短为 20 年。

③ 参见《合同法》第 221 条。

区，房屋租赁就存在着“大修为主，小修为客”的说法，表明承租人也具有一定的维修义务。因此，在当事人另有约定时，也可以由承租人对房屋进行一定的维修。此外，出租人未履行维修义务的，承租人也可以自行维修，但维修费用应当由出租人负担。因维修租赁房屋影响承租人正常使用的，承租人有权请求相应减少租金或者延长租期。因此，承租人在何种情况下负担维修义务以及应当负担多少维修义务，都应当在合同中作出明确约定。

六、物业服务、水、电、燃气等相关费用的缴纳

出租人一般是房屋的所有人，因此应当承担支付物业服务、水、电、燃气等相关费用的义务，但是当事人也可以在合同中特别约定，由承租人支付上述费用。在租赁期间内，由于承租人实际占有租赁房屋，而且出租人可能因各种原因而不能亲自缴纳上述费用，因而，如果合同约定了由承租人缴纳上述费用，则承租人也有义务支付。应当注意的是，即便房屋租赁合同约定由承租人承担相应的费用，在承租人不履行相应的费用支付义务时，物业公司、水电煤气公用事业单位要求出租人承担相应支付义务的，出租人仍然应当承担这些费用，而不能以其和承租人之间的约定进行抗辩。

根据《商品房屋租赁管理办法》第 14 条的规定，房屋租赁合同应当办理房屋租赁登记备案，《房屋租赁司法解释》第 4 条规定：“当事人以房屋租赁合同未按照法律、行政法规规定办理登记备案手续为由，请求确认合同无效的，人民法院不予支持。当事人约定以办理登记备案手续为房屋租赁合同生效条件的，从其约定。但当事人一方已经履行主要义务，对方接受的除外。”根据该条规定，商品房租赁合同的备案并不是商品房租赁合同的生效要件，当事人不能以合同未备案主张合同无效。该条规定在性质上属于管理性规定，主要目的在于便于国家对租赁市场进行管理、调控，而非直接干预当事人之间的合同关系。当然，如果当事人在合同中约定以办理相关的登记备案手续作为合同的生效要件，则当事人未办理登记备案手续的，合同不生效。但合同已经实际履行的，则可以认为当事人已经通过实际履行行为改变了上述约定，在此情况下，应当认定该商品房租赁合同已经生效。

第三节　商品房租赁合同的效力

一、出租人的义务

（一）按期交付商品房的义务

在租赁合同中，按照合同约定向承租人交付租赁的商品房是出租人所负担的主合同义务。因为只有在房屋交付之后，承租人才能对房屋进行使用或者居住，从而实现承租人订立商品房租赁合同的目的。[①] 所谓交付租赁房屋，是指出租人应当向承租人转移房屋的占有，由承租人实际占有房屋。此处所说的交付，应当从狭义上理解，即仅限于现实交付。问题在于，如果租赁物为第三人占有，出租人能否将向第三人的返还请求权移转给承租人？有学者认为，在此情况下，可以由承租人向第三人主张标的物的返还请求权。[②] 笔者认为，除承租人同意以外，不得通过指示交付的方式来替代现实交付。一般来说，商品房租赁合同中都对交付房屋的时间，即承租人入住的时间进行了约定。如果没有约定，则应当按照当事人事后达成的补充协议或交易习惯确定。如无特别约定或交易习惯，则从合同生效之日起，承租人有权进入租赁的房屋居住。[③]

房屋出租以后，当事人对车位与车库的出租进行约定，此时，出租房屋的行为能否及于车库与车位？有学者认为，基于主物的处分及于从物的原理，房屋租赁的效力应该及于车位与车库。笔者认为，房屋租赁合同的效力能否及于车库与车位，应当根据车库与车位是否独立于房屋而定。如果车库与车位附属于房屋的主体结构，则应当认为房屋租赁合同的效力及于车位与车库；如果两者是分离的，则只有在当事人明确约定车库随房屋一起出租时，房屋租赁合同的效力才能及于车库。如果当事人对于车位车库的交付时间没有约定，则在交付房屋的同时，出租人也应当按照合同约定将车位车库等一并交付给承租人。

---

① 参见吴兆祥、韩君贵编著：《房屋租赁买卖合同疑难问题案例解析》，北京，法律出版社，2012，第235页。

② 参见吴启宾：《租赁法论》，台北，五南图书出版公司，1998，第33页。

③ 参见崔建远：《合同法》，3版，北京，法律出版社，2003，第369页。

（二）交付的商品房应当符合合同约定的质量标准的义务

1. 必须按照合同约定的状态交付

在商品房租赁合同中，出租人不仅负有交付房屋的义务，而且还应当保障其在质量和性能等方面符合合同的要求。[①] 如果合同对于房屋的状态和用途有特殊约定，则出租人应当按照该约定的状态交付。例如，承租人租赁房屋是用于开设银行营业厅或图书馆，要求房屋的建筑质量必须达到某种等级，则出租人交付的房屋必须符合这一要求。又如，承租人要求租赁的房屋必须配备特定的设施，则出租人在交付房屋时，必须配备该设施。如果双方对房屋的用途没有特别约定的，出租人只需按照通常的租赁目的所应当具备的状态进行交付。[②]

2. 保持租赁的房屋处于适于居住或者使用的状态的义务

在租赁期限内，出租人应当保证租赁房屋处于适于居住或者使用的状态，符合合同所约定的居住或商用目的。在比较法上，一些国家和地区确认了房屋租赁中的适住性担保（Warranty of Habitability）义务，即出租人负有保持租赁房屋处于适于居住和使用状态的义务。因为在租赁合同中，如果出租人的房屋缺少供电、排污，甚至暖气、冷气功能，都可能影响承租人的正常使用、居住。[③] 例如，美国许多州都已经认可出租人应当存在一种默示保证房屋可居住性的义务[④]，即房屋出租人负有默示保证房屋可居住性的义务，在整个租赁合同存续期间，出租人应当保证房屋的可居住性，保证房屋不存在隐藏瑕疵，不会因此影响承租人对房屋的使用。除前述默示保证房屋可居住性的义务外，一些成文法对出租人保证房屋可居住性的义务进行了规定。[⑤] 笔者认为，法律确认出租人要保持租赁的房屋处于适于居住或者使用的状态的义务，主要原因在于：一方面，课以出租人保持租赁的房屋处于适于居住或者使用的状态的义务，有利于保障承

---

① 参见吴兆祥、韩君贵编著：《房屋租赁买卖合同疑难问题案例解析》，北京，法律出版社，2012，第235页。

② 参见吴春岐：《房地产法新论》，北京，中国政法大学出版社，2008，第285页。

③ See Shepherd & Gaynor, "Radon: A Growing Menance in Real Estate Transactions", 3 *PROB. & PROP*. 6, 7 (1989).

④ Boston Hous. Auth. v. Hemingway, 363 Mass. 184, 293 N. E. 2d 831 (1973).

⑤ 如《标准住宅出租人与承租人法案》（URLTA），该法案被十七个州采纳，个别州的法案也对房屋出租人保证房屋可居住性的义务进行了规定。此外，有8个州将房屋出租人默示保证房屋可居住性的义务写入了成文法。See Annotation, "Dangerous Condition of Rented Premises", 64 *A. L. R.* 3d. 344-345.

租人订约目的的实现。正是因为出租人负有上述义务，所以租赁合同存续期间内，一旦租赁房屋出现需要修缮的情形，应当由出租人负责维修，维修费用原则上也应当由出租人负担。另一方面，出租人负有的此种义务也是由房屋租赁合同的性质决定的。与作为一时性合同的买卖合同不同，一般而言，出卖人仅在交付时担保标的物没有质量瑕疵以及权利瑕疵，而商品房租赁合同具有继续性，出租人不仅要交付没有质量瑕疵和权利瑕疵的标的物，而且出租人在整个租赁期间内都应当保持租赁物处于适于居住或者使用的状态。

如果租赁房屋不符合约定的质量标准或者使用目的，能够维修的，出租人应当及时维修。如果无法进行维修，则承租人有权解除合同，并请求出租人承担违约责任。例如，在"王某某诉张某某房屋租赁合同纠纷案"中，法院认为，"由于被告经营的厂房疏散通道、安全出口不足，在公安机关消防机构依法抽查中为不合格。即该房屋的使用存在违反消防法关于房屋使用条件的强制性规定，且被告无法进行整改，致使被告无法继续经营，被告依法享有房屋租赁合同的解除权"①。

3. 租赁的商品房不存在危及承租人安全或健康的缺陷

房屋安全与人们的生活和人身安全息息相关，因此，租赁房屋必须无害于人的安全或者健康。各国法律大多规定，在租赁合同中，租赁房屋不得存在危及承租人安全或健康的缺陷。在房屋可能对人的安全或者健康造成一定的损害时，即使承租人在订立合同时对该情况是明知的，承租人仍有权解除合同。例如，依据《意大利民法典》第1150条的规定，如果租赁物或租赁物主要部分的瑕疵使承租人或其家庭或其雇员面临严重危险，则尽管该瑕疵已经被告知于承租人，或已约定免责，但承租人依然得解除契约。我国《合同法》第233条对此也作出了规定，根据该条规定，租赁物危及承租人的安全或者健康的，即使承租人订立合同时明知该租赁物质量不合格，承租人仍可随时解除合同。《商品房屋租赁管理办法》第9条规定："出租人应当按照合同约定履行房屋的维修义务并确保房屋和室内设施安全。"法律法规作出上述规定的根本原因，在于强化对承租人生命健康的保护。如果房屋因存在缺陷造成承租人的人身或财产损害的，承租人既可以请求出租人承担违约责任，也可以请求出租人承担侵权责任。在租赁房屋存在缺陷造成第三人损害的情形，也应当由出租人而不是承租人

---

① 湖南省沅陵县人民法院民事判决书（2012）沅民一初字第129号。

承担侵权损害赔偿责任。[①]

（三）权利瑕疵担保义务

所谓权利瑕疵担保，是指在租赁期间内，出租人应当保证租赁房屋不因第三人主张任何权利而影响承租人对租赁房屋的正常使用。在商品房租赁中，出租人应当是商品房的所有人或经营者，对其房屋应当享有所有权或处分权。如果出租他人的房屋，将构成无权处分。在租赁关系中，出租人应当对其出租的房屋负有权利瑕疵担保义务。在比较法上，许多国家的法律都对此作出了规定。例如，《法国民法典》第1726条和第1727条规定，出租人的担保义务表现为担保不得有任何第三人对租赁物提出权利主张。例如，不得有第三人提出所有权、役权或存在其他承租人等主张。[②]我国《合同法》第228条规定："因第三人主张权利，致使承租人不能对租赁物使用、收益的，承租人可以要求减少租金或者不支付租金。"该条实际上确认了出租人的权利瑕疵担保义务，即出租人应当保证租赁房屋不被第三人主张权利，而使承租人不能对租赁物进行使用、收益。[③] 出租人承担权利瑕疵担保义务的构成要件是：第一，租赁房屋因存在权利瑕疵而致使第三人主张权利。例如，某个共有人未经其他共有人同意而擅自将共有房屋出租，嗣后其他共有人就该租赁房屋主张权利。第二，因第三人主张权利致使承租人不能对租赁房屋使用、收益。例如，第三人在法院提起诉讼，对租赁房屋主张权利，法院查封该租赁房屋，导致承租人无法入住。第三，承租人对于瑕疵的存在不知情。如果承租人明知租赁房屋存在权利瑕疵，即明知出租人的租赁房屋存在权利负担或争议，仍然与出租人订立合同，则由其自己承担相应的后果。[④] 此时，承租人明知该风险的存在而仍然签订合同，应当风险自负。在出租人违反权利瑕疵担保义务的情形，承租人可以要求减少租金或不支付租金；在构成根本违约时，承租人

① 参见吴兆祥、韩君贵编著：《房屋租赁买卖合同疑难问题案例解析》，北京，法律出版社，2012，第235页。

② Paul-Henri Antonmattei, Jacques Raynard, Droit civil, Contrats spéciaux, LexisNexis, Litec, 2008, p. 246.

③ 有学者认为，我国《合同法》在租赁合同中没有规定权利瑕疵担保，但是依据《合同法》第174条的规定，有偿合同可以参照买卖合同的规定，而《合同法》在买卖合同中规定了权利瑕疵担保（《合同法》第150条）。该条关于权利瑕疵担保的规则也可以适用于租赁合同。参见韩世远：《合同法学》，北京，高等教育出版社，2010，第451页。

④ 参见胡康生主编：《中华人民共和国合同法释义》，北京，法律出版社，1999，第338页。

也可以解除合同。

（四）出租人负有不得妨碍承租人正常、合理使用房屋的义务

在商品房租赁合同生效后，承租人依据合同的约定，享有对房屋占有、使用、收益的权利。在租赁期限内，出租人不得妨碍承租人对租赁房屋正常、合理的使用。[①] 例如，未经承租人同意，出租人不得擅自进入已经出租的房屋；没有正当事由，出租人也不得随意上门检查房屋、影响承租人的正常生活。当然，当事人可以约定出租人享有上门检查的权利，此时，承租人应当予以配合。例如，为防止承租人非法转租和保护出租房屋，如果当事人在合同中约定了出租人享有上门检查的权利，则出租人有权依据合同约定进入房屋查看，承租人有义务配合出租人的检查。出租人在进行检查时，必须在合理时间内提前通知承租人，且不得影响承租人的正常生活。此外，在房屋需要修缮时，出租人有权进入房屋内查看并进行修缮。例如，房屋出现漏水、安全（如火灾）隐患和其他紧急情况时，出租人有权进入出租房屋进行检查、修缮。

（五）维修义务

所谓维修义务，是指在租赁期限内，出租人应当定期对房屋及其设备进行检查、修缮，发现或者经承租人通知得知房屋有毁损或者其他不符合约定的使用、收益状态时，应当及时修缮，以保证承租人居住安全和正常使用的义务。[②] 由于出租人应当保证租赁房屋适于居住或使用，因而当房屋出现缺陷、影响承租人使用、居住时，出租人负有维修义务。[③] 如果房屋交付以后，承租人不能正常使用，则承租人的缔约目的就不能实现。我国实践中有“大修归主”的说法，即表明出租人应当及时对租赁房屋进行维修，使其适合承租人使用。此外，该义务也有利于保障承租人的人身、财产安全。

对于出租人的维修义务，《合同法》第221条作出了一般性的规定。[④]《商品房屋租赁管理办法》第9条也对商品房出租人的维修义务作出了特别规定，依据该条规定，“出租人应当按照合同约定履行房屋的维修义务

---

① 参见郭连珩：《出租人在房屋租赁合同关系中的义务的实证研究》，载《内蒙古财经学院学报》，2005（3）。

② 参见乔燕主编：《租赁合同》，北京，人民法院出版社，2000，第134页。

③ 参见邓基联主编：《房屋租赁合同纠纷》，北京，法律出版社，2010，第3页。

④《合同法》第221条规定，“承租人在租赁物需要维修时可以要求出租人在合理期限内维修”。

并确保房屋和室内设施安全”。此处所说的“维修”应当以保障房屋符合正常使用和居住的目的为标准，其不仅包括损坏之后的修复，还包括日常的保养和维护，相关的维修费用应当由出租人负担。在租赁期间内，非因承租人的原因而造成房屋或室内设施毁损，无论是因出租人原因所致，还是因为不可抗力等原因造成的，出租人都应当负有维修的义务。当事人可以在合同中具体约定维修义务的具体内容，但即便当事人没有在合同中约定维修义务，只要房屋出现影响承租人正常使用和居住的情形，出租人都负有维修义务。如果租赁房屋或室内设施的毁损是由承租人造成的（例如，承租人擅自装修，将墙壁凿穿破损），则出租人无须承担维修义务。在此情况下，出租人不仅不负有修缮义务，而且有权解除合同、要求承租人承担损害赔偿责任。①

维修义务是出租人应当承担的主要义务，违反该义务即构成重大违约。《商品房屋租赁管理办法》第9条规定：“未及时修复损坏的房屋，影响承租人正常使用的，应当按照约定承担赔偿责任或者减少租金。”依据该条规定，出租人拒绝或延迟履行房屋维修义务的，将构成违约，承租人有权向出租人主张违约责任。出租人未及时履行维修义务影响承租人正常使用的，出租人应当按照约定承担赔偿责任或者减少租金。此外，即便出租人进行了维修，但因此影响承租人对租赁房屋的使用的，承租人也有权请求减少相应的租金或请求相应延长租期。出租人未及时履行维修义务的，承租人可以自行维修，并有权要求出租人返还其先行垫付维修费用，或者从租金中扣除。

（六）通知义务

在租赁合同存续期间内，出租人转让租赁房屋的，应当及时将租赁房屋所有权变动的情况通知承租人，以便承租人决定是否继续承租房屋。出租人没有及时通知承租人的，根据“买卖不破租赁”规则，租赁房屋所有权的变动不影响租赁合同的效力。出租人未尽通知义务造成承租人无法行使优先购买权的，承租人有权请求其赔偿相应的损失。同时，对于不定期租赁合同，在终止合同前，出租人应当在一定期限内提前通知承租人，给承租人必要的准备时间。

（七）返还必要维修费用和押金义务

由于出租人负有对租赁房屋进行及时维修的义务，因而在租赁关系存

① 参见吴兆祥、韩君贵编著：《房屋租赁买卖合同疑难问题案例解析》，北京，法律出版社，2012，第235页。

续期间内，应当由出租人负担必要的维修费用。由承租人代为支付必要维修费用的，出租人应当及时向承租人返还，此种返还义务不一定要在租赁合同效力终止时履行，在租赁合同存续期间内，出租人也应当及时履行此种返还义务。[①]

出租人负有在租赁合同效力终止时返还押金的义务。实践中，在租赁合同订立时，出租人通常会要求承租人交纳一定的押金，当租赁合同终止时，出租人应当及时将押金返还给承租人。但是，如果该押金已经充抵租金或用于赔偿租赁房屋因承租人原因遭受的损害，则出租人就没有必要返还。

(八) 附随义务

租赁合同到期以后，出租人应当协助承租人处理后续事宜，如应当允许承租人在租赁房屋外悬挂住址变动等信息，并妥善保管承租人的信件。

此外，《合同法》第 234 条规定：“承租人在房屋租赁期间死亡的，与其生前共同居住的人可以按照原租赁合同租赁该房屋。”依据该条规定，如果承租人在合同租赁期间内死亡的，则出租人应当允许与承租人生前同居的人按照原租赁合同继续租赁房屋，这体现了法律对弱势群体的人文关怀，强化了对处于弱势地位的承租人及其亲属等群体居住利益的保护。但如果承租人生前没有共同居住的人，则不符合继续租赁的条件，承租人死亡时，租赁合同终止。[②]

二、承租人的主要义务

(一) 按时支付租金

租金是承租人按约定有偿使用租赁房屋所支付的对价，该义务是承租人负担的主要合同义务，其内容包括：

1. 按照约定的数额支付租金。如果当事人在合同中明确约定了租金数额，则承租人应当按照约定数额支付；如果当事人在合同中未确定具体的租金数额，而只是约定了租金计算方法，则应当按照该计算方法确定具体的租金数额；如果当事人对租金数额没有明确约定的，则应当按照《合同法》第 61 条的规定确定具体的租金数额，即当事人可以事后就租金数

① 参见〔日〕我妻荣：《债法各论》(中卷一)，北京，中国法制出版社，2008，第 211 页。

② 参见郭明瑞、王轶：《合同法新论·分则》，北京，中国政法大学出版社，1997，第 126 页。

额达成补充协议，无法达成补充协议的，则应当按照合同其他条款以及当地的交易习惯确定。

2. 按照约定的期限支付租金。如果当事人在合同中约定了按月支付租金的，则承租人应当每月支付；如果是按年支付租金，则应当在每届满一年时支付。如果当事人没有明确约定租金支付时间的，则应当根据《合同法》第 226 条的规定，“对支付期限没有约定或者约定不明确，依照本法第六十一条的规定仍不能确定，租赁期间不满一年的，应当在租赁期间届满时支付；租赁期间一年以上的，应当在每届满一年时支付，剩余期间不满一年的，应当在租赁期间届满时支付”。因此，如果当事人就租金的支付期限没有约定或者约定不明确的，应当按照如下规则确定支付时间：第一，应当依照《合同法》第 61 条的规定来确定支付期限。这就是说，当事人可以事后达成协议，无法达成协议的，可以考虑合同的相关条款和交易习惯确定。第二，如果依据该规定仍不能确定的，租赁期间不满一年的，可以认为由于期间较短，当事人在期限届满时支付租金较为合理。第三，如果租赁期间在一年以上的，每届满一年时支付。也就是说，每年支付一次租金，但是支付期限从合同生效满一年时计算。例如，在 2010 年 9 月签订租赁房屋的合同，租赁期限为 3 年，但是没有明确约定支付租金的期限，也无法通过《合同法》第 61 条的规定来确定，此时就应当在 2011 年 9 月、2012 年 9 月和 2013 年 9 月分期支付租金。

3. 按照约定的方式支付租金。租金支付方式由当事人在合同中具体约定，如果合同约定了一次性支付的，承租人就应当一次性支付；如果约定了分期支付方式的，则承租人应当按照约定时间支付。

承租人未按时支付租金的，构成根本违约的，出租人有权解除合同。判断承租人拖延支付租金的行为是否构成根本违约，应当结合承租人拖欠租金的数额、拖延支付的期限以及出租人是否进行催告等情况而确定是否已使出租人订约目的无法实现。《房屋租赁司法解释》第 17 条规定：“因承租人拖欠租金，出租人请求解除合同时，次承租人请求代承租人支付欠付的租金和违约金以抗辩出租人合同解除权的，人民法院应予支持。但转租合同无效的除外。”因此，在合法转租的情况下，如果承租人拖延支付租金，次承租人有权代承租人支付租金和违约金，从而避免合同被解除。例如，甲将房屋租赁给乙，乙经甲的同意将房屋转租给丙。后甲以乙拖欠绝大部分租金为由，主张解除合同，如果次承租人丙提出愿意代乙向其支付租金，在此情形下，甲不得再行使合同解除权。这就意味着，在合法转租的情形下，次承租人代承租人支付租金同样能够使出租人的合同目的实现，出租人不得再解除合同。

（二）按照约定的方式或者房屋的性质使用房屋

在租赁期间内，承租人应当按照租赁合同约定的方式或者租赁房屋的性质使用租赁房屋，而不能无限制地任意使用。《商品房屋租赁管理办法》第10条规定："承租人应当按照合同约定的租赁用途和使用要求合理使用房屋，不得擅自改动房屋承重结构和拆改室内设施，不得损害其他业主和使用人的合法权益。承租人因使用不当等原因造成承租房屋和设施损坏的，承租人应当负责修复或者承担赔偿责任。"依据这一规定，应当按照两个标准来判断承租人是否按照约定方式使用房屋。一是承租人是否按照合同约定的方式使用租赁房屋。如果当事人已经在房屋租赁合同中对租赁房屋的使用方式作出约定，则承租人应当按照约定的方式使用租赁房屋。[①] 例如，当事人约定房屋只能用于居住，而不能用于商业经营，承租人即不得将租赁房屋用于商用。二是承租人是否按照房屋的性质使用租赁房屋。在当事人没有在房屋租赁合同中就租赁房屋的使用方式进行约定时，承租人应当按照房屋的性质使用租赁房屋。如承租人承租居民楼时，就应当用于生活居住，承租商业写字楼时，就应当用于商业办公用途。承租人应当按照约定的方式或者房屋的性质使用租赁房屋，由此造成房屋或者其设施毁坏或者不符合使用的情形，应当由出租人承担维修义务；当承租人未按照约定方式或者房屋的性质使用租赁房屋时，因此造成房屋或者其设施损坏的，承租人应当承担修复义务或者赔偿损失。

按照房屋的性质使用房屋，承租人可以进行合理的装修。在承租人正常使用时，其也有可能需要对房屋进行必要的装饰、装修。例如，承租人为从事特定的商业活动，需要对租赁房屋进行一定的改建、装修。《房屋租赁司法解释》第12条规定"承租人经出租人同意装饰装修"，这就表明承租人对商品房进行装饰、装修应取得出租人的同意。但这并不意味着承租人不能进行任何装饰装修，只要承租人为了正常的使用、居住，在不损害房屋的前提下，可以对租赁房屋进行必要的装饰装修。

按照房屋的性质使用房屋，要求承租人不得擅自进行较大的改建活动，或者改变房屋的基本结构。《房屋租赁司法解释》第7条规定："承租

---

① 参见魏耀荣等：《中华人民共和国合同法释论（分则）》，北京，中国法制出版社，2000，第221页。

人擅自变动房屋建筑主体和承重结构或者扩建，在出租人要求的合理期限内仍不予恢复原状，出租人请求解除合同并要求赔偿损失的，人民法院依照合同法第二百一十九条的规定处理。”依据这一规定，承租人擅自改建或扩建主要包括两种情形：一是承租人擅自变动房屋建筑主体和承重结构。[①] 例如，擅自变动房屋中的承重墙、顶梁等。主体结构是建设工程结构安全、稳定、可靠的载体和重要组成部分，因此，承租人不得擅自改变。二是承租人擅自扩建。所谓扩建，是指通过加高、加层等方式，扩建房屋。例如，在房屋门前另行修建一个厨房，就属于对房屋的重大改造。无论是擅自改建还是擅自扩建，都属于未经出租人许可对租赁物的重大改造，其不仅会构成对出租人房屋所有权的侵害，也会影响整层大楼甚至整栋大楼的安全，也可能侵犯其他业主的建筑物区分所有权中的共有权。承租人擅自改建、扩建的，出租人有权解除合同；因承租人的行为造成租赁房屋毁损的，出租人有权请求承租人赔偿损失。在司法实践中有观点认为，如果承租人未经出租人同意，擅自改建出租人房屋，并没有造成房屋物理性质的毁损，出租人也没有提出异议的，则视为对承租人改建行为的默认，出租人事后不得再据此解除合同。[②] 笔者认为，承租人对房屋结构的重大改变将会对出租人的利益造成损害，除非当事人事先已经对此作出约定或者法律法规有明确规定，否则，不得对出租人的意思作出此种推定。

（三）不得擅自转租

所谓擅自转租，是指未经出租人同意，而将承租的商品房转租给他人。依据《商品房屋租赁管理办法》等规定，在租赁关系存续期间内，承租人不得擅自转租。依据《合同法》第 224 条第 2 款的规定，承租人擅自转租租赁房屋的，出租人可以解除合同。因为一方面，在租赁关系中，出租人与承租人之间具有一定的人身信任关系，承租人擅自转租可能破坏此种信任关系。因此，在擅自转租的情形下，即使次承租人请求代承租人支付欠付的租金和违约金，出租人仍可以行使解除权解除合同。另一方面，擅自转租可能损害出租人的利益。例如，承租人转租后可能造成居住人数的增加，房屋设备损坏的可能性会因此提高；同时，居住人数的增加亦可

---

① 所谓建设工程的主体和承重结构，是指立于地基基础之上，接受、承担和传递建设工程所有上部荷载，维持上部结构整体性、稳定性和安全性的有机联系的系统体系。

② 参见“秦某某与黄某房屋租赁合同纠纷上诉案”，重庆市第三中级人民法院民事判决书（2012）渝三中法民终字第 00022 号。

能导致扰民等纠纷。还要看到，承租人随意转租，还可能影响租赁市场的秩序。我国对于房屋的租赁采取备案制度，如果允许随意转租，则将导致国家无法对房屋租赁状况进行管理和监控，进而导致租赁市场的混乱和无序。但是，转租合同并非当然无效，如果承租人经出租人同意转租，转租行为即具有合法性，在承租人和次承租人之间就形成了有效的租赁关系。出租人的同意应当以明示的方式作出。司法实践中承认出租人对承租人的擅自转租行为在一定期限内未提出异议的，视为出租人对该行为的默认。[①] 笔者认为，这一观点值得商榷。《商品房屋租赁管理办法》第 11 条规定："承租人转租房屋的，应当经出租人书面同意。"这实际上对转租同意的形式要件作出了严格的限制。但是在特殊情形下也存在例外。在承租人擅自转租的情况下，根据《合同法》第 224 条第 2 款的规定，出租人可以解除合同，据此，出租人取得了法定解除权，对该法定解除权应当作出严格解释，即只有在出租人明知承租人擅自转租，并接受承租人支付的租金时，出租人没有提出异议的，才能认为出租人以默示的方式同意承租人的转租行为。

关于擅自转租的效力，法律上规定得并不明确。笔者认为，擅自转租是一种效力待定的行为。只有在取得出租人的追认后才生效。一方面，如果出租人追认该行为，则合同有效；如果出租人拒绝追认，则转租行为无效，但原租赁合同的效力不受影响。例如，在"柯某某诉阮某某房屋租赁合同纠纷案"中，法院认为，双方订立的转租合同，既未取得出租人的事先同意，也未取得出租人的事后追认，应属无效。因该合同取得的财产，应当予以返还。[②] 可见，我国司法实践也将其作为效力待定的行为对待。另一方面，在次承租人没有要求出租人追认时，在出租人追认前，转租合同在承租人与次承租人之间仍然有效，次承租人向承租人交付的租金也不得请求返还。

在擅自转租的情形，出租人所享有的合同解除权的除斥期间是 6 个月。《房屋租赁司法解释》第 16 条规定："出租人知道或者应当知道承租人转租，但在六个月内未提出异议，其以承租人未经同意为由请求解除合同或者认定转租合同无效的，人民法院不予支持。"例如，在"重庆某某

① 参见"重庆某某集团奉节县某某有限责任公司与奉节县某某大酒店有限责任公司租赁合同纠纷上诉案"，重庆市第二中级人民法院民事判决书（2011）渝二中法民终字第 03084 号。

② 参见福建省厦门市湖里区人民法院民事判决书（2012）湖民初字第 636 号。

集团奉节县某某有限责任公司与奉节县某某大酒店有限责任公司租赁合同纠纷上诉案”中，出租人并未在6个月内请求解除合同，法院认定，转租视为符合法律的规定。

（四）妥善保管租赁房屋

房屋租赁合同存续期间，承租人应当妥善保管租赁房屋，房屋在租赁期间发生毁损需要修缮，原则上应当由出租人修缮。但房屋租赁合同存续期间，租赁房屋由承租人占有、使用，在发生毁损、灭失时，出租人往往很难得知相关情况，承租人应当及时通知出租人。在房屋发生轻微毁损的情况下，承租人应当采取必要措施，及时修缮租赁房屋。如果承租人没有尽到必要的注意义务，造成租赁房屋毁损、灭失的，承租人应当向出租人承担相应的损害赔偿责任。应当以何种标准判断承租人是否尽了妥善保管义务？有学者认为，应当采用善良管理人的注意义务标准进行判断。[①] 笔者认为，应当采用具体轻过失的标准加以判断，即以承租人在保管租赁房屋时是否尽到与保管自己房屋相同的注意义务作为判断标准。

（五）通知义务

在租赁房屋出现毁损、灭失的危险，或者第三人就房屋主张权利时，承租人应当及时通知出租人。如果租赁物出现毁损灭失，承租人应当及时通知出租人，并采取措施避免损失的扩大。承租人可以自行维修的，应当及时进行维修，不能因维修义务属出租人负担，就怠于进行维修，从而导致租赁物的毁损灭失。[②] 在第三人就租赁房屋主张权利时，承租人也应当及时通知出租人，以便于纠纷的及时解决。

（六）合同终止时返还承租的房屋

租赁合同到期之后，承租人返还房屋时，出租人应及时接受返还的房屋。出租人无正当理由不得拒绝接受。如果承租人返还的房屋不符合约定的返还状况，出租人应在合理期限内通知承租人，否则即视为返还的房屋符合双方的返还条件。在租赁合同到期后，承租人无正当理由继续占用该租赁物的，应承担支付使用费和其他费用的义务。例如，在“上海市某文化宫诉上海某经贸有限公司房屋租赁合同纠纷案”中，法院认为，“房屋租赁合同所约定的履行期限已届满，被告应当按照合同约定搬离承租场

---

① 参见吴兆祥、韩君贵编著：《房屋租赁买卖合同疑难问题案例解析》，北京，法律出版社，2012，第237页。

② 参见魏耀荣等：《中华人民共和国合同法释论（分则）》，北京，中国法制出版社，2000，第217页。

地，其继续占用承租房屋，应当按租金标准支付房屋占用费并支付占用期间产生的水电费用”[①]。又如，在“某中心诉陆某房屋租赁合同纠纷案”中，法院认为，“房屋租赁合同期满，故被告继续占用原告之房无合同及法律依据，理应迁出，并支付房屋使用费。原告诉请的使用费的标准系参照双方协议约定之房屋租金的标准，于法不悖，予以准许”[②]。法律上之所以要求承租人负担此种责任，是为了保护出租人的利益，以避免承租人不当得利。

合同期限届满后，如果承租人继续使用租赁房屋并支付租金，而出租人也接受租金的，视为双方当事人之间成立新的租赁合同关系，只是此种租赁属于不定期租赁合同。对于不定期租赁合同，双方当事人有权随时解除合同。例如，在“厦门市同安区某某水泥制品厂诉杨某某房屋租赁合同纠纷案”中，法院认为，“在双方约定的租赁期限届满之后，被告继续使用租赁物，于2012年1月21日支付某某水泥制品厂租金50 000元，原告收取了该租金并出具收条。因此认定原告与被告的租赁合同关系自租赁期限届满之后继续有效，但租赁期限为不定期，原告依法可以随时解除租赁合同”[③]。

第四节　商品房租赁合同的无效及其后果

一、商品房租赁合同的无效事由

商品房租赁合同作为民事合同的一种，应当适用合同或者法律行为的一般要件判断其效力。因此，在出现《合同法》第52条规定的无效事由的情况下，应当被依法宣告无效。但其作为特别法上的有名合同，有关法律、行政法规、司法解释也对其无效事由作出特别规定。在下列情况下，房屋租赁合同应当按照无效合同处理：

（一）以违法建筑物出租

所谓违法建筑物，通常也称为违章建筑，是指未取得建设工程规划许可证或者未按照建设工程规划许可证的规定建设的建筑物或者构筑物。严

① 上海市黄浦区人民法院民事判决书（2011）黄浦民四（民）初字第232号。
② 上海市浦东新区人民法院民事判决书（2012）浦民一（民）初字第7961号。
③ 福建省厦门市同安区人民法院民事判决书（2012）同民初字第218号。

格地说，违法建筑物的概念更为宽泛，因为“违法”的概念相对于“违章”的概念更为宽泛，违法包括了违反法律和违反部门规章。因此，违法建筑包括了违章建筑。关于以违法建筑物出租的合同的效力，学界一直存在争议，主要有如下几种观点：

1. 无效说。此种观点认为，出租违法建筑因违反法律的强制性规定而无效。《城市房屋租赁管理办法》第 6 条规定：未依法取得房屋所有权证和属于违法建筑的，不得出租。因为禁止违法建筑出租是一种效力性的强行性规范，所以，《房屋租赁司法解释》第 3 条规定：“出租人就未取得建设工程规划许可证或者未按照建设工程规划许可证的规定建设的房屋，与承租人订立的租赁合同无效。”该规定将以违法建筑出租的合同认定为无效合同，目的在于保护承租人的人身安全和财产安全，维护公共利益和公共安全。

2. 有效说。此种观点认为，以违法建筑为租赁物签订的租赁合同，应当有效，其原因在于：一方面，建造行为属于事实行为，建造人对建筑物的取得属于原始取得，建筑物未办理报建手续，只是导致其不能取得完整的所有权，但仍可以进行一定的使用、收益，而且违法建筑可以事后通过补办、改正等手续合法化；另一方面，尽管违法建筑的行为人根据行政法要受到行政处罚，但在民法上其仍然是违法建筑的所有权人。而且现行法律、行政法规并未明确规定违法建筑不得出租，故租赁合同应为有效。①

从我国现行法律法规规定和相关司法解释来看，历来禁止违法建筑物出租。我国《城乡规划法》第 40 条第 1 款规定：“在城市、镇规划区内进行建筑物、构筑物、道路、管线和其他工程建设的，建设单位或者个人应当向城市、县人民政府城乡规划主管部门或者省、自治区、直辖市人民政府确定的镇人民政府申请办理建设工程规划许可证。”从该条规定来看，其应属于强制性规范。在未取得建设工程规划许可证的情况下，或者虽然取得了规划许可证但未按照规划许可证的规定建设的，该房屋就属于违法建筑物。我国司法实践一般也认为，以违法建筑物为标的订立的房屋租赁合同应当被认定为无效。《房屋租赁司法解释》第 2 条规定：“出租人就未取得建设工程规划许可证或者未按照建设工程规划许可证的规定建设的房屋，与承租人订立的租赁合同无效。”例如，在“王某某等诉杭州某有限公司房屋租赁合同纠纷案”中，法院认为，“根据相关法律规定，出租人

---

① 参见邓基联主编：《房屋租赁合同纠纷》，北京，法律出版社，2010，第 69 页。

就未取得建设工程规划许可证或未经主管部门批准建设的房屋，与承租人订立的租赁合同无效。被告出租的厂房未取得法律规定的合法相关手续，因此原、被告签订的厂房租赁合同应认定为无效”[①]。

笔者认为，以违法建筑物为标的订立的租赁合同原则上是无效的，这是因为，一方面，如前所述，违法建筑物的出租实际上损害了社会经济管理秩序[②]，因此，以违法建筑为标的订立的房屋租赁合同违反了法律的强制性规定。如果承认违法建筑出租合同有效，可能鼓励出租违法建筑。另一方面，以违法建筑物出租的，也可能给承租人带来人身安全隐患。因此，违法建筑出租后，原则上应当认定合同无效。

但违法建筑的情形比较复杂，以违法建筑物为标的订立的房屋租赁合同，如出租人在一定期限内能够取得相关许可证的，则应当例外认可其效力。2008 年起施行的《城乡规划法》第 64 条针对违法建筑的不同情形而在责任后果上作出了不同的规定，尤其是规定了“尚可采取改正措施消除对规划实施的影响的，限期改正”的措施，如果违法建筑物事后能够进行改正，那么在改正之前，其租赁合同就不能一概认定为无效。但在规定期限内未改正或者未取得相关的许可证的，则应当认定相关的租赁合同无效。

（二）以临时建筑为标的物的房屋租赁合同

所谓临时建筑，是指不以永久性使用为目的而建造的工作物，即单位和个人因生产、生活需要搭建的结构简易并在规定期限内必须拆除的建筑物、构筑物或其他设施。临时建筑具有期限性，只是为了满足短期的特定需要而建造，批准的使用期限届满后，应当及时拆除，因此，其建造人并不能取得对该建筑的所有权，对其也不进行房屋所有权初始登记。因此，临时建筑原则上也不能进行买卖、抵押。[③] 但临时建筑能否出租，学界一直存在争议。《房屋租赁司法解释》第 3 条规定：“出租人就未经批准或者未按照批准内容建设的临时建筑，与承租人订立的租赁合同无效。但在一审法庭辩论终结前经主管部门批准建设的，人民法院应当认定有效。租赁期限超过临时建筑的使用期限，超过部分无效。但在一审法庭辩论终结前经主管部门批准延长使用期限的，人民法院应当认定延长使用期限内的租赁期间有效。”依据这一规定，关于以临时建筑为标的订立的租赁合同的

① 浙江省杭州市萧山区（市）人民法院民事判决书（2012）杭萧民初字第 1904 号。

② 参见邓基联主编：《房屋租赁合同纠纷》，北京，法律出版社，2010，第 71 页。

③ 参见《深圳市临时用地和临时建筑管理规定》第 19 条。

效力，应当区分临时建筑的不同类型而分别加以认定。凡是以未经批准或者未按照批准内容建设的临时建筑为标的订立的租赁合同无效。因为临时建筑未经过主管部门批准，不仅可能存在一定的安全隐患，危及他人的人身、财产安全，而且其在性质上属于违法建筑，不能作为租赁合同的标的。如果该临时建筑已经由主管部门批准建造，则可以作为租赁合同的标的。因为经过主管部门批准建设的临时建筑具有一定的利用价值，允许此类临时建筑出租，有利于鼓励交易、实现物尽其用。但以临时建筑为标的物订立的租赁合同，其合同期限不应超过该临时建筑经主管部门批准的使用期限，因为超出期限的部分，按照法律法规的规定，应当予以拆除，不能作为租赁合同的标的，所以对超出部分原则上应认定无效，但在一审法庭辩论终结前获得主管部门批准延长期限的，应当认定有效。

（三）以不符合安全、防灾等工程建设强制性标准的建筑物出租的

如果房屋建设符合国家相关法律法规的，但可能存在不符合安全防灾等工程建设强制性标准的情况。例如，消防设备配备不全，可能存在火灾隐患，造成对承租人的人身、财产的损害。从保护个人的人身和财产安全、维护公共安全出发，有关单位或个人应当承担相关的罚款、限期改正等行政责任。此类建筑不属于违法建筑，但以此类建筑物为标的订立的租赁合同效力如何，存在争议。笔者认为，可以区分为两种类型，一是如果建筑物严重违反相关的安全、防灾等工程建设强制性标准，可以归入违法建筑的范畴，应当按照前述以违法建筑出租的规则认定相关租赁合同的效力。二是如果建筑物不符合安全、防灾等工程建设强制性标准，但并未达到违法建筑的程度，法律并不否定租赁此种建筑物的合同的效力，而是由承租人选择是否继续保持合同效力，或解除合同。《合同法》第233条规定："租赁物危及承租人的安全或者健康的，即使承租人订立合同时明知该租赁物质量不合格，承租人仍然可以随时解除合同。"因此，如果房屋存在严重的安全隐患的，以其为标的订立的租赁合同有效，但法律赋予承租人随时解除合同的权利来保护其利益。

（四）法律、法规规定禁止出租的其他情形

除上述几种情形外，法律、法规规定禁止出租的情形还包括如下几种：第一，出租人明知承租人租赁房屋用于非法目的仍然出租的。例如，承租人租赁房屋用于开办赌场、非法集会等。第二，出租人将法律禁止用于出租的特定房屋出租，或者出租房屋用于法律禁止的用途。例如，法律禁止地下车库等出租用于生活起居，如果出租人违反该规定的，相应租赁合同应当被认定为无效。

二、商品房租赁合同被宣告无效后的效果

（一）房屋使用费的支付

在商品房租赁合同被宣告无效后，承租人可能已经对租赁房屋进行了一定期限的使用和居住，此时，承租人是否应当支付一定的使用费？所谓使用费，是指租赁合同被宣告无效前，承租人实际占有、使用租赁房屋而应当支付的费用。严格地说，在房屋租赁合同有效的情形下，承租人应当支付一定的租金，但由于合同已经被宣告无效，租金条款也应该被宣告无效，出租人不能依据租金条款要求承租人支付租金。但毕竟承租人占有并使用了出租人的房屋，其受有一定的利益却缺乏法律上的原因，已经构成不当得利，如果不予返还，对出租人也不公平，甚至有可能会鼓励承租人在占有、使用他人房屋之后，以各种理由主张合同无效，从而拒绝支付租金。因此，《房屋租赁司法解释》第 5 条规定："房屋租赁合同无效，当事人请求参照合同约定的租金标准支付房屋占有使用费的，人民法院一般应予支持。"据此，原则上，承租人应当支付一定的使用费，但在特殊情况下，承租人支付使用费不合理或者没有必要的，则无须支付。例如，承租人占有、使用出租人房屋的时间较短，或获利较少，或者因出租人的原因导致合同无效，已经给承租人造成一定的损失，在此情形下，仍要求承租人支付一定的费用，显然是不合理的。

在承租人擅自转租房屋而未得到出租人追认的情形，租赁合同无效，如果次承租人逾期腾房的，出租人是否有权请求次承租人支付一定的使用费？《房屋租赁司法解释》第 18 条规定："房屋租赁合同无效、履行期限届满或者解除，出租人请求负有腾房义务的次承租人支付逾期腾房占有使用费的，人民法院应予支持。"依据这一规定，在租赁合同无效的情形下，次承租人负有恢复原状的义务，如果次承租人没有按期腾房，则对于逾期使用的期间，次承租人应当支付一定的使用费。次承租人并不承担向出租人直接返还租赁房屋的义务，但在租赁关系终止后，次承租人无法律上原因而使用出租人的房屋①，属于没有法律上的原因而受有利益，构成不当得利，出租人有权请求次承租人支付相关的使用费。

---

① 参见奚晓明主编：《最高人民法院关于审理城镇房屋租赁合同纠纷案件司法解释的理解与适用》，北京，人民法院出版社，2009，第 241 页。

（二）赔偿损失责任

在合同无效以后，当事人应该负有恢复原状的义务。依据《房屋租赁司法解释》第5条第2款规定，在房屋租赁合同被确认无效后，当事人有权请求赔偿因合同无效受到的损失。依据这一规定，如果因租赁合同无效而导致当事人的损失，受害的一方也有权请求赔偿损失。例如，在租赁关系存续过程中，承租人可能对租赁物进行一定的装修或者扩建，因出租人的原因导致合同无效，对于由此产生的损失，承租人有权请求赔偿。从范围上来看，在房屋租赁合同无效的情形，赔偿损失的范围限于信赖利益，这是因为合同无效后的损失赔偿在性质上属于缔约过失责任的范畴。

（三）房屋与租金的返还问题

在合同被宣告无效后，双方当事人应当依据《合同法》第58条的规定负担相互返还的义务。在房屋租赁合同中，出租人应当将收取的租金返还给承租人，承租人也应当将租赁房屋返还给出租人，并应当向出租人支付一定的房屋使用费。

在因违法建筑出租等原因导致房屋租赁合同无效时，承租人应返还建筑物，学说上并无争议。但在房屋租赁合同无效之后，出租人是否应当返还租金，存在不同观点。

第一，反对说。此种观点认为，尽管商品房租赁合同已经被宣告无效，但并不意味着承租人应当将全部租金返还给承租人。毕竟承租人在事实上已经占有、使用了房屋，甚至可能使用了较长时间，如果出租人要将全部租金返还给承租人，则承租人相当于在一定期限内无偿使用了该商品房，这显然有失公正。此外，对商品房租赁合同被宣告无效这一后果，双方当事人通常都有过错。[①] 因此，在商品房租赁合同被宣告无效之后，承租人仍应当比照市场价格支付一定的房屋使用费给出租人。

第二，赞成说。此种观点认为，商品房租赁合同因违法建筑出租等原因而被宣告无效，表明出租人从事此种出租行为属于违法活动，不受法律保护，承租人所交付的租金属于出租人的非法所得。因此，出租人应当将所收取的租金返还给承租人[②]，或者由法院没收。[③]

---

① 参见吴兆祥、韩君贵编著：《房屋租赁买卖合同疑难问题案例解析》，北京，法律出版社，2012，第268页。

② 参见邓基联主编：《房屋租赁合同纠纷》，北京，法律出版社，2010，第73页。

③ 参见吴兆祥、韩君贵编著：《房屋租赁买卖合同疑难问题案例解析》，北京，法律出版社，2012，第269页。

第三，折中说。在出租违法建筑的商品房租赁合同被宣告无效后，承租人应当根据指导性租金和约定租金中较低者为标准支付全部租赁物期间的使用费。但是，如果约定的租金高于指导性租金时[①]，则应将该超出的部分收缴国库，不再返还给承租人。[②]

笔者认为，商品房租赁合同被宣告无效后，完全采用收缴租金并上缴国库的方法并不妥当。一方面，商品房租赁合同本质上是一种民事关系，在当事人之间不应当实行具有行政处罚性质的"制裁"。民事责任的性质主要是补偿性的，旨在实现对受害人的救济，通常对违法行为的制裁和惩罚主要应当由其他法律（如行政法、刑法等）来完成。在租赁合同被宣告无效的情形下，法院不宜采取行政处罚的方式对租金加以收缴，即使需要收缴非法收入，通常也应由有关行政机关执行。另一方面，如果将出租人收取的租金作为非法所得予以收缴，将使出租人蒙受重大损失，更何况在实践中，建筑物未取得主管部门的相关批准是多方面原因造成的，其中包括行政主管部门应当批准而未批准，或者迟延批准、无故拖延等，在出租人没有过错的情况下，一概将其收取的租金收缴国库，由出租人负担相关不利后果，对出租人也不公平。

笔者认为，采用折中说比较合理。《房屋租赁司法解释》第5条规定："房屋租赁合同无效，当事人请求参照合同约定的租金标准支付房屋占有使用费的，人民法院一般应予支持。"从这一规定来看，该条实际上采纳了折中说。这就是说，在租赁合同无效的情形下，出租人不能收取租金，原则上应当将收取的租金返还给承租人。但承租人在租赁期间已经对违法建筑进行了实际的使用，其所获取的该部分利益在性质上属于不当得利。因此，出租人原则上有权向承租人收取房屋的占有使用费，这不仅符合不当得利应予返还的原理，且维护了公共利益，有利于实现当事人之间的利益平衡，在实践中具有可操作性。

问题在于，应当如何计算出租人应当收取的房屋使用费？关于使用费的支付标准，对此一直存在争议。主要存在以下几种观点：一是酌定说，即使用费支付多少由法院根据具体情况确定；二是依据租金标准支付使用费。笔者认为，既然合同已经宣告无效，就不应当完全依据租金支付，而

---

① 如湛江市出台了关于房屋指导性租金的规定，专门制定了《湛江市市区2008年房屋租赁市场指导性租金》的通知（湛房〔2008〕005号文）。

② 参见邓基联主编：《房屋租赁合同纠纷》，北京，法律出版社，2010，第74页。

且对租赁合同的无效，双方当事人可能都存在一定的过错，完全依照租金支付也不尽合理。依据上述司法解释的规定，使用费应当参照合同约定的租金标准来计算。所谓“参照”，就是说只是参考租金标准，但不必完全依据该标准，“一般应予支持”，即表明法院一般应当参考该标准确定使用费。[①] 如果当事人之间约定的租金数额是合理的，则法院可以依据该租金标准支持出租人的使用费请求权。如果当事人约定的租金过分高于租赁合同签订之时同类房屋的平均租金，法院可以参考同类房屋的平均租金确定使用费数额。在租赁合同被宣告无效后，出租人在返还已收取租金时，有权主张以抵销的方式将承租人应支付的房屋使用费予以扣除。

第五节　商品房租赁合同中的一房数租

一、一房数租的概念

一房数租，是指出租人将其同一商品房出租给数个承租人。换言之，出租人与数个承租人就同一商品房订立了数份有效的租赁合同。一房数租不涉及物权变动的问题，因为房屋的出租属于设定债权性使用权的行为，并不会引起物权变动。但一房数租关系到数份合同的效力及其履行问题。

在我国，一房数租已经成为房屋租赁合同中的突出问题。由于大中城市房价飙升，一些工薪阶层无力购买房屋，大多采用租赁的方式解决住房问题，这也促使我国房屋租赁市场快速发展，房屋供求关系发生了变化。一些出租人为追求利益，在订立房屋租赁合同之后，又将房屋出租给他人，这就导致一房数租现象较为普遍，并产生了大量纠纷。因此，如何确定一房数租情形下承租人优先保护的顺位，对于房屋租赁合同纠纷的解决具有重要意义。

在一房数租的情况下，出租人只能向数个承租人中的一个承租人履行租赁合同，在此需要讨论的是，如何计算其他承租人的损失范围？在出租人选择向某一承租人履行而对其他承租人构成违约的情形，其他承租人有权解除合同，并请求出租人承担违约责任，具体可以按照以下规则确定出

---

① 参见奚晓明主编：《最高人民法院关于审理城镇房屋租赁合同纠纷案件司法解释的理解与适用》，北京，人民法院出版社，2009，第65页。

租人的违约责任：第一，如果双方当事人已经约定了违约金，则出租人应当按照该违约金数额承担违约责任。第二，如果当事人没有约定违约金，则其他承租人有权依据《合同法》第113条请求出租人赔偿实际损失。在实际损失的计算方面，有学者主张应当借鉴比较法上的交出“因交易所获得的利益”（commodum ex negotiatione）的制度，即其他承租人有权请求出租人返还因违约而获得的利益，从而保证租赁合同的履行。[①] 笔者认为，在一房数租的情形下，出租人大多是为了获取额外利益而订立数份房屋租赁合同，有必要强制将出租人的额外利益移转给遭受违约损害的承租人，以保证租赁合同得以严格履行。

二、一房数租中承租人权利的优先顺序

从比较法上来看，一般以债权人对标的物的占有来确定合同优先顺位。例如，德国法上，出租人将租赁物出租给数个承租人的，构成一物数租（Doppelvermietung），数个租赁关系都有效，在出租人将租赁物转移给其中一个承租人之前，各个承租人都有权请求出租人履行租赁合同，出租人可以选择向任何一个承租人履行租赁合同，各个租赁合同不论订立时间的先后，在效力上都是平等的。[②] 但在出租人将租赁物交付给某个承租人后，该承租人即取得对租赁物的租赁权，即使其他租赁合同的订立时间在先，其也无法主张优先受到保护。但如果承租人和出租人恶意串通订立租赁合同侵害其他承租人的，其他承租人则可依据《德国民法典》第826条主张损害赔偿。在出租人交付租赁物以后，如果租赁物无法回复到出租人手中，则出租人对其他承租人构成给付不能，其他承租人可依据《德国民法典》第536条以下的特别规定向出租人主张损害赔偿。[③]

《房屋租赁司法解释》第6条规定：出租人就同一房屋订立数份租赁合同，在合同均有效的情况下，承租人均主张履行合同的，应当按照下列顺序确定履行合同的承租人：

第一，已经合法占有租赁房屋的。之所以要优先保护合法占有房屋的承租人，其原因在于：一方面，如果承租人已经合法占有房屋，通常承租人已经搬入房屋中居住，如果不对其进行优先保护，则可能对其生产、生

---

① 参见许德风：《不动产一物二卖问题研究》，载《法学研究》，2012（3）。

② MünchKomm/ Häublein，§ 536，Rn. 25；Bamberger/Roth/ Ehlert，§ 536，Rn. 10.

③ MünchKomm/ Häublein，§ 536，Rn. 25；Bamberger/Roth/ Ehlert，§ 536，Rn. 10.

活造成重大影响。另一方面，从效率上看，如果不优先保护已经取得占有的房屋承租人的利益，将可能导致承租人重新寻找房屋费用的增加，这也不符合效率的原则。此外，自罗马法以来，各国普遍承认实际占有房屋的承租人是合法的占有者，应当受到占有制度的保护。[①] 在我国，承租人对房屋的占有也受《物权法》的保护，承租人基于租赁合同对房屋进行的占有属于有权占有，应当受到保护。当然，承租人对租赁房屋的占有应当是合法的占有，如果承租人采用非法手段取得租赁房屋占有的，不应当受到保护。例如，承租人强占房屋，或者在合同终止后拒不退房，或采用欺诈手段占有房屋，都属于非法占有，不能受到占有制度的保护。

第二，已经办理登记备案手续的。在我国，为便于城市人口管理、维护社会治安等原因，实行商品房租赁合同的备案制度，但备案在性质上是一种行政管理措施，并不是商品房租赁合同的生效要件，也不是一种物权的公示方法，当事人不能以合同未备案主张合同无效。[②] 但毕竟登记备案作为一种行政管理措施，对当事人之间订立的租赁合同也能产生一定的效力。这就是说，如果几个承租人都没有对房屋进行占有，那么先办理登记备案的，则可以优先于未登记备案的承租人受到保护。确立这一原则的主要原因在于，衔接司法解释与行政管理的关系，促使当事人办理商品房租赁合同的备案。[③] 如果登记备案在先，至少可以证明其合同成立时间在前，同时表明承租人已经先于其他人履行了公法上的义务，因此应当优先受到保护。

第三，合同成立在先的。如果各个承租人既没有占有房屋，也没有办理登记备案的，则按照租赁合同成立的先后顺序来确定履行合同的承租人。依据这一规则，如果各个承租人并没有取得租赁房屋的占有，也没有进行登记备案，则应按照合同成立先后确定。但对该规则的合理性，有学者提出了不同意见，认为债权在效力上是平等的，成立在先的债权相对于成立在后的债权而言，并不具有优先效力，不能以合同成立先后顺序作为

① 参见〔日〕我妻荣：《债权各论》（中卷一），北京，中国法制出版社，2008，第187页。

② 《房屋租赁司法解释》第4条规定："当事人以房屋租赁合同未按照法律、行政法规规定办理登记备案手续为由，请求确认合同无效的，人民法院不予支持。当事人约定以办理登记备案手续为房屋租赁合同生效条件的，从其约定。但当事人一方已经履行主要义务，对方接受的除外。"

③ 参见吴兆祥、韩君贵编著：《房屋租赁买卖合同疑难问题案例解析》，北京，法律出版社，2012，第249页。

确定债权优先顺序的标准。[①] 笔者也赞成此种看法，一方面，成立时间在先的合同即予以优先保护，不符合债权平等原则的基本原理。另一方面，规定成立在先的债权具有优先于其他同类债权的效力，显然混淆了物权与债权的区分。在实践中，这一规则也可能导致虚构合同现象的发生，因为很难有证据认定合同成立在先，合同的履行最终还是应由出租人自由选择。合同成立和付款不同，合同本身具有非公开性，当事人完全可能倒签合同。当然，出租人向某个承租人履行合同，对其他承租人构成违约的，承租人有权请求其承担违约责任。

值得注意的是，司法解释使用"合同成立在先"的提法，而没有使用"生效在先"的提法，具有一定的合理性。在法律上，成立和生效存在一定的区别，合同成立是合同生效的前提，但合同成立后，如依据法律、法规规定还需要办理审批的，则在审批之后，合同才能生效。例如，附条件、附期限的合同，在条件成就、期限届满前，合同虽已成立，但尚未生效。因此，根据该司法解释，只要合同成立，不问是否生效，都可以适用该规则。[②]

第六节　买卖不破租赁规则

一、买卖不破租赁的概念

买卖不破租赁，是指在租赁期间，租赁物的所有权变动，并不导致租赁关系的解除。罗马法为保护所有权，强化物权优先于债权的效力，即以"买卖破除租赁"为原则。[③] 1804 年《法国民法典》第 1743 条规定："如出租人出卖租赁物时，买受人不得辞退经公证作成或有确定期限的租赁契约的房屋或土地承租人；但于租赁契约中保留此项权利者，不在此限。"这就在民法典中首次规定了买卖不破租赁的规则。《奥地利民法典》第 1120 条对此也作出了规定。《德国民法典》在制定时，耶林与基

---

① 参见张凌云：《一房出租的处理——兼论房屋租赁合同的预告登记》，载《现代经济信息》，2009（24）。

② 参见吴兆祥、韩君贵编著：《房屋租赁买卖合同疑难问题案例解析》，北京，法律出版社，2012，第 249 页。

③ 参见〔英〕巴里·尼古拉斯：《罗马法概论》，北京，法律出版社，2000，第 195 页。

尔克针对1887年德国民法第一次草案中有关租赁权的规定进行了激烈论争。[①]《德国民法典》第566条第1款受耶林等人的理论影响而采纳了这一规则。[②]《瑞士债法典》第260条明确规定，将租赁关系通过预告登记记载在登记簿上，则可以适用“买卖不破租赁”规则。在意大利法中，如果承租人占有租赁物，则新的所有权人必须尊重既存的租赁关系。[③] 从以上各国的规定上来看，“买卖不破租赁”规则主要适用于不动产。各国立法承认这一规则的主要原因在于：一方面，租赁权虽然不属于物权，但租赁关系作为与租赁标的物所有权相结合的一种债务关系，具有复杂性，租赁权作为出租房屋上的负担，房屋买受人在取得房屋所有权时，也应当承受租赁房屋上的负担，不得基于其享有的所有权对抗承租人的租赁权。[④] 另一方面，不动产对当事人利益重大，而且具有稀缺性，租赁房屋事关承租人的基本居住权，如果出租人将租赁物出售，而不赋予承租人对抗买受人的权利，承租人的租赁权将会落空，仅能针对出租人主张违约责任，将可能影响承租人的基本居住权。

我国《合同法》第229条规定：“租赁物在租赁期间发生所有权变动的，不影响租赁合同的效力。”该条确立了买卖不破租赁的规则，使租赁权实际上具有了物权的效力。“买卖不破租赁”规则体现了租赁权的物权化，这是租赁合同制度发展的一个重要趋势。严格地讲，买卖不破租赁只是一种形象的说法，其本意是指租赁物物权的变动不影响租赁合同的效力，买卖不破租赁的效果是“不影响租赁合同的效力”。所谓不影响租赁合同的效力是指原租赁合同仍然有效，对承租人来说，既不需要终止原租赁关系，也无须订立新的租赁合同而成为新的租赁合同的承租人，租赁物的物权变动不应当对承租人的权利造成不利影响。[⑤] 虽然《合同法》第229条使用“不影响租赁合同的效力”的表述，但是其实际的法律后果应当是在承租人和租赁物的新所有人之间形成租赁合同关系。如果取得租赁

---

① 参见刘得宽：《民法诸问题与新展望》，北京，中国政法大学出版社，2002，第136页。

② 该款规定：“出租的住房在交给承租人后，被出租人让与给第三人的，取得人代替出租人，加入在出租人的所有权存续期间基于使用租赁关系而发生的权利和义务。”

③ Christian von Bar and Eric Clive, *Principles, Definitions and Model Rules of European Private Law*, Vol. 3, Sellier, European Law Publishers GmbH, Munich, 2009, p. 1588.

④ 参见〔日〕我妻荣：《债权各论》（中卷一），北京，中国法制出版社，2008，第190页。

⑤ 参见胡康生主编：《中华人民共和国合同法释义》，北京，法律出版社，1999，第339页。

物所有权的人要求承租人搬出，则新的所有人将构成对租赁合同的违反，承租人可以主张继续履行、损害赔偿等违约责任。由此可见，买卖不破租赁的规则赋予了承租人对抗新的所有权人的权利。从这一意义上说，“买卖不破租赁”规则使承租人享有了类似物权的效力。但应当看到，租赁合同在性质上仍然是一种债的关系，尽管承租人所享有的租赁权对第三人也产生一定的效力。[①] 但“买卖不破租赁”并不是使承租人的租赁权成为一种物权，在第三人侵害承租人的租赁权时，承租人不能基于物权请求权请求返还租赁房屋或者排除妨害。房屋租赁合同中“买卖不破租赁”，体现了对承租人的特殊保护，因此在一定程度上体现了对弱者的保护，反映了实质正义的要求。

二、“买卖不破租赁”规则的适用条件

根据《合同法》第229条和《房屋租赁司法解释》第20条的规定，“买卖不破租赁”必须符合以下条件：

第一，房屋租赁合同有效。因为买卖不破租赁主要是为了保护承租人的利益，而承租人占有租赁物必须基于有效的租赁合同，如果租赁合同尚未成立或被宣告无效，则承租人无权占有租赁物。所以，只有在房屋租赁合同合法有效的情况下，才有可能产生对抗第三人的效力。[②] 有学者认为，为了便于流动人口的管理，保障房屋租赁登记制度的推行，房屋租赁合同只有经过登记备案，才具有对抗第三人的效力，否则，成立在后的买卖合同具有优先于房屋租赁合同的效力。[③] 笔者认为，登记备案在性质上是一种行政管理措施，而非房屋租赁合同的生效要件，不能将其作为房屋租赁合同产生对抗效力的条件。《合同法》也没有将房屋租赁合同的登记备案作为其具有对抗效力的条件。因此，只要房屋租赁合同有效，即使没有办理登记，仍可适用“买卖不破租赁”规则。

在擅自转租的情形下，次承租人能否得到“买卖不破租赁”规则的保护？例如，甲将房屋出租给乙，乙未经甲的许可而将房屋转租给丙，后甲将房屋转让，丙能否主张适用“买卖不破租赁”规则？有学者认为，如果

① 参见张凌云：《一房出租的处理——兼论房屋租赁合同的预告登记》，载《现代经济信息》，2009（24）。

② 参见乔燕主编：《租赁合同》，北京，人民法院出版社，2000，第154页。

③ 参见刘智、宋庆海：《房屋租赁合同登记与“买卖不破租赁”原则》，载《法制与社会》，2008（12）。

房屋转租合同未得到所有权人授权和追认，属效力待定的合同，在房屋所有权发生变动时，仍然可以适用“买卖不破租赁”的规则，即承租人仍有权主张以租赁合同享有的权利对抗房屋买受人。① 笔者认为，擅自转租是一种效力待定的行为。如果未得到出租人追认的，该转租合同无效，次承租人不得依据“买卖不破租赁”规则对抗房屋买受人。所有权人有权请求次承租人返还房屋。但在出租人的转租行为得到房屋所有权人追认的情形，次承租人享有的租赁权可以对抗房屋所有权人，其也可以援引“买卖不破租赁”规则，主张以其租赁权对抗房屋买受人。

第二，租赁房屋所有权在租赁期间内依法转让。房屋租赁合同先于房屋所有权变动而生效。这就是说，“买卖不破租赁”规则适用的前提是，在房屋所有权变动之时，租赁合同已经生效，如果房屋租赁合同订立之时，房屋所有权已经发生了变动，则承租人当然不能以其合同权利对抗所有权人的权利。如何理解“所有权变动”？对此学界的观点也不一致。一种观点认为，买卖不破租赁特指因买卖而发生的所有权变动对租赁权的影响，也就是说，出租人在租赁合同的有效期间内，将租赁物所有权转让给第三人。② 另一种观点认为，所谓发生所有权的变动，并不限于买卖，而是指发生所有权移转的结果，其原因可以是买卖，也可以是互易、赠与、遗赠等。③ 笔者赞成第二种观点，引起所有权变动的原因可以是多方面的，买卖是其中最为典型的，但并不限于买卖，也包括以赠与、互换、向公司出资、清偿债务等方式，将租赁房屋的所有权移转给他人的情形。④ 从《合同法》第229条的规定来看，其使用“租赁物在租赁期间发生所有权变动”的表述，并未将其限于因买卖而导致的所有权变动。另外，从该制度的设立目的来看，如果将其适用范围限于因买卖发生的所有权变动，则无法实现其稳定租赁关系的目的。

“买卖不破租赁”规则的适用范围是否可适用于不动产抵押的情形？例如，甲将其房屋出租给乙之后，又将该房屋抵押给丙，在丙实现抵押权的情形，能否适用“买卖不破租赁”的规则？笔者认为，在此应当区分抵押权与租赁合同成立的先后顺序，如果抵押权的成立时间在租赁合同之

① 参见邓基联主编：《房屋租赁合同纠纷》，北京，法律出版社，2010，第126页。

② 参见胡康生主编：《中华人民共和国合同法释义》，北京，法律出版社，1999，第339页。

③ 参见韩世远：《合同法学》，北京，高等教育出版社，2010，第456页。

④ 参见乔燕主编：《租赁合同》，北京，人民法院出版社，2000，第153页。

前，则依据《物权法》第190条的规定，该租赁关系不得对抗已登记的抵押权。因此，在抵押权实现时，承租人不得主张适用“买卖不破租赁”规则对抗抵押权人的权利。如果抵押权的设定时间在租赁合同成立之后，原租赁关系不受该抵押权的影响，但抵押权的实现则应依具体情形确定。从司法实践来看，在房屋抵押的情形，也可适用“买卖（抵押）不破租赁”的规则。[①] 虽然在抵押权设定后，抵押权最终实现也涉及租赁物的移转，但严格地说，它与租赁物买卖的情形存在区别，因为抵押权设定后并不必然发生所有权的移转，如果债务人在债务到期时履行了债务，则不会发生抵押权实现的情形。在抵押权实现的情形，有必要通过“买卖不破租赁”规则对承租人提供保护。

第三，承租人愿意继续履行原租赁合同。“买卖不破租赁”规则的目的在于保护承租人的权利，租赁房屋在租赁期间内发生所有权变动的，承租人即有权主张援引该规则获得保护，也有权终止合同，承租人是否实际主张“买卖不破租赁”，而继续承租该房屋，取决于承租人自己的意思自由。房屋所有权发生变动，新的房屋所有权人向承租人发出通知后，只要没有提高租金，如果承租人不愿意继续承租该房屋，要求终止租赁合同的，应当允许其退租。在承租人终止与出租人之间的租赁合同后，由于租赁合同是一种继续性合同，在其已经居住的期间内发生的租金，承租人仍应按照原租赁合同的约定而向出租人履行支付租金义务。在承租人愿意继续承租房屋的，如果新的所有人明确要求提高租金，承租人有权依据“买卖不破租赁”规则要求继续履行原租赁合同。

最后需要讨论的是，适用“买卖不破租赁”规则，是否需要承租人已经取得租赁物的占有？从比较法上看，有的国家要求承租人必须已经取得租赁物的占有，才能适用“买卖不破租赁”的规则。[②]《欧洲示范民法典草案》规定，买卖不破租赁的生效，在租赁物所有权从出租人移转至新所有人时，如果承租人在所有权移转时已经占有租赁物，则租赁物的新所有权人替代原出租人成为租赁合同当事人。[③] 笔者认为，从我国《合同法》相关规定来看，在适用“买卖不破租赁”规则时，并没有要求承租人已经取得租赁的占有，即只要租赁房屋所有权在租赁期间发生变动的，即可适

① 参见邓基联主编：《房屋租赁合同纠纷》，北京，法律出版社，2010，第127页。

② 参见《奥地利民法》第1120条。

③ 参见《欧洲示范民法典草案》IV. B-7：101。

用该规则。因为在房屋租赁合同中，即使承租人没有取得租赁房屋的占有，其也可能做了大量的准备，而且可能短期内无法同他人订立新的房屋租赁合同，如果房屋租赁合同被解除，则可能对其生产、生活造成重大影响，所以，即使承租人没有取得租赁房屋的占有，也应当类推适用“买卖不破租赁”的规则对其进行特殊保护。

三、排除“买卖不破租赁”规则适用的情形

根据《房屋租赁司法解释》第20条第2款的规定，以下几种情形不适用“买卖不破租赁”规则：

第一，当事人有特别约定的情形。“买卖不破租赁”规则的目的在于对承租人的居住利益予以特殊保护，此种利益属于个人私益的范畴，而不涉及公共利益，承租人可以自由处分。因此，如果承租人和出租人之间事先通过约定排除了“买卖不破租赁”规则的适用，则承租人不得再主张适用该规则。例如，当事人在房屋租赁合同中约定，一旦房屋所有权发生变动，则租赁合同解除，即属于当事人特别约定排除适用“买卖不破租赁”规则的情形。从这个意义上说，“买卖不破租赁”规则并非强制性规范，而只是任意性的规范。

第二，房屋在出租前已设立抵押权，因抵押权人实现抵押权发生所有权变动的情形。我国不动产物权的设定采用登记要件主义，以房屋为标的设定的抵押权，也必须经过登记才能成立，而承租人在租赁房屋时有义务查询房屋的权属状态。这一查询义务可以说是从《物权法》第190条的规定之中引申出来的。[①] 因此，在租赁合同订立之前设定的抵押权已经通过登记进行了公示，后成立的租赁合同不应当对抵押权人的利益构成妨害。[②] 如果承租人明知房屋已经设定抵押权而仍同房屋出租人订立房屋租赁合同，则其应当负担因该抵押权实现而对其合同权利产生的不利影响。例如，在“重庆市渝北区某某殡仪馆诉周某房屋租赁合同纠纷案”中，法院认为：“讼争标的物于1999年9月已办理了抵押登记，被告租赁该房屋是2009年4月，讼争房屋的状况属于先抵押后出租。被告与原产权人所签订的《租房协议》内容对作为受让人的原告没有约束力，即原告不同意沿袭原租房

---

① 《物权法》第190条规定：“订立抵押合同前抵押财产已出租的，原租赁关系不受该抵押权的影响。抵押权设立后抵押财产出租的，该租赁关系不得对抗已登记的抵押权。”

② 参见奚晓明主编：《最高人民法院关于审理城镇房屋租赁合同纠纷案件司法解释的理解与适用》，北京，人民法院出版社，2009，第268页。

协议的情况下，被告没有继续使用租赁房屋的权利。”[①] 此时就不应再适用“买卖不破租赁”的规则对承租人提供保护，而首先应当保护抵押权人。

第三，房屋在出租前已被人民法院依法查封的。如果房屋在出租前已经被人民法院查封，表明一旦诉讼当事人的权利获得实现，则房屋的所有权将发生变动，经人民法院查封后，在房屋上设定权利负担不应当对诉讼当事人的权利产生不利影响。如果承租人在订立租赁合同时明知租赁房屋已经被查封，而仍愿意同出租人订立租赁合同，则应当由承租人负担相关风险，应当排除“买卖不破租赁”规则的适用。正是出于这个原因，被人民法院依法查封后出租的房屋，其所有权变动不受租赁关系的限制。[②]

四、买卖不破租赁的效力

买卖不破租赁的效果是“不影响租赁合同的效力”。所谓不影响租赁合同的效力是指原租赁合同仍然有效，对承租人来说，既不需要终止原租赁关系，也无须订立新的租赁合同而成为新的租赁合同的承租人。[③] 虽然《合同法》第 229 条使用了“不影响租赁合同的效力”的表述，但是，其实际的法律后果应当是在承租人和租赁物的新所有人之间形成租赁合同关系。如果取得租赁物所有权的人要求承租人搬出，则新的所有人将构成租赁合同的违反，承租人可以主张继续履行、损害赔偿等违约责任。由此可见，买卖不破租赁的规则赋予了承租人对抗新的所有权人的权利。也就是说，新的所有权人要求承租人搬出房屋，承租人可以拒绝。

第七节　房屋承租人的优先购买权

一、优先购买权的概念和性质

所谓优先购买权，又称“先买权”，是特定的民事主体依照法律规定享有的优先于他人购买某项特定财产的权利。《合同法》第 230 条规定：

① 重庆市江北区人民法院民事判决书（2011）江法民初字第 05593 号。

② 参见奚晓明主编：《最高人民法院关于审理城镇房屋租赁合同纠纷案件司法解释的理解与适用》，北京，人民法院出版社，2009，第 270 页。

③ 参见胡康生主编：《中华人民共和国合同法释义》，北京，法律出版社，1999，第 339 页。

“出租人出卖租赁房屋的，应当在出卖之前的合理期限内通知承租人，承租人享有以同等条件优先购买的权利。”这就确立了租赁合同中承租人的房屋优先购买权。法律之所以赋予承租人以优先购买权，主要是为了保护承租人的权益不受侵害，维护租赁关系的稳定，实现承租人的居住利益①；同时也有利于有效配置资源，促进物尽其用。

关于承租人优先购买权的性质，学界存在物权说、债权说、形成权说等不同的观点。笔者认为，承租人的优先购买权是一种债权。具体而言：

第一，优先购买权本质上是一种债权。因为承租人的优先购买权是基于租赁合同产生的，而租赁权本身是债权，所以，基于此种权利而产生的优先购买权也具有债权的性质。如果租赁合同无效或被撤销，则相应的承租人的优先购买权也将不复存在。就优先购买权的效力而言，其主要约束出租人和承租人。此外，依据最高人民法院《房屋租赁司法解释》第21条的规定，出租人已经将房屋所有权移转给第三人的，优先购买权人不得主张该买卖合同无效，而只能请求出租人承担损害赔偿责任，这与优先购买权的债权性质也具有一致性。

第二，优先购买权是优先于其他人订立买卖合同的请求权。也就是说，在同等条件下，承租人可以请求出租人优先地与自己订立买卖合同。此种权利从性质上说就是一种债权。需要指出的是，承租人优先购买权是否具有强制缔约的效力？笔者认为，承租人优先购买权并不具有强制缔约的效力，主要原因在于：一方面，从立法目的上看，设定承租人优先购买权的目的是维护承租人稳定的生产、生活秩序，实现其居住权，但由于我国租赁市场已经建立并完善，因而，并没有必要给予承租人强制缔约的权利。另一方面，强制缔约是以双方没有同等的缔约能力为前提的，而在承租人优先购买权制度中，当事人的缔约能力往往没有差异。还要看到，按照我国学界的通说，优先购买权本质上是一种形成权②，形成权的作用即在于依据权利人的意思形成、消灭或者变动法律关系，换言之，在同等条件下，权利人的意思得直接成立买卖合同，从而优先购买权的行使无须强制缔约理论来规范。③

---

① 参见戴孟勇：《房屋承租人优先购买权制度之研究》，载崔建远主编：《民法九人行》（第4卷），北京，法律出版社，2010，第65页。

② 参见崔建远主编：《合同法》，5版，北京，法律出版社，2010，第433页。

③ 参见张家勇：《试析优先购买权的法律性质》，载《西南民族学院学报·哲学社会科学版》，1999（1）。

第三，优先购买权不是物权。就承租人优先购买权的本质而言，它虽然可以对抗第三人，但它还不是一种特殊的物权，一方面，我国《物权法》采物权法定原则，优先购买权并没有为物权法所确认。另一方面，其对标的的支配力较弱：权利人不能直接地行使对标的物的支配权，而只能要求出卖人将该标的物优先转让给自己。还要看到，优先购买权实际上是一种不确定的权利，也有学者将其称为机会权利。[①] 这就是说，优先购买权只是给了先买权人一个优先购买的机会，是否行使该权利从而实际购买租赁物，取决于先买权人。从性质上来看，优先购买权是附随于租赁权的，是一种附随于主权利的权利。[②]

二、房屋承租人优先购买权的行使条件

（一）主体适格

优先购买权的主体应当是承租人，但承租人必须基于合法有效的租赁合同才能主张权利。如果租赁合同无效或者已被撤销、解除，则租赁合同已经不存在，自然承租人也不再享有优先购买权。

（二）必须在同等条件下行使

依据《合同法》第 230 条的规定，优先购买权行使的前提是，出租人“出卖”其房屋。这就意味着，优先购买权的行使以出租人有偿转让其租赁物为前提，如果出租人以无偿的方式处分其房屋，则没有优先购买权制度适用的可能。从实践来看，出租人出卖其房屋的情形较多，只要可以认定其属于有偿处分，就应当适用《合同法》第 230 条的规定。《房屋租赁司法解释》第 22 条规定：“出租人与抵押权人协议折价、变卖租赁房屋偿还债务，应当在合理期限内通知承租人。承租人请求以同等条件优先购买房屋的，人民法院应予支持。”可见，在实现抵押权时，无论是采取协议折价的方式，还是变卖的方式，都可以认定为出卖房屋。

房屋承租人优先购买权的行使前提是承租人与其他买受人处于同等条件之下。所谓“优先”，只是在同等条件下的优先，同等条件是对优先购买权人行使先买权的限制。此种限制尊重了作为出卖人的所有人的所有权，不至于因优先购买权的行使，使出卖人的利益遭受损失。由于有同等

① 参见王福祥：《论优先购买权》，载《法制与社会发展》，1995（2）。

② 参见戴孟勇：《先买权：理论与立法》，载《岳麓法学评论》（第 1 卷），长沙，湖南大学出版社，2000，第 48 页。

条件的限制，出卖人出卖的标的物能够确定出合理的市价，同时，在确立优先购买权以后也并没有剥夺其他人的购买机会。在我国审判实践中，对“同等条件”的内涵历来存在两种不同观点：一是绝对同等说，此种观点认为，承租人认购的条件应与其他买受人绝对相同和完全一致。二是相对同等说，此种观点认为，承租人购买条件与其他买受人条件大致相等，即为有同等条件。这两种看法都有道理，但都不完全妥当。第一种观点在适用中过于严格，尤其是因其他买受人所提供的条件（如提供某机会）承租人不能做到，但承租人可以以多付金钱的办法来弥补这些附加条件的不足，则不能苛求承租人提出的条件必须与其他买受人的条件完全一致。第二种观点在适用中伸缩性过大，也不利于操作。笔者认为，同等条件并不要求先买权人和出卖人订立的合同与出卖人和他人订立的合同的条款完全相同。事实上，要求两个合同的内容绝对一致也是毫无必要的。同等条件应当主要指的是价格条件。也就是说，先买权人支付的价格应当与其他买受人支付的价格条件相同。除价格条件外，同等条件还应当适当考虑租赁房屋的使用方式或使用用途、环境因素、品牌效应、无形资产的增值以及其他可能影响出租人经济利益的因素，此外，也应当适当考虑支付方式。但支付方式的确定必须从根本上影响到出卖人的基于合同所应当获得的利益。例如，第三人允诺一次付清，则除非先买权人为出卖人提供了充分而适当的担保，其不得请求分期付款。[①] 所以，价格条款是第一位的，而根本上影响到出卖人利益的支付条件是第二位的。至于其他交易条件，如是现金支付还是转账支付，只要没有从根本上影响到出卖人的利益，出卖人不能以此作为同等条件。

在此需要讨论的是，拍卖租赁房屋的情形，如何确定承租人行使优先购买权的“同等条件”？所谓拍卖，是指以公开竞价的形式，将特定物品或者财产权利转让给最高应价者的买卖。在法院拍卖租赁房屋的程序中，法院应当通知优先购买权人直接参加拍卖，与其他竞买人一起竞价，在产生最高竞价的情形，优先购买权人可以表示愿意以最高价额购买该房屋，如果没有更高竞价，则由该优先购买权人购买该房屋。[②] 所以，在拍卖中，所谓以“同等条件”购买，是指在拍卖中的竞买人所提出的最高竞价的价格，而非承租人所提出的价格。

---

① 参见《德国民法典》第509条。

② 参见最高人民法院《关于人民法院民事执行中拍卖、变卖财产的规定》第16条第1款。

（三）应当在合理期限内行使

1. 出卖人负有通知义务

依据《合同法》第 230 条的规定，出卖人在出卖之前，应当在合理期限内通知承租人。笔者认为，在承租人行使优先购买权之前，出租人负有通知优先购买权人的义务。这种通知既可以是在意欲出售时明确告知，也可以是在与第三人达成交易之前通知，告知的内容既包括价格，也包括其他重要的交易条件。房屋出售通知的到达是先买权人权利期限计算的起点，也是先买权人知晓交易条件、行使先买权的前提。如没有收到通知，先买权无行使的可能；如收到通知后在法定期间内权利人不行使先买权，则视为弃权。可见，出卖人的通知义务是行使先买权的关键。从实践来看，先买权受到侵害的主要情况就是出卖人出售时不通知先买权人。但值得注意的是，《房屋租赁司法解释》第 24 条规定，“出租人履行通知义务后，承租人在十五日内未明确表示购买的”，承租人即不得再主张优先购买。从这一规定来看，出租人向承租人通知时，只要给承租人留出必要的考虑时间（15 日）即可。换言之，出租人只要提前 15 日通知承租人即可。

2. 承租人应当在合理期限内行使优先购买权

承租人自收到通知之后，也不能无限期地享有优先购买权。否则，过长的期限会导致出卖人长期不能出卖其房屋，这不仅将使得其处分权受到影响，而且可能使其丧失最佳出售时机，从而造成损害；同时，使得出卖人和第三人之间的法律关系处于不稳定状态，也会造成第三人的损害。《房屋租赁司法解释》第 24 条规定：“出租人履行通知义务后，承租人在十五日内未明确表示购买的”，承租人主张优先购买房屋的，人民法院不予支持。这就是说，承租人在接到通知之日起 15 日内不行使优先购买权，就意味着其以沉默的方式放弃了优先购买权。在此情况下，即便其事后再行主张优先购买权，也不能得到法院的支持。

三、排除优先购买权行使的法定事由

依据《房屋租赁司法解释》第 24 条的规定，在如下情况下，承租人不得行使优先购买权：

1. 房屋共有人行使优先购买权

共有人优先购买权优先于承租人优先购买权，这是基于物权优先于债权的规则确定的原则，基于物权产生的优先购买权优先于基于债权产生的优先购买权。事实上，在实践中，共有人的优先购买权与承租人的优先购买权也会发生竞合的问题。例如，甲乙双方共有一栋房屋，各享有一半的份额，双方将该房屋出租给丙使用。在甲出售该房屋时，乙作为共有人享有优先购买权，而丙作为承租人也享有优先购买权。我国有学者主张，虽然此时共有人只是出售共有房屋的份额，并非房屋本身，但从广义上讲，这也是房屋的一部分，故承租人享有优先购买权。在共有人与承租人优先购买权发生竞合的情况下，鉴于共有人的优先购买权是基于物权而产生的，而承租人的优先购买权是基于债权而产生的，所以，共有人的优先购买权优于承租人的优先购买权。[①] 笔者认为此种观点是合理的。《房屋租赁司法解释》第 24 条规定"房屋共有人行使优先购买权的"，承租人不得行使优先购买权。据此可见，共有人的优先购买权应当优先于承租人的优先购买权。司法解释作出此种规定的原因主要在于，一方面，共有人优先购买权是基于共有关系而产生的，而承租人的优先购买权是基于债权关系而产生的。即便租赁权已经物权化，但就其效力而言，与纯粹的物权相比仍然是受限制的。也就是说，租赁关系本质上仍然是合同关系，而共有关系属于物权关系，按照物权优先于债权的原理，在租赁权与共有权发生冲突的情况下，应当使共有权优先于租赁权。另一方面，从时间上看，共有关系通常发生在先，租赁关系发生在后，即便租赁权物权化以后，发生在先的物权也应该优先于发生在后的物权。此外，法律设定承租人的优先购买权，目的在于使承租人取得租赁物所有权以继续保持其对该物的占有、利用。如果共有人优先购买权与承租人优先购买权发生竞合，共有人的权利优先，有利于稳定财产关系。

2. 房屋卖给出租人的近亲属

根据《房屋租赁司法解释》第 24 条的规定，出租人将房屋出卖给近亲属的，承租人的优先购买权不受保护。此处所说的"近亲属"包括配偶、父母、子女、兄弟姐妹、祖父母、外祖父母、孙子女、外孙子女。法律上否认此种情形下的优先购买权是考虑近亲属的亲情关系而作出的例外规定，作出此种规定的原因主要在于：一方面，家庭成员之间的房屋买卖，受亲情关系的影响，不能完全反映市场价格。合同中约定的价格通常并非市场价格，往往是所谓的"半卖半送"。这种交易并非市场经济条件下通常的交易，而且"同等条件"的确定也非常困难。另一方面，

① 参见张家勇：《论优先购买权》，中国人民大学 1998 年硕士学位论文，第 38 页。

在此情形下，排除承租人的优先购买权，有利于促进家庭和睦和社会稳定。[①] 近亲属之间的房屋买卖，往往以非市场价格的方式进行，从而有助于增进家庭成员之间的感情。此外，此种买卖还往往与其相互间的扶养、协助等义务联系密切，如果允许承租人优先购买，则无法实现扶养、协助等目的。

3. 承租人放弃优先购买权

优先购买权属于财产权的一种，权利人可以抛弃其财产权是法律的一项基本原则。所以，承租人放弃优先购买权，法律上也应当认可。当然，承租人放弃其优先购买权应当是在出租人出卖其房屋之时或其后，而不能提前放弃。一般来说，承租人放弃其优先购买权都应当采取明示的方式。不过，依据《房屋租赁司法解释》第 24 条的规定，出租人履行通知义务后，如果承租人在 15 日内没有明确表示愿意购买的，就视为放弃优先购买权。15 日是个不变期限，承租人主张优先购买权必须在通知之后的 15 日内表明态度，没有明确表示的，就视为放弃权利，不得再主张优先购买权。

4. 第三人善意取得租赁房屋所有权

从实践来看，不少房屋租赁都没有办理登记，买受人也无法通过查阅登记而知悉房屋上租赁权的存在。如果买受人在购买房屋时出于善意、支付了合理对价，并且已经办理了登记手续，依据善意取得的法理，其就应当取得完整的房屋所有权。此时，承租人也就不能再行主张优先购买权，而只能向出租人要求损害赔偿。正是基于这一考虑，《房屋租赁司法解释》第 24 条规定，“第三人善意购买租赁房屋并已经办理登记手续的”，承租人不得行使优先购买权。

四、优先购买权的保护

在侵害优先购买权的情况下，究竟应当产生何种效力，理论上存在两种不同的观点。一是无效说。此种观点认为，承租人可以请求转让合同无效，要求将已经转让出去的房屋归于自己。二是损害赔偿说。此种观点认为，在优先购买权受到侵害的情况下，不应当确定转让合同无效，承租人只能要求转让方赔偿因其未能购买相应份额所遭受的损失。最高人民法院

---

① 参见奚晓明主编：《最高人民法院关于审理城镇房屋租赁合同纠纷案件司法解释的理解与适用》，北京，人民法院出版社，2009，第 322 页。

《房屋租赁司法解释》第21条规定，出租人出卖租赁房屋未在合理期限内通知承租人或者存在其他侵害承租人优先购买权情形，承租人请求出租人承担赔偿责任的，人民法院应予支持。但请求确认出租人与第三人签订的房屋买卖合同无效的，人民法院不予支持。可见，该司法解释采损害赔偿说。

笔者赞成损害赔偿说，主要理由在于：一方面，无效说增加了交易成本。房屋所有人已经与第三人就房屋买卖达成了协议，并支出了交易成本。如果宣告合同无效，将导致财富的浪费。另一方面，无效说不符合鼓励交易原则。如果认定买卖合同无效，将导致恢复原状等后果，不符合效率原则，也与《合同法》鼓励交易的宗旨不符。从房屋买卖的市场来看，只要承租人可以证明损失存在，通过赔偿其损失，就足以保障其权益，而不必使其获得特定的房屋。此外，合同具有相对性，如果合同内容并未对国家利益、社会利益等造成损害的，应认定合同有效。《房屋租赁司法解释》第21条规定，出租人侵害承租人的优先购买权而将房屋转让给第三人的，出租人与第三人之间签订的买卖合同应当是有效的，承租人不得以出租人出卖租赁房屋的行为侵害其优先购买权而主张该买卖合同无效。

第八节　商品房租赁合同的终止

一、商品房租赁合同终止的事由

1. 房屋租赁期限届满

房屋租赁期限届满，双方当事人权利义务终止，房屋租赁合同效力消灭。在房屋租赁合同期限届满后，如果当事人没有就续租进行约定，则房屋租赁合同效力终止。房屋租赁合同期限届满后，承租人继续使用房屋并继续支付租金，而出租人也继续收取租金的，在此情形下，原租赁合同转化为新的租赁合同，但该租赁合同为不定期租赁。对于不定期租赁合同，双方当事人都有权随时解除合同，但房屋出租人解除合同的，应当提前通知承租人，给其必要的准备时间。

2. 当事人行使解除权而解除房屋租赁合同

当事人可能在房屋租赁合同中约定了出租人行使解除权的情形。例如，根据出租人的要求在房屋租赁合同中约定了合同解除条件，如果出租人的儿子结婚，其将有权将该房屋收回。那么，在相应条件成就时，出租人有权解除该房屋租赁合同。但是，此时仅仅是产生合同解除权，出租人还需要通知承租人以行使合同解除权的方式解除合同，房屋租赁合同方才解除。再如，《合同法》第 233 条规定："租赁物危及承租人的安全或者健康的，即使承租人订立合同时明知该租赁物质量不合格，承租人仍然可以随时解除合同。"因此，如果租赁的房屋可能危及到承租人的人身安全或健康的，即使承租人在订立房屋租赁合同时已经明知该情况，承租人仍有权随时主张解除租赁合同，从而因承租人行使解除权而导致合同解除。

3. 房屋灭失

在租赁期间如果发生不可抗力或意外事故，导致房屋灭失时，将涉及房屋意外毁损灭失的风险负担问题。一般认为，应当适用所有权负担的规则，即风险应当由出租人承担。在租赁房屋部分或者全部毁损、灭失致使不能实现合同目的的，承租人可以解除合同；在租赁房屋发生部分毁损、影响承租人对租赁房屋的正常使用的，承租人可以要求减少租金或者不支付租金。如果承租人基于租赁物部分毁损、灭失导致整体不能使用，拒绝支付租金，则双方应协商解除合同。

4. 因情势变更而解除合同

情势变更是指合同订立之后，客观情况发生了重大变化，合同订立、履行的条件和基础已经发生了重大变化，如果仍然继续履行合同，将明显对一方当事人不利，此时，另一方当事人可以请求法院变更或解除合同。在房屋租赁合同订立之后，如果合同订立、履行的基础发生重大变化，导致继续履行合同将明显对一方当事人不利的情形，该方当事人有权请求变更或者解除合同。例如，因规划改变导致租赁的房屋被列入拆迁计划，导致居住环境发生重大变化，不再适合承租人的居住和生活，此时承租人便有权依据情势变更而解除合同。

5. 租赁权利义务概括移转

承租人经出租人同意，不仅可以转租，而且可以将租赁合同的权利义务概括移转给第三人。在租赁合同权利义务概括移转的情形，原承租人完全退出租赁关系，第三人取代原承租人成为新的承租人，第三人将和出租人形成新的租赁合同关系，而原租赁合同效力终止，由于第三人已经取代原承租人在合同中的法律地位，因而，第三人不仅要承担承租人所负的债务（如交付租金），而且享有原承租人所享有的权利（如使用房屋的权利等）。我国《合同法》虽然没有规定租赁合同权利义务的概括移转是否要经过出租人的同意，但根据“举轻以明重”的解释规则，既然转租都必须经过出租人同意，那么租赁合同的概括移转更应当经过出租人的同意。但两者的区别主要在于：一方面，承租人是否退出租赁合同。在租赁权让与的情形下，次承租人已经取代承租人的地位，此时已经发生债权的转让。转租的情形下，承租人没有退出租赁合同。另一方面，转租是承租人与次承租人形成一个新的租赁合同。但在租赁权让与的情形下，在次承租人与出租人之间形成了新的房屋租赁合同关系。

二、共同居住人的租赁权

《合同法》第 234 条规定：“承租人在房屋租赁期间死亡的，与其生前共同居住的人可以按照原租赁合同租赁该房屋。”在比较法上，这一规则被很多国家所认可。早在 20 世纪 70 年代，法国法院即以判例形式确认了这一规则。[①] 依据我国合同法的这一规定，与承租人生前共同居住的人虽然不是合同当事人，但在承租人死亡之后，其有权要求继续租赁该房屋，显然，这一制度的目的在于保护共同居住的一方的居住权。尽管允许无合同关系的人在例外情况下享有合同上的权利，突破了合同的相对性原则，但从保护弱者权利、保障人权的角度来看，法律作出此种规定也是十分必要的。依据《合同法》第 234 条的规定，共同居住的人享有租赁权必须符合两个条件：

第一，承租人在房屋租赁期间死亡。承租人在房屋租赁期间死亡，是指承租人在租赁期限届满之前便去世。如果租赁期限届满后承租人才去世，则不存在继续履行租赁合同的问题。在租赁期间内承租人死亡的，由于租赁合同尚未到期，此时允许共同居住人继续履行合同，只要共同居住人继续按照合同约定的价款交付租金，则并不损害出租人的利益，因此应当维持合同的效力。

第二，必须是与承租人生前共同居住的人。如何界定生前共同居住的人的范围？一种观点认为，生前共同居住的人主要是指与承租人共同生活的近亲属，这些人虽然没有参与缔约，但是与承租人共同生活，处于事实上的受益人的地位，从租赁合同中获取利益。另一种观点认为，生前共同

---

① Cass. civ. 3ème，6 mars 1996，RTD. civ. 1996，p. 897，obs. J. Mestre et 1024，obs. J.-P. Marguénaud.

居住的人不限于近亲属，而应包括近亲属以外的其他人，只要是共同居住的人，甚至是未婚同居者也可以主张继续履行租赁合同。笔者赞成第二种观点。从《合同法》该条的文义解释来看，该条并不注重共同居住人与承租人之间是否具有血缘关系，而是注重保护同居者的共同生活利益关系。所以，不能简单以血缘关系来判断其范围。需要指出的是，我国《合同法》这一条文的保护对象更为宽泛，“与其生前共同居住的人”不限于配偶、子女，还应当包括与其共同居住的其他亲属，以及其他不具有亲属关系的共同居住人（例如长期共同居住的人）。共同居住人一般是与承租人有一定期限的共同生活经历，具体的时间长短，应当根据具体案情决定。一般而言，与承租人共同居住期限较短的人，不宜认定为共同居住人，因为其与承租人共同居住的时间较短，可以认为尚未形成稳定的共同生活利益关系。由此可见，我国《合同法》的保护范围更为宽泛，更侧重于保护相关当事人的居住利益。

依据《合同法》第234条的规定，与承租人生前共同居住的人可以按照原租赁合同租赁该房屋。如何理解允许与其生前共同居住的人“按照原租赁合同租赁该房屋”的含义？对此，有几种不同观点。一种观点认为，此种情况属于法定的租赁权的移转，即因为承租人在租赁期限内死亡，租赁权移转给共同居住人，在性质上属于“租赁权的法定让与”①。另一种观点认为，承租人死亡后，生前与承租人共同居住的人可以继续租赁原住房，但应与出租人办理续租手续，变更承租人。② 即生前共同居住的人应当与出租人重新签订合同，法律赋予其居住权，当其提出签订合同时，出租人不得拒绝。笔者认为，前一种观点更为妥当。一般而言，在主体已经死亡时，租赁权不能依照法律行为发生移转，但是可以根据法定的原因移转。因为法定的原因，使死者生前的权利义务实现了概括移转。这就意味着，与承租人生前共同居住的人也不必重新与出租人签订合同，只需通过继续交付租金、履行承租人的义务即可享有租赁合同中约定的各种权利。共同居住人的租赁权在合同期限内可以继续履行，但是在合同期限届满之后，如果双方当事人没有就合同的续期达成一致的，则租赁合同因期限届满而终止。

---

① 崔建远主编：《合同法》，北京，法律出版社，2007，第417页。

② 参见胡康生主编：《中华人民共和国合同法释义》，北京，法律出版社，1999，第345～346页。

三、房屋租赁合同终止的后果

（一）返还租赁物

房屋租赁合同终止后，承租人负有恢复原状的义务，这是合同终止的一般效力在租赁合同中的体现。依据《合同法》第235条的规定，返还的租赁物应当符合按照约定或者租赁物的性质使用后的状态。这就是说，所谓“符合约定”的状态，是指如果合同对合同结束后租赁物应当处于的状态有特别约定，则应当符合此种约定。所谓符合“租赁物的性质使用后的状态”，是指租赁物在正常状态下经过使用，应当达到的状态。承租人所返还房屋的状况应当和出租时的房屋基本保持一致。但如果承租人在租赁期间对房屋进行了装修、装饰，则涉及房屋添附之后的法律效果问题。房屋租赁中的添附主要是指，承租人在租赁期间内对于房屋进行的装修、装饰。对此可以区分两种情况而分别确定：

1. 经出租人同意装修、装饰

商品房租赁通常需要对房屋进行装饰、装修，如果经出租人同意，则承租人有权对房屋进行装饰、装修。在经出租人同意进行装饰、装修的情形下，在租赁期间届满后，原则上还是应当由承租人来承担恢复原状的法律后果。如果当事人有约定，则应当按照当事人的约定恢复原状。例如，在“毛某诉刘某等房屋租赁合同纠纷案”中，法院认为，“原告要求被告将涉案房屋恢复原状，拆除添附物，被告同意拆除添附物，且双方均认可涉案房屋原状为水泥地面，白灰墙面，故被告在腾出房屋后，应将涉案房屋状态恢复为水泥地面，白灰墙面状态。”① 如果当事人没有约定的，《房屋租赁司法解释》第10条规定，“除当事人另有约定外，未形成附合的装饰装修物，可由承租人拆除。因拆除造成房屋毁损的，承租人应当恢复原状”。如果相应装修装饰物已经附合在出租人房屋上，相关拆除行为已经无法进行的，为了确保物的价值的最大化，应当认为按照附合规则，该装修装饰物归出租人所有。但是，出租人应当给予承租人相应的补偿。

《房屋租赁司法解释》第12条规定：“承租人经出租人同意装饰装修，租赁期间届满时，承租人请求出租人补偿附合装饰装修费用的，不予支持。但当事人另有约定的除外。”这就是说，一方面，因租赁期间届满而导致合同效力终止的，承租人已经在租赁期间内对装饰装修物进行使用，

---

① 山东省济南市市中区人民法院民事判决书（2011）市民初字第2360号。

即使形成附合物，该附合物的主要价值也已经由承租人所实际享有，因而不应由出租人补偿该部分费用。另一方面，承租人在对出租房屋进行装饰、装修时，应充分考虑到租赁合同的期限，进行合理的装饰、装修，并且根据日常生活经验和行业惯例，承租人在租赁合同有效存续期间内已经实际享有了相关的装饰装修带来的利益，客观上也并未使出租人受益。[①]当然，上述规则仅适用于相关装修装饰已经附合成为房屋组成部分的情形，如果相关的装修装饰未与房屋附合，则相关动产的所有权不发生变化，仍然归承租人所有。[②] 如果允许承租人主张因装饰装修物在合同期限届满之后残余价值过大，而向出租人主张装饰装修费用，对于出租人无疑是不公平的。承租人在进行装饰装修时应当考虑租赁期限等因素，如果因其自身原因导致装饰装修费用过高，在租赁期限届满后，装饰装修残值过大的，该部分损失应当由承租人自己负担。[③] 因此，承租人经出租人同意装饰、装修，租赁期间届满时，承租人无权请求出租人补偿附合的装饰装修费用。

在房屋租赁实践中，如果承租人在现有房屋基础上予以扩建（如利用院落内的空地新建一间房屋，或者将原有阳台予以封闭以增加房屋使用面积），在经出租人同意而进行扩建情形下，双方当事人对扩建造价费用的补偿已经达成协议的，应从其约定。如果当事人未作出约定，则应当按照《房屋租赁司法解释》第14条的规定，区分两种情形加以处理：第一，办理了合法建设手续的，扩建造价费用由出租人负担。这是因为扩建手续是由出租人办理的，承租人进行扩建又取得出租人的同意，在此情形下，可以认为扩建是符合出租人利益的，且扩建后所形成的财产归出租人所有，因此，应当将已经办理合法建设手续的扩建行为视为出租人的行为，扩建造价费用理应由出租人负担。[④] 第二，未办理合法建设手续的，扩建造价费用由双方按照过错分担。根据有关法律法规的要求，实施房屋建设行为，应当办理相应手续，在未办理相关手续的情况下，承租人就开始进行

① 参见奚晓明主编：《最高人民法院关于审理城镇房屋租赁合同纠纷案件司法解释的理解与适用》，北京，人民法院出版社，2009，第149页。

② 参见关丽：《最高人民法院〈关于审理城镇房屋租赁合同纠纷案件具体应用法律若干问题的解释〉涉及的若干问题解析》，载《法律适用》，2009（10）。

③ 参见吴兆祥、韩君贵编著：《房屋租赁买卖合同疑难问题案例解析》，北京，法律出版社，2012，第258页。

④ 参见陈敏等：《当前房屋纠纷案件中的主要问题及处理对策》，载《法学评论》，1993（1）。

建设，即便是征得出租人同意的情况下，也可能违反了相关法律法规的规定，此时，承租人是存在过错的；而未办理合法建设手续的情形下，出租人同意承租人进行扩建也是存在过错的。因此，对于扩建造价费用，双方当事人应当根据各自的过错程度分担，双方无过错的，公平分担。①

2. 未经出租人同意的装饰装修或扩建

《房屋租赁司法解释》第13条规定："承租人未经出租人同意装饰装修或者扩建发生的费用，由承租人负担。出租人请求承租人恢复原状或者赔偿损失的，人民法院应予支持。"未经出租人同意进行装饰装修或扩建，不仅表明承租人已经构成违约，而且因其装饰装修或扩建行为损害出租房屋的，还有可能构成对出租人财产的侵害。② 此外，在承租人未经出租人同意而进行扩建的情形下，该建筑也可能因未获批准而成为违章建筑，出租人也无法享有该部分利益，因此，对未经出租人同意的装饰装修或扩建部分，双方当事人均无权主张权利。在未经出租人同意而进行装饰装修或扩建时，承租人无权请求出租人对其所支出的费用进行补偿。相反，因承租人此种行为已经构成违约，甚至是侵权，出租人有权请求承租人恢复原状或赔偿损失。③

在合同解除的情形下，承租人也应负担返还的义务。如果出租人同意承租人进行装饰装修的，装饰装修物未形成附合的，其所有权仍属于承租人所有，可由承租人拆除。④ 如果因拆除造成房屋毁损的，承租人应当恢复原状。但对已形成附合的装饰装修物，则在合同解除时，应根据当事人的约定加以处理。

（二）赔偿损失

如果因一方违约或合同无效等原因导致合同终止，受害的一方当事人也可能享有请求赔偿损失的权利。不过，具体的赔偿范围由不同的法律制度予以规范。如果是因一方违约而导致合同终止，则属于违约损害赔偿的范畴；而如果是因一方的过错导致合同无效，则属于缔约过失责任的范畴。对于因违约而发生合同解除的，在确定损害赔偿范围时，应当根据

---

① 参见吴兆祥、韩君贵编著：《房屋租赁买卖合同疑难问题案例解析》，北京，法律出版社，2012，第258页。

② 参见奚晓明主编：《最高人民法院关于审理城镇房屋租赁合同纠纷案件司法解释的理解与适用》，北京，人民法院出版社，2009，第164页。

③ 参见邓基联主编：《房屋租赁合同纠纷》，北京，法律出版社，2010，第10页。

④ 参见关丽：《最高人民法院〈关于审理城镇房屋租赁合同纠纷案件具体应用法律若干问题的解释〉涉及的若干问题解析》，载《法律适用》，2009（10）。

《房屋租赁司法解释》第 11 条区分如下四种情形：

第一，因出租人违约导致合同解除。在此情形下，出租人对于房屋租赁合同的解除是具有过错的。既然因出租人的过错导致合同解除，承租人对此并没有可归责性，因此，出租人应当对承租人因为装修装饰而遭受的剩余租赁期内装饰装修残值损失进行赔偿。[①] 所谓“剩余租赁期内装饰装修残值损失”，是指承租人最初装修装饰所支付的费用，在扣除经使用而产生的折旧后所剩余的实际价值。[②] 例如，在商业用房中，承租人对出租门面加以装修并为此支付 10 万元，已经使用了一年，在合同解除之时，经评估残余价值仅为 5 万元，在因出租人违约而致合同解除时，出租人应赔偿承租人所遭受的 5 万元的损失。

第二，因承租人违约导致合同解除。既然合同解除是因承租人的原因所导致的，承租人无法继续使用该装饰装修物是因其自身存在过错，因此，承租人无权就剩余租赁期内装饰装修残值损失要求出租人赔偿。但是，如果因装饰装修而形成附合，出租人同意利用的，“应在利用价值范围内予以适当补偿”。这既有利于发挥物尽其用的效用，也有利于对承租人的利益给予适当的保护。所谓“利用价值范围”，主要是指装饰装修的残余价值，但对此残余价值仅是酌情予以适当补偿。[③] 同时，此处所说的“补偿”也不同于通常意义上的“赔偿”，既然是补偿，就不应是全额的，而只能根据双方当事人的情况，并结合装修装饰物的价值，适当给付一定的金额。

第三，因双方违约导致合同解除。该司法解释第 11 条第 3 项规定：“因双方违约导致合同解除，剩余租赁期内的装饰装修残值损失，由双方根据各自的过错承担相应的责任。”这就是说，因双方违约而导致合同解除的，应由双方共同承担损失。但是，对于因装饰装修物附合而产生的在剩余租赁期内的残值损失，应根据双方各自的过错确定相应的责任。[④] 过错越大，所承担的责任就越大，反之亦然。

第四，因不可归责于双方的事由导致合同解除的。实践中主要有如下

---

① 参见奚晓明主编：《最高人民法院关于审理城镇房屋租赁合同纠纷案件司法解释的理解与适用》，北京，人民法院出版社，2009，第 140 页。

② 参见奚晓明主编：《最高人民法院关于审理城镇房屋租赁合同纠纷案件司法解释的理解与适用》，北京，人民法院出版社，2009，第 139 页。

③ 参见崔建远：《租赁房屋装饰装修物的归属及利益返还》，载《法学家》，2009（5）。

④ 参见崔建远：《租赁房屋装饰装修物的归属及利益返还》，载《法学家》，2009（5）。

几种情形，一是不可抗力、意外事件（例如，出现“非典”）等原因致使房屋租赁合同提前终止。二是政府拆迁等原因导致合同提前解除。该司法解释第11条第4项规定：“因不可归责于双方的事由导致合同解除的，剩余租赁期内的装饰装修残值损失，由双方按照公平原则分担。法律另有规定的，适用其规定。”这就是说，因不可归责于双方的事由而导致合同解除的，双方当事人对于合同解除均无过错。此时，为了实现对承租人进行装饰装修所遭受的损失的补偿，应依据公平原则，由双方当事人对剩余租赁期内的装饰装修残值损失进行分担。[①]

（三）后合同义务的承担

在商品房租赁合同终止以后，当事人均负有依据诚实信用原则而产生的附随义务。例如，合同终止后，在承租人没有新的邮寄地址接受信件时，出租人对于寄来的承租人的信件不能丢弃，而应当保管其信件并通知承租人取回信件。此时，出租人保管和通知承租人的义务就属于后合同义务。后合同义务也可以是基于交易习惯而产生的义务。诚信原则和交易习惯既是后合同义务产生的基础，也是判断后合同义务能否成立的重要标准。

---

① 参见奚晓明主编：《最高人民法院关于审理城镇房屋租赁合同纠纷案件司法解释的理解与适用》，北京，人民法院出版社，2009，第144～145页。

第四章　借用合同

第一节　借用合同概述

一、借用合同的概念和特征

借用合同是指出借人将借用物交给借用人无偿使用，借用人在规定的期限内返还借用物的协议。传统民法理论区分了所谓的使用借贷和消费借贷。所谓使用借贷（loan for use），又称为借用，是指当事人约定，一方以其物无偿贷与他方使用，他方于使用后，返还其物的合同。[①] 所谓消费借贷（loan for consumption），是指当事人约定，一方移转金钱或者其他替代物之所有权于他方，而他方以种类、品质、数量相同之物返还之合同。[②] 在我国，消费借贷的典型形态是借款合同，而使用借贷实际上就是借用合同。我国《合同法》第 12 章对借款合同作出了规定，因此，借款合同属于我国《合同法》分则所规定的有名合同类型；对于借用合同而言，《合同法》则并未对其作出规定。不过，鉴于借用合同在实践中大量存在，且时常产生纠纷，1988 年最高人民法院颁行的《民法通则意见》第 126 条、127 条对此类合同作出了规定。因为这一原因，笔者认为借用合同也应属于特别法上的有名合同的类型。

借用合同在我国历史悠久，在民间其是互通有无的一种重要形式，同时还具有发挥物的使用价值的效用。从我国民间习惯来看，“用人物，须明求，倘不问，即为偷”[③]。这表明，借用合同对于规范当事人之间的权利义务关系极为重要。借用合同具有如下特点：

---

① 参见郑玉波：《民法债编各论》（上册），台北，三民书局，1986，第 300 页。

② 参见郑玉波：《民法债编各论》（上册），台北，三民书局，1986，第 311 页。

③ 高占祥：《新弟子规》，北京，中国人民大学出版社，2012，第 141 页。

第一，具有无偿性。借用合同最突出的特点就在于无偿性，这也是借用合同与租赁等合同之间最主要的区别。借用合同的本质就是出借人在一定期间内将借用物的占有、使用权让渡给借用人。在借用期间，除当事人另有约定外，借用物的收益权仍应归出借人所有。例如，所借耕牛在借用期间生产的牛犊，应当归出借人所有。不过，借用人在合同规定的使用期限届满时，只需将借用物归还出借人即可，而不必支付费用或作出其他补偿。在此需要讨论的是，借用合同是否属于双务合同？笔者认为，双务性主要是指双方当事人之间互负对待给付义务，虽然在合同具有无偿性的情形下，并不妨碍不负担给付义务的一方当事人承担其他义务，如在借用合同中，借用人在借用期间内应当妥善保管借用物，并负担借用物的维护、保管费用，但借用人的此项义务并不构成对待给付义务，因此，借用合同并非双务合同。

第二，借用物的所有权不发生移转。借用合同中，借用人只是临时使用借用物，使用后应返还所借的原物。在这一点上，借用合同与赠与合同是不同的。因此，借用合同中，借用人获得的只是在一定期间内占有和使用借用物的权利，借用物的所有权仍然属于出借人。正是因为借用合同中所有权不发生移转，所以在借用合同期限届满时，借用人有义务向出借人返还借用物。

第三，标的物可以是动产或不动产。借用合同标的物的范围也较为宽泛。在实践中，借用合同的标的物主要动产，如机器、设备等，但就不动产也可以成立借用合同。例如，借用他人房屋进行居住、借用他人的场所进行货物的存放或借用他人的剧场进行演出等。但一般而言，因为借用人必须在规定的期限内返还所借的原物，所以，借用物不能是可消耗的种类物，如煤炭，食品等，而只能是特定物、不可代替物。同时，借用合同的标的必须合法，当事人如果明确在合同指出借用相关资质、证书等，以达到规避相关法律、法规规定的资质要求目的的，该借用合同应属无效，借用人利用所借资质证书订立的合同也应当被宣告无效。[①]

第四，具有要物性。借用合同的成立通常以借用物的实际交付为要件。如果双方当事人之间仅是就借用达成合意，而并未实际交付的，则借用合同并未成立。因此，借用合同是实践合同。这主要是因为借用合同具

① 参见"袁某某与广州番禺桥兴建设安装工程有限公司借用合同纠纷上诉案"，广东省广州市中级人民法院民事判决书（2010）穗中法民二终字第284号。

有无偿性，如果双方达成借用合意后，而出借人又反悔的，在此情形下，允许借用人向出借人主张违约责任与该种合同所具有的无偿性质相悖。我国司法实践也采纳此种观点，例如，在“A运输有限公司与上海B机械有限公司、葛某借用合同纠纷案”[①] 中，法院认为，借用合同是实践合同，合同的成立必须以标的物的交付为成立要件，虽然在本案中，原告没有将车辆直接交付给被告，但按照被告的要求将标的物交付给了第三方，也应当认为是完成了标的物的交付，借用合同已经成立。此外，借用物的交付并不以现实交付为限，除现实交付外，还包括观念交付、简易交付、指示交付等方式。[②] 但是，借用物的交付并不包括占有改定的方式。

二、借用合同的适用范围

借用合同的适用范围较为宽泛，不仅包括动产，也包括不动产。但其是否可以包括可消耗的物，则涉及使用借贷与消费借贷的关系。从大陆法系国家的规定看，大多都区分所谓的使用借贷和消费借贷。严格地说，消费借贷的标的物主要包括两类，一类是金钱，另一类是金钱之外的可消耗物。例如，借用邻居家的大米，然后以同品质、同数量的大米返还，即属于消费借贷。一般认为，使用借贷（主要是借用合同）和消费借贷合同都是出借人将物借与他人使用，在这一点，二者并无差异。但借用合同和消费借贷合同相比较，在适用范围上有其特殊性，其主要适用于标的物具有不可消耗性、无须发生所有权移转的物。借用合同适用范围的特殊性主要表现在如下几个方面：第一，标的物是否具有可消耗性。消费借贷的对象是消费物，它不仅包括一般的种类物，还包括金钱这种特殊的物。所谓消费物，是指依通常的用途，只能将物耗损、转让才能使用的物，如米面、煤炭等。货币虽然在物质上不能实际消费，但一旦使用就必须转让，发生实际消费的结果，所以也称为消费物。[③] 而借用的对象为不可消费物。所谓不可消费物，是指依通常的用途不耗损物的形体的物。例如，房屋、家具等，正常使用可能发生价值的减少，但其形体不因正常使用而消灭，因而称为不可消费物。第二，标的物所有权是否发生移转。在消费借贷中，通常是将借用物进行消费使用，在此情形下，原物已经消费，因此，消费

---

① 上海市闵行区人民法院民事判决书（2010）闵民二（商）初字第2285号。

② 参见林诚二：《民法债编各论》（上），北京，中国人民大学出版社，2007，第364页。

③ 参见史尚宽：《民法总论》，北京，中国政法大学出版社，2000，第253页。

借贷合同有发生移转所有权的必要。[①] 而借用合同通常只是使用权的移转，并不发生所有权的移转。第三，标的物风险负担不同。借用合同中，标的物在借用期间因意外事件毁损、灭失的风险由出借人承担，即借用人在借用期间按照约定的使用方法或者按照标的物的性质、通常使用方法使用标的物的，如果标的物因意外事件灭失，则借用人无须承担赔偿责任，该风险由出借人承担。而在消费借贷中，出借人将标的物交付借用人之后，标的物所有权即发生移转，其在借用期间的风险应当由借用人负担。

我国并未使用消费借贷的概念，以金钱为标的的消费借贷合同已经由《合同法》通过借款合同予以规范，但对以金钱之外的可消耗物为标的的消费借贷合同，是否有必要采用消费借贷的概念予以规范？笔者认为，鉴于以可消耗物为标的的消费借贷合同通常是无偿的，与使用借贷存在较大相似性，尤其是司法解释只规定了借用合同，而并未规定消费借贷。因此，就借款合同以外消费借贷合同的规范，可以类推适用借用合同的规定。例如，借用合同中及时返还借用物的规则、出借人所负担的瑕疵说明义务等，均可类推适用于消费借贷合同。

第二节　借用合同和相关合同

一、借用合同和借款合同

借款合同和借用合同都是传统民法中借贷的具体类型。在我国台湾地区“民法”中，将其总括为一节。但有不少学者也认为这两种合同存在明显区别，应当分别对待。[②] 二者的主要区别在于：

第一，标的物不同。借款合同的标的物是金钱，而借用合同的标的物既可以是动产，也可以是不动产，但其必须是特定的、不可代替的物，通常不应包括金钱。即使是自然人之间无偿出借金钱的，也应将其认定为借款合同，而非借用合同。

第二，是否具有有偿性不同。依据我国《合同法》的规定，金融机构的借款合同原则上是有偿的，而自然人之间的借款合同一般是无偿的。但

① 参见黄立：《民法债编各论》（上），北京，中国政法大学出版社，2003，第358页。
② 参见郑玉波：《民法债编各论》（上册），台北，三民书局，1986，第300页。

就借用合同而言，其通常具有无偿性。在借用合同规定的使用期限届满时，借用人只需将原借用物归还出借人即可，通常不必支付相应的费用或作出其他补偿。

第三，物的所有权是否发生移转不同。在借款合同中，作为标的物的金钱具有特殊性，所以，金钱一经贷款人提供给借款人，其所有权即发生移转。而在借用合同中，借用人只是临时使用借用物，使用后要返还其所借的原物。所以，借用人获得的只是在一定期间内占有、使用借用物的权利，借用物的所有权仍然属于出借人。

第四，返还义务不同。在借款合同中，借款人应按期将相同种类、数量的金钱返还给贷款人。而在借用合同中，由于借用物不能是可消耗的种类物（如煤炭、食品等），而只能是特定的、不可代替的物，所以，借用人在规定期限内所返还的物应当是其所借的原物。

第五，是否具有瑕疵担保义务不同。由于借用合同具有无偿性，出借人一般不负担瑕疵担保义务，但在例外情况下，如出借人保证借用物无瑕疵或者故意不告知借用物存在瑕疵的，出借人应当负担瑕疵担保义务。而在借款合同中，由于借款合同的标的是金钱，贷款人通常无瑕疵担保义务。

二、借用合同和租赁合同

借用合同和租赁合同一样，都是一方将物交付另一方使用、收益，另一方在合同期限届满时，将原物返还的合同。二者都是以有体物为标的物，借用人和承租人订立借用合同或租赁合同都是为了对物进行一定的使用或收益。但两者存在明显的区别，主要表现在：第一，是否有偿不同。借用合同具有无偿性，借用人使用借用物无须支付一定的费用。当然，借用人应当负担借用物出借期间必要的保养义务。同时，借用人应当在借用期间内尽到必要的注意义务，借用人未尽到相应注意义务造成借用物毁损、灭失的，借用人应当承担损害赔偿责任。而租赁合同是有偿合同，承租人使用租赁物应当支付一定的费用。第二，借用合同属于实践性合同，借用合同的成立以借用物的交付为要件，出借人交付标的物属于合同成立要件。而租赁合同属于诺成性合同，当事人意思表示一致，租赁合同即可成立，出租人应当按照合同约定交付租赁物，出租人交付租赁物的行为属于合同履行行为。第三，期限不同。借用合同的期限一般较短，借用人使用借用物通常是为了满足短期内特定的生产、生活需要，而租赁合同期限一般较长，如房屋租赁合同。

三、借用合同和赠与合同

赠与合同是赠与人将自己的财产无偿给予受赠人，受赠人表示接受赠与的合同。其中转移财产的一方为赠与人，接受财产的一方为受赠人。借用合同与赠与合同一样，都具有无偿性，从本质上看，借用合同中，出借人将借用物无偿交付借用人使用、收益，也属于向借用人无偿让渡借用物的使用收益权，这与赠与合同无偿让渡物的所有权存在一定的相似性。但二者也存在一定的区别，主要表现在：第一，是否移转标的物所有权不同。在借用合同中，出借人虽然将标的物无偿交付给借用人使用、收益，但并未移转借用物的所有权，借用人在合同期限届满后，应当将原物返还给出借人。而在赠与合同中，出借人需要将赠与物的所有权移转给受赠人。第二，性质不同。借用合同属于实践性合同，只有在出借人将借用物交付借用人以后，借用合同才能成立。而赠与合同属于诺成性合同，只要当事人意思表示达成一致，赠与合同即可成立。第三，是否享有任意撤销权不同。在赠与合同中，赠与人在交付赠与物之前，有权任意撤销赠与合同。而在借用合同中，出借人将借用物交付借用人之后，借用合同即可成立，出借人并不享有任意撤销权。

第三节　借用合同的效力

一、出借人的义务

1. 瑕疵说明义务

借用合同是无偿合同，法律一般不要求出借人承担义务。但是出借物有瑕疵时，出借人在交付出借物时应负有瑕疵说明义务。由于借用合同具有无偿性，出借人一般不负有瑕疵担保义务，但为了保障借用人对借用物的正常使用，在借用物具有瑕疵时，出借人应当对瑕疵进行说明。出借人负有瑕疵说明义务，符合诚信原则的要求，也是为了避免借用人因出借物的瑕疵而遭受损失。如果出借人明知有瑕疵而故意不作说明，或保证借用物不存在瑕疵的，因借用物具有瑕疵导致借用人或第三人损害的，出借人应负损害赔偿的责任。

需要讨论的是，在借用合同中，如果借用物有缺陷，出借人是否负有更换借用物的义务？笔者认为，借用不同于租赁，其是无偿合同，一旦出借人就借用物的瑕疵作出了说明，借用人可以不借用该借用物，或在知道借用物存在瑕疵的情况下，将借用物予以返还，但出借人原则上并不负有更换借用物的义务。当然，如果出借人自愿对借用物作出更换，也应当允许。同时，在出借人就借用物的瑕疵作出说明后，如果借用人仍借用的，不应允许其向出借人主张更换借用物，因借用物瑕疵而引起的损害，出借人也无须承担责任。在这一点上，借用合同与租赁合同不同。在租赁合同中，即使承租人在租赁合同订立时明知该租赁物存在可能导致人身、财产受损的危险，其仍可以在合同订立后基于此种原因而主张解除合同。

2. 依法承担借用物致害的责任

出借人将借用物借给借用人的，借用物在借用期间内造成的损害，原则上应当由借用人承担相应法律后果，出借人一般不负有借用物致害责任。但在例外情况下，出借人也应当负担一定的借用物致害责任，如《侵权责任法》第 49 条规定："因租赁、借用等情形机动车所有人与使用人不是同一人时，发生交通事故后属于该机动车一方责任的，由保险公司在机动车强制保险责任限额范围内予以赔偿。不足部分，由机动车使用人承担赔偿责任；机动车所有人对损害的发生有过错的，承担相应的赔偿责任。"机动车驾驶作为一种高度危险，如果机动车所有人在将机动车出借给并不持有机动车驾驶证等的借用人，以及未告知借用人机动车自身所存在的瑕疵时，应对因此而产生的损害承担相应的责任。

二、借用人的义务

1. 合理使用借用物的义务

借用人借用他人物品，应根据约定的方法或根据借用物的性能使用借用物。借用物不属于可消耗物，借用人应当在借用合同期限届满时将借用物返还出借人，因此，在借用期间内，借用人负有合理使用借用物的义务。借用人合理使用借用物的义务主要包括如下内容：一是借用人应当按照约定方法使用借用物。例如，借用人借用他人汽车用于上班，借用人即不得将该汽车用于长途旅行。又如，借用乳牛，则不得作为耕牛使用。二是借用人应当按照物的通常性质使用借用物。例如，当事人在借用合同中约定，借用人借用出借人住宅用房用于居住，借用人即不得将该房屋用于商业经营。借用人使用借用物通常是为了满足自己的使用需要，未经出借人同意，不得将该出借物擅自转作他用，更不能将借用物出租给他人。[①]

2. 妥善保管借用物的义务

借用人应妥善保管借用物，并承担借用物的通常保管费用，避免借用物遗失、毁坏，借用人未尽到相关的妥善保管义务导致借用物遗失、毁坏的，应当向出借人承担损害赔偿责任。《民法通则意见》第127条规定："借用人因管理、使用不善造成借用物毁损的，借用人应当负赔偿责任；借用物自身有缺陷的，可以减轻借用人的赔偿责任。"依据这一规定，只要借用人因管理、使用不善造成借用物毁损的，借用人应当负担损害赔偿责任。管理、使用不善表明借用人已违反了合同义务。但如何判断借用人是否"管理、使用不善"？一般认为，借用人应当尽到善良管理人的保管义务。[②] 例如，在"赵某某因借用合同纠纷案"[③] 中，法院认为，上海爱乐乐团与赵某某签订的《乐器借用合同》中约定，赵某某对借用乐器须妥善保管、细心爱护和保养，如有遗失，需按原价赔偿。但赵某某将向上海爱乐乐团借用的两支价格昂贵的小号放置在供上海爱乐乐团乐队演奏员排练的排练厅内，两天后才发现小号被盗，未能尽到合理使用、妥善保管的义务，应当按约承担赔偿责任。

3. 必要的维修义务

在借用期间，标的物发生损坏的，借用人应当及时进行维修。关于标的物维修的费用，当事人之间有约定的，应当从其约定，当事人之间没有约定的，应当由借用人负担。在这一点上，借用合同与租赁合同存在区别。在租赁合同中，租赁关系存续期间租赁物的维修义务应当由出租人负担，如果出租人不履行维修义务的，承租人可以自行维修并向出租人请求返还维修费用。同时，因出租人未及时履行维修义务而给承租人造成损害的，出租人还应承担损害赔偿责任。

4. 不得擅自转借借用物的义务

借用合同本身具有无偿性，具有较强的人身信任关系，未经出借人同意将借用物转借他人使用，可能会增加借用物毁损、灭失的风险，所以，借用人未经出借人同意擅自将借用物转借他人的，出借人有权终止合同。[④]

---

① 参见黄立：《民法债编各论》（上），北京，中国政法大学出版社，2003，第352页。

② 参见黄立：《民法债编各论》（上），北京，中国政法大学出版社，2003，第353页。

③ 上海市第二中级人民法院民事判决书（2011）沪二中民一（民）终字第2134号。

④ 例如，我国台湾地区"民法"第472条第2项即规定，"借用人违反约定或依物之性质而定之方法使用借用物，或未经贷与人同意允许第三人使用者"，贷与人得终止契约。

5. 按期返还借用物的义务

俗话说，“有借有还，再借不难”。借用人借用他人物品，应当及时归还借用物。这既是一种道德义务，也是一种法定义务。《民法通则意见》第 126 条规定：“借用实物的，出借人要求归还原物或者同等数量、质量的实物，应当予以支持；如果确实无法归还实物的，可以按照或者适当高于归还时市场零售价格折价给付。”如果合同对借用人的借用期限或借用物的返还期限作出明确约定的，借用人在该期限届满后应当按期返还借用物。如果合同未对借用物的返还期限作出约定的，则借用人应当负有随时返还的义务。这就是说，出借人可以在合同成立后的任意时间主张借用人返还借用物，同时，依据诚实信用原则，借用人应在借用目的实现后及时返还借用物，而不得继续占有和使用该物。

6. 借用物毁损时折价补偿的义务

在返还借用物时，如果借用物在借用期间遭受毁损的，借用人负有折价补偿的义务。如果合同中对补偿标准作出约定的，则借用人应根据约定进行补偿。如果合同并未约定折价补偿标准的，则应当按照借用物的通常价值予以补偿。例如，在“上海某某某建材有限公司与上海某某塑胶制品有限公司借用合同纠纷上诉案”① 中，法院认为，在借用合同中，借用人应当向出借人归还借用物，但如果双方已就借用物的折价达成合意，则出借人可直接向借用人要求归还相应的钱款。

第四节　借用合同的终止

一、借用合同终止的原因

借用合同既可依照法律的规定终止，也可依照当事人的约定而终止。我国现行立法并未对借用合同作出明确规定，因此主要由当事人进行约定。当事人约定的终止情形主要包括：

第一，期限届满。借用合同既可以是有期限的，也可以是没有期限的。如果约定了期限的，则在期限届满后，借用合同自然终止。

第二，使用完毕。借用合同的目的是借用人要使用出借人的财产，在

① 上海市第一中级人民法院民事判决书（2009）沪一中民四（商）终字第 687 号。

使用完毕之后，即使借用合同没有约定借用期限，当借用的目的已经达到时，即使用完毕，借用合同也应当终止。例如，借用房屋是为了复习考试，那么在考试结束之后，自然应当归还房屋，因为目的已经达到。但在学理上一般认为，在使用完毕的情形下，只有在出借人请求返还时，借用关系才宣告消灭。①

第三，因借用人的过错致借用物毁损。如果借用物完全毁灭，例如借用的木梯被烧毁，则借用合同自然终止。但是在借用人的过错导致借用物部分损坏时，出借人有权终止借用合同，收回借用物。此时，出借人不仅有权终止借用合同、收回借用物，还有权主张损害赔偿，要求借用人对借用物进行修复，或赔偿损失。由于现行法律对此没有作出规定，从民间习惯来看，借用他人之物而造成借用物的损坏的，借用人一般都负有恢复原状、赔偿损失的义务。

二、出借人是否享有任意解除权

所谓任意解除权，是指出借人可以不以任何理由而自由解除借用合同。关于出借人是否享有任意解除权，存在两种不同观点。一种观点认为，在借用关系中，无论借用合同是否规定了期限，只要出借人需要自己使用借用物，或者因其他原因即可行使任意解除权而解除借用合同。② 另一种观点认为，借用合同也是一种合同关系，没有约定期限的，可以任意解除，但约定期限的，则在期限内不得任意解除。笔者认为，出借人享有任意解除权，即便是在约定的借用期限到来之前，也应当享有解除合同的权利。主要理由在于：

第一，借用合同是无偿的。既然是无偿的合同，则借用人只享有权利而不承担给付义务，所以出借人有权任意解除合同。通常情况下，出借人行使任意解除权并不会给借用人造成损失。但为了避免因合同解除给借用人造成的不便，出借人行使任意解除权解除合同时，应当提前通知借用人。

第二，借用合同中，出借物一般都是出借人自己的物品，其难免因自己的需要而使用借用物，所以在其自己需要时，有权解除借用合同。例如，将房屋借给他人居住5年时间，但在居住期间其子女突然回国，没有

① 参见邱聪智：《新订债法各论》（上），北京，中国人民大学出版社，2002，第356页。
② 参见黄立：《民法债编各论》（上），北京，中国政法大学出版社，2003，第356页。

地方居住，那么在5年期限届满之前，出借人有权解除借用合同、收回房屋。

第三，如果因出借人任意解除合同给借用人造成损失的，借用人有权请求出借人赔偿。通过损害赔偿也可以弥补因出借人行使任意解除权给借用人造成的损失。

三、借用合同终止后的效力

借用合同终止后，借用人应当返还出借物。如果出借物产生孳息的，也应一并返还。在借用期间因出借物而导致的损害，应由借用人承担赔偿责任。但在借用人返还出借物之后，出借人不得要求借用人支付使用费或其他费用。

第五章　物业服务合同

第一节　物业服务合同的概念和特征

一、物业服务合同的概念和特征

物业服务合同有广义与狭义之分，广义上的物业服务合同包括前期由建设单位与物业服务企业订立的前期物业服务合同，以及后期业主通过业主委员会或业主大会与物业服务企业订立的合同。所谓前期物业服务合同，是指由建设单位与物业服务企业之间订立的，由物业服务企业提供管理服务，由建设单位支付报酬的合同。① 狭义的物业服务合同，是指在业主与物业服务企业之间签订的物业服务合同。《物业管理条例》第 2 条规定："本条例所称物业管理，是指业主通过选聘物业服务企业，由业主和物业服务企业按照物业服务合同约定，对房屋及配套的设施设备和相关场地进行维修、养护、管理，维护物业管理区域内的环境卫生和相关秩序的活动。"该条所规定的物业服务合同就是狭义上的物业服务合同。

传统民法中并无物业服务合同，《合同法》分则中也没有该合同，物业服务合同是随着我国房地产实践的发展和物业管理的需要而出现的。在我国，房屋从公房向商品房的转化，实现了住宅的商品化，商品化的房屋大多采用建筑物区分所有的形式。与此同时，城市化进程的加快使得土地资源日益稀缺，人们的居住方式开始从独门独户向建筑物区分所有发展。区分所有建筑中，业主人数众多，公共事务繁杂，如果所有事务都由业主自行管理，可能会导致区分所有建筑中的公共事务运转效率的低下，管理

---

① 参见奚晓明主编：《最高人民法院建筑物区分所有权、物业服务司法解释理解与适用》，北京，人民法院出版社，2009，第 252 页。

成本的增加，而物业服务企业具有提供专业化物业服务的能力，能够有效提升区分所有建筑中物业管理的水平。

长期以来，此类合同在名称上一直被称为物业管理合同，《物业管理条例》也采用此称谓。《物权法》第 81 条不再沿用物业管理合同的概念，而是采用了“物业服务合同”的概念。业主既可以自己管理小区物业，也可以委托给物业服务企业来管理①，物业管理产生于业主的共同管理权，当业主委托物业服务企业管理小区物业时，应当与物业服务企业订立物业服务合同。虽然《合同法》中未规定物业服务合同，但由于《物权法》、《物业管理条例》、《物业服务纠纷司法解释》等有关法律、法规和司法解释都规定了物业服务合同，因而它是特别法所规定的有名合同。物业服务合同的主要特征在于：

1. 主体的特殊性

物业服务合同主体的特殊性表现在，作为物业服务合同一方当事人的物业服务企业，必须依法成立并具有一定的物业管理资质。之所以对其作这样的要求，主要原因在于，由于物业服务事关全体业主的人身、财产安全，同时，有的物业管理活动具有较强的技术性要求②，如小区公共设施的检修、保养与维护等，所以物业服务企业应当具有一定的资质要求。根据《物业管理条例》③ 和《物业管理企业资质管理办法》的相关规定，物业服务企业应满足法律所设定的资质要求，不具备相关资质的物业服务企业不得从事相关的物业服务活动，不得签订相关的物业服务合同。

物业服务合同主体的特殊性还表现在，物业服务合同的另一方当事人是全体业主，具有集合性的特点。④ 由于全体业主人数众多，难以由全体业主直接参与订约过程，因而通常由业主委员会与物业服务企业订立物业服务合同。合同一旦成立，即对全体业主具有拘束力，单个业主不得以其没有直接参与合同订立为由拒绝接受合同约束。因为人数较多，不可能由

---

① 参见张柳青主编：《物权法审判实务疑难精解》，北京，中国法制出版社，2007，第 224 页。

② 参见奚晓明主编：《最高人民法院建筑物区分所有权、物业服务司法解释理解与适用》，北京，人民法院出版社，2009，第 258 页。

③ 《物业管理条例》第 32 条规定：“从事物业管理活动的企业应当具有独立的法人资格。国家对从事物业管理活动的企业实行资质管理制度。具体办法由国务院建设行政主管部门制定。”第 33 条规定：“从事物业管理的人员应当按照国家有关规定，取得职业资格证书。”

④ 参见许步国：《物业管理法研究》，北京，中国民主法制出版社，2006，第 156 页。

全体业主亲自与物业服务企业签订合同，因而业主需要依据一定的程序，作出有关订约的决定。如果业主已经成立了业主大会，则需要依据法定程序，由业主大会作出决定，一旦业主大会作出决定，即对全体业主具有拘束力。《物业服务纠纷司法解释》第1条规定："业主以其并非合同当事人为由提出抗辩的，人民法院不予支持。"这也表明了物业服务合同一方当事人具有集合性的特点。

2. 内容的复合性

一般的民事合同的内容具有单一性，而物业服务合同的内容则具有复合性的特点。这就是说，物业服务企业提供物业服务的内容具有多样性，其既涉及对物的管理，如车库的管理与维护；又涉及社区的环境管理，如草坪、绿地、水池的管理与维护等；还涉及社区内生活秩序与安全的管理与维护，如物业管理企业应当根据实际情况设置保安保障小区安全等。因为这一原因，物业服务合同的内容具有综合性与全面性的特点。[①] 总体而言，物业服务合同的内容既包括了对物的管理，也包括了对进出小区建筑物内的人员的管理，以及小区公共秩序的维护。从合同的内容来看，其涉及多个有名合同的内容，有学者认为，物业服务合同是一种包括委托、行纪、雇佣、承揽在内的复合型合同。[②]

3. 订立程序的特殊性

物业服务合同的订立需要遵循法定的特殊程序，其主要原因在于，物业服务合同的一方当事人为全体业主，具有集合性的特点，为了提高订约效率、避免发生纠纷，在物业服务合同的订立方面，需要设置一定的程序性要求。如根据《物权法》第76条的规定，选聘和解聘物业服务企业或者其他管理人时，应当经专有部分占建筑物总面积过半数的业主且占总人数过半数的业主同意；同时，经过业主大会的选聘之后，由业主委员会代表业主与物业服务企业签订物业服务合同。因此，在合同的签订上，与一般的合同相比，物业服务合同需要遵循严格的法定程序。

4. 属于提供劳务的合同

2007年修改前的《物业管理条例》使用了"物业管理合同"的概念，《物权法》改变了该概念，而采用了"物业服务合同"的表述，其主要就是为了突出物业服务合同的服务性而非管理性。一方面，业主聘用物业公

---

① 参见许步国：《物业管理法研究》，北京，中国民主法制出版社，2006，第157页。

② 参见夏善胜主编：《物业管理法》，北京，法律出版社，2003，第141～142页。

司，是为了获取其提供的物业服务，而不是对自己进行管理。称谓上的变化更能体现业主与物业服务企业间的平等地位，增强业主的权利意识和物业服务企业的服务意识。① 实践中，虽然物业公司可能会接受居委会或街道办事处的委托从事一定的管理活动，但其本质是向业主提供物业服务。另一方面，强调“服务”的概念，也明确了此种合同与委托合同等提供服务的合同具有类似性，其在性质上属于私法上的合同，当事人之间是完全平等的民事主体之间的关系。即使物业服务公司对小区或建筑物内的人员进行管理，本质上也是一种提供服务的行为，与一般民事合同的内容没有本质区别。所以，从广义上说，其仍然属于提供劳务型的合同。虽然为了业主的利益，法律会对物业服务合同进行一定的规制，如对物业服务水平设置一定的标准，但在物业服务合同中，当事人的意思自治仍然占据主导地位。

5. 履行具有继续性

物业服务企业应当按照物业服务合同的要求，向全体业主提供物业服务，通常情况下，物业服务并不是一次性完成的，而需要持续一定的时间，物业服务企业应当在合同约定的期间内不间断地提供物业服务。因此，物业服务合同具有履行上的继续性。由于继续性合同在终止时没有溯及既往的效力，在物业服务合同终止时，其效力向将来发生，对于物业企业已经提供的服务，业主仍应当按照合同约定支付相应的报酬。

6. 双务、有偿、要式性

物业服务企业应当按照物业服务合同的约定向全体业主提供物业服务，而全体业主应当支付相应的报酬，因此，物业服务合同是一种双务合同。② 与此相应，绝大多数物业服务通常是有偿的，这主要是因为物业服务企业以专门从事物业服务为营业，物业服务合同具有有偿性。③ 此外，物业服务合同必须采用书面形式订立，其提供的服务具有要式性。《物业管理条例》第 35 条规定：“业主委员会应当与业主大会选聘的物业服务企业订立书面的物业服务合同。”该条例如此规定，主要是为了明确物业服务企业与业主之间的具体权利义务关系，同时也有利于避免纠纷的发生。

需要指出的是，物业服务合同不仅是一种有偿的合同，其本质上类似

---

① 参见蔡耀忠主编：《物权法报告》，北京，中信出版社，2005，第 98 页。

② 参见陈文：《物业服务合同若干法律问题研究》，载《现代法学》，2004 (2)。

③ 参见宋宗宇、黄锡生：《房地产法学》，重庆，重庆大学出版社，2003，第 221 页。

于有偿委托合同，即全体业主作为委托人委托物业服务企业管理小区的物业等事项，并支付相应的报酬。物业服务企业负有依据物业服务合同的约定提供相应物业服务的义务。所以，物业服务合同类似于德国法中的事务处理合同（Geschaftsbesorgungsvertrag）。[①] 物业服务合同作为一种独立的合同类型，并不完全等同于有偿委托合同，一般的委托合同往往是处理具体的一项或者几项事务，而物业服务合同委托的是综合性的事项，其涉及的内容非常宽泛，既包括对物的管理，也包括对人的管理，还包括对小区安全秩序的维护等，这是一般的委托合同所不具备的。

7. 是一种有名合同

鉴于物业服务合同内容的多样性，一些学者认为物业服务合同属于混合合同。[②] 但笔者认为，混合合同属于无名合同的范畴，是指混合了数个有名合同的特点和内容的无名合同。物业服务合同不属于混合合同，而是一种特别法所规定的有名合同，其原因在于，一方面，我国《物权法》多个条款都承认了物业服务合同，并且对这种合同的性质进行了界定，因此，称其为混合合同就混淆了有名合同和无名合同的概念区分。另一方面，《物业管理条例》根据《物权法》的规定对此类合同的订立、内容、效力等都作出了明确的规定。此外，2009 年 4 月 20 日最高人民法院通过了《物业服务纠纷司法解释》，对该合同的效力、履行及违约责任等都作出了明确的规定。因而，物业服务合同是被我国法律、法规和司法解释所明确承认的合同类型，属于典型的有名合同。

二、物业服务合同与相关概念的比较

（一）物业服务合同与委托合同

如前所述，物业服务合同类似于有偿委托合同，其与委托合同的关系十分密切。从本质上讲，物业服务合同中，物业服务企业是受全体业主的委托而提供物业服务的。在物业服务合同中，全体业主类似于委托合同中的委托人，而物业服务企业类似于委托合同中的受托人，物业服务合同与委托合同都是双务合同，而且物业服务企业也受业主的委托提供一定的服务，二者都属于提供劳务型的合同。物业服务合同作为一种有名合同，该

① 参见《德国民法典》第 675 条。

② 参见武顺华等：《论物业服务合同的特殊性》，载《中南财经政法大学研究生学报》，2007（1）。

合同具有委托、承揽等多种合同的特征，在委托合同中无关于物业服务合同相关问题的补充性规定的，应适用合同法总则部分的一般性规定。[①] 有学者认为，《物权法》第81条规定业主“也可以委托物业服务企业或者其他管理人管理”。既然《物权法》采用“委托”一词，物业服务合同也具有一定的委托合同的性质，物业服务企业受托处理的委托事务就是物业管理[②]，物业管理合同的内容并未超出委托合同的范畴。同时，物业服务合同的客体是一种服务行为，这也与委托合同的特征相符合。[③] 此外，将物业服务合同归入委托合同的范畴，业主大会就享有任意解除权，也有利于业主权益的保护。实践中，一些合同示范文本也采用了“委托”的概念，例如，1997年建设部和国家工商行政管理局发布的《物业管理合同示范文本》被称为“物业管理委托合同”示范文本，实际上就是采取了此种观点。笔者认为，虽然物业服务合同与委托合同具有一定的相似性，但仍然具有如下区别：

第一，合同的目的不同。虽然二者都是提供劳务的合同，但委托合同中，受托人处理事务的范围十分广泛，主要是委托人授权受托人代其从事一定的行为；在物业服务合同中，并不存在授权的问题，业主只是有偿获取物业服务企业所提供的服务，只要在合同许可的范围内，物业服务企业都可以自主开展物业服务活动。

第二，从事行为时的名义不同。委托关系中，受托人既可以以自己的名义从事委托活动，也可以委托人的名义从事委托活动。如受托人接受委托人的委托，为其购买一定的货物，受托人既可以以自己的名义购买，然后通过法律行为将该行为的后果移转给委托人，也可以以委托人的名义购买，相关行为的效果直接归属于委托人。而在物业服务合同中，物业服务企业以自己的名义提供物业服务。同时，在委托合同中，受托人从事委托活动，通常是与第三人发生民事关系，而在物业服务合同中，虽然也涉及第三人[④]，但物业服务企业提供物业服务的行为主要涉及全体业主，如对小区设施的管理、对车库的管理等。

---

① 参见关淑芳：《物业管理合同的性质及其法律适用》，载《当代法学》，2007（4）。

② 参见谭玲、胡丹缨：《物业管理相关问题再探析》，载《现代法学》，2006（6）。

③ 参见陈华彬：《建筑物区分所有权研究》，北京，法律出版社，2007，第112页；周珂：《物业管理法教程》，北京，法律出版社，2004，第267～269页；谭玲、胡丹缨：《物业管理相关问题再探析》，载《现代法学》，2006（6）；纽丽娜：《物业管理合同的法律特征及相关案例的审理》，载《人民司法》，2002（8）。

④ 参见赵惠：《析物业服务合同的性质及其解除》，载《法律适用》，2010（11）。

第三，处理事务的性质不同。委托合同中，受托人所处理的是委托人委托的事务，该事务通常与委托人具有一定的利害关系。而物业服务合同的标的并不是处理特定的事务，而是由物业服务企业提供一种社会化、专业化、技术化的有偿性质的服务①，物业服务企业所处理的事务范围更为专业。

第四，是否具有有偿性不同。委托合同既可以是有偿合同，也可以是无偿合同，受托人是否获得报酬，完全由当事人自由约定。而作为物业服务合同一方主体的物业服务企业本身是营利性主体，这就决定了物业服务合同是一种有偿合同，物业服务企业提供物业服务本质上属于经营性活动的范畴。因此，物业服务合同是一种有偿合同。

第五，受托人受指示拘束的程度不同。在委托合同中，受托人应当随时听取委托人的指示，并且从事委托活动必须严格遵守委托人的指示②，委托合同中受托人的事务处理权限受到合同或委托人指示的严格限制，其通常限于特定委托事项的处理。与委托合同相比，物业服务合同具有较强的专业性。物业服务企业在物业服务活动中的自主性较强，无须在处理每项事务时都要按照业主的指示，只要其提供的物业服务符合合同约定的标准和要求即可。此外，物业服务企业提供物业服务的行为不仅受到合同的限制，而且还具有相关法律、法规所赋予的事务处理权限。因此，物业服务合同中，物业服务企业对事务的处理权限较大。

第六，是否享有任意解除权不同。在委托合同中，依据《合同法》第410条，受托人享有任意解除权，这主要是考虑到委托合同的订立是基于信赖关系，只要此种信赖关系不复存在，就应当允许解除。而在物业服务合同中，物业服务企业并不享有任意解除权，这主要是考虑到物业服务合同对于当事人利益影响较大，不宜使合同被随意解除。

（二）物业服务合同与承揽合同

承揽合同是承揽人按照定作人提出的要求完成一定的工作，并将工作成果交付给定作人，定作人接受该工作成果并给付约定报酬的合同。物业服务合同与承揽合同具有一定的相似性，二者都是提供一定劳务的合同，并且在物业服务合同中，物业服务企业也需要交付一定的工作成果，例

① 参见奚晓明主编：《最高人民法院建筑物区分所有权、物业服务司法解释理解与适用》，北京，人民法院出版社，2009，第251页。

② 参见高圣平、王连国：《委托合同与受托行为》，载《法学》，1999（4）。

如，对共有财产的维修等，物业服务公司也需要按照约定将修缮的成果交付给业主。因此，也有学者认为物业服务合同具有承揽合同的性质。笔者认为，物业服务合同与承揽合同仍然存在明显的区别，主要表现在：

第一，是否需要完成并交付特定的工作成果不同。承揽合同是一种结果之债，不仅要提供一定的劳动，而且要交付一定的工作成果。承揽合同的工作成果具有特定性，承揽人要按照定作人的特定要求来完成工作成果。这就是说，在承揽合同中，承揽人最终所完成的工作成果应当符合定作人的要求，其工作要求通常具有特定性。而在物业服务合同中，物业服务企业提供的是一种服务，不以交付一定的工作成果为要件。物业服务企业应当依据物业服务合同提供一定的物业服务，如对小区设施的管理、对小区秩序的维护等，而非交付一定的工作成果。

第二，是否需要亲自完成主要工作不同。承揽合同中，定作人选择与某一承揽人订立合同，都是基于对特定承揽人技术、经验、技能等的信赖。因而，承揽人原则上应当按照定作人的要求，凭借其自身的技术、经验、技能而提供一定的劳务，亲自完成一定的工作成果，不能将其承揽的主要工作交由第三人完成。① 而在物业服务合同中，《物业管理条例》第40条规定："物业服务企业可以将物业管理区域内的专项服务业务委托给专业性服务企业，但不得将该区域内的全部物业管理一并委托给他人。"这就是说，物业服务企业可以将其合同项下的各项服务内容分别转包给专业化的第三人，例如，采用服务外包的方式将保安、保洁、绿化等物业服务内容转包给专业化的第三人承担，但物业服务企业不得将其负担的全部物业服务内容一并转包给第三人。因此，在物业服务合同中，并非所有的服务事项都必须由物业服务企业亲自完成。

第三，当事人一方是否享有法定的任意解除权不同。《合同法》第268条规定："定作人可以随时解除承揽合同，造成承揽人损失的，应当赔偿损失。"这就在法律上确立了承揽合同中定作人的任意解除权。所谓任意解除权，是指定作人可以无须理由而随时解除承揽合同。而在物业服务合同中，法律并没有赋予一方当事人法定的任意解除权，物业服务合同一旦订立，除非发生重大事由，当事人一般不得随意变更、解除合同。但对于前期物业服务合同，由于其通常是由房地产建设单位与物业

① 参见魏耀荣等：《中华人民共和国合同法释论（分则）》，北京，中国法制出版社，2000，第276页。

服务企业签订的，所以法律为保护业主利益，赋予业主在成立业主大会之后，可以选择是否解除该前期物业服务合同的权利；但是对一般物业服务合同而言，双方当事人应当按照合同约定的期限履行合同，而不得随意解除合同。

第四，是否提供原材料不同。承揽合同是结果之债，承揽人需要完成并交付一定的工作成果，因此，在某些承揽合同中（如加工类的承揽合同），必须由定作人提供一定的原材料，承揽人才能完成一定的工作并交付工作成果。而物业服务合同本质上并不是结果之债，物业服务企业并不需要交付最终的工作成果，也不涉及提供原材料的问题。

（三）物业服务合同与业主管理规约

所谓业主管理规约，又称为规约、业主公约、住户规约，是由全体业主通过业主大会就物业的管理、适用、维护与所有关系等各方面事项所制订的规则①，也是指由业主间达成的有关如何管理、使用和维护共有财产以及规范其相互之间关系的协议。物业服务合同与业主管理规约在内容和效力上有一定的联系。一方面，在内容上，两者都涉及对区分所有建筑物的管理，以及小区生活秩序的维护。另一方面，业主公约的一些规定，如关于业主缴纳物业管理费用的时间、方式等，也可以成为物业服务合同的内容。但是两者仍然存在明显的区别，主要表现在：

第一，性质不同。在英文中，管理规约也常常表述为convention，意指全体业主之间的公约，这是业主自治的具体体现，属于自治法和自治规则。② 管理规约是全体业主共同意志的产物，性质上属于一种共同行为，是各业主对共同事项一致的意思表示，类似于公司章程，对全体业主具有拘束力。③ 而物业服务合同在性质上属于民事合同，物业服务合同主体是双方当事人，并且当事人双方处于对立的法律地位。

第二，订立主体不同。管理规约的订立主体是全体业主，换言之，它是全体业主之间所从事的共同行为，其本质是全体业主的自治协议，不管业主是否参与了制订，也不问其入住的先后，也不管其是否同意该管理规约，同一小区内的所有业主都应该受管理规约的拘束。而物业服务合同的主体是物业服务企业和全体业主。单个业主虽然不是合同当事人，但应当

① 参见万鄂湘主编：《物权法理论与适用》，北京，人民法院出版社，2005，第410页。

② 参见陈华彬：《现代建筑物区分所有权制度研究》，北京，法律出版社，1995，第217页。

③ 参见王泽鉴：《民法物权》（1），北京，中国政法大学出版社，2001，第263页。

受到物业服务合同的拘束。

第三，约束力不同。管理规约作为业主自治规范，其对全体业主乃至承租人、房屋受让人等房屋实际使用人均具有约束力。物业服务合同作为业主与物业服务企业之间的合同，对业主和物业服务企业具有约束力，物业服务企业应当按照物业服务合同的约定，向全体业主提供物业服务，而全体业主应当按照合同约定支付相应的费用。

第四，订立的程序不同。管理规约需要通过业主大会进行表决，根据《物权法》的规定，按照双重表决的方式通过。而物业服务合同的签订程序主要是：业主大会作出决定、同意选聘特定物业服务企业后，由其授权业主委员会与该物业服务企业按照一般的合同缔结方式，即按照要约、承诺的方式订立合同。

第五，内容不同。管理规约涉及小区中公共物业设施的使用、管理以及共同生活秩序的维护等内容，具体包括物业小区的基本情况、业主间的法律关系、业主间共同事务以及业主间利害关系调整的事项等①，主要是对业主行为的自我约束和管理。管理规约也可以说是业主行为的基本准则，其中涉及公共事务、业主的行为规范等内容，显然不能包括在物业服务合同之中。② 而物业服务合同则是明确业主和物业服务企业双方权利义务的约定，其内容具有复合性，既包括对小区设施的管理，还包括对小区安全秩序的维护等。例如，物业服务企业有权禁止业主乱搭乱建、禁止业主携带危险物品进入社区或者饲养危险动物，业主应当依法缴纳物业费和其他费用等。

第二节　物业服务合同的主体和内容

一、物业服务合同的当事人

（一）物业服务企业

物业服务合同的一方当事人是物业服务企业，是指接受物业所有人或其授权人的委托，根据物业服务合同提供专业管理服务的企业，其对物业

① 参见奚晓明主编：《最高人民法院建筑物区分所有权、物业服务司法解释理解与适用》，北京，人民法院出版社，2009，第289页。

② 参见肖海军：《物业管理与业主权利》，北京，中国民主法制出版社，2006，第76页。

的管理权来自于全体业主的委托或法律法规的相关规定。① 物业服务企业是依法设立的组织，其设立必须符合法律规定的条件和程序。物业服务企业必须符合相关的资质要求，我国相关部门规章中规定了物业公司的认证体系，物业公司被划分为三种级别②，根据不同的级别，决定了其经营范围。比如，三级公司不得从事建筑面积 20 万平方米以上小区的物业管理。③ 法律之所以要求物业服务企业必须符合法定的人员、财产、设备等方面的条件，主要是为了保护业主的利益。

物业服务企业是以物业服务为经营活动的法人。物业服务企业属于法人，是具有独立财产、能够独立承担责任的独立民事主体。另外，物业服务企业以提供物业服务为主要经营活动。此处所说的物业服务内容比较广泛，具体包括：对财产的管理（包括物业的维护、维修，对小区内设备的维护）、对小区绿地园林环境的维护、对卫生环境的管理、对小区秩序的维护、对车位车库的管理等。需要指出的是，物业服务企业在提供物业服务时，如果涉及有关共有财产的重大修缮和维修，例如，有关电梯、水箱等共有部分的维修，应当得到业主的特别授权，否则无权作出决定。依据《物权法》第 79 条，上述重大事项应当由业主自行决定是否动用维修资金进行维修。同时，物业服务的内容还包括对业主行为的管理，如物业服务企业有权制止业主从事的不当毁损建筑物、妨害他人的正常生活以及其他违反管理规约的行为。④

物业服务企业是由业主聘请、基于业主的委托提供各种专业化物业服务的企业。⑤ 对前期物业服务而言，由于小区内的商品房出售和入住率较低，无法通过召开全体业主大会选聘物业服务企业，所以，一般由建设单位聘请前期物业服务企业。但是，在小区内的商品房达到一定的入住率之后，就应当由业主召开全体业主大会，以决定是否继续聘任该物业服务企

---

① 参见陈文：《物业服务合同若干法律问题研究》，载《现代法学》，2004（2）。

② 参见《物业管理企业资质管理办法》（建设部 2004 年 3 月 17 日颁布，2007 年修正）第 5、8 条。一级公司要有工程、管理、会计等相关领域 30 人以上技术人员，500 万元人民币的注册资本，还要获得建设部的认证。二级公司要有 20 人以上的专业人员，300 万元的注册资本，由省级建设主管部门认证。三级公司要符合最低资质要求，即 10 人以上的专业人员以及 50 万元的注册资本，由当地建设部门认证。

③ 参见 2004 年《物业管理企业资质管理办法》第 8 条。

④ 参见张柳青主编：《物权法审判实务疑难精解》，北京，中国法制出版社，2007，第 225 页。

⑤ 参见肖海军：《物业管理与业主权利》，北京，中国民主法制出版社，2007，第 45 页。

业。如果全体业主同意继续聘请，则在全体业主和物业服务企业之间成立物业服务合同关系。如果全体业主不同意继续聘请该物业服务企业的，则全体业主有权解除该前期物业服务合同，并有权聘请其他物业服务企业、管理人或者自行管理。物业服务合同解除后，原物业服务企业即丧失继续占有和使用物业服务用房、有关设施设备和相关资料的权利。① 物业服务企业应当按照物业服务合同约定的时间、方式提供物业服务，如果物业服务企业未能按照约定提供物业服务，则全体业主有权依据法律规定或者合同约定解聘物业服务企业。

（二）业主

在物业服务合同中，另一方当事人是业主。但是，物业服务合同的主体究竟是指业主的集合，还是指业主大会或者业主委员会？学者对此一直存有争议，主要有如下几种不同观点：

第一，业主大会说。此种观点主张，物业服务合同的当事人一方是业主大会，而不是单个业主。该观点认为，根据相关立法，业主大会是代表和维护全体业主在物业管理活动中的合法权益的自治组织，业主委员会是业主大会的执行机关。② 只有业主大会才能够代表全体业主签订物业服务合同，业主大会性质上属于《合同法》第 2 条所规定的“其他组织”，其可以成为合同当事人。③

第二，业主委员会说。此种观点认为，业主委员会具备一定民事诉讼主体资格。④ 在物业合同纠纷中，业主委员会能够以原告的身份起诉物业公司。在我国，业主委员会只能以全体业主的名义与物业服务企业订立物业服务合同。⑤ 依据《物业管理条例》第 35 条，由业主委员会代表业主与物业服务企业签订合同。所以，业主委员会应为物业服务合同的当事人。

第三，单个业主说。此种观点认为，尽管单个业主在形式上未参与物业服务合同的订立，但究其实质，不管从现行的立法规定还是从法理上来

---

① 参见王旭光等：《物权法适用疑难问题研究》，济南，山东人民出版社，2007，第 181 页。

② 参见浙江省金华市中级人民法院课题组：《物业服务合同若干法律问题研究》，载《合同法评论》，2004（3），第 40 页。

③ 参见梅夏英、高圣平：《物权法教程》，北京，中国人民大学出版社，2010，第 122 页。

④ 《最高人民法院关于审理物业服务纠纷案件具体应用法律若干问题的解释》第 2、8、10 条规定业主委员会可以诉请确认物业服务合同无效、解除物业服务合同以及要求物业服务企业履行后合同义务等。

⑤ 参见谢增毅：《物业管理合同的当事人》，载《法学杂志》，2005（3）。

说，业主都是物业服务合同中与物业服务企业相对的实际权利的享有者和义务的承担者。[①]《物业服务纠纷司法解释》第 1 条规定："建设单位依法与物业服务企业签订的前期物业服务合同，以及业主委员会与业主大会依法选聘的物业服务企业签订的物业服务合同，对业主具有约束力。"有学者认为，从该规定来看，业主应当是实质上的合同当事人。[②]

《物业管理条例》第 35 条规定："业主委员会应当与业主大会选聘的物业服务企业订立书面的物业服务合同。"因此，从物业服务合同的订立来看，通常由业主委员会与物业服务企业订立合同，但业主委员会本身并不是合同当事人，而只是以受托人的身份，代表全体业主订立物业服务合同。主要理由在于：第一，就物业服务合同的目的而言，其确立的是物业服务企业与全体业主之间的权利义务关系。因此，从义务和责任承担的角度来说，应当是全体业主承担因物业服务合同产生的义务和责任，而不是由业主委员会承担。第二，现行法律并没有明确认可业主委员会的民事主体资格，其并没有独立的财产，欠缺独立对外承担法律责任的物质基础，业主委员会本身没有独立的财产，也无法承担独立的责任，其在性质上不过是非法人组织。[③] 因此，依据现行法律规定，业主委员会并不具有权利能力[④]，其行使各项职责、参与诉讼等活动均是为业主而行为，其并不具有权利义务的归属资格。因此，不能将其作为物业管理合同的一方当事人。第三，从物业服务合同的实际履行来看，物业服务合同的履行涉及对共有财产的利用，而业主委员会并非共有财产的权利人，所以其并不能成为合同主体。因此，业主委员会基于业主的授权而与物业服务企业订立物业服务合同的，该合同对全体业主具有约束力，单个业主不得以其没有进行授权为由拒绝支付相关的物业服务费用。业主委员会只是受业主大会的授权，代表全体业主同物业服务企业订立物业服务合同，而不是为自己的利益订立合同，其本身并不是合同当事人。我国司法实践也采纳了这一观点，例如，在"泸州市某某物业管理有限公司诉邢某等物业服务合同纠纷

---

① 参见姚辉、段睿：《物业服务合同履行的相关法律问题研究》，载《法律适用》，2010（1）。

② 参见姚辉、段睿：《物业服务合同履行的相关法律问题研究》，载《法律适用》，2010（1）。

③ 参见高飞、刘丹：《论物业管理法律关系中涉及的相关主体》，载《重庆社会科学》，2005（2）。

④ 参见〔德〕梅迪库斯：《德国民法总论》，邵建东译，北京，法律出版社，2001，第 781 页。

案”中，法院认为：“业主委员会的签约行为系代表全体小区业主的行为，故该物业服务合同约束该小区全体业主及物业使用人。业主邢某关于其与某某公司不存在物业服务合同关系的抗辩意见，本院不予采纳。”[①]

从主体上看，物业服务合同是在物业服务企业和全体业主之间签订的。《物权法》第 82 条规定：“物业服务企业或者其他管理人根据业主的委托管理建筑区划内的建筑物及其附属设施，并接受业主的监督。”该条所说的“业主”实际上就是指全体业主，全体业主作为合同主体的主要理由在于：

第一，依据《物权法》第 76 条的规定，有关建筑物及其附属设施的管理规约的制定和修改、业主委员会的选举或者业主委员会成员的更换、物业服务企业或者其他管理人的选聘和解聘，以及有关共有和共同管理权利的其他重大事项等内容，应由业主共同决定。所谓“由业主共同决定”，其实就是通过业主大会来选聘和解聘物业服务企业。选聘和解聘物业服务企业或者其他管理人是法律赋予业主大会的职权。

第二，物业服务合同所涉及的事务涉及全体业主的共同利益。物业服务企业所管理的事务是全体业主的事务，物业服务企业管理的物业是全体业主的财产，主要是全体业主的共有财产。因此，应当将全体业主作为物业服务合同的当事人。

第三，以全体业主作为合同主体，才能使合同对全体业主产生拘束力。我国《物业服务纠纷司法解释》第 1 条明确规定，物业服务合同对业主具有约束力。所谓“对业主具有拘束力”，是指业主既享有权利，也应承担义务，从该规定来看，业主应当受到物业服务合同的约束，实际上已经将业主作为物业服务合同的实质当事人。[②] 强调合同对业主的拘束力，也有利于物业服务企业对业主提出请求权，尤其是涉及物业费缴纳等事项。

《物业服务纠纷司法解释》第 1 条规定，“业主以其并非合同当事人为由提出抗辩的，人民法院不予支持”。从该规定来看，物业服务合同对全体业主具有拘束力，单个业主不得以其未亲自参与物业服务合同的订立而拒绝履行合同义务，这就意味着合同一方当事人是全体业主。[③]

第四，只有承认全体业主的合同当事人地位，才能保证物业服务合同

① 重庆市江北区人民法院民事判决书（2012）江法民初字第 01534 号。

② 参见奚晓明主编：《最高人民法院建筑物区分所有权、物业服务司法解释理解与适用》，北京，人民法院出版社，2009，第 257 页。

③ 参见梅夏英、高圣平：《物权法教程》，北京，中国人民大学出版社，2010，第 122 页。

的履行。事实上，物业服务企业所提供的服务是对房屋及配套的设施、设备和相关场地进行维修、养护、管理，维护相关领域内的环境卫生和秩序，这些服务内容通常涉及全体业主的共有部分以及共同利益，且并不是单个业主所能够代表全体业主签订的。物业服务合同的履行往往超出了单个业主的履行能力，物业服务合同的内容往往涉及全体业主的利益①，因此，应当将全体业主作为物业服务合同的主体。

虽然单个业主没有参与物业服务合同的订立，但该合同对其仍然具有拘束力。首先，《物业服务纠纷司法解释》第1条规定："建设单位依法与物业服务企业签订的前期物业服务合同，以及业主委员会与业主大会依法选聘的物业服务企业签订的物业服务合同，对业主具有约束力。"这就更加明确了单个业主也必须受到物业服务合同的约束。依据这一规定，物业服务合同对单个业主要产生拘束力。可以说，这种拘束力来源于法律的规定，也来源于业主对于业主大会或业主委员会的授权。其次，从物业服务合同的内容来看，物业服务合同大量涉及单个业主的义务。例如，就物业费的缴纳而言，物业费的缴纳最终由各个业主承担。因此，只有当物业服务合同对单个业主产生拘束力时，该合同才能得到履行。最后，从责任的承担来看，一旦出现了违约情形，最终承担违约责任的仍然是各个业主。《物业服务纠纷司法解释》第6条规定："经书面催交，业主无正当理由拒绝交纳或者在催告的合理期限内仍未交纳物业费，物业服务企业请求业主支付物业费的，人民法院应予支持。物业服务企业已经按照合同约定以及相关规定提供服务，业主仅以未享受或者无需接受相关物业服务为抗辩理由的，人民法院不予支持。"据此，在业主违约的情形下，违约责任由业主承担，而非由业主大会或业主委员会承担。反之，若物业服务公司违约，业主只能以业主大会的名义向其主张权利，但即使是临时业主大会的召集也需严格的比例限制。②

二、物业服务合同的内容

（一）合同义务的来源

物业服务合同的内容主要来源于合同的约定。当事人的约定只要不违

---

① 参见蔡耀忠：《物权法报告》，北京，中信出版社，2005，第104页。

② 参见张春普、张居卿：《论业主管理团体在物业合同中的主体地位》，载《学术界》，2009（1）。

反法律、法规的规定，即产生法律约束力，双方当事人都应当严格遵守合同约定。《物业服务纠纷司法解释》第3条规定："物业服务企业不履行或者不完全履行物业服务合同约定的或者法律、法规规定以及相关行业规范确定的维修、养护、管理和维护义务，业主请求物业服务企业承担继续履行、采取补救措施或者赔偿损失等违约责任的，人民法院应予支持。"同时，"物业服务企业公开作出的服务承诺及制定的服务细则，应当认定为物业服务合同的组成部分"①。据此，物业服务合同的内容，除了当事人约定的合同内容外，还应当包括如下几方面的内容：

第一，法律、法规的规定。例如，《物权法》第82条规定，业主有权监督物业服务企业，即使当事人没有在合同中约定该监督权，业主的监督权也应当成为合同的内容。又如，《物业管理条例》规定物业服务企业有义务依据合同约定提供物业服务，业主也有义务缴纳各项服务费，即使当事人没有在合同中对该义务进行约定，其也应当成为合同的内容。

第二，行业规范。这主要是指相关行业规范确定的物业服务企业负有的维修、养护、管理和维护义务，如《上海市物业管理行业规范》中规定的物业服务人员挂牌上岗的要求等，即使当事人没有作出约定，此种义务也应当成为物业服务合同的内容。

第三，物业服务企业的物业服务承诺和物业服务细则。物业服务承诺是指物业服务企业为保证物业服务的质量和效益，向全体业主公开作出的有关物业服务内容和标准的单方意思表示。例如，物业服务企业所作出的维修请求限时服务的承诺（如24小时之内进行维修），该承诺虽然没有明确记载在合同中，但只要物业服务企业已经作出明确承诺，该承诺也应当成为物业服务合同的内容。而服务细则是物业服务企业依据《物业管理条例》等规定，为更好地为业主服务而作出的约定。② 物业服务细则是对物业服务合同内容的细化和补充，例如，对每月物业服务费用的具体缴纳时间、对物业服务区域的安全保卫具体规范要求等。《物业服务纠纷司法解释》第3条第2款规定："物业服务企业公开作出的服务承诺及制定的服务细则，应当认定为物业服务合同的组成部分。"据此可见，物业服务企

① 《物业服务纠纷司法解释》第3条。

② 参见奚晓明主编：《最高人民法院建筑物区分所有权、物业服务司法解释理解与适用》，北京，人民法院出版社，2009，第279页。

业公开作出的服务承诺和制定的服务细则，即便没有明确地订立于物业服务合同之中，也应当成为合同的内容。[①] 这一规定在一定程度上突破了合同内容认定以合意为基础的原则，司法解释作出该规定的原因主要是为了保护业主的利益，因为物业服务企业的公开承诺等，可能会对业主对物业服务企业的选择产生影响，从有利于强化对业主的保护出发，应当将其认定为合同的组成部分。业主也可据此要求物业服务企业履行其所公开作出的服务承诺，或要求其提供物业服务的行为满足并符合物业服务企业所制定的服务细则。

（二）合同的主要条款

《物业管理条例》第 35 条第 2 款规定："物业服务合同应当对物业管理事项、服务质量、服务费用、双方的权利义务、专项维修资金的管理与使用、物业管理用房、合同期限、违约责任等内容进行约定。"依据该条规定，物业服务合同的主要条款包括：

1. 物业服务事项。《物业管理条例》第 36 条规定："物业服务企业应当按照物业服务合同的约定，提供相应的服务。"因此，具体的物业服务事项应当在合同中明确，包括对共有财产的维护、养护和管理，尤其涉及对业主的专有财产部分的维修和管理，都应当加以明确。《物业管理条例》第 44 条规定："物业服务企业可以根据业主的委托提供物业服务合同约定以外的服务项目，服务报酬由双方约定。"这主要是指，对一些本不属于物业服务内容的服务项目，物业服务企业可通过与业主的另行约定有偿提供，如代收快递邮件服务等。

2. 服务质量。一般来说，法律很难对物业服务质量的标准作出明确界定，但当事人可以在合同中对其作出特别约定。例如，物业服务企业明确承诺，保证小区车辆安全、不出现车辆丢失现象，或承诺小区环境始终保持整洁等。一旦作出约定，物业服务企业应当按照约定履行。

3. 服务费用。服务费用也称物业费，由物业服务的成本和物业服务企业的利润两部分构成。有关物业服务企业应缴纳的税费，由成本和利润两部分构成。物业费的收费有两种方式，即包干制和酬金制。包干制指业主向物业公司支付固定费用，盈余或者亏损由物业公司自行承担，具体缴

① 参见杜万华等：《最高人民法院〈关于审理建筑物区分所有权纠纷案件具体应用法律若干问题的解释〉、〈关于审理物业服务纠纷案件具体应用法律若干问题的解释〉的理解与适用》，载《法律适用》，2009（7）。

费标准一般由业主与物业公司根据政府指导价自由约定。[①] 酬金制指业主在预收的物业服务资金中按约定比例或者约定数额提取酬金支付给物业服务企业，其余全部用于物业服务合同约定的支出，结余或者不足由业主享有或者承担。《物业服务纠纷司法解释》第 5 条规定，物业服务企业不得违反法律、法规和部门规章的规定，擅自提高收费标准或者重复收费，否则，都构成违规收费。

4. 专项维修资金的管理与使用。所谓维修资金，就是指由业主缴纳的专门用于住宅共用部分、共用设施和设备维修所需的资金，如电梯、水箱等共有部分的维修费用。维修资金在性质上不同于管理资金，所谓管理资金是由业主出资组成的由业主大会或者业主委员会管理的资金[②]，它可以由业主出资的财产构成，也可以由共有财产的收益所构成。[③] 维修资金只是由业主出资形成的，属于业主共有，且只能用于特定的目的，不能用于支付各种管理费用。实践中，专项维修资金一般登记在以业主名义开设的专用账户下，通常由政府监督其使用，专项维修资金的使用一般由业主按照《物权法》的规定进行表决，由业主委员会申请使用。因此，业主委员会与物业服务企业订立物业服务合同时，可就专项资金申请使用的具体事项作出约定。如可以约定，在办理专项维修资金的申请使用过程中，物业服务企业应当提供相应的协助。

5. 物业管理用房的提供和使用。物业管理用房是指物业服务企业为管理整个小区内的物业而使用的房屋。对于物业管理用房，应当归全体业主共有。《物权法》第 73 条规定，物业管理用房应当规定由全体业主共有。物业管理用房是向小区提供物业服务所必需的。没有物业管理用房，物业服务企业等就无法为业主提供必要的物业服务。《物业管理条例》第 38 条规定："物业管理用房的所有权依法属于业主。未经业主大会同意，物业服务企业不得改变物业管理用房的用途。"依据该条规定，物业服务

① 《物业服务收费管理办法》第 7 条规定："物业服务收费实行政府指导价的，有定价权限的人民政府价格主管部门应当会同房地产行政主管部门根据物业管理服务等级标准等因素，制定相应的基准价及其浮动幅度，并定期公布。具体收费标准由业主与物业管理企业根据规定的基准价和浮动幅度在物业服务合同中约定。实行市场调节价的物业服务收费，由业主与物业管理企业在物业服务合同中约定。"

② 参见郑云瑞：《民法物权论》，北京，北京大学出版社，2006，第 159 页。

③ 1998 年建设部、财政部发布的《住宅共用部位共用设施设备维修基金管理办法》第 4 条规定："凡商品住房和公有住房出售后都应当建立住宅共用部位、共用设施设备维修基金。"

企业应当将物业管理用房用于物业管理，而不得擅自改变物业管理用房的用途，但经过业主大会同意的除外。

6. 合同期限。合同期限，是指双方当事人约定的合同存续期限。通常在合同期限届满后，如果当事人没有订立新的物业服务合同，物业服务企业继续提供物业服务而业主一方接受该物业服务的，应当视为在双方当事人之间成立不定期的物业服务合同。在物业服务合同中，也可能涉及具体服务时间的约定，其不同于合同存续期限，前者是指物业服务企业所提供的各项物业服务的具体期限。例如，双方当事人在合同中约定，物业服务企业提供 24 小时的保安服务。双方当事人如果在物业服务合同中未对合同期限作出约定，则可以由当事人进行补充约定，如果无法约定或约定不明确的，当事人可以随时解除该合同，但在解除合同前，应当给对方当事人必要的准备时间。

第三节　前期物业服务合同

一、前期物业服务合同的概念和特征

根据合同主体的不同，可以将物业服务合同分为前期物业服务合同与普通物业服务合同。① 所谓前期物业服务合同，是指在前期的物业管理阶段，即在物业区域内的业主、业主大会选聘物业服务企业之前，由房地产开发建设单位或公有住房出售单位与物业服务企业之间订立的，双方约定由物业管理企业对前期的物业管理项目进行管理的书面协议。② 从建设单位开始销售商品房到召开全体业主大会之间，往往存在一定的时间差。这段时间内，由于相应的房产出售率未达到法定条件或因其他原因而不能召开第一次业主大会并进而成立业主委员会，因此有必要由房地产开发建设单位或者公有住房出售单位与物业服务企业订立前期物业服务合同。法律允许建设单位选聘物业服务企业并与之签订前期物业服务合同，对业主的共同物业利益作出安排，具有十分重要的意义，也是物业从建设到管理顺利衔接的关键环节。从实践来看，前期物业服务合同存在较多问题，物业

① 参见高富平、黄武双：《物业权属与物业管理》，北京，中国法制出版社，2002，第 175 页。

② 参见关淑芳：《物业管理合同的性质及其法律适用》，载《当代法学》，2007（4）。

公司的问题和建设单位遗留的问题也是物业纠纷发生的主要原因。[①]

前期物业服务合同与普通物业服务合同具有如下区别：第一，合同签订主体不同。前期物业合同并不是在全体业主和物业服务企业之间签订的，因为此时业主大会尚未成立，前期物业服务合同的主体是房地产建设单位和物业服务企业。而普通物业服务合同的合同主体则是全体业主与物业服务企业。即使前期物业服务合同与普通物业服务合同中的物业服务企业是同一个物业服务企业，但由于另一方当事人不同，因而也应当认定为两个不同的合同关系。第二，合同签订时间不同。前期物业服务合同一般是在业主入住率较低、无法召开全体业主大会的情况下签订的。一般而言，前期物业服务合同是在物业开发过程中签订的。而普通物业服务合同一般是在业主入住率已经达到一定标准，能够召开全体业主大会的情况下签订的。第三，合同期限不同。前期物业管理合同具有过渡性质，其期限较短，通常只是从合同订立到普通物业服务合同生效之时。《物业管理条例》第26条规定，“前期物业服务合同可以约定期限；但是，期限未满、业主委员会与物业服务企业签订的物业服务合同生效的，前期物业服务合同终止”。普通物业服务合同的期限可由合同签订双方进行具体约定[②]，通常在合同所约定的服务期限届满之后，合同效力才终止。

需要指出的是，关于前期物业服务合同期限的界定，存在不同观点。有的地方性规章将其界定为自房屋出售至业主委员会成立前[③]，有的将其界定为房屋出售前[④]，还有的以业主委员会的成立作为区分前期物业管理合同与普通物业管理合同的标准。[⑤] 应当看到，确定前期物业服务合同的存续期限具有一定的意义，因为在业主入住率未达到一定标准、无法召开业主大会选聘物业服务企业的情况下，相关当事人应当受前期物业服务合同的约束，在业主入住率达到一定比例后，业主有权提出召开业主大会，

---

① 参见朱景文主编：《中国人民大学中国法律发展报告2011》，北京，中国人民大学出版社，2011，第428页。

② 参见朱群芳：《物业管理合同种类辨析》，载《江南大学学报》（人文社会科学版），2003（6）。

③ 如《上海市居住物业管理条例》第41条规定：“本条例所称前期物业管理，是指住宅出售后至业主委员会成立前的物业管理。”

④ 如建设部《城市新建住宅小区管理办法》第5条规定：“房地产建设单位在出售住宅小区房屋前，应当选聘物业管理公司承担住宅小区的管理，并与其签订物业管理合同。住宅小区在物业管理公司负责管理前，由房地产建设单位负责管理。”

⑤ 《厦门市物业管理条例》第28条第2款规定：“业主委员会成立之前，由开发建设单位自行管理或委托物业管理企业实行物业管理，委托管理的应提供物业管理所需的工程建设档案。”

选聘物业服务企业。《物业管理条例》并没有对前期物业服务合同的内涵及期限作出界定，但该条例第21条规定："在业主、业主大会选聘物业服务企业之前，建设单位选聘物业服务企业的，应当签订书面的前期物业服务合同。"因此，前期物业服务合同的存续期限是自合同成立生效之日起至其效力终止之日止。关于前期物业管理合同效力的终止，《物业管理条例》第26条规定："前期物业服务合同可以约定期限；但是，期限未满、业主委员会与物业服务企业签订的物业服务合同生效的，前期物业服务合同终止。"因此，前期物业服务合同终止的原因包括：一是双方当事人约定的期限届满，合同效力终止；二是前期物业服务合同的期限虽然未届满，但是全体业主通过召开业主大会，选聘物业服务企业并订立新的物业服务合同的，也将导致前期物业服务合同效力终止。

二、前期物业服务合同的约束力

（一）对建设单位的约束力

如前所述，在业主入住之前，前期物业服务合同主要是由建设单位和物业服务企业签订，因此，建设单位作为合同的一方当事人，应当受到合同的约束。在业主入住之前，建设单位应当按照前期物业服务合同的约定履行相应的义务，特别是缴费的义务。

实践中，由于前期物业服务合同是建设单位和物业服务企业签订的，业主并没有参加前期物业服务合同的订立行为，先入住的业主对物业公司并没有选择权，所以其合法权益可能受到房地产建设单位以及物业服务企业的侵害。因为业主没有机会也没有可能参与合同的谈判、签约，但却需要履行前期物业管理合同中约定的相应义务，这可能导致一些前期物业服务纠纷。例如，一些前期物业服务合同可能存在当事人权利义务不对等，如免除物业服务企业的责任、加重业主的责任、排除业主的主要权利等。[①] 对于建设单位与物业服务企业之间签订的损害业主利益的条款，应当允许业主请求确定前期物业服务合同或者合同相关条款无效。例如，双方在前期物业管理合同中约定不合理的高价，应当依据《物业服务纠纷司法解释》第2条的规定，请求法院确认合同或者合同相关条款无效。[②] 此

① 参见孙佳颖：《刍议前期物业服务合同忽略业主权利的非合理性》，载《现代财经》，2011（4）。

② 参见高富平、黄武双：《物业权属与物业管理》，北京，中国法制出版社，2002，第212～213页。

外，在业主入住率达到一定标准并召开业主大会之后，也可以解除前期物业服务合同。

（二）对业主的拘束力

前期物业服务合同，尽管是由建设单位所选定的物业服务企业，且由建设单位与物业服务企业订立合同，但其对业主也具有约束力，业主不得以其未参加合同的订立或未认可为由而否定合同的效力。例如，在“上海某物业服务有限公司诉沈某物业服务合同纠纷案”中，法院认为：“根据《物业管理条例》的相关规定，在业主、业主大会选聘物业服务企业之前，建设单位可以通过招投标或者经行政主管部门批准采用协议方式选聘物业服务企业，签订前期物业合同。只要前期物业服务合同有效，其对业主即具有约束力。”①

《物业服务纠纷司法解释》第 1 条规定：“建设单位依法与物业服务企业签订的前期物业服务合同，以及业主委员会与业主大会依法选聘的物业服务企业签订的物业服务合同，对业主具有约束力。”所谓“对业主具有约束力”，是指业主有权基于该合同享有权利，并承担义务。毫无疑问，合同订立时已入住的业主都应当受到前期物业服务合同的约束，前期物业服务合同订立后、普通物业服务合同订立前入住的业主，也应当受到前期物业服务合同的约束。问题在于，前期物业服务合同为何对没参与合同订立过程的业主具有拘束力？关于前期物业服务合同对业主具有拘束力的原因，主要有以下几种观点：

（1）“合同转让说”。此种观点认为，根据《物业管理条例》第 25 条，“建设单位与物业买受人签订的买卖合同应当包含前期物业服务合同约定的内容”。因此，房屋买卖合同包含物业服务合同的内容，表明了购房者将取代建设单位成为物业服务合同的当事人，因此签订买卖合同的行为属于一种概括承受。也就是说，在不改变合同内容的情况下，合同的一方主体由建设单位变更为业主，在业主与建设单位订立房屋买卖合同时，该合同中包含了双方转让前期物业服务合同的合意，前期物业服务合同因为买卖合同的成立而概括转移给物业买受人承担。② 在我国的司法实践中，有的案例也采纳此种观点。例如，在“厦门世邦泰和物业管理有限公司诉栾

---

① 上海市浦东新区人民法院民事判决书（2012）浦民一（民）初字第 19598 号。

② 参见徐海燕：《区分所有建筑物管理的法律问题研究》，北京，法律出版社，2009，第 265 页。

某某等物业服务合同纠纷案”中，法院认为，房地产建设单位可与业主在不违反法律强制性规定前提下约定物业管理服务相关费用在合理的时点转移由业主负担，但该约定因涉及义务的转移，应当经物业管理公司确认并同意，才对物业管理公司产生约束力。[①]

（2）“涉他契约说”。该说认为，近代立法基于实践的需要，逐渐突破契约相对性原则，承认涉他契约的存在。我国立法可规定物业管理合同的效力直接及于购房人、承租人等第三人，而不必以建设单位与购房人订有“前期物业管理服务协议”或业主与承租人、买受人签有关于物业管理内容的合同为必要条件。[②]

（3）“委托代理说”。该说认为，建设单位是受未来业主的委托而与物业服务企业订立合同。[③] 在房屋出售之前，产权为建设单位享有。因此，建设单位必须选聘物业服务企业，与其签订物业服务合同。但这只是一种临时安排，建设单位实际上是代理未来的业主与物业服务企业签订物业管理合同。建设单位需在其他文件（如房屋买卖合同或临时管理规约）中得到新业主对其订立前期物业管理合同的委托授权。[④]

笔者认为，“合同转让说”是值得商榷的。建设单位与房屋买受人签订的买卖合同应当包含前期物业服务合同约定的内容，法律作出此种规定，主要是为了便于小区的管理，避免因某些业主以未签订合同为由而主张不受前期物业服务合同的拘束。但并不能因为业主与房地产建设单位签订商品房买卖合同而导致前期物业服务合同的转让。其主要原因在于：一方面，在业主入住之前，建设单位实际上作为整个建筑的所有人，其有权选任物业服务企业。所以，其与物业服务企业签订合同并非是转让合同，建设单位是作为所有人而选任物业的服务者。另一方面，合同的转让既包含合同权利的移转，也包含合同义务的承担，在债务承担的情形，必须经过债权人的同意，即前期物业服务合同的转让必须经过物业服务企业的同意。同时，部分业主也不能决定由全体业主承担合同债务，因此，合同的转让需要经全体业主同意。

“涉他契约说”也没有准确概括前期物业服务合同对业主产生拘束力的原因，因为建设单位在商品房出售之前，兼具业主的身份，所以，前期

① 参见福建省厦门市海沧区人民法院民事判决书（2012）海民初字第438号。

② 参见朱群芳：《论物业管理合同的变更和解除》，载《学术交流》，2005（11）。

③ 参见李延荣、周珂：《房地产法》，北京，中国人民大学出版社，2005，第222页。

④ 参见李延荣、周珂：《房地产法》，北京，中国人民大学出版社，2005，第222页。

物业服务合同并不涉及第三人。建设单位也是为了自身的利益与物业服务企业签订物业服务合同。从前期物业服务合同的内容看，其不仅涉及业主的权利，而且规定了业主应当负担的义务，如交纳物业费用的义务等，这显然和涉他契约存在显著区别，因为涉他契约不存在为第三人设定义务的情形。因此，涉他契约说不符合民法意思自治及合同相对性的原理。

笔者认为，采用“委托代理说”较为合理。一方面，从实践来看，在业主与建设单位所签订的商品房买卖合同中，已经包含了对前期物业服务的约定，一旦业主认可了建设单位与物业服务企业订立的前期物业服务合同，也表明业主对该前期物业服务合同进行了事后追认。这就意味着，业主已经将选任物业服务企业的事项委托于建设单位，由建设单位代为选任。从此意义上来讲，此种委托应被认定为事后委托。通过事后的追认授权有利于维护物业秩序的稳定、防止纠纷，因而前期物业服务合同对其产生效力。正是通过售房时的追认，使得业主接受前期物业服务合同，从而成为合同当事人，并受到合同的拘束。需要指出的是，此处所说的委托是一种概括授权式的委托，通过业主的概括授权，物业公司可以从事关于小区设施的管理、对绿化和环保的维护以及对小区治安的维护等物业服务活动。① 另一方面，建设单位与物业服务企业订立物业服务合同，对小区进行有效管理，无论物业服务的效果如何，建设单位与物业服务企业订立前期物业合同在本质上是为了业主的利益，而且业主入住之后，也享有物业服务的利益，据此可以推定业主有委托建设单位订立前期物业服务合同的意思。

前期物业服务合同在订立之后，已经搬入的业主都应受到该合同的约束。如前所述，在区分所有建筑建设或出售的初期，建设单位是整栋区分所有建筑的实际所有人，因此，其与物业服务企业所签订的前期物业服务合同，在本质上是业主团体与第三人的交易协议。对于已经搬入的业主和后期陆续入住的业主，其既然选择进入区分所有建筑、成为业主团体的成员之一，自然应当受到前期物业服务合同的约束。虽然从形式上来看，后期陆续入住的业主并未实际参与物业服务合同的签订，但因其都实际接受了物业服务企业所提供的服务，故也应当承担相应的义务。② 对于此类合

① 参见徐海燕：《区分所有建筑物管理的法律问题研究》，北京，法律出版社，2009，第262页。

② 《物业服务纠纷司法解释》第1条规定：“业主以其并非合同当事人为由提出抗辩的，人民法院不予支持。”

同的拘束力，我国立法也予以确认。因此，任何单个业主都不得以其未参与物业服务合同的订立为由而拒绝接受前期物业服务合同效力的拘束。

需要指出的是，虽然业主在正式签订买卖合同时对前期物业服务合同作出了追认，表明其受到合同的约束，但并不能据此认为业主无权更换物业服务企业。一方面，《物权法》赋予业主对物业服务企业的选任权和解聘权，业主有权自由选聘或者解聘物业服务企业。另一方面，由于前期物业服务合同是建设单位和物业服务企业签订的，业主无法参与合同的谈判、签约等过程，但却需要承担前期物业服务合同的拘束、承担前期物业服务合同规定的义务，这就可能损害业主的利益。同时，前期物业服务合同在内容上也可能存在瑕疵，正是因为这一原因，应当保障业主依法对前期物业服务合同中物业服务企业的解聘权。但是，业主更换物业服务企业，必须依据法定程序召开业主大会进行更换。

在前期物业服务合同签订之后，建设单位尚未出售或交付房屋之前，相关的物业服务费用应当由建设单位承担。但在房屋交付之后，业主大会或业主委员会成立之前，物业服务费用的缴纳在实践中存在争议。有学者认为前期物业管理费用应当由房地产建设单位承担，其主要理由在于房地产开发公司应当在业主委员会成立之前承担物业管理的责任。[①] 笔者认为，《物业管理条例》第 42 条第 2 款规定："已竣工但尚未出售或者尚未交给物业买受人的物业，物业服务费用由建设单位交纳。"从该规定的反面解释来看，如果房屋已经出售或者交付，则房屋买受人应当负担一定的物业服务费用。据此，该条例以房屋是否交付作为房屋买受人应否承担相关物业服务费用的标准。

（三）对物业服务企业的约束力

由于物业服务企业是前期物业服务合同的一方当事人，其自然应当受到合同的约束。物业服务企业有权依据前期物业服务合同而主张权利，并履行相应的义务。但物业服务企业的权限范围，不得超出合同约定的范围，物业服务企业在履行义务的同时，也享有按照约定收取物业费用、获取相关报酬的权利。物业服务企业应当依据前期物业服务合同对业主提供物业服务，不得擅自违规收费，也不得任意解除合同。一旦业主经过合法程序继续选聘前期物业服务企业，则物业服务企业有权继续留任。

---

① 参见宋宗宇、黄锡生：《房地产法学》，重庆，重庆大学出版社，2003，第 225 页。

三、前期物业服务合同的终止

在前期物业服务合同期限届满之后，如果当事人没有订立新的物业服务合同或者通过约定延长物业服务合同的期限，前期物业服务合同应当终止。但是，如果物业服务企业继续提供物业服务，业主仍然继续接受该物业服务企业提供的物业服务，则可以推定当事人之间已经形成了事实上的物业服务合同关系。[①] 虽然依据法律规定，物业服务合同属于法定的书面合同，但依据我国《合同法》第36条的规定，因为当事人一方已经履行其主要义务，另一方已经接受，可认定该合同已经成立。但因为当事人没有对合同期限作出约定，所以，该物业服务合同已经转变为不定期合同，双方可以随时终止该合同。

需要指出的是，如果基于全体业主的决定，物业服务企业已经被解聘，但其未及时退出物业管理，能否成立事实上的物业服务合同？笔者认为，此种情况不属于事实合同的范畴，当事人之间不能成立事实上的物业服务合同关系。一方面，在业主大会解聘物业服务企业之后，如果物业服务企业拒绝退出或移交，则表明其已经违反所应承担的义务，并与业主的意思相违背。另一方面，如果物业服务企业拒绝退出或移交，也会对业主新选聘的物业服务企业的权益造成侵害，业主和新选聘的物业服务企业有权要求其退出或移交。《物业服务纠纷司法解释》第10条第2款规定："物业服务企业拒绝退出、移交，并以存在事实上的物业服务关系为由，请求业主支付物业服务合同权利义务终止后的物业费的，人民法院不予支持。"该条实际上明确了在物业服务企业拒绝退出、移交的情形，当事人之间并不存在合同关系。因此，即便物业服务企业提供了某些服务，其也无权要求业主承担所谓的"合同义务"，如要求业主缴纳物业服务费。由于物业服务合同已经终止，业主已经不再负有支付物业服务费的义务，物业服务企业请求支付物业服务费用的，业主有权予以拒绝。

前期物业服务合同是建设单位与物业服务企业订立的，一般会约定合同的存续期限，但当合同期限未届满，业主能否通过业主大会解除前期物业服务合同？对此，存在两种不同观点。一种观点认为，合同已经签订，应当按照合同所约定的期限履行，不得任意解除。另一种观点则认为，在商品房已经全部或部分售出时，业主有权通过召开业主大会，以签订新的

① 参见王利明主编：《物业服务司法解释》，北京，中国法制出版社，2010，第254页。

物业服务合同的方式解除前期物业服务合同。[①] 依据《物业管理条例》第26条的规定，业主享有任意解除权。因此，即便合同所约定的期限尚未届满，业主也享有任意解除权。主要原因在于，房屋出售以前，房屋的所有权归建设单位所有，此时建设单位应当受到合同效力的拘束，不得享有任意解除权。但随着房屋入住率的逐渐增加，业主由于并未参与前期物业服务合同的订立过程，如果建设单位与物业服务企业所约定的合同期限过长，而业主在入住之后，已经可以举行业主大会时仍无权解除该合同，则必然会损害业主利益。所以，在法律上赋予业主任意解除权是必要的。

但业主行使任意解除权，必须满足一定的条件，一是入住业主所占的建筑面积达到法律要求的比例。关于业主入住率达到何种标准时享有合同的任意解除权，参照《物业管理条例》第12条第3款的规定，如果一个物业管理区域内，房屋出售并交付使用的建筑面积达到1/3以上的，建设单位不得单独行使对前期物业服务合同的解除权，而应当会同业主大会或业主代表共同行使。二是必须召开业主大会通过法定的程序表决行使。在业主入住率达到一定标准之后，既可以对前期物业服务合同的效力予以认可，也可以将其解除。

如果业主通过合法程序解除其与前期物业服务企业的合同，则前期物业服务企业必须撤出物业管理区域，并向新选聘的物业服务企业移交相关资料。[②]《物业管理条例》第39条第2款规定："物业服务合同终止时，业主大会选聘了新的物业服务企业的，物业服务企业之间应当做好交接工作。"依据该条规定，在前期物业服务合同效力终止时，前期物业服务企业应当退出物业管理区域，并有义务与后来的物业服务企业做好交接工作。

---

① 《物业管理条例》第26条规定："前期物业合同可以约定期限；但是，期限未满、业主委员会与物业服务企业签订的物业服务合同生效的，前期物业服务合同终止。"

② 《北京物业管理办法》第10条规定："业主共同决定解除前期物业服务合同的，建设单位应当与全体业主进行物业共用部分查验交接，撤出物业管理区域，并移交下列资料：（一）物业管理区域划分资料；（二）建设用地规划许可证和建设工程规划许可证的附件、附图；（三）竣工验收报告及竣工总平面图，单体建筑、结构、设备竣工图，配套设施、地下管网工程竣工图、消防验收等竣工验收资料；（四）设施设备的出厂随机资料，安装、验收、使用、维护保养和定期检验等技术资料，运行、维护保养记录；（五）物业质量保修文件和物业使用说明文件；（六）业主名册；（七）物业管理必需的其他资料。全体业主承接前应当对物业共用部分进行查验，可以委托选聘的物业服务企业进行查验。全体业主与建设单位也可以共同委托物业服务评估监理机构进行查验。"

第四节 物业服务合同的效力

物业服务合同是指全体业主与物业服务企业所订立的，关于物业服务企业应当按照法律规定及约定提供相关物业服务，而业主应当支付物业服务费用的合同。因此，在合同成立后，对当事人产生如下效力：

一、物业服务企业的义务

1. 依据合同约定提供物业服务的义务

依据《物业服务纠纷司法解释》第3条的规定，物业服务企业应当提供“合同约定的或者法律、法规规定以及相关行业规范确定的维修、养护、管理和维护义务”。物业服务企业的性质决定了其提供的是服务而不是管理，即其应当以自身的设备、资金、劳务和技术，按照法律的规定和合同的约定，为建筑物区分所有中共有物的管理、养护及公共秩序的维护提供服务。具体而言，物业服务企业的义务包括如下几种：

第一，对共有财产及公共设施的维护和维修。《物权法》及《区分所有权司法解释》都对业主共有财产和公共设施的范围作出了明确界定，主要包括绿地、小区内的道路、消防设施以及公共照明设施，也包括电梯、公共的外墙面和屋顶平台、共有的车位车库以及物业管理用房等。物业服务企业的义务首先是对区分所有建筑物中的共有财产进行管理、维护，对共有财产及公共设施的维护和维修义务是物业服务企业的主要合同义务。①

第二，对业主专有部分财产的维护和管理。专有财产的管理、维护属于业主自行管理的范围，原则上由业主自己负责管理和维护，但当事人可以在合同中特别约定，由物业服务企业提供相关的管理和服务。如当事人可以约定，在业主专有部分的墙面、墙体出现渗水、表皮脱落等情形时，物业公司也应当负有维修的义务。有关费用的承担，应当按照约定进行处理。

---

① 参见姚辉、段睿：《物业服务合同履行的相关法律问题研究》，载《法律适用》，2010(1)。

第三，对物业范围内生活秩序的维护。在小区内，为保障业主正常的生产、生活，物业服务企业应当负有维护共同生活秩序的义务。这与对物的管理不同，属于对人的管理。例如，对外来人员的管理、对外来车辆的管理、对宠物伤人风险的防范等。为了保障物业服务企业履行该义务，有必要对业主的权利进行一定的限制，尤其是在业主行使其专有权可能损害其他业主的利益时，物业管理企业也可以对其行为进行限制。例如，业主在对专有部分进行装修装潢，出现破坏建筑物承重结构、噪音扰民、造成楼下天花板渗水等情形时，物业服务企业有权对此进行管理，使施工活动保持在合理的范围之内，不对其他业主造成侵扰。①

关于物业服务企业是否负有保障业主人身、财产安全的义务，理论上存在两种不同的观点。一种观点认为，物业服务企业的义务限于对物业的管理，而不包括对业主人身、财产的保障。另一种观点认为，物业服务企业的服务范围是宽泛的，包括了对业主人身和财产安全的保障。笔者赞成后一种观点。《物业管理条例》第36条第2款规定："物业服务企业未能履行物业服务合同的约定，导致业主人身、财产安全受到损害的，应当依法承担相应的法律责任。"作出此种规定的原因在于，一方面，物业服务企业对小区公共秩序的维护义务本身就包含了对业主人身、财产安全的保障义务。另一方面，物业服务企业对小区物业进行管理，对区域内危险源的实际控制力显然要高于业主。② 司法实践中，有法院判决也认可了物业服务企业所承担的安全保障义务。③ 如果物业服务企业未尽到其安全保障义务，导致业主的人身、财产安全受到侵害的，物业服务企业应当承担相应的责任，此种责任既可能是侵权责任，也可能是违约责任，此时将发生责任竞合的问题。在判断物业服务企业是否尽到其安全保障义务时，应当考虑物业服务企业对损害发生是否具有过错，具体包括如下因

① 参见徐海燕：《区分所有建筑物管理的法律问题研究》，北京，法律出版社，2009，第278页。

② 如德国冯·巴尔教授指出："在属于不作为责任原始形态的对他人侵权行为之责任领域内，监督者控制潜在危险的义务通常来源于他对危险源的控制力。"〔德〕冯·巴尔：《欧洲比较侵权行为法》（下卷），焦美华译，北京，法律出版社，2004，第255～256页。

③ 如在"室内被害案"中，法院认定物业服务企业未正常使用保安监控系统及未严格执行对外来人员的登记制度，违反了安全保障义务，应对原告的死亡在其能够防止或制止损害的范围内承担相应的赔偿责任。参见北京市第一中级人民法院民事判决书（2006）一中民终字第10996号。

素：一是导致损害发生的原因。例如，在小区公共道路上，因物业服务企业没有及时清除积雪而导致业主摔伤，物业服务企业应当承担相应的责任。二是考虑物业服务企业是否履行了其职责。例如，保安对外来可疑人员从不加以询问，导致业主人身、财产受到外来人员侵害，物业服务企业应当承担相应的责任。三是考虑物业收费标准。如果收费标准较高，则物业服务企业应当负担更多的安全保障义务。实践中，一些小区收费很低，甚至无力聘请保安，此时，其安全保障义务就应当低于收费较高的物业服务企业。

2. 物业验收接管义务

《物业管理条例》第 28 条规定："物业服务企业承接物业时，应当对物业共用部位、共用设施设备进行查验。"物业服务企业在从事物业管理之前，应当对物业进行验收和接管，尤其是在业主解除现有的物业服务合同、选择了新的物业服务企业之时。一方面，在物业服务企业变更时，在水电公司等相关单位所登记的用户信息需要变更时，物业服务企业应当在前物业服务企业的配合下及时进行变更登记。另一方面，新的物业服务企业应当对前物业服务企业所掌握的相关信息资料，如监控资料、业主登记资料等，进行查验和接管。同时，新的物业服务企业也应当主动掌握物业状况，如电梯、小区道路、外墙面、车位车库等设施的运行情况。

无论是首次选聘的物业服务企业，还是后期改聘的物业服务企业，物业服务企业在开展物业服务活动时，都应当从建设单位及业主委员会处取得相应的资料，否则无法展开正常的物业服务活动。① 如果物业服务企业违反该义务，造成业主损失的，应当承担相应的责任。

3. 不得妨碍业主合理行使专有权的义务

业主专有部分原则上应当由业主自己进行管理，物业公司一般不负有管理义务。在业主合理行使专有权的情形下，物业公司不得进行妨碍。业主合理行使专有权，还包括依据业主公约行使专有权。例如，在"北京万通鼎安国际物业服务公司诉李某某物业服务合同纠纷案"中，法院认为，业主合理利用建筑物的专有部分，如未损害其他业主的公共利益，应当受

① 《物业管理条例》第 29 条规定："在办理物业承接验收手续时，建设单位应当向物业服务企业移交下列资料：（一）竣工总平面图，单体建筑、结构、设备竣工图，配套设施、地下管网工程竣工图等竣工验收资料；（二）设施设备的安装、使用和维护保养等技术资料；（三）物业质量保修文件和物业使用说明文件；（四）物业管理所必需的其他资料。物业服务企业应当在前期物业服务合同终止时将上述资料移交给业主委员会。"

到法律保护，物业管理企业不能干涉，至于其是否违反城市市容管理的相关规定，应由行政机关判断处理。[①] 又如，业主在自己的专有部分安装特定设备（如太阳能设备等），物业服务企业也不得进行干涉。同时，物业服务企业在履行其义务时，不得影响业主对其专有部分的正常使用。同时，物业服务企业进行物业管理用房的装修等，不应当影响业主的正常生活。

4. 合理收费的义务

物业服务合同是双务有偿的合同，物业服务企业有权收取物业服务费用，但收取物业服务费用既应符合合同的约定，也应符合法律、法规及规章的规定。[②] 物业服务费常被称为物业费，其不仅包括物业服务企业的佣金，还包括物业日常维修、养护、管理的必要费用。[③] 当事人应当在物业服务合同中对物业服务收费范围作出明确约定。物业费收取的标准必须合理，不得擅自单方不合理定价，收取费用的项目也必须合理。对于收取物业费的项目，必须经过业主大会的同意，在物业服务合同中明确加以约定，物业服务企业不得收取超出合同约定范围之外的费用。

《物业服务纠纷司法解释》第5条规定："物业服务企业违反物业服务合同约定或者法律、法规、部门规章规定，擅自扩大收费范围、提高收费标准或者重复收费，业主以违规收费为由提出抗辩的，人民法院应予支持。业主请求物业服务企业退还其已收取的违规费用的，人民法院应予支持。"所谓擅自扩大收费范围，是指物业服务企业违反合同约定、法律规定另外收取费用。例如，小区内的游泳池本属于业主共有财产，依据业主公约业主有权无偿使用，但物业公司违反约定向业主收取使用费。所谓提高收费标准，是指物业服务企业违反法律法规和部门规章有关指导价的规定或者关于收费办法的规定而收取物业费，此种情形属于违规收费。所谓重复收费，是指物业费中已经包含了相关事项的费用，在此之外另行收费。例如，物业服务企业按照合同约定负有管理车辆的义务，当小区业主已经缴纳了物业费时，物业服务企业不得另行收取车辆管理费。出现违反约定或有关规定收取费用的情形，业主有权以违规收费为由提出抗辩。

---

① 参见天津市红桥区人民法院民事判决书(2009）红民二初字第981号(2009年11月18日)。

② 参见奚晓明主编：《最高人民法院建筑物区分所有权、物业服务司法解释理解与适用》，北京，人民法院出版社，2009，第294页。

③ 国家发展改革委、建设部2003年《物业服务收费管理办法》第2条规定："本办法所称物业服务收费，是指物业管理企业按照物业服务合同的约定，对房屋及配套的设施设备和相关场地进行维修、养护、管理，维护相关区域内的环境卫生和秩序，向业主所收取的费用。"

5. 不得擅自处分业主共有财产和改变财产用途的义务

物业服务企业负有管理、维护业主共有财产的义务，物业服务企业的权限范围应当限于对共有财产的管理和维护，而不得擅自处分共有财产或者改变其用途，否则，应当承担相应的责任。例如，《物业管理条例》第38条规定："物业管理用房的所有权依法属于业主。未经业主大会同意，物业服务企业不得改变物业管理用房的用途。"依据该条规定，对于业主提供的物业管理用房，物业服务企业只应当将其用于物业管理，而不得擅自改变其用途，如将其改变为商业用房等，否则，物业服务企业应当承担相应的责任。在实践中，物业服务企业就小区的电梯和外墙面等广告位对外出租、营利的，应当经业主委员会或业主大会授权同意。

6. 不得擅自将全部物业管理一并转委托的义务

《物业管理条例》第40条规定："物业服务企业可以将物业管理区域内的专项服务业务委托给专业性服务企业，但不得将该区域内的全部物业管理一并委托给他人。"从文义解释来看，物业服务企业可以将管理区域内的专项服务业务委托给其他的物业服务企业，但不得将其一并转委托给其他物业服务企业。所谓一并转委托，是指物业服务企业通过与其他物业服务企业签订合同，约定由后者提供其在与业主签订的物业服务合同中承担的全部物业服务。法律之所以对其作禁止性规定，主要原因在于：

第一，物业服务企业根据其资金规模、设备、人员的不同而划分为不同的资质等级，其收费标准、所能管理和服务的小区规模都是根据资质等级确定的。如果物业服务企业擅自转委托，而第三人不具备相应的资质，没有专业的技术人员以及相关的设备，就可能没有能力很好地提供物业服务。例如，治安管理、供暖设施、电梯等的维护等，必须有专业的技术人员和设备来履行，一并转委托将可能使物业服务企业不能提供符合约定质量的服务。

第二，不同物业企业承担责任的经济能力不同，如果违反规定擅自转委托，一旦接受转委托的物业服务企业缺乏经济能力，就可能使业主面临较大的风险。即便委托企业也要对转委托负责，也会增加业主的追偿成本。

第三，物业服务合同具有一定的人身信任的性质，一旦物业服务企业在订立物业服务合同之后擅自转委托，就会破坏业主与物业服务企业之间的信任关系。所以，物业服务企业负有亲自提供服务的义务。当然，依据前述规定，物业服务企业可以将物业管理区域内的专项服务义务委托给专业服务企业，但不得将全部物业服务一并转委托。在物业服务企业擅自转委托的情形下，业主有权请求确认转委托合同或者相关条款无效。《物业服务纠纷司法解释》第 2 条规定，“物业服务企业将物业服务区域内的全部物业服务业务一并委托他人而签订的委托合同”，业主委员会或者业主有权请求确认转委托合同或者合同相关条款无效。但是，业主委员会或者业主请求确认转委托合同条款无效，不应当影响到原物业服务合同的效力。也就是说，转委托合同被宣告无效，原物业服务合同仍然有效，物业服务企业仍然应当按照原合同履行其义务。因擅自转委托行为给业主造成的损失，物业服务企业应当向业主承担违约责任。

7. 及时报告义务

物业服务企业应当依据约定及相关规定，将履行物业服务合同的情况向业主进行报告[①]，一方面，这是为了实现对物业服务企业的监督，另一方面，也有利于业主在了解情况的基础上及时召开业主大会或业主委员会对重要事项进行决策。有关物业服务企业报告义务的具体内容、报告的范围、方式、时间等，相关法律法规对此有所规定，当事人也可以在物业服务合同中加以约定。物业服务企业需要报告的事项主要包括如下几种：一是重大事项的及时报告。例如，对公共设施用途的改变。在业主提出将小区内的空地改为停车场的合理请求后，物业服务企业应当及时向业主大会或业主委员会进行报告。二是对常规事项的定期报告。对服务中的一些常规事项，应当定期向业主大会或业主委员会进行报告，并接受业主的监督，特别是有关业主共有财产的收益等财务情况，应当定期公布。此外，如果业主就物业费、停车管理费等费用的缴纳以及水电费、绿化费等公共费用支出情况提出质询，物业服务企业有义务予以说明。

8. 合同终止后的移交义务

《物业管理条例》第 39 条规定：“物业服务合同终止时，物业服务企业应当将物业管理用房和本条例第二十九条第一款规定的资料交还给业主委员会。物业服务合同终止时，业主大会选聘了新的物业服务企业的，物业服务企业之间应当做好交接工作。”如果物业服务合同因为期限届满或者物业服务企业被解聘，物业服务企业应当向业主移交物业管理权，及时

① 例如，《天津市物业管理条例》第 52 条规定：“物业服务企业应当加强对物业管理共用部位、共用设施设备运行状况的日常检查，每年第四季度将物业管理共用部位、共用设施设备运行状况的报告提交业主委员会，并在物业管理区域内公告。”

撤出物业管理，并移交相关财产、资料等。物业服务企业一旦被业主大会经过正当程序解聘，则必须向新聘任的物业服务企业移交相关的物业管理用房和相关的资料。根据《物业服务纠纷司法解释》第10条的规定，如果物业服务企业在合同终止后拒绝履行移交义务的，业主委员会有权向法院提起诉讼。

二、业主的主要义务

1. 依据约定缴纳物业服务费的义务

缴纳物业服务费是业主最主要的合同义务。《物业管理条例》第42条规定："业主应当根据物业服务合同的约定交纳物业服务费用。"因此，有关物业费的缴纳主要依据当事人的约定来确定。物业服务费的缴纳主要涉及如下问题：

第一，物业服务费缴纳的时间。关于物业费的缴纳时间，物业服务合同一般会作出约定。但如果当事人没有作出明确约定时，如何确定物业费的缴纳时间?《物业管理条例》第42条第2款规定："已竣工但尚未出售或者尚未交给物业买受人的物业，物业服务费用由建设单位交纳。"依据该条规定，在房屋未出售或交付前，物业服务费用由建设单位交纳。如果已经出售或交付给业主，则应当由业主缴纳物业费。笔者认为，业主物业费的最初缴纳时间始于物业的交付，实践中以建设单位交付房屋的钥匙为准。因为只有在交付之后，发生占有的移转，业主才可以实际入住，由业主承担物业费才较为合理。如果在房屋出售后，由于业主自身的原因而未及时入住，则应当由业主缴纳物业费。但不能认为，一旦房屋出售给业主，就应当由业主缴纳物业费。

第二，关于物业费缴纳的方式，有必要在合同中作出约定。例如，双方当事人可能在物业服务合同中约定，居住用房的物业费一年一缴，商业用房的物业费半年一缴。如果法律和合同未对此作出规定，则应当依据交易习惯来确定。例如，如果本地同行业的缴纳期限是一年，则应当依此确定。

第三，物业承租人、借用人等其他物业使用人是否有义务缴纳物业费?在实践中，业主未实际使用房屋而将其出租、出借给他人使用的，物业使用人实际为物业的承租人、借用人以及其他物业使用人等，物业使用人与业主往往约定，由物业使用人负有缴付物业使用费的义务。问题是，物业服务企业是否有权向物业使用人请求缴付物业费?《物业服务纠纷司法解释》第7条规定："业主与物业的承租人、借用人或者其他物业使用人约定由物业使用人交纳物业费，物业服务企业请求业主承担连带责任的，人民法院应予支持。"依据该规定，如果业主与物业的承租人、借用人或者其他物业使用人约定，由物业使用人缴纳物业费，而业主在物业费的缴纳方面对物业服务企业负有连带之债。笔者认为，该规定目的在于保障物业服务企业债权的实现，但在法理上存在一定的缺陷，因为物业使用人不是物业服务合同的当事人，所以物业服务合同原则上对其没有约束力。即使业主与物业使用人之间存在此种约定，但该约定并不能使物业使用人成为物业服务合同的当事人。[①] 由于司法解释规定物业使用人与业主承担连带责任，在业主有能力支付物业服务费用时，物业服务企业可能直接请求物业使用人缴纳物业费。因此，笔者认为，如果业主或物业使用人未缴纳物业费，但业主能够缴纳的，则首先应当由业主缴纳，业主未缴纳的，从有利于保护物业服务企业债权的角度出发，应允许其根据业主与物业使用人之间的约定，向物业使用人提出请求，但不宜由物业使用人与业主承担连带缴纳责任。

第四，新业主对原业主拖欠的物业费是否负有缴纳的义务？在实践中，建筑物区分所有权有可能基于买卖、赠与、继承等方式发生移转，原业主可能拖欠了物业费，新业主对此是否负有缴纳的义务？对此存在不同的观点：一种观点认为，物业买受人和受赠人所继受的系依法律或规约所定的权利义务。例如，规约所订缴交物业费的义务本身，但不应及于积欠的物业费，此属业主个人的债务，不随同区分所有权之移转而移转。[②] 另一种观点认为，继受人在继受区分所有权之前有义务向物业企业查询前手物业费缴纳情况，如果物业企业不能向继受人主张，而物业又已经转入其名下，追缴物业费就更难实现，最终将损害其他业主的利益，因此应突破债权与物权的僵硬区分，从公平的角度出发，承认继受人需继受其前手拖欠的物业费缴纳义务。[③] 笔者认为，新业主受让专有部分时，有义务向物业服务企业查询物业费的缴纳情况，如果物业服务企业已经将物业费的拖欠情况明确告知后业主，而后业主在明知拖欠物业费的情况下仍受让专有

① 参见陈佳：《物业服务合同中的物业费请求权研究——兼评法释［2009］8号中的相关规定》，载《河北法学》，2010（5）。

② 参见王泽鉴：《民法物权通则·所有权》，北京，中国政法大学出版社，2001，第264页。

③ 参见谢哲胜：《公寓管理费缴纳义务的继受》，载《月旦法学教室》，第37期，第13页。

部分，其应当负有继受前手所拖欠的物业费的缴纳义务。尽管物业服务合同只是发生在原业主和物业服务企业之间，原业主在其拥有建筑物期间所欠的债务，属于其个人债务。[①] 但如果后业主不承担此种债务，物业服务企业可能难以向前业主进行追索。同时，当前业主已经将专有部分转让后，如果后业主不承担缴纳所拖欠的物业费的义务，由物业服务企业向不知去向的前业主追讨债务，对于物业服务企业而言是不公平的。通过此种方式，也可以督促当事人在订立合同时了解有关的债务负担情况。

第五，在业主实际接受物业服务企业所提供的服务的情形下，即使当事人没有订立正式的物业服务合同，业主仍有义务支付相应的报酬。如在“上海某某物业管理有限公司诉施某某物业服务合同纠纷案”中，法院认为，“被告在接受了原告的物业管理服务后，理应及时支付相应的物业服务费”[②]。在物业服务合同终止后，如果物业服务企业继续提供物业服务，而业主也继续接受物业服务的，双方实际上存在一种事实合同关系，应当按照原物业服务合同约定的标准支付物业服务费用。例如，在“某物业管理有限公司诉杜某物业服务合同纠纷案”中，法院认为，“合同到期后，原告与所在小区的业委会未续订管理服务合同，但仍在小区提供管理服务，业主事实上接受了管理和服务，业主应按原定收费标准支付物业管理费。”[③]

2. 接受物业服务企业管理的义务

物业服务企业享有依据法律规定和合同约定对物业进行管理、提供服务的权利。在物业服务企业依据规定进行管理的过程中，业主负有接受物业服务企业管理的义务。根据《物业管理条例》第46条的规定，物业服务企业有权对物业进行管理，在业主擅自从事有关物业装饰、装修等行为，以及从事危害小区公共安全、公共秩序的行为时，物业服务企业有权予以制止，业主应当服从物业服务企业的合理管理行为。例如，对于物业服务企业的停车管理规定，业主应当遵守。

物业服务合同的义务不仅来源于合同约定，还包括相关法律、法规以及管理规约的规定。物业服务企业依据物业服务合同接受了全体业主的委托，负有为业主全体的利益维护小区公共安全、公共秩序的义务，业主个

---

① 参见王泽鉴：《民法物权通则·所有权》，北京，中国政法大学出版社，2001，第264页。

② 上海市浦东新区人民法院民事判决书（2012）浦民一（民）初字第23321号。

③ 上海市长宁区人民法院民事判决书（2012）长民三（民）初字第1025号。

人应当积极配合物业服务企业的管理，以实现小区整体环境的安全、有序。业主无正当理由不得妨碍物业服务企业管理和服务行为的实施，否则也损害了全体业主的根本利益。在业主从事违反物业服务合同或者法律、法规、管理规约而实施的妨碍物业服务与管理的行为时，依据《物业服务纠纷司法解释》第 4 条的规定，物业服务企业有权请求业主承担恢复原状、停止侵害、排除妨害等相应的民事责任。

3. 配合、协助物业服务企业的义务

依据诚信原则的要求，业主应当配合、协助物业服务企业进行正当的服务或管理行为。例如，为公共设施而铺设线路需要经过业主室内时，或者为检修管道需要进入业主室内进行查看的，业主应当予以配合。又如，在一些商业型区分所有建筑中，物业服务企业根据相关约定要求业主进出时出示相关证件，业主应当予以配合。

第五节　物业服务合同的解除

一、物业服务合同解除概述

物业服务合同在订立后，双方当事人应当按照合同约定履行合同，当事人也可以通过协议方式解除合同。在履行合同过程中，一旦符合法律规定或当事人约定的解约条件，当事人也可以解除合同。例如，合同约定在大多数业主对物业服务企业的服务未达到约定的满意程度时，业主可以解除物业服务合同。一方当事人根本违约时，例如，业主严重拖欠物业费以至于物业服务企业的经营产生困难时，物业服务企业可以根据法律的规定行使合同解除权。

问题在于，物业服务合同当事人双方是否享有任意解除权？所谓任意解除，是指当事人可以在合同所约定的期限届满之前，根据法律规定和合同的约定，无须特别理由，可以根据自己单方的意志解除合同。对此存在两种不同观点。一种观点认为，物业服务合同以当事人的相互信任为基础，具有一定的人身信任性质，双方一旦产生信任危机，则物业管理与服务将难以依约履行，此时，物业服务合同的双方当事人应当享有任意解除物业服务合同的权利。另一种观点认为，物业服务合同属于继续性合同，物业服务行为具有连续性，尤其是考虑到我国物业服务企业刚进入市场化的现状，双方当事人不应当享有任意解除物业服务合同的权利。

笔者认为，关于业主是否享有任意解除物业服务合同的权利，应当对前期物业服务合同与普通物业服务合同区别对待。对于前期物业服务合同，业主应当享有任意解除权。《物业管理条例》第 26 条规定："前期物业服务合同可以约定期限；但是，期限未满、业主委员会与物业服务企业签订的物业服务合同生效的，前期物业服务合同终止。"对于前期物业服务合同而言，由于业主并没有参与合同的订立过程，为保障业主的利益，业主应当享有任意解除合同的权利。依据上述规定，如果业主已经成立了业主大会，基于业主大会的决定，可以解聘原物业服务企业，选聘新的物业服务企业，即使没有成立业主大会，基于业主的委托，业主委员会也可以依法解除前期物业服务合同。我国《物权法》第 81 条实际上也采纳这一观点。

但对于普通物业服务合同，我国现行立法并未赋予业主此种权利。《物权法》第 81 条规定："业主可以自行管理建筑物及其附属设施，也可以委托物业服务企业或者其他管理人管理。对建设单位聘请的物业服务企业或者其他管理人，业主有权依法更换。"依据该条规定，对建设单位在前期物业服务合同中所聘请的物业服务企业，业主有权予以更换，但对业主自己在普通物业合同中选聘的物业服务企业，业主应当受到物业服务合同效力的拘束，不应当享有任意解除权。《物权法》第 76 条规定，选聘和解聘物业服务企业或者其他管理人应当由业主共同决定，这只是表明对于物业服务企业的选择属于业主共同决定的事项，但并不意味着在普通物业服务合同的期限届满之前，业主可以任意解除物业服务合同。当然，如果出现物业服务企业根本违约或其他法定情形时，全体业主作为一方当事人可以行使法定解除权解除合同。笔者认为，在普通物业服务合同中，全体业主不应当享有任意解除权的理由主要在于：

第一，物业服务合同不同于委托合同，业主不能享有任意解除权。任意解除权与委托合同的无偿性具有密切联系。《合同法》第 410 条规定了委托人的任意解除权，这是因为委托合同大多是无偿的，即使委托人任意解除合同，通常也不会给受托人造成损失，但物业服务合同具有有偿性，在性质上不同于委托合同，所以，不能完全适用委托合同中关于任意解除权的规定。

第二，赋予业主任意解除权，有可能损害物业服务企业的正当利益。在实践中，物业服务合同成立之后，物业服务企业为了提供约定的物业服务，通常要进行大量的准备工作，会与其他主体订立一系列的合同。一旦赋予业主任意解除权，可能会给物业服务企业造成损失。《物权法》及《物业管理条例》中关于一定比例业主同意后即可解聘物业企业的规定，是业主大会决议效力的程序性规定，但不能因此影响物业服务合同的效力。[①] 业主解除物业服务合同给物业服务企业造成损害的，应当承担相应的违约责任。

第三，法定解除权已经足以保护业主的正当利益，不必再另行赋予其任意解除权。实践中，当物业服务企业不履行公共设施的维修、养护义务，致使小区垃圾成山、污水横流，公共设施的运行陷入瘫痪，小区存在严重安全隐患等，这些都表明物业服务企业的行为已经构成根本违约，在此情况下，业主可以要求业主委员会通过行使法定解除权来保护其利益。

二、物业服务合同解除后的义务

合同解除后存在后合同义务。所谓后合同义务，是指在合同关系终止后，当事人依据法律、法规的规定，以及诚实信用原则的要求对另一方负有的保密、协助等义务。物业服务合同解除后，物业服务企业仍应当对业主负有保密、协助等义务，将保管的建筑竣工图、设施设备的技术资料、物业质量保修文件和物业使用说明文件等物业档案资料移交给业主委员会，并应妥善地向业主大会选聘的新的物业服务企业做好物业服务的交接工作。[②] 依据《物业服务纠纷司法解释》的相关规定，物业服务企业在合同解除后所应承担的后合同义务主要包括如下内容：

第一，退还已经预收的、尚未提供物业服务期间的物业费。《物业服务纠纷司法解释》第 9 条第 1 款规定："物业服务合同的权利义务终止后，业主请求物业服务企业退还已经预收，但尚未提供物业服务期间物业费的，人民法院应予支持。"根据该规定，物业服务合同在合同期限届满前终止的，物业服务企业应当将已经收取的、尚未提供物业服务期间的物业费返还给业主，业主有权请求物业服务企业予以返还。从法律上看，对于

---

① 参见赵惠：《析物业服务合同的性质及其解除》，载《法学论坛》，2010（11）。

② 《物业服务纠纷司法解释》第 10 条规定："物业服务合同的权利义务终止后，业主委员会请求物业服务企业退出物业服务区域、移交物业服务用房和相关设施，以及物业服务所必需的相关资料和由其代管的专项维修资金的，人民法院应予支持。"《物业管理条例》第 39 条规定："物业服务合同终止时，物业服务企业应当将物业管理用房和本条例第二十九条第一款规定的资料交还给业主委员会。物业服务合同终止时，业主大会选聘了新的物业服务企业的，物业服务企业之间应当做好交接工作。"

物业服务企业已经预收、尚未提供物业服务的费用构成不当得利，其应当返还。同时，除了物业费之外，物业服务企业对于其所预收的其他费用也应当依法返还给业主。例如，装修保证金、垃圾清运费等。当然，物业服务合同在期限届满前终止的，对于物业服务合同生效期间内业主所拖欠的物业费，物业服务企业仍有权向拖欠物业费的业主主张，这也是由物业服务合同的双务、有偿性所决定的。

第二，应退出物业服务区域。《物业服务纠纷司法解释》第 10 条规定，在物业服务合同的权利义务终止之后，物业服务企业就应退出物业服务区域。所谓退出，是指物业服务企业及其服务人员应离开相应的物业服务区域，而不得继续占用相关区域。如果其拒不退出的，将构成侵权，业主委员会可以请求其退出，并有权请求物业服务企业承担相应的责任。

第三，应移交物业服务用房和相关设施，以及物业服务所必需的相关资料和由其代管的专项维修资金，即履行妥善交接的义务。[①]《物业服务纠纷司法解释》第 10 条即作如此规定。这主要是因为，物业服务合同已经终止，物业服务企业因此而丧失占用物业服务用房以及专项维修资金等的法律依据，因此，应当将其加以返还。对于其无正当理由拒不移交的行为，业主委员会可以请求其承担相应的责任。

第六节　违反物业服务合同的责任

一、物业服务企业的违约责任

（一）未按照约定提供物业服务

物业服务合同中，物业服务企业的违约行为的主要形态表现为不履行或不适当履行法律、法规规定以及合同所约定的维修、养护、管理等义务。[②]《物业服务纠纷司法解释》第 3 条规定："物业服务企业不履行或者不完全履行物业服务合同约定的或者法律、法规规定以及相关行业规范确定的维修、养护、管理和维护义务，业主请求物业服务企业承担继续履行、采取补救措施或者赔偿损失等违约责任的，人民法院应予支持。"依

① 参见赵惠：《析物业服务合同的性质及解除》，载《法律适用》，2010（11）。
② 参见陈文：《物业服务合同若干法律问题研究》，载《现代法学》，2004（2）。

据这一规定，物业服务企业未按照约定提供服务包括如下几种：一是未按照规定提供物业服务。例如，双方当事人在物业服务合同中约定，物业服务企业应当提供 24 小时保安服务，物业服务企业没有提供此种服务的，即构成违约。如果物业服务企业单方面承诺提供某项物业服务，即使该项承诺没有纳入合同文本之中，物业服务企业也应当按照该承诺提供物业服务，否则即构成违约。二是提供服务未达到约定的标准。例如，物业服务企业负有提供安保的义务，但保安人员经常擅自离岗，对进出人员、车辆疏于询问、登记等情形。此外，物业服务企业未按照约定提供服务还表现为，不认真履行接管验收义务，不履行对物业的保养维修义务，不履行园林绿化、卫生保洁等义务，不履行安全管理义务造成业主人身、财产损失以及擅自改变业主共有财产用途、擅自处分业主共有财产等。三是未按照法律、法规规定以及相关行业规范确定的义务提供物业服务。在判断物业服务企业是否尽到义务时，不应当仅仅考虑合同约定，还应当考虑是否违反法律、法规以及相关行业规范。例如，不同资质等级的物业服务企业的收费标准不同，物业服务企业根据相关法规规定，应当提供符合法定标准的物业服务，如果物业服务企业提供的物业服务没有达到该标准，即构成违约。

物业服务企业未按照约定提供服务，应当承担违约责任，其责任承担方式主要包括如下几种：第一，继续履行合同。在物业服务企业违约的情况下，业主有权要求其继续履行。这主要是指物业公司未尽到相关的维修、维护义务的情形。例如，物业公司未尽到维修小区电梯及其他设备的义务，在此情况下，业主有权请求其继续履行该项义务。第二，采取补救措施。这主要体现在公共设备、公共设施不能正常使用的情形，物业服务企业应当采取相应的补救措施。如绿地被毁坏、小区道路毁损的情形，物业公司应当采取措施恢复原状。第三，赔偿损失。在因物业公司的违约行为给业主的人身、财产造成损害的，物业公司应当承担损害赔偿责任。此外，有必要区分物业服务企业的违约责任和侵权责任。违约责任是指物业服务企业因其违约行为对业主承担的责任，而侵权责任主要是指物业服务企业因未尽到相关安全保障义务致业主人身、财产损害而应承担的责任。

（二）违约收费

物业服务企业违约收费有广义与狭义之分。所谓狭义的违约收费，即物业服务企业没有按照物业服务合同约定，单方面扩大物业服务收费范围、提高收费标准、随意增加收费项目或者重复收费等。例如，当事人已经约定物业服务企业负有免费看管停放车辆的义务，如果物业服务企业未经过全体业主同意而擅自对停放车辆收取看管费用即构成违约收费。广义的违约收费还包括物业服务企业违反收费标准而收取的费用。所谓物业收费标准，是指由法律、行政法规、地方性法规、规章针对物业服务的收费标准，其内容主要是对不同资质的物业公司提供的服务而规定的指导定价幅度。① 如果物业服务企业超过该标准收费，就构成了广义的违约收费。通常物业费由物业服务成本和物业企业的利润两部分构成，物业收费本属于合同自由范畴，但由于业主力量分散，在物业服务合同订立过程中往往处于弱势地位，在物业服务合同中，业主处于类似于消费者的法律地位，所以法律有必要对物业服务企业的收费进行一定程度的干预，要求物业服务企业应在规定的范围内收费，从而有利于保护业主利益、规范物业服务行业。《物业服务纠纷司法解释》第 5 条规定，物业服务企业违反规定，擅自扩大收费范围、提高收费标准或者重复收费，业主有权拒绝缴纳。从法律上看，业主在该情形下拒绝缴纳物业费的行为，属于正当行使抗辩权的行为，不属于违约；对于物业服务企业已经收取的违规费用，业主有权请求返还。

二、业主的违约责任

（一）拒绝或拖欠物业费

物业费的支付是业主所负担的主要合同义务，也是其接受物业服务企业所提供的服务的基础。因此，业主无正当理由拒绝或者拖欠物业服务费的，应当承担相应的违约责任。所谓拒绝缴纳物业费，是指业主依据约定应当缴纳物业费，无正当理由而不予缴纳。所谓拖欠物业费，是指业主虽未明确表示不缴纳物业费，但迟延缴纳。实践中，物业费拖欠现象较为普遍。②《物业服务纠纷司法解释》第 6 条规定："经书面催交，业主无正当理由拒绝交纳或者在催告的合理期限内仍未交纳物业费，物业服务企业请求业主支付物业费的，人民法院应予支持。物业服务企业已经按照合同约

① 例如，《合肥市住宅小区物业综合服务费基准收费标准》依据物业公司的服务等级规定了不同的收费标准，各等级收费标准上下浮动不得超过 20%。

② 据中国物业管理协会 2008 年 5 月发布的《全国物业管理行业生存状况调查报告》显示，被调查的 4 600 家物业公司中，反映业主拖欠物业费问题严重的占 57.22%。2008 年上海出现了物业公司撤离小区的风潮，至少有 10 家物业公司因经营严重亏损撤离了近 50 个小区。参见谢罗群：《无奈撤离凸现企业发展困局——上海物业服务公司撤离小区现象调查》，载《中国物业管理》，2008 (4)。

定以及相关规定提供服务，业主仅以未享受或者无需接受相关物业服务为抗辩理由的，人民法院不予支持。”依据该条规定，业主拒绝支付或拖欠物业费的行为应当承担相应的违约责任，其构成要件是：

1. 业主实施了拒绝支付或拖欠物业费的行为

所谓拒绝支付，是指业主无正当理由明确表示拒绝支付物业费。所谓拖欠，是指支付物业费的期限到来之后，业主不按期支付，拖欠缴纳属于迟延履行。拒绝和拖欠物业费的行为，不仅违反了物业服务合同，实际上也违反了业主大会订立的管理规约。因为在拒绝支付物业费的同时，也损害了全体业主的利益。聘请物业公司进行物业服务，是全体业主作出的决定，单个业主无权改变全体业主通过正当程序作出的决议。

2. 业主拒绝支付或拖欠物业费的行为欠缺正当理由

业主拒绝支付或者拖欠物业服务费用必须欠缺正当理由，对于物业服务企业收取物业服务费的行为，如果有正当的抗辩理由，业主有权依据《物业服务纠纷司法解释》第5条的规定予以拒绝。此外，物业公司不履行物业服务合同，或者履行合同有重大瑕疵，符合合同法所规定的抗辩条件的，业主也可以行使抗辩权。① 但所提出的抗辩必须有正当理由，并有法律依据，否则，业主的行为将构成违约行为。

依据《物业服务纠纷司法解释》第6条的规定，对于物业服务企业支付物业费的请求，业主不得以未享受或者无须接受相关物业服务为抗辩，拒绝支付物业费。依据该规定，一是业主不得提出“未享受”的抗辩。应当看到，实践中确实存在物业公司提供物业服务之后，业主并未实际享受到此种服务。例如，业主长期将房屋空置，没有入住。但只要物业服务企业按照约定提供了物业服务，业主不能以未享受物业服务作为抗辩。二是业主不得以“无须接受”提出抗辩。这就是说，业主不能以其主观上认为不需要物业服务企业提供的全部或者部分物业服务而拒绝支付物业费。例如，低层的业主认为其无须向物业服务企业交纳电梯使用以及维护费用的情况。在物业服务企业已经按照合同提供约定服务时，业主仅以自身未享受或无须接受相关物业服务为由并不构成前述的“正当理由”。业主之所以不能以“无须接受”为由提出抗辩，其主要原因在于：一方面，提供物

---

① 参见杜万华：《最高人民法院〈关于审理建筑物区分所有权纠纷案件具体应用法律若干问题的解释〉、〈关于审理物业服务纠纷案件具体应用法律若干问题的解释〉的理解与适用》，载《法律适用》，2009（7）。

业服务是物业服务企业的主要合同义务，如果物业服务企业已经按照合同约定提供了物业服务，业主就应缴纳物业费。另一方面，建筑物区分所有权具有整体性，物业服务企业针对共有部分所提供的物业服务和管理，实际上是在为全部的区分所有权人提供物业服务，各个区分所有权人也都可以实际享受相应的利益[①]，业主不得以未享受物业服务为由或无须接受相关物业服务为由进行抗辩。而且在实践中，当一个新建小区投入正式运营，一般入住率较低，而此时物业服务企业需要对小区的公共设施、绿地等进行维护，此时，已经入住的业主缴纳的物业服务费用无法满足正常开支的需要，如果允许业主以"未享受物业服务"为理由提出抗辩，则物业服务将难以开展，这也会对业主的利益造成损害。

3. 物业服务企业提出了书面的催告

从该司法解释的规定来看，其采取催告主义，这就是说，在业主拒绝履行的情形，法律并没有直接要求业主承担责任。这主要是尽可能地促成业主与物业服务企业自行解决纠纷，从而减少类似的诉讼。此外，业主可能因各种特殊情况而没有履行义务，物业服务企业应当首先对其提出请求。需要指出的是，此处所说的"书面"催告，并非一定要求对个别业主单独作出，也可以通过对所有业主的催告（如采取小区公告的形式），但催告应当采取书面的形式。

如果符合上述要件，物业服务企业有权直接请求业主承担违约责任，或在法院提起诉讼。在此，有必要区分业主的责任与业主大会的责任。业主违约责任的承担，应当由具有违约行为的具体业主承担，例如，拒绝缴纳物业费的业主应当承担违约责任。业主大会虽然是业主的自治团体，但毕竟不是物业服务的真正接受者，而且没有自身的财产去代替具体业主承担各种违约责任。因此，当业主违约时，应当由具有违约行为的具体业主承担违约责任，物业服务企业可以对业主提起诉讼以保障自己的债权。

需要指出的是，我国现行法上对于物业费的缴纳没有确立相应的特殊保障制度。从比较法上来说，有些国家对此作出了特别规定。例如，美国各州立法规定，业主管理团体可对欠费业主房屋单元设定不动产留置权。经过催缴仍拒绝缴纳的，业主管理团体有权取消房屋的回赎权，并可依法

① 参见奚晓明主编：《最高人民法院建筑物区分所有权、物业服务司法解释理解与适用》，北京，人民法院出版社，2009，第311页。

定程序，强制拍卖房屋，就所得价款优先受偿欠费、利息、滞纳金、诉讼费及合理的律师费。[①] 在新加坡，管理团体以书面形式通知业主缴纳物业费，如果业主超过30日仍未支付的，则将依管理团体所决定的利率加收利息并请求简易法院予以收取；同时，法院得以业主违反义务为由处1万新加坡元以下的罚金。[②] 我国法律尚未设置类似的特殊保障制度。

（二）妨害物业服务与管理

业主违反合同的行为也可能表现为妨碍物业服务与管理。《物业服务纠纷司法解释》第4条规定："业主违反物业服务合同或者法律、法规、管理规约，实施妨害物业服务与管理的行为，物业服务企业请求业主承担恢复原状、停止侵害、排除妨害等相应民事责任的，人民法院应予支持。"依据该条规定，在业主实施妨碍物业服务与管理的行为时，物业服务企业有权请求业主承担恢复原状、停止侵害、排除妨害等相应的民事责任。实践中，业主违反物业服务合同表现为拒绝接受物业服务企业的正当管理，违反有关物业管理规定在住宅内私搭滥建，未经法定程序擅自解聘物业服务企业，妨碍物业服务企业从事正当的物业管理服务活动。

业主实施妨害物业服务与管理的行为，应当承担相应的民事责任。责任方式主要包括：恢复原状、停止侵害、排除妨害等。其中，所谓恢复原状，是指实施妨害物业服务与管理行为的业主应将其所损害的对象恢复如初。例如，业主违反管理规约，在共有区域内乱挖乱建的，物业服务企业要求其恢复原状的，业主应将该区域恢复到其实施行为之前的状态。所谓停止侵害，是指物业服务企业可以请求正在实施妨害行为的业主停止其行为，以终止其行为所产生的损害。排除妨害，则是指在业主的行为即将对物业服务企业的服务与管理行为产生妨害时，物业服务企业可以请求其对此予以排除。从该条规定来看，实施妨害物业服务与管理行为的业主所应承担的责任并不限于恢复原状、停止侵害、排除妨害这三种。如果因业主所实施的妨害行为而造成其他损失的，物业服务企业可以请求其承担上述三种责任方式之外的其他民事责任。

---

① 参见周树基：《美国物业产权的物业管理》，北京，北京大学出版社，2005，第77页。

② 参见陈华彬：《现代建筑物区分所有权制度研究》，北京，法律出版社，1995，第284～285页。

第六章　出版合同　演出合同

第一节　出版合同

一、出版合同的概念和特征

所谓出版合同，是指当事人双方订立的，一方为了出版其享有著作权的作品而将作品交付于另一方（出版人），另一方负责印刷或以其他方法复制及发行的合同。出版作为一种行业，是在出版物成为商品以后才出现的。随着数字科技和网络技术的发展，例如，人工智能及 4G 技术的出现，出版已经不限于传统的以纸张为媒介的形态[①]，而已将音像、缩微等纳入其中，传统出版也逐渐向数字出版转型，并呈现出云出版的发展态势。[②] 出版业是知识的传递者、文化的传播者，可形成一种文化的软实力，对传播核心价值理念、培育民族精神、提高民众素质、促进社会进步具有重要意义。[③] 出版业也是文化创意产业的重要组成部分，其在国民经济中占据着重要位置。

出版著作权人的作品需要在著作权人和出版人之间订立出版合同，以规范当事人之间的权利义务关系。此种合同具有如下特征：

1. 主体的特殊性

出版合同的双方当事人为出版人与著作权人。出版业关系到社会公共利益、公共安全，出版高质量的图书可以丰富人们的精神文化生活，促进

---

① 参见黄立：《民法债编各论》（下），北京，中国政法大学出版社，2003，第 484 页。

② 参见朱侠：《〈2011—2012 中国出版业发展报告〉在京发布》，载《中国新闻出版报》，2012-07-16。

③ 参见董中锋：《出版业与文化软实力》，载《出版发行研究》，2007（12）。

文化事业的繁荣和发展，而出版不良图书则可能对社会的舆论导向产生不良影响，因此，法律、法规对出版人的资格作出了严格限制。一方面，依据我国法律和有关行政法规的规定，出版人必须是法人，自然人不具有出版人资格。《图书出版管理规定》第 8 条第 2 款规定："本规定所称图书出版单位，是指依照国家有关法规设立，经新闻出版总署批准并履行登记注册手续的图书出版法人实体。"另一方面，出版人必须经过法定程序才能设立。《图书出版管理规定》第 8 条第 1 款规定："图书由依法设立的图书出版单位出版。设立图书出版单位须经新闻出版总署批准，取得图书出版许可证。"① 出版人经国家出版行政管理机关审批登记，并发给统一编号，取得正式的出版资格。

出版合同的另一方当事人主要是著作权人。其是依法以自己的创作行为享有著作权或者依法通过有效途径享有著作权的自然人、法人或者其他团体。②《著作权法》第 9 条规定："著作权人包括：（一）作者；（二）其他依照本法享有著作权的公民、法人或者其他组织。"在绝大多数情况下，作者是创作作品的自然人。除作者外，著作权人还包括依继承、受让等方式取得著作权的人。③ 由于创作作品的行为是一种事实行为而非法律行为，所以，作者不以具有行为能力为要件，可以因其创作行为而直接取得著作权。但不具备完全民事行为能力的著作权人在与出版人订立出版合同时，应由其法定代理人或监护人代为订立。

在特殊情况下，出版人也可能与非著作权人订立出版合同。例如，某出版社出版《西游记》，需要使用另一出版社所设计的特殊版式，此时，虽然并不存在著作权人，但仍应经另一出版社许可，并与其订立出版合同。

---

① 《图书出版管理规定》第 9 条还具体规定了设立图书出版者的具体条件："设立图书出版单位，应当具备下列条件：（一）有图书出版单位的名称、章程；（二）有符合新闻出版总署认定条件的主办单位、主管单位；（三）有确定的图书出版业务范围；（四）有 30 万元以上的注册资本；（五）有适应图书出版需要的组织机构和符合国家规定资格条件的编辑出版专业人员；（六）有确定的法定代表人或者主要负责人，该法定代表人或者主要负责人必须是在境内长久居住的具有完全行为能力的中国公民；（七）有与主办单位在同一省级行政区域的固定工作场所；（八）法律、行政法规规定的其他条件。设立图书出版单位，除前款所列条件外，还应当符合国家关于图书出版单位总量、结构、布局的规划。"

② 参见费安玲：《著作权法教程》，北京，知识产权出版社，2003，第 67 页。

③ 参见郑玉波：《民法债编各论》（下册），台北，三民书局，1981，第 396 页。

2. 客体的特殊性

出版合同的客体是作品，主要是指一些文学、艺术作品。[①] 作品具有如下特征：首先，作品是一种无形的智力成果。一般合同的客体是有形的、特定的物，而出版合同的客体则主要是文学、艺术作品等智力成果，具有无形性。其次，出版合同的客体是受《著作权法》保护的作品。在法律上，出版人可以出版各种不受《著作权法》保护的对象，但是通过与出版人签订出版合同由其印刷出版的出版物，一般是受《著作权法》保护的取得著作权的作品。因为不享有著作权的出版物，出版人无须与他人签订出版合同即享有出版的权利。只要出版的作品在内容上不违反法律、法规的强制性规定，不违反公序良俗，出版人完全有权自行出版不享有著作权的作品（例如，出版人出版《三国演义》、《西游记》等古典名著或出版现行法律、法规）。此外，有些作品虽然不受《著作权法》的保护，但仍可成为出版合同的客体。例如，根据《著作权法》的规定，作品著作财产权的保护期限一般是 50 年。在保护期限届满之后，作品将进入公有领域，相应的著作财产权便不受《著作权法》的保护，出版人可自由出版著作权已过保护期的作品，而无须取得原著作权人及其继承人的同意。但是，如果这些已过著作权保护期限的作品，由他人重新进行注释、整理和点校等工作的，依据我国《著作权法》的相关规定，此类作品可能成为演绎作品而受到《著作权法》的保护。在出版加工后形成演绎作品时，出版人仍应取得演绎者的同意，并与从事注释、整理和点校等工作的演绎者签订出版合同。当然，在作品的保护期已经届满的情形下，如果著作权人仍授权他人出版，由此所订立的出版合同并不因此而无效。对于此种出版合同，学者称之为“非固有的出版契约”[②]。在此情形下，出版人所取得的出版权并不具有排他效力。还需要指出的是，并非所有受《著作权法》保护的作品均能成为出版合同的客体。因为受《著作权法》保护的作品除了文字作品、摄影作品等适于出版的作品外，还包括建筑作品、舞蹈作品等大量的不适于出版的作品。凡因为载体所限而不适于出版的作品，就无法成为出

① 关于作品的范围，《著作权法》第 3 条规定：“本法所称的作品，包括以下列形式创作的文学、艺术和自然科学、社会科学、工程技术等作品：（一）文字作品；（二）口述作品；（三）音乐、戏剧、曲艺、舞蹈、杂技艺术作品；（四）美术、建筑作品；（五）摄影作品；（六）电影作品和以类似摄制电影的方法创作的作品；（七）工程设计图、产品设计图、地图、示意图等图形作品和模型作品；（八）计算机软件；（九）法律、行政法规规定的其他作品。”

② 郑玉波：《民法债编各论》（下册），台北，三民书局，1981，第 396 页。

版合同的客体。最后，出版合同的客体必须具有合法性。依法被禁止出版、传播的作品（如黄色淫秽书籍、期刊等），不能成为出版合同的客体。此类作品的传播将会对社会公共利益、公共安全构成妨害，因此，以此类作品为客体而订立的出版合同应当被宣告无效。

3. 实质在于授权许可

出版合同的实质在于授权许可，即著作权人将其作品的出版权授予特定的出版人，准许其依据合同约定而出版其作品。① 出版合同的订立，主要是通过书面形式载明由著作权人将其享有著作权的部分内容授权给出版人，其中，最主要的是出版权。著作权人所授予的出版权既可以是专有的，也可以是非专有的。所谓专有出版权，是指出版人与著作权人订立出版合同之后，出版人对出版权所享有的独家使用的权利。② 享有专有出版权的出版人甚至有权排除著作权人使用该作品。但专有出版权仍可能受到时间和地域范围的限制③，出版人即使享有专有出版权，也应当在合同所约定的地域和时间内行使该项权利。所谓非专有出版权，是指出版人取得出版权之后，著作权人仍可以在合同所约定的范围、期限之外授权其他出版人进行出版。但需要注意的是，出版合同中的专有出版许可在本质上并非著作权的转让。在出版合同中，出版人所取得的只是被许可使用的作品的出版权。④ 只有在订立出版合同后，取得授权许可的出版人才能享有对作者的作品进行出版、改编、翻译等权利。

出版合同的核心条款是授权条款。所谓授权许可，是指著作权人将出版权作为一项财产使用权授予出版人，允许其在合同规定的期限内使用该项权利，但授权许可并不发生出版权的永久移转。⑤ 通常，作者的发表权是通过作品的出版来实现的，但在许多情况下，作者在作品已经发表之后，再与出版人订立出版合同，将出版权授予出版人。授权许可包括如下几方面内容：一是通过出版合同许可某一出版人复制、发行其作品；二是由于著作权客体具有无形性，著作权人可以分地区、分时间地进行专有授权。例如，教材的著作权人可以同时授予内地、港澳台地区的不同出版人

---

① 参见詹志玲：《图书出版合同的法律特征》，载《政治与法律》，1987（5）。

② 参见徐德欢：《图书出版合同的若干法律问题》，载《出版科学》，2002（1）。

③ 《著作权法实施条例》第 28 条规定："图书出版合同中约定图书出版者享有专有出版权但没有明确其具体内容的，视为图书出版者享有在合同有效期限内和在合同约定的地域范围内以同种文字的原版、修订版出版图书的专有权利。"

④ 参见徐德欢：《图书出版合同的若干法律问题》，载《出版科学》，2002（1）。

⑤ 参见詹志玲：《图书出版合同浅析》，载《法律学习与研究》，1988（2）。

以专有出版权。在出版期限届满以及非专有出版许可中，著作权人可以再将出版权授予他人。不过，出版合同特别约定不允许再行授权他人，著作权人就不得再次授权他人出版。三是出版人非经著作权人或其继承人、受让人等的同意，不得将该出版权再度转让给第三人。[①] 例如，作者将其作品交予A出版社出版，A出版社不得将该作品擅自许可B出版社出版。这本质上是因为出版权仍属于著作权人，A出版社仅能在授权许可的范围行使出版的权利，而不能擅自转让出版权。

出版合同与出版权转让合同也不能等同。所谓出版权转让合同，是指权利人将其所享有的作品出版权通过合同而转让给他人，在转让之后，出让人即丧失了作品的出版权。尤其是在著作权人将出版权转让给出版人的合同中，出版人成为该项权利的所有者，在版权的保护期限内享有绝对的排他权，有权对抗著作权人。[②] 此时，著作权人不再享有出版权，其无法再行与其他出版人就该作品订立出版合同，否则构成无权处分。同时，作为受让人的出版人并不负有出版的义务，其可以将出版权转卖，或永不出版。[③] 但出版合同仅是著作权人将出版权授予出版人使用，该权利自身并不发生所有权的移转。在此情形下，著作权人还可以将出版权授予其他出版人。

4. 不要式性

出版合同是不要式合同，即出版合同的成立以双方当事人意思表示达成一致而成立，而不需要采用特定的形式。《著作权法》第30条规定："图书出版者出版图书应当和著作权人订立出版合同，并支付报酬。"该条并没有要求出版合同必须采用书面等特定形式。但是，在实践中，为了减少交易成本，出版合同多采用格式化的书面形式。双方当事人在订立出版合同时，通常要采用出版人所提供的格式化文本，其中要规定专有使用年限、专有使用方式等内容，对著作权人的部分权利将构成限制。为了防止出版人利用格式化文本不合理地限制著作权人的权利，维护合同当事人的合法权益，有必要适用《合同法》总则关于格式条款的限制规则。

5. 双务、有偿性

出版合同具有双务性，当事人之间互负一定的对待给付义务。有学者认为，著作权人交付作品的义务与出版人出版作品的义务之间不构成对价

---

① 参见詹志玲：《图书出版合同的法律特征》，载《政治与法律》，1987（5）。

② 参见邱聪智：《新订债法各论》（中），北京，中国人民大学出版社，2006，第115页。

③ 参见戴修瓒：《民法债编各论》，北京，中国方正出版社，2008，第109页。

关系。但通说认为，出版合同仍属于双务合同。[①] 应当指出，出版合同不同于一般的双务合同。在一般的双务合同中，双方当事人的利益是相对的，而在出版合同中，双方当事人均有出版作品的共同目的，二者利益具有一定的一致性。[②] 尽管如此，出版合同在本质上仍属于双务合同。例如，就著作权人而言，其负有交付作品并授权图书出版者出版、发行的义务，而出版人则负有按照约定的条件、期限出版、发行约定作品并支付报酬的义务。

出版合同一般是有偿合同。著作权人将作品交付出版人进行出版、发行，出版人要从中获取经济利益，因此，其应当向著作权人支付一定的报酬，但由于著作权人对于作品的公开本身也享有一定的精神或名誉上的利益，所以出版合同并不以支付金钱报酬为限。

6. 诺成性

所谓出版合同的诺成性，是指只要当事人意思表示一致，就可以使合同成立，而并不以著作权人交付作品或者出版人支付报酬为成立要件。出版合同的成立不以双方当事人交付标的物或者践行其他行为为成立要件，但是图书出版者出版权的取得，必须以作品的交付为要件。[③]

关于出版合同是否为继续性合同，存在争议。一种观点认为，虽然著作权人有容忍图书出版者持续行使其出版权的义务，但出版合同仍然是一时性合同而非继续性合同。因为出版合同双方当事人的权利义务在合同订立时即告确定，并不随着时间的推移而有所变化[④]，因而为一时性合同而非继续性合同。另一种观点则认为，出版合同原则上具有继续性。[⑤] 这主要是因为，出版有一定的周期，在出版之后，著作权人可能会对作品进行修订。如果双方当事人在合同中就修订事项作出约定的，则出版合同并非作品出版之后就宣告完结。著作权人和出版人都仍需就作品的修订和出版持续履行其所负担的合同义务。笔者赞同后一种观点。

《著作权法》第四章专门就“图书、报刊的出版”作出了规定，其中就出版合同的订立以及著作权人与出版人之间的权利义务关系作出了部分规定，这表明出版合同是特别法上规定的有名合同。但是，《著作权法》

① 参见郑玉波：《民法债编各论》（下册），台北，三民书局，1981，第398页。
② 参见史尚宽：《债法各论》，北京，中国政法大学出版社，2000，第363页。
③ 参见史尚宽：《债法各论》，北京，中国政法大学出版社，2000，第363页。
④ 参见王泽鉴：《债法原理》（第一册），北京，中国政法大学出版社，2001，第132～133页。
⑤ 参见黄立：《民法债编各论》（下），北京，中国政法大学出版社，2003，第486页。

对出版合同所作出的规定过于原则，仍有待于进一步明确。

二、出版合同与相关合同的区别

（一）出版合同与承揽合同

承揽合同是承揽人按照定作人提出的要求完成一定的工作，并将工作成果交付给定作人，定作人接受该工作成果，给付约定报酬的合同。我国《合同法》第251条规定，承揽的形态包括复制。复制是指承揽人按照定作人的要求，根据定作人提供的样品，重新制作类似的成品，定作人接受复制品。复制包括复印文稿，也包括拓印、临摹等行为。而复制行为也可能是出版人所负担的一项义务。在此意义上，出版合同与承揽合同十分相似，二者均以完成一定的工作任务为主要内容，但二者之间存在明显区别，主要表现在：第一，工作成果的权利归属不同。虽然两者都需要完成一定的工作，并形成特定的工作成果，但是在承揽合同中，如果当事人未作特别约定，则工作成果的所有权属于定作人。而在出版合同中，出版人所完成的工作成果（即出版物）属于出版人所有。第二，内容不同。出版合同的内容主要在于权利的许可，而承揽合同的主要内容则是承揽人利用自己的技能和设备完成定作人所交付的特定工作，并不涉及定作人权利许可的问题。第三，标的不同，出版合同的标的主要为出版人印刷发行的文学、艺术、美术等作品，而一般的承揽合同则不以此为限。①

（二）出版合同与委托合同

所谓委托合同，是指当事人约定一方委托他方处理事务，他方承诺为其处理事务的合同。从广义上讲，出版合同也可以说是著作权人委托出版人进行出版的合同。在实践中，也存在出版人委托相关作者进行一定的创作活动，完成特定的作品后，出版人负责出版该作品的情况。这就可能形成出版合同与委托合同的结合。但出版合同与委托合同之间存在明显区别，主要表现在：

第一，内容不同。在委托合同中，委托人只是委托受托人处理一定的事务，尽管其应授予受托人一定的权限，受托人因此获得了在该权限范围内处理相关事务的行为自由，但并不当然基于此种权限而获得利益。从这个意义上说，在委托合同中，不存在出版合同之中的授权许可。但在出版合同中，出版人获得的是一种权利使用许可，其可以基于此种许可而获得

---

① 参见梅仲协：《民法要义》，北京，中国政法大学出版社，2004，第405页。

相关的利益。可以说，在委托合同中，受托人处理事务是为了委托人的利益，但出版人出版著作物是为了自己的利益。[①]

第二，在委托合同中，委托的事项和范围可能较为宽泛，受托人接受委托的事项既包括法律行为，也包括事实行为。而在出版合同中，无论是著作权人或出版人所作出的委托，都是与作品出版有关的事项，在委托事项上具有限定性。对于作品出版之外的事项，则不属于出版合同的主要内容。

第三，在委托合同中，受托人应按照委托人的指示和意志而代为处理相关事务。但在出版合同中，因为出版行为大量涉及出版人的专业化活动，所以，出版人在从事出版行为时具有相对的独立性。

第四，委托合同有可能是无偿的，也可能是有偿的。但出版合同具有有偿性，在著作权人将其作品交予出版人出版后，出版人可以从作品的出版行为中获取利益，因此，其应当向著作权人支付报酬。

第五，是否享有任意解除权。依据我国《合同法》第 410 条的规定，委托合同的当事人享有任意解除权，委托人或者受托人可以随时解除委托合同。同时，委托人解除合同，无须向受托人说明理由。但是，在出版合同中，除合同明确约定出版人或著作权人享有任意解除权之外，当事人不得任意解除合同，否则应承担违约责任。

三、出版合同的效力

出版合同的内容表现为双方当事人享有的权利与负担的义务，主要包括著作权人的权利义务与出版人的权利义务，以下分别论述。

（一）著作权人的权利与义务

根据《著作权法》及相关法律法规的规定，在出版合同中，著作权人的主要权利是要求出版人及时出版，按照合同约定的质量出版作品、支付报酬。著作权人也有权要求出版人保护其著作人身权（如发表权、署名权、修改权和保护作品的完整权）。在著作权人将作品交付出版人后，在作品出版前，著作权人享有随时请求修改作品的权利。即使在作品出版后，著作权人在不损害出版人利益的前提下，也有权请求修改作品，但因此给出版人造成损失的，著作权人应当承担损害赔偿责任。[②] 为了使出版

① 参见郑玉波：《民法债编各论》（下册），台北，三民书局，1981，第 400 页。

② 我国《著作权法》第 10 条规定，著作权包括修改权，即修改或者授权他人修改作品的权利。可以将此解释为著作权人享有修改权。

人的权利得到实现，著作权人应当承担并履行相应的义务。其主要义务包括以下几项：

1. 按照约定交付作品的义务。《著作权法》第 32 条第 1 款规定：“著作权人应当按照合同约定期限交付作品。图书出版者应当按照合同约定的出版质量、期限出版图书。”因此，著作权人负有如下义务：第一，按照出版合同的约定交付作品。著作权人交付作品既是出版人取得出版权的必要条件，也是出版人进行作品出版、发行的必要条件。在合同明确授予某一出版人专有出版权的情形下，著作权人不得向该出版人以外的其他出版人交付作品。第二，按照约定的时间交付作品。在合同明确约定交付时间的情况下，著作权人应当按照约定时间交付作品，无正当理由不得拖延。第三，按照约定的质量交付作品。出版合同通常会就著作权人交付的作品质量作出约定，如大部分要求“齐全、清晰、定稿”。关于作品交付的方式与期限，当事人可以自由约定。[①]

2. 授权出版人出版、发行作品的义务。当事人订立出版合同，就意味着著作权人要将其作品出版、发行权授予出版人，出版人订立出版合同也是为了获得该作品的出版、发行权。因此，出版合同的目的决定了著作权人负有授予出版人出版、发行权的义务。该项义务一般包括如下内容：一是授权的时间范围。关于授权的时间范围，我国法律没有明确的限制，只要在著作权保护期限内，当事人可以自由约定。一般情况下多为 10 年。二是授权的地域范围。该项内容应由当事人进行约定。著作权人既可以授权出版人在全球范围内出版，也可以只规定特定地域内的出版。例如，我国存在大陆和香港、澳门、台湾地区不同地域的问题，因此，在出版权授予时，尤其需要明确出版权授予的地域范围。三是具体的权利内容。在授予出版权的同时，著作权人往往将作品的信息网络传播权、作品的改编、汇编权等一并授予出版人。但是在合同没有明确约定的情况下，应当推定上述权利仍然保留在著作权人的手中。四是授权的方式。授权方式包括专有授权和非专有授权。例如，合同明确规定独家出版，实际上就是专有授权，在此情况下著作权人不得再授权其他人进行出版。

出版合同授予的出版权期限届满后，出版人不再享有出版权，出版合同应予终止。此时，著作权人能否再次处分其出版权？笔者认为，既然双方约定了出版权的期限，在期限届满后，出版权就回复到著作权人身上，

---

① 参见黄立：《民法债编各论》（下），北京，中国政法大学出版社，2003，第 488 页。

著作权人对其出版权的再次处分不应受到限制。尤其是在授予非专有出版权的情形下，著作权人可以同时授权多个出版人进行出版，因此，著作权人在出版权的授权期限届满之后有权进行再次处分。[①]

3. 保证作品不侵害他人合法权利、内容合法的义务。具体而言，首先，著作权人应保证其享有出版权。因为著作权人虽然享有著作权，但如果著作权人已经将其出版权授予他人，或已经将著作财产权抵押给他人的，著作权人不得就出版权再行授予其他出版人。[②] 其次，在出版合同中，著作权人应担保其作品不侵害他人的合法权利。这些合法权利主要是指他人的著作权、隐私权、名誉权、肖像权等。如果作品的内容对他人合法权利造成侵害的，著作权人不仅要向他人承担侵权责任，还要对出版人承担违约责任。最后，著作权人应保证其作品的内容合法。[③] 例如，以未成年人为对象的出版物不得含有诱发未成年人模仿违反社会公德的行为和违法犯罪行为的内容，不得含有恐怖、色情等妨害未成年人身心健康的内容。

（二）出版人的主要权利与义务

在出版合同中，基于著作权人的授权，出版人享有出版权。所谓出版权，是指将著作权人的作品出版的权利。出版权应当属于著作权的内容之一，但著作权人可以将该权利授予他人享有。[④]《著作权法》第 31 条规定："图书出版者对著作权人交付出版的作品，按照合同约定享有的专有出版权受法律保护，他人不得出版该作品。"因此，依据出版合同的约定，出版人所享有的出版权既可以是专有出版权，也可以是非专有出版权。

出版人所负担的义务主要包括：

1. 支付报酬的义务。出版合同是一种有偿合同，因此，出版人应当依据出版合同的约定，向著作权人支付报酬。《著作权法》第 30 条规定："图书出版者出版图书应当和著作权人订立出版合同，并支付报酬。"因

① 参见黄立主编：《民法债编各论》（下），北京，中国政法大学出版社，2003，第 494 页。

② 参见邱聪智：《新订债法各论》（中），北京，中国人民大学出版社，2006，第 122 页。

③《出版管理条例》第 25 条规定："任何出版物不得含有下列内容：（一）反对宪法确定的基本原则的；（二）危害国家统一、主权和领土完整的；（三）泄露国家秘密、危害国家安全或者损害国家荣誉和利益的；（四）煽动民族仇恨、民族歧视，破坏民族团结，或者侵害民族风俗、习惯的；（五）宣扬邪教、迷信的；（六）扰乱社会秩序，破坏社会稳定的；（七）宣扬淫秽、赌博、暴力或者教唆犯罪的；（八）侮辱或者诽谤他人，侵害他人合法权益的；（九）危害社会公德或者民族优秀文化传统的；（十）有法律、行政法规和国家规定禁止的其他内容的。"

④ 参见郑玉波：《民法债编各论》（下册），台北，三民书局，1981，第 396 页。

此，出版人在获得作品的出版权之后，应当向著作权人支付一定的报酬。此外，《著作权法》第 32 条第 3 款规定："图书出版者重印、再版作品的，应当通知著作权人，并支付报酬。"据此，出版人在进行重版、再版时，还负有通知著作权人，并向其支付一定报酬的义务。支付报酬的方式是采一次性支付还是分期支付，是采版税还是基本稿酬加印数稿酬的方式支付，应当在合同中加以明确约定。

2. 按照合同约定的质量和期限出版作品的义务。如果出版合同就作品的出版质量、期限等有明确约定，出版人应当按照合同约定履行其义务。如果出版人没有按照合同约定的质量、期限履行其义务，则应当承担相应的违约责任。[①] 出版人在收到作者交付的稿件后，应当负有审校的义务，以保证图书的出版质量。

如果合同约定了图书出版的期限，则应当在该期限内出版。出版合同到期后，出版人是否可以继续发行库存图书？一种观点认为，为了保护出版人的利益，应允许出版人继续发行。我国台湾地区"民法"第 517 条规定采取了该规则，依据这一规定，不但出版人可以继续发行库存图书，而且著作权人在期限届满后对出版权的处分也会受到出版权人继续发行库存图书的限制。另一种观点认为，出版包括编辑加工、复制、发行三个环节，出版合同到期意味着出版许可的终止，这就导致前述三项权利同时终止，出版人不得继续发行库存图书，否则，也会对再被许可的出版人的专有出版权构成侵害。[②] 笔者认为，对于库存的图书，原出版人应当享有继续发行的权利，毕竟该库存图书是在原出版合同有效期间内"加工、复制"而成的，允许原出版人享有继续发行库存图书的权利，有利于实现物尽其用，避免财富的浪费。

3. 对作品内容的修改应当获得作者的同意。《著作权法》第 34 条第 1 款规定："图书出版者经作者许可，可以对作品修改、删节。"据此，图书出版者未经作者许可，不得对作品进行修改、删节。出版人对作品的内容进行删改的，应当获得著作权人的同意。这主要是因为对作品的内容进行修改可能会改变作者的原意，影响作品的整体内容，所以，应当得到著作权人的同意。

---

① 《著作权法》第 32 条第 1 款规定："著作权人应当按照合同约定期限交付作品。图书出版者应当按照合同约定的出版质量、期限出版图书。图书出版者不按照合同约定期限出版，应当依照本法第五十四条的规定承担民事责任。"

② 参见徐德欢：《图书出版合同的若干法律问题》，载《出版科学》，2002 (1)。

4. 出版人的重印、再版图书义务。《著作权法》第 32 条第 3 款规定："图书脱销后，图书出版者拒绝重印、再版的，著作权人有权终止合同。"依据这一规定，图书脱销后，著作权人有权请求出版人重印、再版脱销的图书，如果出版人拒绝重印、再版的，著作权人有权终止合同。

四、违反出版合同的责任

在违反出版合同的情形，违约方应当承担相应的违约责任。出版合同一般都会对违约责任作出约定，此时，应当按照约定确定当事人双方的责任。在没有约定的情形下，应当依据《合同法》、《著作权法》等相关法律规定确定其违约责任。

违反合同约定，违约方一般应当承担实际履行的责任，如果出版人违反出版合同，如拒绝出版图书，则著作权人有权依据《合同法》第 110 条的规定请求其实际履行。但对著作权人而言存在特别之处，即在著作权人违约的情形，如果著作权人不交付或者不能按期交付作品，一般不适用强制实际履行的责任形式。因为根据大陆法系著作权法理论，作品是作者人格的延伸，因此，如果著作权人拒绝交付作品，一般无法强制要求其实际履行，而只能转化为损害赔偿责任。

第二节　演出合同

一、演出合同的概念与特征

演出合同是指一方按约定应他方要求表演文艺、体育节目，他方为此支付报酬的合同。[①] 演出是一个具有悠久历史传统的社会活动，在当代社会，人民大众早已经满足了基本的生存需要，对精神文化方面的需求日益迫切。而演出作为一种非常重要的社会文化活动，对满足民众的精神文化需求具有重要意义。演出合同具有如下法律特征：

1. 主体的特殊性

演出合同的一方主体是演出人，演出人既可以是文艺表演团体，也可

---

① 参见郭明瑞、王轶：《合同法新论·分则》，北京，中国政法大学出版社，1997，第 294 页。

以是个体演员。根据国务院《营业性演出管理条例》的规定，设立文艺表演团体，应当有与其演出业务相适应的专职演员和器材设备。[①] 文艺表演团体在从事营业性演出时，应当取得营业性演出许可证，同时，文艺表演团体和个体演员在从事营业性演出时，应当依法到工商行政管理部门办理注册登记，领取营业执照。[②] 未取得营业性演出许可证或者营业执照的，不得签订营业性演出合同。[③] 演出合同的另一方主体是演出组织者。依据《著作权法》第 37 条第 1 款的规定，表演者包括演员和演出单位，演出组织者不同于上述规定中的演出单位，演出单位属于演出人范畴，而演出组织者一般是剧院、影剧院、文化馆、影视传媒公司等，演出组织者举办营业性演出也要取得营业性演出许可证。在实践中，即使没有演出许可证或演出资质，法院一般也认定合同有效。[④] 由此可见，法律法规对演出组织单位资质或许可证的规定是管理性规定，是对演出组织单位单方面的要求，对该要求的违反不应影响演出合同的效力。[⑤]

2. 一定的人身性

演出合同具有明显的人身属性，演出人应当亲自履行演出合同的义务。除非当事人之间另有约定，演出人必须亲自为表演行为，而不得由他人代为表演。[⑥] 这也是演出合同与其他提供服务类的合同的区别。如果演出人因为生病等原因不能演出，因该合同所具有的人身属性，演出组织者不能请求强制实际履行，而只能向演出人主张其他违约责任。

3. 客体的特殊性

在演出合同中，演出人应当按照表演合同的约定提供演出行为。从这一意义上讲，它属于广义上服务合同的范畴。[⑦] 一般而言，演出行为不仅

① 参见国务院《营业性演出管理条例》第 6 条第 1 款。

② 参见国务院《营业性演出管理条例》第 7 条、第 10 条。

③ 在“红高粱传播公司诉钮某、陈某某、刘某某委托合同案”中，法院认为，因为合同双方均不是营业性文艺表演团体，因此该合同的性质不是演出合同。根据《营业性演出管理条例实施细则》的规定，该演出合同的性质应认定为委托合同。

④ 在“北京圣艺昊天文化发展有限公司诉中国某某艺术剧院有限责任公司演出合同纠纷案”中，法院认为，当事人签订的演出合同是合法有效的。虽然一方当事人在合同订立时尚未取得营业性演出许可证，但嗣后取得了该许可证，相对方不得据此请求解除合同。参见北京市朝阳区人民法院民事判决书（2009）朝民初字第 28853 号。

⑤ 在“湖南卫视国际传媒有限公司诉刘某演出合同纠纷案”中，法院认为，湖南传媒公司不具有拍摄资质，并不影响该剧拍摄的合法性以及涉案合同的效力。参见北京市朝阳区人民法院民事判决书（2010）朝民初字第 00454 号。

⑥ 参见郭明瑞、王轶：《合同法新论·分则》，北京，中国政法大学出版社，1997，第 296 页。

⑦ 参见郭明瑞、王轶：《合同法新论·分则》，北京，中国政法大学出版社，1997，第 295 页。

受合同法规范，而且还与著作权法有着密切的联系。演出可以是演出自己的作品，也可以是演出他人的作品。但演出人在演出他人的作品时，不能侵害他人的知识产权。

演出行为的范围较为宽泛，其不仅限于文艺表演，还包括杂耍、马戏、木偶戏等各种演出行为。从比较法上来看，许多国家的法律对此也作出了规定，例如，《法国著作权与邻接权法》第 16 条规定："演出人或者演奏者指表演、演唱、背诵、朗读、演奏或者其他方式表演文学艺术作品、杂耍、马戏、木偶戏或其他各种节目的人。"《日本著作权法》第 2 条第 4 款规定："演出人是指影剧演员、舞蹈演员、演奏者、歌唱演员和进行其他项目之表演的演员，以及指挥演出或进行表演的人。"① 但演出行为是否包括体育竞技活动？应当看到，体育比赛具有一定的表演性，与演出一样也能起到愉悦身心的作用。例如，足球比赛的观赏性很强，对于观众而言，观看一场高水平的足球比赛与观看高水平的演出一样，都可获得精神享受。但体育比赛本身不属于表演。演出行为与体育竞技活动的区别主要体现在：一方面，表演者的表演内容只能是作品，而体育比赛指向的内容不可能是一项作品，其不受著作权法的保护。演出人一般是按照特定的作品来进行演出的，根据《著作权法实施条例》第 5 条的规定，演出人，是指演员、演出单位或者其他表演文学、艺术作品的人。如果将体育竞技比赛录制成节目，以现场直播或转播的方式进行传播的，则可以获得邻接权的保护。如果将体育活动转化成歌舞表演等形式，也属于演出。从这个意义上说，演出在一定情况下也包括体育节目的演出。② 另一方面，国务院《营业性演出管理条例》要求演出人在从事营业性演出时，需要取得营业性演出许可证和营业执照，而从事体育活动时则并无相关要求，因此，体育比赛并不属于演出行为的范畴。

4. 要式性

《营业性演出管理条例实施细则》明确规定，从事营业性演出应当签订书面演出合同。据此，演出合同原则上具有要式性。在演出合同中，应当明确演出活动名称、参与团体、投入与回报分配方式、争议解决方式、违约责任等方面的内容。法律上之所以要求演出合同一般应采用书面形

① 转引自张淳：《演出人权利比较研究》，载《法律科学》，1993（6）。

② 参见郭明瑞、王轶：《合同法新论·分则》，北京，中国政法大学出版社，1997，第 294 页。

式，主要是因为：一方面，演出合同的内容通常较为复杂，包括活动名称、参与团体以及投入与回报分配方式等内容，应在合同中对此加以明确。另一方面，演出合同的客体是表演行为，具有一定的时间要求，对于表演者具有特殊要求，因此，必须在合同中明确进行规定，否则容易引发争议。司法实践中，演出合同的纠纷也主要是因演出合同约定不清晰而产生的。① 因此，演出合同原则上应当具备书面形式。当然，在司法实践中，从保护当事人利益出发，也允许当事人之间通过口头形式对演出内容等具体权利义务关系作出约定。②

5. 演出内容的合法性

由于演出行为所针对的对象是社会大众，演出的内容涉及思想、文化的传播，对社会公众的行为具有较大的指引作用，因而，法律有必要对演出合同的内容的合法性作出明确规定。③ 如果演出内容违反法律规定，则演出合同不受法律保护。④

6. 双务、有偿、诺成性

在演出合同中，双方当事人互负对待给付义务，演出人负有依据演出合同约定的时间、地点，按照演出合同约定的演出方式等进行演出的义务，而演出组织者则负有支付报酬、提供安全演出环境的义务等，因此演

① 参见北京市第二中级人民法院民五庭：《文艺演出产业中知识产权保护相关问题研究》，载北京市第二中级人民法院：《审判丛刊》，2012（2）。

② 在“某某县杂技团诉韩国曲艺艺术团等演出合同纠纷案”中，法院经审理后认为：原告与被告曲艺团在履行 2003 年 11 月 8 日签订的《意向书》后存在口头演出合同关系，该口头演出合同和《意向书》均是双方当事人真实意思表示，不违反中华人民共和国有关法律、法规禁止性规定，合法有效。参见辽宁省沈阳市中级人民法院民事判决书（2007）沈中民四外初字第 15 号。

③ 国务院《营业性演出管理条例》第 26 条规定：“营业性演出不得有下列情形：（一）反对宪法确定的基本原则的；（二）危害国家统一、主权和领土完整，危害国家安全，或者损害国家荣誉和利益的；（三）煽动民族仇恨、民族歧视，侵害民族风俗习惯，伤害民族感情，破坏民族团结，违反宗教政策的；（四）扰乱社会秩序，破坏社会稳定的；（五）危害社会公德或者民族优秀文化传统的；（六）宣扬淫秽、色情、邪教、迷信或者渲染暴力的；（七）侮辱或者诽谤他人，侵害他人合法权益的；（八）表演方式恐怖、残忍，摧残演员身心健康的；（九）利用人体缺陷或者以展示人体变异等方式招徕观众的；（十）法律、行政法规禁止的其他情形。”

④ 例如，在“美国制作公司、汤姆·胡莱特公司与中国某某旅行社演出合同纠纷仲裁裁决不予执行案”中，北京市第一中级人民法院依法认定乐队来华演出的内容与样带不符，是我国国情不能接受的“重金属歌曲”，违反了中美双方当事人“合同”中关于“演员们应尽全力遵守中国的规章制度和政策，并圆满达到演出的娱乐效果”的规定，演出内容与中国国情不符，且在社会上造成不良影响，违背了我国社会公共利益。北京市第一中级人民法院认为旅行社的异议成立，因此，对该仲裁裁决不予执行。

出合同是双务、有偿合同。当然，演出合同的双务、有偿性也存在一些例外，如在募捐义演的情形，演出收入除必要的成本开支外，必须全部交付受捐单位。演出组织者、参加演出的文艺表演团体和演员、职员，都不得因募捐义演而获取经济利益。[①] 此外，演出合同是诺成合同，一经双方当事人意思表示一致即可成立，不需要其他给付行为。

二、演出合同与相关合同的区别

（一）演出合同与承揽合同

承揽合同是成果之债，承揽人通常需要提供一定的工作成果。在演出合同中，最主要的合同标的是演出行为，由于表演行为本身具有一定的随机性，无法像承揽合同一样形成物化的工作成果，因而，演出合同属于提供劳务的合同，而不属于成果之债。当事人在演出合同中可以就演出的质量进行约定，甚至当事人还可以在演出合同中约定演出组织者享有录制演出活动并销售相关录音、录像制品的权利，但这并不表明演出合同是成果之债。

在承揽合同中，定作人享有任意解除权。但在演出合同中，如果当事人未作约定，演出组织者并不享有任意解除权。一方面，随意取消演出，将会对演员的公众形象产生影响。另一方面，在演出开始前，演出组织者通常会以参演的演员形象等进行宣传，如果允许其任意解除合同，也会对观众的利益产生损害。

（二）演出合同与演艺经纪合同的区别

演艺经纪合同是指演艺人员与经纪人或经纪机构所签订的，由经纪人或经纪机构为其提供包装、宣传、推介等服务，而演艺人员应当服从经纪人或经纪机构的安排，参与经纪人或经纪机构所组织和安排的演出活动等合同。从实践来看，演出合同通常是由演出经纪人或者经纪机构代理演艺人员与演出组织者签订的，但演出合同与演出经纪合同存在以下区别：第一，主体不同。演艺经纪合同的主体是演艺人员与经纪人或经纪机构，而演出合同则是在演出人和演出组织者之间订立的。第二，内容不同。演艺经纪合同的内容主要是经纪人或经纪机构为演艺人员从事演出活动提供包装、宣传、推介等服务，演艺人应当按照合同约定参与经纪人或经纪机构

---

① 参见国务院《营业性演出管理条例》第31条、文化部《营业性演出管理条例实施细则》第27条。

所安排的演出活动。[①] 演出合同的内容则通常是演出人按照合同的约定提供演出行为，而演出组织者支付相应的报酬。第三，责任不同。如果演艺经纪人或经纪机构没有为演出提供妥当的中介服务，或者演出者没有按照合同约定服从经纪人或经纪机构的安排提供相关的演出活动，或未支付相关费用，当事人应当按照演艺经纪合同的约定继续履行。但在演出合同中，由于表演活动具有一定的人身专属性，因而，演艺人员违反演出合同，应当承担支付违约金或损害赔偿的责任，但演出组织者不得请求演艺人员实际履行。

三、演出合同的效力

（一）演出组织者的义务

1. 支付报酬的义务

演出通常属于营业性演出，所谓营业性演出，是指以营利为目的的为公众举办的现场文艺表演活动。[②] 在此类合同中，获取报酬一般也是演出人从事演出行为最主要的目的。因此，演出组织者负有支付报酬的义务。双方当事人可以在演出合同中约定具体的报酬数额、支付方式、支付时间等。此报酬原则上仅针对表演活动本身，而不包括对表演活动的现场直播、录音、录像及信息网络传播等行为。

2. 尊重演出人表明身份权的义务

根据《著作权法》第 38 条第 1 款第 1 项的规定，演出人享有表明身份的权利。演出人表明身份的权利，实际上是指演出人的署名权，是演出人要求他人承认和尊重其演出人法律地位的权利。[③] 演出人表明自己身份的权利不受期限限制。[④] 因此，演出组织者负有尊重、保护表演人的表明身份权的义务。演出组织者应当在演出前的广告宣传、演出过程中或者演出终了后以适当的方式表明演出人的身份。[⑤]

3. 不得歪曲演出人表演形象的义务

表演形象不受歪曲的权利属于演出人所享有的人身权，不受权利保护

① 参见北京市第二中级人民法院民五庭：《文艺演出产业中知识产权保护相关问题研究》，载北京市第二中级人民法院：《审判丛刊》，2012（2）。

② 参见文化部《营业性演出管理条例实施细则》第 2 条。

③ 参见冯晓青、杨利华：《知识产权法学》，北京，中国大百科全书出版社，2008，第 107 页。

④ 参见《著作权法》第 39 条第 1 款。

⑤ 参见郭明瑞、王轶：《合同法新论·分则》，北京，中国政法大学出版社，1997，第 298 页。

期限的限制。[①] 所谓表演形象，是指演出人在现场表演时所表现的艺术形象。[②] 保护演出人的表演形象既是保护表演完整性的要求，也是保护演出人人格尊严的需要。因此，演出组织者负有尊重与保护演出人表演形象不受歪曲的义务，演出组织者不论是在表演前的广告宣传中，还是在表演的现场直播、录音录像过程中，都应当尊重与保护演出人的表演形象，演出组织者不当歪曲演出人表演形象的，应当承担相应的责任。

4. 尊重演出人财产权的义务

依据《著作权法》第 37 条第 1 款的规定，演出人享有以下财产性权利，即许可他人从现场直播和公开传送其现场表演，并获得报酬；许可他人录音录像，并获得报酬；许可他人复制、发行录有其表演的录音录像制品，并获得报酬；许可他人通过信息网络向公众传播其表演，并获得报酬。可见，演出人享有的财产权是较为宽泛的。此类财产权利是演出人所享有的邻接权的内容，演出组织者应当尊重演出人的上述权利。演出人可以通过合同而许可演出组织者以网络、电视、录音录像等方式而对其表演活动进行传播。实践中，当事人通常就演出合同报酬是否包括现场直播、录音录像、网络传播等行为的报酬存在争议。对此，首先应尊重当事人之间的约定，如果当事人之间的约定明确包含上述内容的，应从其约定。表演者所享有的这些权利是相互独立的，演出组织者要获得上述权利，应当获得表演者的单独授权。一般认为，演出合同的报酬并不包含对演出活动的现场直播、录音、录像、信息网络传播等活动应当支付的报酬。因此，如果演出合同未就演出组织者是否可通过录音录像、现场直播、网络等方式传播其演出活动作出约定，或合同明确约定演出组织者不得通过录音录像等方式传播演出活动的，则演出组织者不得从事相应的有关演出人演出活动的传播行为，否则应承担相应的责任。[③] 此外，演出组织者通过现场直播、录音录像、网络传播等方式传播其表演行为的，依据《著作权法》等法律的规定，演出组织者还应向著作权人支付相应的报酬。此种报酬不同于演艺人员从事演出活动所获得的报酬。

5. 依据约定提供安全表演场所的义务

演出活动通常需要在特定的演出场所内进行。如果演出合同明确约定

---

① 参见《著作权法》第 39 条第 1 款。

② 参见冯晓青、杨利华：《知识产权法学》，北京，中国大百科全书出版社，2008，第 107 页。

③ 参见北京市第二中级人民法院民五庭：《文艺演出产业中知识产权保护相关问题研究》，载北京市第二中级人民法院：《审判丛刊》，2012（2）。

演出组织者应提供演出场所的，演出组织者负有依据约定提供安全表演场所的义务。实践中，演出场所通常是由演出组织者提供或指定的。从我国现有法律规定来看，也要求演出组织者在组织演出活动时，应采取保障演出场所安全的措施。[①] 要求演出组织者按照约定提供安全表演场所，主要是为了保证演出人的人身安全与演出的质量。同时，这也有利于保护演出现场观看者的人身、财产安全。演出组织者未提供安全演出环境的，演出人有权解除合同。[②]

（二）演出人的义务

1. 按照约定提供演出行为的义务

演出人按照约定提供演出行为，是其所负担的主要义务。演出人应当按照表演合同约定的时间、地点、场次等提供演出行为。由于演出合同具有一定的人身属性，演出人应当亲自演出。如果合同未作特别约定的，演出人不得转由他人进行替代演出，否则，演出组织者有权解除合同。

演出人不得进行假唱、假演奏等虚假演出行为。所谓假唱、假演奏，是指演出人在演出过程中，使用事先录制好的歌曲、乐曲代替现场演唱、演奏的行为。[③] 因演出人假唱、假演奏等虚假演出行为而造成演出组织者损失的，演出人应当承担相应的损害赔偿责任。此外，在演出合同的履行过程中，演出组织者有权派专人对演出人的演唱、演奏行为进行监督，防止假唱行为的发生[④]，并有权进行记录。记录内容包括演员、乐队、曲目的名称和演唱、演奏过程的基本情况，并由演出组织者负责人和监督人员签字确认。[⑤]

2. 协助义务

如果演出人通过合同授权演出组织者现场直播和公开传送其现场表

---

① 国务院《营业性演出管理条例》第 20 条规定："在公共场所举办营业性演出，演出举办单位应当依照有关安全、消防的法律、行政法规和国家有关规定办理审批手续，并制定安全保卫工作方案和灭火、应急疏散预案。演出场所应当配备应急广播、照明设施，在安全出入口设置明显标识，保证安全出入口畅通；需要临时搭建舞台、看台的，演出举办单位应当按照国家有关安全标准搭建舞台、看台，确保安全。"

② 参见郭明瑞、王轶：《合同法新论·分则》，北京，中国政法大学出版社，1997，第 298 页。

③ 参见文化部《营业性演出管理条例实施细则》第 31 条第 2 款。

④ 参见国务院《营业性演出管理条例》第 29 条第 2 款。

⑤ 参见文化部《营业性演出管理条例实施细则》第 31 条第 3 款。

演，授权演出组织者录音录像或者复制、发行录有其表演的录音录像制品，授权演出组织者通过信息网络向公众传播其表演的，在演出组织者依照演出合同约定从事上述活动时，演出人负有一定的协助义务。[①]

3. 及时通知义务

及时通知义务，主要是指在发生演出人不能按时提供表演行为等情形时，如因演出人生病、或者因交通状况不能按时到达演出现场的，演出人应当及时通知演出组织者。因演出人未履行及时通知的义务而给演出组织者造成损失的，应当承担损害赔偿责任。

四、违反演出合同的责任

在演出合同中，演出组织者为了保证演出效果，通常在合同中约定较高的违约金条款。笔者认为，该约定应当有效，但在当事人向法院提出调整违约金的请求时，如果违约金的数额与实际损失相比较，确实存在违约金过高或过低的情形，法院可以进行适当调整。同时，在演出合同中，损失金额的计算较为特殊。如果演出组织者未能按照合同的约定支付报酬，损失金额的计算较为容易。但是，如果演出人未能按时出场演出，此种损失的计算存在一定的困难。这主要是因为，演出组织者因此而遭受的实际损失可能包含退票、广告收入的减少、商誉的贬损等内容。这些是否应当纳入损害赔偿的范围之内，值得探讨。笔者认为，应当以可预见性标准进行计算。

此外，尽管合同法总则所规定的违约责任承担方式包括继续履行，但这并不意味着在演出人无法实际履行合同义务时可以强制其继续履行。这主要是由演出合同的人身属性所决定的。例如，因为演出人身体不适而无法演出的，演出组织者不得要求其实际履行。即使演出人是因主观原因而不愿演出的，演出组织者同样也不能要求其实际履行，而只能请求其承担损害赔偿责任。因此，在演出合同中，继续履行作为一种违约责任承担方式，其适用存在一定的限制。

① 参见郭明瑞、王轶：《合同法新论·分则》，北京，中国政法大学出版社，1997，第297页。

第七章　储蓄合同　信用卡合同

第一节　储蓄合同

一、储蓄合同的概念和特征

储蓄合同，又称存款合同，是指存款人与储蓄机构约定存款人将其金钱移存于储蓄机构，储蓄机构依存款人的请求向其支付本金和利息的合同。[①] 在我国古代，储与蓄字经常分别使用，表达不同含义。储，是指积贮物资备用，如“岁收谷百余万石，以充储备”[②]。蓄，是指积聚物资储藏。《诗·邶风·谷风》云：“我有旨蓄，亦已御冬。”在古代，储蓄大多是指实物储存。而在近代，储蓄二字经常合用，专指货币储存。[③] 储蓄有广义和狭义之分。广义的储蓄，具有信用的含义，其内容等同于投资，其中包括存款储蓄、购买债券、商业保险和手持现金等。日常生活中所讲的储蓄一般指狭义的储蓄，即存款储蓄，是指个人将属于其所有的人民币或者外币存入储蓄机构，储蓄机构开具存折或者存单作为凭证，个人凭存折或者存单可以支取存款本金和利息，储蓄机构依照规定支付存款本金和利息的活动。[④]

在现代社会，储蓄具有重要意义。它有利于积累资金，调节市场货币流通，促进社会经济的发展。储蓄是公民财产的主要内容，保护个人合法储蓄存款的所有权及其他合法权益，是保护公民财产权的应有之义。目

---

① 参见郭明瑞、王轶：《合同法新论·分则》，北京，中国政法大学出版社，1997，第276页。

② 《梁书·夏侯夔传》。

③ 参见欣士敏：《“储蓄”的历史概况和现代概念》，载《福建金融》，2001（5）。

④ 参见国务院《储蓄管理条例》第3条。

前，我国已经陆续开办了活期、定期整存整取、定期零存整取、定期存本取息、定活两便、大额可转让存单等多种类型的储蓄业务，储蓄合同在社会经济生活中起着越来越重要的作用。国务院早在1992年就颁布了《储蓄管理条例》，专门对储蓄合同作出了规定。1995年的《商业银行法》第三章“对存款人的保护”，主要规定的也是储蓄合同中双方当事人的权利义务，依据《商业银行法》的规定，中国人民银行颁布了《人民币单位存款管理办法》等规章，从而形成了储蓄合同的规则体系，由此可见，储蓄合同是特别法规定的有名合同。储蓄合同具有如下特征：

1. 主体的特殊性

在储蓄合同中，合同当事人是存款人和具有法定吸收存款资格的银行或其他金融机构。储蓄机构是指经中国人民银行或其分支机构批准、办理储蓄业务的机构，以及邮政企业等依法办理储蓄业务的机构。① 由此可见，在储蓄合同中，接受存款的一方当事人必须是法定的储蓄机构。这些储蓄机构必须是依法设立的、具备办理储蓄存款资质的金融机构。为了维持安全、有序的金融秩序，并对公共利益加以保护，我国目前对储蓄机构实行严格的批准手续。因此，只有经过国家金融主管部门批准的金融机构才能办理存款业务，并非所有的金融机构都能办理存款业务。②

储蓄合同的另一方当事人是存款人。就存款人而言，因存款主体不同将存款分为个人储蓄存款和单位存款。不过，为了实现金融监控的需要，对单位存款的账户开立、现金支取等，法律有不同限制③，就存款人而言，法律一般不设置限制，任何个人和机构都可以订立储蓄合同。④

2. 格式性

储蓄是一种标准化的交易。定型化、格式化是储蓄合同的基本特点。储蓄合同的条款一般由存款机构预先拟定，存款人一般没有与存款机构协

---

① 参见《储蓄管理条例》第4条。

② 参见郭明瑞、王轶：《合同法新论·分则》，北京，中国政法大学出版社，1997，第276页。

③ 《人民币单位存款管理办法》第10条规定：金融机构对单位定期存款实行账户管理（大额可转让定期存款除外）。存款时单位须提交开户申请书、营业执照正本等，并预留印鉴。印鉴应包括单位财务专用章、单位法定代表人章（或主要负责人印章）和财会人员章。由接受存款的金融机构给存款单位开出“单位定期存款开户证实书”（以下简称“证实书”），证实书仅对存款单位开户证实，不得作为质押的权利凭证。

④ 中国人民银行《人民币单位存款管理办法》第5条规定：“除经中国人民银行批准办理单位存款业务的金融机构外，其他任何单位和个人不得办理此项业务。”第8条第1款规定：“任何单位和个人不得将公款以个人名义转为储蓄存款。”

商确定合同条款的余地，只能选择接受或者不接受银行订立的标准存款合同，而不能对合同条款作出变更，因此，储蓄合同具有格式性。[①] 在储蓄合同中，储蓄存款利率通常具有法定性和统一性，其是由中国人民银行拟订，经国务院批准后公布，或由国务院授权中国人民银行制定、公布的。[②] 双方当事人无须就利息作出专门约定，法定利息条款自动成为合同的组成部分。因此，储蓄合同的格式化特征，在一定程度上也体现了对存款人的保护。只要存款人接受该项交易，银行经审查后接受存款，则应签发标准格式的存单或者银行卡，存单或银行卡是合同已经成立的证明。

3. 履行的特殊性

在一般合同关系中，在债务履行期届满后，债务人可以主动要求履行债务，在债权人拒绝受领或者无法受领时，债务人可以将标的物提存以代履行。而在储蓄合同中，对于不定期储蓄合同，不存在合同到期的问题，存款人可以随时向储蓄机构提出履行请求，但储蓄机构不能主动要求存款人领取存款。而在定期储蓄合同中，合同到期后，储蓄机构也不能主动清偿债务，只能由存款人向其主张权利，在存款人没有向储蓄机构支取存款的情况下，储蓄机构不能主动向存款人履行储蓄合同，更不能通过提存等方式履行其债务。[③] 对于逾期支取的定期储蓄存款，其超过原定存期的部分，按照交易习惯，一般是根据原储蓄时间进行自动转存。除约定自动转存的外，应当按支取日挂牌公告的活期储蓄存款利率计付利息。[④] 因此，对于定期储蓄合同而言，存款人没有按时提取存款的，除约定自动转存的外，应当自动转化为活期储蓄合同。正是考虑到履行的特殊性，最高人民法院 2008 年关于诉讼时效的解释，规定存款人未主张权利，不构成诉讼时效届满。[⑤]

4. 要物性

储蓄合同的要物性，是指储蓄合同的成立以存款人将金钱移存于存款

---

① 参见刘丹冰：《存款合同的法律特征的探讨》，载《西北大学学报》（哲学社会科学版），2002（3）。

② 参见《储蓄管理条例》第 22 条。

③ 参见刘丹冰：《存款合同的法律特征的探讨》，载《西北大学学报》（哲学社会科学版）2002（3）。

④ 参见《储蓄管理条例》第 25 条。

⑤ 依据最高人民法院《关于审理民事案件适用诉讼时效制度若干问题的规定》（法释〔2008〕11 号）第 1 条规定，对“支付存款本金及利息请求权”提出诉讼时效抗辩的，人民法院不予支持。

机构为要件。一般认为，双方当事人仅仅就储蓄合同达成合意，储蓄合同还无法成立，只有在存款人将金钱移存于存款机构时，储蓄合同才能成立。[①] 因此，储蓄合同为要物合同。[②] 从实践来看，通常都是在存款人交付存款后，银行才签发存单，储蓄合同才能成立。存单既是合同成立的凭证，也是一种有价证券，只要银行签发了存单，如果没有相反的证据，就可以推定其已经收到存款。

5. 属于移转货币所有权的合同

储蓄合同的标的物是货币。货币作为一种特殊的物，其所有权与占有一致。一旦存款人将货币交付给储蓄机构，货币的占有发生移转，所有权就发生移转。在货币交付完毕之后，储蓄机构则享有对货币的占有、使用、收益和处分权。因此，储蓄合同是移转货币所有权的合同。同时，从储蓄机构的义务来看，储蓄机构的主要义务是在储蓄合同到期或者在存款人请求时，按照约定的标准支付本金及其利息，其交付的是同种类的货币而非存款人在订立储蓄合同时交付的货币。

6. 单务、有偿性

储蓄合同是一种单务合同，双方当事人就储蓄合同主要条款意思达成一致，存款人将存款交付给存款机构后，储蓄合同即可成立，该款项的所有权也即发生移转，存款机构有权以该存款开展各种金融业务，但存款机构在储蓄合同到期或者在存款人请求时，应当按照约定向其交付本金并支付利息，存款机构负有应存款人的请求按时归还存款及利息的义务。[③] 因此，储蓄合同也是一种有偿合同。而在储蓄合同成立后，存款人则不再负担其他对待给付义务。因此，储蓄合同具有单务性。

7. 继续性

储蓄合同是否是一个继续性的合同，在学理上存在争议。一种观点认为，在储蓄合同中，公民将钱款存储在银行，是其行使所有权的表现，而钱款存储银行的期间，存款人可以以丧失一定的利息为代价随时取出存款，也可以将其一直存放于银行以获取一定的利息。这些都表明其在继续

① 参见郭明瑞、王轶：《合同法新论·分则》，北京，中国政法大学出版社，1997，第277页。

② 参见曾隆兴：《现代非典型契约论》，台北，三民书局，1996，第23页。

③ 不过在有的国家，对于小额储蓄，银行要收取一定的账户管理费。我国也有学者建议采纳此种办法。一旦实行这种做法，存款人仍负有缴纳一定费用的义务。参见郭明瑞、王轶：《合同法新论·分则》，北京，中国政法大学出版社，1997，第278页。

性地行使其货币所有权。因此，储蓄合同在性质上属于继续性合同。另一种观点则认为，在继续性合同中，当事人的权利义务在合同履行期间应当处于不断变动的状态。但是，在储蓄合同履行期间，双方当事人的权利义务已经确定，并不随时发生变动，因此，储蓄合同属于一时性的合同，而非继续性合同。笔者认为，储蓄合同是否是一种继续性合同，不能一概而论，而应当区分定期储蓄与不定期储蓄分别加以认定：就定期储蓄合同而言，在合同订立时双方当事人已经明确约定了其权利义务关系，并且双方整体的权利义务关系不因时间的变化而变化，因此，定期储蓄合同属于一时性合同。而对于不定期储蓄合同而言，双方当事人整体的权利义务关系随着时间的变化而不断发生变化，因此，不定期储蓄合同属于继续性合同。

二、储蓄合同与借款合同

借款合同是指出借人将一定数量的货币或实物转移给借用人，借用人在约定的期限内返还同等数量的货币或同等数量、质量的实物的协议。储蓄合同与借款合同具有相似性：两种合同的标的物都是金钱，而非具体的实物。两种合同都要发生标的物所有权的移转，在储蓄合同中，一旦存款人将金钱交付给储蓄机构，储蓄合同即可成立，标的物的所有权也发生移转；在借款合同中，出借人应当按照合同约定将金钱交付借款人，此时标的物的所有权也发生移转。由于货币的处分权转移给了借款人，借款人可以在法定范围内使用货币以获得收益。① 此外，储蓄合同和金融机构借款合同都具有要式性，依据《合同法》第 197 条的规定，除自然人之间的借款合同外，借款合同原则上应当采用书面形式；而储蓄合同不仅具有要式性，而且具有格式性，即储蓄合同的条款往往也是由储蓄机构事先拟定，存款人一般无法作出变更。但这两者仍存在显著差异，主要表现在：

第一，主体不同。一方面，借款合同既可以发生在自然人与金融机构之间，也可以发生在自然人之间。当然，从我国的金融体系来看，银行和其他金融机构是贷款的主要主体。合法的融资主要是从银行和其他金融机构那里获得资金，这也符合我国金融管控的需要。而储蓄合同一方当事人必须是经过国家批准的、能够开展存款业务的金融机构，自然人不能接受他人存款。

第二，是否具有要物性不同。储蓄合同具有要物性，只有在存款人将

① 参见刘定华等：《借款合同三论》，载《中国法学》，2000（6）。

存款款项交付给储蓄机构之后，合同才宣告成立。而借款合同原则上具有诺成性，尤其是在金融机构借款合同中，当事人之间达成意思一致，合同即宣告成立。①

第三，合同目的不同。存款人与储蓄机构订立储蓄合同，主要是为了由储蓄机构对本金进行保管，并在期限届满之后获取相应的利息。而借款人与金融机构等主体订立借款合同，主要是为了从金融机构获取贷款，从而按照约定的用途加以使用。

第四，国家对利率的干预不同。在一般的借款合同中，只要当事人所约定的借款利率不违反国家相关法律法规的规定，此种约定就是有效的。《合同法》第204条规定："办理贷款业务的金融机构贷款的利率，应当按照中国人民银行规定的贷款利率的上下限确定。"可见，在借款合同中，贷款利率具有一定的浮动性，当事人可以在该浮动范围内自由约定贷款利率。但在储蓄合同中，储蓄存款利率通常具有法定性和统一性，当事人不得自由约定。②《商业银行法》第31条规定："商业银行应当按照中国人民银行规定的存款利率的上下限，确定存款利率，并予以公告。"

第五，是否具有单务性不同。储蓄合同具有单务性，在合同成立之后，存款人通常不再负担其他义务。而借款合同原则上是双务合同，从比较法来看，绝大多数大陆法系国家都将借款合同当做双务合同和有偿合同，贷款方负有提供借款的义务，而借款方负有返还借款并支付利息的义务。③ 在我国，以金融机构为一方当事人的借款合同具有双务性，借款人一般都要向贷款人还本付息，即使当事人在借款合同中没有约定利息的，借款人也应当按照法律的规定向其支付利息。

三、储蓄合同的成立

如前所述，储蓄合同是要物合同，因此，判定储蓄合同是否成立的主要标准在于存款人是否已经将货币交予储蓄机构。④ 一般认为，应当以储

① 《合同法》第210条规定："自然人之间的借款合同，自贷款人提供借款时生效。"

② 参见郭明瑞、王轶：《合同法新论·分则》，北京，中国政法大学出版社，1997，第279页。

③ Christian von Bar and Eric Clive, *Principles, Definitions and Model Rules of European Private Law*, Vol. 3, Sellier, European Law Publishers GmbH, Munich, 2009, p. 2461.

④ 参见王利明、崔建远：《合同法新论·总则》，北京，中国政法大学出版社，1996，第138页。

蓄机构收到款项并确定具体的款项数额作为判断储蓄合同成立与否的标准。存款人到储蓄机构存款，将款项交付给储蓄机构专门工作人员，经该工作人员收受并清点确认金额后才能成立储蓄合同。[①] 笔者认为，此种观点与我国司法实践的具体做法相一致。例如，在“郭某某诉海淀支行北京医学院储蓄所存款案”[②] 中，原告到被告储蓄所存款，原告填写活期存款凭条后，便将凭条和现金及存折交该储蓄所接柜员，该接柜员接过原告所交的现金等之后，对现金清点了两遍（手点、机点各一遍），见与存款凭条所填数额一致，即发给原告一枚铜牌，后被告在复核中提出原告所交现金少 2 000 元，与凭条所填金额不符，双方为此发生争议。原告向人民法院提起诉讼。法院认为，在存款人将款项交付银行后发生的短款责任应由银行承担。本案实际上也承认储蓄合同从存款人将款项交付给储蓄机构并经储蓄机构工作人员清点完毕后成立。采取此种做法的必要性在于：一方面，有利于保护存款人的利益。在存款人将款项交付给存款机构并经工作人员清点、确认数额后，就应当认定储蓄合同的成立。在某些情形下，因银行工作人员的过错未能及时为存款人办理存单或银行卡的，不能因此否认储蓄合同的成立，否则不利于保护存款人的合法权益。另一方面，有利于督促银行尽到及时清点款项的义务，即因银行怠于履行清点款项的义务，导致当事人对存款数额存在争议的，相关的风险应当由银行一方负担。因此，储蓄机构在没有清点交付的款项数额前，因为存款数额尚不确定，所以储蓄合同尚未成立，储蓄机构并不承担任何合同上的义务。

问题在于，如果银行已经向存款人发放存单，但银行并未实际收到存款的，在此情形下，是否可以推定储蓄合同已经成立？通常，存折、存单或者其他存款凭证，是在存款人与储蓄机构订立储蓄合同之后，由储蓄机构向存款人交付的储蓄合同成立的凭证，也是存款人行使权利的凭证，所以，如果银行已经发放存折的，可以推定银行已经收到存款人交付的款项。但在特殊情况下，银行能够举证证明其未收到款项的，应当可以推翻上述推定。依据最高人民法院《关于审理存单纠纷案件的若干规定》（法释〔1997〕8号）第 5 条的规定，如果存单的持有人以持有存折、存单或

① 参见曾隆兴：《现代非典型契约论》，台北，三民书局，1988，第 23 页。

② 《中国审判案例要览》（1995 年综合本），北京，中国人民大学出版社，1996，第 908～909 页。

其他存款凭证为由主张其与金融机构之间成立储蓄合同的，金融机构应当对持有人与金融机构间是否存在存款关系负举证责任。如果金融机构不能提供证明存款关系不真实的证据，或仅以金融机构底单的记载内容与上述凭证记载内容不符为由进行抗辩的，则应认定相关凭证的持有人与金融机构之间存在储蓄合同关系。由此可见，如果金融机构能够提供相应的证据而证明存单是虚假的或当事人之间不存在储蓄关系的，则可以推翻存款人的支付款项的债权请求。

四、储蓄合同的效力

由于储蓄合同是单务合同，存款人在将款项交付给储蓄机构之后，通常不再负担其他义务。所以，储蓄合同的效力主要体现为储蓄机构的义务以及存款人的权利两个方面。

（一）储蓄机构的义务

1. 到期支付本息的义务

《储蓄管理条例》第14条规定："储蓄机构应当保证储蓄存款本金和利息的支付，不得违反规定拒绝支付储蓄存款本金和利息。"据此，储蓄机构负有支付本金和利息的义务。通常而言，具体的利息标准都是由法律、法规明确加以规定的，储蓄机构应当按照相关规定支付利息。该义务也被称为保证支付的义务，例如，在"周某某诉江东农行储蓄合同纠纷案"中，法院认为，储蓄机构所负有的保证支付义务，不仅包括储蓄机构不得拖延、拒绝支付，还包括储蓄机构应当以适当的方式履行支付义务。[①] 支付本金及利息是储蓄机构所负担的主要义务，在存款人提出支付请求时，储蓄机构应当无条件履行该支付义务，即按照储蓄合同的约定向存款人支付相应的本金与利息。一方面，在活期储蓄合同的情形，存款人可以随时请求存款机构支付本金与利息，此时该储蓄合同利息按照活期储蓄的存款利率计算。[②] 另一方面，在定期储蓄合同中，如果存款人在合同到期前请求支付存款本金、利息的，则应区分存款人是部分支取还是全部支取而计算利息。如果全部提前支取的，按照支取日挂牌公告的活期储蓄存款利率计付利息。如果仅是部分提前支取的，提前支取的部分按照支取

① 参见《中国法律年鉴》，2007（1）。

② 参见郭明瑞、王轶：《合同法新论·分则》，北京，中国政法大学出版社，1997，第278～279页。

日挂牌公告的活期储蓄存款利率计付利息，其余部分到期时则按照存单开户日挂牌公告的定期储蓄存款利率计付利息。[①] 如果金融机构到期无正当理由拒绝支付本金及利息的，应当承担违约责任。例如，在“襄垣县某某信用合作社与杨某储蓄存款合同纠纷上诉案”[②] 中，法院认为，金融机构违反法律规定，在储户手续完备的情况下拒付其存款，该拒付行为直接侵犯了储户的合法权益，应当承担相应的责任。

2. 保密义务

依据《储蓄管理条例》的规定，储蓄机构办理储蓄业务，必须遵循“为储户保密”的原则。同时，该条例第32条规定：“储蓄机构及其工作人员对储户的储蓄情况负有保密责任。储蓄机构不代任何单位和个人查询、冻结或者划拨储蓄存款，国家法律、行政法规另有规定的除外。”因此，储蓄机构对存款人的相关信息负有保密义务。所谓保密义务，是指储蓄机构未经存款人的许可，不得将存款人的相关存款信息予以公开或者披露，除法律、行政法规明确规定外，其有权拒绝任何单位或者个人查询。保密义务既来源于当事人的约定，也是一项法定义务，但该义务也受到法律限制。依据法律规定，人民法院因审理或执行案件，人民检察院、公安机关因查处经济违法犯罪案件，需要向银行查询企业事业单位、机关、团体与案件有关的银行存款或查阅有关的会计凭证、账簿等资料时，储蓄机构依据法律规定应积极配合。[③]

除了保密义务之外，储蓄机构还应当提供安全的、保密的环境。例如，在“王某某诉中国银行股份有限公司南京河西支行储蓄存款合同纠纷案”中，法院认为，商业银行的保密义务不仅是指银行对储户已经提供的个人信息保密，也包括为到银行办理交易的储户提供必要的安全、保密的环境。[④]

3. 拒绝第三人非法冻结与扣划的义务

《储蓄管理条例》第32条规定：“储蓄机构不代任何单位和个人查询、冻结或者划拨储蓄存款，国家法律、行政法规另有规定的除外。”据此，储蓄机构负有拒绝第三人非法冻结与扣划的义务。对于储户的存款，未经

① 参见《储蓄管理条例》第24条。

② 山西省高级人民法院民事判决书（2002）晋民四终字第17号。

③ 参见《中国人民银行、最高人民法院、最高人民检察院、公安部关于查询、冻结、扣划企业事业单位、机关、团体银行存款的通知》（银发〔1993〕356号）规定。

④ 参见《中国法律年鉴》2010（1）。

法定程序，任何组织或个人不得非法进行冻结与扣划，储蓄机构也有权拒绝此种请求。依据法律规定，有关司法机关因办案需要而冻结或者划拨储蓄存款，需要依据法定程序进行。

4. 为存款人办理挂失止付的义务

所谓挂失止付义务，是指在存款人丢失存款凭证之后，一旦存款人提出请求，储蓄机构应当立即停止支付存款。[①] 此种义务是银行应当提供的一种服务，法律规定储蓄机构负有此种义务的目的在于保护存款人的利益。《储蓄管理条例》第30条规定："存单、存折分为记名式和不记名式。记名式的存单、存折可以挂失，不记名式的存单、存折不能挂失。"在储蓄机构受理挂失止付前，他人以权利人丢失的存款凭证请求支付存款本金及利息时，储蓄机构应当对取款人的身份进行一定的审核。[②] 如果储蓄机构已经尽到相关审核义务的，不应承担违约责任，其仍应当继续对存款人履行相应的支付义务。在存款人请求储蓄机构为其办理挂失止付时，存款人应当提供特定的个人信息以及银行账号信息，以便于储蓄机构确定具体的账号和存款人；存款人未及时提供相关信息，导致储蓄机构不能办理挂失止付手续的，因此造成的相关损失由存款人自己承担。[③]

5. 身份审核义务

储蓄机构在付款的过程中，应当尽到一定的身份验证义务，以做到"核对无误"[④]。从储蓄机构的交易程序来看，身份验证也是储蓄机构控制自身交易风险的措施；而从储蓄合同关系的角度来看，储蓄机构的身份审核义务，属于其应当承担的合同义务。储蓄机构应当对存款人或者代支取人提供的存单、存款关系、储户身份证明等文件尽到谨慎的审查义务，如果取款人未能提供有关的身份证明，储蓄机构可以拒绝支付本金

① 参见郭明瑞、王轶：《合同法新论·分则》，北京，中国政法大学出版社，1997，第279～280页。

② 参见国务院《储蓄管理条例》第29条、中国人民银行《关于执行〈储蓄管理条例〉的若干规定》第34条。

③ 参见"刘某某与中国农业银行隆回县支行储蓄存款合同纠纷上诉案"，湖南省邵阳市中级人民法院民事判决书（2009）邵中民二终字第26号。在该案中，法院认为，本案上诉人刘某某发现金穗卡被调换后向被上诉人申请口头挂失，但刘某某未能同时提供身份证信息或银行卡基本信息，导致被上诉人不能通过银行网络查找到上诉人的开户信息，无法进入系统办理刘某某申请口头挂失的业务，故被上诉人对刘某某存款被盗没有过错，不应承担责任。

④ 《储蓄管理条例》第29条规定："未到期的定期储蓄存款，储户提前支取的，必须持存单和存款人的身份证明办理；代储户支取的，代支取人还必须持其身份证明。"

及利息。[1] 例如，在“中国农业银行杞县支行与马某储蓄存款合同纠纷上诉案”[2] 中，法院认为，杞县农行违反金穗借记卡办理规定，在马某本人没有到场签字，亦没有提交身份证原件的情况下，仅凭马某的身份证复印件就违规办理金穗借记卡，使其工作人员张某持该银行卡实施犯罪行为，应当承担相应的责任。不过，储蓄机构的审查义务也应在合理限度内，只要其尽到了合理的审查义务，即使出现他人冒领存款的情形，也不应要求储蓄机构承担相应的责任。

6. 保护存款人账号安全的义务

储蓄合同生效后，储蓄机构应当采取必要措施保障存款人账号的安全。账号不仅是存款人重要的财产信息，也是其核心隐私。储蓄机构应采取措施防止存款人的账号信息泄露或被他人窃取，例如，在自动取款机安装必要的监控设施，防止他人窃取存款人的银行账号信息。储蓄机构未尽到相关的保护存款人账号安全的义务，造成存款人损害的，应当承担相应的违约责任。例如，在“中国建设银行股份有限公司西华县支行与袁某某储蓄存款合同纠纷上诉案”[3] 中，法院认为，建行西华县支行向袁某某发放储蓄卡，双方已形成储蓄合同关系。银行应当保障存款人的合法权益不受任何单位和个人侵犯，有责任防范储蓄信息不被非正常泄露。建行西华县支行在安全管理措施上存在重大疏漏，没有尽到合理范围内的安全保障义务，应当承担相应的责任。

（二）存款人的权利

如前所述，储蓄合同具有单务性，存款人在交付存款款项后通常不再负担其他义务。储蓄合同成立之后，存款人享有以下权利：

一是有权随时提取存款。无论是定期储蓄，还是活期储蓄，存款人都有权向储蓄机构主张提前支取存款。但在定期储蓄合同中，存款人提前支取存款的，应当按照取款时的活期利率计取利息。

二是有权请求储蓄机构支付利息。存款人在支取本金时，有权要求储蓄机构支付利息。存款人认为存款利息支付有错误的，还有权向经办的储蓄机构申请复核，储蓄机构应当及时受理、复核。[4] 此外，为了保障存款

---

① 参见王建平：《论储蓄合同存款兑付效力和违约责任确定》，载《政治与法律》，2004（5）。

② 河南省高级人民法院民事判决书（2009）豫法民三终字第106号。

③ 河南省周口市中级人民法院民事判决书（2009）周民终字第1201号。

④ 参见《储蓄管理条例》第28条。

人的利益并规范存款机构的行为，储蓄利率通常是由相关法律或有关机构加以明确规定的，不能完全交由当事人自由约定。储蓄机构不得违反法定利率的规定，擅自加以变动。[①] 但储蓄机构违反法定利率而与存款人订立储蓄合同的，不能当然认定储蓄合同无效。例如，在“梅州市梅江区农村信用合作联社江南信用社诉罗某某储蓄存款合同纠纷案”[②] 中，法院认为,《储蓄管理条例》关于利率的规定，是对金融机构关于储蓄存款利率拟定、公布、变动等的强制性规定，而非对储蓄机构对外签订、履行储蓄合同的效力性强制性规定。因此，不能因储蓄机构违反法定利率而认定合同无效。[③]

五、储蓄合同的终止

储蓄合同可能因以下原因而发生终止的效力，具体包括：

（一）储蓄合同因履行而终止

在储蓄合同中，存款人可以随时提取自己的存款，并要求储蓄机构支付相应的利息，在储蓄机构合同义务履行完毕时，储蓄合同终止。对于活期储蓄合同，存款人可以随时支取存款，而对于定期储蓄合同，存款人也有权提前支取本金及利息。在定期储蓄中，如果存款人提前支取的，必须持存单和存款人的身份证明办理。当然，存款人也可以委托他人代为支取存款，此时，代支取人还必须持有委托人身份证明。在存款人向储蓄机构支取全部本金及利息、储蓄机构履行完毕全部付款义务后，储蓄合同终止。

支付存款本金及利息请求权，虽然属于债权请求权的范畴，但其不适用诉讼时效。原因在于：一方面，居民存款的目的是将钱款进行储备，以备以后使用，并不一定在短期内行使这种债权。公民基于对银行的信赖，将其货币存在银行，即使经过两年没有支取，银行也不能以时效届满为由而不再返还本金和利益，否则，会严重侵害公民的财产权。另一方面，对存款债权不适用诉讼时效，符合储蓄合同的目的，当事人订立储蓄合同是为了使存款存放在储蓄机构，即便经过相当长时间不支取本金及利息，一般不会损害储蓄机构的利益。另外，对于定期储蓄合同，在合同到期后，

① 参见《储蓄管理条例》第 22 条、第 23 条和第 34 条。

② 广东省梅州市民事判决书（2009）梅中法民二终字第 75 号。

③ 参见最高人民法院中国应用法学研究所：《人民法院案例选》（第 4 辑），北京，人民法院出版社，2011，第 140 页。

除非存款人提出支取存款的请求，否则储蓄机构不得主动要求存款人支取存款。在存款人没有提出支取存款的请求时，根据国务院《储蓄管理条例》第 25 条的规定，该定期储蓄合同将转化为不定期储蓄合同，此时，因为合同并未终止而不能适用诉讼时效制度。因此，许多国家法律规定，基于储蓄关系发生的请求权，不适用诉讼时效。[①] 我国最高人民法院《关于审理民事案件适用诉讼时效制度若干问题的规定》第 1 条对此也有明确规定。

（二）储蓄合同因解除而终止

储蓄合同还可能因为一方行使解除权或者双方当事人协议解除而终止。在储蓄合同订立时，双方当事人可以在合同中约定合同解除的条件，在符合该解除条件的情形，解除权人可以通过行使该解除权而使储蓄合同效力终止。同时，在一方当事人的行为符合《合同法》第 94 条规定的合同法定解除的条件时，解除权人可以通过行使法定解除权而使储蓄合同效力终止。例如，储蓄机构迟延履行还本付息的义务，经存款人催告后，在合理期限内仍未履行的，构成根本违约，存款人可以解除合同，并请求存款机构承担违约责任。此外，储蓄合同双方当事人还可以协议解除储蓄合同而使储蓄合同效力终止。

就储蓄合同解除的效力而言，原则上与一般合同解除的效力相同，但法律、法规有特别规定的除外。例如，在定期储蓄合同中，如果存款人提前支取款项，将导致合同解除，但在此情形下，并不产生一般的合同解除效力。此时，依据《储蓄管理条例》第 24 条的规定，储蓄机构仍应当根据活期储蓄的利率，根据存款人所支取的款项而向其支付利息。[②]

（三）储蓄合同因储蓄机构被撤销而终止

在储蓄机构被撤销时，一方当事人主体资格消灭，储蓄合同的效力终止。[③] 在储蓄机构被撤销时，储蓄合同的效力应当向将来消灭，在储蓄合同成立至储蓄机构被撤销的期间内，储蓄合同的效力不应当受到影响，存款人有权请求储蓄机构返还本金并支付相应的利息。

---

① 例如，《俄罗斯联邦民法典》第 208 条明确规定：“存款人要银行支付存款的请求不适用诉讼时效。”

② 《储蓄管理条例》第 24 条规定：“未到期的定期储蓄存款，全部提前支取的，按支取日挂牌公告的活期储蓄存款利率计付利息；部分提前支取的，提前支取的部分按支取日挂牌公告的活期储蓄存款利率计付利息，其余部分到期时按存单开户日挂牌公告的定期储蓄存款利率计付利息。”

③ 参见郭明瑞、王轶：《合同法新论·分则》，北京，中国政法大学出版社，1997，第 280 页。

第二节 信用卡合同

一、信用卡合同的概念和特征

信用卡是新型的支付与结算工具。所谓信用卡，是指记录持卡人账户相关信息，具备银行授信额度和透支功能，并为持卡人提供相关银行服务的各类介质。① 所谓信用卡合同，是指持卡人与发卡人之间订立的，由发卡人一方提供信用消费、转账结算等信用卡服务，而持卡人一方应按照约定还款的合同。② 信用卡合同与普通的借记卡合同不同，在信用卡合同中，银行主要向持卡人提供一种信用服务，因此信用卡具有透支功能，信用卡合同的订立目的主要是实现透支消费。而根据《银行卡业务管理办法》第7条的规定，借记卡不具备透支功能，借记卡的使用必须以预存资金为前提，其消费的额度以预存资金的数额为限。信用卡从早期的一种特殊性和优先性支付工具，如今已发展为一种十分普通的支付工具。信用卡所能使用的商户的范围已具有普遍性，数量极其庞大。信用卡交易已经成为实践中的一种频发的交易类型，银行卡作为我国居民使用的最广泛的非现金支付工具，其发卡量还将保持增长趋势。③ 信用卡成为人们普遍采用的小额电子资金划拨工具和信贷工具，其使用极大地推动了国内消费市场的形成，也便利了当事人的消费活动。④

应当看到，我国合同法并没有对信用卡合同作出专门的规定。因为在制定《合同法》时，我国经济生活中信用消费并不十分普遍，所以，立法者没有对这一类合同作出专门的规定。然而，信用卡是银行的一项重要业务，也是拉动消费、促进信用交易的重要手段，因此，我国《商业银行法》第3条规定，商业银行可以经营银行卡业务。这就为银行展开信用卡

① 参见《商业银行信用卡业务监督管理办法》（2011年1月13日中国银监会令2011年第2号）第7条。

② 参见易军：《“中国民法典草案”合同法编分则部分的缺陷及其矫正》，载《浙江社会科学》，2007（2）。

③ 截至2011年年末，银行卡跨行支付系统联网商户318.01万户，联网POS机具482.65万台，ATM33.38万台，较2010年年末分别增加99.71万户、149.25万台和6.28万台。参见中国人民银行：《2011年支付体系运行总体情况》，2012-03-19。

④ 参见刘颖等：《论信用卡格式合同不公平条款的法律规制》，载《现代法学》，2004（2）。

业务活动提供了法律依据。中国人民银行 1999 年颁布的《银行卡业务管理办法》第 5 条明确指出，“银行卡包括信用卡和借记卡”，并对银行卡当事人之间的职责作出了明确的规定。2009 年《银监会关于进一步规范信用卡业务的通知》（银监发〔2009〕60 号）就针对发卡人对消费者的保护义务作出了详细的规定。银监会 2011 年颁布了《商业银行信用卡业务监督管理办法》，其中第 7 条对信用卡的概念作出了界定，即“本办法所称信用卡，是指记录持卡人账户相关信息，具备银行授信额度和透支功能，并为持卡人提供相关银行服务的各类介质”。该管理办法还规定了发卡过程中银行应当承担的义务，尤其是确立了银行对消费者权利保护的义务。由此可见，信用卡合同是为特别法所确认的一种有名合同。信用卡合同的主要特征在于：

1. 主体的特殊性

作为合同当事人的发卡人一方，主要是符合法律规定条件并经批准从事信用卡业务的商业银行。根据《信用卡监管办法》和《银行卡业务管理办法》的规定，只有符合条件的商业银行以及其他金融机构（如邮政金融机构）才有资格作为发卡人发行信用卡。[①] 同时，商业银行如欲从事信用卡业务，须获得金融监管部门（中国银监会及其派出机构）的批准。而法律对作为持卡人一方的消费者的身份没有特殊要求。根据有关行政规章的规定，只要年满 18 周岁（附属卡除外），且拥有固定工作、稳定的收入来源或可靠的还款保障的申请人，即能获准核发信用卡。[②]

关于信用卡合同关系的当事人是否限于发卡人和持卡人，存在争议。一种观点认为，信用卡合同包括持卡人与发卡人之间的信用卡申领合同、发卡人与特约商户之间的特约商户加盟合同。此外，信用卡合同还可能在三方主体的基础上，因特约商户的扩展、账单的清算以及技术规范的统一等事宜而导致主体的增加，因此，还可能存在三方以上主体的信用卡合同。[③] 另一种观点认为，应将信用卡合同界定为持卡人与发卡人之间的信用卡申领合同。[④] 笔者认为，应当将信用卡合同的当事人限于发卡人与持卡人，特约商户并非信用卡合同的当事人。主要原因在于：一方面，由于

① 《商业银行信用卡业务监督管理办法》第三章对商业银行申请开办信用卡业务的条件和审批程序作出了具体规定。

② 参见《商业银行信用卡业务监督管理办法》第 41、44、45 条。

③ 参见方新军：《现代社会中的新合同研究》，北京，中国人民大学出版社，2005，第 295 页。

④ 参见侯春雷：《信用卡交易的民法分析》，北京，法律出版社，2010，第 28 页。

用户是通过与发卡人缔结合同而申领信用卡的，基于合同的相对性原则，信用卡合同的当事人应当限于持卡人与发卡人，作为第三方的特约商户则并非信用卡合同的直接当事人。特约商户只与发卡人之间存在特约关系，并对发卡人负有合同义务。[①] 就合同权利义务而言，与信用卡使用相关的权利和义务，都是由发卡人和持卡人享有和承担的。例如，发卡人负有确保信用卡可以进行消费、结算、免息还款的义务，用户则负有按期还款的义务，而特约商户不是信用卡合同的当事人，不享有合同中约定的权利，不承担相应的合同义务。另一方面，从维持信用卡合同关系的稳定性和主体明晰性的角度出发，不宜将特约商户确定为信用卡合同的合同主体。信用卡的持卡人和特约商户之间的交易和结算关系，独立于信用卡的持卡人和商业银行之间的信用和还款关系，两种法律关系具有不同的法律性质，不宜混淆。[②]

还应指出的是，信用卡合同的当事人不同于参与信用卡交易的当事人。参与信用卡交易的当事人除了发卡人和持卡人之外，也包括特约商户、收单机构等。就持卡人与特约商户之间基于消费所形成的买卖合同（商场购物后用信用卡付款）或服务合同（住酒店后用信用卡支付房费）而言，其属于一般的民事合同关系，并无独特之处。[③] 如果特约商户违反特约，拒绝接受信用卡支付，只是违反了其与银行的特约，对持卡人并不构成违约，也不必对持卡人承担违约责任。因此，信用卡合同的当事人应当限于持卡人与发卡人，特约商户不应当作为信用卡合同的当事人。

2. 内容的综合性

信用卡合同有两种形式：一是申请信用卡合同。当事人订立申请信用卡合同，目的是在将来订立信用卡使用合同。申请信用卡合同的功能主要在于为未来订立信用卡使用合同做准备，同时也是为了确定授信额度，即解决授予申请人信用额度的问题。该合同的内容主要包括：申请人的个人信息、婚姻状况、职业、收入、财产状况等，以便于银行进行信用等级的审查。申请信用卡合同与信用卡使用合同虽有区别，但由于申请信用卡是使用信用卡的前提，且二者的内容多并存于一个合同书中，因而有观点认为，二者构成一个合同。二是信用卡使用合同。其包括发卡人的义务以及

---

① 参见黄茂荣：《信用卡当前重要法律问题概说》，载《法令月刊》，2004（10）。

② 参见黄茂荣：《信用卡当前重要法律问题概说》，载《法令月刊》，2004（10）。

③ 参见覃有土、邓娟闰：《论信用卡持卡人的抗辩权》，载《法学》，2000（7）。

持卡人的义务。典型的信用卡合同主要是指信用卡使用合同。

从信用卡使用合同的内容来看，其内容包括消费借贷、转账结算、存取现金等。[①] 其涉及委托、借款、储蓄等合同的内容，因而具有综合性。正因为如此，一些学者认为其性质是混合合同。笔者认为，信用卡合同中确实包含了上述几种合同的部分内容，例如，提供消费借贷即为消费借款合同的内容；委托发卡人向特约商户提供结算服务则属于委托合同的内容；持卡人在发卡人处存取资金的行为，在某种程度上属于储蓄合同的内容。但这并不意味着信用卡合同是上述几类合同的简单结合，信用卡合同本身可能兼具几种传统有名合同的功能，但在此基础上形成了一种独立的法律关系。[②] 各项给付义务共同服务于为持卡人提供透支消费这一目的，如果将各项义务分裂开来，则无法确定信用卡合同的基本内容。因此，信用卡合同在内容上虽然具有综合性，但本质上仍属于一种金融服务合同，是一种新类型的有名合同。

3. 缔约目的的特殊性

信用卡合同的订立是为了服务于“先消费后还款”的特殊消费方式，从而使持卡人可以在信用额度内透支消费。也就是说，发卡人与持卡人在信用卡合同中约定一定的信用额度，持卡人可以在约定的信用额度内随时支用款项。只要持卡人所支取的总数额未超过约定额度，且按照信用卡合同约定的期限、款项还款的，则持卡人可以循环使用该额度。[③] 信用卡合同本质上是一种消费合同，在信用卡合同中，银行向持卡人提供一定的信用服务，持卡人向银行支付一定的费用。在信用卡关系中，保护消费者利益尤为重要，因为银行通常处于优势地位，且其与消费者之间普遍存在信息不对称的问题，银行可能利用其优势地位侵害持卡人的利益，所以，在立法上需要倾斜保护持卡人作为金融消费者的利益。[④]

4. 缔约程序的格式性

在实践中，为了简化订约程序、降低订约成本、预估交易风险[⑤]，信用卡合同的订立通常采用格式条款的形式进行，即信用卡合同的条款通常

---

① 参见侯春雷：《信用卡交易的民法分析》，北京，法律出版社，2010，第3页。

② 参见张德芬：《论信用卡法律关系的独立性与牵连性》，载《河北法学》，2005（4）。

③ 参见侯春雷：《信用卡交易的民法分析》，北京，法律出版社，2010，第3页。

④ 参见刘迎霜：《我国金融消费者权益保护路径探析——兼论对美国金融监管改革中金融消费者保护的借鉴》，载《现代法学》，2011（3）。

⑤ 参见黄茂荣：《信用卡当前重要法律问题概说》，载《法令月刊》，2004（10）。

由发卡人事先拟定，持卡人在与发卡人订立信用卡合同时，通常并不能对相关的合同条款进行修改或变更。① 因此，信用卡合同是一种定型化、格式化的交易，是一种典型的格式合同，理应受到《合同法》关于格式条款的有关条文的规制。相关行政规章亦对信用卡合同这种格式合同订立中的一些特殊问题作了规定，例如，《信用卡监管办法》要求发卡人印制的信用卡申请材料应当包括“重要提示”等合同信息②，体现了对格式条款进行行政规制的基本法理。

5. 要式性

信用卡合同内容较为复杂，包括发卡人向持卡人提供信用服务、信息及时通知等义务，持卡人负有向发卡人支付年费、按期还款等义务，此外，信用卡合同中还可能包括一些具体的罚则等，因此，为了明确双方当事人的权利义务关系，避免纠纷的发生，信用卡合同有必要采用书面形式订立。依据《银行卡业务管理办法》第 56 条的规定③，信用卡合同的订立应当采用一定的书面形式，据此，信用卡合同是一种要式合同。

6. 诺成、双务与有偿性

信用卡合同因双方意思表示一致而成立，不需要交付特定的标的物，同时，发卡人应当按照合同约定向持卡人提供各种服务，而持卡人则应依约定支付年费、履行其还款义务等，因此，信用卡合同具有诺成、双务性。持卡人与发卡人缔结合同之后，既可凭信用卡在特约商户处刷卡消费，而无须给付现金。而发卡人对持卡人所负担的给付义务是向持卡人发放信用卡，并为其提供信用卡服务，使其能够进行透支消费。④ 因为作为发卡人的金融机构，都是以营利为目的的，其为持卡人提供信用消费服务、处理清偿债务等事务，通常都会向持卡人收取年费等费用，所以，信用卡合同具有有偿性。

7. 继续性

在信用卡合同中，因信用卡作为一种支付工具，持卡人可能在一定期间内多次、反复使用信用卡进行交易，而发卡人应保障持卡人正常使用信

① 参见黄茂荣：《信用卡当前重要法律问题概说》，载《法令月刊》，2004（10）。

② 参见《商业银行信用卡业务监督管理办法》第 37 条第 2 款。

③ 《银行卡业务管理办法》第 56 条规定：“银行卡申请表、领用合约是发卡银行向银行卡持卡人提供的明确双方权责的契约性文件，持卡人签字，即表示接受其中各项约定。发卡银行应当本着权利与义务对等的原则制定银行卡申请表及信用卡领用合约。”

④ 参见杨淑文：《新型契约与消费者保护法》，北京，中国政法大学出版社，2002，第 89 页。

用卡的权利，并按照约定为其持续提供各种相关服务，所以，信用卡合同具有继续性。[①] 在信用卡合同存续期间内，持卡人均可以使用信用卡，并取代现金而进行信用消费，因此，持卡人与发卡人之间的信用卡法律关系是继续性法律关系（ein vertragliches Dauerschuldverhaeltnis）。[②]

信用卡作为实现特殊消费的支付工具，一般认为，其主要具有三项功能：一是信用手段。这就是说，持卡人可以在一定的信用额度透支消费，且不必事先预存一定金额。在信用卡账户的资金为零的情况下，持卡人亦可进行消费。这一功能使得信用卡合同具有消费借贷的特点。二是结算手段。即持卡人在特约商户进行消费并使用信用卡结算，以履行基础交易关系项下的付款义务。其后，收单银行将相关款项垫付给特约商户，同时将特约商户的款项明细送至专业的信用卡组织的清算系统进行清算，从而实现结算。[③] 发卡人代持卡人先行向特约商户偿付，而后再转向持卡人求偿。这是信用卡作为金融支付工具的基本职能。三是消费工具。由于信用卡的发卡人能为持卡人提供分期还款的服务，因而，信用卡广泛应用于消费信贷的各类交易中。信用卡已经从早期一种特殊性和优先性支付工具，发展为一种十分普通的支付工具。[④]

二、信用卡合同的订立

（一）信用卡合同订立的程序

信用卡合同的订立应经过要约与承诺的程序。申请人填写发卡人所提供的信用卡申请材料[⑤]并将其提交给发卡人的行为，可以被视为合同订立中的要约。申请材料必须由申请人本人亲自签名。其后，发卡人对申请人

---

① 参见杨淑文：《新型契约与消费者保护法》，北京，中国政法大学出版社，2002，第 97 页。

② 参见杨淑文：《新型契约与消费者保护法》，北京，中国政法大学出版社，2002，第 90 页。

③ 参见陈俐茹：《论信用卡交易制度及其法律关系》，载《比较法研究》，2004（5）。

④ 参见张志刚：《我国信用卡的现状及发展对策》，载《山西财经大学学报》，2002（S2）。

⑤ 《商业银行信用卡业务监督管理办法》第 37 条规定："发卡银行印制的信用卡申请材料文本应当至少包含以下要素：（一）申请人信息：编号、申请人姓名、有效身份证件名称、证件号码、单位名称、单位地址、住宅地址、账单寄送地址、联系电话、联系人姓名、联系人电话、联系人验证信息、其他验证信息等；（二）合同信息：领用合同（协议）、信用卡章程、重要提示、合同信息变更的通知方式等；（三）费用信息：主要收费项目和收费水平、收费信息查询渠道、收费信息变更的通知方式等；（四）其他信息：申请人已持有的信用卡及其授信额度、申请人声明、申请人确认栏和签名栏、发卡银行服务电话和银行网站、投诉渠道等。"

的个人信息、收入状况等进行审查，作出是否向其发放信用卡的决定。如果发卡人同意向申请人发放信用卡，则应被视为其已经作出承诺。此时，信用卡合同宣告成立。

（二）合同订立时的告知、说明义务

在信用卡合同订立过程中，为了满足金融消费者的知情权，解决信息不对称的问题，发卡人负有一定的告知、提示以及解释说明的义务。如前所述，信用卡合同具有格式性的特点，对于发卡人预先拟定的申请材料及合同内容，申请人无法与其通过协商而作出变更，而只能被动接受。因此，依据《合同法》的规定，发卡人作为格式条款的制定者，负有相应的解释、说明义务。由于信息不对称，持卡人的利益很容易遭受侵害，因而，为了保护处于弱势地位的申请人的利益，规范信用卡合同，发卡人应当在合同订立的过程中负有告知、说明义务。

发卡人负有的告知和说明义务主要包括如下方面：一是，申请信用卡所需材料和基本要求的告知义务。发卡人应当向申请人公开、明确告知需提交的申请材料和基本要求，并向其说明信用卡的领取、开卡流程等事项。[①] 同时，营销宣传材料必须真实准确，不得有虚假、误导性陈述或重大遗漏，不得有夸大或片面的宣传。二是，信用额度的说明义务。信用卡的主要特点之一在于持卡人可以在预定的信用额度内进行消费。依据持卡人所具有的不同的信用等级，其具有相应的信用额度。因此，发卡人在向申请人发放信用卡时，应将信用额度向申请人予以说明。[②] 如果发卡人对信用额度予以变更时，也应及时向持卡人予以说明。三是，提供信用卡使用说明资料的义务。该义务有利于实现合同订立的目的，方便持卡人进行信用卡消费。发卡人在发给信用卡的同时应提供信用卡的使用说明资料，主要包括章程、使用说明、收费标准、挂失方式、服务投诉电话等，并负有相应的说明义务。同时，依据《银行卡业务管理办法》第52条第6项的规定，发卡人还“应当在有关卡的章程或使用说明中向持卡人说明密码的重要性及丢失的责任”。四是，服务收费的说明义务。该项义务主要是指发卡人应当对具体的各项服务费率向持卡人进行说明。在此类合同中，国家相关法律法规通常会对信用卡的收费标准作出规定，发卡人应当就此

---

① 参见《信用卡监管办法》第38条。

② 《银行卡业务管理办法》第41条规定：“发卡银行应当对信用卡持卡人的资信状况进行定期复查，并应当根据资信状况的变化调整其信用额度。”

向持卡人作出具体的说明，以使持卡人明确其应支付的费用数额、支付时间、支付方式等。[①] 同时，持卡人也有权知悉信用卡的收费项目、收费标准及计算公式。五是，收集申请人个人信息资料时的说明义务。在持卡人向发卡人申请开办信用卡的过程中，申请人需要向发卡人提供有关个人有效身份证件名称、证件号码、单位名称及地址、住宅地址、账单寄送地址以及联系方式等个人信息，这些信息属于个人信息权的重要内容，对这些信息的收集和具体利用，发卡人负有向持卡人告知的义务。[②]

发卡人违反告知和说明义务，应承担相应的责任。但在确定具体的责任时，应当区分如下两种情形：一方面，如果因发卡人对某一重要事项未尽到告知、说明义务，而导致该事项未被纳入合同条款之中，甚至导致合同未成立的，发卡人应承担缔约过失责任；另一方面，如果违反告知、说明义务并未对合同效力产生影响的，则发卡人应当就其违反该义务的行为承担违约责任。

三、信用卡合同的法律性质

（一）关于信用卡合同法律性质的不同观点

1. 委托合同说

此种观点认为，持卡人依信用卡合同的约定，授权发卡人代为处理基于信用卡记账消费的相关事务，包括先行向特约商户付款的委托，因此，信用卡合同是一种委托合同。[③] 发卡人与持卡人之间、发卡人与特约商户之间均存在委托合同关系。德国有学者认为，持卡人委托发卡人为其清偿对特约商户的债务，因此，发卡人和持卡人之间属于委托合同关系。[④]

应当看到，信用卡合同与委托合同之间确实存在一定的联系，如在信用卡交易关系中，发卡人代持卡人先行支付消费款项、特约商户依约向持卡人提供透支消费，这些与委托具有相似性。但笔者认为，信用卡合同不同于委托合同，主要原因在于：一方面，信用卡合同具有有偿性，发卡人向持卡人发放信用卡是为了获取一定的经济利益。在信用卡合同中，发卡人向持卡人提供一定的信用服务，而持卡人则需要支付相应的服务费用，

---

① 参见柯航锋：《透析银行信用卡全额罚息规则：寻求利益的均衡保护》，载《金融法苑》，2009（2）。

② 参见杨振东：《信用卡法律理论及适用》，北京，社科文献出版社，2012，第58页。

③ 参见曾隆兴：《现代非典型契约论》，台北，自版，1999，第52页。

④ 参见陈俐茹：《论信用卡交易制度及其法律关系》，载《比较法研究》，2004（5）。

使其在无预存资金的情况下，亦可进行透支消费。而委托合同原则上具有无偿性，委托人委托他人处理委托事务原则上无须支付报酬。另一方面，委托合同中他人事务通常是宽泛的，而信用卡合同中发卡人所处理的事务很有限，即支付持卡人对特约商户的债务。此外，在委托合同中，委托人享有任意解除权，而在信用卡合同中，持卡人并不享有该权利。

2. 消费借贷说

此种观点认为，持卡人与特约商户从事交易活动，持卡人以刷卡方式替代现金的支付，持卡人委托发卡人代为向特约商户给付价金，发卡人嗣后另向持卡人请求返还。因此，信用卡合同具有消费借贷的性质。德国学者 Enneccerus 等持此种观点。我国有学者认为，信用卡合同实际上是一种合同体系，分为两个层次，即信用卡领用或使用协议与一系列透支或提现的具体借贷合同。①

所谓消费借贷（loan for consumption），是指当事人约定，一方移转金钱或者其他替代物之所有权于他方，而他方以种类、品质、数量相同之物返还之契约。② 应当看到，信用卡合同与消费借贷确有相似性，消费借贷以金钱借贷为主要形态，而在信用卡合同中，持卡人无须预存款项即可刷卡消费，而由发卡人先行偿还款项，这与消费借贷具有相似性。但笔者认为，信用卡合同不同于消费借贷，二者区别主要表现为：第一，性质不同。信用卡合同旨在提供一种新型的服务，信用卡的功能虽然具有多样性，且信用卡交易关系中可能涉及多方主体，但信用卡合同本身是一个独立的新型合同类型，而消费借贷仍是一种传统的有名合同类型。第二，功能不同。信用卡的功能具有多样性，所以，信用卡合同的内容就具有综合性。例如，持卡人在信用卡中存入现金，具有储蓄合同的性质；发卡人为持卡人清偿债务，则具有委托合同的性质。而这些内容均非传统的消费借贷合同所能涵盖的。第三，内容不同。在信用卡合同中，如果持卡人按照约定的时间、款项偿还款项，一般无须向发卡人支付利息。因此，信用卡合同的有偿性主要表现在持卡人支付年费等费用上。而在消费借贷合同中，借款人则需在约定的期限偿还本金以及利息。

3. 合同联立说

此种观点认为，信用卡合同是一个合同的体系③，依据功能的不同而

① 参见杨振东：《信用卡法律理论及适用》，北京，社科文献出版社，2012，第 33 页。

② 参见郑玉波：《民法债编各论》（上册），台北，三民书局，1986，第 311 页。

③ 参见杨振东：《信用卡法律理论及适用》，北京，社科文献出版社，2012，第 33 页。

形成不同的合同关系。如果其为了发挥信贷的功能，就包含银行账户合同和信贷合同的因素在内。如果其是为了发挥即时非现金结算的功能，就具有不同于银行账户合同的性质。如果是为了实现与特约商户贸易的结算，则又成立特约商户与发卡人之间的合同关系。因此，信用卡合同是多个合同的联立。[①] 信用卡合同是若干合同的联立，各个合同之间有结合关系，但各自却并不丧失其独立性。

笔者认为，合同联立说割裂了信用卡合同各个部分之间的联系，该观点主要是从信用卡所具有的多种功能的角度提出的，即认为信用卡是传统储蓄合同、借贷合同等合同类型的简单的结合。但事实上，信用卡合同虽包含了一些传统有名合同的内容，但并非这些合同的简单结合。在信用卡合同中，发卡人的义务是前述各项内容相结合之后而构成的完整给付体系，各项给付义务是紧密联系、不可分割的。但信用卡合同并非上述合同内容的简单结合。例如，信用卡合同（如准贷记卡合同）虽然具有一定的储蓄功能，但持卡人向准贷记卡中储存一定的资金的目的是获取发卡人的信用服务，而非在于储蓄，这与传统的储蓄合同存在明显区别。尤其是在当事人违反信用卡合同的约定时，不能简单适用上述各类合同的违约责任，而应当适用违反信用卡合同的违约责任。因此，信用卡合同并非合同联立。

（二）信用卡合同是一种新型的有名合同

信用卡合同是适应现代社会的“先消费后付款”的新型消费方式而产生的一种交易方式，作为一种合同形式，其又是一种新型的特别法上的有名合同。与传统的有名合同不同的是，其主要具有如下几方面的特殊性，这也直接决定其自身所具有的新型有名合同的特征：一是信用卡合同虽兼具部分传统有名合同的一些特点，但信用卡合同并不是这些合同简单的联立，而是在结合了储蓄合同、借用合同等合同内容的基础上形成的一种新的合同类型。信用卡合同与储蓄合同、借款合同和委托合同等传统合同类型存在明显区别，但又包含这些传统有名合同的内容。二是信用卡合同是为了实现特殊的信用消费而成立的。信用卡作为集支付工具和信用工具于一身的金融工具，是银行提供结算、支付、授信等金融服务的具体手段，具有消费信用、转账结算、存取现金等多种功能。因此，信用卡合同本质

① 参见〔俄〕E. A. 苏哈诺夫主编：《俄罗斯民法》（第4册），付荣译，北京，中国政法大学出版社，2011，第1531页。

上是发卡行提供这些金融服务的具体法律形式。其内容主要在于发卡人向持卡人提供特殊的金融服务，而持卡人向发卡人支付对价。信用卡的特殊功能决定了信用卡合同的特殊性，使其区别于传统的有名合同类型。三是信用卡交易涉及特约商户等第三人。与传统有名合同类型不同的是，作为合同媒介的信用卡主要是作为一种支付工具而存在的，申请人申领信用卡是为了实现透支消费，因而，在信用卡合同成立之后，必然会发生持卡人领用信用卡的行为，这必然涉及与特约商户等第三人的关系。例如，持卡人持信用卡在特约商户处进行刷卡消费，并不直接向特约商户支付价款，而由发卡人向特约商户支付价款，随后持卡人按约定的期限、款项向发卡人还款。信用卡合同的当事人限于发卡人和持卡人，特约商户只是与持卡人之间发生货物或服务的交易关系，应当将其与信用卡合同区分开，此种关系是独立的民事合同关系。[①] 而传统的有名合同类型（如买卖、租赁等）只是在当事人之间发生效力，一般并不涉及第三人。四是在违约责任方面，其具有自身的特点。例如，持卡人未按照合同约定的时间、最低还款额进行还款时，应向发卡人支付合同所约定的利息等；在持卡人未按照信用卡章程使用信用卡时，发卡人可以根据合同所约定的罚则对其进行处罚等。因此，信用卡合同是一种新型的有名合同。

四、信用卡合同的效力

（一）发卡人的义务

1. 代持卡人先为给付消费金额的义务

持卡人订立信用卡合同的目的主要在于获得一定的信用服务，因而，发卡人负有依据信用卡合同为持卡人提供一定信用额度的义务，允许其在该额度内提前消费，其后再予以返还。[②] 因此，发卡人最主要的义务就是代持卡人先为给付消费金额。[③] 自信用卡制度产生至今，透支消费一直是其最重要的功能。通常，发卡人在审核用户的信用状况之后，授予其一定的信用额度，持卡人在此额度内可以进行透支消费。就持卡人的消费而言，发卡人通常应给予持卡人免息还款期限，在此期限内，持卡人只需要偿还本金，而无须支付所产生的利息。持卡人在特约商户签单消费后，发

① 参见张德芬：《论信用卡法律关系的独立性与牵连性》，载《河北法学》，2005（4）。

② 参见覃有土、邓娟闰：《论信用卡持卡人的抗辩权》，载《法学》，2000（7）。

③ 参见陈俐茹：《论信用卡交易制度及其法律关系》，载《比较法研究》，2004（5）。

卡人应特约商户或收单银行的请求，将信用卡消费金额先行垫付给特约商户，而后再向持卡人请求偿付。①

2. 重要事项的提示义务

由于发卡人与持卡人之间存在信息不对称的现象，发卡人可能对持卡人进行隐性收费或从事其他侵害持卡人合法权益的行为，甚至引发大量的纠纷与诉讼。因而，有必要课以发卡人就重要事项的提示义务，即发卡人必须在发放信用卡时，对申请人进行信息提示，通过提示的方式，使持卡人知悉其所拥有的权利和义务。对于特别重要的信息（如计结息规则、年费等费用的收取方式）②，发卡人应尽到提示义务，以防止持卡人因信息不对称而遭受损害。依据《合同法》的相关规定，如果发卡人未尽到提示、说明义务，应当认定当事人没有就该重要事项达成合意，该事项不能成为合同内容。

3. 发放信用卡的义务

发放信用卡的义务是发卡人所负有的基本义务之一，类似于买卖合同中交付标的物的义务。因为只有实际交付信用卡，持卡人才可以进行使用，从而实现信用卡合同的目的。信用卡的使用需要持卡人持卡消费，因此，发卡人在同意申请人的申请之后，应当在合理时间内将信用卡实际发放给申请人。同时，发卡人应当根据申请人的具体申请而发放相应类别的信用卡。

4. 清算和提供对账单的义务

发卡人应当根据法律规定和信用卡合同的约定，每月定期对持卡人使用信用卡所进行的支付进行清算，并向持卡人提供对账单，以便于其核实其消费行为记录。《信用卡监管办法》第 61 条和《银行卡业务管理办法》第 52 条规定："发卡银行应当向持卡人提供对账服务。"因此，发卡人负有提供对账服务的义务。所谓对账，即核对账目，是指持卡人根据自身的实际消费情况，核对发卡人所提供的账户结单。对账有利于保护持卡人的利益，使其了解自身的实际消费状况，纠正发卡人所提供的账户结单中的错误，同时还可以在一定程度上提醒持卡人合理消费。依据《银行卡业务管理办法》第 52 条的规定，发卡人按月向持卡人提供账户结单，在下列

① 参见覃有土、邓娟闰：《论信用卡持卡人的抗辩权》，载《法学》，2000 (7)。

② 银监会《商业银行信用卡业务监督管理办法》第 37 条进一步阐释了需要重点告知的事项范围，主要包括：申请信用卡的基本条件、所需基本申请资料、计结息规则以及年费、滞纳金、超限费的收取方式等内容。

情况下发卡人可不向持卡人提供账户结单：已向持卡人提供存折或其他交易记录；自上一月份结单后，没有进行任何交易，账户没有任何未偿还余额；已与持卡人另行商定。

5. 提供挂失服务的义务

所谓挂失服务，主要是在持卡人丢失信用卡之后，及时向发卡人提供暂停该信用卡交易的请求。持卡人通过挂失可以及时避免他人冒名进行信用卡消费，避免自身遭受经济损失。如果持卡人在丢失信用卡之后，未及时进行挂失而遭受经济损失的，应当自担损失。一般而言，如果持卡人及时进行挂失，其信用卡账户资金在挂失期间发生变动的，则应由发卡人承担相应的责任。

6. 不得违规收费的义务

发卡人必须按照信用卡合同的约定收取相关费用，不得擅自调高收费标准，或者未经持卡人同意对信用卡擅自开设新的收费项目。由于发卡人与持卡人之间经常处于不对等的地位，发卡人经常利用其优势地位而制定收费项目和收费标准。从实践来看，信用卡违规收费所引发的纠纷成为社会普遍关注的现象。例如，2012 年中央电视台 3·15 投诉的热点之一，就是信用卡陷阱与银行擅自扣费现象。[①] 因此，发卡人应严格遵守不得违规收费的义务，在实施收费前，应当向持卡人进行提示和告知。

7. 审核义务

所谓审核义务，是指在信用卡交易过程中，发卡人应当核实信用卡使用人的身份信息等内容，以防止信用卡冒名等行为的发生，保护持卡人的利益。所谓冒名行为，是指行为人冒用他人之名从事行为。[②] 在他人冒用持卡人的名义使用信用卡时，尤其是进行通存通兑、转账结算等行为时，发卡人应当核实信用卡使用人的身份信息。在此需要讨论的是，发卡人应当尽到何种标准的审核义务？笔者认为，发卡人的审核义务只需尽到形式上的审核义务即可，只要信用卡使用人的信息与持卡人预留的个人信息一致，就已经尽到了审核义务，而无须进一步进行实质审核。

8. 保密义务

发卡人对于其所获知的有关持卡人个人资料、密码、家庭成员情况、

---

① 参见搜狐财经 http://business.sohu.com/s2013/tousu2012/。

② 参见侯春雷：《冒名纠纷的法律性质与民事责任》，载《人民司法》，2011（23）。

财务信息、信用等级等资信资料负有保密的义务，不得擅自将持卡人的个人信息泄露给他人。[①] 这主要是因为，此类与持卡人有关的信息大多属于个人的私密信息，也是其重要隐私，因而，发卡人负有保密义务。对于发卡人在合同订立过程中收集到的持卡人个人信息，发卡人应当采取一定的保密措施，防止持卡人个人信息泄露，在发生泄露的情形，发卡人还应当采取必要的措施防止损害的进一步扩大。发卡人违反该义务向他人泄露甚至出售持卡人信息的，其不仅违反了合同义务、需承担违约责任，而且可能要承担侵犯个人信息权、隐私权等侵权责任。

（二）持卡人的义务

1. 提供真实资料的义务

在信用卡合同中，因发卡人和持卡人之间存在信用关系，持卡人使用信用卡主要是为了进行透支消费，所以，持卡人应当向发卡人提供真实的、全面的资料，并如实进行告知。该项义务的履行，一方面有利于发卡人了解持卡人的资信状况，并以此确定持卡人的信用额度，另一方面也有利于防止发生信用卡欺诈行为的发生。此外，提供真实的资料，还有助于发卡人履行其对账、信息告知等义务。因此，持卡人应当如实向发卡人提供有关资信状况的材料。在信用卡发放之后，如果持卡人通讯地址、职业等发生变化，其应当及时通知发卡人。

2. 及时还款和付费的义务

信用卡合同成立后，持卡人的主要合同义务是按期归还透支本息、交纳信用卡年费和各种手续费。一方面，信用卡合同本身包含了消费借贷合同的内容，持卡人在信用额度内消费的行为具有消费借贷的性质。在信用卡消费中，持卡人可以先在信用额度内消费，其后再履行还款的义务。[②] 而持卡人在透支一定的信用额度后，应当按照信用卡合同的约定及时还款，这也是持卡人的主要合同义务。[③] 另一方面，因为信用卡合同本质上属于服务合同，所以，在发卡人向持卡人提供一定的信用服务后，持卡人应当按照合同约定向发卡人支付一定的服务费用。对于前述款项和费用，持卡人应当及时偿还或支付，而不得以和特约商户发生纠纷为由拒绝支

---

① 参见杨振东：《信用卡法律理论及适用》，北京，社科文献出版社，2012，第58页。

② 参见张德芬：《论信用卡合同的法律特征》，载《许昌师专学报（社会科学版）》，1997(S1)。

③ 参见张德芬：《论信用卡合同的法律特征》，载《许昌师专学报（社会科学版）》，1997(S1)。

付。这主要是因为，持卡人与特约商户间的交易关系独立于其与发卡人之间的信用卡合同关系，持卡人不能以对特约商户的抗辩而向发卡人主张。

一般而言，在信用卡合同中，如果持卡人在约定的期间内按期归还欠款，则可以免于支付利息。但当事人也可以在合同中约定，如果持卡人选择最低还款额方式或超过发卡人批准的信用额度使用信用卡时，持卡人不再享受免息还款期待遇，此时，持卡人除应返还欠款外，还应当按照约定支付透支利息。

3. 遵守信用卡章程及领用合约的义务

信用卡领用合约（协议）是发卡人向信用卡持卡人提供的、明确双方当事人各自权利义务的文件，持卡人一旦签字，即表示其愿意接受其中的各项约定。只要发卡人已经就其中的重要条款尽到告知、说明义务以及提示义务的，则信用卡领用合约的内容将成为信用卡合同的条款，对持卡人具有法律上的拘束力。依据《银行卡业务管理办法》第 54 条的规定，持卡人负有遵守信用卡章程及领用合约有关条款的义务。如果持卡人不遵守发卡人的信用卡章程规定，发卡人有权取消其持卡人资格，并可授权有关单位收回其信用卡。

4. 个人信息变动时的及时通知义务

在信用卡发放之后，有可能出现特殊情况，导致持卡人的信息出现变动。例如，持卡人的通讯电话、住址等发生变动等。此时，持卡人应及时通知发卡人。即在持卡人或保证人的通讯地址、职业等个人资料发生变化时，应当及时通知发卡人，从而便于发卡人及时履行相关通知、告知等义务，也可以避免往来信件的丢失。

5. 自己使用信用卡的义务

所谓自己使用信用卡的义务，是指持卡人应当按照约定自己使用发卡人向其发放的信用卡，而不得通过转租、转借等方式授权第三人使用。这主要是为了规范信用卡的使用秩序，控制金融风险，避免信用卡冒用等行为的发生。依据《银行卡业务管理办法》第 28 条的规定，持卡人只能自己使用信用卡，不得转让、出租、转借或以其他方式授权第三人使用，若持卡人违反该项义务，则应当承担相应的责任。

五、违反信用卡合同的责任

（一）违反信用卡合同的形态

违反信用卡合同，即应依据合同的约定承担违约责任，当事人在合同中未对违约责任作出明确约定的，可以参照适用《合同法》分则最相类似的有名合同（如借款合同、委托合同）的规定，确定相关的违约责任。如果相关有名合同中没有规定违约责任的，则可以适用《合同法》总则中违约责任的规定。在实践中，违反信用卡合同的典型形态主要表现为：

1. 持卡人未按照约定偿还透支款

持卡人签单消费，发卡人先行将信用卡消费金额垫付给特约商户后，持卡人应按照约定偿还透支款。持卡人在使用信用卡消费及提现后，也应当按照合同约定，在约定的还款期限内及时清偿借款。[①] 还款的时间应当依据当事人的约定予以确定，如果持卡人没有按时还款，则应当承担相应的违约责任。根据《银行卡业务管理办法》的规定，持卡人未偿还最低还款额的，按最低还款额未还部分的5%收取滞纳金。信用卡透支，按月计收复利。例如，在“某银行股份有限公司信用卡中心诉马某信用卡纠纷案”中，法院认为，被告持信用卡消费后，未在约定期限内归还款项，属违约行为，应依据合同约定，向原告偿还欠款本金、利息、滞纳金及其他费用。[②]

2. 持卡人出租或转借其信用卡及其账户

出租信用卡，是指持卡人擅自将其信用卡交予他人使用并收取费用。转借信用卡，是指持卡人将自己持有的信用卡出借给他人使用但并不收取费用的行为。虽然在转借的情况下，持卡人要承担保证责任，但该转借行为有可能违反了银行与持卡人之间的合同约定。由于信用卡合同中，当事人之间存在一定的人身信任关系，持卡人负有亲自使用的义务，而不得擅自将信用卡及其账户出租或转借给他人，否则构成违约，从而持卡人应承担相应的责任。例如，在“蔡某某与甲银行信用卡纠纷案”中，法院认为，持卡人不得转借信用卡给他人使用，否则视为违约并承担由此造成的损失。[③] 因转借或出租信用卡而形成的债务关系，持卡人仍应就该款项向发卡人承担返还的责任。

如果信用卡因丢失等原因而被他人冒用，持卡人是否可以以特约商户未尽审慎的注意义务而拒绝向发卡人履行还款义务？正如前述，信用卡合同的当事人为持卡人与发卡人，而特约商户并非信用卡合同的当事人。信

---

① 参见侯春雷：《信用卡交易的民法分析》，北京，法律出版社，2010，第34页。

② 参见湖北省武汉市江汉区人民法院民事判决书（2012）鄂江汉民二初字第00627号。

③ 参见上海市第一中级人民法院民事判决书（2011）沪一中民六（商）终字第168号。

用卡合同成立之后，持卡人应当妥善保管信用卡，如果因信用卡丢失等原因造成信用卡被冒用的，其仍应向发卡人履行按时还款的义务。[①] 如果持卡人在丢失信用卡后，及时向发卡人申请挂失止付，在挂失止付期间内透支的款项，持卡人无须偿还。即使特约商户未尽到审慎审查义务，并不能产生免除持卡人所负担的按时还款义务。[②] 基于信用卡合同本身的独立性，持卡人仍应依约向发卡人偿还透支款项。当然，在持卡人向发卡人履行还款义务之后，其可以向特约商户进行追偿。

在信用卡合同中，持卡人不得以与特约商户之间发生纠纷为由拒绝向发卡人偿还透支款项，这涉及信用卡抗辩权切断的理论。所谓抗辩权切断，是指持卡人不得以其对特约商户的抗辩事由，而向发卡人进行主张，拒绝履行自身对发卡人的还款义务。[③] 信用卡抗辩权切断，对于信用卡这一新的支付工具的广泛使用至关重要，也是信用卡交易独立于基础交易关系的必然结果。在我国，《银行卡业务管理办法》对此作了明确规定，目前各大银行所采用的信用卡领用合约中也对此作出了明确约定。

（二）违反信用卡合同的责任形式

与一般的违约责任形式比较，信用卡合同违约责任形式具有一定的特殊性，主要表现在：一方面，信用卡合同中，发卡人与持卡人之间主要是一种金钱代为给付关系，在持卡人未按照约定还款时，其所负担的主要责任是及时偿还透支款项及其利息，并按照约定支付相关罚息，一般并不涉及其他的损害赔偿等责任。另一方面，由于信用卡合同具有格式性，发卡人与持卡人通常会在合同中就双方的违约责任形式作出约定，在一方当事人违约时，仅需按照合同约定的责任形式承担违约责任即可。此外，一般合同中的违约责任通常以填补非违约方的损害为主，主要具有补偿的性质，而信用卡合同的违约金则具有惩罚的性质，这尤其表现为在信用卡合同中广泛适用的滞纳金责任。违反信用卡合同的责任形式主要有如下三种：

1. 支付本息

在持卡人使用信用卡消费，并由发卡人已经进行先行给付的情形下，

---

① 参见侯春雷：《冒名纠纷的法律性质与民事责任》，载《人民司法》，2011 (23)。

② 参见梁睿：《信用卡纠纷法律关系及特约商户审核义务探讨》，载《人民司法·案例》，2008 (8)。

③ 参见毛圣霞：《对信用卡合同中抗辩权切断与接续的考量》，载《成都行政学院学报》，2011 (4)。

持卡人与发卡人之间已经形成一种债务关系。在持卡人未按时履行还款义务时，不仅应当向发卡人支付所欠款项，还应当支付相应的利息。在司法实践中，支付本息是违反信用卡合同最为常见的违约责任形式。[①] 笔者认为，在信用卡合同中，持卡人在消费之后，通常是先由发卡人向特约商户给付消费金额，其后再由持卡人向发卡人进行返还，所以信用卡合同具有金钱借贷性质。在持卡人未按照约定还款时，由其承担支付本息的责任也属合理，在这一点上，其与借款合同具有相似性。但对于因持卡人逾期还款而应支付的利息，则应按照法律的规定加以确定。

2. 支付滞纳金

《银行卡业务管理办法》将滞纳金规定为信用卡合同的违约责任形式之一。《信用卡监管办法》也明确将滞纳金条款列为信用卡申请材料中的重要条款，强调发卡人在持卡人申领信用卡时应向其说明滞纳金条款。滞纳金条款从名称上看具有一定的惩罚性，但其本质上仍然是一种迟延履行的违约金形式。一般而言，违约金是补偿性的。[②] 我国《合同法》第 114 条第 2 款规定："约定的违约金低于造成的损失的，当事人可以请求人民法院或者仲裁机构予以增加；约定的违约金过分高于造成的损失的，当事人可以请求人民法院或者仲裁机构予以适当减少。"据此，一些学者认为，该条所规定的违约金，实际上是补偿性的违约金。但滞纳金具有明显的惩罚性质，滞纳金的数额通常远高于一般的违约金数额标准，显然不属于补偿性质的违约金。

那么，能否将滞纳金理解为惩罚性质的违约金呢？滞纳金一般是行政强制执行中执行罚的一种类型，具有法定性、强制性和惩罚性的特点。[③] 其通常只能发生在法律地位不平等、存在行政管理关系的当事人之间，并不能适用于平等的法律关系。[④] 笔者认为，滞纳金已经是一个约定俗成的

① 参见"某某股份有限公司信用卡中心诉叶某某信用卡纠纷案"，上海市普陀区人民法院民事判决书（2012）普民二（商）初字第 1074 号。

② 例如，《德国民法典》第 340 条规定："如果债务人约定，在其不履行债务时，须支付违约金，债权人可以要求支付违约金代替履行。债权人向债务人声明要求支付违约金的，其履行请求权即告消灭。"《法国民法典》第 1229 条第 1 款规定："违约处罚条款为对债务未履行而受到的损害的赔偿。"可见，法国法中的违约金也主要是补偿性质的。

③ 参见陈承堂：《论信用卡滞纳金的性质及其治理》，载《法律科学》，2009（4）。

④ 在我国计划经济时代，银行、供水、电、燃气等公用事业中一度广泛使用滞纳金，作为督促相对人履行义务的强制性手段。可喜的是，已有一些行政规章中删去了民事法律关系中的滞纳金。例如，《城市供水价格管理办法》第 30 条关于逾期交纳税费每日加收 5‰的滞纳金的规定已被删除。

概念，并在信用卡合同中广泛使用，现在不宜完全进行改变，但即使在信用卡合同中使用滞纳金的概念，并不能据此认为信用卡合同的主体身份具有不平等性，发卡人与持卡人具有平等的法律地位，滞纳金在性质上仍属于违约金。由于在缔约过程中，申请人已经接受了信用卡合同的滞纳金条款，因而只要信用卡合同生效，则滞纳金条款也是有效的。滞纳金条款与一般的违约责任形式不同，其具有一定的惩罚性，法律上允许当事人约定此种违约责任形式，是为了维护正常的金融秩序，保障正常的信用交易的进行。在当事人约定的滞纳金过高时，是否允许当事人依据《合同法》的规定申请调整？笔者认为，既然滞纳金本质上是一种违约金，则在滞纳金数额过高的情形，应当允许持卡人申请适当降低滞纳金数额。

3. 缴纳罚款

依据《银行卡业务管理办法》第59条的规定，持卡人擅自将其出租或转借其信用卡及其账户的，发卡人有权责令其改正，并可对其处以1 000元人民币以内的罚款。这就在信用卡合同中肯定了罚款这一责任形式。笔者认为，罚款具有行政处罚的性质，持卡人与发卡人之间是平等的民事主体，发卡人无权对另一方处以具有行政处罚性质的罚款。但由于信用卡合同本质上是一种提供信用的合同，在持卡人出租或转借其信用卡及其账户时，可被视作一种恶意违约，基于维护金融秩序的考虑，应当允许在当事人已有约定的情形下追究此种责任。如果当事人在信用卡合同中明确约定了罚款，则表明持卡人愿意接受信用卡合同中的处罚条款，该条款对持卡人具有约束力。当然，此种罚则也属于格式条款，应当对其进行必要的法律规制，以防止条款提供者利用该条款损害持卡人的利益。

第八章　保证合同

第一节　保证合同概述

一、保证合同的概念

保证，又称人的担保，是一种与物的担保相对应的债权担保形式。古汉语的“保”是多义词，有安、占有、担保、保证等多层意思。[①] 徐锴《说文解字系传》中讲：“任，保也。”[②] 可见，保证具有信任、信用的属性。“保”字由“人”和“呆”两部分组成，这实际上也意味着保证人要为他人的债务无偿承担责任，保证主要是基于信任关系而产生的。[③] 根据我国《担保法》第 6 条，所谓保证合同，是指保证人和债权人约定，当债务人不履行债务时，保证人按照约定履行债务或者承担责任的合同。保证作为一种合同关系，并不是在保证人与主债务人之间订立的合同，而是在保证人与债权人之间订立的合同，是保证人与债权人意思表示一致的产物。

保证最早起源于古代的“人质”，即债务人以其人身作为履行债务的保证。不过，近现代意义上的“人的担保”，仅指以第三人的信用及其全部责任财产作为债权实现的担保。在公元前 240 年至公元前 130 年间，古罗马的《阿普莱拉法》（Lex Apulela）中确认了允诺保证。[④] 在我国古代社会，保证担保较为发达。《周礼・地官・大司徒》中有：“令五家为比，

---

① 参见徐朝贤：《中国古代主要担保方式及特点探略》，载《广东商学院学报》，2002（6）。

② 转引自张传玺：《中国历代契约会编考释（上册）》，北京，北京大学出版社，1995，第 29 页。

③ 参见郑玉波：《民法债编各论》（下册），台北，三民书局，1981，第 821 页。

④ 参见周枏：《罗马法原论》（下册），北京，商务印书馆，2002，第 883 页。

使之相保。”秦律中就有关于约定或法定的由第三人担保并负连带之责的规定，人保在各类担保方式中占据着重要的地位。汉代债务设担保人，称任人、任者，可见当时债的担保制度已经较为发达。[①] 保证在现代社会中始终是担保的重要方式。从德国、法国、日本等国家的民事立法来看，都详细规定了保证制度。在我国，保证也是《担保法》所明确认可的有名合同，它与抵押、质押等物上担保相并列，属于一种重要的债权担保类型。

与其他担保方式不同的是，保证具有以下几个特征：

1. 保证属于人的担保

保证是一种典型的人的担保方式。所谓人的担保，是指民事主体（自然人、法人等）以其自身的责任财产担保债务履行的法律制度，实际上就是以设立合同债权的方式来担保某一债权的实现。保证之所以被称为“人的担保”，是因为它并不是在特定的物上设立的担保，不产生担保物权。一方面，保证合同不涉及物权的效力，而只是产生债权关系。保证合同生效后，债权人不能直接支配保证人的特定财产，而只能在债务人不履行债务时，请求保证人以其责任财产履行债务或承担保证责任。另一方面，作为一种人的担保，保证合同具有较强的人身信赖性。或者说，保证是以债权人对保证人信用（即债务履行能力）的信任为基础的。古人云：“使之保，犹任也。”[②] 这也表明保证是基于信任关系而产生、存续的。

2. 保证是以保证人的财产担保他人债务的履行

保证属于人的担保，因此，保证人要以自己的全部财产承担保证责任，也就是说，保证责任原则上及于保证人的全部财产，并不局限于某种或某类特定的财产。债权人可以请求就保证人的所有财产强制执行。然而，在物的担保中，担保责任仅存在于抵押物、质物等特定的担保财产之上。正是因为保证是为担保他人债务的履行而设定的，所以，保证必须以主债务的存在为前提，因主债务的消灭而消灭。因为主债务一旦得到清偿，保证的目的就已经实现，保证也就不必再存在。

3. 保证人必须是第三人

保证人必须是主债务人之外的第三人，在这一点上，保证不同于抵押、质押等物上担保。在物的担保中，主债务人可以以自己的财产设立抵押、质押，也可以由第三人来提供物上担保。但是，在保证关系中，保证

---

① 参见徐朝贤：《中国古代主要担保方式及特点探略》，载《广东商学院学报》，2002（6）。

② 阮元：《十三经注疏：附校勘记》，北京，中华书局，1980，第707页。

人只能由第三人担任，而不能由主债务人担任。因为一方面，按照合同的约定和法律规定，债务人本来就应当以其全部财产履行债务，无须另行以其财产设立保证。况且债务人的财产本来就是履行债务的责任财产，债务人的这种保证也没有增强其履行债务的能力。因此，保证人只能由第三人担任。另一方面，保证人虽然受主债务人的委托而提供保证，但是，其与主债务人并非同一人。

4. 保证责任表现为保证人代为履行债务或者承担债务不履行的法律责任

保证责任是保证人代主债务人履行债务或承担债务不履行后果的责任。我国《担保法》第 6 条规定："本法所称保证，是指保证人和债权人约定，当债务人不履行债务时，保证人按照约定履行债务或者承担责任的行为。"由此可见，《担保法》所规定的保证责任实际上包括两种：一是代为履行，即在主债务人不履行债务时，保证人代主债务人履行其债务；二是承担债务不履行的责任，即因为主债务人不履行债务而产生的责任，由保证人承担。与物上担保不同的是，保证人并非以特定财产而是以全部责任财产为基础为他人履行债务。物上担保以物的价值为限，而保证人的责任以其全部责任财产为限。

二、保证合同的属性

（一）从属性

保证合同的从属性，是指保证合同的成立、效力等均从属于主合同。在民法上，根据两个合同之间的主从关系，可以将它们区分为主合同与从合同。主合同是指可以单独存在的合同，而从合同就是以其他合同的存在为存在前提的合同。[①] 保证合同与其所担保的主合同的关系就是典型的从合同与主合同的关系。保证合同无论是在成立、生效，还是在范围、移转等多方面都依赖于主合同而存在。具体来说，保证合同的从属性体现在以下几方面：

1. 成立上的从属性

保证合同随主合同的产生而产生，主合同不成立，则保证合同也不成立。问题在于，如果保证人为将来的债务或附条件的债务提供担保的情形，即在主债务尚未实际发生的情况下所订立的保证合同是否可以有效成

① 参见史尚宽：《债法各论》，北京，中国政法大学出版社，2000，第 14 页。

立？笔者认为，在法律有特别规定的情形，也可以对未来的债务或附条件的债务提供保证。例如，我国《担保法》第 14 条规定的最高额保证，就允许保证人对将来发生的、现时并不存在的债务提供担保。这就是说，被保证的主债权的存在虽是保证合同存在的前提，但并不意味着保证合同的成立时间必须要在主债权合同之后。根据当事人之间的特别约定，保证人也可以为未来的主债权作担保。①

2. 效力上的从属性

保证合同的效力应当从属于主合同的效力。主合同无效或者被撤销，保证合同也失去效力。值得探讨的是，如果保证人明知主合同存在无效或可撤销事由（如债务人无行为能力或合同存在重大误解），仍然为债务人提供保证的，依据大多数国家民法的规定，此时即便主合同被撤销或被宣告无效，保证人仍应承担保证责任。② 对于该问题，我国现行立法未作明确规定。依据我国《担保法司法解释》第 8 条的规定，在上述情况下保证人仍应承担保证责任。只不过，保证人的责任应当受到限制，即不应超过债务人不能清偿部分的 1/3。这就明确了因主合同的原因导致保证合同无效时的责任范围和责任承担限额。

3. 范围上的从属性

保证责任的范围取决于主合同债务，并应当从属于主债务的范围。③具体而言，一方面，保证人承担的债务不应超过或重于主债务人所承担的债务范围。如果保证人承担的债务范围超过了主合同债务的范围，应将其保证责任的范围缩减至主合同债务的范围。保证合同旨在担保主债务的履行，不得给保证人强加其他责任。另一方面，如果约定保证债务的利息高于主合同债务的利息的，应将其范围缩减为主合同债务的利息。

4. 抗辩上的从属性

债务人享有的对债权人的有效抗辩，保证人也可以享有。即使债务人放弃其对债权人的抗辩权，保证人仍然可主张行使该抗辩权。对此，《担保法》第 20 条规定："一般保证和连带责任保证的保证人享有债务人的抗辩权。债务人放弃对债务的抗辩权的，保证人仍有权抗辩。"当然，保证人可以自行放弃其所享有的合同抗辩权。例如，主债权时效届满，保证人

---

① 参见高圣平：《担保法论》，北京，法律出版社，2009，第 107 页。

② 参见《法国民法典》第 2012 条、《日本民法典》第 449 条、《瑞士债务法》第 492 条。

③ 参见田土诚、宁金成主编：《担保制度比较研究》，开封，河南大学出版社，2001，第 84 页。

因此取得时效届满的抗辩权，其可以自由决定是否主张该项抗辩权，保证人放弃该项抗辩权后，就不得以此事由提出抗辩。[①]

5. 移转上的从属性

保证债务附属于主债权，随主债权的移转而移转。《担保法》第 22 条规定："保证期间，债权人依法将主债权转让给第三人的，保证人在原保证担保的范围内继续承担保证责任。保证合同另有约定的，按照约定。"依据这一规定，主债权在保证期间内发生移转的，保证债务也随之移转。依据上述规定，主债权与保证合同在移转上具有主从关系，主债权不得与保证债务相分离。[②] 主债权移转后，保证债务也应当随之移转，因为保证人无论向哪一个债权人承担保证责任，都不会增加保证人的负担，不会使其责任发生变化，所以保证人仍应对债权的受让人承担保证责任。主债权人在移转其享有的债权时，不能仅移转保证债权而保留主债权，也不能仅移转主债权而保留保证债权。

6. 消灭上的从属性

主合同所设立的债权消灭，保证合同也相应地失去效力。主合同债务因清偿、债权人免除、混同、抵销等原因消灭的，保证债务将也不复存在，保证人的保证责任自然随之消灭。[③]

（二）单务性

保证合同的单务性，是指保证合同中，保证人只是单方向债权人负担一定的保证债务，而债权人无须负担对待给付义务。正是因为保证合同具有单务性，所以保证合同又称为单务合同。[④] 在保证合同中，保证人只是负有在债务人不履行债务时的履行义务，而债权人并不因此向保证人负有对待给付的义务。值得探讨的是，当事人能否在保证合同中约定债权人负有支付一定对价的义务？对此，学界看法不一。有的学者认为，保证合同当事人也可以明示或默示地约定债权人的特别义务，从而形成保证义务与债权人对待给付的对立，将保证合同改造为双务合同。[⑤] 笔者认为，首先，从保证合同的性质而言，单务性是其固有属性，当事人不可以通过合同约定对此加以改变。如果允许当事人通过约定改变其单务性，那么该合

① 参见曹士兵：《中国担保诸问题的解决与展望》，北京，中国法制出版社，2001，第 21 页。

② 参见田土诚、宁金成主编：《担保制度比较研究》，开封，河南大学出版社，2001，第 85～86 页。

③ 参见高圣平：《担保法论》，北京，法律出版社，2009，第 86 页。

④ 所谓单务合同，是指当事人之间不具有对待给付关系的合同。

⑤ 参见史尚宽：《债法各论》，北京，中国政法大学出版社，2000，第 892 页以下。

同就不再是保证合同。正是基于保证合同的单务性，法律设置了一系列的规则以平衡当事人的利益，如保证人有权行使主债务人的合同抗辩权、保证期限规则等，都与保证的单务性相关。其次，如果保证人和主债权人达成合意，约定主债权人应当支付一定的对价，则该合同已经不再是单纯的保证合同，而转化为其他合同关系。只要该约定不违反法律的强制性规定和公序良俗，应当认定其效力。

（三）无偿性

保证合同的无偿性，是指保证人向债权人负担一定的保证债务时，债权人无须支付相应的对价。在保证合同中，保证人为确保债权人的债权获得满足而向其提供担保，债权人在接受该保证时，并不需要支付相应的对价[①]，所以保证合同具有无偿性。至于保证人与债务人之间存在一定的有偿关系，并不影响保证合同的无偿性。例如，债务人对保证人支付一定的报酬或提供反担保，虽然表明他们之间存在有偿的合同关系，但并不能改变保证合同本身的无偿性质。如果在保证合同订立时，债权人须支付保证对价，则该保证关系不再是真正的保证，而是转化为信用保险关系。[②]

（四）要式性

保证合同的要式性，是指保证合同必须依据法律规定的形式订立。《担保法》第 13 条规定："保证人与债权人应当以书面形式订立保证合同。"[③] 法律要求保证合同必须采用书面形式，主要是因为保证人所承担的责任具有无偿性、单务性，可能给保证人带来极大的风险，所以采取书面形式可以督促保证人谨慎订立保证合同。同时，法律要求采取书面形式，也是为了避免纠纷。正如郑玉波所指出的："保证乃无偿行为，虽未必有害，但绝对无益，况有时难免倾家荡产，替人还债，故不独一般人视之为畏途，而法律上禁止为人作保之规定，亦有之。因此凡为人作保者，非属情不得已，则其人必呆。"[④] 从实践来看，由于保证责任是无偿的、

---

① "保"字之所以由"人"、"呆"两部分组成，很大程度上就是因为保证合同是无偿合同。

② 对此，史尚宽先生曾言："有偿的约定，债权人既可以给予保证人，也可以对于主债务人，但以受对价而为保证者，虽依当事人的意思也可以适用保证责任的规定，但非保证契约，乃为保证契约的预约，契约的性质已有根本的变更，是信用保险。"史尚宽：《债法各论》，台北，自版，1957，第 363 页。

③ 最高人民法院《关于贯彻执行〈民法通则〉若干问题的意见》第 108 条规定："公民间的口头保证，有两个以上无利害关系人证明的，也视为保证合同成立，法律另有规定的除外。"这一规定显然与《担保法》第 13 条相冲突，当然应适用《担保法》的规定。

④ 郑玉波：《民商法问题研究》（一），台北，自版，1984，第 327 页。

单务的，因而如果不采书面形式，保证人在承担责任时就极有可能会找出种种借口来否认合同的存在及内容，从而引发纠纷。依据《担保法》第13条的规定，如果保证合同没有采书面形式，应当认为合同没有成立。

三、保证的分类

（一）一般保证和连带责任保证

根据保证人承担责任的不同，可以将保证分为一般保证和连带责任保证。根据《担保法》第17条第1款的规定，一般保证是指当事人在保证合同中约定在债务人不能履行债务时由保证人承担保证责任的保证。连带责任保证是指保证人与主债务人对主债务的履行承担连带责任的保证。①在连带责任保证中，主债务人逾期未履行债务时，债权人可以向主债务人或者保证人主张权利，要求其履行债务或者承担损害赔偿责任。保证人与主债务人居于连带债务人的地位。一般保证和连带责任保证都属于保证的具体形态，两者具有诸多的共同之处，如都适用从属性规则等。但是，两者之间也存在一些区别：

第一，保证设立的方式不同。依据我国《担保法》的规定，如果当事人要设立一般保证，只能通过明确约定的方式。在当事人没有约定保证方式或者对保证方式约定不明的情形，不能构成一般保证，只能构成连带责任保证。可见，连带责任保证的设立，可以通过当事人明确约定的方式，也可以通过法律直接规定的方式。

第二，保证人有无先诉抗辩权不同。一般保证中，保证人享有先诉抗辩权，债权人向保证人请求承担保证责任时，保证人有权基于先诉抗辩权予以拒绝。而连带责任保证中的保证人不享有先诉抗辩权。在连带责任保证中，保证人与债务人之间负担共同连带责任，因此，在债务人不能清偿主债务时，债权人即有权要求保证人承担保证责任，连带责任保证人不享有先诉抗辩权。正是基于上述原因，在连带责任保证中，保证人与债务人居于同一顺序，保证人不享有顺序利益。②

第三，当事人法律地位不同。按照债务人承担责任的先后次序的不同，可将民事责任分为第一位的责任和第二位的责任。第一位的责任又称

① 参见最高人民法院民二庭编著：《担保法新释新解与适用》，北京，新华出版社，2001，第82页。

② 参见高圣平：《担保法论》，北京，法律出版社，2009，第91页。

为首要责任，是指先于他人承担的责任；第二位的责任，又称为次要责任，是指在向第一位的责任人行使权利无效果后才可以主张的责任。[①] 在一般保证中，保证人承担的是第二位的责任。只有当债权人已就债务人的财产为强制执行但仍不能满足其债权时，债权人才能请求一般保证人承担保证责任。而连带责任保证人的法律地位更类似于债务人，因为债权人在债权到期之后，可以直接向连带保证人主张债务的履行，而无须先向债务人主张履行。

（二）一人保证与共同保证

根据保证人人数的不同，可以将保证合同分为一人保证与共同保证。所谓一人保证，就是指只存在单一保证人的保证。[②] 所谓共同保证，是指存在两个或者两个以上保证人的保证。《担保法司法解释》第 19 条和第 20 条分别对这两种保证类型作了规定。

一人保证和共同保证的区别在于：第一，保证人人数的不同。一人保证的保证人仅为一人，而共同保证的保证人为两人以上。第二，是否存在内部责任份额的划分不同。一人保证中，不存在内部责任份额的划分，而共同保证中，就存在内部责任份额的划分问题。在共同保证中，根据保证人承担保证责任方式的不同，又可以将其分为连带共同保证和按份共同保证。连带共同保证是指各保证人对债务的履行承担连带责任的保证。按份共同保证是指各保证人仅依其约定的份额对债务的履行承担责任的保证。第三，承担保证责任之后的追偿不同。在一人保证中，保证人承担保证责任之后，只能向债务人追偿。而在共同保证中，如果是连带保证，则还存在保证人之间内部的追偿问题。

（三）普通保证和最高额保证

普通保证，是指保证人仅为债务人与债权人之间已经存在的某一特定债权提供保证担保。最高额保证是指债权人与保证人之间约定，在最高债权额限度内由保证人对未来连续发生的债权提供担保。普通保证是保证的典型形态，而最高额保证是当事人约定的特殊形态。两者的主要区别在于：

第一，是否存在最高限额。普通保证所担保的债权额没有最高额的限制，而最高额保证约定了保证债权的最高数额，该最高数额也是保证人应当承担的保证责任的限额，在该限额之内，都属于保证人责任的范围。

---

① 参见郑玉波：《民商法问题研究》（一），台北，自版，第 118～119 页。

② 参见高圣平：《担保法新问题与判解研究》，北京，人民法院出版社，2001，第 137 页。

第二，是否为特定债权设定担保。普通保证是为特定债权提供的担保，而最高额保证是为将来要发生的不特定的债权提供的担保。最高额保证所担保的债权自保证合同生效之后，直到被担保的债权最终确定之前，都处于变动之中。在此期间所发生的债权，只要在约定的最高额限度内，都属于最高额保证所担保的范围。[①]

第三，是否为被担保的债权设定了期限。普通保证并没有设定以债权特定化为目的的期限。而最高额保证所担保的债权具有不确定性，所以，要通过设定期限的方式使被担保的债权得以确定。

第四，是否可以类推适用物权法的规定。因为最高额保证与最高额抵押具有类似之处，所以，我国物权法上关于最高额抵押的相关规定可以参照适用。但对于普通保证而言，本质是一种债权关系，不涉及物权的归属、确定与行使的问题，所以，不适用物权法的规定。

（四）部分保证与全部保证

根据保证人承担责任范围的不同，可将保证分为部分保证与全部保证。部分保证，也被称为限额保证[②]，是指当事人在保证合同中明确约定了保证责任范围的保证。在部分保证中，保证人仅在约定的保证责任范围内承担保证责任，保证责任不应超过主债务人所应承担的责任范围。部分保证主要可分为如下几种类型：一是约定对部分主债务作保。二是只对主债务作保，对附随于主债务的利息债务、违约金和损害赔偿债务不负保证责任。三是约定保证责任的最高限额。

全部保证，也称全额保证或无限保证，是指保证人对债务人的全部债务担保，当债务人不履行债务时，保证人对债务人的全部债务承担责任的保证。[③] 两者的主要区别在于：第一，部分保证是保证的特殊形态，而全部保证是一般形态。在当事人没有特别约定时，应当推定当事人负有全部保证责任。第二，部分保证需要特别约定，而全部保证可以由法律推定。如果保证合同未约定保证责任的范围或者约定不明的，保证人应承担全部保证责任[④]，保证责任的范围包括主债权、利息、违约金、损害赔偿金等。[⑤]

---

① 参见程啸：《保证合同研究》，北京，法律出版社，2006，第586页。

② 参见高圣平：《担保法新问题与判解研究》，北京，人民法院出版社，2001，第137页。

③ 参见最高人民法院民二庭编著：《担保法新释新解与适用》，北京，新华出版社，2001，第83页。

④ 参见《担保法》第21条。

⑤ 参见郭明瑞：《担保法》，北京，法律出版社，2010，第39页。

（五）定期保证和不定期保证

依据保证合同是否有一定的存续期限，可以将保证分为定期保证与不定期保证。[①] 定期保证，是指保证合同中明确约定了保证期间的保证。不定期保证，是指当事人没有约定保证期间的保证。[②] 在定期保证中，当事人所约定的保证期间是保证人承担保证责任的期间，一旦该期限届满，而债权人仍未向保证人请求承担保证责任的，保证人不再承担保证责任。保证期间的约定实际上是对保证责任的限定，既可以保障债务的及时履行，也有利于保护保证人的利益，便于其尽早摆脱期限不确定的保证责任的承担。而在不定期保证中，保证人所承担的保证责任则并无期限限制。

（六）从属保证与独立保证

按照保证合同与主债权债务合同之间的关系，可分为从属保证与独立保证。从属保证，是指从属于主债务合同的保证合同，即具有从属性的保证。独立保证则是指通过当事人之间的特别约定而与主债务合同之间没有从属关系的保证。[③] 在独立保证中，主合同无效或被撤销并不导致独立保证的效力丧失，同时，独立保证人也无权主张主债务人对债权人的抗辩事由。

四、保证与履约保证金

履约保证金是债务人向债权人预先支付的，以作为其将按照合同约定履行其义务的保证。在债务人未能按照合同约定履行其债务时，其无权请求债权人返还该保证金。例如，当事人在预购房屋时，由购房人交付一笔缔约金，以保证其购买该房屋。关于履约保证金的性质，学理上一直存在争议。《担保法司法解释》第118条规定："当事人交付留置金、担保金、保证金、订约金、押金或者订金等，但没有约定定金性质的，当事人主张定金权利的，人民法院不予支持。"据此可见，在当事人交付的各类履约保证金没有明确其属于"定金"，也没有确定定金惩罚条款的情况下，不能认定其属于定金。

---

① 参见最高人民法院民二庭编著：《担保法新释新解与适用》，北京，新华出版社，2001，第83页。

② 参见最高人民法院民二庭编著：《担保法新释新解与适用》，北京，新华出版社，2001，第83页。

③ 参见曹士兵：《中国担保诸问题的解决与展望》，北京，中国法制出版社，2001，第22页。

履约保证金与保证的区别主要表现在：第一，是否属于法律明确规定的担保方式不同。保证属于人的担保，是由《担保法》所规定和确立的担保方式。但履约保证金在法律上并没有明确的规定，关于其具体性质的认定应当考虑当事人之间的约定和交易习惯等具体情形。第二，主体不同。履约保证金通常是由债务人向债权人提供的，旨在保障合同的履行。而保证需要由债务人与债权人之外的第三人提供，所以，保证合同的法律关系也更为复杂。第三，责任承担不同。一方面，在保证中，保证人并不需要预先向债权人提供任何的财产作为担保，其仅于债务人不履行其债务时才承担保证责任。而在履约保证金中，保证金一般需要由债务人预先提供给债权人。[①] 另一方面，在债务人不履行债务时，保证人需要以其全部财产向债权人承担保证责任。而在履约保证金中，未按合同约定履行债务的债务人无权向债权人主张返还保证金，且应承担违约责任。第四，是否享有先诉抗辩权不同。在保证中，保证人享有先诉抗辩权；而在履约保证金中，债务人并不享有此项权利。

第二节 保证合同的成立和生效

一、保证合同的成立

保证合同的成立，是指保证人与债权人之间就保证合同的主要条款达成合意。保证合同的订立通常基于委托、赠与等原因，这些原因构成保证合同订立的基础关系。[②] 基础关系通常包括如下两种类型：一是委托合同，即主债务人与保证人之间订立委托合同，由主债务人委托保证人提供保证，保证人基于主债务人的委托而与债权人订立保证合同。在此情形下，保证的成立要分别采取委托保证和保证合同的方式订立。债务人和保证人之间属于委托保证关系，此种委托既可能是无偿的，也可能是有偿的。例如，担保公司为他人有偿提供的保证，就是基于有偿委托合同。而基于该委托合同，主债务人委托保证人与债权人订立保证合同，而主债务人并不参与保证合同的订立，此种合同在性质上是无偿的。[③] 二是无因管

---

① 参见高圣平：《担保法论》，北京，法律出版社，2009，第596页。

② 参见蔡永民：《比较担保法》，北京，北京大学出版社，2004，第45页。

③ 参见郭明瑞：《担保法》，北京，法律出版社，2010，第47页。

理。如果保证人未经债务人同意而自愿与债权人订立保证合同，在此情形下，保证人既无法定义务也无约定义务而管理他人事务，从而与主债务人之间成立无因管理关系，在保证人向债权人承担保证责任或者代为清偿债务后，其与主债务人的内部关系可以按无因管理的相关规则进行处理。①例如，甲向乙借款，甲的朋友丙主动为甲的债务提供保证，此时，丙与甲之间应当成立无因管理关系，丙代甲向乙清偿借款后，丙可基于无因管理的规定向甲追偿。实践中，一般通过委托合同的形式订立保证合同，采用无因管理的形式只是例外情形。

保证合同通常需要经过要约、承诺的阶段才能达成，但并不需要均以明示的意思表示作出。《担保法司法解释》第22条第1款规定："第三人单方以书面形式向债权人出具担保书，债权人接受且未提出异议的，保证合同成立。"依据这一规定，如果第三人单方出具担保书，债权人接受该保证书且未提出异议的，表明债权人与保证人就保证人的保证责任达成了合意，这实际上是通过当事人的行为推定保证合同的成立，在该合同中，保证人已经具有提供保证的意思表示，且债权也成立、有效。从上述司法解释来看，实际上是将保证人的允诺解释为要约，而债权人并未提出异议被解释为默示的承诺，从而成立保证合同。例如，第三人单方出具保函或者单方承诺为某个债务提供保证，如果债权人未表示异议，即可认定保证合同成立。另外，从比较法上看，不少国家和地区的法律都规定可以通过单方允诺的形式设立保证。例如，《德国民法典》第766条第1款规定，只要保证人单方作出保证的允诺，就可以成立保证。不过，当事人设立保证通常采取保证合同的形式成立，通过单方允诺的方式设立保证属于例外情形。

二、保证合同成立的一般要件

与一般要式合同一样，保证合同的成立必须具备如下要件：

（一）当事人适格

保证合同应当在双方当事人之间订立，换言之，保证合同必须是在保证人和债权人之间订立的。如果债权人未在保证合同上签字，则该协议可能只是委托保证，或者是补偿协议，而不是保证合同。②保证人必须具备

① 参见高圣平：《保证合同重点疑点难点问题判解研究》，北京，人民法院出版社，2005，第11～12页。

② 参见程啸：《保证合同研究》，北京，法律出版社，2006，第62页。

完全的民事行为能力，无行为能力人不能为他人提供保证；限制行为能力人只有经过其法定代理人同意，才能为他人提供保证。

（二）当事人就保证的主要条款达成合意

合同的成立必须就合同的主要条款达成合意，问题在于，保证合同究竟应当具备哪些条款?《担保法》第15条对此作出了规定："保证合同应当包括以下内容：（一）被保证的主债权种类、数额；（二）债务人履行债务的期限；（三）保证的方式；（四）保证担保的范围；（五）保证的期间；（六）双方认为需要约定的其他事项。保证合同不完全具备前款规定内容的，可以补正。"然而，关于上述条款是否是必备条款，是存在争议的。一种观点认为，这些条款并非都是保证合同的必备条款，实际上，当事人可以在保证合同订立后，在上述条款的基础上增加或补充部分条款，也可以在保证合同中约定这些条款。① 另一种观点认为，《担保法》第15条采用"应当包括"的提法，因而这些条款应当属于保证合同的主要条款，不具备所有相关条款，不能有效成立保证合同。笔者认为，上述规定虽然采取了"应当包括"的提法，但并不是说其列举的条款都属于保证合同的必备条款：一方面，《担保法》所列举的条款仅仅是提示当事人应当尽可能作出详细的约定，缺乏特定的条款并不影响保证合同的成立。另一方面，《担保法》确立了诸多补充当事人意思的规定（如保证的方式、保证的范围、保证的期限），从体系解释的角度来看，也表明了该法第15条中的一些条款并非必备条款。笔者认为，保证合同的主要条款主要有以下两种：

第一，保证人具有提供保证的意思。保证合同是单务合同，因此，保证人需要作出愿意提供保证的意思表示。② 保证意思，是指保证人对某一债权债务关系，愿意以自己的财产担保债务的意思表示。通常而言，保证的意思都是通过保证合同的形式来体现的。在保证合同的订立过程中，保证人只有表达了为主债权的实现而提供担保的意思表示，才能认定其为保证人，也才能认定该合同为保证合同。③ 如果只是承诺保证债务得到履行，但并没有明确表明是为主债务提供担保，则不一定构成保证。例如，在商业实践中，由银行出具的安慰信（letter of comfort），仅仅只是表明出具此文件的一方知晓主债务的存在，并表示愿意为主债务人履行债务提

① 参见高圣平：《担保法新问题与判解研究》，北京，人民法院出版社，2001，第140～141页。

② 参见陈本寒：《担保法通论》，武汉，武汉大学出版社，1998，第76页。

③ 参见高圣平：《担保法论》，北京，法律出版社，2009，第103页。

供便利以及支持，但并没有明确的提供保证的意思，因此，不能认为安慰信包含愿意提供保证的意思。又如，当事人在合同中约定，由第三人来监督、协调债务人按时履行债务等，这种约定并不是愿意提供保证的意思。如果主合同中约定了要由第三人提供保证，但第三人并没有在合同书上签字，则不能认为该第三人具有提供保证的意思。

第二，被担保的债权。这就是说，在保证合同中，必须要载明担保的对象，即保证合同的标的。因为如果被担保的债权种类和数额都没有确定，担保的范围就漫无边际，无法确定保证人所应承担的责任。据此，被保证的债权应当是保证合同的必备条款。①《担保法司法解释》第 22 条第 2 款规定："主合同中虽然没有保证条款，但是，保证人在主合同上以保证人的身份签字或者盖章的，保证合同成立。"这是否意味着，在保证人向债权人提供担保时，不需要订立保证条款，或是保证的成立无须就必备条款达成合意？对此，笔者认为，"在主合同上以保证人的身份签字或盖章"，实际上可以解释为，保证人愿意对该主合同中所载明的债务承担保证责任，在此情形下，被担保的债权实际上是特定化的，因此，可以认为保证人愿意就特定债权提供保证。当保证人在主合同上以保证人的身份签字或者盖章时，可以认为，保证合同成立的必备条款实际上也已经具备，保证合同已经成立。

在此需要讨论的是，保证和保函二者之间究竟是何关系？保函一般是银行或专业性担保机构所出具的标准型文件。如果保函中明确表明第三人具有"担保的意思表示"或者"保证交易合同全面履行的意思表示"，则可以将其认定为保证合同。通常来说，保函包括了为他人特定的债务提供保证的意思，并且明确了所担保的债务。显然，保函已经具备了保证合同的主要条款，只要债权人表示接受，合同即可成立。② 保函视其内容，既可以是一般保证，也可以构成独立保证。实践中，保证经常采用单独出具保函的方式，依据《担保法司法解释》第 22 条的规定，只要是保证人一方出具的、债权人表示接受的保函，也被视为是书面形式的保证合同。这就意味着，出具保函的一方所作出的允诺视为要约，而债权人接受了该保函且没有表示异议的，视为承诺，保证合同即可成立，自债权人收到保函且没有表示异议之时保证合同生效。

（三）具备书面形式

保证合同属于要式合同，必须具备法律规定的形式。在比较法上，保

---

① 参见程啸：《保证合同研究》，北京，法律出版社，2006，第 68 页。

② 参见程啸：《保证合同研究》，北京，法律出版社，2006，第 81 页。

证合同是否应当采取特定的形式，有不同的模式：一是要式主义。例如，《德国民法典》第766条、《瑞士债法典》第493条明确规定，保证合同必须采取特定形式。二是非要式主义。例如，我国台湾地区“民法”就不要求保证合同采取特定形式。《担保法》第13条规定：“保证人与债权人应当以书面形式订立保证合同。”可见，我国法上的保证合同订立必须采取书面形式。如前所述，由于保证人所承担的责任具有无偿性、单务性，为了促使当事人在订立保证合同前进行审慎的考虑，同时，为了减少和避免纠纷的发生，应当以书面形式订立保证合同。

从理论上来看，此种书面形式的要求，究竟属于成立要件还是生效要件，对此学界存在不同的看法。笔者认为，从《担保法》第13条规定的文义解释来看，该条将书面形式作为保证合同成立的必要条件，因此，保证合同属于要式合同，如果当事人没有采取书面形式，则应当认定保证合同不成立。

三、保证合同的生效

当事人就保证合同的主要条款达成合意之后，只要其在内容和形式上不违反法律、行政法规的强制性规定，当事人意思表示真实，保证合同即生效。保证合同成立，是指债权人和保证人就保证合同的主要条款形成了合意，但合意是否合法、有效，还取决于其是否符合合同的生效要件。保证合同的生效实际上是要用法律的生效标准，来检验已经就保证所形成的合意，如果当事人之间的合意符合这些标准，其效力就可以得到法律的认可。具体来说，保证合同的生效要件包括如下几个方面：

（一）主体合格

第一，作为保证人的自然人必须具备完全民事行为能力。保证合同是单务合同，保证人仅对债权人负有给付义务，而无权请求债权人为对待给付。由于保证合同具有无偿性、单务性，故无民事行为能力人不能为他人设立保证。限制民事行为能力人要为他人提供保证必须得到其法定代理人的同意，未经法定代理人的同意，不得订立保证合同。

第二，作为保证人的法人或其他组织，必须具备提供保证的资格。原则上，法人或其他组织都具有提供保证的资格。但是，法律出于维护交易安全、保护公共利益等考虑，对一些特殊主体的保证人资格作出了限制。例如，国家机关不得为他人提供担保。法律禁止提供担保的单位提供保证的，将导致保证合同无效。《担保法》第7条规定：“具有代为清偿债务能力的法人、其他组织或者公民，可以作保证人。”笔者认为，保证人是否具有代偿能力，只是关系到保证债务能否实现的问题，其本身不应当作为保证合同的生效要件。保证合同是一种信誉保证，即使保证人没有代偿能力，只要债权人接受其提供的保证，保证合同仍然可以有效成立。①

（二）意思表示真实

意思表示真实，是指当事人所作出的订立保证合同的意思表示是真实的意思表示，不存在欺诈、胁迫、重大误解等情形。保证合同中的意思表示真实，主要是指保证人所表示的保证意思应当是真实的，不是因为债权人欺诈、胁迫等原因而作出的。由于保证合同是单务合同，保证人的意思表示真实就显得更为重要。《担保法》第 30 条规定：“有下列情形之一的，保证人不承担民事责任：（一）主合同当事人双方串通，骗取保证人提供保证的；（二）主合同债权人采取欺诈、胁迫等手段，使保证人在违背真实意思的情况下提供保证的。”依据这一规定，保证合同中，当事人意思表示真实主要是指保证人愿意提供保证的意思真实。对于债权人而言，由于债权人是从保证合同中获利，所以法律并不特别关注其意思表示的真实性。另外，意思表示是否真实与保证人的动机无关。如保证人因误信主债务人具有清偿能力而提供保证，此种情形属于动机错误，而不属于重大误解，保证人不能主张撤销保证合同。②

（三）内容合法

内容合法，是指保证合同的内容不违反法律的强制性规定和公序良俗。我国相关的法律法规都对保证合同作出了特殊规定，保证合同必须符合这些规定的要求。例如，《担保法司法解释》第 6 条所列举的事项都属于法律的强行性规定③，如果保证合同的内容违反这些规定，将导致合同无效。需要指出的是，法律上针对保证所设立的强制性规定，并不包括法律关于保证中的主体资格的规定，而仅仅限于法律对于保证合同的其他方

① 参见邓曾甲：《中日担保法律制度比较》，北京，法律出版社，1999，第 107 页。

② 参见陈本寒：《担保法通论》，武汉，武汉大学出版社，1998，第 76 页。

③ 例如，《担保法司法解释》第 6 条规定：“有下列情形之一的，对外担保合同无效：（一）未经国家有关主管部门批准或者登记对外担保的；（二）未经国家有关主管部门批准或者登记，为境外机构向境内债权人提供担保的；（三）为外商投资企业注册资本、外商投资企业中的外方投资部分的对外债务提供担保的；（四）无权经营外汇担保业务的金融机构、无外汇收入的非金融性质的企业法人提供外汇担保的；（五）主合同变更或者债权人将对外担保合同项下的权利转让，未经担保人同意和国家有关主管部门批准的，担保人不再承担担保责任。但法律、法规另有规定的除外。”

面所作的强制性规定。违反法律关于主体资格的规定，将因主体不适格而导致保证合同无效。

上述三个要件是保证合同生效的必备要件，欠缺上述任何一个要件，即便当事人已经就保证合同的主要条款达成合意，保证合同也不能生效。此外，在特殊的保证合同中，还可能有特殊的生效要件，例如，依据有关规定，境内机构对外提供担保，还需要经过有关行政机关批准①，此时，行政机关的批准就是此类保证合同的特别生效要件。

第三节 保证合同的内容

《担保法》第 15 条规定："保证合同应当包括以下内容：（一）被保证的主债权种类、数额；（二）债务人履行债务的期限；（三）保证的方式；（四）保证担保的范围；（五）保证的期间；（六）双方认为需要约定的其他事项。保证合同不完全具备前款规定内容的，可以补正。"依据该条规定，保证合同的内容包括如下几个方面：

一、被保证的主债权种类、数额

主债权即被担保的债权，也是保证合同的标的。主债权既可以是金钱债权，也可以是非金钱债权。但主债权只有具备如下特点，才能成为保证合同的标的：

第一，主债权必须特定化。这就是说，当事人应当在保证合同中明确为何项债权提供保证。对一般保证而言，当事人应当在保证合同订立之时明确主债权；对最高额保证而言，保证合同所担保的主债权并不需要在保证合同订立时特定化，但在承担保证责任之时，其必须已经特定。

第二，主债权必须已经成立并且合法有效。如果主债权尚未成立，或者虽然已经成立，但因违反法律的强行性规定而无效，则不能成为保证合同的标的。自然债务虽然不具有强制执行力的债务，其履行与否完全由债务人自己决定，但自然债务也可以成为保证的标的。虽然自然债务并没有完全满足具有完全效力的债的要件的要求，其仅仅是欠缺强制执行力，而债的实体权利仍然存在。如果债权人和保证人都接受对于自然债务的担

① 参见 1996 年中国人民银行《境内机构对外担保管理办法》。

保，法律没有理由予以禁止。

第三，主债权必须已经确定。保证合同所担保的债权应当是确定的，否则将难以确定保证人的保证责任，这也不符合保证的设立目的。对一般保证而言，主债权的数额必须在保证合同订立时确定，而对最高额保证而言，并不要求主债权数额在保证合同成立时确定，只需在保证责任承担前确定即可。

在实践中出现的将来之债是否可以作为保证标的的问题，也与主债权确定的要求有关。所谓将来之债，是指在保证合同订立时尚未产生的债权。由于将来之债并没有完全特定化，所以对其能否成为保证的标的一直存在争议。从我国现行法律规定来看，《担保法》第 14 条承认了最高额保证，由于最高额保证实际上是以将来之债作为其标的的，因而，该条实际上认可了将来之债可以成为保证合同的标的。[①] 我国《担保法》规定的最高额保证，虽然债权的具体数额并不确定，但在特定期限到来时是可以确定的，因此可以成为保证合同的标的。但在普通保证之中，是否可以以将来之债为标的，现行法的规定并不明确。笔者认为，依据主债权特定的要求，只要可以确定具体数额和范围的将来之债，都可以成为保证合同的标的。即使债权在担保合同设立之时尚未实际发生，但只要其是一项可以确定的债权，就可以成为保证合同的标的。

如果主合同是附条件合同，则基于该合同产生的债权是否可以成为保证合同的标的？笔者认为，附条件之债可以成为保证的标的，因为附条件之债的范围和数额是确定的，至于条件是否成就，只是对保证人是否承担保证责任产生影响，不应当对保证合同的成立与生效产生影响。

第四，主债权不包括因该债权产生的利息、违约金、损害赔偿金等。就主债权的类型而言，其既可以是长期的债权，也可以是短期的债权，既可以是合同之债，也可以是侵权之债。但主债权的范围不包括因该债权产生的利息、违约金以及损害赔偿金等。

二、债务人履行债务的期限

债务人履行债务的期限是指主合同中债务人履行债务的期限。保证合同中之所以要明确债务人履行债务的期限，是因为债务人履行债务的期限

---

① 参见高圣平：《保证合同重点疑点难点问题判解研究》，北京，人民法院出版社，2005，第 131 页。

对保证人保证责任的起算具有重要意义。在债务履行期限届满后，债务人未能履行债务的，则保证责任期间开始起算，保证人就可能需要承担保证责任。如果债权人没有在保证期限内请求保证人承担保证责任，则保证人不再承担保证责任。

在此需要讨论的是，主合同履行期限变动对保证责任将产生何种影响?《担保法》第 24 条规定："债权人与债务人协议变更主合同的，应当取得保证人书面同意，未经保证人书面同意的，保证人不再承担保证责任。"依此规定，只要主债权人和主债务人变更了主合同的履行期限的，保证人就不再承担保证责任。该规定并没有对债权人与债务人之间变更主债务履行期限对保证人保证责任的影响作出区分，而一概认定保证人不再承担保证责任，显然是不合理的，因为有时主合同的变更并不会加重保证人的保证责任，此时主合同的变更就没有必要经过保证人的同意。[①] 因此，《担保法司法解释》对《担保法》的上述规定进行了限缩解释，根据该解释第 30 条第 2 款的规定，如果债权人与债务人未经保证人书面同意，而对主合同履行期限作了变动的，保证人仍在原保证期间内承担保证责任。因此，如果得到保证人的书面同意，债权人和债务人对债务履行期限作出变更的，则保证人应当在新的保证期间内承担保证责任，否则，保证人只应当在原保证期间内承担保证责任。即使债权人与债务人未经保证人同意而变更债务履行期限的，由于主合同履行期限的变更并不必然加重保证人的保证责任，保证人不得主张保证责任的免除。例如，主债务人可能会由于还款期限的延长而使经营状况得到显著改善，从而减少保证人承担保证责任的可能性。在此情形下，保证人的利益并不会因主合同履行期限的变动而受影响，保证人不得据此主张免除保证人的保证责任，而仍应当在原保证期间内承担保证责任。

三、保证的方式

保证的方式，是指保证人承担保证责任的方式。根据《担保法》第 16 条的规定，保证的方式主要有如下两种：

1. 一般保证。它是指当事人在保证合同中约定在债务人不能履行债务时由保证人承担保证责任的保证。在一般保证中，保证人承担保证责任的前提是债务人不能履行其债务。《担保法》第 17 条第 1 款中"不能履行

---

① 参见程啸：《保证合同研究》，北京，法律出版社，2006，第 339 页。

债务”有别于《担保法》第18条第2款的“没有履行债务”。前者是指债务人客观上丧失了履行债务的能力，后者只是表明债务逾期没有履行的事实而已，至于债务人有无能力履行，则不必考虑。《担保法司法解释》进一步将“不能履行债务”等同于“不能清偿”，但对于如何理解“不能清偿”，学界存在不同看法。[①] 笔者认为，只要经过强制执行程序仍不能清偿债务的，就构成“不能清偿”。所以，在一般保证中，只有债务的履行期届满后，经过强制执行程序债务人仍不能清偿债务的，保证人才承担保证责任。[②]

2. 连带责任保证，它是指按照约定或法律规定由保证人与债务人对债务承担连带责任的保证。《担保法》第18条第1款与第19条分别规定，“当事人在保证合同中约定保证人与债务人对债务承担连带责任的，为连带责任保证”，“当事人对保证方式没有约定或者约定不明确的，按照连带责任保证承担保证责任”。例如，当事人在保证合同中约定，一旦债务人不能清偿债务，则保证人与债务人承担共同的连带清偿责任。由于保证人与债务人之间负担共同连带责任，因而，在债务人不能清偿主债务时，债权人即有权要求保证人承担保证责任，连带责任保证人不享有先诉抗辩权。[③]

就一般保证的设立方式而言，大陆法系各国民法大都采当然设立的方式，即除非当事人特别约定保证人承担连带责任保证或者保证人抛弃顺序利益，否则当事人所设立的保证均为一般保证。也就是说，一般保证与连带责任保证相比较，一般保证为普遍形式，连带责任保证仅为特殊形式，两者是原则与例外的关系。[④] 如《法国民法典》第2021条规定，“保证人仅在债务人不履行债务时，始对于债权人负履行债务的责任，债权人应先就债务人的财产进行追索，但保证人抛弃此种抗辩的利益，或者保证人与主债务人负担连带债务时，不在此限”。但是，在我国，根据《担保法》第17条至第19条的规定，一般保证需要当事人在保证合同中特别约定，如果当事人在保证合同中约定保证人承担连带保证责任或者当事人未约定

① 关于“不能清偿”，第一种意见认为，是指债务人经过破产清算后仍不能清偿债务。第二种意见认为，是指债务人实际不能清偿债务。第三种意见认为，是指经过强制执行程序后不能清偿债务。参见高圣平：《担保法论》，北京，法律出版社，2009，第89页。

② 参见高圣平：《担保法论》，北京，法律出版社，2009，第90页。

③ 参见高圣平：《担保法论》，北京，法律出版社，2009，第91页。

④ 参见蔡永民：《比较担保法》，北京，北京大学出版社，2004，第6页。

保证方式或对保证方式约定不明，就都属于连带责任保证。由此可见，在我国法上，连带责任保证成为保证的一般形态，而一般保证却属于例外形态。法律作出此种规定的原因在于，从立法政策上看，《担保法》的立法者之所以进行如此规定，主要是出于强化保证人的责任、加大债权实现力度的考虑，同时，有利于强化保证人的责任意识，使保证人明确对保证方式不约定或者约定不明的法律后果，从而能对保证方式作出适当的选择。[①]

依据《担保法》的规定，在当事人没有约定的情况下，保证人应承担连带责任，此种规定是值得商榷的，主要原因在于：第一，这不符合保证制度的发展趋势。从保证制度的历史发展来看，罗马法上保证人的责任主要限于连带责任，以后逐渐承认保证人可享有"顺序利益"（又称"检索利益"），即债权人需首先就主债务人的财产执行，不能满足时，才能请求保证人履行，从而确定了保证人负第二顺序责任的原则。[②] 近代以来，虽然各国立法对"顺序利益"的理解各不相同，但总的来说，保证人负第二顺序的责任已经成为各国立法所普遍承认的责任形式。同时，从各国的立法来看，保证人所负担的责任存在不断减轻的趋势，我国应当借鉴比较法的经验，在当事人没有约定时，规定保证人承担一般保证责任，允许其主张先诉抗辩权。第二，这不符合保证制度的主旨，因为保证人在订立保证合同时，可能并没有承担连带保证责任的意愿，如果仅仅因为当事人约定不明确，就由法律推定其承担连带保证责任，可能有违当事人的真实意愿。第三，这不利于发挥保证的作用。"保"字由"人"和"呆"两部分组成，这实际上也意味着保证通常不是首选的担保方式，它主要是基于信任关系而产生的。[③] 保证本身具有单务性，保证人为他人提供担保，并未享受相应的利益，因而如果广泛采纳连带责任保证的方式，将会过分强化保证人责任，加重保证人的责任和风险，从而会使交易主体畏于提供保证，进而影响保证制度担保功能与融资功能的有效发挥。第四，这有违民法的平等和公平原则。在连带保证的情形，如果债务人不履行债务，保证人要与债务人承担连带清偿债务的责任，在主债务人有足够的财产而不履行债务时，仍由保证人代其履行，显然有失公平；而且保证合同具有无偿性和单务性，保证人仅对债权人单方面负担债务，而无法从债权人处获得

① 参见全国人大常委会法制工作委员会民法室编著：《中华人民共和国担保法释义》，北京，法律出版社，1995，第25页。

② 参见高圣平：《担保法论》，北京，法律出版社，2009，第88页。

③ 参见郑玉波：《民法债编各论》（下册），台北，三民书局，1981，第821页。

某种利益，保证人所负担的义务应较之债务人为轻才较为合理。[①] 所以，连带保证责任应当基于保证人的意思而成立，法律将连带责任保证规定为一般原则，造成利益享有与责任承担在更大范围内的脱节，有违分配正义的价值观念。

四、保证担保的范围

保证担保的范围，是指保证责任所担保的债务范围。在保证合同中，即使明确了被担保的债权，也并不意味着就已经确定了保证所担保的范围。因为被担保的债权仅仅明确了主债权，而保证担保的范围不限于主债权，所以保证担保的范围究竟如何，应当在合同中加以规定。《担保法》第 21 条第 1 款规定："保证担保的范围包括主债权及利息、违约金、损害赔偿金和实现债权的费用。保证合同另有约定的，按照约定"。同条第 2 款规定："当事人对保证担保的范围没有约定或者约定不明确的，保证人应当对全部债务承担责任。"这就是说，确定保证责任的范围，原则上应当依据当事人意思自治予以确定。依据上述规定，保证担保的范围包括如下几个方面：

第一，主债权。主债权是保证责任范围中最主要的内容，当事人设立保证合同，就是为了担保主债权的实现。一方面，主债权首先属于保证人担保责任的范围，因此，在主债务人不履行债务的情况下，保证人首先应当代主债务人履行债务。[②] 但这并不意味着，保证责任仅限于代主债务人履行债务，在债务人不履行债务的情况下，由保证人代主债务人赔偿债权人全部期待利益的损失，足以代替实际履行，也可达到代主债务人履行债务的目的。另一方面，将保证人的责任仅限于代主债务人履行债务，可能会过分加重保证人的负担，也可能会增加各种履行费用和不必要的开支，也不利于法院的执行。因此，笔者认为，保证人的责任是担保主债权的实现，而主债权的实现方式可以是多样的，除一些实际履行是必要的情况以外，不必强制要求保证人代主债务人实际履行债务。

第二，利息。利息是指作为金钱债权的主债权所产生的孳息。例如，债务人借款 100 万元，每年应当支付 5 万元利息，保证人是否应当就该利息承担责任，应当在保证合同中加以明确。利息包括法定利息和约定利息

---

① 参见高圣平：《担保法论》，北京，法律出版社，2009，第 91 页。

② 参见邓曾甲：《中日担保法律制度比较》，北京，法律出版社，1999，第 95 页。

两种。所谓法定利息，是指依照法律规定而产生的利息，如迟延履行的利息。法定利息是按照法定的利息率而计算的。约定利息是指依据当事人的约定而产生的利息，例如，当事人约定的迟延履行的利息。当事人虽然可以自行约定利率，但是，该利率必须符合法律规定，超过法律规定部分的利息无效。① 对超出法定幅度的高利贷，法律不能予以保护，也不能成为保证的对象。②

第三，违约金。违约金是指由当事人通过协商预先确定的、在违约后一方向另一方支付一定数额的金钱。违约金具有从合同的性质，它以主合同的生效为前提条件，违约金是违反有效合同所产生的责任，在合同根本不存在的情况下，自然谈不上违约金的适用问题，也不应使保证人承担此种责任。通常而言，合同当事人都会对违约金作出约定，违约金纳入保证担保的范围之内，这也是普通保证人可以预见到的。所以，在没有约定违约金的情况下，也应当推定保证人要对违约金负责。但是，当事人亦可在保证合同中将其排除在保证责任的范围之外。

第四，损害赔偿金。损害赔偿金是指一方违约时应向另一方承担的损害赔偿责任。在担保关系中，担保的对象也包括损害赔偿金。因为损害赔偿金是在违约情况下对非违约方的重要补救方式，也应当将其纳入担保的范围。如果保证人是对侵权之债提供保证，则侵权损害赔偿金属于主债权的范畴，并不属于《担保法》第 21 条第 1 款所规定的“损害赔偿金”。

第五，实现债权的费用。它通常包括诉讼费用，申请扣押、执行等的费用。实现债权的费用与主债权之间存在密切关系，而且是实现主债权过程中通常会产生的必要支出，所以，要求保证人对该费用负责，并不会对保证人造成过重的负担。③

《担保法》第 21 条实际上属于补充性任意规定。所谓补充性任意规定，是指当事人可以通过约定而改变法律的规定，但是在当事人没有约定或约定不明确时，由法律规定来确定当事人之间的权利义务关系内容。④基于该条的补充性任意性规定的性质，当事人完全可以自由约定保证责任的范围。只有在没有特别约定的情况下，才能依据法律规定来确定保证责

① 参见高圣平：《保证合同重点疑点难点问题判解研究》，北京，人民法院出版社，2005，第 398 页。

② 参见田先纲等：《担保合同诉讼实务》，广州，广东经济出版社，2002，第 120 页。

③ 参见郭明瑞：《担保法》，北京，法律出版社，2010，第 50 页。

④ 参见王轶：《论合同法上的任意性规范》，载《社会科学战线》，2006 (5)。

任的范围。此处当事人的约定应当限于保证合同的约定，如果保证人仅仅只是向主债务人表示仅承担部分债务的担保责任，而在保证合同中仍然约定由保证人对全部债务承担保证责任，则此种情形不属于当事人就保证责任的范围达成了特别约定，保证人仍然应当依照保证合同的约定承担全部保证责任。

五、保证期间

保证期间，是指保证人承担保证责任的期限。保证期间可以是法定期间，也可以是约定期间。如果债权人请求保证人承担保证责任超过该期间，则保证人无须再承担保证责任。如果当事人没有就保证期间作出特别约定，则可以适用法定期间。保证合同中之所以要规定保证期间，是因为保证期间可以起到督促债权人主张权利、限制保证人责任的作用。《担保法》的规定属于任意性规定，其允许当事人通过约定予以改变。如果保证合同没有约定保证期间，就应当适用法定的期间。

六、双方认为需要约定的其他事项

当事人在合同中还可以约定其他事项，例如承担保证责任之后的追偿、反担保等。只要当事人所约定的内容不与法律的强制性规定相悖，就应当承认其效力。

第四节　保证合同的主体

一、保证合同的主体

保证合同的主体就是指保证合同的当事人，即主债权人与保证人，债务人不属于保证合同的主体。《担保法》第 6 条规定："本法所称保证，是指保证人和债权人约定，当债务人不履行债务时，保证人按照约定履行债务或者承担责任的行为。"因此，保证合同是在保证人与债权人之间成立的。无论是自然人、法人还是其他组织，都可以成为保证人或债权人。从实践来看，保证人也可能只是在主合同之上以保证人的身份签字或盖章的人，此时，保证合同的主体仍然是保证人和债权人，债务人不可能成为保证合同的当事人。

在认定保证合同的主体时，应当区分保证合同与委托保证合同。所谓委托保证合同，是指以债务人委托保证人提供保证为内容的合同。委托保证合同属于委托合同的一种类型，它虽然与保证合同之间存在一定的关联，但是与保证合同是两个截然不同的合同。委托保证合同的主体是债务人和保证人；而保证合同的主体是债权人和保证人。

二、保证人资格问题

（一）保证人的资格

所谓保证人的资格，也就是法律规定的能够担当保证人的条件。保证是一种人的担保而非物的担保，在主债务人到期不能清偿债务的情况下，保证人应当承担代为清偿等保证责任，因此，并非任何民事主体都能充任保证人。如前所述，对自然人而言，只有完全民事行为能力人才能担任保证人，法人担任保证人也必须符合法律规定。凡是合法设立的法人，在其职能范围内，都可以提供保证。尤其是对于企业法人而言，即使其经营范围中没有涉及为他人提供保证，法律通常也不禁止其为他人提供保证。同时，法人是否具有清偿能力只是关系到债权是否实现，而不应当对保证合同的效力产生影响。根据《担保法司法解释》第 14 条的规定，法人不具有代偿能力并不影响保证合同的效力。

依据《担保法》第 7 条的规定，除了公民、法人之外，其他组织也可以作为保证人。而“其他组织”的具体范围，则应结合《担保法司法解释》予以确定，该解释第 15 条规定：“担保法第七条规定的其他组织主要包括：（一）依法登记领取营业执照的独资企业、合伙企业；（二）依法登记领取营业执照的联营企业；（三）依法登记领取营业执照的中外合作经营企业；（四）经民政部门核准登记的社会团体；（五）经核准登记领取营业执照的乡镇、街道、村办企业。”由此可见，凡是依法设立的、具有独立主体资格的组织都可以依法作为保证人。但是，依据法律的规定，以下法人或其他组织不得作为保证人：

1. 国家机关原则上不能作为保证人

《担保法》第 8 条规定国家机关不得担任保证人，其原因在于：一方面，这不符合国家机关的设立目的。国家机关是行使公权力的机构，其设立的宗旨和目的是依法行使国家权力，维护社会公共利益，其不能直接参与经济活动。如果允许国家机关为他人的债务作保证，则与其设立目的相背离。另一方面，国家机关作为保证人将影响国家机关的正常公务活动。

国家机关的财产和经费都是国家财政划拨的，这些财产和经费主要用来维持国家机关的公务活动和日常开支，保障国家机关履行职责。如果允许国家机关可以为他人的债务作保证人，一旦债务人不履行债务，国家机关势必要以国家财政划拨的经费承担保证责任，如此必然影响国家机关正常职责的履行和公共职能的正常行使。① 此外，允许国家机关担任保证人，也使得国家机关实质性地利用其公权力从事了经济活动，其与其他市场主体之间处于不平等地位，不利于维护市场经济的正常秩序。

《担保法》第 8 条规定："国家机关不得为保证人，但经国务院批准为使用外国政府或者国际经济组织贷款进行转贷的除外。"可见，经国务院批准为使用外国政府或者国际经济组织贷款进行转贷的机构可以作保证人。它包括两个要件：一是使用外国政府或者国际经济组织贷款进行转贷。此处所说的"国际经济组织"，主要是指世界银行、国际货币基金组织等机构。二是必须经国务院批准。只有经过国务院的批准，才能表明此种担保是以国家的名义对外提供担保，同时，要求此种担保必须经国务院批准，也有利于控制政府对外担保的债务数额，以防范地方政府过度举债而可能诱发的金融风险。

2. 以公益为目的的事业单位和社会团体不得作为保证人

《担保法》第 9 条规定："学校、幼儿园、医院等以公益为目的的事业单位、社会团体不得为保证人。"依据这一规定，凡是以公益为目的的事业单位、社会团体，不得为保证人。因为这些机构的设立目的是从事教育、医疗、卫生等各种公益事业，旨在实现公共利益，一旦从事担保活动就违背了其公益目的。例如，学校存在的主要目的是办学育人，允许其担任保证人与其设立目的不符。尤其是如果允许这些单位充当保证人，则其一旦承担保证责任，则可能导致本应用于公益目的设施、资金被用来偿还债务人的债务的问题，势必导致教学秩序混乱、公益目的无法实现。②

3. 企业法人的分支机构与职能部门不能对外提供保证

第一，企业法人的分支机构不能对外提供保证。法人的分支机构是由法人设立的，根据法人章程、决议的授权从事法人部分经营业务的组织。法人的分支机构只是隶属于法人的机构，不能直接以自己的名义对外从事

① 参见全国人大常委会法制工作委员会民法室编著：《中华人民共和国担保法释义》，北京，法律出版社，1995，第 11 页以下。

② 参见全国人大常委会法制工作委员会民法室编著：《中华人民共和国担保法释义》，北京，法律出版社，1995，第 13 页。

民事活动，由于其不具备法人资格，不能独立承担民事责任，因而其不能担任保证人。法律禁止法人的分支机构对外提供保证，是因为企业法人的分支机构通常不具备独立财产，其无法独立承担民事责任。如果允许其随意对外提供担保，有可能会对企业法人的利益以及债权人的合法权益产生危害。①

《担保法司法解释》第17条第2款规定："企业法人的分支机构经法人书面授权提供保证的，如果法人的书面授权范围不明，法人的分支机构应当对保证合同约定的全部债务承担保证责任。"依反面解释，如果企业法人的分支机构得到法人的书面授权，且明确了其授权范围的，也可以提供保证。具体来说，企业法人的分支机构对外提供保证，应当符合两项条件：一是法人作出书面授权，允许其分支机构提供保证。一旦法人作出了书面授权，法人的分支机构就可以以自己的名义对外提供保证。如果法人授权其以法人名义对外承担保证责任，则保证责任可能由法人承担。二是法人应当明确其授权的范围。法人明确其授权范围，有助于被保证人了解法人分支机构的权限。当然，出于保护被保证人的考虑，即便法人的授权范围不明，只要保证合同是以法人分支机构的名义签订的，依据上述司法解释，也应当由法人的分支机构对保证合同约定的全部债务承担保证责任。如果具备上述两项条件，法人的分支机构就可以作为保证人对外提供保证。同时，当法人的分支机构的财产不足以清偿债务的，也并不免除企业法人的责任。《担保法司法解释》第17条第3款规定："企业法人的分支机构经营管理的财产不足以承担保证责任的，由企业法人承担民事责任。"由此可见，《担保法司法解释》原则上禁止法人的分支机构提供保证，但允许经过书面授权后可以提供保证，这就保持了法律的灵活性。②

问题在于，如果法人没有明确授权其分支机构可以对外提供保证，则其分支机构对外提供保证的效力如何？一般认为，在此情形下，该合同应当被宣告无效。③ 笔者赞成此种看法。因为分支机构在未经授权的情况下，其提供保证时的主体资格不合格，所以，在此情况下其提供的保证应当无效。但在合同宣告无效以后，仍不能免除分支机构所应当承担的赔偿责任，在分支机构无力承担赔偿责任时，法人仍应当承担该赔偿责任。

① 参见孔祥俊主编：《担保法例解与适用》，北京，人民法院出版社，2001，第87页。

② 参见程啸：《保证合同研究》，北京，法律出版社，2006，第129页。

③ 参见程啸：《保证合同研究》，北京，法律出版社，2006，第129页。

第二，企业法人的职能部门不能对外提供保证。《担保法司法解释》第18条规定："企业法人的职能部门提供保证的，保证合同无效。债权人知道或者应当知道保证人为企业法人的职能部门的，因此造成的损失由债权人自行承担。债权人不知保证人为企业法人的职能部门，因此造成的损失，可以参照担保法第五条第二款的规定和第二十九条的规定处理。"从该解释的规定来看，企业法人的职能部门不能对外提供保证，因为法人的职能部门作为法人内部的机构，既没有独立的财产，也不可能领取营业执照，所以法人的职能部门以自己的名义订立保证合同的，保证合同无效。[①] 即使法人授权其对外提供担保，其也不能对外承担保证责任，而只能由法人承担保证责任，在这一点上，其与分支机构存在明显区别。在合同宣告无效以后，债权人有权要求作为保证人的企业法人的职能部门承担赔偿责任。但如果债权人知道或应当知道该保证人为企业法人的职能部门，仍然接受该担保，则应当自行承担相应的损失。例如，如果保证人仅仅在保证合同中盖了职能部门的印章，则表明债权人应当知晓保证人属于法人的职能部门。如果债权人不知道也不应知道保证人为企业法人的职能部门的，依上述司法解释的规定，应当依据债务人、保证人、债权人各自的过错，分别确定其民事责任。

4. 公司不得擅自对外提供保证

关于公司违反该规定擅自对外提供保证的保证合同的效力，理论界存在争议。笔者认为，公司能否对外提供保证，属于公司自治的范畴，应当由公司通过其章程、董事会、股东会或者股东大会的决议决定，法律不能一概禁止公司对外提供保证。《公司法》第16条规定："公司向其他企业投资或者为他人提供担保，依照公司章程的规定由董事会或者股东会、股东大会决议；公司章程对投资或者担保的总额及单项投资或者担保的数额有限额规定的，不得超过规定的限额。"依据这一规定，法律并不禁止公司对外提供保证，但公司对外提供担保应当由公司章程规定或者董事会、股东会或股东大会决议。即使公司违反相关规定对外提供保证的，也不宜一概认定该保证无效，而应当将其解释为效力待定的保证合同，公司董事会、股东会或股东大会可以追认该合同，从而使合同生效。尤其是在第三人善意的情况下，应当认可该合同的效力。[②] 另外，

---

① 参见高圣平：《担保法论》，北京，法律出版社，2009，第37页。

② 参见钱玉林：《公司法第16条的规范意义》，载《法学研究》，2011（6）。

对于公司章程对投资或者担保的总额及单项投资或者担保的数额有限额规定的情形，如果公司对外提供担保超出了规定数额的部分，则该超过部分应属无效。

董事、经理擅自以公司财产对外提供担保，情况有所不同。《担保法司法解释》第4条规定："董事、经理违反《中华人民共和国公司法》第六十条的规定，以公司资产为本公司的股东或者其他个人债务提供担保的，担保合同无效。除债权人知道或者应当知道的外，债务人、担保人应当对债权人的损失承担连带赔偿责任。"该条虽然是根据修订之前的《公司法》的规定作出的解释，但其基本原则和精神仍然与修订后的《公司法》相同。依据该规定，公司董事和经理不得擅自以公司资产为本公司的股东或者其他个人债务提供保证。例如，公司董事长擅自以公司名义为其自己向银行的借款作担保。此类情形属于对公司财产的无权处分，实质上构成对公司财产的侵害，该行为也属于公司的关联交易，客观上会导致大股东利用此种担保侵害小股东权益。① 因此，公司董事、经理擅自以公司财产对外提供保证的，该保证合同无效，在该担保合同被宣告无效之后，应当依据债权人主观上是否知道或者应当知道其无权提供保证而分别认定其责任。如果债权人知道或应当知道公司董事或经理提供担保是违反《公司法》规定的，则其应当自行承担后果；如果债权人不知道也不应当知道此种情形，则应当由债务人和保证人对债权人的损失承担连带赔偿责任。

（二）代为清偿能力不应当作为充当保证人的条件

所谓代为清偿能力，是指保证人能够以自己的财产清偿债务人债务的能力，主要包括保证人的现有固定资产、流动资金、技术、知识产权、商业秘密和信用状况等。关于法律上是否应将保证人具有代为清偿的能力作为保证人的条件而加以规定，各国立法上有不同的规定。一是以法国等国家的民法为代表的立法，认为保证人必须具有代为清偿的资产。② 二是以德国民法为代表的立法，其并不要求保证人有代为清偿的能力。这主要是考虑到保证人的代偿能力难以确定，而且此种要求会过分限制私法自治。③

---

① 参见高圣平：《担保法论》，北京，法律出版社，2009，第34页。

② 例如，《法国民法典》第2018条规定："有义务提供保证人的债务人，其提供的保证人应当是有缔结契约能力、有足够财产、可以对债务的标的承担责任的人，并且该人应在保证设立地所在的王家法院管辖区内（上诉法院管辖区内）有住所。"此处所说的"有足够财产、可以对债务的标的承担责任的人"，实际上就是指代偿能力。

③ 参见程啸：《保证合同研究》，北京，法律出版社，2006，第96页。

从我国《担保法》的规定来看，实际是采纳了第一种观点。《担保法》第7条规定：“具有代为清偿债务能力的法人、其他组织或者公民，可以作保证人。”按照许多学者的解释，《担保法》之所从将具有代为清偿的能力作为保证人的条件，其主要原因在于：保证人的资格是保证人的民事行为能力与代位清偿能力的结合，因此，保证人不具有代偿能力，便不具有保证人资格。① 如果企业不具有代偿能力而为他人担保，不仅使保证形式形同虚设，成为一纸空文，而且可能造成经济秩序的混乱，损害债权人的合法利益，不利于保障商品交易的安全。② 这一观点有一定道理，但笔者认为，不应当将代为清偿能力作为充当保证人的条件，理由如下：

第一，保证人尽管通常是受债务人委托出面担保的，但选择保证人是债权人的权利。债权人在与保证人订立保证合同时，为保障其债权的实现，一般会考虑保证人的代为清偿能力，如果债权人不仔细审查保证人的清偿能力，轻率地同意某个不具有代为清偿能力的人作为保证人，债权人就应当承担保证人届时不能清偿债务的风险。但此种风险并不损害国家和社会公共利益，其本属于当事人私法自治的范畴，法律没有必要进行干涉。因此，保证人是否具有代为清偿能力，只是关系到债权能否实现的问题，不应当影响保证合同的效力。③

第二，保证人是否具有代为清偿能力难以判断，将其作为充当保证人的条件可能影响保证合同效力的稳定性。由于保证人具有多少财产、其财产能否保障债权的实现，常常是难以确定的。即使保证人在订立保证合同时具有一定的财产和代为清偿的能力，但是在合同订立以后，因其经营不善也可能导致责任财产减少，甚至在承担保证责任时，负债累累，濒临破产。反过来说，那些在订立保证合同时不具有代为清偿能力的人，也可能在保证合同订立以后，通过良好经营而使其财产迅速增加，并在实际承担保证责任时具备代为清偿能力。④ 因此，从维护保证合同效力的稳定性、充分发挥保证制度的功能角度，不应当以保证人具有清偿能力作为充当保证人的条件。

第三，从司法实践来看，将具有代为清偿能力作为保证人的资格条件

---

① 参见邹海林等：《债权担保的方式和应用》，北京，法律出版社，1998，第44页。

② 参见孙礼海等主编：《中华人民共和国担保法全书》，北京，法律出版社，1996，第43页。

③ 参见高圣平：《担保法论》，北京，法律出版社，2009，第98页。

④ 参见程啸：《保证合同研究》，北京，法律出版社，2006，第100页。

容易引发不必要的纠纷。实践中经常出现保证人以不具备代为清偿能力为由而主张保证合同无效的案件，这可能使债权人的债权清偿面临较大风险，容易引发各种纠纷。例如，甲向乙借款10万元，乙请丙作保证人，在乙到期不能履行还款义务时，甲请求丙承担代为清偿的责任。丙提出其在订立保证合同时，其个人资产远远不够10万元，不具有代为清偿债务的能力，不符合保证人的条件，因此要求确认保证合同无效。在此情形下，如果以具备代偿能力作为充当保证人的条件，实际上保护了恶意保证人而损害了债权人的利益。

总之，笔者认为，法律上不应当将代为清偿能力作为充当保证人的条件，否则很可能导致许多保证合同被不合理地宣告无效，从而损害债权人的利益，导致担保制度设立的目的难以实现。正因如此，《担保法司法解释》第14条才规定："不具有完全代偿能力的法人、其他组织或者自然人，以保证人身份订立保证合同后，又以自己没有代偿能力要求免除保证责任的，人民法院不予支持。"此处所说的"代偿能力"不同于行为能力，行为能力是民事主体自己实施民事法律行为的能力，该能力是从智识和辨别能力角度进行判断的；而代偿能力则是从保证人责任财产的角度进行的认定。欠缺行为能力可能导致保证合同无效，而欠缺代为清偿能力则只是关系到保证人保证责任的承担以及债权能否实现的问题，而不应当影响保证合同的效力。

第五节　保证合同的无效与可撤销

一、保证合同无效和可撤销的原因

无效保证合同，是指已经成立的保证合同，在内容或者形式上违反了法律的强制性规定，而应当被宣告无效。可撤销的保证合同，主要是指保证合同因当事人意思表示存在瑕疵而导致其在效力上存在瑕疵时，可因一方当事人行使撤销权而使合同失去效力。无效和可撤销保证合同主要基于如下原因发生：

（一）因主合同无效导致保证合同无效

《担保法》第5条第1款规定："担保合同是主合同的从合同，主合同无效，担保合同无效。担保合同另有约定的，按照约定。"依据这一规定，保证合同在效力上具有从属性，只要主合同无效，原则上保证合同也当然无效。我国《合同法》第52条也确定了主合同无效，则保证合同也应当无效的规则。

在此需要探讨的是，如何理解《担保法》本条中“另有约定”的含义？一种观点认为，任何主合同无效，当事人都可以约定排除从属性规则的适用。[①] 例如，对于不可撤销的担保，如见索即付担保，这已经成为国际贸易中的惯例。此种保证合同，在主合同无效后，保证合同仍然有效。[②] 另一种观点认为，“另有约定”只限于对保证合同无效后的损害赔偿另行约定。笔者认为，此处的“另有约定”主要是指保证人和债权人可以特别约定，在主合同被确认为无效以后，保证人是否应当承担损害赔偿责任以及损害赔偿责任的具体范围。

首先，我国法律关于保证合同效力从属性规则的规定属于强行性规定，除非法律有特别的规定，当事人不能通过另行约定排除该规则的适用。因此，因主合同无效而导致保证合同无效的规则，不能通过当事人约定予以改变。

其次，“另有约定”也不包括保证合同当事人特别约定主合同被确认为无效以后，保证人仍负有代主债务人履行主合同约定义务的责任。其原因在于，既然主合同已被确认为无效，则意味着主合同规定的权利义务已不复存在，保证人自然不应再继续履行主合同义务。如果认定此种约定的效力，实际上也就等同于认可当事人可以通过约定规避法律关于保证合同从属性规则的规定。尤其应当看到，既然主合同已被确认为无效，则表明主合同的内容一般是违反法律、法规的规定和公序良俗的，因此主合同规定的义务不得履行，不仅主债务人不得履行该无效合同，而且保证人也不得继续履行该无效合同，否则等于允许使已被确认为无效的合同由当事人追认为有效，这显然将构成对法律秩序的侵害。

最后，“另有约定”主要是指由保证人和债权人之间特别约定，在主合同被确认为无效以后，保证人是否应当承担损害赔偿责任以及损害赔偿责任的具体范围。[③] 例如，当事人在保证合同中可以约定，一旦保证合同被宣告无效，保证人仅对无效给债权人造成的损失负赔偿责任。如果保证

---

① 参见高圣平：《担保法论》，北京，法律出版社，2009，第45页。

② 参见全国人大常委会法制工作委员会民法室编著：《中华人民共和国担保法释义》，北京，法律出版社，1995，第6页。

③ 参见王立泉等：《担保法》，北京，中国经济出版社，1997，第28页。

合同的当事人作出了此种约定，则在主合同被确认无效以后，保证人仍应依保证合同向债权人承担责任或者被免除责任。这就意味着保证合同的效力已具有一定程度的独立性。应当看到，独立保证的发展是保证制度发展的重要趋势，《担保法》应当为独立保证的发展留下必要的空间，但即便我国未来承认独立保证制度，也不应当认定当事人可以通过约定排除强行性规则的适用。

（二）保证合同因自身的无效原因而无效或者可撤销

保证合同因自身原因而无效，是指保证合同因为自身效力存在瑕疵导致保证合同无效，而不涉及被担保的主债权合同的效力问题。保证合同本身也属于合同的一种，其应当具备合同的生效要件。当保证合同存在法律规定的当事人主体资格欠缺、意思表示瑕疵及内容违法等因素时，其也可能归于无效。此处所说的“保证合同因自身的无效原因而无效”，主要是强调保证合同的无效并非因为从属性规则的适用而导致无效，即因主合同的无效而随之无效。具体来说，无效和可撤销的原因主要包括如下情形：

1. 保证人主体资格欠缺

如前所述，保证人资格是法律规定的重要问题，违反法律关于保证人资格的规定，就可能导致保证合同无效。例如，依据法律规定，国家机关以及学校、幼儿园、医院等以公益为目的的事业单位或社会团体不具备保证人资格，上述主体违反法律规定对外提供保证的，相关的保证合同应属无效合同。

2. 意思表示不真实

（1）因主合同债权人欺诈、胁迫等行为而提供保证

这主要包括两种情形，一是主合同债权人通过隐瞒真实情况或捏造虚假事实的方法，欺诈保证人，从而使得其为主债务人提供保证。《担保法》第 30 条规定：主合同债权人采取欺诈、胁迫等手段，使保证人在违背真实意思的情况下提供保证的，保证人不承担保证责任。虽然本条规定了保证人不承担保证责任，但是，结合我国《合同法》的相关规定，此种保证合同应当解释为可撤销合同。[①] 例如，主合同债权人编造不存在的商业机会，误导保证人，使其为债务人提供了保证。根据最高人民法院的解释，欺诈是指“一方当事人故意告知对方虚假情况，或者故意隐瞒真实情况，诱使对方当事人作出错误意思表示”的行为。[②] 二是通过非法胁迫使得保

① 参见程啸：《保证合同研究》，北京，法律出版社，2006，第 209 页。

② 参见《民法通则意见》第 68 条。

证人产生恐惧，从而为他人提供保证。胁迫是以将来要发生的损害或以直接施加损害相威胁，使对方产生恐惧并因此而订立合同。在保证合同关系中，如果债权人对保证人实施了欺诈、胁迫等行为，则因此订立的保证合同属于可撤销的合同。

（2）因主合同债务人的欺诈、胁迫等行为而提供保证

《担保法司法解释》第 40 条规定："主合同债务人采取欺诈、胁迫等手段，使保证人在违背真实意思的情况下提供保证的，债权人知道或者应当知道欺诈、胁迫事实的，按照担保法第三十条的规定处理。"该条实际上扩张了《担保法》第 30 条的适用范围。从法理上看，委托保证合同与保证合同之间是相区分的，在委托保证中，委托人实施了欺诈、胁迫等行为，原则上不应当影响保证合同的效力。主债务人并非保证合同的当事人，其对保证人采取欺诈、胁迫等手段，原则上不应当影响保证合同的效力。[①] 但如果债权人明知债务人存在欺诈、胁迫保证人与其订立保证合同的情形，则应当认定该保证合同为可撤销的合同。该条规定的法理依据是第三人欺诈、胁迫的相关理论，即在债权人知道或应当知道债务人欺诈、胁迫的情形时，因此订立的保证合同属于可撤销的合同。依据这一规定，在符合下列条件的情形下，保证人可以主张不承担保证责任：一是主合同债务人采取欺诈、胁迫等手段，使保证人在违背真实意思的情况下提供保证的；二是债权人知道或者应当知道欺诈、胁迫事实。例如，甲欺诈乙，使乙为其债权人丙提供保证，在丙明知甲欺诈乙的情形时，乙有权主张撤销该保证合同。

（3）债务人与保证人共同欺骗债权人，订立主合同和保证合同的

《担保法司法解释》第 41 条规定了债务人与保证人共同欺骗债权人，订立主合同和保证合同的情形。例如，债务人和保证人虚构将来给债权人一定优惠条件的事实，从而骗取债权人同意，从而订立保证合同。因此，依据这一规定，此类保证合同应属于可撤销的合同，债权人享有撤销权。从性质上看，此类保证合同既可能构成共同欺诈的合同，也可以构成恶意串通损害第三人利益的行为，但上述规则将其作为欺诈的特殊情形对待，因此，债权人只能主张撤销合同，在合同被撤销之后，债权人仍有权请求主债务人与保证人共同承担因合同被撤销而造成的损失赔偿。

① 参见高圣平：《担保法论》，北京，法律出版社，2009，第 54 页。

3. 内容违反法律、行政法规的强制性规定

所谓内容违反法律、行政法规的强制性规定，主要是指保证合同本身的内容违法。例如，保证人为赌债提供担保，其在内容上已构成违法。保证合同的无效与所担保的主债务的无效是不同的概念，必须要予以区分。后者的无效，是指主债务合同本身因违反合同的生效要件所导致的无效。

4. 形式不合法

依据我国《担保法》的规定，保证合同必须采取书面形式，如果当事人之间仅仅以口头形式订立保证合同，则属于无效的保证合同。

二、保证合同无效和被撤销后的责任

（一）因主合同的原因导致保证合同无效时的责任

担保合同被确认无效后，债务人、担保人、债权人存在过错的，应当根据其过错各自承担相应的民事责任。《担保法司法解释》第 8 条规定："主合同无效而导致担保合同无效，担保人无过错的，担保人不承担民事责任；担保人有过错的，担保人承担民事责任的部分，不应超过债务人不能清偿部分的三分之一。"这就明确了因主合同的原因导致保证合同无效时的责任范围和责任承担限额。此种责任在性质上属于缔约过失责任。因为在主合同和保证合同都被宣告无效以后，合同关系已经不复存在，当事人不能承担违反主合同的责任，而只能按缔约过失来确定当事人的责任。如果保证人对主合同的无效也有过错的，应当承担相应的责任。问题在于，如何判断保证人有过错？一般认为，应当以保证人知道或者应当知道主合同无效而仍然提供担保为准。因为既然主合同存在无效事由，对此事由保证人在订立保证合同时通常是知道的，或者因过失而不知道。所以，在一般情形下，都应当认定保证人是有过错的。① 笔者认为，对此不可一概而论，也不能简单地认为保证人对所有主合同无效的原因都是知情的，因为主合同是在债权人和债务人之间订立的，除非主债权合同明显违反法律的强制性规定，否则保证人一般难以了解主债权是否无效。如在债权人与主债务人恶意串通的情形，保证人通常难以知悉，认为保证人通常知悉主债权合同的效力瑕疵，对其未免过于苛刻。笔者认为，此处所说的保证人"过错"包括两种情况：一是保证人明知主合同违法而仍然提供担保。二是保证人对主债权合同的无效存在过错。此时，判断保证人过错的关键

① 参见刘言浩：《担保法典型判例研究》，北京，人民法院出版社，2002，第 42 页。

是，保证人提供保证等行为是否对主债权合同无效产生了影响。在两种情形下，保证人过错的判断是存在一定的区别的。

依据上述规定，在因主合同无效而导致保证合同无效时，应当依据保证人的过错而确定其责任。这就意味着，如果保证人不存在过错，则其承担保证合同无效的责任是补充性的责任，即在确定责任时，首先应当由债务人清偿，因为毕竟主合同无效是债务人造成的，保证人只是起到了一定的推动作用。且债务毕竟是债务人的债务，合同仍然是在债权人和债务人之间发生的，所以，无效之后首先应当由债务人承担责任。① 主债务人不能承担，或者承担责任不足的部分，应当由保证人承担责任。此外，保证人承担的责任部分，不应超过债务人不能清偿部分的三分之一。按照起草者的解释，确立责任最高限额为“三分之一”的原因是，债权人、债务人、担保人作为三方，按照均分计算的结果，担保人承担的责任份额为三分之一。② 这种限制保证人责任范围的做法虽然有一定的合理性，为司法实践提供责任标准提供了依据，但是，此种限制也有失灵活，难以适应实践中的复杂情况。因为如果现实中保证人的过错严重，如主动要求债务人与债权人订立违法的合同，此时最高责任限额仍然确定为三分之一不利于制裁此种违法行为。

（二）因保证合同自身原因导致其无效时的责任

保证合同无效以后，合同自始不发生法律效力。在因保证合同自身的原因而导致其无效时，应当根据保证人的过错确定责任。③《担保法司法解释》第 7 条规定：“主合同有效而担保合同无效，债权人无过错的，担保人与债务人对主合同债权人的经济损失，承担连带赔偿责任；债权人、担保人有过错的，担保人承担民事责任的部分，不应超过债务人不能清偿部分的二分之一。”据此，保证人的责任承担要区分两种情形：

一是债权人没有过错。在此情况下，保证人和债务人承担连带赔偿责任。此处所说的“连带赔偿责任”，是指与担保有效情形下的责任相同。按照司法解释起草者的解释，因为债权人没有过错，所以债权人有权获得与保证有效时相当的赔偿，因而保证人所要承担的仍然是与有效保证情形下相同的责任。④ 笔者认为，这一看法值得商榷。一方面，保证合同的有

① 参见程啸：《保证合同研究》，北京，法律出版社，2006，第 168 页。

② 参见曹士兵：《中国担保诸问题的解决与展望》，北京，中国法制出版社，2001，第 34 页。

③ 参见郭明瑞：《担保法》，北京，法律出版社，2010，第 61 页。

④ 参见曹士兵：《中国担保诸问题的解决与展望》，北京，中国法制出版社，2001，第 30 页。

效与无效仍然应当存在差异，否则，保证合同效力区分的意义就受到影响。另一方面，实践中，保证合同被宣告无效时，债权人通常都具有过错。因而以债权人没有过错作为确定主债务人是否与保证人承担连带保证责任的标准，也给予法官过大的自由裁量权。

二是债权人和保证人都有过错的，保证人承担民事责任的部分，不应超过债务人不能清偿部分的二分之一。按照司法解释起草者的解释，将保证人的责任限制在不能清偿部分的“二分之一”，是因为债权人、担保人有过错，应当分担损失，债权人、担保人作为两方，按照均分计算，担保人承担的责任份额为二分之一。[①] 例如，甲乙之间订立一份进出口合同，丙为该合同提供担保，在合同订立后，因该合同未能获得批准而无法履行，并最终导致丙所提供的保证无效。在该案中，甲、丙二人对于保证的无效都具有过错。在此情形下，保证人丙所承担的保证责任不超过债务人不能清偿部分的二分之一。当然，该规定也没有考虑到各种具体情形，因而适用起来未免过于僵硬。因为虽然双方都有过错，但各方过错的程度可能存在差异，其对于损害的原因力也有所不同。轻微的过错可能直接导致了损害，而较重的过错则可能比较间接地导致了损害。该司法解释简单地规定为不超过“二分之一”，在实际操作中难以应对各种复杂的情形。

（三）在保证合同无效情形下保证人的追偿权

保证人的追偿权，是指保证人在承担保证责任之后，依法享有的对主债务人请求偿还的权利。只要保证人已经履行了保证义务，保证人就享有追偿权。[②] 在保证合同无效的情形下，保证人承担了保证合同无效后的责任后，对主债务人也应当享有追偿权。《担保法司法解释》第 9 条规定：“担保人因无效担保合同向债权人承担赔偿责任后，可以向债务人追偿。”依据这一规定，在保证合同无效情形下，保证人承担保证合同无效后的责任后，保证人有权向债务人追偿。例如，保证合同因主债务合同的无效而无效，保证人在向债权人承担损害赔偿责任后，有权向主债务人行使追偿权。因为毕竟保证人提供担保是单务的，是为债务人利益而提供的，保证人并没有从中受益，尤其是保证人没有过错，所以保证人因无效保证而承担责任，仍然可以向债务人追偿。需要指出的是，保证人因无效保证而向

---

① 参见曹士兵：《中国担保诸问题的解决与展望》，北京，中国法制出版社，2001，第 32 页。

② 参见程啸：《保证合同研究》，北京，法律出版社，2006，第 253 页。

债权人承担责任后的追偿，并不是依据保证合同而进行的追偿。

第六节　保证合同的效力

一、对主债权人的效力

保证合同是主债权人和保证人之间的合同，一旦保证合同生效，在主债务人不能清偿债务的情况下，主债权人可依据法律和合同规定请求保证人承担保证责任。保证合同订立的目的就是使主债务获得担保，因此，主债权人享有的最重要的权利就是请求保证人承担保证责任。在比较法上，关于保证人应承担的责任范围，有两种立法例。一种立法例认为，保证人所应承担的责任应仅限于主债务的履行，即保证人代负履行责任。[①] 法国和日本采取此种立法体例。旧中国“最高法院”的判例就明确指出：“保证债务，系保证人与债权人约明主债务人有不履行或履行不能时，代负偿还责任之契约。”[②] 第二种立法例认为，保证人所应承担的责任是代为履行和承担债务不履行时的责任。《担保法司法解释》第13条规定：“保证合同中约定保证人代为履行非金钱债务的，如果保证人不能实际代为履行，对债权人因此造成的损失，保证人应当承担赔偿责任。”因此，在主债务人届期不履行债务时，债权人可以请求保证人承担的保证责任主要包括：一是债权人可以请求保证人承担代为履行的责任。二是债权人可以请求保证人承担违约损害赔偿责任。当然，债权人请求权的行使因保证的方式不同而存在差异。在一般保证中，主债权人应当先向主债务人请求履行债务，只有主债务人不能履行时，才能向保证人请求履行。而在连带责任保证中，债务人不履行债务时，债权人既可以向主债务人请求履行，也可以向保证人请求履行。

由于保证合同是单务合同、无偿合同，所以主债权人在保证合同中虽享有权利，但不负有对待给付义务。当然，主债权人也可能负有一定的义务，这些义务主要是依据诚信原则所产生的附随义务。例如，保证人在承

---

① 薛祀光：《民法债编各论》，台北，三民书局，1960，第378页；蔡章麟：《民法债编各论》（下册），台北，自版，1959，第183页；戴修瓒：《民法债编各论》（下），台北，三民书局，1995，第377页。

② 旧中国“最高法院”1931年上字第1197号判例。

担保证责任时，主债权人应当负有协助、配合的义务，如应当及时提供账户、履行地址等信息，使保证人能够及时履行其保证责任。

二、对保证人的效力

由于保证合同是单务合同，所以保证合同对保证人的效力首先体现为保证人对主债权人负有承担保证责任的义务。具体而言，在主债务履行期限届满后，债务人不履行债务或不能履行债务时，债权人有权请求保证人代为履行债务或承担违约损害赔偿等保证责任。《担保法司法解释》第24条规定："一般保证的保证人在主债权履行期间届满后，向债权人提供了债务人可供执行财产的真实情况的，债权人放弃或者怠于行使权利致使该财产不能被执行，保证人可以请求人民法院在其提供可供执行财产的实际价值范围内免除保证责任。"在一般保证中，只有在债务人不能履行债务的情况下，保证人才应承担保证责任。但是在连带责任保证中，保证人有义务对被担保的债务连带负责。保证合同对保证人的效力还体现在保证人享有一定的权利，这些权利主要包括：

（一）保证人的抗辩权

抗辩权，是指对抗债权人请求的权利。依据保证合同，债权人享有请求保证人承担保证责任的权利，而保证人依据法律规定和合同约定也享有对抗债权人请求的抗辩权。一般而言，保证人所享有的抗辩权分为两类：一是一般抗辩权，即保证人可以行使主债务人享有的抗辩权，来对抗债权人的请求权。例如，保证人可以行使主债务人对债权人享有的同时履行抗辩权、不安抗辩权、先履行抗辩权、时效抗辩权等。二是专属于保证人的抗辩权，即保证人基于保证合同而享有的抗辩权，它不同于前述一般抗辩权。专属于保证人的抗辩权主要包括先诉抗辩权、催告抗辩权、保证合同无效抗辩权等。[①] 下面探讨保证人所享有的几种典型抗辩权：

1. 先诉抗辩权

（1）先诉抗辩权的概念和功能

先诉抗辩权（right of discussion），也称检索抗辩权，或顺序利益抗辩（benefit of discussion），它是指在债权人要求保证人代为履行时，保证人可要求债权人先就主债务人的财产诉请强制执行，只有在主债务人的财产不足以清偿债务时，保证人才应负保证责任。如果债权人未先要

① 参见高圣平：《担保法新问题与判解研究》，北京，人民法院出版社，2001，第286页。

求主债务人履行，而直接要求保证人代为履行时，保证人有权对此予以拒绝。① 保证人的先诉抗辩权起源于罗马法，近代大陆法系国家民法也普遍承认了此种抗辩权。② 我国《担保法》第 17 条第 2 款规定："一般保证的保证人在主合同纠纷未经审判或者仲裁，并就债务人财产依法强制执行仍不能履行债务前，对债权人可以拒绝承担保证责任。"该条规定了一般保证中保证人的先诉抗辩权。

先诉抗辩权的主要功能在于：一是保护保证人的利益。因为保证人是为他人的债务提供担保，并非为自己清偿债务。在债务人有能力清偿债务时，应当由债务人自己清偿债务，而不应由保证人承担债务。二是平衡主债权人和保证人的利益。保证合同是单务合同、无偿合同，保证人仅负有义务而不享有权利，因此为了平衡当事人的利益，应当赋予保证人先诉抗辩权。三是有利于减轻保证人的风险，对于鼓励担保、充分发挥保证制度的功能具有重要意义。

（2）先诉抗辩权的行使要件

《担保法》第 17 条第 2 款规定："一般保证的保证人在主合同纠纷未经审判或者仲裁，并就债务人财产依法强制执行仍不能履行债务前，对债权人可以拒绝承担保证责任。"依据这一规定，必须符合以下条件保证人才能享有先诉抗辩权：

第一，先诉抗辩权仅适用于一般保证。从比较法上来看，各国立法大都规定，如果保证人未明确放弃先诉抗辩权，则其依法享有先诉抗辩权。③ 因此，先诉抗辩权可适用于各类一般保证。④ 然而我国《担保法》第 19 条规定："当事人对保证方式没有约定或者约定不明确的，按照连带责任保证承担保证责任。"依据这一规定，如果保证人未在保证合同中明确声称保留先诉抗辩权的，或者未明确表示不承担连带责任，或者从保证合同中不能确定保证人保留了先诉抗辩权的，则保证人应负连带责任，不

① 参见程啸：《保证合同研究》，北京，法律出版社，2006，第 262 页。

② 例如，《法国民法典》第 2022 条规定："保证人在最初被诉而主张应先向主债务人追索时，债权人应负追索主债务人财产的义务。"《德国民法典》第 771 条规定："只要债权人未尝试对主债务人强制执行而无结果，保证人即可以拒绝向债权人清偿（先诉抗辩权）。保证人提出先诉抗辩权的，债权人对主债务人的请求权的消灭时效中止，直到债权人尝试对主债务人强制执行而无结果之时。"

③ 例如，《法国民法典》第 2022 条，《德国民法典》第 771 条等。

④ 参见高圣平：《保证合同重点疑点难点问题判解研究》，北京，人民法院出版社，2005，第 365 页。

得享有先诉抗辩权。可见，我国《担保法》对先诉抗辩权的适用范围作了严格的限制，即只有当事人在保证合同中有明确约定的情况下才可适用。该规定虽有利于保护债权人，但过分加重了保证人的责任，对保证人并不公平，而且会助长债务人盲目举债、任意推卸风险和责任的现象，不利于维护交易秩序。[①] 因此，《担保法》关于先诉抗辩权适用范围的规定，应当在未来进一步予以完善。但依据上述规定，保证人仅在一般保证中享有先诉抗辩权，这就排除了连带责任保证中保证人享有先诉抗辩权。[②] 即在连带责任保证中，在主债务履行期限届满时，债权人既可以请求债务人履行债务，也可以请求保证人履行保证责任，保证人不享有先诉抗辩权。

第二，先诉抗辩权的适用必须有保证合同当事人的特别约定。依据《担保法》第 19 条的规定，在当事人没有对保证方式作出约定的，该保证合同被推定为连带责任保证合同，保证人不享有先诉抗辩权。因此，只有当事人在保证合同中明确约定了保证的方式属于一般保证时，保证人才享有先诉抗辩权。[③]

第三，先诉抗辩权应当依据法定程序行使。既然债务人是第一顺位的债务清偿人，则只有在主债权人对债务人采取强制执行措施而未能实现债权时，才可要求一般保证人承担责任。《担保法》第 17 条第 2 款规定："一般保证的保证人在主合同纠纷未经审判或者仲裁，并就债务人财产依法强制执行仍不能履行债务前，对债权人可以拒绝承担保证责任。"依据这一规定，在主合同虽经审判或者仲裁，但是对主债务人的财产没有依法强制执行之前，保证人有权行使先诉抗辩权，拒绝债权人要求其承担保证责任的请求。[④] 一般认为，《担保法》第 17 条所说的"就债务人财产依法强制执行仍不能履行债务"，应当结合《担保法司法解释》第 131 条的规定来理解，即"对债务人的存款、现金、有价证券、成品、半成品、原材料、交通工具等可以执行的动产和其他方便执行的财产执行完毕后，债务仍未能得到清偿的状态"[⑤]。因此，一般保证中，如果债权人没有就主债务人的上述财产主张清偿其债权的，保证人有权依据先诉抗辩权拒绝债权

① 参见曹诗权：《保证人之专属抗辩权初探》，载《河北法学》，1998（4）。
② 参见程啸：《保证合同研究》，北京，法律出版社，2006，第 267 页。
③ 参见高圣平：《担保法论》，北京，法律出版社，2009，第 156 页。
④ 参见郭明瑞：《担保法》，北京，法律出版社，2010，第 44 页。
⑤ 孔祥俊：《担保法及其司法解释的理解与适用》，北京，法律出版社，2001，第 434 页。

人的请求。在就主债务人的上述财产清偿后，其债权仍未获得清偿时，债权人才有权请求保证人承担保证责任，此种保证责任的范围既可能是主债务人的全部债务，也可能是主债务人的部分债务，其范围取决于主债务人的财产能够清偿债权的程度。

（3）先诉抗辩权的消灭

先诉抗辩权可能因为法定原因或者当事人约定的原因而消灭。具体而言，主要有以下情形：

第一，债务人住所变更，导致债权人难以请求债务人履行债务。《担保法》第17条第3款第1项将“债务人住所变更，致使债权人要求其履行债务发生重大困难的”作为保证人不得行使先诉抗辩权的条件之一，《担保法司法解释》第25条也对此作出了规定。依据上述规定，在债务人住所变更导致债权人难以请求债务人履行债务的，保证人不得行使先诉抗辩权。例如，在“中信实业银行诉北京市某某房地产开发总公司保证合同纠纷案”中，北京市高级人民法院认为，外方投资者的情况不明，保证人不得行使先诉抗辩权。①

第二，在债务人破产案件中，中止执行程序时。依据《担保法》第17条第3款第2项的规定，在“人民法院受理债务人破产案件，中止执行程序”时，保证人不得行使先诉抗辩权。在已经中止了执行程序的债务人破产案件中，债务人的财产通常最终无法满足主债权人的债权。此时，债权人有权请求保证人承担保证责任。

第三，保证人以书面形式放弃先诉抗辩权的。依据《担保法》第17条第3款第3项的规定，在保证人以书面形式放弃先诉抗辩权的，保证人不再享有先诉抗辩权。先诉抗辩权是法律赋予保证人享有的权利，也体现了其自身的利益，在不损害国家利益、他人利益和社会公共利益时，保证人可以对其进行处分。当然，保证人放弃先诉抗辩权可能会导致其责任的增加，因此，为避免纠纷的发生，应要求保证人审慎处分其先诉抗辩权，据此，《担保法》规定保证人应当以书面形式放弃其先诉抗辩权。在放弃先诉抗辩权的情形下，实际上发生了保证方式的转换，即从一般保证转化为连带责任保证。②

---

① 参见《中华人民共和国最高人民法院公报》，2002（6）。

② 参见高圣平：《保证合同重点疑点难点问题判解研究》，北京，人民法院出版社，2005，第370～371页。

2. 催告抗辩权

所谓催告抗辩权，是指债权人请求保证人履行债务时，保证人可以要求债权人首先向债务人作出催告，要求债务人履行主债务。例如，甲向乙借款，由丙提供保证，在该借款到期后，乙在并没有催告甲履行的情况下就直接请求丙偿还欠款。如果赋予丙催告抗辩权，丙通过行使该权利有权拒绝履行。催告抗辩权制度起源于罗马法，并为大陆法系许多国家所继受。[①] 但我国《担保法》和《担保法司法解释》中未对此作出规定。有学者认为，催告抗辩权可以包括在先诉抗辩权之中。也有学者认为，确认该权利并无意义。法律不规定保证人的催告抗辩权并不意味着债权人就不能自行催告主债务人从而中断主债务的诉讼时效期间，也不会影响保证人的利益。[②] 笔者认为，催告抗辩权不能完全包括在先诉抗辩权之中，因为一方面，保证人提出抗辩的依据不同。保证人行使催告抗辩权的前提是，债权人没有催告债务人履行其债务。而先诉抗辩权行使的前提是，债权人没有通过强制执行等方式从债务人处获得清偿。另一方面，从适用范围来看，催告抗辩权不仅适用于一般保证，而且适用于连带责任保证，而先诉抗辩权只能适用于一般保证。此外，催告抗辩权的适用前提是债权人向保证人提出请求。保证人可要求债权人向债务人提出催告，此处所说的"催告"实际上就是请求。

催告抗辩权实际上只是要求债权人催告债务人履行，在主债务人履行债务的情形，保证人则不必承担保证责任，这有利于简化法律关系。从最高人民法院《关于审理经济合同纠纷案件有关保证的若干问题的规定》第5条来看，其也认可了催告抗辩权。因此，如果主债务已经到期，而主债务人没有履行其债务，主债权人没有先催告主债务人履行其债务，则保证人有权要求主债权人催告主债务人履行。[③]

3. 保证人享有主债务人所享有的抗辩权

保证人享有主债务人所享有的抗辩权，是指在主债权人请求保证人承担保证责任时，保证人有权主张主债务人对债权人享有的各项抗辩权，这也是保证从属性的重要体现。《担保法》第20条规定："一般保证和连带责任保证的保证人享有债务人的抗辩权。债务人放弃对债务的抗辩权的，

① 例如，《日本民法典》第402条规定："债权人请求保证人履行债务时，保证人可以请求先向主债务人进行催告。但主债务人受破产宣告或去向不明时，不在此限。"

② 参见程啸：《保证合同研究》，北京，法律出版社，2006，第250页。

③ 参见程啸：《保证合同研究》，北京，法律出版社，2006，第250页。

保证人仍有权抗辩。”依据这一规定，凡是主债务人所享有的抗辩权，保证人都能够主张，这些抗辩包括：主合同未生效的抗辩、主合同无效的抗辩、主合同已经终止的抗辩、主合同已过诉讼时效的抗辩、抵销抗辩，以及主债务人享有的各类抗辩权（包括同时履行抗辩权、不安抗辩权和先履行抗辩权）。例如，如果保证所担保的主合同的债权人与债务人之间符合法定的抵销条件，或者双方经过约定形成抵销的合意，则债务人对债权人享有抵销权。在发生抵销的情形，保证人有权向主债权人主张仅就剩余的债权承担保证责任。①

应当指出的是，即使主债务人放弃这些抗辩权，保证人仍可以主张。这是因为，这些抗辩权既是主债务人享有的抗辩权，也是法律赋予保证人的抗辩权，主债务人放弃此类抗辩权不应当对保证人的抗辩权产生影响。同时，保证人只有通过行使债务人的抗辩权，才能够依法保护自己的权益。

（二）保证人的追偿权

所谓保证人的追偿权，是指保证人履行债务之后，有权向主债务人请求返还。《担保法》第 31 条规定：“保证人承担保证责任后，有权向债务人追偿。”据此确认了保证人向债务人追偿的权利。法律作出此种规定的原因在于，虽然保证人向债权人承担保证责任是其依保证合同所应承担的义务，但毕竟保证人对债权人承担保证责任是代主债务人履行债务，保证人为了主债务人的利益而遭受了损失，从公平和等价交换原则出发，应当赋予保证人向主债务人追偿的权利。一般而言，保证人行使追偿权应当具备如下条件：

第一，保证人已向债权人承担了保证责任。保证人所清偿的债务并非自己的债务，而是代主债务人承担的债务，因此，在保证人向债权人清偿债务或者承担保证责任后，其有权向主债务人追偿。②

第二，债务人因保证人承担保证责任而全部或部分免责。这就是说，在保证人清偿债务以后，债务人对债权人的债务因此而全部或部分消灭。保证人必须履行了主债务人全部或者部分的债务，如果债务不是因保证人的履行，而是因主债务人履行或者不可抗力，或者因债权人免除而消灭的，保证人都不应当享有求偿权。③

① 参见最高人民法院民二庭编著：《担保法新释新解与适用》，北京，新华出版社，2001，第 235 页。

② 参见程啸：《保证合同研究》，北京，法律出版社，2006，第 288 页。

③ 参见郭明瑞：《担保法》，北京，法律出版社，2010，第 46 页。

第三，保证人未放弃追偿权。追偿权是保证人享有的权利，保证人对该权利享有处分权，可以放弃行使。因此，在保证人代主债务人清偿债务之后，只要其没有放弃追偿的权利（如表示不再行使追偿权），则依据法律规定享有追偿的权利。为了维护当事人之间的利益平衡，应当允许保证人进行追偿。

第四，追偿权的范围不应当超过主债权的范围。《担保法》第31条规定："保证人承担保证责任后，有权向债务人追偿。"从该规定来看，保证人所行使的求偿权究竟应当以主债权的范围为限，还是以保证人实际承担责任的范围为限，并不明确。因此，《担保法司法解释》第43条对此作了进一步的解释，该条规定："保证人自行履行保证责任时，其实际清偿额大于主债权范围的，保证人只能在主债权范围内对债务人行使追偿权。"依据这一规定，保证人行使追偿权的范围应当以主债权为限，只能在主债权的范围内主张追偿权，即使实际清偿额大于主债权的范围，保证人也只能在主债权的范围内主张清偿。① 在许多情况下，保证人承担保证责任的范围可能大于主债权，因为保证人除清偿主债权外，还需要就利息、违约金、损害赔偿金等承担保证责任。笔者认为，该司法解释限制了保证人追偿权的范围，规定在一定程度上有利于保护债务人，但该规则不当加重了保证人的负担。笔者认为，保证人行使追偿权的范围应当以其实际清偿的债权数额为限，这也符合《担保法》第31条的本意。

在共同保证的情形下，保证人所享有的追偿权因按份共同保证与连带共同保证而有所区别。具体而言，有两种情形：

第一，按份共同保证。它是指数个保证人按照保证合同所约定的保证份额分别承担保证责任的保证。在按份共同保证中，保证人之间的责任范围已有明确的约定，因此，各保证人只能在约定的范围内分别对债务人行使追偿权。我国《担保法司法解释》第21条明确规定："按份共同保证的保证人按照保证合同约定的保证份额承担保证责任后，在其履行保证责任的范围内对债务人行使追偿权。"据此，按份共同保证人行使追偿权的范围要受到双重的限制：一是约定的保证份额，即共同保证人与债权人在保证合同中约定，各个保证人分别仅对主债务人的债务承担一定份额内的保证责任。各保证人只需对约定的份额承担保证责任，其追偿权的范围也应以约定的保证份额为限。如果主债权人请求保证人承担的保证责任范围超

---

① 参见高圣平：《担保法论》，北京，法律出版社，2009，第160页。

出其约定的保证份额的，保证人有权拒绝，在保证人承担的保证责任份额超出约定份额的情形，对于超出约定份额的部分，保证人不能依据保证合同对主债务人行使追偿权。二是保证人实际承担的保证责任范围。保证人追偿权的范围除受到约定的保证份额限制外，还应受到其实际承担的保证责任范围的限制，保证人超出该范围行使追偿权的，债务人有权予以拒绝。

第二，连带共同保证。它是指数个保证人连带地对同一债务负担保证责任的保证。在此种保证中，追偿权的行使则较为复杂，因为保证人既可能向债务人行使追偿权，也可能向其他的保证人行使追偿权，这与按份共同保证中保证人只能在履行保证责任的范围内对主债务人行使追偿权不同。[①]《担保法司法解释》第 20 条规定："连带共同保证的保证人承担保证责任后，向债务人不能追偿的部分，由各连带保证人按其内部约定的比例分担。没有约定的，平均分担。"因此，在连带共同保证中，任何保证人承担了保证责任之后，因为保证人承担保证责任是代主债务人履行债务或承担违约损害赔偿责任，所以，保证人首先应当向主债务人追偿，并且该追偿权的范围应当以保证人实际清偿的债务为限。对于向主债务人不能追偿的部分，保证人有权向其他保证人追偿。就保证人之间的追偿责任而言，追偿的数额首先依据保证人之间的内部约定予以确定，没有约定的，则由各个连带保证人平均分担保证责任，对超出平均份额的部分，保证人有权向其他保证人追偿。

追偿权的行使既可以通过诉讼的方式行使，也可以直接向主债务人主张。一般而言，保证人的追偿权应当在保证人清偿债务之后行使，但如果债务人已经因资不抵债进入破产程序，在此情形下，如果待保证人承担保证责任之后再去行使追偿权，必将导致追偿权无法实现。为了避免保证人履行保证责任之后无法实现追偿权的风险，法律上特别规定了追偿权的预先行使制度。《担保法》第 32 条规定："人民法院受理债务人破产案件后，债权人未申报债权的，保证人可以参加破产财产分配，预先行使追偿权。"这就确认了保证人预先行使追偿权的条件，从而能够充分保护保证人的利益，减轻保证人的风险。[②] 但追偿权的预先行使必须符合如下条件：一是应当在人民法院受理债务人破产案件之后行使。这就是说，在债务人因资不抵债进入破产程序后，如果将来保证人承担保证责任后，其对于主债务

---

① 参见程啸：《保证合同研究》，北京，法律出版社，2006，第 306 页。

② 参见程啸：《保证合同研究》，北京，法律出版社，2006，第 261 页。

人的追偿权有不能实现的风险，因此，在主债务人进入破产程序后，即便主债权人没有请求保证人承担保证责任，保证人仍有权向破产管理人申报破产债权，以预先行使其追偿权。二是债权人未申报债权。依据《企业破产法》，人民法院受理破产申请时对债务人享有债权的债权人，应当依照法定的程序申报债权。该法第45条规定："人民法院受理破产申请后，应当确定债权人申报债权的期限。债权申报期限自人民法院发布受理破产申请公告之日起计算，最短不得少于三十日，最长不得超过三个月。"未到期的债权，在破产申请受理时视为到期。如果债权人到期未申报债权，则在债权到期后，债权人将无法从主债务人处实现债权，在此情形下，主债权人请求保证人承担保证责任的可能性较大，保证人有预先行使追偿权的必要。三是保证人预先申报追偿权。这就是说，保证人已经在破产程序中申报了其追偿权，即使保证人尚未实际代债务人清偿债务，但考虑到其未来有很大可能要代债务人履行债务，因此也应允许其参与破产清偿程序，以将来的追偿权来申报债权。如果保证人没有及时申报其追偿权的，无法获得破产财产的分配，其追偿权也无法预先行使。

第七节 保证责任

一、保证责任的概念和特征

保证责任，是指在债务人不履行债务时，保证人依据保证合同的约定而应承担的责任。一般来说，保证责任主要包括两方面内容：(1) 代为履行责任，即主债务人不履行债务时，保证人代债务人履行债务。(2) 违约责任，即主债务人不履行债务时，保证人代主债务人承担的违约责任。违约责任主要包括两种形式，一为违约金责任，这主要是指在主债务人不履行债务时，对于合同已经约定违约金条款的，则应当按照约定向债权人支付违约金。二为损害赔偿责任，即在当事人未约定违约金条款时，如果主债务人不履行债务，则应当就债权人因此而遭受的损害，向其承担赔偿责任。[①] 在主债务人不能按期清偿债务时，债权人有权选择请求保证人承担代为履行的责任或者承担违约责任。保证责任具有如下特点：

---

① 参见邓曾甲：《中日担保法律制度比较》，北京，法律出版社，1999，第95页。

第一，保证责任是保证合同效力的主要内容。保证合同一旦生效就产生法律上的效力，其主要方面即为保证人在债务人不履行债务时承担代为履行或赔偿损失的责任，这也是保证合同订立的目的决定的。保证人责任的承担以主债务人不履行债务为前提，只有在主债务人不履行主合同所约定的债务时，保证人才需要依据法律规定和保证合同的约定向债权人承担责任。因此，保证责任也常被称为保证义务、保证债务。[①] 但严格地说，保证责任和保证义务之间仍然存在明显的区别，表现在：一方面，保证义务是指保证合同生效以后，保证人所负有的、在主债务人不履行债务时担保债务履行的义务；而保证责任则是指债务人实际不履行主债务时，保证人所应承担的担保债务履行的责任。除了主债务人必须亲自履行的债务之外，保证人都应当在主债务人不履行债务时，代主债务人履行债务，这也是保证责任的基本内容。[②] 另一方面，二者的范围不同。保证义务的范围限于主债务，而保证责任的范围除了主债务之外，还包括因主债务人不履行而产生的责任，如利息、违约金、损害赔偿金等。因此，两者在内容上并不完全一致。正是因为保证责任是保证合同效力的主要内容，所以，其是保证合同制度中的重要组成部分。

第二，保证责任的范围是基于约定和法律规定而确定的。一方面，保证责任的范围与保证人的责任都来源于当事人的约定。保证人究竟在何种范围内承担责任以及承担何种保证责任，原则上应当依据保证合同的约定而确定。保证人约定的范围可以等于或小于主债务的范围，但不得超过主债务的范围。[③] 另一方面，在当事人未作出约定或约定不明时，应当依据法律规定确定保证责任的范围。如果当事人没有约定时，则在法律上推定保证人应对主债务人所应承担的全部责任负责。

第三，保证责任的承担以主债务人不履行债务为前提。保证人担保的债务并非保证人的债务，而是主债务人的债务，只有在主债务人到期未清偿时，保证人才承担保证责任。这主要是由保证合同的从属性所决定的。这一点无论是对于一般保证，还是连带责任保证，都具有可适用性。在连带责任保证中，保证人承担保证责任的前提是主债务人到期未清偿债务[④]，

① 参见高圣平：《担保法新问题与判解研究》，北京，人民法院出版社，2001，第207页。

② 参见高圣平：《担保法论》，北京，法律出版社，2009，第163页。

③ 参见郑玉波：《民法债编各论》（下），台北，自版，1981年，第830页。

④ 参见高圣平：《担保法论》，北京，法律出版社，2009，第88页；叶金强：《担保法原理》，北京，科学出版社，2002，第33页。

而一般保证中，债务人到期未履行债务，只有经过强制执行仍没有实现债权，债权人才可请求保证人承担保证责任。无论是一般保证还是连带责任保证，保证人承担保证责任的前提都是债务人到期不履行债务。这就意味着，保证责任的范围限于主债务人未实际履行的责任部分。对于主债务人已经履行的部分，债权人无权向保证人主张，即使是在连带责任保证中，保证责任的范围同样以主债务人未履行的部分为限。

二、保证责任的内容

如前所述，保证责任的内容包括如下两个方面：

1. 代为履行责任

在主债务人不履行债务的情况下，保证人有义务代为履行。但代为履行责任的承担又取决于保证责任的范围。在我国，保证责任的范围主要取决于保证合同的约定或者法律的规定。根据《担保法》第 21 条的规定，保证担保的范围，包括“主债权及利息、违约金、损害赔偿金和实现债权的费用”，但保证合同另有约定的，按照约定。据此可见，保证合同是确定保证责任范围的重要依据，保证责任的范围主要取决于当事人的约定，只有在当事人没有就保证责任的范围作出约定时，才应依据法律规定确定保证责任的范围。依据上述规定，在当事人没有对保证责任的范围作出约定时，保证的范围主要包括如下内容：主债权及利息、违约金、损害赔偿金和实现债权的费用。

在此需要讨论的是，代为履行是否可称为代位清偿？所谓代位清偿，也称“第三人清偿”或“第三人代为履行”，是指在法律没有规定或者当事人没有约定的情形下，第三人自愿代债务人履行债务。[①] 由于保证人承担保证责任也属于债务人之外的第三人向债权人清偿债务，因而二者具有一定的相似性。许多学者认为，保证责任实际上就是代位清偿。笔者认为，保证责任中的代为履行与代位清偿存在区别。在第三人代为清偿的情况下，第三人代为清偿可能是基于第三人与债务人之间的合同关系产生的，可能出于无因管理，也可能是基于履行错误造成的。在保证合同中，保证人承担保证责任的依据是保证合同。

2. 代为承担债务不履行的损害赔偿责任

在主债务人的违约行为给债权人造成损害的情况下，保证人也应当承

---

① 参见史尚宽：《债法总论》，北京，中国政法大学出版社，2000，第 776 页。

担相应的损害赔偿责任。因此，除当事人明确约定保证责任的范围，或者特别约定排除就违约损害赔偿金承担保证责任外，违约损害赔偿金应当属于保证责任的范围。值得注意的是，保证人所承担的违约损害赔偿责任，不同于主合同被宣告无效或被撤销时保证人应承担的责任。二者的区别主要表现在：第一，责任的性质不同。保证人代主债务人承担的违约损害赔偿责任，仍然属于保证责任的范畴。而在主合同被宣告无效或被撤销的情形，保证人所应承担的责任应当属于缔约过失责任的范畴。第二，责任的承担是否以担保合同的有效为前提不同。在主合同无效而导致担保合同无效的情形，保证人承担责任以主合同无效为前提，而且保证合同也因主合同无效而失去效力。而在保证人承担违约损害赔偿责任的情形下，保证人承担保证责任是以主合同有效为前提的，并且其承担保证责任的依据是保证合同约定或者法律的规定。第三，责任的承担是否考虑保证人的过错不同。保证人代主债务人承担的违约损害赔偿责任，并不考虑保证人是否具有过错。而在保证人就主合同无效或者被宣告无效或者被撤销的情形，保证人是基于其自身的过错承担责任。《担保法》第 5 条规定："担保合同被确认无效后，债务人、担保人、债权人有过错的，应根据其过错各自承担相应的民事责任"。因此，在合同被宣告无效或被撤销时，保证人无须代主债务人承担保证人，但担保合同被宣告无效或者被撤销时，如果保证人具有过错，则应当承担相应的民事责任。

如果约定的保证责任范围超过法定范围。如果保证合同的当事人所约定的担保范围超过《担保法》的规定，该约定是否有效？笔者认为，从保证责任的从属性来看，保证责任的范围原则上不应超过主债务的范围。保证责任的从属性规则一般不允许当事人约定的保证责任范围超过法定保证责任范围。其原因在于：一方面，保证的目的在于担保债权的实现，因此，只要债权获得实现，保证的目的即已经达到，保证人无须再承担保证责任，否则，不仅过分加重了保证人的负担，而且使债权人获得了额外的利益，显然是不妥当的。另一方面，保证责任在发生、消灭和范围等方面都具有从属性。这就意味着，保证人所承担的保证责任应以主债务的范围为限，其不得超过主债务的范围，债权人也仅能在法定范围内请求保证人承担保证责任，超过法定范围的部分无效。[①] 此外，还应当看到，法律所

① 参见田土城、宁金成主编：《担保制度比较研究》，开封，河南大学出版社，2001，第 118 页。

规定的保证责任范围，实际上是保证人责任的最高限额，虽然保证人承担多少保证责任取决于其意思自由，但如果允许当事人通过约定而加重保证责任，无疑会不合理地加重保证人的负担，不利于保护保证人的利益。

在债务人擅自扩大债务范围的情形下，保证责任的范围是否随之扩大？保证合同成立后，如果未经保证人的同意，债务人扩大其债务范围（如原来未附利息的借贷债务变为附利息的债务），保证人的保证责任范围不能因此而扩大，这是因为保证责任虽附随于主债务，但又具有相对独立性。即使推定保证人就全部债务承担保证责任，也只能推定保证人仅就保证合同订立时的全部债务承担保证责任。①

三、保证责任的免除和消灭

由于保证责任具有从属性，保证人所应承担的保证责任的大小取决于主债务人债务的大小，因而，在保证合同成立以后，主合同的当事人不能随意加重保证人的责任。保证人的责任可能因以下原因免除或者消灭：

（一）主债务部分消灭

由于保证责任具有从属性，所以主债务因某种原因而部分消灭的（如债务人履行了部分债务、债权人部分免除了债务人的债务，或者主债务因不可抗力或意外事故造成不能履行而减少），保证责任也要随之减少。

问题在于，债权人免除主债务人部分债务的，保证人的保证责任是否随之免除？笔者认为，对此，可以区分两种情形而分别确定其法律后果：一是当事人没有约定保证责任范围的，例如，保证人约定为债务人的全部债务承担保证责任，如果根据主债务人与债权人的协议，债权人免除了主债务人的部分债务，致使主债务减少时，保证责任也将随之减少。② 二是当事人约定了保证责任的范围的，但由于债权人免除主债务人债务，主债务人的债务范围小于约定的保证责任范围，在此情况下，保证人应当在免除后的债务范围内承担保证责任，否则，保证人仍应当在约定的保证责任范围内承担保证责任。例如，保证人与债权人约定就主债务人的 100 万元债务承担有限保证，即只对其中 50 万元债务承担保证责任，如果债权人免除主债务人 60 万元债务，则保证人只应当在 40 万元债务范围内承担保证责任；如果债权人免除主债务人 40 万元债务，则保证人仍应当承担 50

① 参见蔡青峰：《关于保证责任的几个问题》，载《法学》，1995（7）。

② 参见蔡青峰：《关于保证责任的几个问题》，载《法学》，1995（7）。

万元的保证责任。

（二）保证人与债权人约定减轻其保证责任

保证合同是债权人与保证人之间达成的协议，如果双方约定减轻保证人的保证责任，则应当允许其作出此种约定。减轻保证责任可以采取多种形式，例如，将全部保证改为部分保证，或者将连带责任保证改为一般保证等。① 问题在于，此种约定是否需要取得债务人的同意？笔者认为，债权人与保证人之间约定减轻保证人保证责任不需要得到债务人同意。因为债务人不是担保合同的当事人，且保证合同本身就是单务的、无偿的合同，保证人保证责任的减轻也不会对债务人的责任产生不利影响。在减轻保证人的保证责任之后，债务人仍然要承担原有的债务，因此无须取得债务人的同意。但是，如果保证人与债权人达成的减轻保证责任的协议，违反了保证人与主债务人之间的保证委托合同，则保证人可能要承担相应的违约责任。

（三）债权或主债务转让未经保证人书面同意

1. 债权转让

合同转让包括债权转让与债务承担。就债权转让而言，一般不会影响保证责任的承担，因为任何新的债权人承受债权之后，保证人都应当对新的债权人承担保证责任。《担保法》第 22 条规定，“保证期间，债权人依法将主债权转让给第三人的，保证人在原保证担保的范围内继续承担保证责任”，债权转让只是引起债权人身份的变化，而不会影响保证责任的承担。《担保法司法解释》第 28 条规定：“保证期间，债权人依法将主债权转让给第三人的，保证债权同时转让，保证人在原保证担保的范围内对受让人承担保证责任。但是保证人与债权人事先约定仅对特定的债权人承担保证责任或者禁止债权转让的，保证人不再承担保证责任。”这一规定是保证债权在移转上的从属性的具体体现。依据这一规定，在债权转让的情形下，除非保证人与原债权人约定禁止债权转让，或者约定保证人仅对特定的债权人承担保证责任的，则保证人应当在原保证责任的范围内对新的债权人承担保证责任。②

2. 债务承担

债务承担，是指在不改变债务内容的情况下移转债务，由第三人承担了原债务人的债务。③ 债务承担可以分为并存的债务承担和免责的债务承

① 参见陈本寒：《担保法通论》，武汉，武汉大学出版社，1998，第 94 页。

② 参见程啸：《保证合同研究》，北京，法律出版社，2006，第 212 页。

③ 参见〔日〕我妻荣：《新订债权总论》，北京，中国法制出版社，2008，第 451 页。

担。一是免责的债务承担，即第三人代替原债务人成为新债务人，原债务的债务消灭。二是并存的债务承担，即第三人成为连带债务人，与原债务人共同承担债务。两种债务承担都会对保证人的责任产生影响。

《担保法》第23条规定："保证期间，债权人许可债务人转让债务的，应当取得保证人书面同意，保证人对未经其同意转让的债务，不再承担保证责任。"依据这一规定，主债务的转让如果未经保证人的书面同意，保证人不再承担保证责任，确立该规则的主要原因在于：一方面，保证人承担保证责任一般以债务人不履行债务为前提，因此，债务人的财产状况直接关系到保证人应否承担保证责任以及清偿后追偿权能否实现的问题。在主债务转让的情形，新的债务人是否具有清偿能力将直接影响保证人保证责任的承担。即便新的债务人具有清偿能力，如果其不履行债务、甚至逃避债务，保证人仍应承担保证责任。另一方面，保证人一般是基于其与债务人之间的人身信赖关系而提供保证担保的，保证人基于对原债务人的信任而提供担保，但其与新债务人之间通常并不存在信任关系，因此，债务人转让债务应当得到保证人的书面同意。书面同意实际上表明保证人认可了该债务转让行为，并表明保证人愿意对该债务的受让人承担保证责任。如果债务人转让债务未经保证人书面同意，则保证人对转让的部分不再承担保证责任。[①] 需要注意的是，《担保法》第23条规定的"转让债务"应当解释为免责的债务承担，而不包括并存的债务承担，因为在并存的债务承担的情形，原债务人仍然负担债务，而且，第三人作为连带债务人共同负担该债务，这不仅不会损害保证人的权益，而且使得保证人的责任减轻。

《担保法》第24条规定："债权人与债务人协议变更主合同的，应当取得保证人书面同意，未经保证人书面同意的，保证人不再承担保证责任。保证合同另有约定的，按照约定。"所谓变更，是指债权人与主债务人之间通过协商而对合同的条款进行改变。依据这一规定，主合同的任何变更都需经过保证人的书面同意，否则即导致保证人保证责任的免除。笔者认为，《担保法》的上述规定在一定程度上有利于保护保证人的利益，并有利于防止债务人与债权人合谋损害保证人的利益。[②] 该规则也体现了保证的从属性，因为主合同是保证人承担保证责任的前提和基础，当主合

① 参见郭明瑞：《担保法》，北京，法律出版社，2010，第57页。

② 参见高圣平：《担保法论》，北京，法律出版社，2009，第169页。

同发生变更，特别是当主合同发生实质性变更时，原债权债务关系消灭，新的债权债务关系产生，保证责任随原债权债务关系消灭而消灭，保证人不再承担保证责任。但该规定对协议变更情况不作任何区分，显然是不妥当的。其原因在于：第一，市场情况千变万化，在主合同订立以后，债务人确有可能变更主合同的内容。如果任何变更都不允许，从而导致保证人责任免除，则对于债权人和债务人的合同自由作了不必要的限制。[①] 第二，一些合同的变更对于保证人而言可能是有利的。例如，如果当事人协商减少债务数额，可能会减轻保证人的保证责任。因此，在主合同当事人变更合同的情形，一概认定保证人不再承担保证责任，显然是不妥当的。正如有的学者所言，该规定没有考虑合同变更对保证责任的影响，或者说没有从合同变更对保证责任的影响这一出发点考虑问题，从而丧失了合理性。[②] 第三，从比较法上看，一般也区分主债权债务关系变更的情形，而分别规定其对保证责任的影响。例如，《德国民法典》第 767 条规定，“保证人的义务以主债务的现状为标准。特别在主债务因主债务人的过失或迟延而变更时，亦适用之。保证人的义务不因主债务人在其承担保证后所为的法律行为而扩大”。因此，对于合同的变更和转让，应当区分不同的情形。如果主合同变更减轻了债务人的债务，无论保证人是否同意，保证人仍应当承担保证责任，但只需对变更后的合同债务承担保证责任。如果主合同变更加重了债务人的债务，但此种变更得到保证人同意的，保证人应当对变更后的合同债务承担保证责任[③]；如果合同仅是发生了部分转让，即使保证人未作出同意的表示，其仍应对未转让的部分债务承担保证责任。

正是由于《担保法》第 24 条存在以上不足，《担保法司法解释》第 30 条对该条规定作出了实质性的修正。该条第 1 款规定：“保证期间，债权人与债务人对主合同数量、价款、币种、利率等内容作了变动，未经保证人同意的，如果减轻债务人的债务的，保证人仍应当对变更后的合同承担保证责任；如果加重债务人的债务的，保证人对加重的部分不承担保证责任。”该条规定根据合同变更对债务人债务的不同影响分别规定了保证人的各类责任：当主合同变更减轻债务人的债务时，无论保证人是否同

① 参见高圣平：《担保法论》，北京，法律出版社，2009，第 169 页。

② 参见孔祥俊：《担保法及其司法解释的理解与适用》，北京，法律出版社，2001，第 136 页。

③ 参见郭明瑞：《关于保证人保证责任的几个问题》，载《法制与社会发展》，1996（3）。

意，保证人仍应当承担保证责任，但只需对变更后的合同债务承担保证责任。如果主合同变更加重了债务人的债务，如果此种变更得到保证人同意的，保证人应当对变更后的合同债务承担保证责任；未得到保证人同意的，保证人仍应当承担保证责任，但保证人可主张对加重的部分不承担保证责任。[①]

在此还需要讨论以新还旧的问题。以新还旧存在两种情形：一是当事人之间设立新的债权债务关系，同时，以新的债权债务关系中获得的给付，用于清偿旧债务。这里实际上是两个债权债务关系，而且两者之间没有密切的关联。二是间接给付、新债清偿、新债抵旧，它是指为清偿旧债务而负担新债务。例如，甲曾经欠银行 1 000 万元，后又从银行贷款 2 000 万，其中 1 000 万元用于清偿旧债务。在第二种情形下，一旦当事人之间达成以新还旧的协议，以新债务清偿旧债务，可能导致旧债务消灭。在新债务没有到期之前，债权人仍然只能行使旧债权。[②] 如果新债务已经到期，债权人既可以请求债务人履行新债务，也可以请求其履行旧债务。《担保法司法解释》第 39 条规定："主合同当事人双方协议以新贷偿还旧贷，除保证人知道或者应当知道的外，保证人不承担民事责任。新贷与旧贷系同一保证人的，不适用前款的规定。"依据这一规定，在以新还旧的情形下，两个债务都是债务人所负担的债务，但是，毕竟是两个不同的法律关系，如果保证人只是针对旧的债务提供担保，对新的债务的发生并不知道或不应当知道的，保证人可主张不再承担担保责任。但如果债权人与债务人约定新的债务不清偿，则原债务不消灭的，在新债务清偿以前，保证人仍应当就原有债务承担保证责任。

（四）主债权人放弃物上担保

如果同一债务之上既有物的担保，又有人的担保，债权人放弃物上担保的，可导致保证人保证责任的免除。《担保法》第 28 条规定："同一债权既有保证又有物的担保的，保证人对物的担保以外的债权承担保证责任。债权人放弃物的担保的，保证人在债权人放弃权利的范围内免除保证责任。"可见，我国《担保法》确立了物的担保优于人的担保的原则。依据这一规定，在债务人不履行债务的情形，物的担保人首先要承担担保责

① 参见最高人民法院民二庭编著：《担保法新释新解与适用》，北京，新华出版社，2001，第 278～279 页。

② 参见孙森焱：《民法债编总论》，北京，法律出版社，2006，第 856 页。

任，债权人可请求抵押人、出质人等承担责任，在其承担责任后仍未实现债权时，债权人才能请求保证人承担保证责任。因此，债权人放弃物的担保，将可能不当加重保证人的保证责任，在此情形下，保证人有权主张在债权人放弃权利的范围内免除保证责任。笔者认为，《担保法》第28条的规定是值得商榷的，主要原因在于，此种做法不恰当地限制了债权人的意思自治，限制了债权人应当享有的选择人保或物保的权利。[①] 对于债权人来说，虽然担保物权具有优先性，债权人可以运用物权方法来支配或处分担保物，但是实现担保物权未必就比实现保证债权更为有利。尤其是担保物权的实现需要通过折价、拍卖或变卖方式进行，往往需要花费较高的费用。对保证而言，尽管对保证人追究保证责任时会支付一定的费用，甚至很难实现，但毕竟保证责任的承担不需要支付物的变价的费用。正是因为这一原因，《担保法司法解释》第38条规定："同一债权既有保证又有第三人提供物的担保的，债权人可以请求保证人或者物的担保人承担担保责任。"这一规定对《担保法》第28条的规定作了进一步的修正和补充，并最终被《物权法》第176条所采纳。

根据《担保法司法解释》和《物权法》的规定，首先应当尊重当事人的意思自治，如果当事人约定物的担保应当优先于保证，则债权人放弃物的担保的，保证人有权在物的担保的范围内主张免除保证责任。此处所说的约定，是指债务人和担保人之间的约定，而不能仅仅是债权人和单个保证人或物上保证人之间的约定。如果债权人仅仅与个别保证人或物上保证人作出约定，则不能约束其他担保人。协议应当对担保人承担责任的顺序、形式和承担担保责任的份额、范围作出具体的约定。[②] 如果没有约定或者约定不明的，债务人自己提供物的担保的，债权人应当先就该物的担保实现债权；第三人提供物的担保的，债权人可以就物的担保实现债权，也可以要求保证人承担保证责任。在债权人放弃由第三人提供的物的担保的，根据《物权法》第28条的规定，主债务人以外的第三人提供的物的担保与保证担保具有平等的地位，债权人放弃物保的，不影响保证责任的承担，保证人不得主张免除其保证责任。

（五）主债务消灭

保证合同的目的是担保主债务合同的履行。按照保证合同从属性规

---

① 参见高圣平：《物权法担保物权编》，北京，中国人民大学出版社，2007，第65页。

② 参见高圣平：《物权法担保物权编》，北京，中国人民大学出版社，2007，第65页。

则，主债务合同因为清偿、抵销、免除等原因而导致主债务消灭，则保证合同自然归于消灭。

（六）保证期间经过

保证期间是法定的或约定的保证责任的存续期间，债权人应该在保证期限内请求保证人承担保证责任，保证人也仅在该期限内负担保证责任。保证期间届满，保证人的责任也归于消灭。

此外，解除、终止等原因，也可导致保证责任的消灭。

第八节　保证期间与诉讼时效

一、保证期间

（一）保证期间的概念和特征

所谓保证期间，是指在保证合同的当事人之间约定，或者依法律规定由保证人承担保证责任的期限。《担保法》第25条规定："一般保证的保证人与债权人未约定保证期间的，保证期间为主债务履行期届满之日起六个月。"这是法律关于保证期间的明确规定。确定保证期间的意义在于：一是限制保证人的责任。保证期间确定了保证人承担责任的期限，这不仅有利于明确保证人的责任范围，而且也有助于合理限制保证人的责任，从而避免保证人无限期地承担责任。二是督促主债权人行使权利。保证期间直接关系到保证责任的承担，即保证人只需在保证期间内负保证责任，而债权人也只能在保证期间内请求保证人承担保证责任。保证期间经过，则债权人无权向保证人提出请求。债权人没有在该期间主张权利，则保证人不再承担责任。①

保证期间是"保证责任的存续期间"。该期间一般由当事人在保证合同中作出约定。在当事人没有特别约定的情况下，则应适用法律的规定。② 保证期间具有如下特征：

第一，保证期间就是保证责任的承担所设定的期间。从性质上说，保证期间是保证责任的存续期间，它既非保证合同的有效期间，也非附期限

① 参见奚晓明、曹士兵、金剑锋：《担保法司法解释中的几个重要问题》，载《人民司法》，2001（1）。

② 参见于玉：《简论最高额保证的保证期间》，载《法学杂志》，2000（3）。

合同中的期限，而仅仅是针对保证责任的承担所设定的期限。如果债权人在保证期间内未向保证人或主债务人提出请求，则保证责任自动消灭。①如前所述，保证合同具有单务性、无偿性，保证合同为保证人单方面设定了义务，为避免保证人的责任过重，法律设定了保证期间制度，以平衡当事人之间的利益。

第二，保证期间由当事人约定或法律规定。保证期间可以由法律作出明确规定，例如，《担保法》第25条对此就作了明确规定。但法律关于保证期间的规定属于任意性规定，允许当事人通过约定排除。保证合同本身是意思自治的产物，保证期间也可以由当事人通过特别约定确定，在当事人没有约定或约定不明时，才适用法律规定的保证期间。② 保证期间设立的目的在于限制保证人的责任、保障保证人的利益，当事人可以就保证期间作出特别约定，按照私法自治的原则，此种约定应当有效。此外，保证合同具有单务性、无偿性，通过保证期间的约定，可以避免保证人承担过重的责任。

第三，保证期间是保证合同的组成部分。保证合同的当事人可以就保证期间作出约定，只要此种约定不得违反法律的强制性规定，该约定就是有效的，其应当成为保证合同的重要组成部分。按照保证合同从属性规则，保证合同以担保主债务的履行为目的，保证期间的设定不得违背这一目的。《担保法司法解释》第32条规定："保证合同约定的保证期间早于或者等于主债务履行期限的，视为没有约定，保证期间为主债务履行期届满之日起六个月。保证合同约定保证人承担保证责任直至主债务本息还清时为止等类似内容的，视为约定不明，保证期间为主债务履行期届满之日起二年。"因此，如果当事人之间约定的保证期间早于或者等于主债务履行期限的，视为没有约定。因为按照此种约定，保证人开始承担保证责任的时间要早于主债务人履行债务的时间，这违反了保证责任的从属性规则，也违背了当事人订立保证合同目的。③ 如果当事人没有就保证期间作出特别约定或者约定不明，则法律规定的保证期间可以自动成为保证合同的内容。

依据《担保法司法解释》第31条，保证期间不因任何事由发生中断、

---

① 参见刘保玉主编：《担保法疑难问题研究与立法完善》，北京，法律出版社，2006，第251页。

② 参见高晓莹、杨明刚：《论保证期间》，载《湖南大学学报（社会科学版）》，2011（2）。

③ 参见程啸：《保证合同研究》，北京，法律出版社，2006，第504页。

中止、延长的法律后果。由此可见，司法解释起草者倾向于认为保证期间在性质上属于除斥期间，即认为保证期间与除斥期间一样，其期限都具有不变性，保证期间不因任何事由发生中止、中断。在保证期间内，债权人不行使权利则会导致保证责任的免除，保证债权归于消灭。[①] 此种观点不无道理，但笔者认为，保证期间不能等同于除斥期间。一方面，从规范性质来看，除斥期间属于法律的强行性规定，不得由当事人改变。而保证期间以约定为原则，法定为例外[②]，是可以由当事人自由约定的。同时，在合同有效期间内，当事人也可以对保证期间进行变更。另一方面，从适用对象来看，除斥期间的适用对象主要为形成权。因为形成权将会根据一方的意志而发生法律关系发生、变更和消灭的效果，所以，通过除斥期间对形成权进行限制，从而使其在较短的时间内消灭该形成权，以维护社会秩序的稳定性。[③] 而保证期间主要适用于请求权，即适用于债权人请求保证人承担保证责任的请求权。

（二）保证期间的类型

当事人原则上可以对保证期间作出特别约定，但在当事人没有就保证期间作出特别约定的情况下，应当依据法律规定确定保证期间。我国《担保法》规定了以下几种保证期间：

第一，一般保证中的保证期间。《担保法》第 25 条规定："一般保证的保证人与债权人未约定保证期间的，保证期间为主债务履行期届满之日起六个月。"有学者认为，6 个月期限太短，保证责任期限应适用《民法通则》关于 2 年诉讼时效期间的规定。笔者认为，这一观点有一定的合理性。虽然在主债务人不履行主债务时，债权人才能请求保证人承担保证责任，债权人请求主债务人履行债务通常需要花费一定的时间（如需要寻找主债务人），寻找保证人也可能花费一定的时间，但保证期间有其特定的制度功能，即督促债权人及时主张债权。在债权人在保证期间内向主债务人或者保证人主张权利后，保证期间的制度功能已经实现，如果保证人或主债务人拒绝承担其责任的，主债权人可以通过诉讼的方式寻求救济，此时，只要未过诉讼时效，债权人仍可请求保证人承担保证责任，并不存在上述 6 个月保证期间过短的问题。

---

① 参见曹士兵：《中国担保诸问题的解决与展望》，北京，中国法制出版社，2001，第 133 页。

② 参见高圣平：《担保法论》，北京，法律出版社，2009，第 114 页。

③ 参见芮沐：《民法法律行为理论之全部》，台北，三民书局，2002，第 162 页。

第二，连带责任保证中的保证期间。对于连带责任的保证，《担保法》第 26 条规定："连带责任保证的保证人与债权人未约定保证期间的，债权人有权自主债务履行期届满之日起六个月内要求保证人承担保证责任。"依据这一规定，连带保证的保证期间为主债务履行期限届满之日起 6 个月，在该期间内债权人可以随时请求保证人承担保证责任。

第三，法定保证期间能否通过约定改变？如前所述，法律关于保证期间的规定属于任意性规定，当事人可以通过约定加以改变。问题在于，债权人与保证人常常在保证合同中约定，保证人负有"持续不断地"、"连续地"、"永久性"承担保证责任的义务，此种约定是否有效？笔者认为，法律有关保证期间的规定，与法律关于诉讼时效的规定是不同的。前者属于任意性规范；后者属于强行性规范。保证期间本身是可以通过约定予以改变的，也就是说，期限可以通过当事人的约定缩短或延长，但即使允许当事人约定，当事人也不得约定无限期的保证期间。例如，当事人约定保证人应当"永远地"、"持续不断地"负保证责任，直到主债务人还本付息为止，此种约定属于无期限的保证。《担保法司法解释》第 32 条第 2 款规定："保证合同约定保证人承担保证责任直至主债务本息还清时为止等类似内容的，视为约定不明，保证期间为主债务履行期届满之日起二年。"依据这一规定，对于无期限的保证，实际上明确了其应适用法定的保证期间。司法解释作出此种规定主要是为了适当减轻保证人的责任，平衡当事人的利益。不过，也有学者对这一规定的合理性提出质疑，因为当事人对于保证期间约定不明与没有约定应当等同视之，此时的保证期间应当同样规定为 6 个月，才能保持法律内部的一致性。

（三）保证期间的起算点

保证期间的起算点，就是指保证期间从何时开始起算。依据《担保法》第 25 条的规定，保证期间从主债务履行期届满之日开始计算。关于保证期间的起算问题，有人认为，应自保证合同成立之日起开始计算。[①]笔者认为，这一观点显然不妥，因为保证合同成立与保证责任的实际发生之间存在一段时间差距。保证合同成立以后，债权人尚不能请求保证人承担保证责任。只有在主债务到期以后，债务人不履行债务时，债权人才有权请求保证人承担保证责任。如果从保证合同成立之时起算，则从保证合

① 参见余立力：《论一般保证期间的性质》，载《武汉大学学报（哲学社会科学版）》，2007 (5)。

同成立到债权人能实际向保证人提出请求，或者对债务人提起诉讼或申请仲裁，期间可能远远超过 6 个月，保证人可以以保证期间已过为由，不负任何责任，这将导致保证合同形同虚设，显然有违立法目的，因此，认为保证期间自保证合同成立之日开始起算显然是不妥当的。

一般认为，保证责任的起算点应由当事人特别约定，如果当事人对保证期间的起算作出了约定，则应当尊重当事人的约定，当事人未作出约定的，则保证期间自主债务履行期限届满之日起算。因为只有自主债务履行期限届满之日起，才能确定主债务人是否履行债务，也才能确定保证人是否要承担保证责任。当然，如果保证人为履行期限届满的债务提供担保的，如果当事人没有特别约定，则保证期间应当自保证合同生效之日起算。因为履行期届满，债务人已经处于债务不履行的状态，不能再从债务履行期届满之日起算。①

《担保法司法解释》第 33 条规定："主合同对主债务履行期限没有约定或者约定不明的，保证期间自债权人要求债务人履行义务的宽限期届满之日起计算。"该条主要是针对主合同并未就主债务履行期限作出约定时如何计算保证期间而作出的规定。依据我国《合同法》第 62 条的规定，主合同对主债务的履行期限没有约定或约定不明的，债权人有权随时要求主债务人履行债务，但应给予主债务人以合理的准备期限，即宽限期。在宽限期届满之后，如果主债务人仍未清偿主债务的，应承担违约责任。②而保证期间作为保证人承担保证责任的期间，在主合同对主债务的履行期限没有约定或约定不明时，保证人显然应当于宽限期届满时起承担保证责任，而宽限期的届满之日也应作为保证期间的起算点。这一规定与《担保法》第 25 条所确立的保证期间自主债务履行期届满之日起算的规则是一致的。从该规定来看，保证期间的开始并不要求债权人通过诉讼、仲裁等方式无法从主债务人处获得清偿，只要债务履行期限届满或者宽限期经过，主债务人未履行债务的，且债权人已经向主债务人提出请求的，保证期间即开始起算。

（四）保证期间的中断

《担保法》第 25 条第 2 款规定："在合同约定的保证期间和前款规定的保证期间，债权人未对债务人提起诉讼或者申请仲裁的，保证人免除保

① 参见程啸：《保证合同研究》，北京，法律出版社，2006，第 520 页。

② 参见曹士兵：《中国担保法诸问题的解决与展望》，北京，中国法制出版社，2001，第 136 页。

证责任；债权人已提起诉讼或者申请仲裁的，保证期间适用诉讼时效中断的规定。”在债务履行期限届满或者宽限期经过后，主债务人未履行债务的，债权人即可请求保证人承担保证责任，保证期间即开始起算。

保证期间开始计算后，如果债权人已提起诉讼或者申请仲裁的，则保证期间不继续计算，发生中断。依据该规定，在如下两种情形下，保证期间可以适用诉讼时效中断的规定。一是债权人通过诉讼请求保证人承担保证责任。二是债权人通过仲裁的方式请求保证人承担保证责任。笔者认为，《担保法》的上述规定仍有值得商榷之处。一方面，保证期间作为权利存续期间，其性质上属于不变期间，不能发生中断。因为在保证期间内，如果债权人通过提起诉讼或者仲裁的方式请求保证人承担保证责任，只要保证期间未经过，就应当确定保证人是否应当承担责任的问题，该期限是否发生中断，以及保证期间是否需要重新计算，已经不具有实际意义。另一方面，《担保法》第25条第2款的规定将保证期间与保证合同的诉讼时效混淆在一起有欠妥当。有鉴于此，《担保法司法解释》第31条规定，保证期间不因任何事由发生中断、中止、延长的法律后果。该司法解释认为，一旦主债权人就主债务纠纷提起诉讼或申请仲裁，保证期间所负有的督促主债权人行使权利的制度目的就已经实现。因此，保证期间的设立目的已经实现，从而归于消灭。在此情况下，自主债务纠纷的诉讼或仲裁的裁决生效时起，开始计算保证合同的诉讼时效。①

（五）保证期间届满的法律效果

保证期间届满的法律效果是指在保证期间内，如果债权人没有向保证人或者主债务人主张权利，将导致保证责任消灭，债权人无权请求保证人承担保证责任。但保证期间届满要产生此种效果，其前提是债权人没有在该期间内请求保证人承担保证责任。在此需要区分一般保证和连带责任保证：对于一般保证而言，由于保证人依法享有先诉抗辩权，因而，在合同约定的保证期间内或者没有约定时在6个月内债权人不向主债务人提起诉讼或者申请仲裁，则保证人的保证责任免除。而对于连带责任保证而言，《担保法》第26条第2款规定：“在合同约定的保证期间和前款规定的保证期间，债权人未要求保证人承担保证责任的，保证人免除保证责任。”因为在连带责任保证中，在主债务履行期间届满后，债权人可以直接请求

① 参见高圣平：《保证合同重点疑点难点问题判解研究》，北京，人民法院出版社，2005，第222页。

保证人承担保证责任，保证人也必须承担保证责任，因而在连带责任保证期间以内，债权人未对保证人提出请求，保证期间经过的，保证责任将发生消灭。[①]

正是因为保证期间届满将导致保证责任消灭，所以尽管主债务依然存在，但债权人只能向主债务人请求清偿债务，而不能向保证人请求承担保证责任。由此可见，保证期间和时效的区别在于，保证期间的届满会导致权利本身的消灭，而不仅仅是导致抗辩权的产生；而时效届满的后果仅仅是义务人可以据此提出抗辩。无论是一般保证或是连带责任保证，保证期间的经过都发生保证责任消灭的后果。[②]

保证期间届满的后果是由法律规定的，但对于保证期间届满的效果，人民法院应当依据职权进行审查。因为保证期间届满发生权利消灭的后果，所以不必当事人主张，法院应当主动进行审查。当然，当事人也可以提交相关的证明材料，以证明保证期间已经届满。[③]

二、保证债务的诉讼时效

（一）保证债务诉讼时效的概念和特征

保证债务的诉讼时效是指当债权人请求保证人履行保证债务，经过法定的时效期间即丧失获得法院强制执行保证人承担保证责任的权利。依据《担保法司法解释》第34条的规定，保证债务适用一般诉讼时效，因此，该时效期间为2年。在担保法中确认保证债务的诉讼时效的意义在于，债权人在保证期间内向主债务人或保证人主张权利后，保证期间即失去意义，保证人不能够主张保证期间抗辩，但在此情况下，保证债务也不能一直存续，否则将使保证人承担过重的责任，因此，法律上确认保证债务可适用单独的诉讼时效。例如，甲为乙的债务提供保证，双方约定该保证为一般保证。在法定的6个月内，债权人丙向乙主张了债权。乙拒绝履行，丙就在法院提起诉讼，该诉讼经过2年，对乙的财产强制执行，仍然无法获得清偿。此时，虽然总的期限过了2年零6个月，但是，丙对保证人甲的诉讼时效仍未开始起算，该保证债务的诉讼时效应从经强制执行而无法

---

① 参见高圣平：《保证合同重点疑点难点问题判解研究》，北京，人民法院出版社，2005，第277页。

② 参见《北京市高级人民法院审理民商事案件若干问题的解答（之三）》。

③ 参见上海市高级人民法院民二庭《关于审理担保、票据等民商事纠纷案件若干问题的处理意见》。

获得清偿之日起算。因此，虽然已经过了保证期间，但是，因为保证债务的诉讼时效没有经过，则只要债权人在保证期间内对债务人提起诉讼，其就仍然有权向保证人主张权利。所以，诉讼时效制度有利于对债权人提供保护。

保证合同诉讼时效的设立，使得保证人享有两种期限利益：一是保证期间利益；二是时效利益。如果债权人未在保证期间内向主债务人或保证人主张权利，保证人可以被免责。如果债权人在保证期间内主张了权利，但在此后 2 年内未向保证人要求承担保证责任，则诉讼时效届满，保证人也可行使保证合同时效抗辩权而无须承担责任。[①] 保证期间与保证合同诉讼时效虽然都是权利行使的期限，但二者存在如下区别：

第一，是否可以由当事人自由约定不同。保证期间既可以是约定的，也可以是法定的，如果当事人约定了保证期间，则该期间为该约定期间，将优先于法定期间而适用；而诉讼时效是法定的，当事人不能另行作出约定。

第二，期限长短不同。诉讼时效期间一般是 2 年，而法定保证期间是 6 个月，当事人也可以自由约定保证期间。因为保证期间过长，对保证人也是极为不利的。保证期间短于时效期限，可以督促债权人向保证人及时主张权利，否则，保证人将被免除责任，这显然对保证人是有利的。

第三，期限是否可以变更不同。诉讼时效可能因为法定事由的存在而出现中止、中断的情形，而保证期间原则上不因特别事由的出现而改变。《担保法司法解释》第 31 条规定："保证期间不因任何事由发生中断、中止、延长的法律后果。"因此，保证期间是不变期间。[②]

第四，起算点不同。一般保证的债权人在保证期间届满前对债务人提起诉讼或者申请仲裁的，从判决或者仲裁裁决生效之日起，开始计算保证合同的诉讼时效。连带责任保证的债权人在保证期间届满前要求保证人承担保证责任的，从债权人要求保证人承担保证责任之日起，开始计算保证合同的诉讼时效。[③] 可见，诉讼时效期间从债权人请求保证人承担保证责任，而保证人拒绝或因其他原因不承担保证责任时起算。依据《担保法》

---

① 参见曹士兵：《中国担保法诸问题的解决与展望》，北京，中国法制出版社，2001，第 139 页。

② 参见曹士兵：《中国担保法诸问题的解决与展望》，北京，中国法制出版社，2001，第 137 页

③ 参见《担保法司法解释》第 34 条。

第25、26条的规定，法定保证期间自主债务履行期届满之日开始计算。

第五，期限届满的后果不同。保证期间届满，债权人在该保证期间内未主张权利，保证责任消灭；而诉讼时效届满，如果债权人向保证人提出承担保证责任的请求，保证人有权提出时效抗辩。

因为法律没有特别的规定，所以保证合同的诉讼时效应当适用一般诉讼时效期间，即两年诉讼时效。在保证合同的诉讼时效期间届满后，债权人请求保证人承担保证责任的，保证人有权提出时效抗辩。

（二）保证债务诉讼时效的起算

第一，一般保证的诉讼时效起算。《担保法司法解释》第34条第1款规定："一般保证的债权人在保证期间届满前对债务人提起诉讼或者申请仲裁的，从判决或者仲裁裁决生效之日起，开始计算保证合同的诉讼时效。"依据这一规定，一般保证的诉讼时效并不是从主债务人的财产不能执行之日起计算，而是从判决或仲裁裁决生效之日起计算。[①] 例如，在前例中，债权人丙在法院提起诉讼向乙主张了债权。只有在法院作出了判决后，才开始计算保证的诉讼时效。该规定有利于明晰保证合同诉讼时效的起算点，但可能与一般保证中保证人的先诉抗辩权制度存在冲突，同时，这也实际上减少了债权人所享有的诉讼时效利益。因为在一般保证中，保证人享有先诉抗辩权，在主合同纠纷未经审判或者仲裁，并就债务人财产依法强制执行仍不能履行债务前，保证人有权拒绝债权人要求其承担保证责任的请求。但判决或仲裁裁决生效以后，主债务人是否有足够的责任财产可供执行，尚不确定，这就相当于在实质上使得保证合同诉讼时效起算点提前，与先诉抗辩权制度的设立目的存在一定的冲突。

第二，连带责任保证的诉讼时效的起算。《担保法司法解释》第34条第2款规定："连带责任保证的债权人在保证期间届满前要求保证人承担保证责任的，从债权人要求保证人承担保证责任之日起，开始计算保证合同的诉讼时效。"由此可见，与一般保证的诉讼时效起算不同，连带责任保证的债权人在保证期间届满前要求保证人承担保证责任，从债权人要求保证人承担保证责任之日起，即开始计算保证合同的诉讼时效，而不是自起诉和仲裁之日起算。例如，甲乙双方未约定一般保证，在债务到期以后，债权人甲向债务人丙主张债权。由于此种保证是连带责任保证，所

---

① 参见最高人民法院民二庭编著：《担保法新释新解与适用》，北京，新华出版社，2001，第288页。

以，自其主张时起保证诉讼时效开始计算。只要经过了 2 年时间，债权人甲就不得再请求保证人乙承担保证责任。这主要是因为，在连带责任保证中，在债务履行期限届满，主债务人不能清偿债务的，债权人可以直接请求保证人承担保证责任，所以，在连带责任保证中，一旦债权人在保证期间内请求保证人承担保证责任的，保证期间便失去意义，保证合同的诉讼时效也开始起算。①

关于保证债务诉讼时效的中断，《担保法司法解释》第 36 条第 1 款规定："一般保证中，主债务诉讼时效中断，保证债务诉讼时效中断；连带责任保证中，主债务诉讼时效中断，保证债务诉讼时效不中断。"依据这一规定，在一般保证中，通常在保证债务的诉讼时效进行过程中，保证期间已经开始起算。但由于一般保证中，保证合同的诉讼时效自主债务判决或者仲裁生效之日起开始计算，因而，如果债权人未在保证期间内提起诉讼或仲裁，保证人不再承担保证责任，保证合同的诉讼时效就不会开始起算。② 在连带责任保证中，保证债务的诉讼时效并不随主债务诉讼时效的中断而中断。这主要是因为，连带责任保证中，保证人并不享有先诉抗辩权，在主债务人届期未清偿债务时，债权人有权请求保证人承担保证责任，所以，主债务的诉讼时效并不会对保证责任的诉讼时效产生影响，即使主债务诉讼时效中断，债权人仍可以向连带责任保证人主张保证责任。因此，主债务诉讼时效的中断并不导致连带责任保证诉讼时效的中断。③

（三）保证债务诉讼时效届满的效果

保证债务诉讼时效届满的效果是债权人丧失了请求人民强制执行的权利。从保证人的角度看，保证合同诉讼时效届满后，保证人享有时效经过抗辩权，在债权人请求其承担保证责任时，有权提出抗辩并拒绝履行。④当然，保证人可以抛弃该时效利益。《担保法司法解释》第 35 条的规定："保证人对已经超过诉讼时效期间的债务承担保证责任或者提供保证的，又以超过诉讼时效为由抗辩的，人民法院不予支持。"这一规定实际上是对《民法通则》第 138 条规定的延续，即"超过诉讼时效期间，当事人自

---

① 参见程啸：《保证合同研究》，北京，法律出版社，2006，第 555 页。

② 参见程啸：《保证合同研究》，北京，法律出版社，2006，第 553 页。

③ 参见李国光：《在全国民事审判工作会议上的讲话（2000 年 10 月 28 日）》，载最高人民法院民事审判第二庭编：《民商审判资料选读》（2001 年第 1 辑），北京，人民法院出版社，2001，第 5 页。

④ 参见古锡麟等：《适用诉讼时效制度若干问题研究》，载《人民司法》，2004（5）。

愿履行的，不受诉讼时效限制”。司法解释作此规定的主要原因在于，一方面，当事人应受禁反言规则的约束，在主债务诉讼时效届满后，如果保证人承担保证责任或提供保证的，应当受自己行为的约束，不得反悔。另一方面，保证合同诉讼时效的经过仅使保证人可主张时效抗辩，但债权人请求保证人承担保证责任的实体权利并未消灭，在保证人自愿履行保证责任的情形下，债权人接受保证人的履行的，该履行仍发生法律效力，不构成不当得利。此外，在保证人对诉讼时效已经届满的债务承担保证责任或提供保证时，债权人已经产生相应的信赖，对此信赖利益也应加以保护。

第九节　共同保证

一、共同保证的概念和特征

共同保证，是指两个或两个以上的保证人为同一债务而向债权人所提供的担保。共同保证是相对于一人保证而言的，它是指数人为一人担保。例如，甲乙丙三人共同为债务人的借款提供保证。我国《担保法》第12条规定：“同一债务有两个以上保证人的，保证人应当按照保证合同约定的保证份额，承担保证责任。没有约定保证份额的，保证人承担连带责任，债权人可以要求任何一个保证人承担全部保证责任，保证人都负有担保全部债权实现的义务。”这就确立了我国法上的共同保证制度。由于共同保证中，有多个保证人为主债权提供担保，因而能够为债权的实现提供更有力的保障。具体来说，其特点主要表现在：

1. 数个保证人为主债务人提供担保，共同保证的主要特点是保证人是数人，但必须为同一债务提供保证。只要数个保证人均有为同一债务提供保证的意思即可构成共同保证，而并不要求数个保证人必须形成提供共同保证的合意。例如，某个保证人在为他人提供保证时，并不知道其他保证人也已经为该债务人提供保证，但这并不影响共同保证的成立。

2. 数个保证人必须为同一债务提供担保。这就是说，一方面，共同保证所担保的债务必须具有同一性，如果数个保证人虽为同一债务人作保，但保证的债务不同（如甲为债务人的借款担保，乙为债务人的修缮房屋所产生的费用提供担保，丙为债务人购买货物的债务提供担保），则仍然属于分别的保证，而不具有共同性，在性质上仍然属于个别保证。所以，即使债务人是同一人，但各个保证人所担保的债务并非同一债务的，并不构成共同保证。另一方面，共同保证强调债务的同一性，就债务人而言，既可以是单个的债务人，也可以是数个债务人，但债务应当是同一债务。可见，共同保证不同于个别保证的另一个特点在于其共同性，即数个保证人共同为同一债务提供担保。

3. 共同保证人的责任可以是连带的，也可以是按份的。共同保证既可以是按份共同保证，也可以是连带共同保证。保证人采取何种方式提供共同保证，完全由共同保证人与债权人进行约定，只要当事人没有特别约定承担按份保证责任，则各个共同保证人应当承担连带共同保证责任。这两种保证的主要区别在于：在债务人不履行债务时，债权人选择权的行使是否受到限制。如果采取连带责任保证，则债权人既可以选择向债务人行使权利，也可以向各个保证人行使权利。依据《担保法》第12条的规定，没有约定保证份额的，各个保证人应当承担连带责任。在特殊情况下，共同保证责任甚至可能是部分连带责任与部分按份责任的结合，即保证当事人可以约定各个保证人的保证责任方式。

共同保证与混合担保具有相似性，所谓混合担保，是指在同一债权上既存在人的担保，也存在物的担保，各个担保人都要向债权人承担担保责任。当人保与物保并存时，常常形成混合担保。[①] 混合担保与共同保证都存在数个担保人，但二者存在明显区别，主要体现在：第一，担保形式不同。共同保证属于数个保证人为同一债务人的同一债务担保，是数个人保的结合。而在混合担保中，就同一债务的履行既存在人保（第三人所提供的保证），也存在物保（如抵押、质押等担保）。第二，提供担保的主体不同。在共同保证中，只能是由债务人之外的第三人提供保证担保。但在混合担保中，物的担保（抵押、质押等）既可以由第三人提供，也可以由债务人本人提供。第三，责任承担规则不同。在共同保证中，依据各保证人之间的约定，其既可以是按份共同保证，也可以是连带共同保证。共同保证的责任方式不同，各个保证人的责任也不同。但就混合担保而言，依据《物权法》第176条的规定，在债务人不履行债务时，债权人首先应当按照约定实现债权；当事人没有约定具体的责任承担方式的，或者约定不明的，如果有债务人提供物的担保的，则债权人应当先就该物的担保实现债权；如果物的担保是由第三人提供的，债权人既可以就物的担保实现债

① 参见杨文杰：《混合共同担保人内部追偿问题研究》，载《河北法学》，2009（10）。

权，也可以要求保证人承担保证责任。

二、共同保证的两种形式

依据《担保法》第12条的规定，共同保证可以分为按份共同保证和连带共同保证。如果各个保证人与债权人没有特别约定按份保证的，则应当推定该保证为连带共同保证。

（一）按份共同保证

所谓按份共同保证，是指保证人与债权人在保证合同中约定各个保证人所承担的保证责任的份额，债权人只能在约定的份额限度内向各个保证人请求承担保证责任。① 依据《担保法》第12条的规定，如果各共同保证人与债权人之间已特别约定了保证的份额，则各共同保证人应依据约定的份额承担保证责任。按份共同保证的特征主要在于：

第一，各个保证人与债权人就保证份额作出明确约定。例如，甲乙共同为债务人丙作保，在保证合同中与债权人丁约定，甲乙各承担50%的保证责任，此种保证在性质上属于按份的共同保证。该保证合同一旦成立，则债权人将不享有对各保证人的连带债权，只能请求各个保证人就其保证份额承担责任，而不能请求各保证人承担全部保证责任。② 按份共同保证不同于连带共同保证，其中最主要的区别就在于各个保证人之间是否与债权人就保证份额作出约定。如果仅仅是各个保证人内部约定按份为主债务人的债务提供保证，则该约定仅在各个保证人内部责任分担方面具有意义，而不能以此对抗债权人的请求权。

如果数个共同保证人与债权人特别约定，由某一部分共同保证人对全部债务负保证责任，另一部分保证人仅对部分债务负保证责任，则构成了连带责任保证和按份责任保证的混合。例如，保证合同当事人约定，保证人甲与保证人乙对全部的主债务即100万元的借款提供保证，而保证人丙与债权人约定仅对其中20万元的债务提供保证。在此情况下，如债务人到期不能履行债务，债权人可享有如下请求权：一是直接请求甲或乙对全

① 参见曹士兵：《中国担保法诸问题的解决与展望》，北京，中国法制出版社，2001，第72页。

② 郑玉波先生认为：这种分别负责的情况，并非严格的共同保证，而属于分别的一般保证，参见郑玉波：《民法债编各论》，台北，三民书局，1981，第891页。笔者认为，在上述情况下，各个保证人仍然是共同地为同一债务人的同一债务负责，因此仍具有共同性。

部债务负连带清偿责任。如果甲或乙未能清偿全部债务，则债权人仍有权请求丙在 20 万元的范围内承担清偿责任。二是债权人可以请求丙承担 20 万元的清偿责任，对于剩余 80 万元债务，债权人可以请求甲乙承担连带清偿责任。

第二，各个保证人按照约定的份额承担责任。正是因为各个保证人与债权人就保证份额事先作出明确约定，保证人只需要在约定份额内承担保证责任，对于约定份额之外的保证责任，保证人可以拒绝履行。如果保证人承担的保证责任超出约定保证份额的，则债权人构成不当得利，保证人有权向债权人请求返还超出约定份额的部分；如果能够认定保证人是代主债务人或者其他保证人清偿，则该清偿有效，主债务人与其他保证人的责任在该超出的份额内免除①，此时，保证人与主债务人或者其他保证人之间成立无因管理，该保证人有权依据无因管理的规定向主债务人或者其他保证人追偿。

第三，在按份共同保证中，如果保证人按照保证合同约定的保证份额承担保证责任后，依据《担保法司法解释》第 21 条的规定，在其履行保证责任的范围内对债务人行使追偿权。这主要是因为，保证人所承担的保证责任虽然也是对自己所负担的保证债务的履行，但在根本上是代替债务人履行债务，所以，在按份共同保证人承担保证责任后，在其履行保证责任的范围有权向债务人追偿。②

第四，必须保证合同当事人特别约定按份承担保证责任，如果当事人没有就保证责任作出约定，或者约定不明的，则推定各个保证人承担连带共同保证。

（二）连带共同保证

1. 连带共同保证的概念

所谓连带共同保证，是指各共同保证人之间与债权人之间并未就保证责任的份额作出约定，各个保证人对全部债务承担连带清偿责任。连带共同保证的主要特点在于各个保证人与债权人之间并未约定保证责任的份额，债权人可以请求各个保证人承担全部的保证责任。③ 连带共同保证的特点在于：

① 参见程啸：《保证合同研究》，北京，法律出版社，2006，第 560 页。
② 参见程啸：《保证合同研究》，北京，法律出版社，2006，第 560 页。
③ 参见程啸：《保证合同研究》，北京，法律出版社，2006，第 560 页。

第一，连带共同保证可以依据当事人约定或法律规定产生。连带共同保证分为一般连带共同保证和推定连带共同保证。一般连带共同保证，它是指各保证人约定均对全部主要债务的承担负担连带清偿责任的保证。例如，数个保证人与主债权人明确约定，连带地对全部100万元的债务提供保证。推定连带共同保证，它是指各保证人与债权人没有约定保证份额的共同保证，依据法律的规定，应被认定为连带共同保证。[①] 依据《担保法司法解释》第19条第1款的规定，如果各保证人与债权人之间未就保证份额加以约定的，则推定其承担连带责任，此即依法产生的连带共同保证。

第二，连带共同保证是指各个保证人之间的连带保证。连带共同保证与连带责任保证之间存在一定区别，连带责任保证是指保证人与主债务人之间的连带保证责任；而在连带共同保证中，数个共同保证人与债权人之间达成协议，共同对债权人负连带保证责任，因此，债权人可请求任何一个共同保证人对主债务负担全部保证责任。

第三，各个保证人必须是为同一债务负担连带保证责任。各个保证人可以同时与主债权人订立保证合同，也可以分别订立保证合同。各保证人就同一债务的履行而作出的保证可以不在同一时间内发生。因此，多个共同保证是同时成立，还是先后成立，均不影响共同保证的成立。[②] 只要由数人为同一债务的履行提供保证，就成立共同保证。

当然，连带共同保证中，各个保证人并不一定就全部主债务负担连带保证责任，如果各个保证人与债权人约定就主债务人的部分债务负担连带保证责任，也可成立连带共同保证。如主债务数额为10万元，而各个保证人与债权人约定仅就其中的5万元承担连带保证责任，此时仍成立连带共同保证。在此需要讨论的是，如果各个保证人均约定负担部分保证责任，但各个保证人的保证份额之间存在一定交叉，此时，各个保证人就其各自的保证份额所共同担保的部分，是否成立连带责任？例如，甲乙丙三人作为保证人与债权人约定甲负1万元的保证份额，乙负2万元的保证份额，丙负3万元的保证份额，就1万元的相同部分是否可以承担连带责任？可见，数个保证人就主债务的某一部分都提供了保证，这与各个保证

① 参见曹士兵：《中国担保诸问题的解决与展望》，北京，中国法制出版社，2001，第72页。

② 参见何志：《担保法判解研究与适用》，北京，人民法院出版社，2010，第224页。

人之间就保证份额的规定并不相同。史尚宽先生认为："如就同一债务为保证，各保证人的保证之数额虽有不同，于其相同数额之部分，成立连带责任之共同保证。"[①] 笔者认为，这一观点确有一定的道理，虽然各个保证人的保证份额不同，但是，毕竟他们都对特定数额的债权承担了保证责任，所以，就共同担保的部分应成立连带责任。

2. 连带共同保证与按份共同保证的区别

按份共同保证和连带共同保证都是共同保证的形式，都涉及在保证人为多数的情况下，相互之间所应承担的责任份额。但二者有明显区别，主要表现在：

第一，对责任份额是否需要作出明确约定不同。依据《担保法》第12条的规定，必须当事人就保证责任的份额作出明确约定才能成立按份共同保证，否则应推定成立连带共同保证，因此，连带共同保证的成立既可以基于当事人的约定而成立，也可以基于法律的推定而成立。问题在于，如果各个保证人与债权人约定承担按份保证责任，但各个保证人之间的份额不明的，保证人是否承担连带保证责任？《担保法》中并没有对此作出规定。笔者认为，对于按份共同保证和连带共同保证的约定，主要考虑保证人和债权人之间的约定，而不考虑保证人之间的内部约定，因为保证合同只是在债权人和保证人之间订立，所以连带责任抑或按份责任的确定也应当依据保证合同来确定。[②] 共同保证的责任形式取决于各个保证人与债权人之间约定，各个保证人之间的责任份额约定属于内部责任分担的范畴，不应当影响外部保证责任的承担。根据《担保法》第12条和《担保法司法解释》第19条第1款的规定，如果各个共同保证人在保证合同中"未约定保证份额"，即便债权人和保证人之间约定了承担按份保证责任，各个保证人也应当就合同规定的份额范围内承担连带保证责任。

第二，所承担的责任份额不同。在按份共同保证中，各共同保证人仅需在约定的份额内承担各自的保证责任，债权人也只能在其与各个保证人约定的保证份额内请求各个保证人承担保证责任。而在连带共同保证中，各共同保证人对债权人承担连带保证责任。《担保法司法解释》第20条第1款规定："连带共同保证的债务人在主合同规定的债务履行期届满没有履行债务的，债权人可以要求债务人履行债务，也可以要求任何一个保证

① 史尚宽：《债法各论》，台北，自版，1957，第889页。

② 参见程啸：《保证合同研究》，北京，法律出版社，2006，第566页。

人承担全部保证责任。”实践中，数个保证人对同一债务同时或先后提供担保时，各保证人与债权人之间没有约定保证份额，依据《担保法司法解释》第19条的规定，应当认定为连带共同保证，各个保证人都要共同承担连带责任。

第三，对其他保证人是否享有追偿权不同。连带共同保证中，债权人有权请求全部或者部分保证人承担全部保证责任，如果部分保证人承担了全部保证责任，从《担保法》第12条的规定来看，其并没有规定向主债务人或其他连带责任保证人追偿时的先后顺序。但《担保法司法解释》第20条规定：“连带共同保证的保证人承担保证责任后，向债务人不能追偿的部分，由各连带保证人按其内部约定的比例分担。”依据这一规定，共同保证人在承担保证责任后，首先应当向主债务人追偿。对于不能追偿的部分，其有权向其他保证人追偿超出其应承担份额的部分。而在按份共同保证中，债权人仅有权请求保证人在约定保证份额内承担保证责任，如果某一保证人因清偿错误等原因，承担了超出其保证份额的责任，其有权依据不当得利的规定向债权人请求返还，而不能向债务人或其他保证人追偿。

依据《担保法司法解释》第19条的规定，连带共同保证的保证人不得以其相互之间所约定的各自承担的份额对抗债权人。依据这一规定，连带共同保证中，各个保证人应当对债权人承担全部保证责任，保证人不能以其内部的责任分担约定对抗债权人的请求。例如，甲乙丙三人与债权人约定就某一债务承担连带共同保证，并且甲乙丙三人内部约定各自对债权人承担三分之一的责任。在此情形下，甲乙丙应当成立连带共同保证，债权人请求其承担保证责任时，各个保证人应当承担全部保证责任，而不得以其内部的责任分担约定对抗债权人的请求。

三、共同保证的效力

共同保证通常要分为两种不同的关系，即对外关系和对内关系。对外关系主要是指共同保证人作为一个整体与债权人之间的关系，共同保证人所提供的保证既可以是按份责任保证，也可以是连带责任保证。而对内关系则是指数个共同保证人之间因保证责任的份额及追偿等形成的法律关系。

（一）共同保证在保证人与债权人之间的效力

在按份共同保证中，各保证人以其与债权人之间约定的份额承担保证责任，其在履行保证责任的范围内对债务人享有追偿权。在连带共同保证中，各个保证人都应当向债权人连带地承担全部保证责任。债权人有权请求任何保证人承担保证责任，可以要求一个或数个保证人承担全部或部分保证责任。无论是按份共同保证还是连带共同保证，保证人在承担保证责任后，都有权向主债务人追偿。

在共同保证中，如果根据当事人之间的协议，有的保证人为一般保证人，应承担一般保证责任；有的保证人为连带保证人，应承担连带保证责任。如果部分保证人承担一般保证责任，部分保证人承担连带责任保证，在此情况下，应如何确定责任？笔者认为，按照意思自治原则，应当尊重当事人的约定，对债权人而言，既可以请求连带保证人承担保证责任，也可以请求一般保证人承担保证责任，但债权人请求一般保证人承担保证责任时，该一般保证人享有先诉抗辩权。

需要指出的是，如果债权人放弃对某一个或者几个保证人的请求权，则对其他保证人也会产生影响。依据连带债务的一般法理，免除部分连带债务人的债务，是否导致其他连带债务人的责任免除，对此存在不同的立法例。① 笔者认为，借鉴有关国家的立法经验，在连带保证的情况下，如果债权人免除某一个连带保证人的保证责任，其仅对连带保证债务的总额产生影响，并不能够影响连带保证人之间的责任分配。举例来说，共同保证人甲乙丙与债权人丁之间约定，共同对债权人丁承担连带保证责任 9 万元，其中甲乙丙三人内部约定承担的份额分别是 2 万元、3 万元和 4 万元。如果债权人丁单独和甲约定免除了其承担的连带保证责任，此时甲乙丙三人所承担的总保证责任也应当减去甲所应承担的份额 2 万元，即此时的保证责任的总额减少为 7 万元，但是就这 7 万元清偿责任，乙丙两人仍然需要承担连带责任，且各自连带的份额同样应当依照 3∶4 计算。这是因为就连带责任而言，各个连带保证人乃是一个整体，其共同对外承担连带债务，债权人对某一连带担保人的减免会对连带保证人整体产生影响，即其对某个连带保证人减免保证责任的数额，自然会对连带保证整体产生效力。

（二）共同保证在保证人之间的效力

对于按份共同保证而言，保证人在其保证份额内承担保证责任后，

① 参见《法国民法典》第 1285 条、《德国民法典》第 423 条、《日本民法典》第 437 条、我国台湾地区“民法”第 276 条第 1 款。

不得向其他共同保证人追偿。问题在于，在按份共同保证中，部分共同保证人承担了超出其份额的责任，是否可以向其他共同保证人追偿？例如，甲乙二人共同为丙提供保证，他们在与债权人丁订立的合同中约定，甲承担10万元的保证责任，乙承担5万元的保证责任，在实际承担保证责任时，乙因经营不善而无力承担责任，甲便帮助乙承担了5万元的保证责任。甲在承担责任以后，是否可以要求乙返还该5万元？笔者认为，追偿权只适用于连带之债，而不适用于按份之债。在按份责任的情况下，各个保证人之间的保证债务已经确定，各保证人都应当按确定的份额负责。如果其中一个保证人承担的保证责任超出其保证责任份额的，则构成清偿错误，其有权请求债权人返还超出其保证责任份额的部分；如果该保证人明知其清偿数额超出其保证责任份额，但有代主债务人或者其他保证人清偿债务或者承担保证责任的意思，则可以适用无因管理的规定，向主债务人或者其他保证人请求返还。在上例中，甲帮助乙承担5万元的保证责任后，有权依据无因管理的相关规定向乙请求返还。

对于连带共同保证而言，《担保法司法解释》第20条规定："连带共同保证的保证人承担保证责任后，向债务人不能追偿的部分，由各连带保证人按其内部约定的比例分担。没有约定的，平均分担。"依据这一规定，在连带共同保证中，在各个共同保证人之间可能产生追偿权，但各个保证人在承担保证责任后，首先应当向主债务人追偿，在无法向主债务人追偿的情况下，其可以向其他连带共同保证人追偿。关于共同保证人之间追偿权的行使，应当区分以下两种情况：

第一，各共同保证人之间已明确约定了各自的份额。由于此种约定没有债权人的参加，不能对债权人产生约束力，从而不能使此种约定产生变连带责任为按份责任的效果。但这种约定在各共同保证人之间仍然是有效的，各共同保证人都应当受到这种约定的拘束。换言之，当某一共同保证人对主债务人的债务承担了全部清偿责任以后，有权基于其与其他共同保证人之间事先约定的份额而要求其他共同保证人分担责任。我国《担保法》第12条规定："已经承担保证责任的保证人，有权向债务人追偿，或者要求承担连带责任的其他保证人清偿其应当承担的份额。"这种追偿实际上是根据事先约定的份额在共同保证人之间分担责任。

第二，共同保证人之间事先没有约定明确的份额，在连带共同保证中，某个保证人承担了全部保证责任，如果其无法向主债务人追偿，此时，依据《担保法司法解释》第 20 条的规定，在各个保证人没有约定其内部保证责任份额的，各个保证人应当平均分担全部保证责任，承担全部保证责任的保证人有权向其他连带共同保证人追偿超出其责任份额的部分。

第十节 最高额保证

一、最高额保证的概念与特点

最高额保证，是指保证人在最高债权额限度内为一定期间连续发生的债权提供的保证担保。[①]《担保法》第 14 条规定："保证人与债权人可以就单个主合同分别订立保证合同，也可以协议在最高债权额限度内就一定期间连续发生的借款合同或者某项商品交易合同订立一个保证合同。"据此可见，法律允许保证人与债权人协议在最高债权额限度内就一定期间连续发生的借款合同或者某项商品交易合同订立一个保证合同。例如，甲向某银行借款，双方约定"在一年之内将根据市场行情，分多次借款，但最高限额为一千万元"，并请乙提供保证，在保证一栏中，乙与银行之间约定"从合同订立起一年后停止借款并结算债权"，乙已在该栏中签字。此时，当事人约定的保证即属于最高额保证。《担保法司法解释》第 23 条规定："最高额保证合同的不特定债权确定后，保证人应当对在最高债权额限度内就一定期间连续发生的债权余额承担保证责任"。这就进一步对最高额保证作了详细的规定。

最高额保证不同于普通保证。普通保证是指债权人与保证人之间约定，由保证人对实际发生的债权作担保。而最高额保证是指债权人与保证人之间约定，在最高债权额限度内由保证人对未来连续发生的债权作保。与普通保证合同相比，最高额保证合同的主要特点在于：

第一，最高额保证是为将来发生的债权作担保。在普通保证的情况下，必须先有债权，然后才能设定保证，亦即保证的设定是以债权的存在为前提的，保证是为了担保已存在的债权而设立的，债权不存在，普通保证也就无从设立。但在最高额保证设立时，主合同债权不确定。在前例

① 参见程啸：《保证合同研究》，北京，法律出版社，2006，第 584 页。

中，甲尚未从银行实际借款，因而主债权还没有产生，但仍可以订立最高额保证合同。也就是说，当事人可以约定为未来连续发生的债权提供担保。最高额保证合同就是针对将来发生的多个主债务而设定的保证，这就要求最高额保证合同先于实际发生的主合同债务而设立，而不以债权的实际存在为前提。[①] 由于最高额保证是为将来发生的债权提供保证，因而，当事人在保证合同中对此应作明确的约定，如无特别约定则一般只能认为是普通保证，而不能随意认定为是最高额保证。

第二，最高额保证所担保的债权是不确定的。普通保证所担保的债权都是确定的，这不仅表现为债权类型是确定的，而且债权的数额也是确定的。但最高额保证所担保的未来债权则是不特定的，在前例中，甲还没有向银行借款就请来乙提供保证，但是，在订立最高额保证合同时，甲究竟何时借款、借款多少、分几次借款都是不确定的。通常，在最高额保证的情况下，必须到决算期时，才能确定保证所担保的实际债权数额。当然，最高额保证所担保的债权具有最高限额，只要在最高限额的范围内，将来所发生的债权都是保证人应当担保的债权。[②]

第三，最高额保证是对将来一定期限内连续发生的债权作担保。普通保证是对已经存在的债权作担保，通常这些债权为一个独立的债权。而对最高额保证而言，是对一定期限内连续发生的债权作担保，它适用于连续发生的债权法律关系，而并不适用于仅发生了一个独立债权的情形。[③]《担保法》第 14 条规定："保证人与债权人可以就单个主合同分别订立保证合同，也可以协议在最高债权额限度内就一定期间连续发生的借款合同或者某项商品交易合同订立一个保证合同。"其中，所谓"连续发生的"债权是指在约定的期间内连续发生的数次债权。在前例中，凡是甲在一年之内、在 1 000 万元限度内向银行所借款项，乙都有义务提供保证。由于最高额保证是为未来连续发生的债权提供担保，因而，在最高额保证所担保的债权被确定之前，这些在约定的期限内连续发生的债权仍处于变动的状态。从保证合同生效之时至被担保的债权确定之时，仍有可能发生一部分旧债权消灭、一部分新债权产生的情况，债权总是处于一种不断变动的过程之中。

---

① 参见史卫进：《论最高额保证》，载《烟台大学学报（哲学社会科学版）》，2000（3）。

② 参见史卫进：《论最高额保证》，载《烟台大学学报（哲学社会科学版）》，2000（3）。

③ 参见于玉：《简论最高额保证的保证期间》，载《法学杂志》，2000（3）。

第四，最高额保证所担保的债权具有最高限额。在最高额保证中，都存在着“最高额”的约定。所谓“最高额”，是指保证合同的当事人约定的所担保的债权的最高限额。[①] 在前例中，1 000 万元就是最高限额。如果保证合同约定保证人对一定期间内发生的债务承担保证责任，却没有约定最高限额的，显然不属于最高额保证。如果没有最高限额的规定，就属于连续保证，而不是最高额保证。[②] 最高限额的意义在于，其是对保证责任的最高限制。由于在设定最高额保证时，所担保的债权尚未完全确定，而保证人的责任财产是有限的，不能为将来发生的无穷债务提供有效保证，否则将会给保证人造成极大的负担。因而，应当对未来发生的不确定债权设定限额，使保证人仅在该最高限额内负担保责任。《担保法司法解释》第 23 条规定：“最高额保证合同的不特定债权确定后，保证人应当对在最高债权额限度内就一定期间连续发生的债权余额承担保证责任。”依据这一规定，在最高额保证中，最高额就是保证人承担保证责任的最大限度。如果实际发生的债权数额低于最高限额的，则保证人仅对实际发生的债权数额承担保证责任。[③] 如果实际发生的债权数额高于最高限额的，保证人则仅以最高额为限承担保证责任。

根据承担保证责任方式的不同，最高额保证又可以分为两种：一是一般最高额保证，它是指当事人在保证合同中约定，当债务人不能履行债务时，由保证人于最高债权额限度内承担一般保证责任的保证。二是连带最高额保证，它是指当事人在保证合同中约定，债务人不履行债务时，保证人在最高债权额限度内，应当与债务人负连带责任的保证。[④] 区分这两种最高额保证形式的意义在于确定最高额保证人是否享有先诉抗辩权。申言之，在一般最高额保证中，保证人享有先诉抗辩权，只有在债权人向债务人主张履行债务且经强制执行仍得不到实现的情况下，才需要承担保证责任。然而，连带最高额保证中的保证人不享有先诉抗辩权，债权人可以在债权期限届满后直接向其主张债务的履行。

二、最高额保证所担保的债权范围

最高额保证所担保的债权范围包括主债权、利息、违约金、损害赔偿

---

① 参见高圣平：《担保法新问题与判解研究》，北京，人民法院出版社，2001，第 520 页。

② 参见黄松有：《担保法司法解释实例释解》，北京，人民法院出版社，2006，第 137 页。

③ 参见高圣平：《担保法论》，北京，法律出版社，2009，第 203 页。

④ 参见程啸：《保证合同研究》，北京，法律出版社，2006，第 589 页。

金等。由于在设立最高额保证时，债权尚未实际发生，因而，最高额保证所担保的债权范围具有特殊性。主要表现在：

第一，在订立合同时，主债权尚未确定，需要在合同订立之后一定期限内才能确定。但是，最高额保证所担保的债权范围不得超过最高限额。

第二，双方当事人既应明确规定担保债权的最高限额，还应规定债权的类型和具体范围等内容。例如，在前例中，保证人乙为甲所担保的债务是甲向银行借款，如果甲因针对银行发生侵权行为之债，则并不属于担保的范围。只有依据约定的合同关系而发生的债权，才能被纳入最高额保证的范围。[①] 也就是说，对未来的主债权确定的方法，双方应在合同中事先约定，否则极易发生纠纷。特别是在担保因商品交易而发生的债权时，应当明确规定就何种商品进行连续交易而发生的债权额进行担保。否则，应推定双方同意就各种商品交易所发生的债权进行担保。

第三，对于最高额保证设定之前已经发生的债权，只要当事人同意，也可以作为最高额保证担保的债权。因为在设立最高额保证时，其所担保的债权就是不特定的，既然双方当事人同意将先前已经存在的债权纳入其中，且不损害公共利益和第三人利益，法律也应当允许。但是，在将其纳入最高额保证之后，不得超过约定的债权最高限额。

三、最高额保证所担保的债权的确定

1. 决算期届满

所谓决算期，是指债权人与保证人在保证合同中约定的确定最高额保证所担保的债权的时间。决算期日是指当事人约定的据以将最高额保证担保的连续发生的债权特定化的期日，是最终确定最高额保证所担保的债权的实际数额的日期。[②] 前例中，合同约定“从合同订立起一年后停止借款并结算债权”，该期限就是决算期。一旦该决算期到来，则债务人将停止继续向债权人借款，已经发生的债权应通过计算来确定。《担保法司法解释》第 23 条规定：“最高额保证合同的不特定债权确定后，保证人应当对在最高债权额限度内就一定期间连续发生的债权余额承担保证责任。”依据这一规定，一旦决算期到来，则不特定的债权将要确定，只要已经确定的债权未超过最高限额，则对于所有在该期限前已经发生的债权，保证人

① 参见叶金强：《担保法原理》，北京，科学出版社，2002，第 54 页。
② 参见程啸：《保证合同研究》，北京，法律出版社，2006，第 593 页。

都要承担保证责任。最高额保证的保证范围以决算期确定。在决算期内发生的债务，其余额为最高额保证的保证范围。[①]

2. 合同未约定决算期

在最高额保证中，如果当事人对所担保的债权的存续期间有约定，即约定保证人对在何种期限内发生的债权承担保证责任，则保证人应当在约定的最高额限额内、对该期限内发生的债权的清偿承担保证责任。如果最高额保证合同中并未约定决算期，则应当依据《担保法》第 27 条的规定处理。依据该条规定，“保证人依照本法第十四条规定就连续发生的债权作保证，未约定保证期间的，保证人可以随时书面通知债权人终止保证合同，但保证人对于通知到债权人前所发生的债权，承担保证责任”。据此，如果当事人没有对该期限进行约定，但是在最高额限额内发生的债权，保证人原则上应当承担保证责任。因此，在当事人没有约定决算期时，保证人应当对合同生效后产生的债权承担保证责任。但为了平衡当事人之间的利益，赋予了保证人随时终止保证合同的权利。

需要指出的是，该条所规定的保证期间，不同于一般保证中的保证期间。一种观点认为，该条所规定的保证期间与一般保证中的保证期间相同，是指保证人承担保证责任的期间，如果债权人未在该期间内向保证人主张保证责任，在期间届满后，保证人所承担的保证责任消灭。另一种观点则认为，该条规定的保证期间实际上是最高额保证合同的决算期。[②] 笔者赞成后一种观点。一方面，从文义解释来看，该条规定中的保证期间实际上是指最高额保证合同中债权连续发生的期间。如果保证合同对该期限作出约定，则在该期间届满后，保证人应当承担保证责任；如果未作约定，则应当按照《担保法》第 27 条的规定确定债权连续发生的期间，而该期间就是最高额保证合同的决算期。另一方面，从《担保法司法解释》第 37 条的规定来看，其所采用的“保证期间”实际上与一般保证中的保证期间的内涵相同，即保证人承担保证责任的期间。这实际上是对《担保法》第 27 条规定关于“保证期间”的不当用语的修正。《担保法》第 27 条关于保证期间的规定在本质上就是最高额保证合同的决算期。

3. 债权未到清偿期

在最高额保证所约定的期间内，债权人与债务人之间可以连续发生多

① 参见王水云：《最高额保证研究》，载《重庆大学学报（社会科学版）》，2004（6）。

② 参见程啸：《保证合同研究》，北京，法律出版社，2006，第 593 页。

笔债务。在决算期到来之后，如果债权都已届清偿期而债务人未清偿债务的，债权人自然可以要求保证人承担责任。但如果其中有一笔或数笔债务未届清偿期，债权人可否要求保证人承担责任？对此，有学者认为，在此情况下，债权人不能要求保证人承担保证责任，而只能在每一笔债务都到期后才能请求保证人承担责任。[①] 笔者认为，所谓最高额保证所担保的债权的确定，是指因法定的事由或约定的债权确定期限届满，而使最高额保证所担保的债权特定化。决算期的目的在于确定最高额保证中担保债权的范围，但决算期届满只是使债权额得以确定，并不意味着债权就应当清偿，也不意味着保证人必须承担保证责任。在决算期内发生的债权，只要在最高额限额内，保证人都应承担保证责任。但在此情形下，债权人能否向保证人实际主张保证责任的承担，应取决于各笔债权的清偿期是否届满。决算期到来后，对于清偿期仍未届满的债权，由于主债务履行期尚未届满，因而，债权人不得向保证人主张承担保证责任。[②]

四、最高额保证中的保证期间

《担保法司法解释》第 37 条规定："最高额保证合同对保证期间没有约定或者约定不明的，如最高额保证合同约定有保证人清偿债务期限的，保证期间为清偿期限届满之日起六个月。"依据该条规定，最高额保证中保证期间与一般保证中的保证期间相同，即当事人对保证期间有约定的，适用其约定；没有约定或约定不明的，适用法定的 6 个月的保证期间。而此处"约定有保证人清偿债务期限的"，实际上明确了法定保证期间的起算点，保证期间为该约定的清偿期限届满之日起 6 个月。[③] 但是最高额保证的保证期限毕竟与一般保证不同，依据《担保法司法解释》第 37 条的规定，当事人没有约定债务清偿期限的，保证期间自最高额保证终止之日或自债权人收到保证人终止保证合同的书面通知到达之日起 6 个月。由此可见，当事人没有约定债务清偿期限的，保证人可以随时书面通知债权人终止最高额保证合同。[④] 在此情况下，保证期间的起算有两种方法：一是自最高额保证终止之日起开始计算。如果主债务关系当事人没有约定债权

① 参见王水云：《最高额保证研究》，载《重庆大学学报（社会科学版）》，2004（6）。
② 参见郑玉波：《民法物权》，台北，三民书局，1963，第 288 页。
③ 参见高圣平：《担保法论》，北京，法律出版社，2009，第 206 页。
④ 参见奚晓明、曹士兵、金剑锋：《担保法司法解释中的几个重要问题》，载《人民司法》，2001（1）。

清偿期，则债权人随时有权请求债务人清偿债务，如果主债务人没有及时清偿债务，则债权人有权请求保证人承担责任，保证期间也应自此开始计算。[①] 可见，终止之日即最高额保证合同约定的属于保证合同约定债务最后发生的日期，即最高额保证的决算期。[②] 二是当事人没有约定债务清偿期和最高额保证终止日期的，保证人有权随时书面通知债权人终止保证合同，此时，保证期间自债权人收到保证人终止保证合同的书面通知到达之日起 6 个月。[③]

第十一节　独立保证

一、独立保证的概念和特征

独立保证，也称见索即付的担保、见索即付、备用信用证、无条件或不可撤销的担保，它是指与主合同之间不具有从属关系的保证。[④] 一般而言，保证合同是为担保主合同的履行而订立的，它以主合同的成立和存在为前提，保证合同从属于主合同，不能与主合同相脱离，主合同的效力直接决定了保证合同的效力。但独立保证却不同，它突破了保证合同从属性的规则，即保证合同的效力不受主合同效力的影响。保证合同生效后，保证人只需审查附单据索赔是否符合保函文本的规定，而不对基础交易是否实际违约进行判断，因此，保证人负有凭相符交单的独立付款义务。在国际贸易中，当事人经常运用独立保证，例如，当事人在合同中约定“该保证为不附任何条件和不可撤销的”，或约定“本保证是保证人向债权人作出的独立的保证，该保证不因主合同无效而无效，保证人在该保函项下的保证人责任和保证责任的履行不因基础合同即借款合同的任何原因和抗辩而减弱、减少、减免和免除”。在这些约定中，当事人都对保证责任的独立性作出了约定，即在主债务人不履行债务时，只要债权人提出承担保证责任的请求，不论主合同效力如何，保证人都应当立即承

① 参见曹士兵：《中国担保诸问题的解决与展望》，北京，中国法制出版社，2001，第 114 页。

② 参见高圣平：《担保法论》，北京，法律出版社，2009，第 206 页。

③ 参见高圣平：《担保法论》，北京，法律出版社，2009，第 206 页。

④ See Bertram, *Bank Guarantees in International Trade*, Kluwer Law International 2004, p. 11.

担保证责任。

独立保证的特点主要表现在如下几个方面：

1. 排除了保证合同中的从属性规则

与一般保证不同，保证人责任的成立以主债务成立并生效为前提，主债务不成立或者无效，则保证合同无效，与主债务合同相比，保证合同在效力上具有从属性。而在独立保证中，保证人的责任具有一定的独立性，独立保证的主要特点在于排除了保证合同中的从属性规则[①]，但独立保证并非与主债务无任何关联。一方面，独立保证合同作为主合同的担保，其成立以主债务的成立为前提，如果主债务不存在，则担保就失去了存在的依据。另一方面，在功能上，独立保证的目的在于担保主债务的履行，如果主债务已经因履行而消灭，也不可能再要求担保人承担责任。此外，保证人承担义务的前提是主债务人的违约行为，如果主债务人已经履行了债务，则债权人不得再请求保证人履行义务。所以，从这个意义上说，独立保证的效力并非绝对独立于主债务，只不过其部分排除了保证合同的从属性规则，这种排除主要表现在：

第一，不存在效力上的从属性。虽然独立保证的成立应当以主债务成立为前提，但独立保证合同的效力独立于主债务合同。也就是说，独立保证在效力上不受主债务效力的影响。独立保证的保证债务并不以主合同有效为存在前提，即使主债务被撤销，保证合同仍然有效，在主债务移转的情形，保证人仍要在担保的范围内承担责任。[②] 独立保证一旦生效，通常都是不可撤销的，任何一方都不能单方面撤销或解除合同。即便主债权人允许债务人转让其债务，保证人也不能免于承担责任。

第二，排除了抗辩权上的从属性。在一般保证中，在债权人违约的情形下，债务人享有同时履行抗辩等各种抗辩权，保证人也可以以此对抗债权人。也就是说，保证人享有主债务人可以对债权人主张的抗辩权。但在独立保证中，其核心是保证人要严格按照文本（即保函或备用信用证）所约定的条件付款，保证人不能以主债务人对债权人享有的抗辩对抗债权人，其主要体现在：保证人不得行使主债务人享有的抗辩权。在主合同中，债务人可能享有多种抗辩权，如不安抗辩权、先履行抗辩权、同时履

① 参见李燕：《独立担保法律制度》，北京，中国检察出版社，2004，第338页。

② 参见曹士兵：《中国担保诸问题的解决与展望》，北京，中国法制出版社，2001，第23页。

行抗辩权等，在主债务人行使上述抗辩权的情形下，即使主债务人没有按照约定履行债务，也不构成违约[①]，保证人也可以行使主债务人享有的抗辩权；但就独立保证合同而言，保证人的责任具有一定的独立性，其不得向债权人主张主债务人所享有的抗辩权。[②]

2. 排除了先诉抗辩权。在一般保证中，保证人享有先诉抗辩权，即如果债权人不先向主债务人提出履行债务的请求，则保证人有权拒绝债权人请求其承担保证责任的请求。但在独立保证中，保证人并不享有先诉抗辩权。只要独立保证合同生效，保证人就应当依据保证合同的约定承担付款义务，而不考虑主债务人是否作出了清偿。在独立保证的情形下，只要单证相符，且不存在欺诈，独立保证人都必须无条件地承担保证责任。保证人不需要审查主合同当事人之间基础关系的有效性，在付款之前也不需要考虑主合同有效无效、是否实际违约、是否已经履行完毕等问题，而是根据单证审查结果即承担付款义务。在付款之后，可以进一步就这些问题进行争议，但这不影响保证人义务的履行。这就是所谓“先付款，后争论”（pay first，argue later）的机制。一般而言，此种做法比较有利于保护债权人的利益，但这并不意味着债权人一方可以随意索赔[③]债权人索赔不得违反基础交易合同以及保证合同的约定，基础交易合同以及保证合同会对债权人所申请的保证范围、索赔的条件以及债权人应该履行的义务等作出规范，如果受益人违反基础交易合同或者保证合同的约定索赔，则保证人有权拒绝，同时，主债务人或者保证人也可以请求债权人返还不当得利。[④]

3. 存在对付款金额的限定。在独立保证中，通常要有确定的或可确定的金额。在该金额范围内，独立保证人负有保证的义务。但保证金额并非与主合同毫无关联，其还是来源于主合同，当事人往往约定不超过主合同金额的一定比例。当事人为了降低风险，通常会直接在文本中明确界定责任。无论主合同有效无效，独立保证人都在此金额范围内承担责任。但独立保证只是意味着付款义务具有独立性，并非意味着付款义务是绝对的。如果单证不符，独立保证人有权拒绝支付；如果主合同当事人存在欺

① 参见沈达明编著：《法国/德国担保法》，北京，中国法制出版社，2000，第61页。

② 参见刘青峰等：《传统担保制度的反叛：独立保证制度研究》，载《法律适用》，2004（3）。

③ See Dr. Jens Nielsen，Nicolai Nielsen，*The German Bank Guarantee Lessons to be Drawn for China*（unpublished），p. 2.

④ 请参考美国商法典有关条文（UCC Article 5 1995 Revision Section 5-11（Section 5-110. Warranties））。

诈（主要是债权人欺诈），担保人有权拒绝付款。同时，债务人和担保人也有权向法院申请中止付款。这主要是因为独立保证的风险太大，要通过该制度适当减轻保证人的付款义务，其最终也有利于保护债务人。

4. 具有要式性。独立保证都具有书面性的特点，我国《担保法》第13条规定了担保合同应当以书面形式订立，该条规定同样适用于独立保证合同，不论是见索即付还是备用信用证，都必须具有书面形式。法律规定独立保证合同应当具有要式性，一方面是为了明确保证人的保证义务范围，避免纠纷的发生，独立保证必须要由保证人特别承诺，否则，在法律上不能给其强加此种责任。① 另一方面，由于债权人请求保证人承担保证责任时需要提供相关的单据等材料，因而，要求独立保证合同具备书面形式也有利于债权人主张保证人承担保证责任。

从我国现行法律相关规定来看，并没有对独立保证的适用范围作出明确的限定，《担保法》第5条规定，“担保合同另有约定的，按照约定”。如何理解此处所说的“另有约定”？一种观点认为，我国《担保法》实际上承认当事人可以通过约定而改变保证的从属性规则。只要当事人在合同中约定担保合同效力不受主合同效力影响，则法律上应承认约定的效力。② 另一种观点认为，“另有约定”并不意味着要改变从属性规则，而只是允许当事人可以就违约责任作出特别安排。在担保法司法解释起草的过程中，对独立担保的问题曾经也经过讨论，但司法解释最终并没有对此作出规定。《担保法司法解释》第6条第5项规定：“主合同变更或者债权人将对外担保合同项下的权利转让，未经担保人同意和国家有关主管部门批准的，担保人不再承担担保责任。但法律、法规另有规定的除外。”这就意味着，即使在对外担保中，仍然不承认独立担保，保持着担保的传统特点，维持了保证合同的从属性。笔者认为，从《担保法》第5条的体系解释来看，“另有约定”可以理解为是对独立担保的认可。③《担保法》起草者也认为，所谓“担保合同另有约定的，按照约定”是一个灵活的规定，其目的就是给独立保证留下合法的空间。④

---

① 参见高圣平：《保证合同重点疑点难点问题判解研究》，北京，人民法院出版社，2005，第16页。

② 参见张晓君：《无效保证合同的认定和责任问题》，载《现代法学》，2000（1）。

③ 参见曹士兵：《中国担保诸问题的解决与展望》，北京，中国法制出版社，2001，第35页。

④ 参见孙礼海主编：《担保法释义》，北京，法律出版社，2000，第6页。

二、关于独立保证的合理性以及适用范围

关于独立保证的适用范围，主要有两种不同的观点。一种观点认为，独立保证应当普遍适用于国际贸易和国内贸易。另一种观点认为，独立保证仅适用于国际贸易，而不适用于国内贸易。如有学者认为，当事人虽然在国内贸易中也可以订立独立保证合同，但当事人关于保证独立性的约定无效，保证合同仍具有从属性，其并不属于独立保证。[①] 从我国司法实践来看，一般也将独立保证的适用范围限于国际贸易，国内贸易中并不适用独立保证。2000 年，在上诉人意大利商业银行与被上诉人江苏溧阳某某制造有限公司等购销合同不能交货纠纷案中，最高人民法院首次确认了国际见索即付保函的有效性。[②] 在“湖南某某进出口公司、海南国际租赁公司与宁波某某投资公司代理进口合同案”[③] 中，最高人民法院认为：“担保合同中虽然有本担保函不因委托人的原因导致代理进口协议书无效而失去担保责任的约定，但在国内民事活动中不应采取此种独立保函方式，因此该约定无效。”可见，最高人民法院明确认可了国际见索即付保函的效力，在一定程度上承认了独立保证的效力。

笔者认为，从独立保证的功能来看，其主要目的是解决国际贸易各国对合同效力等认定不同而可能产生的纠纷，独立保证作为一种新型担保方式，是近代经济交往活动的产物。尤其是 20 世纪中期以来，随着经济全球化的发展，国际贸易日益频繁，传统保证方式适用于国际贸易遇到了一定障碍（如判断基础合同和保证合同的效力以及责任承担的成本较高等），尤其是因为各国法律规定的不同，导致保证经常遇到无效、可撤销等风险。在此情形下，为了保障国际贸易的顺利进行，必须要采用独立保证的方式，从而满足交易迅捷的需要。例如，在国际贸易中，常常被称为“凭要求即付”（on demand）或“见索即付”，由银行出具不可撤销的、无条件支付的保函。无论是独立保函还是备用信用证，一经开出，未经受益人同意，不能修改或解除保函下的相关义务，其效力通常不受基础合同关系的影响，担保人一般不得拒绝付款，至于是否违约，应当在付款之后通过诉讼等方式予以解决。由于国际贸易中独立保证具有独特的功能，而且随

---

① 参见刘贵祥：《独立保函纠纷法律适用刍议》，载《人民法院报》，2009-06-25。

② 参见最高人民法院民事判决书（1998）经终字第 289 号。

③ 最高人民法院民事判决书（1998）经终字第 184 号。

着中国加入世界贸易组织以来，国际交往日益频繁，确有必要承认独立保证。因而，独立保证能够使其所担保的债权获得即时实现。因此，将其适用范围限定为国际贸易，具有一定的合理性。

尤其应当看到，独立保证本身确实存在一定的缺陷，一是独立保证加重了保证人的责任，且独立保函的受益人可能滥用权利或从事其他行为，债权人在未履行义务的情形下，提供虚假单据，声称其已经履行债务或者主张债务人未履行债务，而要求保证人付款，即债权人可能利用独立保证效力的独立性，通过欺诈和滥用权利而获得利益。① 二是可能导致对强行法的规避。因为主合同因违法而被宣告无效，保证人仍然要履行主合同义务，就意味着主合同仍然继续有效，从而有可能使当事人通过设立独立保证而规避法律的强行性规定，这显然会造成对法秩序的损害。基于这一原因，在相关制度尚不健全和完善的情形下，不宜扩大其适用范围，将其适用范围限定于国际贸易领域是不无道理的。

从今后的发展趋势来看，可以适当扩大独立保证的适用范围。一方面，独立保证存在的效用在于它依靠独立性原则的确立和适用，为当事人提供了一种简化的、与基础交易分离的形式主义的违约救济方式，促使国际贸易经济、安全和快捷开展，有力地保障了债权的及时实现。另一方面，由于独立保证具有独立于主债务合同效力的特点，尤其是其主要适用于有关借款等合同关系中，因而其具有一定的融资功能。② 例如，有关的经营主体与银行订立委托合同，向银行支付一定的费用，由银行开具保函、备用信用证等，由银行提供不可撤销的付款保证，并由银行提供一定的信用，使其能从市场上获得一定的资金。③ 即只要债权人出具保函，银行就应当在一定期限内付款，因此其支付的效率较高。④ 只要债权人提出了相关的保函依据，银行就应当付款，因此，独立保函的流通性较强。此外，引入独立保证制度以后，诚信的债权人可以很便利地实现其债权，但其一旦存在欺诈就将被止付。所以，为了依据独立保函实现其债权，债权人就必须诚实守信地行为，而不能欺诈债务人。因此，独立保证制度的发

---

① 参见曹士兵：《中国担保诸问题的解决与展望》，北京，中国法制出版社，2001，第26页。

② 参见刘青峰等：《传统担保制度的反叛：独立保证制度研究》，载《法律适用》，2004(3)。

③ 参见刘青峰、李长军：《传统担保制度的反叛：独立保证制度研究》，载《法律适用》，2004 (3)。

④ 参见李燕：《独立担保法律制度》，北京，中国检察出版社，2004，第5页。

展，对于培育市场信用具有一定的促进作用。因为这一原因，各国普遍认可了见索即付保函和备用信用证①，《联合国独立担保与备用信用证公约》也将独立保证和备用信用证统一进行调整。②

笔者认为，独立保证的动因是当事人对风险的自主分配，没有必要限制独立保函的运用，虽然独立保证加重了保证人的责任，但毕竟保证人是自愿作出此种保证，从尊重当事人私法自治的角度出发，法律不应当进行过多的干预。而且从实践来看，出具保函或备用信用证的主体主要是银行，其出具保函或备用信用证也往往是其经营活动的一部分，所以其承担较重的责任是以获得对价为前提的，法律上禁止其设立独立保证，反而会限制其经营自由。只要完善欺诈和滥用索赔权止付的规则，就可以克服独立保证所带来的弊端。从各国情况看，债务人已全部履行义务、单据伪造都可以止付，这一经验也是值得我们借鉴的。关于对强行法的规避问题，从现实来看，确有可能存在此种问题，譬如，如果主合同的交易标的为禁止流通物（如枪支弹药），保证合同中不得特别约定其被宣告无效以后，保证人可以代债务人进行履行。在此情形下，如果允许当事人通过合同约定而使保证合同继续有效，实则意味着合同仍可继续获得履行，这实际上是允许当事人运用独立保证规则来规避法律。笔者认为，在此种情况下，不应认可此种独立保证的效力。但通过独立保证制度，约定即便主合同被宣告无效，若违约责任继续存在，则继续担保违约责任的履行，具有一定的合理性。

三、独立保证的效力

独立保证在效力上具有一定的独立性，主要表现在以下几个方面：

（一）付款义务（obligation）的独立性

所谓付款义务的独立性，是指只要单证相符，独立保证人就要承担付款义务。具体而言：独立保证人应当按照文本确定的付款条件（如单证相符）、在保证期间内付款，并应按照文本所确定的金额付款。如果涉及工程的建造，通常需要一个第三方鉴定人作出的鉴定。在此情况下，鉴定意见也要符合文本的规定。否则，独立保证人有权以单证不符为由拒绝付

① 参见贺绍奇：《国际金融担保法律理论和实务》，北京，人民法院出版社，2001，第106页。

② 参见 Georges Affaki & Roy Goode：《国际商会见索即付保函统一规则 URDG758》，中国国际商会/国际商会中国国家委员会译，北京，中国民主法制出版社，2012，第7页。

款。独立保证虽然在功能上是为了担保主债务的履行，但自其生效时起，应当认为保证债务在效力上具有相对独立性，保证人不再是次要的、辅助性的和补偿性的责任人，其与主债务人一样，也成为债务的主要责任人之一。

（二）保证义务的独立性

所谓保证义务的独立性，就是指独立保证人所负有的保证义务并不从属于主合同。一方面，无论主债务因何种原因未被履行，只要出现主债务未被履行的情形，债权人无须通过诉讼确定债务人的违约行为，即可直接要求独立保证人承担保证责任，即一旦主债务人不履行债务，保证人应当按照一定的数额赔付。① 另一方面，主合同是否无效或者被撤销，都不影响保证合同的效力，也不影响保证人的付款义务。独立保证的效力不受一般担保从属性规则的影响，在主债务合同无效或者被撤销时，独立保证合同的效力一般不受影响，这也正是它被称为独立保证的原因之所在。②

需要讨论的是，如果主债务的不履行是由于不可抗力所致，那么独立保证人是否可以以此来对抗债权人？笔者认为，保证人同债权人订立独立保证合同，表明保证人已经同意在任何情况下，只要主债务未被履行，其都愿意承担保证责任。所以即使主债务不履行是由于不可抗力所致，独立保证人仍需承担责任。尤其是独立保证的设立就是为了避免因主合同的纠纷而影响债权人的债权实现，所以无论主债务的不履行是否因不可抗力所致，保证人都应当承担保证责任。

（三）抗辩权的受限制性

既然独立保证效力上独立于其基础关系，部分排除了从属性，那么，在独立保证中，保证人行使抗辩权要受到严格限制。这主要表现在：原合同债务人依据主债权债务合同所享有的抗辩权，独立保证人一般不享有。债务人对债权人所享有的抗辩权，如债务人所享有的先履行抗辩权、不履行抗辩权等③，通常在担保书中约定予以排除。因此，对于债务人享有的抗辩权，独立保证人不得行使。债务人因抗辩权的行使而使其免除责任，并不当然免除保证人的责任。④ 保证人承担的保证责任是第一位的、独立

① 参见沈达明编著：《法国/德国担保法》，北京，中国法制出版社，2000，第64页。
② 参见李燕：《独立担保法律制度》，北京，中国检察出版社，2004，第43页。
③ 参见沈达明编著：《法国/德国担保法》，北京，中国法制出版社，2000，第61页。
④ 参见曹士兵：《中国担保诸问题的解决与展望》，北京，中国法制出版社，2001，第23页。

的，除非有明确约定，不能以主合同债务是否履行作为抗辩事由。

但在独立保证中，并非意味着保证人的责任是绝对的，保证人不存在任何的抗辩权。通常，保证人享有两项抗辩权：一是因单证不符而拒绝付款。在实践中，独立保证人常常以单证不符作为抗辩事由，这也是独立保证人所享有的主要抗辩权。二是存在欺诈。如果单据内容虚假或系伪造的，即受益人与保函申请人或第三方恶意串通提交内容虚假的单据，没有真实的基础交易关系的；或者受益人提交索赔时，有管辖权的法院或仲裁机构已经作出终局裁决，认定基础交易不存在、无效、解除或终止，且债务人并无付款责任的；这也构成保证人的重要抗辩事由，保证人有权要求止付。

独立保证人也享有追偿权，在承担保证责任后，其有权对主债务人进行追偿。在这一点上，独立保证和一般保证没有区别。尤其需要指出的是，债务人应无条件地负有偿还保证人所支付金额的义务。在通常情况下，债务人也常常在独立保证人（通常是银行）处存有保证金，作为独立保证人的银行可以从该保证金中直接扣除，从而实现其追偿权。

第九章　保险合同

第一节　保险合同概述

一、保险合同的概念

"保险"一词（Insurance，法文称为 assurance，德文称为 Assecuranz），起源于 14 世纪的意大利语"Sigürare"一词，具有"担保"、"保护"等意思。其最初是为了满足海上贸易的发展、适应海上保险的需要而产生的，后来逐渐发展成为一种专门术语。① 广义上的保险分为社会保险和商业保险两部分。所谓社会保险，是指国家依法对特定的社会群体给予失业、工伤、生育等社会保障，属于社会保障体制的组成部分之一，具有强制性。所谓商业保险，是指由专门的保险企业经营、按照有偿性、公开性和自愿性的商业原则，以营利为目的而进行的保险活动。商业保险的突出特点在于保险人承担给付保险金责任的前提是投保人交纳保险费，保险人从事保险经营的目的是追求在履行保险责任后获取一定的盈利。除强制性保险外，商业保险一般要遵循自愿原则，双方当事人是否订立保险合同以及保险金额、日期等，均由双方当事人自由约定。商业保险是保险的典型形态，因此，狭义上的保险仅指商业保险。② 我国《保险法》中所规定的保险也限于商业保险，社会保险通常不具有有偿性和自愿性的特点，因此，其不属于《保险法》规范的范畴。③ 从保险合同法的规范属性来看，其许多条款属于任意性规范，主要适用于商业保险。正是因为《保

① 参见吴定富主编：《〈中华人民共和国保险法〉释义》，北京，中国财政经济出版社，2009，第 6 页。

② 下文如无特殊说明，所述"保险"是指商业保险。

③ 参见贾林青：《保险法》，北京，中国人民大学出版社，2007，第 5 页。

险法》主要适用于商业保险，其具有明确的规范对象，形成了完整的体系。

《保险法》第2条规定："本法所称保险，是指投保人根据合同约定，向保险人支付保险费，保险人对于合同约定的可能发生的事故因其发生所造成的财产损失承担赔偿保险金责任，或者当被保险人死亡、伤残、疾病或者达到合同约定的年龄、期限等条件时承担给付保险金责任的商业保险行为。"依据这一规定，首先，保险是一种风险分散与转移的手段或机制，是通过众人之力将个人的风险予以分散的制度。保险产生的基础性理念是"我为人人、人人为我"，体现了互助和共济的思想。① 所以，保险制度的存在基础是存在危险共同体，通过危险共同体的投保，积累起可以用于赔付的基金，从而为危险发生时遭受损害的个体提供补偿。② 其次，保险以现实的、特定的危险为对象。保险所保障的对象应当是现实的危险，而不是纯粹主观臆想的危险，否则，保险就会转化为赌博行为。另外，投保人与保险人订立保险合同时，必须明确特定的危险，因为只有明确了特定的危险，保险人才能据此进行保险精算，从而确定保险费率；并能在保险事故发生时进行赔付，避免当事人之间不必要的纷争。最后，保险是一种补偿机制。保险制度的产生是为了弥补损失，或者说是使得可能的损害变得具有可预期性。根据《保险法》第2条的规定，商业保险区分为财产保险和人身保险。对财产保险采取了损失补偿原则，即在约定的保险金额范围内，保险人对被保险人的赔偿以实际损失为限，而不能使其获得额外的利益；而对人身保险则大多采取了定额给付的原则，在保险事故发生或者保险合同约定的时间、期限到来时，保险人应当按照保险合同约定的数额向被保险人或保单受益人支付保险金。正是通过补偿的方法，保险发挥了分散风险、互助共济的功能。

保险合同，是投保人与保险人约定保险权利义务关系的协议。③ 从该定义可见，保险合同包含以下几个方面的含义，一是保险合同是平等的民事主体之间达成的合意，是一种民事合同。由于保险合同本质上是保险人与投保人之间的债权债务关系④，因而，民法有关债的规定也应适用于保

---

① 参见陈云中：《保险学》，台北，五南图书出版公司，1985，第7页。

② 参见许崇苗、李利：《保险合同法理论与实务》，北京，法律出版社，2002，第3页。

③ 参见《保险法》第10条。

④ 参见吴定富主编：《〈中华人民共和国保险法〉释义》，北京，中国财政经济出版社，2009，第25页。

险合同。除保险法另有规定外，其可以适用合同法的一般规则。虽然保险合同是由《保险法》规定的一种合同，但在我国民商合一的立法体例下，其仍属于民法中有名合同类型中的一种。二是从内容上看，保险合同是有关保险权利义务关系的约定。保险权利义务关系的主要内容是，投保人应向保险人支付保险费，而保险人应当在保险事故发生时或者约定的人身保险事件出现或者期限届满时，履行赔付保险金的义务。[①] 有关保险权利义务关系的约定，包括了保险权利义务的设立、变更和终止。三是保险合同是投保人和保险人之间订立的协议。尽管在保险合同中除了当事人之外，还存在关系人，但是，保险合同的主体限于投保人和保险人。

在现代社会，保险合同适用范围日益宽泛，在日常生活中发挥了重要作用。现代社会是一个风险社会。[②] 风险具有不确定性，风险一旦出现，如何抵御风险是所有社会个体都要面对的问题。由于个体抵御风险的能力都是有限的，因而，就需要通过保险来汇聚众人的力量，以转移和分散风险，从而将个体的风险转移由具有同类风险的众人来分担。[③] 保险实质上就是靠投保人全体来分摊自然灾害或意外事故的风险。在风险发生之后，通过保险赔偿，对受害人提供有效的救济，这是保险所应当具有的功能。[④] 保险具有侵权责任、社会救助等制度所不具有的特点，主要表现在其具有及时性、简便性和可预见性。在保险事故发生之后，相对于侵权损害赔偿而言，被保险人无须经过烦琐、漫长的诉讼程序，即可获得赔偿。而且，保险人通常不存在赔付能力不足的问题。保险合同的功能并非仅仅是在事故发生后进行理赔，还可以积极地进行事先的风险防范。

二、保险合同的特征

1. 主体的特殊性

在保险法律关系中，应当区分合同当事人与关系人。一份保险合同，

---

① 参见樊启荣：《保险法》，北京，北京大学出版社，2011，第21页。

② 德国社会学家乌尔里希·贝克（Ulrich Beck）在1986年出版的《风险社会》一书中，首次提出了“风险社会”（risk society）概念。参见〔德〕乌尔里希·贝克：《风险社会》，何博闻译，南京，译林出版社，2004。

③ 参见江朝国：《保险法逐条释义》（第一卷 总则），台北，元照出版公司，2011，第17页。

④ 参见江朝国：《保险法逐条释义》（第一卷 总则），台北，元照出版公司，2011，第17～18页。

通常可能涉及投保人、保险人、被保险人及受益人等多个主体，但是，保险合同的主体仅指合同当事人。按照大多数学者的观点，保险合同的主体仅限于投保人和保险人，被保险人和受益人只是作为合同的关系人而存在。此外，在保险合同的订立过程中，有关的保险代理人、经纪人等，称为保险合同的辅助人。[①] 笔者赞成此种观点。保险合同的主体仅限于保险人与投保人，保险合同是在投保人与保险人之间订立的，被保险人、受益人只是保险合同的关系人。保险合同在本质上类似于利益第三人合同，在保险事故发生或者特定的条件成就时，被保险人、受益人可以向保险人提出一定的请求，但其并非保险合同当事人。但在投保人与被保险人身份发生重合时，该被保险人也为保险合同的当事人。

2. 目的的特殊性

保险合同订立的目的就是移转未来可能发生的风险。一方面，保险具有移转风险的功能。保险以危险共同体的存在为基础，其将具有同种风险的人的资金集中起来，以分散单个个体可能遭受的风险，从而起到风险分散的作用。通过订立保险合同的方式，投保人可以将相关的风险移转由保险人承担，一旦发生保险事故，保险人按照约定向被保险人支付保险金，从而避免保险事故对被保险人的生产、生活造成重大影响。[②] 应当指出的是，保险具有积极分散风险的重要意义，被保险人因违法行为而引起的风险或者因从事违法行为而产生的风险，不得成为保险的对象。[③] 另一方面，从保险合同的内容来看，投保人支付保险费的数额等，都是保险人依据“大数法则”、根据保险事故发生的几率计算得来的。“发生不利事件的可能性对被保险人造成风险，而保险合同又将这种风险移转给承保人。”[④] 此外，正是因为风险的发生具有不确定性，而保险人给付保险金以保险事故的发生为要件，这也决定了保险合同的射幸性。

3. 内容大多具有格式性

所谓格式合同，是指在订约时由一方提供，不允许另一方协商的合同。就保险合同的整体而言，其大多具有格式性的特点。这种做法有利于节省交易成本、提高交易效率。从实践来看，保险人往往将承保范围和承保条件等要素以标准条款的形式提供给投保人，投保人只能接受或者不接

---

① 参见许崇苗、李利：《保险合同法理论与实务》，北京，法律出版社，2002，第 138 页。

② See Mehr and Camack，*Principles of Insurance*，R. D. Irwin，1985，p. 34.

③ 参见江朝国：《保险法基础理论》，北京，中国政法大学出版社，2002，第 22 页。

④ Clarke：《保险合同法》，何美欢等译，6 页，北京，北京大学出版社，2002。

受，而不能对其进行实质性改变，正是从这个意义上，一般认为，保险合同是格式合同。[①] 但笔者认为，从整体而言，保险合同并不完全是格式合同。相对于一般的投保人而言，保险公司处于强势地位，双方签订的合同多为格式合同。而对于具有较强谈判能力的商事主体而言，其可以与保险人就保险合同的条款进行特别协商与约定，此类合同大多非格式合同，如财产保险中的工程保险、航天保险等。另外，即便对于一般的投保人而言，保险合同的个别条款（如保险标的、期限等）也是可以协商的。当然，保险合同的内容大多具有格式性，正是因为这一特点，保险合同应当适用《合同法》总则中关于格式条款限制的规则。

4. 最大诚信性

所谓最大诚信（utmost good faith），是指保险合同当事人应当尽到最大程度的诚信义务。最大诚信原则起源于英国，最早出现于18世纪英国的Carter v. Boehm一案中。[②] 英国1906年的《海上保险法》首次以法律形式确认了该原则。[③] 该法第17条规定："海上保险契约是建立在最大诚信基础上的契约，如果任何一方不信守诚信，另一方可宣布合同无效。"其后，最大诚信原则也为部分国家所采纳。其本意是强调当事人双方应尽其所能，对他方负有诚信义务。我国《保险法》第5条规定："保险活动当事人行使权利、履行义务应当遵循诚实信用原则。"可以说，这就是对最大诚信原则的法律确认。我国《保险法》是保险合同法与保险业法的综合，虽然最大诚信原则规定在该法的总则部分，但是，该原则实际上仅仅是保险合同法的基本原则，应当在保险合同制度中得到贯彻。

保险合同之所以要贯彻最大诚信原则，主要原因在于，一方面，在保险合同中，当事人之间存在明显的信息不对称问题。一是危险的信息，投保标的一直处于投保人的控制之下，投保人掌握有关保险标的的实际危险情况信息，尤其是投保标的的危险实质增加的信息。可以说，投保人处于信息优势地位，因此，投保人应当在投保时尽到必要的告知义务，使保险

① 参见吴定富主编：《〈中华人民共和国保险法〉释义》，北京，中国财政经济出版社，2009，第26页。

② Carter v. Boehm,（1766）3 Burr. 1905 at p. 1909.

③ 参见林宝清编著：《保险法原理与案例》，北京，清华大学出版社，2006，第58页。但2012年3月8日英国通过的《消费者保险法》对此规定作出修正。参见任自力：《英国2012年消费者保险法变革透视》，载《政法论丛》，2012（5）。

人了解保险标的的具体状况，从而为保险人决定是否承保、确定保险费率等提供基础。[①] 保险人对未来风险的评估，主要依靠投保人的陈述以及自身的经验，如果投保人对保险标的的危险状况有所隐瞒或不为真实陈述，则可能导致保险人的错误估计，而造成重大的损失后果。[②] 二是保险事故发生的信息。是否发生了保险事故、事故造成了多大的损害，以及事故发生的原因，这些信息都主要处于投保人和被保险人的控制之下，但又决定着保险人基本义务的履行。保险人要知悉这些信息，必须基于投保人和被保险人的及时告知。另一方面，保险合同通常具有格式性，而且具有很强的技术性，保险人应当依据最大诚信原则，就保险合同的条款进行必要的解释、说明，以便于投保人或者被保险人了解保险合同主要条款，尤其是免责条款的含义。只有强调最大诚信原则，才能保障保险合同的顺利订立及履行，也才能防止一方当事人的不诚信行为给对方当事人带来风险。

正是因为保险合同具有最大诚信性，所以，保险法对于当事人的权利义务也作出了一些特别的规定。例如，投保人在合同订立之时应当善尽告知义务[③]，保险人就保险合同条款需要尽到充分的提示或说明义务；同时，当事人也应当按照诚信原则履行其主给付义务，如在事故发生后，保险人应当及时进行理赔等。所以，保险合同具有最大诚信性的特征。

5. 射幸性

保险合同属于射幸合同。所谓射幸合同，是指以机会利益为标的的合同，当事人义务的履行取决于机会或不确定事件的发生或者不发生。[④] 在保险合同中，保险事故发生的几率较低，保险人是否承担赔付义务取决于保险事故的发生，而保险事故又具有随机性、偶然性的特点，因为只有具有偶然性的危险才是可保危险。所以，投保人在支付了保险费之

---

① 《保险法》第52条规定："在合同有效期内，保险标的的危险程度显著增加的，被保险人应当按照合同约定及时通知保险人，保险人可以按照合同约定增加保险费或者解除合同。保险人解除合同的，应当将已收取的保险费，按照合同约定扣除自保险责任开始之日起至合同解除之日止应收的部分后，退还投保人。被保险人未履行前款规定的通知义务的，因保险标的的危险程度显著增加而发生的保险事故，保险人不承担赔偿保险金的责任。"

② 参见刘宗荣：《保险法》，台北，三民书局，1995，第40页。

③ 参见孙积禄：《保险合同效力研究》，载《政法论坛》，2012（3）。

④ 《法国民法典》第1104条规定："当契约等价是指每一当事人依据某种不确定的事件，均有获取利益和遭受损失之几率时，此种契约为射幸契约。"

后，其能否获得赔偿，本身也具有偶然性，也就是说，保险人一方是否负有主给付义务（即保险金赔偿）具有不确定性。这也就决定了保险合同具有射幸性。[①] 换言之，投保人必须向保险人支付保费，但保险人并不因此必然向被保险人或受益人支付保险金，保险人是否承担赔付义务取决于保险事故的发生，这就决定了，保险合同当事人的权利义务具有非对称给付性。正是因为这一原因，有学者将保险合同称为"基于投机的合同"[②]。

6. 非要式性

保险合同的成立以双方当事人意思表示一致为要件，而不需要采取某种特定的形式。《保险法》第 13 条第 1 款规定："投保人提出保险要求，经保险人同意承保，保险合同成立。保险人应当及时向投保人签发保险单或者其他保险凭证。"这就意味着，只要投保人和保险人意思表示一致，保险合同即可成立。我国《保险法》并未明确要求保险合同必须采取书面形式，不论口头形式或书面形式都可以成立保险合同。但在保险合同成立后，保险人应向投保人签发保单或其他保险凭证，但保险人向投保人签发保险单或者其他保险凭证，是保险人的合同义务，而不是保险合同成立的要件。[③]

7. 双务、有偿性

所谓双务，是指双方当事人互为对待给付。在保险合同中，投保人应支付保费，保险人应承担风险，并在约定的保险事故发生时支付保险金。可见，双方当事人之间负有对待给付义务。[④] 与保险合同的双务性相联系，保险合同应当是有偿合同。

三、保险合同的分类

1. 财产保险合同与人身保险合同

根据保险合同标的的不同，可以将保险合同分为财产保险合同与人身保险合同。这是我国《保险法》所采取的分类，也是保险合同最基本的分类。

---

① 吴定富主编：《〈中华人民共和国保险法〉释义》，北京，中国财政经济出版社，2009，第 26 页。

② Clarke：《保险合同法》，何美欢等译，北京，北京大学出版社，2002，第 6 页。

③ 参见张俊岩主编：《保险法热点问题讲座》，北京，中国法制出版社，2009，第 5 页。

④ Schimikowski，Versicherungsvertragsrecht，4. Aufl.，München 2009，S. 25.

所谓财产保险合同，是指以各类财产及有关利益为保险标的的合同。当保险事故发生后，由保险人依约定赔付被保险人的财产或利益损失。财产保险合同的范围很广，主要可分为：财产损失保险、责任保险、信用与保证保险、农业保险等财产保险合同。[①] 所谓人身保险合同，是以人的生命和身体为保险标的的合同。在保险期限内被保险人死亡、伤残、疾病或者达到合同约定的年龄、期限等条件时，保险人依合同约定给付保险金。人身保险合同主要可以分为：人寿保险（包括定期寿险、终身寿险及两全保险）、意外伤害保险和健康保险。[②] 财产保险和人身保险的主要区别在于：

第一，保险标的不同。财产保险合同的保险标的限于财产利益，并且仅限于一些经济利益。《保险法》第 12 条第 4 款规定："财产保险是以财产及其有关利益为保险标的的保险。"此处所说的有关利益就是指经济利益，此种利益可以用金钱衡量。而人身保险合同的保险标的则是人的生命和身体，这些标的属于非财产利益，无法以金钱衡量其价值。从功能上说，财产保险合同主要在于填补具体损失，而人身保险除了填补抽象损失以外，还具有储蓄以及投资的功能。另外，财产保险中赔付的基础就是被保险人所遭受的损失，而在人身保险中难以判断其所获得的赔付与其所遭受的"损失"之间的关系。[③]

第二，关系人不同。在财产保险合同中，一般不涉及受益人，在此种保险合同中，被保险人享有请求保险金给付的权利，除被保险人之外，不得指定其他人作为享有请求保险金给付的权利人。[④] 我国《保险法》有关财产保险合同的规定中，也没有受益人的规定。而人身保险合同中通常存在受益人，因此此类合同常常是为他人利益而订立的。

第三，是否存在超额保险不同。在财产保险中，保险人赔偿的保险金不得逾越实际损失额。这是因为财产保险制度的主要功能在于填补损失，如果保险人所给付的保险金数额逾越实际损失的数额，就会增加投保人的

① 参见樊启荣：《保险法》，北京，北京大学出版社，2011，第 28 页。

② 参见肖梅花：《保险法新论》，北京，中国金融出版社，2000，第 8 页。

③ 参见任自力主编：《保险法学》，北京，清华大学出版社，2010，第 83 页。

④ 对于财产保险中是否可以指定受益人，学界有不同的看法。赞成说认为，在财产保险中，也不妨指定受益人。在投保人和被保险人之外，另行指定第三人为受益人，在法理上并不存在障碍。而否定说则认为，在财产保险中没有另行约定受益人的可能。参见林群弼：《保险法论》，台北，三民书局，2002，第 98 页。

保费负担，也可能诱发道德风险。[①] 而在人身保险合同中，保险标的是人身利益，由于人的生命、身体具有无价性，造成损失之后难以判断具体的损失数额，所以，人身保险合同大多不存在超额保险的问题，保险金额是根据当事人的自由约定而确定的。由于在发生保险事故时，可以直接进行给付，而不需要经过相关的损失评估程序，因而，人身保险尤其是人寿保险常常又被称为"定额保险"[②]。

第四，保险人是否享有代位求偿权不同。在财产保险合同中，保险人通常享有代位求偿权，即保险人在承担赔付责任之后，依法享有代被保险人之位向有责任的第三人进行追偿的权利。保险人代位求偿权的设立既可以避免被保险人获得双重赔偿，又可以避免第三人逃避其责任，还可以降低保险人的保险给付负担及投保人的保险费负担，在财产保险制度中具有重要意义。而在人身保险合同中，保险人并不享有代位求偿权。我国《保险法》第46条已经明确规定，保险人向被保险人或者受益人给付保险金后，不享有向第三者追偿的权利。这主要是因为人的生命、身体具有无价性，对于受益人或被保险人而言，不存在获得超额赔付或超额利益的问题，受益人从保险人处获得保险给付，又从第三人处获得损害赔偿，并不会构成不当得利，所以不允许保险人代位求偿。[③]

第五，两者对于保险利益的时间要求不同。在财产保险合同中，被保险人在保险事故发生时应当对保险标的具有保险利益。而在人身保险合同中，投保人在合同订立时应当对保险标的具有保险利益。[④] 我国《保险法》第31条第3款规定："订立合同时，投保人对被保险人不具有保险利益的，合同无效。"该条是针对人身保险合同所作的规定，据此，在人身保险合同中，投保人在保险合同订立时应当对被保险人具有保险利益。而针对财产保险合同，《保险法》第48条规定："保险事故发生时，被保险人对保险标的不具有保险利益的，不得向保险人请求赔偿保险金。"据此，在财产保险合同中，在保险事故发生时，被保险人对保险标的应当具有保险利益。法律上之所以对保险利益的存在时间有不同的要求，主要是考虑到，人身保险合同订立之后，当事人之间的关系可能发生变化，仅仅要求在订立合同时存在保险利益，可以避免因当事人关系的嗣后变化影响合同

---

① 参见刘宗荣：《保险法》，台北，三民书局，1995，第10页。
② 江朝国：《保险法基础理论》，北京，中国政法大学出版社，2002，第82页。
③ 参见江朝国：《保险法基础理论》，北京，中国政法大学出版社，2002，第392页。
④ 参见任自力主编：《保险法学》，北京，清华大学出版社，2010，第83页。

的效力[①]；而在财产保险合同订立之后，财产可能在民事主体之间流转，仅要求保险事故发生时存在保险利益，则不会影响财产的自由流转。

第六，是否适用不丧失价值条款不同。所谓不丧失价值条款，是指在保险合同尤其是人寿保险中，保单现金价值不因合同效力的变化而丧失。也就是说，保险单具有独立的价值，即使保险合同后来被解除，保险单的现金价值仍不丧失。财产保险不具有储蓄功能，所以，其一般不适用不丧失价值的条款。而人身保险通常具有储蓄功能，因此，保险单具有现金价值，即便出现合同解除等情形，保险人也应当向受益人或相关主体返还该现金价值。[②] 我国《保险法》的相关规定明确了这一规则。[③]

2. 原保险合同与再保险合同

以保险合同订立的主体为标准，可以将保险合同分为原保险合同与再保险合同。所谓原保险合同，也称为“直保合同”，是指投保人与保险人订立的合同；所谓再保险合同，又称“分保合同”，是指原保险人将其保险业务分出一部分，由其他保险人承保而形成的保险合同。[④] 我国《保险法》第 28 条第 1 款规定：“保险人将其承担的保险业务，以分保形式部分转移给其他保险人的，为再保险。”原保险合同是相对于再保险合同而言的，如果没有原保险合同，也就不存在再保险合同的概念。

但这两类合同存在一定的区别，主要表现在：第一，当事人不同。原保险合同是投保人与保险人之间订立的合同；而再保险合同是保险人之间的合同，此种合同与投保人并不发生直接关系。[⑤] 第二，内容不同。原保险合同的内容是普通的人身保险或财产保险，而再保险合同是以保险人所承担保险责任的分入和分出为内容，或者说是以原保险人所承担的保险责任再投保为内容的，是责任保险的一种特殊类型。第三，保险费率是相互独立的。再保险合同虽然是以原保险合同为基础的，但是，再保险合同的

---

① 参见刘宗荣：《保险法》，台北，三民书局，1995，第 82～83 页。

② 保险单的现金价值，是指保险人向投保人收取均衡保费后，积存生息的结果。参见任自力：《保险法学》，北京，清华大学出版社，2010，第 186 页；林群弼：《保险法论》，台北，三民书局，2002，第 590 页。

③ 参见《保险法》第 32、37、43、44、45、47 条。

④ 参见黎建飞：《保险法的理论与实践》，北京，中国法制出版社，2005，第 252 页；《保险法》第 28 条规定：“保险人将其承担的保险业务，以分保形式部分转移给其他保险人的，为再保险。应再保险接受人的要求，再保险分出人应当将其自负责任及原保险的有关情况书面告知再保险接受人。”

⑤ 参见樊启荣：《保险法》，北京，北京大学出版社，2011，第 171 页。

费率独立于原保险合同的费率，二者的保险费率往往是不同的。第四，保险标的不同。原保险合同的标的既可以是财产，也可以人的生命、身体等；而再保险合同的标的是原保险合同中的保险责任，所以，再保险属于责任保险的范畴。[①]

3. 定额保险合同与补偿保险合同

以保险金额的给付性质为标准，可以将保险合同分为定额保险合同与补偿保险合同。所谓定额保险合同，是指当事人对于保险事故发生后保险人应支付的保险金数额有明确约定，而且该数额并不取决于实际损失的保险合同；所谓补偿保险合同，是指保险人的赔付金额需要在保险事故发生后，根据实际损失情况确定的保险合同。[②] 两者的主要区别在于：第一，适用的范围不同。定额保险合同大多适用于人身保险，这主要是因为人身保险合同的保险标的是无价的，所以，当保险事故发生，通常无须就损失予以评估，按事先约定的金额赔付即可。而补偿保险合同主要适用于财产保险。在此类合同中，具体的保险金数额要根据保险标的的实际损失予以确定。在财产保险合同中，保险事故发生后，需要对损失进行评估。[③] 第二，是否构成超额保险不同。在定额保险的情况下，损失无法以金钱衡量，也无从判断是否属于超额保险，因为保险标的的价值是无法确定的。而在补偿保险合同中，超出保险标的价值的保险就构成超额保险。[④] 第三，是否严格适用损害填补原则不同。在补偿性保险中，适用损害填补原则，按照实际损害的数额给付保险金，不能使投保人或被保险人获得额外的利益。而定额保险只是确定一笔保险金，它与实际损失之间没有关联性，保险人不是按照实际损失赔付，而是按照预先确定的数额进行赔付。[⑤]

4. 定值保险合同与不定值保险合同

根据保险价值是否预先在保险合同中约定为标准，可以将财产保险合同分为定值保险合同与不定值保险合同。所谓定值保险合同，是指双方当事人事先约定保险标的的价值，并在保险合同中载明该价值。[⑥] 例如，当

① 参见樊启荣：《保险法》，北京，北京大学出版社，2011，第171页。
② 参见杨文开编著：《保险合同及文本格式》，北京，法律出版社，2000，第19页。
③ 参见肖梅花：《保险法新论》，北京，中国金融出版社，2000，第43页。
④ 参见刘宗荣：《保险法》，台北，三民书局，1995，第10页。
⑤ 参见樊启荣：《保险法》，北京，北京大学出版社，2011，第29页。
⑥ 参见肖梅花：《保险法新论》，北京，中国金融出版社，2000，第39～40页。

事人就一件文物投保，因为该文物的价值难以判断，所以，在合同中明确约定了该文物的价值。所谓不定值保险合同，是指投保人与保险人未预先约定保险标的的价值，而是以保险事故发生时保险标的的实际价值为保险赔偿计算标准。例如，当事人就普通的一辆机动车为保险标的投保，因为该机动车的实际价值易于确定，所以，可以在保险事故发生时其实际价值确定保险金的数额，不必事先约定该机动车的价值。

两者的主要区别表现在：第一，给付标准不同。在定值保险中，保险人要按照事先约定的价值计算损失，不必重新估价。而不定值保险则以事故发生时保险标的的实际价值为依据，计算保险标的的损失额。第二，理赔程序不同。采用定值保险合同，在发生保险事故时，保险人和被保险人不需要再对保险标的进行估价，而只需要直接按照合同约定的价值，同时考虑保险标的的实际损失与保险金额之间的比例来确定赔付数额，这样就能够及时进行赔付，弥补被保险人所遭受的损失。而不定值保险合同的理赔，还需要对保险标的的实际损失进行确定[①]，相对而言，其赔付程序较为复杂、时间也比较长。第三，适用范围不同。定值保险往往适用标的价值难以确定的情形，如文物等。而不定值保险的适用范围较为宽泛，大多数财产保险合同都是不定值保险合同。

5. 单保险合同与重复保险合同（double insurance）

根据同一保险标的、同一保险利益、同一保险事故之上所存在的保险合同份数的不同，可以将保险合同分为单保险合同与重复保险合同。所谓单保险合同，是指投保人对于同一保险标的、同一保险利益、同一保险事故，与一个保险人订立的保险合同。例如，就某一辆汽车，其所有人以其所有者权益为基础投保了盗抢险，而且，只与一个保险公司订立了该合同，此种合同属于单保险合同。所谓重复保险合同，是指投保人对同一保险标的、同一保险利益、同一保险事故分别与两个以上保险人订立保险合同，且保险金额总和超过保险价值的保险。例如，投保人与一家保险公司订立了家庭财产损失保险，嗣后投保人所在的公司又为其员工购买了另一家保险公司的同样内容的家庭财产损失保险。我国《保险法》中对重复保险作出规定。这两类合同之间存在明显的区别：

第一，保险合同的数量不同。在单保险中，投保人仅与一个保险人订立了一份保险合同。所以，单保险是保险合同的典型形态。而在重复保险

① 参见肖梅花：《保险法新论》，北京，中国金融出版社，2000，第40页。

中，投保人与数个保险人订立了数份保险合同。需要指出的是，并非存在数个保险人就是重复保险，在共同承保的情形也有数个保险人，但其仍然属于单保险，因为此时数个保险人是作为同一保险合同的一方当事人出现的。

第二，保险理赔不同。在单保险中，投保人直接向保险人请求理赔。而在重复保险中，保险人是否承担赔付责任以及赔付的具体数额，都要考虑是否构成超额保险、投保人是否出于恶意以及各份保险合同对于各个保险人责任的具体约定等予以确定。尤其是在重复保险的情形，各保险人所赔偿的保险金总额不应当超过保险标的的价值。①

第三，投保人的告知义务不同。依据我国《保险法》第 56 条第 1 款，在重复保险的情形下，投保人负有将重复投保的事实告知保险人的义务，以避免投保人或被保险人获得额外的利益。如果投保人出于恶意重复保险（如为了获得额外利益而投保），就有可能诱发道德风险。②

6. 强制保险合同和自愿保险合同

根据保险合同的订立是否基于当事人的自愿，可以将保险合同分为强制保险合同和自愿保险合同。所谓强制保险合同，是指根据法律的规定必须投保或承保。例如，机动车交通事故强制责任保险就属于典型的强制保险合同。此类保险合同的突出特点是强制性，即订立合同是当事人依法负有的义务。所谓自愿保险合同，是指是否订立合同由当事人自主决定。例如，机动车所有人自愿订立的商业第三者责任险属于自愿保险合同的范畴。

两种合同之间存在明显区别：第一，缔约自由的限制不同。强制保险是法律明确规定的，在特定情形下，要求当事人必须投保或者承保。例如，为了保障交通事故中受害人的权益，使其能够得到及时有效的救济，在交强险领域实行强制缔约制度。法律规定没有订立强制保险，不仅有民事责任的承担，而且可能承担行政责任。而自愿保险是保险的常态，除非法律有特别规定，都属于自愿保险合同。第二，合同内容的强制性不同。在强制保险中，合同的内容常常具有法律强制性，例如，合同条款、费率、保险金额等。但在自愿保险中，是否投保、投保危险的范围、保险金

---

① 《保险法》第 56 条第 2 款规定："重复保险的各保险人赔偿保险金的总和不得超过保险价值。除合同另有约定外，各保险人按照其保险金额与保险金额总和的比例承担赔偿保险金的责任。"

② 参见肖梅花：《保险法新论》，北京，中国金融出版社，2000，第 45 页。

额等，一般由投保人自行决定。保险人对投保人的投保，认为不符合规定的条件，可以拒绝承保。第三，对公共利益关注的程度不同。[①] 强制保险更多是基于社会公共利益考虑而设立的，例如，机动车交通事故强制责任保险，主要是为了保障交通事故受害人的利益。而自愿保险是基于当事人的自主、自愿订立的，通常是为了当事人的利益，一般不涉及社会公共利益。

四、保险合同与相关合同的区别

（一）保险合同与保证合同

保险合同与保证合同均是风险转移的法律安排，通过保证合同，也能实现债务人的风险转移。保险领域存在保证保险合同，此种保险本质上是一种担保业务，是指以第三人是否履行其义务为标的的保险。[②] 所以，两者之间也容易发生混淆。但实际上，两者之间的区别是明显的，主要表现为：第一，性质不同。保证合同作为一种担保方式，主要是为了担保特定债权的实现，而保险合同则主要是一种风险转移机制，是利用大数法则将个体的风险进行社会化分散和转移。第二，当事人不同。在保证合同关系中，债务人不是合同当事人，但债务人会因保证人的行为而受益。而在保险合同中，投保人无论是否为自己投保，都是合同当事人。而被保险人则原则上不是合同当事人，除非他同时也是投保人。第三，责任承担方式不同。在保证合同中，保证人要承担补充责任或连带责任。而在保险合同中，保险人因保险事故的发生直接承担保险赔付的责任，不存在所谓补充责任或者连带责任的问题。

（二）保险合同与储蓄合同

在现代人身保险领域，人身保险尤其是人寿保险产品通常同时具有储蓄功能，因而使得保险合同与储蓄合同存在类似性，但二者之间仍存在明显差别：第一，合同目的不同。储蓄合同的主要目的是金钱的存储，存款人订立合同的目的是要实现其货币的储存和获取利息。而保险合同的主要目的是为被保险人或者受益人提供风险保障，投保人订立人身保险合同的主要目的是在保险事故发生或约定的条件实现之后获得赔付，储

---

① 参见孙宏涛：《论强制保险的正当性》，载《华中科技大学学报》，2009（4）。

② 参见倪受彬：《论保证保险之法律性质》，载《浙江师范大学学报》（社会科学版），2008（2）。

蓄只是人寿保险合同的一个附属功能。第二，当事人不同。在我国，储蓄合同的主体是储蓄机构和存款人，储蓄机构限于法律允许其从事存款业务的金融机构。而保险合同的主体是保险人与投保人。第三，内容不同。储蓄合同的内容是如何储存货币以及本息支付。而保险合同的内容比较复杂，涉及特定的危险如何自被保险人转移给保险人，同时可能兼有储蓄的特点。

第二节 保险合同的历史发展

一、国外保险合同的历史发展

据学者考证，在公元前1700年左右的古巴比伦汉谟拉比法典中，就有关于共同海损的规定，此规则后来成为罗马法中的共同海损制度，并成为现代保险业的起源。① 也有学者认为，公元前400年的船货押贷制度为保险思想的雏形。② 在古罗马时期，出现了所谓合作社式的保险，其是指一些宗教、军事团体或商人组成的团体通过投入一笔金钱，在成员死亡后，以该笔金钱援助死者的家属。在罗马法中，运输合同的相关规定也包含了保险合同的内容，其目的在于解决货物在运输过程中产生的毁损、灭失的风险。例如，当事人以货物运输为标的作出约定，如果货物因某种原因而丢失，借用金钱的人就不必负有返还的义务；而如果货物安全运输到目的地，借用人则要支付较高的利息。③

自13世纪以来，已出现了现代保险合同的雏形，但它常常与买卖、借贷等合同交织在一起④，随着欧洲商业的兴起，地中海海上贸易的发展促进了沿岸诸城市（例如意大利的威尼斯、热那亚、佛罗伦萨，法国的特鲁瓦、普罗旺斯）航海事业和商业的发达，自罗马帝国灭亡后衰落已久的商业已开始蓬勃发展，保险合同也应运而生。根据佛罗伦萨的一些档案资料可见，在14世纪的前20年，一些城市的商业活动中已经开始运用保险

① 参见江朝国：《保险法基础理论》，北京，中国政法大学出版社，2002，第3页。

② 参见王雪丽：《房地产项目风险管理探析》，载《现代商贸工业》，2008（13）。

③ See W. S. Holdsworth, "The Early History of the Contract of Insurance", *Columbia Law Review*, Vol. 17, No. 2 (Feb., 1917), pp. 89-90.

④ M. Bensa, II contratto di assicurazionen el medio evo; studi e ricerche (1894). pp. 18-24.

合同，尤其是在海上借贷交易中，其所包含的危险因素的商业价值逐渐突出，这些合同已发挥了分散风险的功能。[①] 这些分散风险的合同最初适用于海上借贷交易中，后来逐渐成为船舶抵押契约（bottomry）。[②] 随着商业交易的发展，逐渐产生了两项重要的保险法原则：一是投保人必须是财产的所有人，或者至少对投保标的具有一定的利益。因为一个人不可能将他人的财产所有权移转给保险人，这实际上是对保险利益的要求。二是如果货物遭受了毁损、灭失，保险人应当就已经投保的财产承担赔偿责任。[③] 这就是以保险事故为前提要求保险人承担赔付责任的原则。14 世纪以来，保险合同的合法性逐渐得到认可，其不再依附于借贷合同或者买卖合同，而是作为一种独立的合同类型存在，即投保人支付一定的保险费，由保险人负担相应的风险。[④]

早期的保险合同并不需要采取书面形式。在 14 世纪初，许多保险合同是通过口头方式达成的，即使采取书面形式，其也只是包含一些保险合同必要的条款，当事人通常不会订立非常详细的保险合同。后来保险合同的条款逐渐定型化，其中包含了对保险利益原则的要求。[⑤] 1375 年热那亚颁布了最早的一部保险法令，该法令旨在禁止投保人就外国船只进行投保，但该项法令从未被绝对贯彻执行，并且在其颁行后不久就被撤销了。1435 年—1484 年间，西班牙巴塞罗那通过了五部有关保险方面的法律，其中规定了保险合同的核心原则和主要内容。在 15 世纪后期，双方当事人订立保险合同的自由逐渐扩大，而且，法律对于保险合同缺乏必要的规

---

① M. Bensa，II contrato di assicurazionen el medio evo；studi e ricerche (1894).

② 在海上借贷合同中，借用人承诺在收到相应金钱、货物的情况下支付一定的报酬，而在保险合同中，保险人部分扮演了借用人的角色，即承诺即使相关金钱或者货物没有安全送达，仍然支付相应的报酬。也正因为如此，最早的保险人一般是船舶的所有人，因为他们能够在最大程度上了解与控制相关的风险。See W. Vance，"The Early History of Insurance Law"，in 3 *Select Essays in Anglo-American Legal History* 98，113 (A. A. L. S. ed.，1909). pp. 104-108.

③ See W. S. Holdsworth，"The Early History of the Contract of Insurance"，*Columbia Law Review*，Vol. 17，No. 2 (Feb.，1917)，p. 90.

④ 14 世纪前期，热亚那是保险合同发展的中心，佛罗伦萨和热那亚的商人将保险费视作运输的必要费用，保险合同的发展使得其与海上借贷合同、买卖合同等进一步分离，船舶的所有人也不再充当保险人，而且，往往是许多人共同签订保险合同为同一批货物共同承保。See W. S. Holdsworth，"The Early History of the Contract of Insurance"，*Columbia Law Review*，Vol. 17，No. 2 (Feb.，1917)，p. 91.

⑤ See W. S. Holdsworth，"The Early History of the Contract of Insurance"，*Columbia Law Review*，Vol. 17，No. 2 (Feb.，1917)，pp. 91-92.

范，这使得当事人往往在合同中任意约定条款，保险合同逐渐演化成一种投机性的合同。1484 年的《热那亚法令》已被认为是第一部系统全面地规范保险合同的法律，该法令要求被保险人对保险标的存在保险利益，并对被保险人利益保护提出了更全面的要求。①

在 16、17 世纪，地理大发现首先点燃了商业革命的火炬，海上贸易的发展，促进了保险业的发展。这一时期保险业的发展尤其突出表现在英国。在 16 世纪英国海事法院的记录中，就发现了有关保险合同的内容。例如，在 1547 年的一个案件中，已经记载了最早的保险单争议。② 该案例表明，英国在那时已经有了保险实践。在 16 世纪后半叶，随着英国对外贸易的不断扩张，保险法也越来越重要。1574 年以后，英国枢密院开始考虑对新兴的保险业进行监管，目的是通过各种途径保障当事人的权利得到快捷的实现，并设立由商人与普通市民组成的商事法庭，负责保险纠纷的审理，以提高案件审判效率。③ 在其他国家，随着保险实践的发展，也陆续出现了规范保险业的法律。例如，法国 1681 年的《海商法令》中就有关于海上保险的规定；德国 1731 年《汉堡保险及海损条例》也规定了有关保险合同的内容。④

在 17、18 世纪，随着自由资本主义的发展，保险业也得以快速成长起来。大约在 17 世纪，已经出现了商业性、契约式火灾保险，独立的人寿保险合同开始出现⑤，专门的保险机构也开始出现，并得到迅猛发展。例如，1765 年，在德国汉堡正式成立了海上保险及火灾保险公司，这是德国最早的保险股份有限公司，至 18 世纪后期，德国共有 37 家海上保险公司成立，并已开始经营有关保险业务。在这一时期，各个国家以规范保险业为内容的法律也日益完善。例如，德国 1794 年颁布了《普鲁士普通邦法》；1900 年又正式颁布了《德国商法典》，其中第四编第十章对航海保险做了规定；1910 年，德国正式颁布《保险契约法》，其中对保险合同作出了全面的规范。而 1804 年的《法国民法典》在射幸合同中有关于保

① See W. S. Holdsworth, "The Early History of the Contract of Insurance", *Columbia Law Review*, Vol. 17, No. 2 (Feb., 1917), pp. 91-92.

② See Broke v. Maynard Selden Soc, Vol XI, p 47; Also see Marsden, Select Pleas in the Court of Admiralty, vol II, pp. 47-49.

③ See W. S. Holdsworth, "The Early History of the Contract of Insurance", *Columbia Law Review*, Vol. 17, No. 2 (Feb., 1917), pp. 89-90.

④ 参见江朝国：《保险法基础理论》，北京，中国政法大学出版社，2002，第 4 页。

⑤ 参见江朝国：《保险法基础理论》，北京，中国政法大学出版社，2002，第 5 页。

险合同的规定，1807 年的《法国商法典》在第二编海商之第九章“保险”，规定了保险合同的方法与目的、保险人与被保险人的义务等。自 1904 年起，法国启动了保险合同法草案的拟定程序，并于 1930 年颁布第一部《保险合同法》。而在英国，则陆续颁布了一系列规范保险合同的单行法。1601 年，其通过了普通法以外的保险条例；1774 年，通过了《人寿保险法》，明确规定投保人对保险标的必须具有保险利益；1876 年，制定了《保险单法》；1906 年，正式颁布了《海上保险法》。

在许多采纳民商分立模式的国家，在其商法典中专门规定了保险。但是，近几十年来，通过制定单行法的方式全面规范保险合同，已经成为重要的发展趋势。例如，德国、法国等国家都有专门的保险合同法。另外，对于保险业的监管也日益强化，例如，瑞士在 1885 年颁行了《民营保险事业监督法》，日本在 1901 年颁行了《民营保险事业监督法》，英国在 1909 年和 1946 年颁行了《保险公司法》。①

二、我国保险合同制度的发展

在我国，保险的思想由来已久。早在夏朝后期，据《逸周书文传》记载：“天有四殃，水旱饥荒，甚至无时，非务积聚，何以备之？”其意思是说，平时应当储备粮食，预防天灾与饥荒之需。据英国维克多·多弗《海上保险手册》记载，公元 300 年，我国长江流域的一些船帮组织在运输粮食过程中，为了避免风险过于集中，而采用“分舟运米”的方法，各自把所要运输的粮食分装在同一航程的几艘船上。这一做法体现了现代保险分散风险的原理，可以说是水险的最早起源。② 但保险的出现仍然是近代以来的事情。1805 年英国人在香港成立“广州保险协会”，这是中国最早的保险组织。1835 年，英国人又在我国设立“英商友宁保险公司”，而由中国人自己成立的保险公司则是由招商局设立的仁济和水火保险公司。③ 1929 年 12 月，民国政府颁布《保险法》，全文 82 条，共分为三章（总则、财产保险、人身保险），不过，该法虽名为“保险法”，实为“保险合同法”。1935 年 7 月，国民党政府颁布了《保险业法》，这是我国第一部规范保险业的法律，1937 年国民党政府又颁布了《保险业法施行法》，对

① 参见林群弼：《保险法论》，台北，三民书局，2002，第 23 页。

② 参见成继跃：《海上吹来保险风：外资保险在中国的历史沿革》，载《中国保险报》，2011-07-08。

③ 参见江朝国：《保险法基础理论》，北京，中国政法大学出版社，2002，第 13 页。

保险业法中相关规定予以具体化。

新中国成立后，仍然有保险公司成立，后来由于实行高度集中的计划经济体制，保险业失去了存在的土壤，保险业未能充分发展起来。改革开放以后，我国保险业发展迅速。1979 年 11 月 19 日，国内保险业务开始复业。截至 2012 年年底，我国保险市场资产规模达到 7.35 万亿元人民币，2012 年度保费收入达到 1.55 万亿元。开办的险种也由最初单一的财产保险，扩展到包括财产险、人身险、责任险和信用险四大类几百个险种。[①] 保险市场已经成为我国金融市场的重要组成部分，在国民经济体系中占据日益重要的地位。随着保险市场的发展，我国保险立法也在日趋完善。1981 年通过的《中华人民共和国经济合同法》中对财产保险合同作了原则规定，成为制定相关法律的依据。1983 年 9 月 1 日，国务院颁布实施《中华人民共和国财产保险合同条例》，这是新中国成立之后第一部财产保险合同方面的行政法规。1995 年 6 月 30 日，第八届全国人民代表大会常务委员会第十四次会议通过《中华人民共和国保险法》，同年 10 月 1 日起施行。该法的公布实施标志着我国保险业迈进了法制建设的新时期。该法经过 2002 年、2009 年两次修订，适用至今，是调整我国保险市场的基本法律规范。该法中的核心内容之一是有关保险合同的规范，主要体现为该法第一章总则和第二章保险合同的内容。

2002 年，根据我国加入世贸组织以后所发生的变化，全国人大常委会对保险法进行了修正，修正内容重在保险业法部分。而我国 2009 年新修订的保险法，在保险合同部分的变革有几大亮点，主要表现在：第一，强化了对投保人或被保险人等保险消费者利益的保护，加重了保险人的说明义务。第二，在保险利益方面，区分财产保险与人身保险之不同，分别设置了保险利益的时间要求。对财产保险合同而言，仅要求被保险人在保险事故发生时对保险标的具有保险利益，不再要求投保人在投保时必须具有保险利益，从而满足了保险市场发展的实际需要。第三，在合同类型方面，《保险法》第 95 条增加了保证保险的规定，从基本法层面丰富了保险合同的类型。第四，在合同解除制度方面，规定了投保人的自由解除权和保险人的法定解除权。例如，《保险法》第 16 条区分投保人的主观过错，规定投保人因故意或重大过失未履行如实告知义务，且足以影响保险人决定是否同意承保或提高保险费率的，保险人有权解除合同。随着我国市场

---

① 参见《保监会：2012 年险企保费收入达 1.55 万亿元》，见 www.eastmoney.com。

经济的发展，保险市场也处于蓬勃发展之中，保险法也必将适应市场经济的发展而得到进一步的完善。

第三节　保险合同的成立和生效

一、保险合同的成立

保险合同的成立，是指保险合同的投保人与保险人就保险合同的主要条款达成一致。保险合同是诺成合同，《保险法》第 13 条第 1 款前段规定："投保人提出保险要求，经保险人同意承保，保险合同成立。"根据这一规定，只要投保人与保险人就保险合同的主要条款意思表示达成一致，保险合同就宣告成立。需要指出的是，在比较法上，一些国家以保费的缴纳作为保险合同的成立要件，但根据我国《保险法》第 14 条的规定，保险费的交付只是投保人所应负担的合同义务，而非作为保险合同的成立要件而存在的。当然，当事人也可以约定以保险费的交纳作为保险合同的成立要件，如果当事人之间作此约定，则投保人应当先支付保险费，否则保险合同不成立。①

（一）要约

1. 投保人的投保申请

保险合同的要约一般表现为投保人的申请投保行为，其是指投保人向保险人或其代理人提出希望缔结保险合同的意思表示。投保人可以向保险人或者保险人的代理人提出投保申请，投保人在提出投保申请后，即应当受该意思表示的拘束，不得随意撤回。②

提出投保申请一般采取书面形式，但因为保险合同是一种不要式合同，所以投保人提出投保申请，不以书面形式为限，实践中也存在电销车险等电话投保方式。

2. 保险人缔约前的说明义务

所谓保险人缔约前的说明义务，是指在保险合同订立之前，保险人依据法律规定和最大诚信原则的要求，应当向投保人说明保险合同的主要内

① 参见肖梅花：《保险法新论》，北京，中国金融出版社，2000，第 170 页。

② 参见刘宗荣：《保险法》，台北，三民书局，1995，第 29 页。

容。由于保险合同是一种附合合同，投保单的内容也基本由保险人事先拟定，投保人很难对保险合同的条款作出变更。[①]《保险法》第 17 条规定："订立保险合同，采用保险人提供的格式条款的，保险人向投保人提供的投保单应当附格式条款，保险人应当向投保人说明合同的内容。对保险合同中免除保险人责任的条款，保险人在订立合同时应当在投保单、保险单或者其他保险凭证上作出足以引起投保人注意的提示，并对该条款的内容以书面或者口头形式向投保人作出明确说明；未作提示或者明确说明的，该条款不产生效力。"据此，保险人对格式条款和免责条款负有说明义务。此种说明义务的内容分为两种情形：

第一，对格式条款的一般说明义务。格式条款是当事人为了重复使用而预先拟定，并在订立合同时未与对方协商的条款。所谓一般说明义务，是指保险人应按照一般人能够理解的程度对合同的格式条款进行说明。依据《合同法》的规定，以格式条款的形式订立合同时，该条款的制作人应当负有说明义务，保险合同也不例外。只有作出明确的说明，而且相对人了解该条款时，才能认为当事人对格式条款形成合意，并订立合同。同时，也可以使投保人和被保险人获得必要的信息，明确自身的权利义务，避免权利遭受侵害。[②]

第二，对免责条款的特别说明义务。免责条款是当事人约定旨在限制或免除其未来责任的条款。《保险法》第 17 条第 2 款规定："对保险合同中免除保险人责任的条款，保险人在订立合同时应当在投保单、保险单或者其他保险凭证上作出足以引起投保人注意的提示，并对该条款的内容以书面或者口头形式向投保人作出明确说明。"依据这一规定，针对保险合同中的免责条款，保险人负有提示和明确说明的义务，具体而言，一是提示义务。所谓"提示"，是指提醒、警示，以引起注意。即保险人应当采取适当的方式提醒投保人注意，一般而言，免责条款所免责的范围越大，使用人提请相对人注意的义务也越大。二是说明义务。说明义务是指保险人对该条款的具体内容、法律后果等所作的说明，它不仅应当达到一般人能够理解的程度，而且还应达到"明确"的程度，使特定的投保人能够理解。显然，保险人对此类条款的说明义务要重于对一般格式条款的说明义务。"明确说明"应是针对保险合同中的免责条款。需要指出的是，该条

① 樊启荣：《保险法》，北京，北京大学出版社，2011，第 30 页。

② 参见张俊岩主编：《保险法热点问题讲座》，北京，中国法制出版社，2009，第 62 页。

中所说的“免除保险人责任的条款”与合同法中的免责条款仍然有一定的区别，因此，不宜简单地将其称为免责条款。在保险合同中，往往存在除外责任条款，此种条款也属于《保险法》第 17 条所规定的“免除保险人责任的条款”。例如，当事人在保险合同中约定，因酒后无证驾车导致被保险人死亡不予赔付，就属于除外责任条款。对于除外责任条款，保险人也负有明确说明的义务。

保险人不仅应当向投保人就免责条款作出说明，而且还应当使投保人理解该条款的内容。如何证明保险人已经履行了其明确说明的义务？有人认为，只要投保人在投保单的提示部分签字，就表明保险人尽到了说明义务。也有人认为，保险人必须将所有免责条款单列出来，由投保人签名确认，才能认为其尽到说明义务。还有人认为，应当就特别条款部分加粗加黑，并由投保人签字确认，由此可认定保险人已经尽到说明义务。[①] 对此，司法实践中的做法并不统一。笔者认为，保险人是否尽到了明确说明的义务，应当由保险人举证证明。一般而言，依据《保险法》第 17 条的规定，履行说明义务可以采取多种形式，关键在于保险人的说明义务能否使投保人理解免责条款的确切含义，因此，判断保险人是否尽到说明义务，应当考虑保险人在合同订立时是否对免责条款的概念、内容及其法律后果等以书面或口头形式向投保人进行说明，从而使投保人了解该条款的真实含义和法律后果。如果保险人有证据证明，投保人已经能够理解免责条款的含义，则其已经尽到了说明义务，如果投保人已经明确声明其已经详细阅读并了解免责条款的，依据“禁反言”规则，投保人不得再以保险人未履行说明义务而进行抗辩。[②]

第三，违反提示与说明义务的后果。根据《保险法》第 17 条第 2 款的规定，对于保险人未以适当的方式提示投保人注意或者保险人未履行明确说明义务的，该免责条款并不发生效力。如何理解“该条款不产生效力”？笔者认为，在没有尽到提示和说明义务的情形，表明当事人并没有就此条款达成合意，所以，应当导致免责条款的不成立。从司法实践来看，对于此类问题，法院大多认为免责条款不成立。[③] 因此，在保险人未

---

① 参见肖龙：《关于保险纠纷中保险人明确说明义务履行问题的调研报告》，载北京市第二中级人民法院：《审判丛刊》，2012（2）。

② 参见申小琦、许伟明：《论保险人对责任免除条款之说明义务》，载北京市第二中级人民法院：《审判丛刊》，2012（1）。

③ 参见“中国某某财产保险股份有限公司某某中心支公司与遂昌县某某物流某某责任公司等意外伤害保险合同纠纷上诉案”。

尽到说明义务时，如果发生该免责条款范围内的保险事故的，保险人仍应当承担保险责任。[①]

3. 投保人的如实告知义务

所谓投保人的如实告知义务，是指投保人在保险合同订立之前应当将保险标的的有关信息如实、完整地告知保险人。我国《保险法》第16条规定："订立保险合同，保险人就保险标的或者被保险人的有关情况提出询问的，投保人应当如实告知。"据此，投保人应当在保险人询问的范围内履行如实告知义务。法律规定投保人如实告知义务的主要原因在于，投保人对于保险标的的信息掌握地更全面，课以投保人如实告知义务有利于使保险人准确判断保险标的的风险情况，以及决定能否承保或者以何种条件承保。在保险人询问的范围内，如果投保人未如实披露或有意隐瞒相关危险情况，则即使保险合同已经成立，保险人仍有权在法律规定的期限内解除合同，并拒绝履行赔付责任。

告知义务是投保人依据法律规定和最大诚信原则所负担的前合同义务，在保险合同订立过程中，投保人应当切实履行告知义务，不得故意隐瞒有关重大事项、遗漏、不告知、虚假陈述等。关于投保人的告知义务，有如下几个问题值得讨论：

1. 告知义务的范围。从比较法上来看，对此主要有两种观点：一是"无限告知主义"，此种观点认为，投保人告知义务的范围不以保险人的询问事项为限，投保人应当将其所知晓的有关保险标的危险的一切情况主动、如实告知保险人。德国、日本、英美等国传统立法都采用这种观点。二是"询问告知主义"，即投保人应当根据保险人的询问来履行其告知义务，其告知义务的范围限于保险人的询问。瑞士和我国台湾地区采用此做法。我国《保险法》第16条规定"保险人……提出询问的"，投保人应当如实告知，因此，我国也实行"询问告知主义"，并没有采取"无限告知主义"，投保人告知义务以保险人的询问范围为限。[②]

在保险实践中，保险人通常在投保单中列举保险合同有关询问事项的同时，设置有兜底条款，如"投保人了解的其他应告知事项"。所谓"其他应告知事项"，应当是具有"重要性"（materiality）的、足以影响到保险人是否承保以及具体承保条件的事项。依据《保险法》第16条第2款

---

① 参见樊启荣：《保险法》，北京，北京大学出版社，2011，第98页。

② 参见任自力：《保险法学》，北京，清华大学出版社，2010，第102页。

的规定，应当以“足以影响保险人决定是否同意承保或者提高保险费率”来作为判断标准，具体而言，一是该事项足以影响保险人决定是否同意承保，二是该事项足以对保险费率的提高产生影响。因此，应当依据这一规定来界定其他应告知事项的范围。

2. 告知义务存在的时点。《保险法》第16条规定：“订立保险合同，保险人就保险标的或者被保险人的有关情况提出询问的，投保人应当如实告知。”依据这一规定，投保人应当在订立合同之时负有告知义务。如何理解“订立保险合同”时？对此存在不同看法：一种观点认为，所谓“订立保险合同”时，是指投保人申请投保之时。这就意味着，只要在申请投保时尽到了如实告知义务，其义务就已经履行完毕。对于投保人发出要约之后保险标的的危险发生变化，则不能认为其没有尽到如实告知义务。此时，应当按照危险增加的通知义务来处理。[①] 另一种观点认为，所谓“订立保险合同”时，是指保险人承保之前。这就意味着，投保人的告知义务在申请投保后至保险人正式承保以前仍然存在。如果在此期间发生保险标的的危险变化，投保人在保险人提出询问后，都应当负有如实告知义务。如果未履行此种义务，保险人有权解除合同。笔者认为，一方面，从文义解释来看，《保险法》第16条明确规定投保人告知义务的时点为保险合同订立之时，因此，在保险人承保之前，只要保险人提出询问的，投保人都应当负有如实告知义务。在保险合同订立之后，投保人所负有的危险通知义务并非此处所述的告知义务。另一方面，从目的解释来看，法律规定投保人如实告知义务的目的是避免当事人之间的信息不平衡，因为告知义务是保险合同订立的基础，投保人的告知是保险人评估风险以决定是否承保和保费高低的基础，所以，在保险合同订立前，投保人都应当负有如实告知义务。当然，我国法律采取询问告知主义，只有在保险人提出询问之后，投保人才负有告知义务；如果保险人没有询问，投保人不必主动告知。

3. 未尽到告知义务的法律后果

（1）解除合同。依据《保险法》第16条第2款的规定，投保人未履行如实告知义务将使保险人享有解除权，但保险人解除合同必须符合如下条件：第一，投保人必须具有故意或重大过失。所谓故意，是指投保人故

① 参见江朝国：《保险法第64条据实说明告知义务履行期之认定》，载《月旦法学杂志》，第66期。

意隐瞒相关重大事项；所谓重大过失，是指投保人未尽到一般人通常应尽到的注意义务。也就是说，投保人仅为一般过失而未尽到如实告知义务的，保险人不能解除合同。第二，客观上投保人存在未告知的事实，并且在结果上足以影响保险人决定是否同意承保或者提高保险费率。例如，投保人未如实告知被保险人患有疾病等情形，可能影响保险人决定是否承保的，保险人有权解除合同。

（2）保险人拒绝赔付及保费的退还。我国《保险法》区分了投保人的故意、重大过失与一般过失，而分别设置了不同的法律后果。对投保人故意不告知的（例如，投保人故意隐瞒被保险人患病的事实），根据《保险法》第16条第4款的规定，保险人对保险合同解除前发生的保险事故，不承担保险赔付责任，也不退还保费。对于投保人因重大过失未告知且对保险事故的发生有重大影响的（例如，投保人因重大过失不知道被保险人患病的事实，且未告知的），根据《保险法》第16条第5款的规定，保险人对于合同解除前的保险事故，不承担赔付责任，但应当退还保费。法律作出此种规定的原因在于，要根据投保人的主观过错程度确定不同的法律后果，以体现对故意不履行告知义务的投保人的制裁。

（3）保险人的禁反言规则。所谓禁反言（estoppel），是指依据诚信原则，行为人应对自己以言词作出的各种表示负责，不得事后否定自己的言行。在保险法上，它是指当保险人或其代理人对被保险人作出了某种错误的陈述，并被不知情的被保险人所信赖，法律禁止保险人否认先前的陈述或改变立场。①《保险法》第16条第6款规定："保险人在合同订立时已经知道投保人未如实告知的情况的，保险人不得解除合同；发生保险事故的，保险人应当承担赔偿或者给付保险金的责任"。该条确立了保险人的禁反言规则。依据这一规定，在保险合同订立中，如果保险人已经知道投保人未尽到告知义务，但仍与之订立合同的，则表明保险人已经放弃就该事项解除合同的权利，其事后不得再以投保人未尽如实告知义务而解除合同。

（4）合同解除权的行使期间。《保险法》第16条第3款规定："前款规定的合同解除权，自保险人知道有解除事由之日起，超过三十日不行使而消灭。自合同成立之日起超过二年的，保险人不得解除合同；发生保险

① 参见任自力、周学峰：《保险法总论 原理·判例》，北京，清华大学出版社，2010，第176页。

事故的，保险人应当承担赔偿或者给付保险金的责任”。该条也被称为“不可抗辩条款”，实际上就是对于保险人的合同解除权的除斥期间的规定。依据这一规定，在经过上述除斥期间之后，保险人即不得再行使保险合同解除权，当然也不得再拒绝赔偿。

（二）承诺

承诺是指保险人的承保行为。通常，保险人的承保行为可以分为两个阶段，即核保和承保。

1. 核保。只有在核保之后，保险人才能决定是否承保。[①] 保险人接受投保人交付的投保单的行为并不构成承保，保险人收到投保人交付的投保单之后，需要进行核保。核保是指保险人对投保单进行审查，以决定是否承保以及以何种条件承保。设立核保程序的必要性在于控制保险人的承保风险，维护保险人的正常经营。

2. 承保。所谓承保，是指保险人决定接受投保的行为。承保必须以明确的意思表示作出。承保在合同法上的性质为承诺，一旦保险人作出承诺，保险合同即可成立。实践中，承保通常以签发保险单的方式进行。[②]

保险人作出承保的表示，必须符合承诺的规则，保险合同才能依法成立。这就是说，保险人所作出的承诺在主要内容上必须与投保人要约的内容相一致，否则该行为不能发生承诺的效果，而是构成反要约或者新要约[③]，对于该新要约，只有经过投保人的同意后，保险合同才能成立。例如，在健康险中，投保人提出申请，保险人核保后认为，根据被保险人的健康状况需要增加相应的保险费，如果保险人直接在相关凭证上注明投保人需要增加保费才能承保，此时就构成新的要约，保险合同的成立需要投保人对新增条件的同意。就保险合同来说，保险人就有关被保险人名称和住所、保险标的、保险责任和责任免除、保险期间和保险责任开始时间、保险价值、保险金额、保险费以及支付办法、保险金赔偿或者给付办法、违约责任和争议处理等事项的变更，应为保险合同内容的实质性变更。[④]

---

① 参见樊启荣：《保险法》，北京，北京大学出版社，2011，第31页。

② 参见刘宗荣：《保险法》，北京，三民书局，1995，第29页。

③ 参见刘宗荣：《保险法》，北京，三民书局，1995，第30页。《合同法》第30条规定：“承诺的内容应当与要约的内容一致。受要约人对要约的内容作出实质性变更的，为新要约。有关合同标的、数量、质量、价款或者报酬、履行期限、履行地点和方式、违约责任和解决争议方法等的变更，是对要约内容的实质性变更。”

④ 参见许崇苗、李利：《保险合同法理论与实务》，北京，法律出版社，2002，第117～118页。

保险人对这些内容所作出的变更属于实质性变更，构成新的要约，需要投保人作出承诺才能使保险合同成立。

保险合同的成立，是否以实际缴纳保险费为要件？笔者认为，从我国《保险法》的规定来看，保险合同应当为诺成性合同，因此，保险费是否缴纳不是合同的成立要件。如果当事人已经签字盖章，即便没有缴纳保险费，保险合同仍然可以成立，但当事人可以通过特别约定，将保险费的支付作为合同的生效要件。

（三）保险合同的特殊订立方式

随着互联网等现代通讯技术的发展，保险合同的订约方式也日益多样化。在实践中，除了传统的订约方式外，还出现了借助自动售货机销售、网络销售（简称"网销"）、电话销售（简称"电销"）等形式订立保险合同的做法。在保险人以自动售货机的形式销售航空意外险等保险产品的情形下，保险人将保险合同的主要条款印制成标准的投保单，投保人在阅读之后只需要签名并将其交回自动售货机即可完成投保，保险合同也宣告成立。[①] 在保险人通过网络销售保险的情形，投保人阅读保险条款、选择投保、支付保费等行为均通过进入保险人的网站、点击网页等网络行为完成，保险合同按照约定的条件和时间成立生效。在通过电话销售的情形下，只要当事人就保险合同主要条款达成合意，保险合同即可成立，保险人交付保险单属于其合同义务，而非保险合同的成立要件。

二、保险合同的生效

（一）保险合同生效的概念

保险合同的生效，是指已经成立的保险合同在当事人之间产生法律约束力，当事人依据保险合同实际享有权利并承担义务。《保险法》第 13 条第 3 款规定："依法成立的保险合同，自成立时生效。投保人和保险人可以对合同的效力约定附条件或者附期限。"据此，在一般情形下，只要保险合同符合法定的生效要件，即主体合格、意思表示真实、内容合法，保险合同成立即生效。

保险合同也可以附生效条件或附始期。所谓保险合同附生效条件，是指当事人在保险合同中约定一定的条件，并将该条件的成就作为保险合同产生效力的依据。[②] 例如，在人寿保险中，双方可以约定以被保险人体检

---

① 参见刘宗荣：《保险法》，台北，三民书局，1995，第 30 页。

② 参见樊启荣：《保险法》，北京，北京大学出版社，2011，第 36 页。

合格作为保险合同生效的条件。在附生效条件的合同中，合同自条件成就时起生效。例如，当事人可以特别约定，以保险费的缴纳作为生效条件，这实际上就属于附条件的合同。所谓保险合同附始期，是指保险合同双方当事人约定以一定期限的到来作为保险合同发生效力的依据。例如，人寿保险中通常约定保险人出具保险单后的次日零时合同生效。

通常来说，保险合同是以当事人双方签字盖章为生效时间。在实践中，可能出现此种情形，即投保人已交付全部或部分保费，保险人核保程序尚未完成，在此期间发生保险事故的，保险人是否应当承担保险责任？一般认为，基于诚信原则，尽管合同的缔结程序尚未完成，但保险人收取保费本身就意味着其获取了一定的利益，在保险事故发生时，保险人就应当承担一定的赔付责任；而且投保人已经缴纳保费，如果无法获得保险赔偿，显然是不妥当的。笔者认为，尽管由于核保程序尚未完成，保险人尚未签字盖章，但依据《保险法》第 12 条，签发保单是保险合同生效后保险人的一项合同义务，而不是合同成立和生效的条件。[①] 只要当事人的意思表示一致，合同就可以成立并生效。关键在于，是否能够确定保险人具有承保的意思。通常保险人接受投保人交纳的保费后，保险人在保险合同正式订立之前可能会向投保人签发暂保单，为被保险人提供一定的风险保障[②]，则可以直接认定保险合同已经成立。

（二）保险合同的生效与保险责任的开始

一般情况下，保险责任的开始时间是保险合同约定的保险人开始承担保险责任的时间。[③]《保险法》第 14 条规定："保险合同成立后，投保人按照约定交付保险费，保险人按照约定的时间开始承担保险责任。"依据这一规定，保险合同成立后，即对当事人双方产生拘束力，但保险责任应当按照当事人约定的时间开始计算。保险责任的开始时间是投保人和被保险人请求保险人承担保险责任的基础，只有保险责任开始后发生的保险事故，保险人才负有赔付责任。例如，在人身意外伤害保险实践中，保险人为降低被保险人的道德风险，在保险条款中明确规定保险责任在合同生效一段时间后（例如，三天后）开始。因此，保险责任开始的时间并不一定

① 参见樊启荣：《保险法》，北京，北京大学出版社，2011，第 37 页。

② 暂保单，又称"临时保单"或"临时保险书"，它是指保险单或保险凭证签发之前，保险人发出的临时单证。在暂保期间发生保险事故，保险公司将按暂保单的约定予以赔付。参见梁鹏：《候保期间事故之赔付探讨》，载《法学家》，2011（2）。

③ 参见许崇苗、李利：《保险合同法理论与实务》，北京，法律出版社，2002，第 120 页。

与保险合同生效的时间一致。[①]

第四节　保险合同的当事人与关系人

一、保险合同当事人和关系人概述

保险合同涉及多个主体，保险合同的主体应当区分为保险合同的当事人和关系人。所谓保险合同的当事人，是指投保人与保险人。当被保险人与投保人一致时，被保险人也是保险合同的当事人。所谓关系人，是指保险合同所涉及的保险合同当事人之外的其他主体，主要包括被保险人和受益人。《保险法》第 10 条第 1 款规定："保险合同是投保人与保险人约定保险权利义务关系的协议。"该规定明确了保险合同的当事人为投保人与保险人，因为从文义解释来看，该条规定保险合同仅是在投保人与保险人之间订立的，不应将被保险人和受益人纳入保险合同当事人范围之内；保险合同在性质上类似于利益第三人合同，被保险人和受益人如果与投保人不是同一人时，其是作为利益第三人存在的，而非合同的当事人。

但被保险人和受益人是否属于保险合同的主体？一种观点认为，保险合同的主体限于投保人与保险人。[②] 另一种观点认为，保险合同的主体可分为两个方面：其中与保险合同发生直接关系的，即为保险合同的当事人；与保险合同发生间接关系的，即为保险合同的关系人。前者包括保险人与投保人，后者包括被保险人与受益人。[③] 笔者赞成前一种观点，后一种观点中所使用的实际上是广义的"保险合同的主体"的概念，与我国理论界对合同主体一词的通常界定存在差异。为了避免不必要的理论争议和混淆，笔者认为保险合同的主体就是指投保人和保险人，至于被保险人和受益人，仅是依据保险合同而享有权利的人，由于保险合同在性质上类似于利益第三人合同，因而如果被保险人和受益人与投保人不是同一人时，其是作为利益第三人存在的，而非合同当事人。而保险合同的关系人并非

---

① 参见许崇苗、李利：《保险合同法理论与实务》，北京，法律出版社，2002，第 120 页。

② 参见吴定富主编：《〈中华人民共和国保险法〉释义》，北京，中国财政经济出版社，2009，第 25 页。

③ 参见袁宗蔚：《保险学——危险与保险》，北京，首都经济贸易大学出版社，2000，第 203 页。

保险合同的主体，而是与保险合同发生间接关系的人。除了被保险人和受益人以外，保险合同的关系人是否还包括保险代理人和经纪人？笔者认为，此二者并非是保险合同的关系人。因为保险代理人只是处于代理人的地位，而保险经纪人处于居间人的地位，这两者并没有参与到保险合同关系之中，不应当成为保险合同的关系人。

二、保险合同的当事人

（一）投保人

投保人，又称要保人，是指与保险人订立保险合同，并按照约定负有支付保险费义务的人。在财产保险中，投保人一般是财产所有人、经营管理人，或者是对保险对象有直接利害关系的人（如承租人等）。人身保险中，投保人与被保险人一般具有利害关系，比如为其配偶、子女等投保。

在保险法上，投保人具有一定的资格要求，包括如下方面：第一，必须有订立合同的行为能力。问题在于，如果投保人没有行为能力，其与保险人订立的合同是否无效？对此，《保险法》没有作出规定，不过，依据合同法的一般原理，订立合同的人应当是有行为能力的人。如果投保人不具有完全行为能力，则应当经过法定代理人的同意或追认后合同才能生效。第二，投保人可以是自然人、法人或其他组织。例如，个体工商户、合伙、农村承包经营户、其他企业或组织等均可以成为投保人。第三，投保人对于保险标的应当具有保险利益。就人身保险而言，在订立合同时，投保人必须对保险标的享有保险利益。但就财产保险而言，投保人是否必须在订立合同时对保险标的具有保险利益，存在不同的看法。《保险法》第 12 条仅要求财产保险在保险事故发生时，投保人对保险标的享有保险利益即可。

在大多数情况下，投保人与被保险人是同一人，此种保险合同称为“为自己投保的保险”，在投保人与被保险人不是同一人的情形，投保人是为被保险人的利益而投保，此种情形被称为“为他人投保的保险”①。

（二）保险人

保险人，又称承保人，是指收取保险费、建立保险基金，并在保险事故发生或保险期满后，负责补偿损失或给付保险金的人。在我国，法律对

---

① 吴定富主编：《〈中华人民共和国保险法〉释义》，北京，中国财政经济出版社，2009，第 25 页。

保险人的资格作出了特别的限定，具体包括：第一，保险人必须依法设立，符合法律规定的资质。《保险法》第 6 条对此作出了规定。我国《保险法》对保险人的资格有严格要求，设立保险公司必须满足法定的条件，且必须履行法定的审批手续。[①] 第二，保险人是专门从事保险业务的公司。在我国，目前采取分业经营的立法模式，保险人应当是专门从事保险业务的组织，不得从事保险业务以外的业务，如银行、证券业务。按照分业经营的原则，财险和寿险的经营也要分开，即同一保险人不得兼营财产保险和人身保险业务。第三，保险人应当是法人，个人不能作为保险人。保险公司的分支机构是保险公司的组成部分，它是法人的组成部分，可以经营总公司范围内的全部和部分业务。[②] 因此，在我国经营商业保险业务的，必须是依法设立的保险公司或法律、行政法规规定的其他保险组织，其他单位和个人不得经营商业保险业务。

三、保险合同的关系人

（一）被保险人

所谓被保险人，是指其财产或人身受保险合同保障，当保险事故发生或保险期限届满时有权按照合同规定向保险人请求给付保险金的人。在财产保险中，被保险人是因保险事故发生而遭受财产损失的人。在人身保险中，被保险人是享有保险利益的人，在其死亡、丧失劳动能力或者生存到一定期限时，保险人就应给付保险金。被保险人可以是投保人本人，也可以是第三人，比如投保人的配偶、直系亲属或有扶养关系的人等。在人身保险中，当投保人为他人投保时，应当取得他人的同意或者对该他人享有保险利益。[③]

---

① 《保险法》第 67 条第 1 款规定："设立保险公司应当经国务院保险监督管理机构批准。"《保险法》第 68 条还就保险公司的具体设立条件作出了规定，即设立保险公司应当具备下列条件：（一）主要股东具有持续盈利能力，信誉良好，最近三年内无重大违法违规记录，净资产不低于人民币二亿元；（二）有符合本法和《中华人民共和国公司法》规定的章程；（三）有符合本法规定的注册资本；（四）有具备任职专业知识和业务工作经验的董事、监事和高级管理人员；（五）有健全的组织机构和管理制度；（六）有符合要求的营业场所和与经营业务有关的其他设施；（七）法律、行政法规和国务院保险监督管理机构规定的其他条件。《保险法》第 69 条规定："设立保险公司，其注册资本的最低限额为人民币二亿元。国务院保险监督管理机构根据保险公司的业务范围、经营规模，可以调整其注册资本的最低限额，但不得低于本条第一款规定的限额。保险公司的注册资本必须为实缴货币资本"。

② 参见《保险法》第 79 条。

③ 参见吴定富主编：《〈中华人民共和国保险法〉释义》，北京，中国财政经济出版社，2009，第 25 页。

被保险人是否应当有行为能力？对此存在两种不同的观点：一种观点认为，被保险人是否必须具有行为能力，要视保险合同的性质而定。在人身保险合同中，为了防止道德危险的发生，法律要求被保险人在某些情况下必须具有行为能力。① 另一种观点认为，被保险人不需要具有行为能力，因为被保险人是纯获利益的。笔者认为，不论是在财产保险合同抑或人身保险合同中，当被保险人与投保人为同一人时，因涉及投保人的行为能力，故被保险人应当具有行为能力。当被保险人与投保人非同一人时，原则上不要求被保险人必须具有行为能力，但当投保人身保险需要取得被保险人同意时，被保险人应当具有相应的行为能力，否则其难以作出有效的同意。

（二）受益人

受益人（英 Beneficiary，德 Bezugberechtiger），是指在人身保险中有权领取保险金的人。根据《保险法》第 18 条的规定，受益人是由投保人或被保险人指定的，但投保人指定受益人时须经被保险人同意。受益人享有保险金请求权，且能够作为诉讼主体在法院起诉应诉。投保人或被保险人在指定受益人后，应当在保险合同中载明。受益人的特点主要在于：

第一，资格一般不受限制，即任何人，无论是自然人还是法人都可以成为受益人，从比较法上看，我国台湾地区规定，胎儿也可以作为人身保险中的受益人②，但在通常情况下，受益人一般是自然人。

第二，受益人是人身保险中有权领取保险金的人。在财产保险中，是否可以设定受益人？对此，理论上存在争议，《保险法》对此没有明确规定。在解释上，应当认为，立法者不认可在财产保险中的受益人制度。

第三，受益人享有受益权。受益权的范围一般只是保险金请求权。对于其他一些权利，如保险费返还请求权、保险合同解除权等，受益人原则上并不享有，而仍由投保人享有。③ 受益权属于期待权的范畴。④ 这就是

① 参见樊启荣：《保险法》，北京，北京大学出版社，2011，第 40 页。

② 参见林群弼：《保险法论》，台北，三民书局，2002，第 566 页。

③ 参见郑玉波：《保险法论》，台北，三民书局，2002，第 145 页。

④ 受益权的性质如何？理论上存在争议。一种观点认为，它是期待权。另一种观点认为，如果投保人放弃其处分权，则受益权的性质是期待权；否则，受益权仅为期待利益，不是权利。参见潘秀莲：《人寿保险信托所生法律问题及其运用之研究》，台北，元照出版公司，2001，第 145 页。笔者认为，不宜区分投保人和被保险人是否放弃其处分权，而应当一概认定其为期待权。

说，保险事故没有发生时，受益人不能实际享有权利，必须等到保险事故发生才能实际请求保险人支付保险金。[①] 关于受益权取得的时间，如果是通过保险合同的约定取得受益权，除非合同另有约定，在保险合同生效时受益人即取得受益权；如果是通过投保人或被保险人的指定取得受益权，则在指定之时取得受益权。

第四，受益人的资格具有专属性。受益权不可转让和继承。如果受益人先于被保险人死亡，又没有其他受益人的，保险金在被保险人死亡后作为被保险人的遗产由其继承人继承。但考虑到受益人往往与投保人或被保险人存在经济上或情感上的联系，故如果因情况变化投保人或被保险人要变更受益人，法律上也应当允许。

被保险人与受益人关系十分密切，受益人一般由被保险人指定。被保险人和受益人的区别在于：被保险人是其财产和人身受保险合同保障、可以请求理赔的人；而受益人是被保险人以外的享有保险金请求权的人。如果被保险人指定了受益人，被保险人就不再享有保险金请求权，而由受益人享有。[②]

第五节　保险合同的内容

一、保险合同的内容概述

保险合同的内容，是指保险合同的主要条款。我国《保险法》第18条以列举方式规定了保险合同应当包括的主要条款，但该条在性质上是任意性规定还是提示性规定，存在不同的观点。笔者认为，在我国，保险合同一般都采取格式条款的形式，从《保险法》第18条的规定来看，其采取“应当包括”的表述，这就表明，这些内容都是法律要求保险合同必须具备的。但在实践中，即便欠缺部分内容，也不必然导致合同不成立。例如，该条规定的违约责任，即便当事人在保险合同中没有约定违约责任，也不能因此否定保险合同的成立，因为当事人可以依据《合同法》的相关规定追究违约方的违约责任。

---

① 参见王泽鉴：《民法学说与判例研究》，第1册，北京，中国政法大学出版社，2001，第157页。

② 参见许崇苗、李利：《保险合同法理论与实务》，北京，法律出版社，2002，第173页。

保险合同是否都属于格式合同？笔者认为，保险合同虽然大多采取格式条款的形式，但是，从整体上来看，保险合同中有些条款可以由当事人协商确定。因此，保险合同中的条款包括格式条款和非格式条款。对于格式条款，应当适用《合同法》中关于格式条款的规定。

二、保险合同的具体条款

《保险法》第18条规定了保险合同应当包括的条款，从该规定来看，保险合同主要应当包括如下内容：

（一）保险合同的当事人

保险合同的当事人，是实际享受权利和承担义务的主体，包括投保人与保险人。在保险合同订立中，也存在关系人，包括被保险人和受益人。但是，保险代理人和保险经纪人只是为当事人提供相应的保险信息，帮助其订立保险合同，他们并不是保险合同的关系人。

（二）保险标的

保险标的，是指保险合同权利义务所指向的对象，也是保险利益的载体。保险标的的确定，应当区分财产保险和人身保险。[①] 在财产保险中，它是指作为保险对象的各项财产；而在人身保险中，保险标的是指自然人的生命、身体。在财产保险中，保险标的既包括现有的财产，也包括预期利益。例如，责任保险的标的就是被保险人可能对他人承担的责任，它属于预期利益的范畴；利润损失险中对预期利润损失的保障，也属于此类范畴。

（三）保险责任

保险责任，是指保险人按照保险合同的约定，在保险事故发生时所应承担的赔偿和给付保险金的责任。[②] 具体来说，保险责任主要是指保险人在保险事故发生时所应承担的赔偿责任。保险事故，是指发生的保险危险，即保险人所应负责赔偿的意外事故。保险危险指尚未发生的保险事故，而保险事故是已发生的保险危险，二者的区别在于灾害事故发生与否。

保险责任不同于保险危险，保险危险是当事人在合同中约定的保险标的可能发生的危险，只有在保险事故发生后，保险危险才会转化为现实的

---

① 参见樊启荣：《保险法》，北京，北京大学出版社，2011，第50页。

② 参见覃有土、樊启荣：《保险法学》，北京，高等教育出版社，2003，第117页。

损害，此时保险人才应当承担保险责任。

（四）免责条款

免责条款，是指限制或者免除当事人所要承担责任的条款。免责条款通常规定在保险单责任免除一栏，还包括散见在保险单其他条款中的涉及部分免除保险人责任的条款。[①] 一般来说，保险合同当事人订立的限制或免除责任的事由主要有如下类型：第一，不可保的危险所造成的损害。例如，自杀等行为是不可投保的，出现这些事故时，保险人应当免责。第二，因犯罪行为所造成的损害。各国法律都普遍承认，因犯罪行为导致犯罪人自身的损害，保险人不予赔偿。第三，保险标的自身的属性和瑕疵造成的损害。例如，在运输过程中，因自然损耗而导致的损失，不应当予以赔偿。第四，当事人约定的其他免责条款。例如，当事人特别约定投保火灾险的仓库不能储存易燃物，否则发生保险事故后，保险人不承担保险责任。

一般来说，保险事故发生后，应当考虑能否适用当事人事先约定的免责条款。但当事人所订立的免责条款并非都是合法有效的，应当依据法律的相关规定确定免责条款的效力。首先，在订立合同时，保险人必须尽到提示和说明的义务。我国《保险法》第17条规定："订立保险合同，采用保险人提供的格式条款的，保险人向投保人提供的投保单应当附格式条款，保险人应当向投保人说明合同的内容。"这就是说，如果采用格式条款的形式订立保险合同，则应当对其中限制或免除责任的规定进行提示和说明。对保险合同中免除保险人责任的条款，保险人在订立合同时应当在投保单、保险单或者其他保险凭证上作出足以引起投保人注意的提示，并对该条款的内容以书面或者口头形式向投保人作出明确说明；未作提示或者明确说明的，视为当事人没有对该免责条款达成合意，该条款不能成为合同内容。[②] 其次，必须符合免责条款的生效要件。我国《合同法》第53条对于免责条款的生效要件作出了规定，只有符合免责条款的要件，才能发生限制或免除保险人所应负担的责任的效果。对于保险条款中的责任免除事项，如果其未对该事项进行详细定义的，则应根据不同事项的行业、保险惯例以及相关法律、法规的规定加以界定。[③]

---

① 参见安建主编：《中华人民共和国保险法（修订）释义》，北京，法律出版社，2009，第47页。

② 参见郭丹：《保险服务者说明义务的边界》，载《北方法学》，2009（6）。

③ 参见许崇苗、李利：《保险合同法理论与实务》，北京，法律出版社，2002，第213页。

（五）保险期间和保险责任的开始时间

保险期间就是保险合同的有效期限。通常只有在保险期间内发生的保险事故，保险人才负赔偿责任。保险合同的有效期限有法定与约定两种。在财产保险合同中，合同的有效期限一般规定为一年。在各种具体险种中，保险期限是不同的。例如，在终身寿险中，至被保险人死亡时才停止支付保险金；货物运输保险一般自货物启运开始到运到终点时止。而保险责任的开始时间，则是指保险人开始承担保险责任的具体时间。

根据《保险法》第 14 条的规定，保险人应当按照约定的时间开始承担保险责任。因此，保险责任的开始时间以当事人约定为准。通常，保险合同一旦生效，在保险合同生效期间内发生的保险事故，保险人都应当承担保险责任。但保险人承担保险责任的具体时间应当由当事人在合同中特别约定，因此，保险责任的开始时间可能不同于保险合同的生效时间。例如，住院医疗保险为避免道德风险，当事人通常约定，在保单生效 30 日后才承担住院所产生的医疗费用保险责任，而通常不约定为自保险合同生效之日起开始承担保险责任。

（六）保险金额

保险金额是由投保人和保险人在合同中明确约定的数额，是保险人承担赔偿或者给付保险金责任的最高限额。[①]《保险法》第 55 条第 3 款规定："保险金额不得超过保险价值。超过保险价值的，超过部分无效，保险人应当退还相应的保险费。"据此，在财产保险中，保险金额不应超过保险标的的价值。由于超额保险可能引发道德风险，即投保人或者被保险人可能为了获取高额保险金而故意制造保险事故，因此法律需要对其进行必要的规制。[②] 保险金额大于保险标的价值的，称为超额保险。对于超额保险，无论投保人是否为善意，超出保险标的价值的部分均无效，保险人应当退还相应的保险费。而对于未超出保险标的价值的部分，保险人仍应根据保险合同的约定承担赔付责任。

实践中，为了防止出现超额保险，保险人可以预先对投保的财产实行保险估价。但在人身保险中，由于人的生命或身体的价值是无法计算的，不存在估价问题，因而，保险金额一般由保险条款规定或由当事人协商确定。原则上，人身保险中的保险金可以由当事人自主确定，不存在超额保

① 参见《保险法》第 18 条。
② 参见李玉泉：《关于保险欺诈及其对策研究》，载《法学杂志》，2000（1）。

险的问题。但在例外情况下，法律也对此种保险金的约定作出限制。例如，对于保险人因未成年的被保险人死亡而给付的保险金总和，不得超过国务院保险监督管理机构规定的限额。[①]

（七）保险费以及支付办法

保险费，是指投保人按照保险合同约定，向保险人交纳的费用。保险费以保险金额为基础，按照一定的比率（保险费率）计算得出。保险费是通过保险精算的方式确定的，在保险合同订立过程中，保险费是以保险费率为标准计算出来的。在保险合同存续期间内，保险费的数额并非一成不变，其随保险标的风险的变化而变化。[②] 有关保险费的支付方法，由当事人在合同中作出明确约定。

从比较法上来看，各国法律都规定，保险人不能通过诉讼程序强制投保人支付人寿保险的保险费。我国《保险法》第 38 条也借鉴了这一经验，该条明确规定不应当以诉讼的方式强迫投保人交纳保险费。由于人寿保险合同具有储蓄的性质，投保人所交纳的部分保险费具有储蓄存款的性质[③]，最后往往以保险金的方式返还给受益人，或者在投保人退保或者解除保险合同时以现金价值的方式返还给投保人，因而，依据禁止强迫他人储蓄的基本原则，保险人不能通过诉讼的方式强制投保人缴纳人寿保险的保险费。[④]

（八）保险金赔偿或者给付办法

一旦发生保险事故，保险人就应当依据法律和合同约定履行赔付义务，这也是其应当承担的基本义务。《保险法》第 14 条规定："保险合同成立后，投保人按照约定交付保险费，保险人按照约定的时间开始承担保险责任。"依据这一规定，当事人在合同中可以约定何时开始承担保险责任以及保险责任的期间。只有在保险责任期间发生的保险事故，保险人才应当承担理赔的义务。就保险金赔付方式而言，财产保险和人身保险并不

① 参见《保险法》第 33 条第 2 款；此外，中国保监会《关于父母为其未成年子女投保以死亡为给付保险金条件人身保险有关问题的通知》规定，对于父母为其未成年子女投保的人身保险，在被保险人成年之前，各保险合同约定的被保险人死亡给付的保险金额总和、被保险人死亡时各保险公司实际给付的保险金总和均不得超过人民币 10 万元。

② 参见肖梅花：《保险法新论》，北京，中国金融出版社，2000，第 169 页。

③ 参见马颖：《对人寿保险合同交费义务履行的思考》，载《湖北经济学院学报（人文社会科学版）》，2012（10）。

④ 吴定富主编：《〈中华人民共和国保险法〉释义》，北京，中国财政经济出版社，2009，第 103 页。

完全相同。在财产保险中，往往采用保险人一次性支付赔偿保险金的方式，而人身保险中，保险金的赔付可能是分期分批进行的，例如，在企业年金保险中，可以约定按年或按月支付保险金。

第六节 保险利益

一、保险利益的概念和特征

保险利益（insurable interest），是指投保人或者被保险人对保险标的具有的法律上承认的利益。[①]“无保险利益则无保险”，保险利益是保险法的核心问题，保险利益条款是保险合同的重要条款。保险利益可以有不同的形式，人身保险中，保险利益是投保人对被保险人的生命或身体所具有的利害关系；财产保险中的保险利益，是指被保险人对保险标的所具有的某种合法的经济利益。[②] 保险利益也是保险合同成立的必要条件，这就是说，如果没有保险利益，保险合同不能成立。无论是投保人的投保还是保险人的承保，都必须以投保人或者被保险人对保险标的具有保险利益为前提。[③]

保险法中保险利益原则的确立经历了一个发展过程。在保险发展初期，保险利益并非保险合同的必备要件。但随着商事实践的发展，利用保险合同进行欺诈甚至赌博的现象日益普遍，严重扰乱了保险市场的秩序，也引发人们对保险制度合理性的质疑。因此，人们逐渐认识到保险利益在保险合同订立和履行过程中的重要性。最初，海上保险人通常并不要求被保险人证明他们对所投保的船舶或者货物享有所有权，结果导致大量的海事欺诈行为的发生。一些人以被承保的船舶能否完成航程作为赌博的对象，甚至故意制造保险事故以获取保险金。[④] 为规制这种现象，13 世纪末，意大利学者 Straccha 等人就提出了保险合同应具备保险利益的理论。在 18 世纪初，德国学者 Benecke 对保险利益理论进行了进一步发展。[⑤]

① 参见《保险法》第 12 条第 6 款。

② 参见吴定富主编：《〈中华人民共和国保险法〉释义》，北京，中国财政经济出版社，2009，第 30～32 页。

③ 参见许崇苗、李利：《保险合同法理论与实务》，北京，法律出版社，2002，第 66 页。

④ 参见许崇苗、李利：《保险合同法理论与实务》，北京，法律出版社，2002，第 66 页。

⑤ 参见江朝国：《保险法逐条释义》（第一卷 总则），台北，元照出版公司，2011，第 529 页。

1746年英国《海上保险法》第一次以立法的形式明确规定了保险利益，即要求投保人在订立海上保险合同时对投保的船货必须具有保险利益。此后，1776年英国《人身保险法》要求人身保险中也应当具有保险利益。此后，保险利益原则逐渐为各国保险法普遍接受。我国《保险法》也明确采纳了保险利益原则。

《保险法》第12条确认了保险合同的订立应当具有保险利益，保险利益对于保险合同的意义体现在：第一，防止道德风险。保险利益原则的主要作用就是防范道德风险，抑制赌博行为的发生。如果保险合同欠缺保险利益，就有可能使投保行为变成一种赌博，甚至可能诱发投保人或被保险人为获得保险金而故意制造保险事故的行为，甚至导致保险犯罪行为的发生。① 例如，某人以他人的房屋作为保险标的投保房屋火灾险，以自己作为被保险人，由于投保人对投保的房屋不享有合法的权利或利益，因而，投保人可能为谋取保险赔偿而故意制造保险事故（如故意纵火将房屋烧毁），这就有可能诱发道德风险。法律上不允许对各种非法利益投保，只有享有合法利益的才能投保，这也有利于维护法律秩序。② 第二，限制损失补偿的范围。保险利益原则要求保险人的赔付以被保险人的实际损失为限，也就是说，投保人或被保险人不能通过订立保险合同获取超过保险标的价值的利益。在补偿性保险中，保险利益的存在有利于正确地评估被保险人的实际损失，避免被保险人获取不当得利。第三，平衡当事人之间的利益。保险利益原则与损失补偿原则一起发挥着限定保险赔付范围、促进保费费率合理化的作用，从而实现保险合同当事人之间利益的平衡。

二、保险利益的特征

（一）应具有合法性

《保险法》第12条第6款规定："保险利益是指投保人或者被保险人对保险标的具有的法律上承认的利益。"据此，保险利益应是符合法律要求的利益，并为法律所承认和保护。之所以在法律上要求保险利益必须具有合法性，是为了防止投保人以保险的形式实施赌博行为、避免诱发道德风险，同时也是为了维护法律的秩序。在财产保险中，保险利益的合法性

① 参见刘宗荣：《保险法》，台北，三民书局，1995，第76页。

② 参见江朝国：《保险法逐条释义》（第一卷 总则），台北，元照出版公司，2011，第531页。

主要是指被保险人对保险标的享有一种法律上承认的权利或利益。正如英国学者约翰·T·斯蒂尔所述："保险利益是产生于被保险人与保险标的物的经济联系，并为法律所承认的，可以投保的一种法定权利。"[①] 这一论述指出了财产保险中保险利益的合法性问题。在人身保险中，合法性通常是指投保人对被保险人的生命或身体健康具有法律上承认的利益。例如，未经他人同意而以他人死亡为保险事故、以自己为受益人投保死亡险，这就有可能导致投保人故意伤害被保险人，从而谋取保险赔偿。在该情形下，投保人如未取得被保险人同意，就与被保险人的生存、死亡、疾病、伤害不存在利害关系。[②]

投保人不能以非法利益进行投保。例如，盗窃者以其赃物投保，或者走私犯以其走私的物品投保，这都不利于法律秩序的维护。关于非法利益的判断，要以法律的强制性规定和公序良俗为准。如果法律明确规定，则违反该规定的利益属于非法利益；而如果法律没有明确规定但违反了公序良俗，也属于非法利益。[③] 非法利益不能作为保险标的，投保人或者被保险人也无法对其享有保险利益。

（二）应具有确定性

保险利益必须是已经确定的利益或者能够确定的利益。所谓确定，是指投保人或被保险人在投保时有证据证明保险利益是客观存在的，而不是当事人主观臆想的。就财产保险而言，保险利益的确定性主要是指投保人或被保险人对保险标的具有法律上认可的利益。但在财产保险中，并不要求保险利益的具体数额在投保时能够确定，只要在保险事故发生时能够确定即可。对于人身保险而言，保险利益的确定性要求投保人必须证明其对被保险人的生命或身体具有法律上认可的利益。

关于期待利益能否成为保险利益，学者间存在不同观点：一种观点认为，投保人可以以其现有利益投保，也可以以其将来可以获得的利益投保，即期待利益可以成为保险利益。[④] 另一种观点则认为，保险利益所指的利害关系，必须是真实的利益（real interest），期待利益并不能成为保险利益。[⑤]

---

① 〔英〕约翰·T·斯蒂尔：《保险的原则与实务》，孟兴国译，北京，中国金融出版社，1992，第3页。

② 参见刘宗荣：《保险法》，台北，三民书局，1995，第75页。

③ 参见樊启荣：《保险法》，北京，北京大学出版社，2011，第51页。

④ 参见樊启荣：《保险法》，北京，北京大学出版社，2011，第51页。

⑤ 参见刘宗荣：《保险法》，台北，三民书局，1995，第75～76页。

笔者认为，将期待利益纳入保险利益之中，有助于充分发挥保险制度的功能。但投保人证明期待利益的存在，应当达到一定的标准，以避免产生道德风险等不利后果。期待利益不是主观臆想的，而必须具有一定的客观性。从比较法上来看，一些国家和地区的法律也承认了期待利益作为保险利益。例如，法国法在早期的海事法中明令将期待利益排除在保险利益之外，但如今也逐渐承认期待利益可以纳入保险利益的范畴。① 我国台湾地区“保险法”第 14 条规定：“要保人对于财产上之现有利益，或因财产上之现有利益而生之期待利益，有保险利益。”可见该规定是明确承认期待利益为保险利益的。因此，如果期待利益具有确定性，也就是说，被保险人确定地享有此种利益，也可以认定保险利益的存在。例如，在继承发生之前，子女对于父母所拥有房屋的继承有一定的期待，但继承的发生取决于多种条件（如是否丧失继承权、是否被剥夺继承权、父母先于子女死亡等），所以并不必然发生继承的事实，不符合保险利益确定性的要求。② 实践中，运费保险、利润损失保险等都是直接以期待利益为保险标的的保险方式，保险利益既包括现有利益，也包括期待利益。③

（三）与保险标的具有密切联系性

保险标的是保险的对象，在财产保险中是财产及相关利益，在人身保险中则是人的生命与身体。保险利益是投保人或被保险人对保险标的所享有的利益。两者的联系主要表现在：保险利益是指投保人和被保险人对保险标的的利害关系，其必须附属于保险标的。如果保险标的灭失，保险利益也不复存在，保险标的转让，保险利益也随之转让。正是因为保险利益与保险标的具有密切联系性，才能发挥保险利益的防范道德风险、限定损失补偿范围、维护法律秩序的功能。

但是，应当看到，保险利益和保险标的之间存在明显区别，主要表现在：第一，在保险合同的正式文本中，通常要求载明保险标的，但可能并不写明被保险人所享有的保险利益。从保险实践来看，保险人在决定是否承保时要审核被保险人是否对于保险标的享有保险利益，但是，这并非一定要反映在保险合同条款之中。第二，保险标的是保险合同中权利义务指向的对象，而保险利益是指投保人和被保险人对保险标的所具有的利害关

① 参见许崇苗、李利：《保险合同法理论与实务》，北京，法律出版社，2002，第 69 页。

② 参见刘宗荣：《保险法》，台北，三民书局，1995，第 75～76 页。

③ 参见许崇苗、李利：《保险合同法理论与实务》，北京，法律出版社，2002，第 69 页。

系。因此，二者所涉及的内容并不完全相同。第三，两者对于保险合同的成立和生效会产生不同的影响。由于保险标的是保险合同的必备条款，如果缺乏这一条款，则保险合同不成立。而保险利益是否存在并不影响合同的成立，但可能影响合同的效力。如在人身保险中，保险利益是保险合同的生效要件，缺乏保险利益，合同无效。[①]

三、保险利益的存在时间

保险利益的存在时间，是指保险利益应当在何时存在。通过区分保险利益的存在时间，有助于认定保险合同的效力。[②] 对于不同类型的保险合同而言，保险利益的存在时间有不同要求。《保险法》区分财产保险与人身保险两类合同，分别设置了不同的保险利益时间要求，对财产保险合同而言，只需要投保人或被保险人在保险事故发生时对保险标的享有保险利益即可，而对人身保险合同而言，则要求投保人在保险合同订立时享有保险利益。

（一）财产保险合同中保险利益的存在时间

《保险法》第12条第2款规定："财产保险的被保险人在保险事故发生时，对保险标的应当具有保险利益。"依据这一规定，在财产保险中，保险利益必须在保险事故发生时存在，至于合同订立时是否存在保险利益，则没有要求。因为一方面，法律不要求投保人在合同订立时享有保险利益，并不会诱发道德风险。在保险事故发生时，获得保险赔偿金的是被保险人而非投保人，那么，无论投保人在保险合同订立时是否具有保险利益，投保人都无法获利。另一方面，财产保险合同是损失补偿性合同，补偿被保险人的损失是财产保险的主要目的，因此，如果被保险人在保险事故发生时没有保险利益，那么遭受损失也就无从谈起，自然不应获得保险赔偿金。这就是说，对被保险人而言，无利益即无损失，无损失亦无保险。[③] 此外，这一规定也有利于保险市场的繁荣发展。在财产保险中，投保人与被保险人可能合一，也可能分离，而且分离的情形大量存在。在投保人与被保险人分离时，合同多属为第三人利益订立的合同。此时，如果要求投保人必须在合同订立时对保险标的具有保险利

① 参见林群弼：《保险法论》，台北，三民书局，2002，第164～165页。
② 参见杜鹃：《论保险利益原则的时间效力》，载《金融与保险》，2005（1）。
③ 参见陈云中：《保险学》，台北，五南图书出版公司，1998。

益，将可能导致许多种保险产品都无法存在，这也不利于保险市场的发展。

（二）人身保险合同中保险利益的存在时间

《保险法》第12条第1款规定："人身保险的投保人在保险合同订立时，对被保险人应当具有保险利益。"依据这一规定，在投保人订立保险合同时，对被保险人的生命或者身体必须具有保险利益。在保险事故发生时，法律则没有要求投保人具有保险利益。例如，配偶一方为他方投保，后来，投保人和被保险人离婚，保险利益不复存在，但保险合同仍应当被定为有效。法律上之所以作此规定，主要理由在于：一方面，如前所述，允许投保人为与自己无关的人的生命、身体投保，极有可能诱发道德风险；另一方面，人身保险具有储蓄和投资性质，保险不仅是一种风险保障的手段，也具有储蓄投资的功能，因此不需要投保人持续对被保险人具有保险利益。[①] 在合同订立后，如果因保险利益丧失而使合同无效，将会使投保人或者保单持有人的利益处于不特定的状态。另外，在现代保险业发展中，保险产品尤其是人寿保险产品，多具有转让、质押等功能，若一概要求投保人在保险事故发生时具有保险利益，则可能影响此类保险产品的转让、质押等功能的实现。[②]

四、保险利益的认定

保险利益的认定，是指依据法律对保险利益是否存在进行判断。由于保险利益是否存在关系到保险合同的效力以及保险合同的履行，因而，准确认定保险利益，对于明确保险合同的效力、确定双方当事人的权利义务，具有重要意义。

（一）财产保险中保险利益的认定

1. 财产保险合同中保险利益的种类

财产保险合同是以财产及其有关利益为保险标的的一种保险合同。保险利益的种类大致可以分为以下三种：

第一，财产的现存利益。此处所说的"财产"既包括有形的物质，也包括无形的利益。现存利益，就是指被保险人对于某财产所享有的现实利

① 参见吴定富主编：《〈中华人民共和国保险法〉释义》，北京，中国财政经济出版社，2009，第31页。

② 参见任自力：《保险法学》，北京，清华大学出版社，2010，第53～54页。

益，其主要包括：被保险人对于保险标的享有的所有权利益、占有利益、用益物权利益以及担保物权利益。[①] 一般认为，对保险标的享有利益的所有人、保管人、占有人、股东、合同当事人等都享有相应的保险利益。

第二，期待利益。如前所述，期待利益也可以作为保险利益。期待利益，是指被保险人并非现实享有，而是基于具体情况而可预期获得的利益，例如，所有权人丧失租金收益的请求权利益也是期待利益。[②] 台湾地区学者施文森先生将期待利益分为积极的期待利益和消极的期待利益[③]，此种分类也被大陆学者所采纳。一般认为，积极的期待利益是指投保人或被保险人对其经营中的事业或现有财产的安全所可获得的利益[④]，例如，可获得的正常的营业利润、因合同可取得的预期收益。所谓消极的期待利益，是指投保人期待某种责任不发生的利益。笔者认为，期待利益仅限于前一种类型，后一种类型的期待利益基本等同于如下所述的责任利益。

第三，责任利益。责任利益，又称为消极的期待利益，是指被保险人因事故发生而对他人应承担的责任。[⑤] 责任利益与积极的期待利益的区别在于：前者是指被保险人因偶然原因而产生的财产上的负担；而后者是指被保险人现在或未来可以获得的积极利益。责任利益往往体现为被保险人因违约、侵权行为、意外事件或其他外来原因，造成第三人人身伤亡或者财产损失时所应承担的赔偿责任，例如，机动车驾驶人因交通事故而应承担的侵权责任；合同当事人因违约而承担的违约责任等。需要指出的是，责任利益的范围不应当包括违反合同的责任。因为责任利益是指责任保险中的保险利益。考虑到合同责任已经通过信用保险、保证保险等险种加以保障，所以，责任保险之中不必承保违约责任，责任利益之中也就不包括违约责任。[⑥]

2. 财产保险中保险利益的判断

对财产保险中保险利益的判断，可以采取双重标准，具体来说：

第一，从被保险人所享有的权利进行判断。被保险人必须要对保险标的享有合法的权利，包括所有权、用益物权、担保物权、债权、股权、知

---

① 参见张海棠主编：《保险合同纠纷》，北京，法律出版社，2009，第227页。

② 参见江朝国：《保险法基础理论》，台北，瑞兴图书股份有限公司，1999，第107页。

③ 参见施文森：《保险法论文（第一集）》，台北，三民书局，1988，第31页。

④ 参见樊启荣：《保险法》，北京，北京大学出版社，2011，第61页。

⑤ 参见樊启荣：《保险法》，北京，北京大学出版社，2011，第61页。

⑥ 参见张海棠主编：《保险合同纠纷》，北京，法律出版社，2009，第230页。

识产权、占有等，如果能够判断其享有这些权利，则可认定存在保险利益。之所以以权利归属确定保险利益的归属，其原因在于，一方面，在财产保险中，保险的功能在于填补损失，如果在保险事故发生时，被保险人对保险标的不享有所有权或其他权利，那么保险事故就不会对其造成损失，因而，他也不应当获得保险赔付。另一方面，根据保险利益的不同，可以确定被保险人投保的具体险种。例如，某公司雇用他人驾驶汽车，公司享有对该汽车的所有权，所以可以投保盗抢险；而被雇用的司机则因为其直接占有该汽车，可能因使用过程中造成他人损害而承担侵权责任，因而其可以投保责任险。此外，被保险人对非法财产无法享有保险利益，如赃物以及他人的财产等，否则，就会鼓励对非法利益的占有，甚至诱发违法犯罪行为。

第二，从主体角度进行判断，这就是说，如果某个主体对保险标的享有权利，其就有可能享有保险利益。这主要涉及股东对公司的财产是否享有保险利益、合伙人对合伙财产是否享有保险利益的问题。

关于股东对公司财产是否具有保险利益的问题，比较法上存在三种不同的观点：一是赞成说。此种观点认为，股东对公司财产享有保险利益，因为保险从本质上来说就是补偿不确定事件给人们造成的损失，既然在公司财产遭受损失后，最终受损害的是公司股东，则应当承认股东对公司财产具有保险利益。例如，在 The Moonacre（1992）一案中，英国法院指出："保险利益的关键问题在于被保险人与保险标的之间的关系是否紧密到使其在标的受损时获得赔偿成为合理。"① 二是反对说。此种观点认为，承认股东对公司财产具有保险利益很可能会导致过多且没有必要的保险合同，且很可能诱导赌博行为的发生。三是折中说。此种观点认为，股东对公司的财产有无保险利益，应当根据其对公司的具体形式而定，无限责任股东与公司关系密切，应当认定为具有保险利益，而有限责任公司股东则不应认定为存在保险利益。② 笔者认为，公司的财产直接归属于公司，股东只是基于股权对公司的财产享有间接利益，其对公司财产没有直接支配权，因为这一原因，原则上不应当认为股东对公司财产享有保险利益。因此，股份有限公司股东、有限责任股东及两合公司中的有限责任股东，对

① The Moonacre [1992] 2 Lloyd's Rep. 501.

② 参见施文森：《保险法论文（第一集）》，台北，三民书局，1988，第29页。

公司财产不具有保险利益。[①] 但在股东是控股股东或者属于无限责任股东的情形，其对公司财产的状态有直接利害关系，此时，应当例外认可其对公司财产享有保险利益。

关于合伙人对合伙财产是否享有保险利益问题，笔者认为，若合伙人对合伙企业债务承担无限责任，就应当认为其对合伙企业财产享有保险利益，否则，合伙人对合伙企业财产不享有保险利益。

（二）人身保险中保险利益的认定

人身保险中的保险利益，是指投保人对被保险人的生命或身体所享有的合法利益。人身保险合同订立时，投保人必须对被保险人的生命、身体享有保险利益。从比较法上看，对此一般根据两个原则进行判断：一是利益原则。所谓利益原则，是指以投保人对被保险人是否存在身份或金钱上的利益关系为判断标准。此种利益关系，或者是基于身份而具有某种情感关系，如父母子女间的关系，或者是具有一定金钱上的利害关系，如债权人与债务人的关系。英美法系国家主要采用该种原则。二是同意原则。所谓同意原则，即投保人以他人的生命、身体投保时，应当取得该他人同意。大陆法系主要采用该原则。[②]

我国《保险法》第 31 条第 1 款同时采取了利益原则和同意原则，从而避免了单纯采用上述任何一种原则所带来的弊端。该款详细列举了人身保险中保险利益认定的各种情形，规定："投保人对下列人员具有保险利益：（一）本人；（二）配偶、子女、父母；（三）前项以外与投保人有抚养、赡养或者扶养关系的家庭其他成员、近亲属；（四）与投保人有劳动关系的劳动者。"这一规定是对我国保险业实践经验的总结，对于防范道德风险、统一司法裁判标准具有重要意义，对当事人订立人身保险合同具有指引和规范的价值。此外，该条第 2 款则采取了同意原则："除前款规定外，被保险人同意投保人为其订立合同的，视为投保人对被保险人具有保险利益。"这就是说，除了第 31 条第 1 款所述四类人员之外，投保人要为他人订立人身保险合同，需取得该他人同意。总之，《保险法》第 31 条吸取了比较法上的有益经验，兼采了利益原则和同意原则，也反映了我国的现实情况。

---

① 参见施文森：《保险法论文（第一集）》，台北，三民书局，1988，第 29 页。

② 参见吴定富主编：《〈中华人民共和国保险法〉释义》，北京，中国财政经济出版社，2009，第 85 页。

五、欠缺保险利益的保险合同的效力

在欠缺保险利益的情况下，保险合同的效力如何？依据1995年《保险法》第11条的规定，如果投保人对保险标的不具有保险利益，保险合同无效。一般认为，投保人对保险标的具有保险利益是保险合同的必备要件。[①] 如果欠缺该要件，将导致合同无效。2009年《保险法》对此进行了修订，将该条删除，并对人身保险和财产保险分别作出了规定。在人身保险中，《保险法》第31条第3款规定："订立合同时，投保人对被保险人不具有保险利益的，合同无效。"因此，投保人必须在合同订立对被保险人具有保险利益，否则合同无效，这基本上维持了原《保险法》的规定。

但在财产保险中，《保险法》第48条规定："保险事故发生时，被保险人对保险标的不具有保险利益的，不得向保险人请求赔偿保险金。"依据该条规定，只要求被保险人在保险事故发生时对保险标的具有保险利益，而并不要求投保人或被保险人在合同订立时对保险标的具有保险利益。同时，该条只是规定被保险人不得向保险人请求赔付，但没有否定保险合同的效力，据此，笔者认为，财产保险中不具有保险利益，并不能认为合同当然无效。实践中，由于保险事故发生时，保险标的可能已经转让，因而，被保险人对保险标的不再享有保险利益，对此类情况，如果保险标的全部灭失，则合同应当终止。[②] 但是如果被保险人在保险事故发生时对保险标的不享有保险利益，则保险事故发生时，其就没有遭受实际损害，当然不能请求保险赔付，否则，就构成不当得利。

第七节 保险合同的效力

保险合同的效力，是指双方当事人依据保险合同所享有的权利和承担的义务。《保险法》虽然对保险合同的相关条款作了规定，但保险合同的大多数条款属于任意性规定，尽管保险合同具有格式性，但也不排除当事人可以就保险合同的相关条款进行协商。保险合同一旦生效，对双方当事

---

① 参见肖梅花：《保险法新论》，北京，中国金融出版社，2000，第125页。

② 参见吴定富主编：《〈中华人民共和国保险法〉释义》，北京，中国财政经济出版社，2009，第121页。

人产生法律上的拘束力，各方当事人都应依据法律规定和合同约定享有权利和承担义务。

具体而言，保险合同的效力包括以下几个方面：

一、投保人的义务

1. 支付保险费的义务

保险合同为双务、有偿合同，在保险合同中，保费条款是合同的主要条款，当事人没有就保费条款达成合意的，保险合同无法成立。《保险法》第 14 条规定："保险合同成立后，投保人按照约定交付保险费，保险人按照约定的时间开始承担保险责任。"依据这一规定，支付保费是投保人的主要合同义务，保险合同成立后，投保人应当及时向保险人交纳保险费。保险费通常由三个部分构成：被保险人在保险期间的预期损失、保险人的管理成本和合理利润。[①] 法律对保费有特别规定的，则应当依据法律规定确定保费，如交强险中，法律即对相关的保险费率作出了特别规定。

关于保险费的交付期限，保险合同有特别约定的，应当依照该约定；当事人未作特别约定的，投保人应当在保险合同成立后的合理期间内支付保险费。如果投保人拖欠保险费的行为构成根本违约，则保险人有权解除合同。关于保险费的支付方式，即采取一次性支付还是分期支付，采取现金支付还是非现金支付等，法律并没有作出明确规定，当事人可以协商确定具体的支付方式。

需要讨论的是，如果投保人拖欠缴纳保费，在保险事故发生后，保险人能否以此为由拒绝承担保险责任？对此有两种观点：一是依据《保险法》第 14 条的规定，保险人合同责任的承担应当在投保人支付保费之后，因此，投保人未支付保费的，保险人不应当承担保险责任。二是基于保险合同的诺成性，合同一经双方达成合意，即宣告成立。即使投保人没有缴纳保费，在保险合同生效以后，保险人即应当按照约定的时间承担保险责任。笔者认为，保险合同是诺成合同，一经双方当事人意思表示一致，合同即已成立，投保人保费的支付并非保险人承担保险责任的条件。虽然保险人的责任与保费的缴纳具有一定的关联，但保险事故发生后，保险人不能因为投保人没有缴纳保费而不承担保险责任。因此，保险事故发生后，即便投保人没有支付保险费，除非双方在合同中另有特别约定外，保险人

① 参见任自力、周学峰：《保险法总论》，北京，清华大学出版社，2010，第 222 页。

仍应当承担保险责任。

2. 标的物危险显著增加后的通知义务

在保险合同订立时，投保人应当告知保险人与标的物有关的重大事项。在保险合同履行过程中，如果标的物毁损、灭失的危险显著增加，则投保人负有及时通知保险人的义务。《保险法》第 52 条第 1 款规定[①]，在保险标的危险显著增加时，被保险人应当负有通知义务。这是因为，保险合同是继续性合同，从合同订立到保险事故发生之间有一定的时间间隔，在事故发生前，保险标的危险显著增加可能导致保险人承保基础发生变化，合同双方的权利义务会发生严重失衡，所以法律要求投保人应当尽到危险显著增加的通知义务。例如，某人以其房屋为标的办理了家庭财产保险，后来其改变了房屋的用途。最初仅仅用于个人居住，后来其开办了经营布料的商店，这显著增加了房屋遭受火灾的风险。此时，投保人应当将相关情况告知保险人，否则，一旦因该增加的危险导致保险事故发生的，保险人不再承担赔偿保险金的责任。[②]

如何判断标的物危险显著增加？一般认为，标的物危险显著增加包含如下内容：一是危险的增加应当具有显著性。[③] 这就是说，保险标的危险的增加是显而易见的，而且会对保险人承保基础产生重大影响，足以影响到保险人提高保费或者解除合同。二是危险的增加应当具有持续性。正是因为危险具有持续性，所以可能影响到保险人的利益。此外，只有具有持续性的危险，才存在通知保险人的必要，如果危险很快消失，则投保人也不必通知保险人。例如，在火灾险中，他人在标的房屋附近放置危险易燃物，如果堆放的时间非常短且未引发保险事故的，则投保人不负有通知义务，但持续放置可能增加房屋发生火灾的危险的，则投保人应当负有通知义务。[④] 三是危险的增加超出了保险人在合同订立时对危险的预期。如果

---

① 《保险法》第 52 条第 1 款规定："在合同有效期内，保险标的的危险程度显著增加的，被保险人应当按照合同约定及时通知保险人，保险人可以按照合同约定增加保险费或者解除合同。保险人解除合同的，应当将已收取的保险费，按照合同约定扣除自保险责任开始之日起至合同解除之日止应收的部分后，退还投保人。被保险人未履行前款规定的通知义务的，因保险标的的危险程度显著增加而发生的保险事故，保险人不承担赔偿保险金的责任。"

② 《保险法》第 52 条第 2 款规定："被保险人未履行前款规定的通知义务的，因保险标的的危险程度显著增加而发生的保险事故，保险人不承担赔偿保险金的责任。"

③ 参见《保险法》第 52 条。

④ 参见江朝国：《保险法基础理论》，北京，中国政法大学出版社，2002，第 241 页。

当事人在订立合同时已经预见到了此种危险，则保险人就应当已经通过合同等方式调整了其与投保人之间的利益关系（如在保费的计算中已经考虑了该危险增加的因素），则投保人不必再通知保险人。如果投保人怠于通知，应当承担相应的法律后果。在保险标的危险显著增加的情形下，被保险人若未履行法定的通知义务，因该显著增加的危险而引发的保险事故，保险人不负责赔付。

《保险法》第52条第1款规定，在被保险人就保险标的的危险程度显著增加的情况作出通知后，保险人享有解除保险合同或者增加保费的权利。此种情形类似于情势变更，即在保险合同履行过程中，因保险标的的危险程度显著增加，而使保险标的之上发生保险事故的风险增大，如果继续按照原合同约定履行合同，当事人之间的利益关系将会显著失衡。在此情形下，保险人享有如下权利：第一，解除合同的权利。由于保险风险的发生几率会显著增加，保险人蒙受损失的几率也会随之增加，因而，应允许保险人解除合同。第二，增加保费的权利。标的物自身的危险程度是保险人决定是否承保以及计算费率的主要参考标准，因此，一旦保险标的的危险性显著增加，保险人可以根据标的物新的情况来决定是否继续承保或者重新计算保险费率，从而实现双方利益的平衡。但笔者认为，对于保费的增加，双方应当重新进行谈判达成合意，保险人不能单方面地确定增加保费的数额。如果当事人无法达成合意，应当由法院酌定增加保费的数额。

3. 保险事故发生后的通知义务

《保险法》第21条规定："投保人、被保险人或者受益人知道保险事故发生后，应当及时通知保险人。"依据这一规定，在保险事故发生后，投保人应当及时将保险事故发生的情况通知保险人，法律之所以规定投保人在保险事故发生后负担通知义务，主要原因在于：一方面，及时通知有利于防止损失的进一步扩大。在通知之后，保险人可以及时知道保险事故的发生，从而可以运用其危险管理经验和技术，采取措施或者指示投保人、被保险人采取必要措施，以避免损害的进一步扩大。[①] 另一方面，及时通知有利于保险人尽快确定损失。通常情况下，保险事故发生后，时间拖得越长，则调查、取证将越困难，因此，在投保人通知后，保险人可以及时进行现场勘验，收集和保存资料，有利于理算和确定损失数额。[②] 此

① 参见江朝国：《保险法基础理论》，北京，中国政法大学出版社，2002，第262页。

② 参见任自力：《保险法学》，北京，清华大学出版社，2010，第118页。

外，及时通知义务也有利于防止投保人的不道德行为，也是最大诚信原则的要求。[①] 依据《保险法》第 21 条的规定，通知义务人的范围比较广泛，包括投保人、被保险人和受益人。之所以规定三者都负有通知义务，因为这些主体均为保险合同的当事人或者关系人，最了解标的物的具体损害状况，课以其通知义务，有利于及时确定具体损失的状况。至于通知的时间，《保险法》只是要求“及时”通知，据此，通知义务人应当在保险事故发生后的合理时间内通知保险人，如果保险条款中对通知时限有约定的，则应按约定时限通知。

关于未及时通知所产生的法律效果，主要有三种观点：一是保险人拒绝赔付说。此种观点认为，在保险事故发生后，如果相关当事人没有及时通知保险人，则保险人有权拒绝赔付。二是实际损失说。该观点认为，相关当事人未履行及时通知义务，并不能导致保险人拒绝赔付，必须造成保险人的实际损失，保险人才有权拒绝赔付。三是被保险人具有故意和重大过失说。该观点认为，如果因投保人、被保险人或者受益人故意或者重大过失而未能及时通知保险人，导致保险事故的性质、原因、损失程度等难以确定的，对于无法确定的损失部分，保险人不承担赔偿或者给付保险金的责任。[②]《保险法》第 21 条中规定：“故意或者因重大过失未及时通知，致使保险事故的性质、原因、损失程度等难以确定的，保险人对无法确定的部分，不承担赔偿或者给付保险金的责任，但保险人通过其他途径已经及时知道或者应当及时知道保险事故发生的除外。”可见，我国《保险法》采取了折中的观点，即在保险事故发生后，如果投保人、被保险人或受益人未履行及时通知的义务，保险人所应承担的赔付责任会受到限制。从解释论的角度来看，《保险法》第 21 条的适用必须满足如下要件：

第一，因故意或者重大过失而未及时通知。一方面，从主观状态上来说，只有在被保险人、投保人和受益人一方具有故意或重大过失时，保险人才有拒绝赔付的权利。[③] 另一方面，必须要求通知义务人没有及时通知。对于“及时”的含义法律并没有明确界定，应当依据当事人约定、交易习惯和个案的具体情况等予以判断。

第二，因未及时通知导致保险事故的性质、原因、损失程度等难以确

① 参见吴定富主编：《〈中华人民共和国保险法〉释义》，北京，中国财政经济出版社，2009，第 60 页。

② 参见任自力：《保险法学》，北京，清华大学出版社，2010，第 117～118 页。

③ 参见任自力：《保险法学》，北京，清华大学出版社，2010，第 119 页。

定。这也就是说，因为没有及时通知，导致证据丢失以及事故的相关情况难以证明等。

第三，未及时通知与保险事故的性质、原因、损失程度等难以确定之间具有因果关系。这一因果关系应当按照相当因果关系说进行判断，即怠于通知的行为在通常情况下都会造成保险事故的性质等难以确定。

即使在满足上述条件的情况下，如果投保人、被保险人或受益人能够证明，保险人通过其他途径已经及时知道或者应当及时知道保险事故发生的，其仍然可以请求保险金的给付。例如，投保人能够证明，交通事故发生后，保险人仍然能够从交警处获得证据，则投保人可以请求保险金的给付。

为了保护保险人的利益，对于因被保险人、投保人和受益人怠于通知而导致无法确定的损失，保险人不承担赔偿或者给付保险金的责任。但依据保险事故的性质、原因、损失程度等可以确定的部分，保险人仍应承担赔付责任。而且，如果保险人通过其他途径已经及时知道或者应当及时知道保险事故发生的，其所应承担的赔付责任也不应受到限制。①

4. 保险事故发生后采取措施避免损害后果扩大的义务

《保险法》第 57 条第 1 款规定："保险事故发生时，被保险人应当尽力采取必要的措施，防止或者减少损失。"依据这一规定，在保险事故发生后，被保险人应当采取合理的措施，避免损害后果的进一步扩大。法律课以被保险人该项义务的主要原因在于：一方面，这是最大诚信原则的要求。被保险人与保险标的联系更为紧密，在保险事故发生后，其能够更及时、更有效地采取措施避免损失的发生或扩大；另一方面，这也是避免社会财富浪费的要求。被保险人采取措施避免损失的发生或扩大，有利于避免社会财富的浪费，从整体上惠及全体投保大众。② 此外，要求被保险人负担此项义务也不会额外增加其负担。

根据《保险法》第 57 条第 2 款的规定，被保险人为防止或者减少保险标的的损失所支付的必要的、合理的费用由保险人负担。这主要是因为，被保险人的行为是为了使保险人获得利益。严格来说，此项义务是一种不真正义务，被保险人违反此种义务，并没有免除保险人的赔付义务，

① 参见吴定富主编：《〈中华人民共和国保险法〉释义》，北京，中国财政经济出版社，2009，第 62 页。

② 参见吴定富主编：《〈中华人民共和国保险法〉释义》，北京，中国财政经济出版社，2009，第 142 页。

而只是免除保险人对损害扩大部分的赔付义务。

5. 提交相关证明材料的义务

依据《保险法》第22条的规定，保险事故发生后，在依据保险合同向保险人请求赔付保险金时，被保险人、投保人或者受益人应当提交相关的单证、证明材料等，在保险人认为其所提供的材料不足时，被保险人、投保人或者受益人还有义务补充相关的证明材料。投保人、被保险人和受益人在通知保险人保险事故时，还应当提供损失的证明，法律上作此规定的原因在于：一方面，按照“谁主张，谁举证”的原则，请求保险人理赔的人，应当负担举证的责任；另一方面，要求被保险人、投保人或者受益人负担举证责任，便于及时确定损失，如果保险事故发生时间过久，可能导致证据不便于收集甚至灭失，这可能增加确定损失的困难。此外，投保人、被保险人和受益人最了解实际损失的情况，所以由投保人、被保险人和受益人提供相关的证明材料，更为容易，成本更低。

投保人、被保险人和受益人在作出通知时，必须如实提供相关损失的证明，不得提供虚假资料，依据《保险法》第27条第3款的规定，投保人一方提供虚假材料的，构成骗保行为，保险人可依法拒绝赔付。

二、保险人的义务

1. 风险承担义务

所谓风险承担义务，也称为危险承担义务，是指保险合同订立之后，保险人应当负担保险标的可能发生的危险。或者说，在保险合同生效以后，保险标的的危险就转移到保险人处。保险合同具有双务性，因此投保人负有交纳保险费的义务，保险人相应地负有承担危险的义务。[①] 在保险合同生效以后，保险标的可能发生的危险将由保险人承担。所谓保险危险，是指保险合同双方约定的，由投保人投保的、保险人予以赔偿的意外事故。保险危险是保险人承保的危险，如火灾保险中的火灾危险。保险危险是划分保险业务种类、确定保险费标准的根据。可以投保的保险危险必须具备如下条件：一是具有可能性。保险危险须是可能发生的危险。如果危险是不可能发生的或者已经发生的事故，不能作为保险危险。[②] 二是具

① 参见江朝国：《保险法基础理论》，北京，中国政法大学出版社，2002，第281页。

② 例如，《奥地利民法典》第1291条规定：“如果在订立合同时被保险人已知道其财产已经灭失，或者在订立合同时保险人已知道投保的财产并无危险，则该合同无效。”

有偶然性。承保的危险必须是双方无法预知的偶然现象，这就是说，保险危险的发生具有一定的概率性，或者虽是必然发生的（如人的死亡），但发生的时间不可预知。如果危险是当事人可以预知在某一时期必然发生的现象，或者已经实际发生的意外事故，则不能进行保险。三是具有客观性。保险危险必须是客观的意外事故，即保险事故是否发生不以投保人或被保险人的主观意志为转移。因此，被保险人故意引起的危险，保险人不予承保。

保险风险承担义务从保险合同生效时开始，保险人的风险负担义务既表现为在保险事故发生后支付保险金的义务，也表现为在保险事故发生前，保险人应当负担保险事故发生的危险。此种风险的转移具有重要意义，即经由保险合同而将相应的危险转由保险人负担，被保险人无须自己准备相应的损害赔偿金或者保证金。[①] 我国《保险法》第 14 条规定："保险合同成立后，投保人按照约定交付保险费，保险人按照约定的时间开始承担保险责任。"此处所说的开始承担保险责任，就包含了风险承担。风险承担义务中的"风险"，既包括保险事故发生前的潜在危险，也包括保险事故发生后的现实危险，一旦保险事故发生，潜在危险即转化为现实危险，危险承担也将转化为实际赔付。[②]

2. 保险金赔付义务

所谓赔付义务，是指在保险事故发生后，保险人应当按照合同约定赔付保险金。赔付保险金的义务是保险人的主要义务，未尽到此种义务将构成根本违约。关于保险金的赔付义务，主要涉及以下几个问题：

第一，赔付范围的确定。依据《保险法》第 23 条第 1 款的规定，保险人应当在接到投保人等的理赔请求之后，及时确定保险金的赔付范围。[③] 在确定赔付范围时，保险人通常负有如下两方面的义务：一是保险事故发生后及时核定保险事故的义务。保险事故发生后，保险人应当及时核定保险事故，即保险人应当核定发生保险事故的是否是保险标的、保险

---

① 参见江朝国：《保险法基础理论》，北京，中国政法大学出版社，2002，第 281 页。

② 参见任自力：《保险法学》，北京，清华大学出版社，2010，第 123 页。

③ 《保险法》第 23 条第 1 款规定："保险人收到被保险人或者受益人的赔偿或者给付保险金的请求后，应当及时作出核定；情形复杂的，应当在三十日内作出核定，但合同另有约定的除外。保险人应当将核定结果通知被保险人或者受益人；对属于保险责任的，在与被保险人或者受益人达成赔偿或者给付保险金的协议后十日内，履行赔偿或者给付保险金义务。保险合同对赔偿或者给付保险金的期限有约定的，保险人应当按照约定履行赔偿或者给付保险金义务。"

事故的发生是否属于除外责任的范围、保险事故发生时间是否在保险期间内、所发生的事故与损失之间是否具有因果关系等。① 二是保险事故发生后及时勘定保险事故损害后果的义务。保险人在收到被保险人或者受益人的给付保险金的请求后，应当立即对保险事故进行调查、核实实际的损害数额，一旦损害数额确定且属于保险责任范围，保险人应当及时履行赔付保险金的义务，保险人未及时核定保险事故并履行给付保险金义务的，除支付保险金外，保险人还应当赔偿被保险人或者受益人因此所遭受的损失。②

第二，保险金的赔付对象。它是指保险人应当向谁支付保险金。在确定保险金的赔付对象时，首先依据合同来确定：在财产保险合同中，保险金的赔付对象是被保险人；在人身保险合同中，保险金的赔付对象是受益人。如果当事人在合同中没有约定保险金的赔付对象，则应当依据法律规定予以确定。例如，依据《保险法》的规定，在受益人死亡的情形，保险金作为被保险人的遗产支付给被保险人的继承人。又如，在责任保险合同中，保险金可以依照法律的规定向受害第三人直接赔付。

第三，保险金赔付的时间。确定保险金赔付的时间，对于督促保险金及时支付，保障投保人和被保险人的合法权益，具有重要意义。依据《保险法》第23条的规定，保险人在收到被保险人或者受益人的赔偿或者给付保险金的请求之后，进行核定，属于保险责任的，则应当在与被保险人或者受益人达成赔偿或者给付保险金的协议后10日内，履行赔偿或者给付保险金义务。如果保险合同对赔偿或者给付保险金的期限有约定的，保险人则应当按照约定履行赔偿或者给付保险金义务。

第四，保险金的拒绝赔付。根据《保险法》第24条的规定，保险人依照《保险法》第23条的规定作出核定后，对不属于保险责任的，应当自作出核定之日起3日内向被保险人或者受益人发出拒绝赔偿或者拒绝给付保险金通知书，并说明理由。法律要求保险人说明理由，是为了避免不必要的纠纷，同时，也是为了强化对投保人和被保险人的保护。

第五，保险金赔付的“近因原则”。所谓近因，是指对保险事故发生具有支配力或一直有效的原因，而非时间上最接近损失的原因。③ 保险人

---

① 参见吴定富主编：《〈中华人民共和国保险法〉释义》，北京，中国财政经济出版社，2009，第65页。

② 参见《保险法》第23条第1款、第2款。

③ 参见樊启荣：《保险法》，北京，北京大学出版社，2011，第110页。

确定保险事故是否属于保险责任范围并赔付保险金时，一般会遵循近因原则，将引发损害后果的最直接的事故作为近因，若引起事故发生的近因不属于保险责任范围，则保险人通常可拒绝赔付。

3. 责任保险中保险人的费用负担义务、和解义务和辩护义务

在责任保险中，保险人依据约定可能要负担一些特殊的义务，如参与被保险人与第三人的谈判、和解、诉讼等。[①] 保险人负担此种特殊义务，既有利于保护投保人和被保险人的权益，也有利于保护保险人自身的权益。保险人是专业的经营机构，在处理该类事务中具有知识和经验等方面的优势，能够有力地维护投保人和被保险人的权益；同时，也有利于限定保险人的赔付范围，因为在责任保险中，赔付责任最终通常由保险人承担，保险人在负有上述义务的同时，也享有一定的权利，可以有效控制自己的赔付支出。例如，保险人没有参与被保险人与第三人就损害赔偿额进行协商的和解程序，则被保险人与第三人可能会通过和解确定较高赔偿数额，从而使保险人负担过重的赔付义务。正如有学者所指出的，“就针对被保险人提起的赔偿索赔，责任保险人往往充当控制者与管理者的角色”[②]。

4. 人身保险合同解除后退还保险单现金价值的义务

保险单的现金价值，是指带有储蓄性质的人身保险单所具有的价值。保险单的现金价值是投保人交纳均衡保费积存生息的结果。人寿保险合同保险费的交纳通常采取均衡保费的方式，即保险人将整个合同期间的保费平均分担到每一保险年度，由投保人每年向保险人缴纳相同数额的保费，只要投保人交纳的保险费达到一定期限，则其溢缴的保险费及其利息就可形成保险单的现金价值。[③] 采用此种保险金支付方式的主要原因在于，如果采用自然保费，尤其在老年，是风险最大的时期，也是需要支付最多保费的时期，而老年通常为支付能力比较弱的时期。而采用均衡保费则可避免这一状况，即人在年轻的时期，所缴纳的保费多于其原本应当缴纳的保费，投保人多缴纳的保费，通常由保险人提取作为保险责任准备金，而且这部分费用会产生孳息，保险人应当退还给投保人。[④] 在保险法上，退还

---

① 参见任自力：《保险法学》，北京，清华大学出版社，2010，第126页。

② 〔德〕瓦格纳主编：《比较法视野下的侵权法与责任保险》，魏磊杰等译，北京，中国法制出版社，2012，第428页。

③ 参见石旭雯：《保单质押的基本法律问题探析》，载《西部法律评论》，2009（4）。

④ 参见任自力：《保险法学》，北京，清华大学出版社，2010，第186页。

保险单现金价值被称为不丧失价值条款。《保险法》第 47 条规定："投保人解除合同的，保险人应当自收到解除合同通知之日起三十日内，按照合同约定退还保险单的现金价值。"该条确立了保险人退还保险单现金价值的期限，投保人解除保险合同后，保险人应当在该期限内退还保险单的现金价值。

5. 保守客户商业秘密和隐私的义务

依据《保险法》第 116 条第 12 项的规定，保险公司及其工作人员不得泄露在业务活动中知悉的投保人、被保险人的商业秘密。在保险合同订立过程中，投保人要向保险人披露个人的信息和隐私，如个人家庭住址、身份证号码、身体健康状况等，这些都是个人的重要隐私，因此，在投保过程中，尤其是投保人身保险的过程中，投保人或被保险人的诸多隐私信息（如患病史等）都被保险公司及其工作人员掌握。保险人在了解了这些信息之后，应当尽到一定的保密义务，未经投保人、被保险人同意，不得披露其个人隐私、个人信息。

第八节　财产保险合同中的特殊制度

一、保险代位求偿权

（一）保险代位求偿权的概念和特征

保险代位求偿权，是指在保险合同中，保险人于赔偿被保险人损失后，所取得的被保险人所享有的依法向负有民事赔偿责任的第三人请求赔偿的权利。[①]《保险法》第 60 条第 1 款规定："因第三者对保险标的的损害而造成保险事故的，保险人自向被保险人赔偿保险金之日起，在赔偿金额范围内代位行使被保险人对第三者请求赔偿的权利。"法律规定代位求偿权的目的主要是防止被保险人获得双重赔付。例如，发生交通事故后，车主要求保险公司赔偿车辆损失，在获得保险赔付后，其享有的对第三人的损害赔偿请求权则应当移转给保险公司，否则其将获得双重赔付。[②] 保险代位求偿权的特征在于：

---

① 参见王乐宇：《论保险代位求偿权行使的权利限制》，载《法学论坛》，2007（5）。

② 参见许良根：《保险代位求偿制度研究》，北京，法律出版社，2008，第 2 页。

第一，法定性。所谓法定性，指保险代位求偿权是《保险法》规定的法定权利，并非当事人之间的约定权利，其目的在于实现保险损失补偿的宗旨。一方面，保险人的代位求偿权是依法产生的，当事人不得约定排除保险人的代位求偿权，只要符合代位求偿权的构成要件，保险人即可享有代位求偿权。[①] 同时，保险人的代位求偿权只能向第三人行使，而不能向被保险人行使。另一方面，它是一种法定的债权移转类型[②]，即只要保险人履行了赔付责任，就可依法从被保险人处取得对第三人的代位求偿权。如果保险人就保险标的的损失进行了全部赔付，则获得全部的代位求偿权；如果仅仅是部分赔付，则应当在保险金额范围内取得代位求偿权。在第三人的财产不足以同时满足被保险人的损害赔偿请求权和保险人代位求偿权的情况下，应当确立被保险人的权利优先。[③] 此外，只要保险人进行了赔付，即便被保险人已经对第三人提起诉讼，该损害赔偿请求权仍应当移转给保险人。依据《保险法》第 61 条的规定，保险事故发生后，保险人应当按照保险合同的约定向被保险人履行赔付保险金的责任，在保险人未赔偿保险金之前，被保险人放弃对第三者请求赔偿的权利的，可能导致保险人保险代位求偿权无法实现，此时，保险人无须承担赔偿保险金的责任；在保险人向被保险人赔偿保险金后，被保险人对第三人的损害赔偿请求权依法应当移转给保险人，如果被保险人未经保险人同意放弃对第三者请求赔偿的权利的，该放弃权利的行为无效。在被保险人因故意或者因重大过失致使保险人不能行使代位请求赔偿的权利的，保险人未履行赔付保险金责任，保险人可以扣减相应的保险金，保险人已经履行保险金赔付责任的，则可以要求返还相应的保险金。

第二，附条件性。只有在被保险人享有对第三人的损害赔偿请求权时，才有可能产生保险人的代位求偿权。从这个意义上说，保险人的代位求偿权具有附条件性。一方面，被保险人对第三人的损害赔偿请求权是保险人代位求偿权的前提和基础。被保险人放弃或者部分放弃其对第三人的损害赔偿请求权的，将会导致保险人代位求偿权的丧失或者部分丧失，此时保险人可在此范围内拒绝承担赔偿责任；另一方面，保险人的代位求偿

① 参见任自力：《保险法学》，北京，清华大学出版社，2010，第 224 页。

② 参见李玉泉：《海上保险中保险人的代为求偿制度》，载《中国海商法协会通讯》，2005（2），第 15 页。

③ 参见江朝国：《保险法论文集》（3），台北，瑞兴图书股份有限公司，2002，第 79～80 页。

权本质上是被保险人求偿权的法定转移，即在保险人履行保险金赔付责任后，不论被保险人是否同意，相应的损害赔偿请求权均由保险人享有。在保险人已经向被保险人支付保险金的情形下，该代位求偿权已经产生，此时，被保险人放弃或者部分放弃对第三人的损害赔偿请求权的，该行为都是无效的。[①]《保险法》第 61 条对此作出了规定。正是因为保险人的代位求偿权具有附条件性，所以第三人对被保险人所享有的抗辩权，均可对保险人行使。

第三，债权性。保险人的代位求偿权本质上是一种债权，尽管在学理上存在不同观点，但通说认为该权利是一种债权。[②] 一方面，保险人的代位求偿权产生于被保险人对第三人的损害赔偿请求权，被保险人的损害赔偿请求权本质上是一种债权，保险人的代位求偿权在本质上是被保险人损害赔偿请求权的一种延伸，也具有债权的性质。因此，保险人可以转让或者放弃其代位求偿权。[③] 另一方面，保险人的代位求偿权作为一种债权，与其他人对第三人所享有的债权相比，在效力上是平等的。例如，在第三人破产的情形下，保险人并不享有优先受偿的权利，保险人的代位求偿权与其他债权人的债权是平等的。[④]

（二）保险人代位求偿权的功能

1. 防止被保险人获取不当利益

代位求偿权起源于损失补偿原则（principle of indemnity），其本意在于被保险人遭受多少损失，就应当赔付多少。[⑤] 如果保险事故发生后，被保险人既可以从保险人处获得赔偿，也可以从第三人处获得赔偿，则被保险人可能获取额外利益，从而有违保险法“禁止获利”的原则，甚至可能诱发道德风险。[⑥] 保险代位求偿制度可有效避免被保险人因保险事故获得额外利益的现象。

---

① 参见《保险法》第 61 条第 2 款。

② 关于保险代为求偿权的性质，主要有债权法定移转说、赔偿请求权附属说和广义形成权说等学说，其中债权说为理论界通说。参见梁宇贤：《保险法新论》，台北，瑞兴图书股份有限公司，2001，第 183 页；任自力：《保险法学》，北京，清华大学出版社，2010，第 224 页注。

③ 参见许良根：《保险代位求偿制度研究》，北京，法律出版社，2008，第 88 页。

④ 参见任自力：《保险法学》，北京，清华大学出版社，2010，第 224 页。

⑤ Schimikowski，Versicherungsvertragsrecht，4Aufl.，München 2009，S. 235.

⑥ 参见任自力、周学峰：《保险法总论》，北京，清华大学出版社，2010，第 93 页。

2. 避免第三人被不当免责

如前所述，在保险事故发生后，被保险人既对保险人享有保险金赔付请求权，也对第三人享有损害赔偿请求权，在保险人向被保险人支付了保险金之后，被保险人的损害就获得了填补，在此情形下，被保险人可能缺乏向第三人请求损害赔偿的主动性，这就有可能导致第三人被不当免责。① 若第三人因保险人的赔付而被免除承担侵权责任，有违公平原则。② 因此，通过保险代位求偿制度，在保险人向被保险人支付保险金之后，保险人即可代位行使被保险人对第三人的损害赔偿请求权，有利于实现侵权责任法预防损害的功能，减少侵权行为的发生；也间接有利于降低保险费率，这也符合投保人与被保险人的利益。③ 对第三人而言，无论是被保险人还是保险人向其行使损害赔偿请求权，都是其行为产生的不利后果，并没有过分加重其责任。④

3. 简化程序，实现诉讼经济

在行使代位求偿权的情况下，法律直接赋予了保险人以代位求偿的权利，可以简化当事人之间的求偿程序。一方面，如果要求被保险人先向第三人求偿，然后再将其所获得的利益返还给保险人，则无疑增加了当事人之间求偿的环节和成本。另一方面，如果法律不规定法定的债权移转，保险人为了保障自己的权益，可能需要与被保险人达成合意，要求被保险人转让其对于第三人的请求权，这也会导致当事人之间协商成本的增加。

（三）保险代位求偿权行使的条件

1. 被保险人对第三人享有损害赔偿请求权

如果保险事故是因不可抗力等原因造成的，则被保险人对第三人不享有损害赔偿请求权，则保险人的代位求偿权将无从产生。⑤ 因此，当第三人的侵权或违约引发了保险事故，且其应对该行为后果负责时，被保险人对第三人依法享有损害赔偿请求权，保险人才可能基于该损害赔偿请求权而享有代位求偿权。

2. 保险人已经履行了保险赔付责任

如果保险人已履行了全部赔付责任，则其可以在赔付范围内取得对第

---

① 参见许良根：《保险代位求偿制度研究》，北京，法律出版社，2008，第181页。
② 参见林群弼：《保险法论》，台北，三民书局，2002，第259页。
③ 参见任自力、周学峰：《保险法总论》，北京，清华大学出版社，2010，第94页。
④ 参见徐良根：《保险代位求偿制度研究》，北京，法律出版社，2008，第181页。
⑤ 参见任自力：《保险法学》，北京，清华大学出版社，2010，第224～225页。

三人的代位求偿权；如果保险人仅履行了部分赔付责任，则其只能在其给付保险金的范围内享有代位求偿权。但保险人未向被保险人履行赔付责任，则保险人不享有代位求偿权，此时，对第三人的损害赔偿请求权仍归属于被保险人，该项权利可以有效对被保险人的损害进行救济，避免被保险人既无法向第三人请求损害赔偿，也无法向保险人请求赔付保险金，从而产生“两头落空”的情形，不利于对被保险人进行救济。[①] 我国《保险法》第 60 条第 1 款规定：“因第三者对保险标的的损害而造成保险事故的，保险人自向被保险人赔偿保险金之日起，在赔偿金额范围内代位行使被保险人对第三者请求赔偿的权利。”据此，保险人行使代位求偿权的要件之一是保险人已经向被保险人支付保险金。

3. 保险人代位求偿权的范围应以保险赔付范围为限

如前所述，保险人的代位求偿权是基于被保险人对第三人的损害赔偿请求权产生的，并且从属于该损害赔偿请求权，因此，保险人代位求偿权的范围不得超过被保险人对第三人的损害赔偿请求权；同时，为防止保险人获取不当得利，保险人的代位求偿权的范围也不应当超过其支付的保险金额。我国《保险法》第 60 条第 1 款规定：“因第三者对保险标的的损害而造成保险事故的，保险人自向被保险人赔偿保险金之日起，在赔偿金额范围内代位行使被保险人对第三者请求赔偿的权利。”依据该条规定，保险人不得因行使保险代位求偿权而获得额外利益，保险人的代位求偿权的数额应当以其实际支付的保险金数额为限。[②] 法律作出此种规定的目的在于防止保险人获得不当得利，这表明保险法上的禁止不当得利原则既适用于被保险人，也适用于保险人。

4. 排除保险人代位求偿权适用的情形

首先，就保险代位求偿权的适用而言，其仅适用于财产保险，而不适用于人身保险。通说认为，人身利益具有无价性，在保险人支付保险金后允许被保险人继续享有对于第三人的赔偿请求权，并不会使其获得额外利益，因此，我国保险法在人身保险领域排除了保险人代位求偿权的适用。[③] 其次，《保险法》第 62 条规定：“除被保险人的家庭成员或者其组成人员故意造成本法第六十条第一款规定的保险事故外，保险人不得对被

---

① 参见江朝国：《保险法论文集》(3)，台北，瑞兴图书股份有限公司，2002，第 78 页。

② 参见江朝国：《保险法论文集》(3)，台北，瑞兴图书股份有限公司，2002，第 78 页。

③ 参见李玉泉：《保险法》，北京，法律出版社，2003，第 236 页。

保险人的家庭成员或者其组成人员行使代位请求赔偿的权利。”该条规定了排除保险人代位求偿权的情形，即在被保险人的家庭成员或者其组成人员造成保险事故的场合中，保险人不享有代位求偿权，其原因在于：一方面，在我国，家庭财产实行共同共有，若保险人向被保险人赔偿后，再向其家庭成员行使代位求偿权，将使得保险金从家庭财产中“左口袋进，右口袋出”，这就等同于被保险人自己承担了责任，从而不能实现保险损害填补的功能①；另一方面，家庭成员之间通常存在着紧密的情感关系，若允许保险人向被保险人的家庭成员行使代位求偿权，通常会违背被保险人的真实意愿。但为了避免道德风险，在被保险人的家庭成员或者其他组成人员故意制造保险事故时，保险人仍然可以行使代位求偿权，这也体现了对故意违法行为的制裁。

（四）保险人代位求偿权的行使

1. 保险人行使代位求偿权的名义

关于代位求偿权究竟应当以谁的名义行使，存在不同观点：一是以被保险人的名义行使，因为其产生于被保险人的损害赔偿请求权；二是以保险人的名义行使，因为该权利已经移转给保险人，故应以保险人的名义行使；三是既可以以被保险人的名义行使，也可以以保险人的名义行使。②我国现行立法没有对此作出规定，笔者认为，保险人应当以自己的名义行使代位求偿权，主要理由在于：第一，《保险法》第 60 条第 1 款规定：“因第三者对保险标的的损害而造成保险事故的，保险人自向被保险人赔偿保险金之日起，在赔偿金额范围内代位行使被保险人对第三者请求赔偿的权利。”从该规定来看，该规定将代位求偿权规定为保险人的权利，因此，保险人可以以自己的名义行使代位求偿权。第二，如果以被代位人的名义行使，必须获得被代位人的特别授权，这将会对该权利的行使徒增许多障碍。一般认为，代位求偿权在性质上属于被保险人的损害赔偿请求权的法定移转，在保险人对投保人进行保险金的赔付后，该债权就发生转移，此时保险人已经取得了对第三人的债权人地位，保险人作为债权人可以以自己的名义行使权利。第三，从我国司法实践来看，大多倾向于采用保险人名义说。③代位求偿权以保险人的名义行使，已经成为我国司法实

① 参见许崇苗、李利：《保险合同法理论与实务》，北京，法律出版社，2002，第 483 页。

② 上述三种学说参见许良根：《保险代位求偿制度研究》，北京，法律出版社，2008，第 138～139 页。

③ 参见许良根：《保险代位求偿制度研究》，北京，法律出版社，2008，第 147 页。

践中的有益经验，应当予以保留。

2. 保险代位求偿权的行使对象

保险代位求偿权行使的对象应当是加害人，即造成被保险人财产损失的第三人。保险事故发生后，被保险人既可以向第三人主张赔偿责任，也有权要求保险人先予赔付。如果被保险人直接请求保险人赔偿，依据保险合同的约定，保险人应当先予赔偿。在保险人承担赔付责任之后，依据《保险法》第60条，保险人依法取得被保险人对第三人请求赔偿的权利，其在赔付的范围内可以向第三人进行追偿。在保险人向第三人追偿时，被保险人负有一定的协助义务。例如，被保险人应当将事故责任认定证明书、医疗费用单据等资料交付给保险人，以便保险人顺利行使代位求偿权。

3. 被保险人损害赔偿请求权的优先性

如果保险人向被保险人支付的保险金足以填补被保险人的损害时，被保险人的求偿权即因法律规定转化为保险人的代位求偿权，不会产生二者并存的情形。但如果保险人仅赔付了保险标的的部分损失，则会产生被保险人的求偿权与保险人的代位求偿权同时存在的现象，在此情形下，如何确立两项权利的优先顺位？[①] 例如，第三人造成被保险人20万元的财产损失，保险人在保险金额内赔偿了10万元保险金，因此，被保险人对第三人还享有10万元的损害赔偿请求权。当该第三人只有10万元责任财产时，保险人与被保险人的权利何者优先？对此，我国立法并没有作出规定。一般认为，被保险人的求偿权应当具有优先于保险人代位求偿权的效力，其主要原因在于：被保险人的求偿权是保险人代位求偿权产生的基础和行使的前提，保险的目的即在于填补被保险人的损害，在被保险人的求偿权与保险人的代位求偿权发生一定冲突时，应当优先保护被保险人损害赔偿请求权的实现。[②]

4. 被保险人的不作为义务和协助义务

被保险人的不作为义务，是指被保险人不得实施损害保险人代位求偿权行使的义务，例如，不得隐匿、毁灭证据，不得与第三人恶意串通，损害被保险人的代位求偿利益，或者擅自免除、放弃对第三人的损害赔偿请

① 参见江朝国：《保险法论文集》（3），台北，瑞兴图书股份有限公司，2002，第79～80页。

② 参见江朝国：《保险法论文集》（3），台北，瑞兴图书股份有限公司，2002，第79～80页。

求权。[①] 比较法一般采此观点，如在英国法中，存在“已知保险例外原则”（knowledge of insurance exception），按照这一原则，如果被保险人明知存在保险代位求偿权而单方放弃对第三人的权利，则该免除行为不得对抗保险人所享有的代位求偿权。[②] 笔者认为，在保险人向被保险人赔付保险金前，被保险人放弃其对第三人的损害赔偿请求权的，则保险人不再承担赔付保险金的责任；在保险人足额赔付保险金后，其已经取得了代位求偿权，被保险人对第三人的损害赔偿请求权已经依法移转给保险人，被保险人放弃其损害赔偿请求权的，该放弃行为无效。

在保险人向第三人行使代位求偿权时，被保险人应当负有一定的协助义务，该义务是指被保险人应向保险人提供证明保险事故发生时间、性质、损失程度、与第三人的关系、第三人责任的有无或大小等相关证据，对保险人就代位求偿权的有关事实的询问作出如实回答。《保险法》第 63 条规定：“保险人向第三者行使代位请求赔偿的权利时，被保险人应当向保险人提供必要的文件和所知道的有关情况。”该条规定了在保险人向第三人行使代位求偿权时被保险人的协助义务。被保险人的协助义务主要包括两个方面：一是向保险人交付相关的文件，如保险标的权利凭证及相关的文件，以便保险人向第三人主张权利。二是向保险人如实陈述与保险事故相关的情况，以便保险人确定第三人的责任范围。

5. 保险人代位求偿权的放弃

代位求偿权是一种债权，保险人可以放弃或者转让该种权利。保险人放弃其代位求偿权的，应当向第三人作出明确的意思表示，而不能只是向被保险人作出。因为该权利直接存在于保险人和第三人之间，所以，只有保险人向第三人作出放弃该权利的意思表示，该放弃行为才能生效。保险人自愿赔付保险金或者放弃其要求被保险人进行协助的权利，不能认为是放弃了代位求偿权。[③]

二、重复保险

（一）重复保险的概念和构成要件

重复保险有广义与狭义之分。广义上的重复保险是指投保人对同一保

① 参见任自力：《保险法学》，北京，清华大学出版社，2010，第 227 页。

② See Malcolm M. Clark, *The Law of Insurance Contract*, 2nd ed. Informa House, 1994, p. 841.

③ 参见许良根：《保险代位求偿制度研究》，北京，法律出版社，2008，第 181 页。

险标的、同一保险利益、同一保险事故分别与两个以上保险人订立保险合同的保险。而狭义上的重复保险则仅是指上述情形中保险金额总和超过保险价值的保险。[①]《保险法》第 56 条第 4 款规定："重复保险是指投保人对同一保险标的、同一保险利益、同一保险事故分别与两个以上保险人订立保险合同，且保险金额总和超过保险价值的保险。"可见，《保险法》规定的重复保险仅指狭义上的重复保险，即立法并不禁止投保人就同一保险标的、同一保险利益、同一保险事故，分别与两个以上保险人订立保险合同，只要数份保险合同的保险金额总和不超过保险价值即可。例如，甲对其自己拥有的一套价值 100 万元的房屋分别与两个保险公司签署了两份火灾险合同，每份合同的保险金额均为 100 万元。其后，该房屋因火灾全部损毁。因为投保人甲以同一保险标的（该房屋）、同一保险利益（对该房屋的所有权利益）、同一保险事故（该次火灾），与两个保险公司签署了两份保险合同，且保险金额总和超过保险价值，属于重复保险，所以，甲依法只能得到 100 万元而非 200 万元的保险金。在上例中，如果甲所订立的数份保险合同的保险金额总和并未超过房屋价值，则不属于重复保险。法律上之所以要规范重复保险，其原因在于：一方面，避免被保险人获取额外利益，诱发道德风险，因为在重复保险中，保险金额超过了保险价值，如果允许被保险人获得超额赔偿，将违反损失补偿原则。另一方面，规范重复保险，也可以在贯彻损失补偿的原则下，维护保险业的正常秩序。重复保险主要具有如下构成要件：

1. 保险标的具有同一性

这就是说，在重复保险的情况下，两份或多份保险合同所约定的保险标的必须是相同的。如在上例中，投保人所订立的两份保险合同中保险标的为同一套房屋的情形。

2. 保险利益和保险事故具有同一性

所谓保险利益的同一性，是指投保人基于同一保险利益同多个保险人订立保险合同。例如，上例中，投保人基于该房屋的所有权分别与两个保险人订立两个保险合同，这两个保险合同中，基于相同的权利基础，保险利益是同一的。如果投保人分别基于该房屋的所有权和租赁权与两个保险人订立保险合同，则这两个保险合同中的保险利益是不同的，一个是所有权利益，一个是租赁权利益，此种情形则不属于重复保险。所谓保险事故

---

① 参见任自力：《保险法学》，北京，清华大学出版社，2010，第 229 页。

的同一性，是指投保人与多个保险人在多份保险合同中所约定的保险事故是同一项事故。如投保人就同一处房产与多个保险人分别订立盗窃险合同与火灾险合同，则由于保险事故不具有同一性，因而不属于重复保险。

3. 投保人与两个以上保险人分别订立了两个以上的保险合同

这就是说，一方面，在重复保险中，必须是投保人与两个以上保险人分别订立数个保险合同。因此，必须存在两个以上的保险合同，如果投保人在同一保险期间内、就同一保险标的与两个以上保险人仅订立一个保险合同的，则属于共同保险而非重复保险。[①] 另一方面，保险人必须为两人以上，如果是投保人在同一保险期间内、就同一保险标的与同一个保险人订立两个或者两个以上保险合同的，则不属于《保险法》所规定的重复保险。

4. 保险期间具有同一性

投保人与两个以上保险人订立两个以上保险合同时，保险期间必须存在重合或者交叉，才有可能成立重复保险。当然，成立重复保险并不要求各个保险合同的存续期间完全重合，只要各保险合同的存续期间部分重合即可。[②]《保险法》虽然没有对此作出明确规定，但如果各个保险合同的存续期间不存在重合，则不可能存在发生同一保险事故的可能性，被保险人也不可能同时获取多份保险金，因而无法成立重复保险。

5. 保险金总额超过保险价值

重复保险的核心特征就在于保险金额总和超过保险价值。例如，在前例中，若房屋价值为200万，两份保险合同总的保险金额为150万，因保险金额总和未超过保险标的价值，不构成重复保险。法律上对此进行规制的主要目的在于避免或者减少被保险人因保险事故而获取额外利益，从而构成不当得利。当然，保险价值的概念仅适用于财产保险合同[③]，由于人身保险中不存在保险价值的概念，因此不存在重复保险的可能。

（二）重复保险的适用范围

按照保险法理论与实务界的共识，重复保险仅适用于财产保险。[④] 关于重复保险的规则能否适用于人身保险，存在不同观点。有学者认为，我国《保险法》将重复保险规定于财产保险部分，因此，重复保险的相关规

① 参见任自力：《保险法学》，北京，清华大学出版社，2010，第231页。

② 参见郑玉波：《保险法论》，台北，三民书局，2003，第56页。

③ 参见吴定富主编：《〈中华人民共和国保险法〉释义》，北京，中国财政经济出版社，2009，第134页。

④ 参见任自力：《保险法学》，北京，清华大学出版社，2010，第231页。

则不适用于人身保险。也有学者则认为，人身保险中也可能存在重复保险，人身保险可以区分为损失补偿保险与定额给付保险，对于损失补偿型的人身保险，由于其主要性质在于损害填补，因而有重复保险适用的余地，以免被保险人因保险事故而获取额外利益，故重复保险可适用于损失补偿保险，而不适用于定额给付保险。①

笔者认为，法律规范重复保险，旨在防止被保险人因为保险事故的发生而获取额外利益，从而构成不当得利，但重复保险并非适用于所有险种。从保险的功能来看，由于财产保险的功能在于损害填补，因而，为避免被保险人因保险事故而获取额外利益，需要适用法律关于重复保险的规定。人身保险有多种类别，其功能包括人身伤害、健康损害等的补偿，储蓄，提供养老保障等多个方面，这就决定了不可一概排除重复保险相关规则对人身保险的适用，而应当区分具体的人身保险类型予以确定。人身保险分为人寿保险、健康保险和意外伤害保险。其中，人寿保险属于定额保险，不具有损害填补的性质，即使受益人或者被保险人获取多份保险金，也不存在获取额外利益的问题，因此，不能适用重复保险的相关规则；但在健康保险和意外伤害保险中，受益人或者被保险人获取的保险金主要用于填补受益人或者被保险人因保险事故所遭受的损失，如果允许其获取多份保险金，则有可能获取额外利益，因此，应当适用重复保险的相关规则。由此可见，从保险的功能出发可界定重复保险的适用范围，在财产保险以及具损失填补性质的人身保险（健康保险、意外伤害保险）中，应当可以适用重复保险的相关规则②，而在人寿保险中，则不宜适用重复保险的相关规则。

（三）重复保险的效力

1. 投保人的通知义务

《保险法》第 56 条第 1 款规定："重复保险的投保人应当将重复保险的有关情况通知各保险人。"据此，在重复保险情形下，投保人负有将所订立的重复保险合同的相关情况通知各个保险人的义务，该义务也是最大诚信原则的具体体现。③ 由于重复保险是一种超额保险，法律上并未绝对禁止，但要求投保人订立重复保险时应当履行告知义务，主要是为了方便

---

① 参见江朝国：《保险法逐条释义》（第一卷 总则），台北，元照出版公司，2012，第 883 页。

② 健康保险分为四类险种，其中疾病给付保险、护理保险和失能收入损失保险一般不适用补偿原则。

③ 参见江朝国：《保险法逐条释义》（第一卷 总则），台北，元照出版公司，2012，第 898 页。

保险人及时了解在同一保险标的上所存在保险合同的情况，从而在保险事故发生后，准确确定其保险责任。

2. 超出部分无效

依据损失补偿原则，保险人负有填补被保险人实际损失的义务，在保险价值的范围内，各个保险人仍负有按合同约定支付保险金的义务。重复保险合同本身并非当然无效，但对于超过保险价值的部分，因有违损失补偿原则，该超过部分应当被宣告无效。《保险法》第 56 条第 3 款规定："重复保险的投保人可以就保险金额总和超过保险价值的部分，请求各保险人按比例返还保险费。"据此，按照权利义对等的原则，在认定超过的部分无效后，各个保险人应当将多收取的保费退还给投保人。通常的做法是，在重复保险的情形，各个保险合同仍部分地有效，只是要按保险金额与保险金额总和的比例，降低各个合同中的保险金额和保险费。

3..保险人按比例承担保险责任

《保险法》第 56 条第 2 款规定："除合同另有约定外，各保险人按照其保险金额与保险金额总和的比例承担赔偿保险金的责任。"依据这一规定，首先，应当按照当事人的约定赔付。比如，保险人与投保人约定，在其他保险合同保险人的赔付责任履行完毕之后，其才承担保险赔付责任，则应当按照该约定承担保险责任。其次，如果当事人没有对保险责任的承担作出约定，则应当按照其保险金额与保险金额总和的比例承担赔偿保险金的责任。例如，房屋价值为 100 万元，房主作为投保人分别与两个保险人订立了保险金额均为 100 万元的保险合同，在发生保险事故导致房屋全部损失后，两个保险人应当按照比例分别承担赔付 50 万元保险金的责任。

第九节　人身保险合同中的特殊规则

一、概述

人身保险是以人的寿命和身体为保险标的的保险。人身保险合同中存在一些特殊规则，例如，关于宽限期条款、合同复效条款、年龄误报条款、自杀条款等规则。《保险法》设置这些特殊规则规范人身保险合同的主要原因在于，人身保险合同具有一些不同于财产保险合同的特点，其主要表现在：

第一，保险标的的特殊性。人身保险合同主要以被保险人的生命和身体为保险标的，由于人的生命和身体具有无价性，通常不能或者不宜以金钱衡量其价值，因而，人身保险合同保险利益的存在并非因为保险标的的经济价值，而是因为被保险人和受益人之间的特殊关系。被保险人和受益人之所以能够从保险人处获得保险金，主要是因为投保人与被保险人之间具有亲属或信赖等利害关系。[①] 这种利害关系构成了人身保险合同中的保险利益。正是因为人身保险合同中保险利益具有上述特殊性，所以形成了一些不同于财产保险合同的法律规则。

第二，保险金额的固定性。如前所述，由于人的生命或身体不能用金钱进行衡量和估价，因而，人身保险合同中保险标的的经济价值无法计算，保险金的给付只能采用定额的方式来确定：保险事故发生后，通常不能像财产保险合同那样根据被保险人遭受的实际损失进行赔偿，而必须以事先约定的保险金额作为赔付标准。[②] 因此，人身保险常常又被称为定额保险。需要指出的是，在健康保险和意外伤害保险中，则不完全以给付定额的方式确定保险金，因为健康保险和意外伤害保险基本上属于具有损害填补性质的人身保险（如赔偿医疗费用、丧葬费、分娩费用等），其可以贯彻损失补偿原则，按照被保险人所遭受的实际损失确定保险金的数额。[③]

第三，保险期限一般较长。相对于财产保险合同而言，人身保险合同的期限一般较长，尤其是人寿保险合同，通常以人的生存或死亡作为保险事故，这就决定了其不可能是短期合同。在此类合同中，投保人保费交纳期限一般较长，通过保费的长期积累，可为被保险人晚年生活或者为其指定的受益人提供保障。

此外，从功能上看，人身保险合同也具有其特殊性。尤其在现代社会，许多人寿保险合同除具备传统的补偿与保障功能外，还具有储蓄、投资分红等功能，这些特点也决定了应当对人身保险合同进行特殊规制。

二、人身保险合同的特殊规定

（一）宽限期

宽限期，是指保险合同约定采取分期交纳保费的方式，在支付首期保

① 参见许崇苗：《人身保险合同法律适用与案例评析》，北京，中国金融出版社，2000，第28页。

② 参见任自力：《保险法学》，北京，清华大学出版社，2010，第155页。

③ 参见江朝国：《保险法基础理论》，北京，中国政法大学出版社，2002，第392页。

费后，投保人可以在约定缴费期限届满后的一定期限内补交当期保费，在该宽限期内，保险合同仍然有效，一旦发生保险事故，保险人仍应当承担保险责任。[①] 宽限期是人身保险合同中关于保费支付的特殊条款。《保险法》第36条规定："合同约定分期支付保险费，投保人支付首期保险费后，除合同另有约定外，投保人自保险人催告之日起超过三十日未支付当期保险费，或者超过约定的期限六十日未支付当期保险费的，合同效力中止，或者由保险人按照合同约定的条件减少保险金额。被保险人在前款规定期限内发生保险事故的，保险人应当按照合同约定给付保险金，但可以扣减欠交的保险费。"依据这一规定，法律为保护投保人，允许投保人在支付首期保费之后，对到期未续交保费的投保人，可以给予一定期限的优惠，使其得以在该优惠期内补交续期保险费。[②] 法律规定宽限期的主要原因在于，人身保险合同的期限一般较长，在合同存续期间内，投保人可能因为各种原因而无法按期交纳保险金，如果允许保险人因此解除合同，显然不利于保护被保险人的利益。

依据《保险法》第36条的规定，宽限期的具体确定应当采取如下方式：一是投保人应当自保险人催告之日起30日内支付当期保费；二是保险人未催告的，支付当期保费不能超过约定的期限60日；三是当事人另有约定的情形，从其约定。这就是说，当事人可以就宽限期作出较法律规定期限更为宽松的约定。在此需要讨论的是，宽限期的规定是否是任意性规定，是否允许当事人通过合同加以改变？笔者认为，宽限期的目的在于对投保人进行保护，不允许当事人约定排除，当事人可以约定延长法律规定的期限，但不得缩短。

（二）复效

复效，是指保险合同效力中止以后，又重新恢复其效力。在宽限期经过后，人身保险合同效力中止，此后发生的保险事故，保险人无须承担保险责任。但当事人双方可以就此进行协商，约定在保险人补交保险费后，保险合同的效力恢复。例如，甲投保长期的养老保险，在缴纳了首期保费之后，因为甲的企业经营困难一时不能缴纳某一期保费。在经过了宽限期以后，甲又筹集到足够的资金，其与保险公司达成协议，并补交了保费，

---

① 参见任自力：《保险法学》，北京，清华大学出版社，2010，第159页。

② 参见吴定富主编：《〈中华人民共和国保险法〉释义》，北京，中国财政经济出版社，2009，第97页。

则保险合同复效。

复效不同于重新投保，重新投保需要符合投保的程序，性质上属于重新订立保险合同，但复效并不需要重新订立合同。[①]《保险法》第 37 条规定："合同效力依照本法第三十六条规定中止的，经保险人与投保人协商并达成协议，在投保人补交保险费后，合同效力恢复。但是，自合同效力中止之日起满二年双方未达成协议的，保险人有权解除合同。保险人依照前款规定解除合同的，应当按照合同约定退还保险单的现金价值。"依据这一规定，在保险合同效力中止两年内，双方当事人仍未达成协议的，保险人有权解除保险合同。由此可见，法律为了保护投保人的利益，规定了较长的复效期，允许投保人在此期限内与保险人达成协议，通过补交保险费的方式使保险合同复效。保险合同效力中止后，保险人对因保险事故造成的损失不承担保险责任，经过两年投保人与保险人仍未达成复效协议的，保险人有权单方解除合同[②]，但应当退还保险单的现金价值。

（三）年龄误报条款

年龄误报，是指投保人在向保险人申报的年龄与其真实年龄存在差异。在人身保险合同中，被保险人的年龄往往是保险人决定是否承保以及确定保费费率的主要依据，如果投保人申报年龄不实，可能导致保险人无法准确判断保险风险，并作出正确决策，所以在人身保险合同中，要求投保人必须准确申报被保险人的年龄。如果申报不实，保险人可能享有解除合同的权利[③]，按照《保险法》第 16 条的规定，在人身保险合同中，被保险人的年龄往往构成"重要事实"，投保人负有如实告知的义务。[④] 与此相应，《保险法》第 32 条第 1 款规定："投保人申报的被保险人年龄不真实，并且其真实年龄不符合合同约定的年龄限制的，保险人可以解除合同，并按照合同约定退还保险单的现金价值。"因为在合同约定了年龄限制的情况下，投保人的年龄是订立合同的基础，决定了保险人是否同意承保以及保险费的高低，对保险人的利益具有重要影响。所以，在人寿保险合同订立过程中，如果符合年龄误报条款的规定，保险人可以解除合同，但应当退还保险单的现金价值。

---

① 参见樊启荣：《保险法》，北京，北京大学出版社，2011，第 208 页。

② 参见肖梅花：《保险法新论》，北京，中国金融出版社，2000，第 223 页。

③ 参见刘宗荣：《保险法》，台北，三民书局，1995，第 404～405 页。

④ 参见许崇苗：《人身保险合同法律适用与案例评析》，北京，中国金融出版社，2000，第 23 页。

根据《保险法》第 32 条的规定，在投保人申报的被保险人年龄不真实的情况下，也可能影响到保费的支付。在误报年龄的情形中，投保人实际缴纳的保费可能多于或少于其应缴纳的保费，对此，应当区别不同的情况处理：如果年龄误报致使投保人支付的保险费少于应付保险费的，保险人有权要求投保人补交保险费，或者在给付保险金时按照实付保险费与应付保险费的比例支付；如果投保人申报的被保险人年龄不真实，致使投保人支付的保险费多于应付保险费的，保险人应当将多收的保险费退还投保人。

（四）不可抗辩条款与禁反言规则

不可抗辩条款，又称不可争议条款，是指保险人自知道合同解除事由之日起或者自合同成立之日起的特定时间内没有行使该权利，则该权利消灭的制度。在英美法中，不可抗辩条款包含的范围十分宽泛，凡是投保人在投保时违反最大诚信原则，有以欺骗、错误陈述和隐瞒重要事实的行为为理由而导致合同解除或被主张无效的事由，自合同成立后经过一段时间都不得再行主张。1848 年英国伦敦寿险公司在其保单中首次应用了不可抗辩条款，经过数十年的发展，该条款逐渐普及成为人身保险实务操作的惯例，许多国家和地区基于这一条款对整个保险业的健康发展的重要性，也纷纷将其上升至法律规则。[①] 我国《保险法》借鉴了该制度，但对不可抗辩条款的内容作了限制。我国 1995 年的《保险法》就人身保险中年龄不实告知的解除权设置了不可抗辩条款，2009 年修改《保险法》时将不可抗辩条款扩张适用于所有险种中的如实告知制度。但《保险法》第 16 条第 3 款规定："前款规定的合同解除权，自保险人知道有解除事由之日起超过三十日不行使而消灭。自合同成立之日起超过二年的，保险人不得解除合同；发生保险事故的，保险人应当承担赔偿或者给付保险金的责任。"依据这一规定，不可抗辩条款仅适用于存在合同解除事由的情形，而且，对于不可抗辩条款是以除斥期间的形式予以规定的。需要指出的是，本条对于解除权的除斥期间的计算，采取双重限制：一是自保险人知道有解除事由之日起超过 30 日；二是自合同成立之日起超过两年。如果在合同成立之日起两年以后，即便保险人在知道解除事由后的 30 日内主张解除合同的，法律上也不再认可。所以，该两年的期限构成了对前述"三十日"的限制。

禁反言（estoppel），是指保险人知道投保人违反告知义务仍然与其订立合同，不得事后再主张解除合同。禁反言实际上是依据诚信原则而产

---

① 参见罗秀兰：《论保险法上的不可抗辩条款及其修订》，载《法学杂志》，2009（12）。

生的一项重要规则。其旨在禁止曾作出某种表示的人在相对人已给予信赖并因此而有所行为的情况下，作出否认表示或不一致的表示。[①]《保险法》第 16 条第 6 款规定："保险人在合同订立时已经知道投保人未如实告知的情况的，保险人不得解除合同；发生保险事故的，保险人应当承担赔偿或者给付保险金的责任。"该条降低了投保人在缔结保险合同时的告知义务要求，提高了对投保人的保护，充分贯彻了保险法上的最大诚信原则。[②]

(五) 自杀条款

自杀条款，是指在以被保险人死亡作为给付保险金条件的人寿保险中，被保险人在投保后的一定时期内（一般为一年或两年）因自杀而死亡的，保险人不给付保险金，仅退还合同现金价值；而在法定期间经过之后被保险人因自杀死亡，保险人要承担保险责任。[③] 自杀条款，是人寿保险的常用条款之一。从自杀条款的适用范围来看，其限于以死亡作为给付保险金的人身保险合同。[④]《保险法》第 44 条规定："以被保险人死亡为给付保险金条件的合同，自合同成立或者合同效力恢复之日起二年内，被保险人自杀的，保险人不承担给付保险金的责任，但被保险人自杀时为无民事行为能力人的除外。保险人依照前款规定不承担给付保险金责任的，应当按照合同约定退还保险单的现金价值。"可见，该法对于自杀条款作出了明确规定，作出此种规定的目的主要在于：一方面，要防止发生道德危险，保护保险人的利益。例如，某人原本计划自杀，在自杀之前与保险公司订立合同，目的在于使其近亲属获得保险金。自杀条款就可以阻止此种行为的发生。另一方面，要保护被保险人家属或者受益人的利益。[⑤] 因此可以说，它是在保险欺诈和保护被保险人利益之间寻求平衡的产物。需要说明的是，根据上述规定，如果被保险人自杀时为无民事行为能力人的，即便自杀行为发生于合同成立或者合同效力恢复之日起二年内，保险人仍然应当支付保险金，这强化了对未成年人和精神病人的保护。[⑥] 此外，自

---

① 参见任自力、周学峰：《保险法总论 原理·判例》，北京，清华大学出版社，2010，第 176 页。

② 参见赵明昕、孔宇辉：《我国保险法禁反言规则的完善》，载《保险研究》，2010 (5)。

③ 参见樊启荣：《保险法》，北京，北京大学出版社，2011，第 209 页。

④ 参见樊启荣：《保险法》，北京，北京大学出版社，2011，第 210 页。

⑤ Beresford v. Royal Ins. Co. Ltd. [1937] 2 K. B. 197, 215, 220.

⑥ 最高人民法院 2002 年 3 月 6 日《关于如何理解〈中华人民共和国保险法〉第六十五条"自杀"含义的请示的答复》中指出："本案被保险人在投保后两年内内因患精神病，在不能控制自己行为的情况下溺水身亡，不属于主动剥夺自己生命的行为，亦不具有骗取保险金的目的，故保险人应按合同约定承担保险责任。"

杀条款还应与不丧失价值条款相互结合适用。依据《保险法》第 44 条的规定，在被保险人自杀的情形，即使保险人不承担给付保险金责任，也应当按照合同约定退还保险单的现金价值，该条实际上是关于不丧失价值条款的规定，以避免保险人构成不当得利。

（六）故意犯罪免责条款

故意犯罪条款，是指在被保险人故意犯罪导致保险事故发生的情形，保险人不承担给付保险金的责任。在保险合同中，故意犯罪条款是保险人的免责条款，或者说是除外责任的一种重要情形。如果被保险人通过故意犯罪还可以获得保险赔付，无异于鼓励其从事违法行为，这有悖于保险的目的。而且，实施故意犯罪的被保险人获得赔付，将与保险合同的射幸性质以及保险法上的最大诚信原则存在冲突。① 所以，各国一般都确认其属于除外责任的一种。例如，英国在 1971 年的一个案例中，被保险人要求上诉法院为其杀害其妻以前的情人引起的责任执行保险合同，虽然他未被判杀人罪，但法院还是拒绝强制执行保险。② 我国《保险法》第 45 条规定："因被保险人故意犯罪或者抗拒依法采取的刑事强制措施导致其伤残或者死亡的，保险人不承担给付保险金的责任。投保人已交足二年以上保险费的，保险人应当按照合同约定退还保险单的现金价值。"依据这一规定，如果被保险人故意犯罪或者抗拒依法采取的刑事强制措施导致其伤残或者死亡的，保险人不承担赔付责任。该条的适用要满足如下要件：首先，被保险人具有故意。在比较法上，法官要考虑所涉罪行的严重性，通常故意行为才能阻止保险金的赔付。③ 其次，被保险人实施了故意犯罪或者抗拒依法采取的刑事强制措施的行为，这里并不要求被保险人的行为已经受到刑事处罚。另外，在被保险人故意犯罪或者抗拒依法采取的刑事强制措施的情形，保险人返还保险单的现金价值，以交足两年保险费为前提，这体现了法律对犯罪行为和违法行为的否定，含有制裁的意味。④

（七）不丧失价值条款

不丧失价值条款，是指在保险合同中，人寿保险的保单现金价值不因

---

① 参见吴月珑：《人寿保险契约受益人权益之研究》，（台湾）政治大学保险研究所 1992 年硕士学位论文，第 105 页。

② See Gray v. Barr［1971］2QB 554.

③ 参见 Clark：《保险合同法》，何美欢等译，北京，北京大学出版社，2002，第 661 页。

④ 参见吴定富主编：《〈中华人民共和国保险法〉释义》，北京，中国财政经济出版社，2009，第 119 页。

合同效力的变化而丧失。从《保险法》的规定来看，在诸多条文中都体现了不丧失价值条款的精神，如该法第 37 条、第 43 条、第 44 条、第 45 条、第 47 条等。其主要原因在于，人寿保险合同具有一定的储蓄功能，即使人寿保险合同事后被撤销或被宣告无效，其保险单仍具有一定的现金价值，在保险合同解除等情形，保险人仍应当将该价值返还给投保人或其他权利人。

（八）保险人不享有代位求偿权

《保险法》第 46 条规定："被保险人因第三者的行为而发生死亡、伤残或者疾病等保险事故的，保险人向被保险人或者受益人给付保险金后，不享有向第三者追偿的权利，但被保险人或者受益人仍有权向第三者请求赔偿。"依据这一规定，人身保险不发生代位求偿问题。法律作出此种规定的主要原因在于：人身保险合同的保险标的是人的生命或者身体，人的生命或者身体具有无价性，不存在超额补偿的问题，此时被保险人或受益人并不构成不当得利[①]，在保险人赔付保险金之后，受益人或者被保险人仍有权向第三人提出损害赔偿请求，保险人无权代被保险人之位向第三人求偿。另外，有学者认为，并非所有人身保险都不适用保险代位权的规定，仅其中属于定额保险的不适用（如人寿保险），其中属于损害保险的（如医疗费用、丧葬费、分娩费用等），其目的在于补偿被保险人所支出的费用，而且可以以金钱价值计算，应当适用代位求偿制度。[②] 笔者认为，这一观点值得赞同，在解释上，应当对《保险法》第 46 条进行目的性限缩，即人身保险中只有人寿保险不适用代位求偿制度，在健康保险（除个别的定额给付险种以外）、意外伤害保险中，因为此种保险具有一定的填补性质，只要保险金能够填补被保险人的损害，保险人应当享有代位求偿权。

第十节　保险合同的变更和终止

一、保险合同的变更

（一）主体变更

所谓主体变更，即合同当事人的变更，是指在保险合同存续期间内，

① 参见江朝国：《保险法基础理论》，北京，中国政法大学出版社，2002，第 392 页。

② 参见江朝国：《保险法基础理论》，北京，中国政法大学出版社，2002，第 392 页。

投保人和保险人发生变化。保险合同主体变更存在以下两种情况：一是投保人发生变化。在财产保险合同中，投保人可以将其财产转让给他人，其在性质上属于合同的转让。投保人是承担缴纳保费义务的人，只要原投保人提出变更申请、原投保人死亡其继承人愿意继续履行原保险合同的，都可能产生投保人的变更。《保险法》第 49 条规定："保险标的转让的，保险标的的受让人承继被保险人的权利和义务。"依据这一规定，在财产保险合同中，一旦保险标的发生转让，受让人就承继被保险人的权利义务，从而使保险的权益发生移转。但需要指出的是，由于保险标的的转让可能导致风险的增加，例如，将某栋房屋转移给某人从事商业经营之后，其遭受火灾的风险大大增加，在此情形下，保险人的责任也更大，因而，我国《保险法》第 49 条明确了被保险人或者受让人的通知义务及相应的法律后果。[①] 在被保险人或者受让人通知以后，如果保险合同约定了如何增加保费，则保险人可以依据合同增加保费；而如果保险合同没有约定，保险人要求增加保费，则保险人应当与受让人协商。二是保险人发生变化。保险人也可以将保险合同的一部分或全部内容转让给其他保险人。例如，公司发生合并、分立等事由，保险合同主体也相应地发生变更。[②]

此外，在人身保险合同中，有可能出现受益人的变化。这就是说，在保险合同生效以后，投保人或被保险人可能指令变更受益人。投保人或被保险人变更受益人应当书面通知保险人。如果只是投保人变更受益人，依据《保险法》第 41 条第 2 款的规定，还要经过被保险人同意。

（二）合同内容变更

在保险合同存续期间内，投保人和保险人可以协商变更保险合同的内容。例如，在人身保险合同中，变更交费方式、保险金的领取方式；在财产保险合同中，变更保险标的，或者增加保险标的的存放地址。《保险法》对此也作了相应规定，例如，该法第 49 条规定，如果保险风险增加，当事人之间可以协商增加保费。需要指出的是，有关内容的变更必须取得双方的同意，并应当办理变更手续。应当指出的是，在保险合同内容变更是在保持保险合同同一性的前提下，内容发生变化，保险

---

① 《保险法》第 49 条第 2 款和第 3 款规定："保险标的的转让的，被保险人或者受让人应当及时通知保险人，但货物运输保险合同和另有约定的合同除外。""因保险标的的转让导致危险程度显著增加的，保险人自收到前款规定的通知之日起三十日内，可以按照合同约定增加保险费或者解除合同。"

② 参见郑玉波：《保险法论》，台北，三民书局，2003，第 100 页。

合同的效力并不终止。

二、保险合同的解除

(一) 解除权的发生原因

从保险合同解除权的发生原因而言，既可能基于法律规定，也可能基于合同约定，与此相应，保险合同解除权可以分为法定解除权和约定解除权。所谓法定解除权，既包括基于法律规定的任意解除权，也包括了基于法定事由的解除权。而约定解除权，是指当事人在合同中确定的解除权。约定解除权属于私法自治的范畴，只要不违反法律的强制性规定，都应当认可其效力。《保险法》对保险人的法定解除权作出了一些规定。[①] 归纳起来，保险人的法定解除事由大体包括：投保人未履行如实告知义务、投保人或被保险人未履行维护保险标的安全的义务、未履行保险标的危险程度显著增加的通知义务、投保人或被保险人从事保险欺诈行为、欠缴保险费达到一定期限、保险标的发生部分损失等。上述合同解除事由中，有些是法律基于保险合同的特殊性而直接规定的，有些则是因为投保人的行为构成了根本违约而引发的。

根据解除权人是否可任意解除保险合同，又可以将保险合同的解除权区分为任意解除权和基于法定事由的解除权。所谓任意解除权，是指在法律规定的特殊情形，保险合同当事人可以基于自己的意思解除保险合同。严格地说，任意解除权也是基于法律规定产生的，但并不需要以特定事由（如对方违约等）的存在为前提。所谓基于法定事由的解除权，是指法律规定在特定情形下才能享有的解除权。《保险法》第 15 条规定："除本法另有规定或者保险合同另有约定外，保险合同成立后，投保人可以解除合同，保险人不得解除合同。"因此，该条赋予了投保人任意解除权，但保险人不享有此种权利。投保人享有的任意解除权是对普通保险合同而言的，但不适用于强制责任保险。例如，根据《机动车交通事故强制保险条例》的相关规定，除法定情形外，投保人原则上不得任意解除机动车交通事故强制保险合同。[②] 而保险人解除合同都必须基于特定的事由，如发生投保人故意违反告知义务、拖欠保费等情形。

---

① 参见《保险法》第 15、16、27、32、37、49 条。

② 参见任自力、周学峰：《保险法总论 原理·判例》，北京，清华大学出版社，2010，第 251 页。

（二）解除权的行使

合同解除权属于形成权的一种，其行使原则上应当通过意思表示的方式进行。不过，其属于有相对人的意思表示，解除效力的发生应当自该意思表示到达相对人之时。① 该规则既适用于任意解除权，也适用于法定解除权。此外，为了维护法律关系的明确性与安定性，保险合同法定解除权的行使还应当遵循以下规则：

1. 应向特定的对象行使权利。根据合同相对性原则，在符合法定解除权的情形下，投保人行使其解除权，应当向保险人主张合同的解除，投保人向保险代理人主张合同的解除也发生同样的效力。而在保险人解除合同时，其应当向投保人作出解除合同的意思表示。如果投保人是数人，而且投保人有代表人的，保险人应当对该代表人主张行使解除权；在没有代表人的情形，保险人可以通过向任何一个投保人发出解除保险合同的通知而解除合同。②

2. 应在法定的期限内行使权利。考虑到解除保险合同的各种具体情形不同，法律难以规定适用于所有情形的权利行使期限，如果统一规定的期限过长，可能使当事人利益长期处于不确定的状态，也无法实现解除权行使期间的制度功能；如果统一规定的期限过短，又无异于使保险人法定解除权制度形同虚设③，因此，《保险法》对此并没有作出统一规定。但对于一些特殊的法定解除权，法律也规定了行使期限。如果《保险法》特别规定了保险合同解除权的行使期限，则当事人应当在该期限内行使解除权。例如，《保险法》第16条第2款规定：“前款规定的合同解除权，自保险人知道有解除事由之日起，超过三十日不行使而消灭。自合同成立之日起超过二年的，保险人不得解除合同；发生保险事故的，保险人应当承担赔偿或者给付保险金的责任。”

（三）解除权行使的效力

当事人法定解除权的行使将导致合同消灭。问题在于，保险合同的解

---

① 参见郑玉波：《保险法论》，台北，三民书局，2003，第105页。

② 参见吴鸿章：《保险契约告知义务制度之研究》，（台湾）商务印书馆，1974，第123页。

③ 《保险法》第16条规定：“订立保险合同，保险人就保险标的或者被保险人的有关情况提出询问的，投保人应当如实告知。投保人故意或者因重大过失未履行前款规定的如实告知义务，足以影响保险人决定是否同意承保或者提高保险费率的，保险人有权解除合同。前款规定的合同解除权，自保险人知道有解除事由之日起，超过三十日不行使而消灭。自合同成立之日起超过二年的，保险人不得解除合同；发生保险事故的，保险人应当承担赔偿或者给付保险金的责任。”

除是否具有溯及既往的效力？对此，理论上存在不同的看法。有学者认为，保险合同属于继续性合同，因此，原则上合同解除不具有溯及力。[①]但也有学者认为，保险合同的解除原则上应当具有溯及力。[②]关于解除权行使的效力，有如下问题值得探讨：

1. 保险费的返还

保险费的返还首先应根据当事人的约定确定。如果当事人没有约定的，则应当区分财产保险和人身保险而确定返还的数额。财产保险合同属于典型的补偿合同，其并不具有储蓄性质，所以合同解除后，已经缴纳的保险费就不必返还。《保险法》第 54 条规定："保险责任开始后，投保人要求解除合同的，保险人应当将已收取的保险费，按照合同约定扣除自保险责任开始之日起至合同解除之日止应收的部分后，退还投保人。"据此，在财产保险中，如果保险责任开始后，投保人任意解除合同的，截止到保险合同解除之日保险费都不应返还[③]，也就是说，合同解除并不发生溯及既往的效力。保险人仅应当返还自合同解除之日起的保险费。这一规定也适用于人身保险。在人身保险中，合同的解除也不能发生溯及既往的效力。但对于在已经经过的保险期间内所产生的保单现金价值，保险人应当返还给被保险人或受益人。这主要是因为人身保险合同具有储蓄性质，尤其是人寿保险，投保人缴纳的保险费经过积累将成为保险责任的准备金，最终归属于被保险人和受益人，所以，在解除此类合同时，保险人应当将保单的现金价值返还给投保人。[④]例如，在投保人故意违反告知义务的情形下，保险人可以解除保险合同，但应当返还保单的现金价值。另外，针对特殊情形，法律也规定不返还保险费，以对投保人的行为进行制裁。如《保险法》第 16 条第 4 款规定："投保人故意不履行如实告知义务的，保险人对于合同解除前发生的保险事故，不承担赔偿或者给付保险金的责任，并不退还保险费。"

法律规定保险人应当在法定的期限内退还保险单的现金价值，目的在于保护投保人的利益，但关于保险费和保单现金价值返还的时间，《保险

① 参见任自力、周学峰：《保险法总论 原理·判例》，北京，清华大学出版社，2010，第252页。

② 参见郑玉波：《保险法论》，台北，三民书局，2003，第105页。

③ 参见吴定富主编：《〈中华人民共和国保险法〉释义》，北京，中国财政经济出版社，2009，第133页。

④ 参见许崇苗等：《保险合同法理论与实务》，北京，法律出版社，2002，第462页。

法》并没有作出统一规定，而仅针对若干情形作出了规定。例如，《保险法》第 47 条规定："投保人解除合同的，保险人应当自收到解除合同通知之日起三十日内，按照合同约定退还保险单的现金价值。"在《保险法》没有明确规定保险费返还时间的情形，在解释上应当认为，保险人应当及时返还。

2. 手续费的支付

手续费的支付，是指在解除合同时，投保人应当向保险人支付的订立保险合同以及解除保险合同所需要的手续费。例如，《保险法》第 54 条规定："保险责任开始前，投保人要求解除合同的，应当按照合同约定向保险人支付手续费，保险人应当退还保险费。"这一规定是与投保人的任意解除权相配合的。依据该规定，如果投保人解除合同的，而保险责任尚未开始，则保险人应当退还保险费，但投保人应当按照合同约定向保险人支付手续费。

三、保险合同因其他原因终止

（一）因双方协议终止

保险合同是双方意思表示一致的产物，因而也应当允许当事人通过协议终止合同。但当事人协议终止合同的后果，应当区分不同情形而定。例如，在财产保险合同中，投保人与保险人协商终止合同时，如果保险责任尚未开始，投保人有权要求保险人退还原已交付的保险费。而如果保险责任已经开始，投保人与保险人协商终止合同的，则应当扣除已经经过的保险责任期间的保费而返还剩余的保费。

（二）因合同有效期届满终止

合同有效期届满，保险合同即行终止。在合同有效期内，保险人需要对所发生的保险事故承担保险责任，某一次的理赔义务的履行并不会导致保险合同的终止。只要是在合同的有效期内，保险人就需要对保险事故的发生承担赔付义务。

（三）保险标的因除外责任灭失导致合同终止

保险合同的免责条款中通常约定，保险标的如果是因除外责任而灭失或人身保险中出现死亡，保险合同终止。此时，保险合同的保障对象已不存在，保险合同也失去了继续履行的基础。

四、保险合同的诉讼时效

对于保险合同的诉讼时效，我国《保险法》区分不同类型的保险作出了不同的规定：

一是人寿保险中的时效。《保险法》第 26 条第 2 款规定："人寿保险的被保险人或者受益人向保险人请求给付保险金的诉讼时效期间为五年，自其知道或者应当知道保险事故发生之日起计算。"应当说，5 年的期限在时效期限中属于较长的期限。之所以在人寿保险中规定较长的时效期限，这主要是考虑到人寿保险具有储蓄、养老等特殊的功能，如果期限过短，不仅难以发挥此类保险的功能，而且对于被保险人或受益人十分不利。

二是人寿保险以外的其他保险中的时效。主要是指财产保险、健康保险和意外伤害保险等保险中的时效。《保险法》第 26 条第 1 款的规定："人寿保险以外的其他保险的被保险人或者受益人，向保险人请求赔偿或者给付保险金的诉讼时效期间为二年，自其知道或者应当知道保险事故发生之日起计算。"依据这一规定，人寿保险以外的其他保险的诉讼时效的起算点，应当是自被保险人或受益人"知道或者应当知道保险事故发生之日起计算"。这一规定与《民法通则》的规定一致，其中的"应当知道"应当理解为因重大过失而不知道，而不包括因一般过失和轻微过失而不知道，以强化对被保险人或受益人的保护。需要注意的是，实践中，被保险人向保险公司报险并非诉讼时效的起算点，因为报险的时间与知道或应当知道保险事故发生的时间往往并不一致。

第十章　合伙协议

第一节　合伙协议的概念和特征

一、合伙协议的概念和特征

合伙协议，也称合伙合同，是指由全体合伙人协商一致、依法达成的有关共同出资、共同经营、共担风险的协议。合伙是一种灵活便利的创业投资方式。① 早在罗马法时期，合伙契约就已经成为一种重要的合同形式。② 在法律上，一般在两个层面上使用合伙的概念，一是指合伙协议，它是确定合伙人之间权利义务关系的协议，是调整各合伙人内部关系的依据。二是指合伙组织关系，即合伙人的联合体作为一个组织体，可对外与第三人发生各种法律关系。③ 通常所说的合伙，是由合伙协议与合伙组织两部分所组成的，前者是对合伙人有拘束力的内部关系，后者是由全体合伙人作为整体与第三人产生法律关系的外部形式，合伙大多是这两种关系的结合。无论合伙是否形成组织，必须有合伙协议存在，合伙协议是合伙产生的基础，并规范了合伙人之间的权利义务。即使形成了合伙组织，合伙协议在合伙中也居于十分重要的地位。

合伙协议是合伙企业设立的必要条件，也是合伙人之间共同一致的意思表示。任何人加入合伙都要毫不保留地接受合伙协议的全部条款。合伙协议之于合伙，如同章程之于公司，是合伙组织最重要的内部法律文件，也是确定合伙人之间权利义务关系的基本依据。各个合伙人都应当按照合

---

① Philippe Merle, Droit commercial, Sociétés commerciales, 11e édition, Dalloz, 2007, p. 162.

② 参见陈朝璧：《罗马法原理》，北京，法律出版社，2006，第 231 页。

③ 参见佟柔主编：《中国民法》，北京，法律出版社，1990，第 131 页。

伙协议享受权利和承担义务，任何一个合伙人违反协议对其他合伙人都构成违约。尽管合伙协议的内容不能排除法律关于合伙人对外责任的规定，也不能对抗善意的第三人，但对合伙人具有严格的拘束力。

合伙协议的特点主要在于：

1. 目的的共同性。合伙人订立合伙协议的目的就是要共同经营合伙事业，该事业是各合伙人利益的共同指向①，是其追求的目标。合伙协议是合伙人之间基于共同的目的而订立的合同。传统上人们常称其为“合同”行为。例如，二人共同出资购买一辆汽车，约定各自承担一半的价款，同时约定每逢单数日由甲驾驶，双数日则由乙驾驶，并各自承担相应的汽油、保养等费用。在这种情况下，虽然有形式上的“共同出资”甚至“共同维护”，但因二人乃是各自追求自己的目的，因而尚不构成合伙。但若甲乙仍购买汽车，同时与第三人签订汽车租赁合同，将汽车出租给第三人使用并分享出租收益，则该二人之间便形成了共同的利益指向，因此在内容上即可成立合伙。这种事业既可以是持续性的，也可以是临时性的。一旦共同目的已经实现，则合伙将因此而解散；合伙的目的无法实现时，合伙也应当终止。

2. 订立的特殊性。合伙协议与一般的合同不同，主要表现在合伙人之间主要是合作的关系而非对立、竞争的关系，各合伙人具有共同的利益追求。同时，合伙协议的当事人也并非债权人与债务人，不能将合伙人区分为积极的一方与消极的一方。另外，基于合伙人人数通常是在二人以上，因而合伙协议的订立应遵循特定程序，以更有效地在当事人之间确立合同关系。在合伙协议订立之后，如果某些合伙人嗣后退伙或死亡，并不必然影响到合伙协议的效力。在合伙协议订立的过程中，各个合伙人之间的意思表示还具有共同的指向，这也是合伙协议目的共同性的要求。

3. 内容的特殊性。合伙人订立合伙协议的目的是经营共同的事业。为了实现这一目的，各合伙人需要进行相互合作，因而应在合伙协议中对出资、入伙、退伙、合伙事务管理、事务执行人、损益分配、合伙财产以及合伙债务等内容进行约定。这些内容是其他类型的合同所不具备的。同时，这些内容虽然大都是由法律规定的，但合伙人仍可以在不违反法律的强制性规定的前提下进行自由约定。各合伙人在合伙协议订立之后，应当

---

① 参见史尚宽：《债法各论》，北京，中国政法大学出版社，2000，第650页。

按照合伙协议的要求共同出资、共同经营、共享利益、共担风险。[①]

合伙人应该按照法律规定或者合伙协议的约定处理合伙事务，如果全体合伙人与第三人从事法律行为，原则上不涉及合伙协议的问题，但如果合伙企业中的一人或者数人与第三人从事法律行为，由此产生的法律效果要准用委托的规定，相应效果由全体合伙人承担。

4. 以不要式为原则。合伙协议原则上具有不要式性，并不一定需要以书面形式订立，但法律有特别规定的，则应以书面形式订立。例如，《合伙企业法》第 4 条规定："合伙协议依法由全体合伙人协商一致、以书面形式订立。"该法第 14 条也规定，设立合伙企业应当"有书面合伙协议。"因此，如果设立合伙企业，则各合伙人必须依照该条的规定采用书面形式订立合伙协议。但如果当事人只是组成一般的民事合伙，并未将其注册为合伙企业，则不要求必须以书面形式订立合伙协议，口头形式的合伙协议也同样具有法律效力。合伙协议本身并没有形式要求，既可以是要式的，也可以是不要式的，但因合伙协议的内容具有特殊性，所以合同订立的形式应在特殊情形下满足一定的要求。[②]

5. 属于继续性合同。合伙协议的共同目的既可以是临时性的，也可以是持续性的。[③] 但无论时间长短、目的是否确定、单一，合伙人履行义务的行为都不可能是一次性的，而是需要持续地作出履行。在这个意义上，合伙协议属于继续性合同，只要合伙协议所确定的特定目的仍存在，该合伙就继续存在。同时，因为合伙协议属于继续性合同，其在解除的效力等方面也不同于一般的合同。

6. 具有有偿性。在合伙协议订立之后，各合伙人因履行出资义务而应为一定的给付，彼此之间构成对待给付，所以一般认为合伙协议属于有偿合同。也就是说，从合伙人的角度来看，各个合伙人之间都履行了出资义务，从这一点上看，也构成有偿关系。[④]

关于合伙协议是否属于双务合同，存在争议。我国台湾地区学者大多认为，合伙协议具有双务性，因为各合伙人的出资义务具有对价关系，所以属于双务契约。[⑤] 但是，笔者认为，合伙协议不是双务合同，因为一方

---

① 参见邱聪智：《新订债法各论》（下），北京，中国人民大学出版社，2006，第 8 页。
② 参见〔德〕梅迪库斯：《德国债法分论》，北京，法律出版社，2007，第 386 页。
③ 参见〔德〕梅迪库斯：《德国债法分论》，北京，法律出版社，2007，第 386 页。
④ 参见邱聪智：《新订债法各论》（下），北京，中国人民大学出版社，2006，第 14 页。
⑤ 参见郑玉波主编：《民法债编各论》（下），台北，自版，1981，第 640 页。

面，合伙协议是一种共同行为，虽然主体存在着多数，但各合伙人之间的利益具有共同性。因此，它与一般的、利益相互对立的双务合同关系有所不同。另一方面，各合伙人之间并非互负对待给付义务，一方负担义务，并不意味着另一方就享受权利。所以，从总体上说，合伙协议不是双务合同，因此，双务合同的规则如同时履行抗辩权等规则难以适用于合伙合同。

二、合伙协议的性质和功能

（一）合伙协议是特别法规定的有名合同

从比较法上看，合伙协议通常都规定在民法典债法编中，但我国《合同法》中并没有规定合伙协议，而是分别在《民法通则》和《合伙企业法》中规定个人合伙和合伙企业中的合伙协议。由于合伙协议主要由《合伙企业法》规定，从这个意义上通常将其称为特别法上规定的有名合同。当然，从性质上说，合伙协议仍然是一种民事合同，应当受到《合同法》的规范，但合伙协议作为特别法所规定的有名合同，其又具有自身的特点。一方面，合伙协议在性质上是共同行为，必须经过全体合伙人的一致同意才能达成。由于合伙协议是一种法律行为，应遵循意思自治的原则，因而合伙协议的变更、补充等也要遵循合同法的基本原则。关于合伙事务的处理，除了法律规定必须由全体合伙人同意的事项外，可以实行“多数决”的原则处理合伙事务，这点也为我国司法实践所确认，如最高人民法院《民法通则意见》第55条规定，合伙解散如达不成协议的，可以考虑按多数人的意见来决定。另一方面，从法律适用来看，虽然就合伙协议的订立、变更和解除等，要适用《合同法》的基本规定，如果合伙人违反了合伙协议，也应依据《合同法》的规定承担相应的违约责任。但就合伙协议的特殊问题，仍然要适用《合伙企业法》，只有在该法没有规定时方适用《合同法》的规定。

（二）合伙协议具有规范合伙组织体的功能

第一，合伙协议规范了合伙人与合伙组织体的关系。例如，合伙协议中规定的合伙人的出资义务以及盈余分配，既涉及合伙人个人的利益，也涉及合伙组织的财产。而合伙组织体的财产与合伙人的财产并不等同，在一定程度上是相互分离的状态。在合伙对外承担责任时，首先是以合伙的全部财产对外承担责任，而非以合伙人的个人财产首先承担责任。因此，在合伙人违反合伙协议所约定的出资义务时，可以由其他合伙人或执行事务的合伙人请求其履行该义务，但该出资义务的履行并不是针对某一单个的合伙人，而是对合伙组织体履行该义务。又如，合伙人违反竞业禁止义务，并不仅是对其他合伙人存在违约责任，还会产生其应当对合伙组织体承担相应的责任。通常，合伙即便未形成企业，也必须存在合伙协议。

第二，合伙协议是合伙企业进行内部管理、对外行为的“章程”。一方面，在合伙企业中，合伙协议成为类似于公司章程的文件，因此其不仅具有确立权利义务的特点，而且具有设立组织的特性。虽然法律对合伙企业的设立并未要求其制定独立的章程，但在法律关于合伙企业设立时需要提交的合伙协议内容的规范上，有诸如合伙企业的名称、主要经营场所的地点、合伙目的和合伙经营范围、合伙事务的执行、入伙与退伙、争议解决办法、合伙企业的解散与清算等内容，而这些内容远远超出了民事合同的范畴，已具有组织性规则的特征。当事人之间有关利益分配、入伙退伙、对外事务的执行，都可以依据合伙协议确定。另一方面，合伙协议的双重属性在民事合伙中也有所体现。在民事合伙中，合伙协议关于合伙内部议事的规则、对外代表的规则和对外承担责任的规则，也都不单纯是合伙人之间的权利义务关系。例如，在民事合伙对外进行行为、发生责任后，即便存在合伙协议的解除事由，也不能简单地根据该解除事由而解散合伙，而是需要进行合伙的清算，在承担完合伙债务后再进行解散。而清算与解散的问题，在民事关系中是不存在的。

第三，合伙协议是确定合伙人个人权利义务的准则。合伙协议的特殊性在于，它是确立各合伙人之间相互关系的依据，也是合伙人在合伙中的基本行为准则。合伙协议是全体合伙人的自治性文件，是全体合伙人的“宪法”。合伙协议与公司章程具有类似的效力。在这一点上，合伙与公司不同。公司需要适用特别的公司组织法，而合伙在整体上仍然适用民法中债和合同的有关规则。

（三）合伙协议具有自治性

所谓社会自治，是指市民社会中的成员通过法定或者约定的程序自主决定、管理共同事务，自我负责的一种治理方式。在社会自治过程中，自治团体的成员可以通过达成一定的协议来调整自身的行为。[①] 作为成员的行为规范，此类协议只要符合法律的规定就应认可其效力，行政权或其他

① 参见周安平：《社会自治与国家公权》，载《法学》，2002（10）。

权力就不应进行不当干预。在合伙关系中，这种自治的特点体现得尤为明显。由于合伙人之间主要通过合同规范他们之间的关系，这就决定了合伙与公司相比较，具有更强的自治性特点。从国家的角度说，合伙人之间的关系大多需要根据当事人之间的意思来决定，而应当尽量减少国家干预的色彩。

正是因为合伙协议兼具民事合同和自治章程的双重属性，其内容既涉及合伙人彼此之间的权利义务关系，也涉及合伙人和合伙企业在该企业的设立、运行中的权利义务关系。因而，在合伙人违反合伙协议时，也可能会产生双重责任。这就是说，某个合伙人违反法定或约定的义务，不仅要对其他合伙人承担违约责任，如果其行为给合伙组织造成损害的，还应当向合伙组织承担侵权责任。

三、合伙协议与相关概念的区别

（一）合伙协议和设立公司的协议

合伙协议和设立公司的协议都可能是设立商事组织的协议，且协议的当事人之间具有共同的目的，都是具有共同利益的数个主体之间的协议，与一般的权利义务具有对应性的合同不同。它们在本质上都是一种共同行为，且都可能以设立一定的组织体为目的。在比较法上，一些国家的法律专门对共同行为作出了规定。例如，在法国法上，将合伙合同与设立公司的协议统称为设立企业的合同。根据《法国民法典》第1832条，设立企业的合同（contrat de société）应具备四项要件：同意、行为能力、标的和原因。就同意而言，全体合伙人的同意必须是明确和没有瑕疵的。就行为能力而言，未成年人不得成为合伙企业或者两合公司的合伙人。就标的而言，是指共同出资或共同经营并负担风险的行为。就原因而言，是指发起人愿意共同设立企业的缘由，此缘由必须是有效和合法的。[①] 而且，在设立公司没有成立时，发起人订立的协议也具有类似于合伙协议的效力。在我国，虽然就共同行为没有规定，但对合伙协议与设立公司的协议分别作出了规定，其彼此之间仍然存在明显的区别，主要表现在：

第一，目的不同。各合伙人订立合伙协议的目的在于经营共同的事

① Philippe Merle, Droit commercial, Sociétés commerciales, 11e édition, Dalloz, pp. 72-84.

业，而设立公司的协议则在于设立公司。在合伙协议以设立企业为目的的情形下，考虑到合伙与公司在成员的责任、对社会的影响等方面存在较大差异，法律针对合伙与公司分别设置了不同的规则，二者在法律地位、设立条件、程序等方面都存在重大差异。合伙协议和设立公司的协议在合伙企业和公司中的作用不同，合伙协议既是合伙企业设立的要件，又是合伙企业事务执行中的准则，而设立公司的协议在公司成立后即会终止，设立公司的协议之使命就为公司章程所取代。

第二，主体不同。设立公司的协议所约束的通常仅是公司的发起人，在公司成立之后，该协议就自动终止。而合伙协议所约束的则是全体合伙人，其在合伙组织体成立之后并不发生终止的效力，全体合伙人仍应以合伙协议所约定的具体内容作为行为的准则。同时，对于新入伙的合伙人，虽然其并未参与订立合伙协议，但合伙协议对其仍具有约束力。

第三，形式要件不同。设立公司的协议通常需要具备书面形式，而合伙协议则以不要式为原则，除法律明确规定外，当事人可以采取任何形式订立合伙协议。从现行法的规定来看，仅在设立合伙企业时，合伙协议应当以书面形式订立。

第四，适用的法律依据不同。设立公司的协议应当适用《公司法》，而合伙协议则主要适用《民法通则》、《合伙企业法》以及《合同法》。

（二）合伙协议和委托理财合同

委托理财合同，是指受托方（主要是证券公司或投资公司）接受委托方（主要是客户）的委托，由委托方将一定的资金交付给受托方进行管理和运作，受托方根据合同的约定和委托方的指示管理该资金的协议并收取一定的费用。[①] 实践中，委托理财行为大量地运用于证券、期货等交易中，但委托理财协议究竟是信托还是合伙，抑或是独立的委托合同关系，存在争议。应当看到，典型的委托理财合同和合伙合同具有相似之处，例如，都有可能是基于合同从事风险投资业务，合同当事人也都需要承担一定的风险。但是，合伙协议和委托理财合同存在明显区别，主要表现在：

第一，性质不同。合伙协议的订立是为了经营共同事业，各合伙人在出资之后通常需要共同经营。但委托理财合同的当事人并不是为了经营共同事业，其是委托方与受托方针对交付资金的管理和运作而达成的协议。[②]

---

① 参见石建昌、樊鸿雁：《委托理财合同法律性质探析》，载《经营管理者》，2008（16）。

② 参见陈林：《委托理财法律性质辨析》，载《人民司法》，2009（19）。

第二，风险承担方式不同。在合伙协议订立之后，合伙人需要共同出资，以其出资形成合伙的财产，并共同承担经营风险。对于合伙组织体在营业期间的盈亏风险，首先应以合伙的财产负责，在合伙财产不足以清偿全部债务时，各合伙人仍应以个人财产承担清偿责任。因此，在合伙经营中，合伙人承担风险的财产基础是合伙人的出资财产以及自己的其他全部财产。而在委托理财合同中，受托人不需要进行投资，其通常只需要按照约定对委托人交予的财产进行管理和运作，因此经营的风险需要由委托人一方负担，受托人一方仅需要依据合同约定履行勤勉义务即可。如果委托人不承担风险，而只是获取一定的回报，则该合同在性质上不再属于委托理财合同，而应属于借款合同。①

第三，当事人是否参与实际的经营管理不同。合伙事务的执行通常应由全体合伙人共同决定，可以由全体合伙人共同执行，也可以指定部分合伙人负责合伙事务的具体执行。在指定部分合伙人执行合伙事务时，其他合伙人则不参与合伙事务的实际执行和管理。在未作特别约定的情形下，应当由全体合伙人共同执行合伙事务。但在委托理财合同中，则主要是由受托人来管理和执行受托财产以及处理受托事务，虽然委托人需要借助受托人的专业知识以及专业理财手段进行管理，但受托人并不参与实际的经营管理。

第四，财产归属不同。在合伙关系中，合伙人的出资、以合伙企业名义取得的收益和依法取得的其他财产，均为合伙企业的财产。而在委托理财合同中，委托资产的所有权和收益则归委托人所有。在合伙企业破产时，合伙企业的财产应用于清偿合伙债务；而在受托人破产时，委托人可以通过取回权将有关财产取回，而不将其列入破产财产之中。

（三）合伙协议和借款合同

借款合同是贷款人将一定数量的货币转移给借款人，而借款人在约定的期限内将同种类、同数量的货币返还给贷款人的协议。合伙协议和借款合同具有一定的联系，主要表现在在合伙经营中，也时常出现一方出资、不从事经营但获取固定收益的情形，此种情况与借款相似。在实践中，有的合伙协议甚至明确规定“保底条款”，即合同明确约定某一合伙人只提供资金，并不参与共同经营，分享合伙的赢利，也不承担合伙的亏损责任，只是到期向其支付一定的利润。即便合伙出现亏损时，其仍要收回其

---

① 参见石建昌、樊鸿雁：《委托理财合同法律性质探析》，载《经营管理者》，2008（16）。

出资和收取固定利润。这实际上就是企业之间的变相借款。出现上述情形后，就需要严格区分合伙协议和借款合同。笔者认为，合伙协议和借款合同之间存在明显的区别，主要表现在：

第一，目的不同。就借款合同而言，贷款人的目的是收回本金并收取必要的利息，而借款人则是为了使用有关借款以实现必要的资金融通。但合伙协议是由全体合伙人协商一致、依法达成的有关共同出资、共同经营、共担风险的协议。合伙协议是一种共同行为，而借款合同是利益相对的双方之间的双方法律行为。

第二，是否共同出资、共担风险不同。借款只是一方向另一方提供金钱借贷、另一方到期应还本付息的合同。但在合伙经营中，各合伙人负有共同出资、共同经营、共担风险的义务。就保底条款而言，其在性质上背离了合伙企业共负盈亏、共担风险的特点，最高人民法院《关于审理联营合同纠纷案件若干问题的解答》第4条规定："保底条款违背了联营活动中应当遵循的共负盈亏、共担风险的原则，损害了其他联营方和联营体的债权人的合法权益，因此，应当确认无效。"

第三，法律责任不同。在借款合同关系中，贷款人最多只承担借款人到期不能清偿的风险，而不承担其他责任。而在合伙关系中，合伙人除应承担投资无法收回的风险外，还应承担因合伙财产不能清偿债务而负连带责任的风险。

（四）合伙协议和决议行为

决议行为，是指数个当事人之间以多数决形式达成合意的法律行为。例如，业主大会的决议、股东大会的决议等。合伙协议和决议行为的相似之处在于：一方面，二者都是数个民事主体实施的法律行为，均存在多数的意思表示，都是私法自治的体现。另一方面，决议行为往往也具有利益指向的共同性，这与合伙协议相同。但是，合伙协议与决议行为之间仍存在明显的差异：

第一，是否需要通过特别的合意程序作出不同。合伙协议虽然属于"合同行为"，并不必然要求经过特殊程序来形成共同的意思表示。而决议行为通常应当依据法律规定或者当事人约定的表决程序作出，例如，业主大会的决议、股东大会的决议应由业主委员会或者董事会提议表决，并需要经特别的合意程序来作出。

第二，成立和生效规则不同。就合伙协议而言，因其是合伙存续的基础，所以合伙协议的订立必须经全体合伙人的一致同意方能成立并生效。

而决议行为中人数众多，取得所有人的一致同意往往很困难，决议成本过高，因此，决议行为往往采取多数决的合意方式。一旦决议以多数决的方式通过，即便是表示反对的行为人也必须受到生效决议行为的拘束。

第三，效力瑕疵及其救济方式不同。一般而言，合伙协议的实体内容如存在不当、错误、不公等瑕疵情形，当事人可以根据《合伙企业法》、《合同法》等规定寻求救济。而就决议行为而言，通常仅在形成决议的合意程序存在瑕疵时才提供救济，对于决议内容本身，需要依照《公司法》、《物权法》等规定的程序救济。

四、合伙协议的类型

（一）民事合伙协议和商事合伙协议

民事合伙协议，是指合伙人为追求一定的共同目的而达成的共同出资、共担风险的协议。此类协议并不以设立合伙企业为目的。在我国，民事合伙主要是指不以合伙企业形式出现的合伙形态。而商事合伙协议，是指合伙人为设立合伙企业并从事营利性营业活动而达成的共同出资、共同经营、共享收益、共担风险的协议。在民商分立国家，商事合伙是指由商法所规定的合伙企业，而在我国民商合一立法体例下，则是指由《合伙企业法》所规定的合伙企业。[①] 尽管这两种合伙协议都属于合伙协议的范畴，且都以追求共同的事业为目的，但二者之间仍存在明显区别，主要表现在：

第一，设立依据不同。对民事合伙而言，其需要各个合伙人依照《民法通则》有关个人合伙的相关规定自主达成个人合伙协议。就商事合伙协议而言，其主要依据《合伙企业法》的规定设立，由于设立合伙企业的内容复杂，且关系到不特定多数人的利益，因而法律要对此类协议的内容进行较多规制，包括给予必要的管制和制定必要的倡导性规范予以指导。对于强制性规范，即使当事人没有相关约定，也应当自动成为协议的内容。但对于一般的民事合伙协议的内容，法律没有作出详细的规定，当事人可以根据其实际需要，在不违反强制性规定或违反社会公共利益的前提下自主地确定协议内容。

第二，目的不同。民事合伙协议的主要目的在于确立一般的合伙关系

① 参见李永军：《论商事合伙的特质与法律地位》，载《民商法前沿》第1－2辑，长春，吉林人民出版社，2002。

以实现特定的共同目的，该共同目的一般不具有营利性。而商事合伙协议的目的除了在当事人间确立合伙关系外，还在于设立合伙企业。与民事合伙协议相比较，商事合伙协议以合伙企业的设立为目的，并通过合伙企业的设立实现营利性营业的目的。

第三，合伙协议本身是否要登记或备案。民事合伙是由民法确认的合伙，在大陆法系国家，大多是将民事合伙作为合同关系规定在债法中。合伙协议被看作是当事人之间的自由约定，因此通常无须再行登记或备案。而商事合伙协议因涉及第三人利益及交易安全，因此一般都应当按照法律的规定办理登记或备案手续，以实现公示的效果。

（二）普通合伙协议与有限合伙协议

所谓普通合伙协议和有限合伙协议是合伙人之间达成的，分别设立普通合伙或有限合伙的协议。所谓普通合伙，就是指根据合伙协议而组成的合伙，所有的合伙人对外都要承担无限连带责任。所谓有限合伙，就是指根据有限合伙协议而组成的合伙，在此类合伙中，有限合伙企业由普通合伙人和有限合伙人组成，普通合伙人对合伙企业债务承担无限连带责任，有限合伙人以其认缴的出资额为限对合伙企业债务承担责任。① 当事人为设立有限合伙企业而订立的协议即为有限合伙协议。普通合伙是合伙的一般形式，而有限合伙是合伙的特殊形式。有限合伙协议与普通合伙协议的主要区别表现在：

第一，目的不同。有限合伙协议是为了设立有限合伙，形成承担无限责任的普通合伙人与承担有限责任的有限合伙人共存的特殊合伙关系，而普通合伙协议则是为了设立普通合伙，确立各合伙人共同承担无限连带责任的合作关系。

第二，内容不同。依据《合伙企业法》第 26 条的规定，除合伙协议另有约定外，在普通合伙中，全体合伙人对执行合伙事务享有同等的权利，每一个合伙人都有权参与经营。按照合伙协议的约定或者经全体合伙人决定，可以委托一个或者数个合伙人对外代表合伙企业，执行合伙事务。而依据《合伙企业法》第 67 条与第 68 条的规定，在有限合伙中，应由普通合伙人执行合伙事务，有限合伙人只负担出资义务，分享利润，并不参与合伙事务的经营，也不得对外代表有限合伙企业。

第三，合伙人对外承担的责任不同。对普通合伙人而言，所有合伙人

① 参见《合伙企业法》第 2 条。

都应该对外承担无限连带责任。而对于有限合伙人而言，有限合伙人对外仅承担有限责任。由于有限合伙人都要承担有限责任，因而其在有限合伙企业中的出资形式也受到法律和合伙协议的限制，依据《合伙企业法》第64条的规定，有限合伙人可以用货币、实物、知识产权、土地使用权或者其他财产权利作价出资，但不得以劳务出资。

（三）持续合伙协议与偶然合伙协议

持续合伙协议，是指合伙人之间订立的在较长期限内持续存在的合伙合同。偶然合伙协议，是指合伙人之间为了特定事项而临时组成的持续时间较短的合伙。无论是持续合伙协议，还是偶然合伙协议，其都具有特定的合伙目的，合伙协议也均应对此予以明确约定。在合伙目的实现之后，合伙通常会随之终止。两者的主要区别在于：

第一，在持续合伙协议中，可能需要形成一个合伙实体，组成合伙组织，以实现合伙目的。但在偶然合伙协议中，因目的具体确定，故也可以不形成明确的合伙实体，在短期的合伙目的实现之后，合伙即告消灭。[①] 例如，合伙人约定共同出资购入食品等，以在元宵节庙会当天进行销售。在庙会结束后，合伙人之间的合伙关系即消灭。当然，若待完成的事项较为重大复杂，也不排除成立合伙实体的选项。

第二，持续时间的长短不同。如前所述，偶然合伙持续的时间通常较短，以个人合伙协议为常态。持续合伙协议以商事合伙协议为典型。

第三，持续合伙所经营的事业具有持续性、稳定性，而偶然合伙则具有不稳定性。

第二节 合伙协议的订立和内容

一、合伙协议的订立

如前所述，合伙协议的本质是合伙人的共同行为，与一般的合同订立不同，在合意形成过程中，合伙人的意思表示是同向性的，而在一般的合同订立中，当事人的意思表示是对向性的。因此，合伙协议订立中合意的形成一般不需要经过“要约—承诺”的阶段。合伙协议是合伙人之间为确

① 参见黄立：《民法债编各论》（下），北京，中国政法大学出版社，2003，第724页。

立合同关系而达成的基础性协议，不属于决议行为，因此不应以多数决的方式达成。同时，对于合伙协议的修改或补充，通常应经全体合伙人一致同意。当然，若合伙协议另有不同的约定，则应当依据其约定。

就合伙协议订立而言，应该区分民事合伙协议和商事合伙协议，民事合伙协议除在合伙人目的共同性方面具有特殊性之外，并没有区别于一般合同的更多特点。而商事合伙协议不仅在协议目的上，而且在订立的方式上也都具有特殊性。主要表现在：

第一，符合书面形式的要求，《合伙企业法》第 4 条规定："合伙协议依法由全体合伙人协商一致、以书面形式订立。"该法第 14 条规定，合伙协议须具备书面形式的要求，因为合伙协议属于合伙人之间就合伙事务订立的总章程，书面形式的采用有助于明确其彼此之间的法律关系。

第二，必须由全体合伙人签字盖章。《合伙企业法》第 19 条规定："合伙协议经全体合伙人签名、盖章后生效。"因此，合伙协议经全体合伙人签名、盖章后产生法律效力。

第三，必须载明法定的事项。《合伙企业法》第 18 条规定："合伙协议应当载明下列事项：（一）合伙企业的名称和主要经营场所的地点；（二）合伙目的和合伙经营范围；（三）合伙人的姓名或者名称、住所；（四）合伙人的出资方式、数额和缴付期限；（五）利润分配、亏损分担方式；（六）合伙事务的执行；（七）入伙与退伙；（八）争议解决办法；（九）合伙企业的解散与清算；（十）违约责任。"合伙协议并非必须具备以上全部条款，但对合伙人出资、合伙事务执行、合伙盈余分配和风险负担条款没有约定则合伙协议不能成立，对一般的民事合同而言并无此种必备条款的要求。需要指出的是，依据《合伙企业法》第 19 条的规定，合伙协议未约定或者约定不明确的事项，由合伙人协商决定；协商不成的，依照本法和其他有关法律、行政法规的规定处理。因此，对于合伙协议的内容的确定而言，不能完全以《合伙企业法》第 18 条的规定为依据，还应斟酌、参考《民法通则》等相关法律的规定。尤其是在当事人未设立合伙企业的情况下，应当在确定合伙协议内容方面赋予其较宽的自治空间。

就设立合伙企业的合伙协议而言，如果协议订立之后，当事人需要对原合伙协议进行修改，在合伙人将合伙协议修改或补充完毕之后，还应当将新的合伙协议提交给国家登记机关进行相应的变更登记，以新的合伙协议代替原合伙协议。值得研究的是，合伙协议修订之后、未登记之前的效力如何？笔者认为，因为合伙协议的登记目的在于保护交易第三人，主要是发生对外效力，而在对内方面，既然合伙人都已经在新的合伙协议上签名盖章，依据《合伙企业法》的规定，合伙协议自签名盖章之时起生效，这就表明新的合伙协议已经从签名盖章行为完成之日起生效。

二、合伙协议的内容

（一）合伙协议的内容概述

合伙协议的内容是合伙人有关共同出资、共同经营、共担风险、共享收益的约定。这一约定是合伙经营的基础。与一般的合同相比，合伙协议的内容具有特殊性。

第一，具有经营共同事业的目的。如前所述，合伙人的共同目的是合伙的中心。因此，合伙协议在内容上也是以共同事业为主线而展开。一般来说，合伙协议的主要条款包括共同出资和共担风险，否则，就不称其为合伙。合伙协议不仅应明确记载这一目的，还应就此作出细致的规定，并且应当载明有关事业的具体类型。

第二，内容的复杂性。合伙所涉及的事项与一般的合同不同。《民法通则》第 31 条和《合伙企业法》第 18 条对合伙协议应当载明事项规定了十余项内容。实践中合伙协议的内容完全可能超出法律规定的这些内容。就具体的合伙而言，还有必要区分普通合伙和有限合伙，而确定其协议内容。例如，设立有限合伙，应当就哪些合伙人承担无限连带责任，哪些合伙人承担有限责任达成合意，并作出明确约定。

第三，合伙存续时间的约定。合伙持续的时间长短不同，合伙的权利义务关系也会受到相应的影响。因为合伙具有人合性，合伙人不能随意退出合伙，当合伙的经营状况恶化时，如果合伙协议中约定了较长的存续期间，合伙人就可能承受较大的风险。因此，合伙协议应当明确约定合伙存续的时间。另外，即使协议中未约定合伙的存续时间，合伙的期限也受限于合伙目的。

如前所述，合伙类型较多且较为复杂，法律不可能对合伙协议的内容作出统一性规定。因为合伙协议的本质是共同行为，应当遵循私法自治的精神确定其内容，法律不宜过度干预。而且，从鼓励交易的角度出发，一般对合伙协议的成立应采取较为宽松的标准。但对于合伙企业而言，由于合伙企业成立后，作为民事主体会与第三人进行交易，为保护交易安全，法律针对合伙协议的内容作了较为详尽的规定。我国《民法通则》第 31 条和《合伙企业法》第 18 条对合伙协议应当记载的事项作了详尽的规定，在成立合伙企业时，这些合伙协议应当具备法定事项。

（二）合伙协议的具体内容

《民法通则》第 31 条规定：“合伙人应当对出资数额、盈余分配、债务承担、入伙、退伙、合伙终止等事项，订立书面协议。”该规定是调整合伙关系的基础性规范，其既适用一般合伙协议，又适用于合伙企业的合伙协议。但是，鉴于《合伙企业法》对于合伙协议的内容作出了明确的规定，在确定合伙协议内容时，也有必要参考《合伙企业法》的相关规定。综合上述规范，合伙协议的主要条款一般包括：

1. 合伙的目的或经营范围

合伙的目的是合伙人设立合伙所要追求的目标，例如三人合伙从事长途运输事务，便以完成运输行为、获取相应的报酬为目的，合伙的目的也是合伙存续和合伙协议中其他约定的基础。例如，合伙协议中载明的合伙目的，从意思表示的角度而言，其属于“要素”的范畴。合伙的目的是合伙协议必须明确约定的事项。在合伙协议中，对于目的的描述可以较为详尽，如某些以特定项目或事项为目的的合伙，也可以较为简略，如以特定经营为目的的合伙，只需列明有关经营项目即可。

2. 合伙人的出资

合伙人的出资，就是指合伙人基于合伙协议为经营共同事业而对合伙作出的投资。合伙人的出资既是合伙经营正常运行的基础，也是合伙对外承担责任的财产基础。一般来说，由于合伙人对外要承担无限连带责任而不是有限责任，即各合伙人应以其全部财产担保合伙债务的履行，因而法律不必对合伙的出资作出最低数额的限制。所以，设立合伙企业必须有认缴或实际缴付的出资。为此必须在合伙协议中对各个合伙人的出资义务作出明确的约定，包括出资的种类、方式、数额甚至违约责任等。通常，对于合伙企业的设立，法律并没有严格要求必须一次性缴付出资，而是允许可以采取实际缴付或认缴的方式。所谓认缴，就是指合伙人在设立合伙企业时承诺要向企业进行的出资。合伙人可以认缴出资来设立企业，法律允许其分期出资。如果合伙人以劳务出资的，其评估办法由全体合伙人协商确定，并在合伙协议中载明。合伙协议中一旦明确约定了合伙人的出资，合伙人必须按照合伙协议的约定进行出资。

3. 利润分配方式

合伙企业的性质决定了各个合伙人应当共同承担合伙企业的风险和损失，并共同享受经营的收益，这是合伙人享有的基本权利和负有的基本义务。《合伙企业法》第 33 条第 1 款规定："合伙企业的利润分配、亏损分担，按照合伙协议的约定办理；合伙协议未约定或者约定不明确的，由合伙人协商决定；协商不成的，由合伙人按照实缴出资比例分配、分担；无法确定出资比例的，由合伙人平均分配、分担。"据此，有关合伙企业的利润分配、亏损分担，应当按照如下规则加以确定：一是应当首先按照合伙协议的约定处理。这就是说，合伙协议有约定的，应当依合伙协议来确定损益分配。二是合伙协议未约定或者约定不明确的，应当由合伙人事后协商决定。毕竟损益分配是合伙的内部事务，在当事人事先未作明确约定时，可以通过补充约定的方式加以确定。三是如果合伙人之间没有协议且事后协商不成的，由合伙人按照实缴出资比例分配、分担；无法确定出资比例的，由合伙人平均分配、分担。例如，甲乙二人合伙从事运输，甲实际出资 1/3，乙实际出资 2/3，因此，其损益分配应当为 1∶2。需要注意的是，《合伙企业法》第 33 条第 2 款规定，"合伙协议不得约定将全部利润分配给部分合伙人或者由部分合伙人承担全部亏损"。这就是说，利润分配权是每一合伙人在合伙中的根本性权利，损失的分担也是普通合伙中合伙人的根本性义务，若强制剥夺利润分配权或强制要求某个合伙人单独承担亏损的责任，都有违合伙共同经营、共负盈亏的目的，因此，法律严格禁止合伙人通过不公平的约定剥夺某些合伙人所享有的权利或给另一些合伙人强加义务。违反该规定的合伙协议或者保底条款应是无效的。在罗马法上就有对此类问题的规定，如约定某合伙人仅分担损失而不享受利益的为"狮子合伙"[①]。

4. 亏损分担方式

合伙的债务原则上由合伙自身承担，或者说从合伙财产中支付。但是，在合伙财产不足以清偿债务时，也存在着合伙人如何承担债务的问题。因为合伙债务的承担对于当事人的利害关系影响较大，所以合伙协议中应当对其作出约定。

5. 合伙事务的执行

合伙事务，就是指合伙关系存续期间内，所有与合伙事业相关的、涉及合伙利益的事务，既包括对外的交易事务，也包括对内的管理事务等。各国合伙法均规定，除合伙协议另有约定外，合伙人均有执行合伙事务的权利和义务。在处理合伙的重大事务时，原则上须经全体合伙人共同决

① 陈朝璧：《罗马法原理》，北京，法律出版社，2006，第 233 页。

定，《合伙企业法》第26条第1款规定，“合伙人对执行合伙事务享有同等的权利”。

6. 入伙与退伙

入伙，是指合伙设立以后，非合伙人加入合伙而成为合伙人。退伙是指已经取得合伙人身份的合伙人脱离合伙组织，使其合伙人资格消灭的法律事实。合伙在成立以后，合伙人并非固定不变。某个或某些合伙人因合伙的经营状况、自身的原因等可能会要求退伙。

7. 合伙终止

合伙终止，就是指合伙因法律规定或当事人约定的事由而归于消灭。通常，法律规定了合伙终止事由。除法定事由外，当事人也可以约定特殊的终止事由。例如，通常情况下，合伙并不因某个合伙人的退伙而终止，但是，当事人也可以约定，在特定合伙人退伙时，该合伙终止。

问题在于，在欠缺特定合同条款的情况下，是否必然导致合伙协议无效？笔者认为，应当区分绝对必须记载的事项和相对必须记载的事项，对于前者如果缺少且没有达成事后的协议，应认定合伙协议无效；而对于后者，则应当允许当事人自由约定，即使没有约定，也不影响合伙协议的效力。依据《合伙企业法》第19条的规定，合伙协议未约定或者约定不明确的事项，由合伙人协商决定；协商不成的，依照该法和其他有关法律、行政法规的规定处理。

第三节　合伙协议的效力

一、合伙的内部关系

（一）合伙人负有出资义务

合伙人的出资，就是指合伙人基于合伙协议为经营共同的事业而对合伙作出的投资。① 每个合伙人都应当履行合伙协议所约定的出资义务，具体而言，包括如下几个方面：

1. 出资的种类符合法律规定和协议约定

合伙人出资有多种形式，法律上一般不对此作出限制。当事人可以以

① 参见林诚二：《民法债编各论》（下），台北，瑞兴图书股份有限公司，2002，第12页。

实物（包括现金、现物）出资，也可以以劳务、信用、知识产权、债权等出资。[①] 与公司相比较，各国法律对合伙的出资要求并不严格，我国法律也不例外，表现在以下几方面：第一，与公司法对公司设立的要求不同，合伙没有最低的注册资本的要求。第二，合伙人的出资形式没有限制。《合伙企业法》第16条规定，合伙人可以用货币、实物、知识产权、土地使用权或者其他财产权利出资，也可以用劳务出资。而在公司的设立中，股东不能以劳务出资。从法律上来说，对一般合伙人不应当在出资形式上有过多的要求，但对于隐名合伙人和有限合伙人来说，一般应当以实有财产出资。第三，在合伙人的出资时间上没有限制，合伙人既可以在合伙设立时出资，也可以在合伙存续期间出资。可以一次性出资，也可以分次出资。法律上对合伙人的出资没有作出过于严格的法律限制，如合伙企业并没有最低资本的要求，这对于鼓励投资具有重要意义。因为合伙是人合性的企业组织形式，尤其是普通合伙人对外要承担无限连带责任，已经足以提供资信保证，保障债权人利益。[②] 一旦在协议中具体规定了每一个合伙人的具体出资类型，则该合伙人应该严格遵循此种出资类型约定，不能随意以其他出资类型进行替代。从法律上来说，对普通合伙人不应当在出资形式上有过多的要求，但对于有限合伙人来说，一般应当以其实有财产出资。

2. 出资数额符合法律规定和协议约定

出资数额的多少，完全由合伙人在协议中约定，各合伙人的出资数额无须相同。各国法律对合伙的出资一般不作严格要求，在成立合伙企业时没有最低注册资本的要求。但是，合伙协议中应当明确约定各合伙人所占份额，这有利于确定盈余分配和债务承担的责任，因为出资的数额也是确定盈余分配和债务承担的重要依据。

3. 出资时间符合法律规定和协议约定

我国法律对合伙人的出资时间没有限制，合伙人既可以在合伙设立时出资，也可以在合伙期间出资。可以一次性出资，也可以分次出资。但合同一旦约定了出资时间，则必须以约定为准。合伙协议对出资时间的确定有助于明确出资人出资迟延履行的判断标准及其救济方式，也能够为合伙

---

① 参见郑玉波：《民法债编各论》（下册），台北，三民书局，1985，第649页。

② 参见《合伙企业法》修改起草工作组：《〈中华人民共和国合伙企业法〉（修订）条文释义》，上海，上海财经大学出版社，2006，第97页。

企业的财产基础提供保障。一旦合伙协议约定了各个出资人的出资时间，各个出资人就应该及时履行出资义务。

4. 合伙人不增资的权利

除合伙人全体同意外，在合伙协议成立后，不得以决议强迫合伙人增加出资或补充出资，合伙人享有“不增资权利”①。如果大多数合伙人强迫要求少数合伙人增加出资，少数合伙人有权拒绝。我国《合伙企业法》第 34 条规定：“合伙人按照合伙协议的约定或者经全体合伙人决定，可以增加或者减少对合伙企业的出资。”依据这一规定，只有当事人已经达成合意的，合伙人才负有增资的义务，从反面解释，该条实际上也赋予了合伙人不增资的权利。

（二）依照法律规定和合伙协议的约定确定合伙财产的归属

合伙财产由合伙人的出资和合伙积累的财产两部分构成。关于合伙财产的概念，有广义和狭义两种。广义的合伙财产包括合伙资产和负债两方面，合伙资产又称为积极财产，合伙负债又称为消极财产。狭义的合伙财产仅以合伙的资产为限。② 我国法律通常在狭义上理解合伙财产。例如，《合伙企业法》第 20 条规定：“合伙人的出资、以合伙企业名义取得的收益和依法取得的其他财产，均为合伙企业的财产。”

合伙财产具有统一性，合伙财产作为共有财产，要由全体合伙人共同管理和使用，而不能由合伙人分别使用、管理和支配，当然，法律另有规定或合伙人另有约定的除外。每一合伙人不能将其出资的财产仍作为个人的独立财产对待，一旦以该财产出资后，就应当将该财产交给全体合伙人共同支配，而不能仍由自己来支配。合伙财产是合伙人承担责任的基础。当然，合伙债务的承担并不以合伙财产为限，因为即便没有合伙财产，各个合伙人也要以自己的全部个人财产对合伙债务负连带的清偿责任。这就决定了构成合伙财产的出资不一定可以直接用来承担合伙的债务。例如，劳务虽不具有直接的可移转性，不能立即变现，但毕竟具有相应的价值，因此，合伙人仍然可以以劳务出资。在这一点上，合伙财产与公司财产是不同的，公司要以其全部财产对公司债务负责，公司股东出资的财产必须

---

① 邱聪智：《新订债法各论》（下），北京，中国人民大学出版社，2006，第 19 页。我国台湾地区“民法”第 669 条规定：“合伙人除有特别订定外，无于约定出资之外增加出资之义务。因损失而致资本减少者，合伙人无补充之义务。”据此，学者认为，该条确定了不增资的权利。

② 参见郑玉波：《民法债编各论》（下册），台北，三民书局，1985，第 654 页。

要能够直接、及时地清偿公司债务。

从合伙财产与合伙人个人财产的关系角度来看，其具有一定程度的独立性。合伙财产尽管在法律上是合伙人的财产，但依据法律和合伙协议的规定应该将合伙财产和合伙人个人财产区别开来，表现在：一方面，合伙人出资后依法不得随意抽回投资。在合伙存续期间，合伙人不得擅自转让合伙财产。除非有正当理由，合伙人不得于合伙组织解散或终止前要求分割合伙财产。合伙人在合伙清算前私自转移或者处分合伙财产的，应为无效的民事行为。另一方面，合伙人也不得擅自将合伙的财产转为个人所有。还要看到，对于合伙债务，尽管合伙人要承担无限责任，但首先要以合伙财产对合伙的债务承担责任。应当看到，合伙财产虽然具有一定的独立性，但又不同于法人的财产，它虽然有一定的团体财产的性质，但仍然归各合伙人共同共有。[①] 这就是说，合伙财产的独立性是相对的，合伙财产与合伙人的财产不能够完全分离。

合伙经营的是共同事业，各个合伙人要共同经营、共担风险，因此，合伙的财产在性质上必须为合伙人所共同所有。在学理上，对于合伙财产的共有性质存在着按份共有和共同共有的不同看法。笔者认为，从我国立法规定来看，同时参考合伙制度的历史发展趋势，基于维持合伙组织和合伙财产的连续性和稳定性，承认其为共同共有是必要的。采纳共同共有说的主要理由在于：第一，合伙共同关系存续期间，共有人不得请求分割共有财产，对合伙财产的性质采共同共有说可以维持合伙财产的稳定，有利于保障合伙事业的进行。第二，无论合伙人对合伙的出资比例大小，合伙人都应当对合伙的债权人承担无限连带责任，因此，从合伙人对合伙所承担的无限连带责任来看，共同共有说体现了权利和义务相一致的原则。第三，各个合伙人因经营合伙事业的共同目的而成立共同关系，形成人的结合关系，因此要受到此种共同目的和结合关系的拘束。[②] 应当看到，在合伙中，各合伙人也存在着一定的份额。例如，《合伙企业法》第 22 条规定："除合伙协议另有约定外，合伙人向合伙人以外的人转让其在合伙企业中的全部或者部分财产份额时，须经其他合伙人一致同意。"其中也提及了财产份额，但是，笔者认为，不应以此便认为合伙财产属按份共有。实际上，按份共有与共同共有的核心区别并不在于份额的有无，而在于共

① 参见郑玉波：《民法债编各论》（下册），台北，三民书局，1985，第 89 页。

② 参见龙卫球：《民法总论》，北京，中国法制出版社，2002，第 416 页。

同关系的有无。在按份共有中，若一方当事人请求分割共有财产，并不需要经对方当事人同意；而在共同共有中，若共同关系不终止，任何共有人，即便拥有确定的份额，也不得请求随时分割共有财产。因此，《合伙企业法》第 22 条第 1 款规定，合伙人向合伙人以外的人转让其在合伙企业中的全部或者部分财产份额时，须经其他合伙人一致同意。

关于在合伙经营期间内积累的财产的性质，一般认为，合伙经营积累的财产是合伙人共同经营合伙出资的结果，也是合伙人共同劳动的收益。在分割以前，各个合伙人对该财产享有平等的权利。① 因为合伙财产长期处于变动之中，所以，在财产分割前不能确定各个合伙人的具体数额，但这并不妨碍该财产属于各合伙人共同共有。

（三）依照法律规定和合伙协议的约定承担合伙债务

所谓合伙债务，是指合伙事业经营过程中由合伙承担的债务，合伙协议需要确定其合伙债务如何在合伙人之间分配。在合伙关系存续期间，因合伙经营所负有的债务就是合伙债务，合伙债务不同于合伙人个人债务。合伙债务的特点表现在：第一，必须是合伙企业以自己的名义从事对外经营活动中对他人所负有的债务，通常都是合伙人在执行合伙事务中所欠的债务。合伙人因个人行为所产生的债务与合伙和其他合伙人无关，合伙和其他合伙人没有为其清偿的义务。第二，合伙债务必须是合伙关系存续期间所产生的债务。在合伙成立前和合伙解散后所产生的债务，原则上都不是合伙债务。第三，合伙债务既可能是因为合同关系产生的，也可能是因为合伙的侵权行为所产生的。② 此处所说的侵权责任，就是指合伙关系存续期间内，因合伙人执行合伙事务致他人损害而产生的团体侵权责任。合伙人执行合伙事务实际上是执行各合伙人的共同意志，合伙人在执行事务中的过错应当认定为合伙的过错。因此种过错产生的侵权后果，应当由合伙来承担责任。依据法律规定和合伙协议的约定，合伙债务应当首先以合伙财产清偿，只有在合伙财产不足以清偿时，才由合伙人承担无限连带责任。

合伙协议通常会约定各个合伙人内部的责任分担，但此种约定不能对抗交易第三人，普通合伙人对外仍需承担无限连带责任。但是，某一合伙人在对外承担的债务超出自己应负担份额时，其可以向其他债务人追偿。

---

① 参见马俊驹、余延满：《民法原论》，2 版，北京，法律出版社，2005，第 157 页。

② 参见马强：《合伙法律制度研究》，北京，人民法院出版社，2000，第 226 页。

对合伙债务的债权人来说，在合伙财产不足以清偿合伙债务的情况下，债权人也可以向任何一个普通合伙人请求承担全部债务。此外，在比较法上，大多数国家承认了合伙债权债务抵销禁止规则，即第三人不能以其对合伙人所享有的债权抵销其对于合伙所负担的债务。此外，合伙人对于第三人负担债务时，也不得主张与合伙对第三人享有的债权相抵销。该规则的主要目的在于实现合伙人个人财产和合伙财产的相互分离，以保证合伙自身财产的独立性和稳定性。①

（四）依照法律规定和合伙协议的约定分配损益

所谓分配损益，是指依照法律规定或协议的约定，将合伙事业的利润和损失分配给各个合伙人。② 合伙企业的性质决定了各个合伙人应当共同承担合伙企业的风险和损失，并共同享受经营的收益，这是合伙人所应当享有的基本权利和应当负有的基本义务。《合伙企业法》第 33 条第 1 款的规定："合伙企业的利润分配、亏损分担，按照合伙协议的约定办理；合伙协议未约定或者约定不明确的，由合伙人协商决定；协商不成的，由合伙人按照实缴出资比例分配、分担；无法确定出资比例的，由合伙人平均分配、分担。"例如，甲乙二人合伙从事运输，甲实际出资 1/3，乙实际出资 2/3，因此，其损益分配应当为 1∶2。需要注意的是，根据《合伙企业法》第 33 条第 2 款，"合伙协议不得约定将全部利润分配给部分合伙人或者由部分合伙人承担全部亏损"。这就是说，利润分配权是每一合伙人在合伙中的根本性权利，损失的分担也是普通合伙中合伙人的根本性义务，若强制剥夺利润分配权或强制要求某个合伙人单独承担亏损的责任，都有违合伙共同经营、共负盈亏的目的，因此，法律严格禁止合伙人通过不公平的约定剥夺某些合伙人所享有的权利或给另一些合伙人强加义务，违反该规定的协议应是无效的。

（五）依照法律规定和合伙协议的约定执行合伙事务

1. 合伙人共同执行合伙事务

合伙事务，就是指合伙关系存续期间内，所有与合伙事业相关的、涉及合伙利益的事务，既包括对外的交易事务，也包括对内的管理事务等。各国合伙法均规定，除合同另有约定外，合伙人均有执行合伙事务的权利和义务。在处理合伙的重大事务时，原则上须经全体合伙人共同决定，

---

① 参见邱聪智：《新订债法各论》（下），台北，元照出版公司，2003，第 27 页。

② 参见林诚二：《民法债编各论》（下），台北，瑞兴图书股份有限公司，2002，第 21 页。

《合伙企业法》第 26 条第 1 款规定："合伙人对执行合伙事务享有同等的权利。"所谓"同等的权利"，是指在对内管理和对外代表合伙、执行事务上，各合伙人均享有相同的权利。具体来说，合伙人同等享有的权利，包括两个方面：一是对内同等地享有事务管理权，也就是说，合伙的事务应当由全体合伙人共同参与管理，每一个合伙人基于合伙的性质和经营合伙的共同事业的目的而当然地享有对合伙事务的直接参与权。这种权利具体表现在各个合伙人对合伙的事务享有平等的管理权、经营权、表决权、监督权和代表权。尤其需要指出的是，共同管理合伙的事务既是每一个合伙人的权利，也是其对合伙应尽的义务。[①] 二是对外同等地享有合伙代表权。从比较法上看，对于合伙企业，各国大多采取"共同代表制"。因为对于合伙而言，其组织的属性相对较弱，不像法人那样有明确的机关分工，所以合伙企业的代表实质上是其他合伙人的代表，而非合伙企业的代表机关。对外代表权是合伙人事务执行权的重要组成部分。[②] 合伙人享有平等对内、对外执行事务权利的原因在于：一方面，由于合伙是在共有财产的基础上建立的联合体，共有的性质决定了共有人应当有权决定合伙事务。另一方面，合伙人对外承担无限连带责任，因此，需要赋予合伙人管理合伙事务、控制交易风险的能力。合伙人对外承担无限责任决定了合伙人应当直接参与管理，这也是合伙人维护自身权益的根本保障。还要看到，合伙不像公司那样具有执行机关，所以，合伙人在管理合伙的内部事务方面享有充分的自由。

2. 合伙事务执行人的确定

合伙人可以基于合伙协议或共同决定，委托一名或数名合伙人执行合伙事务，该执行合伙事务的人，称为合伙的事务执行人。根据《合伙企业法》第 26 条第 2、3 款的规定，按照合伙协议的约定或者经全体合伙人决定，可以委托一个或者数个合伙人对外代表合伙企业，执行合伙事务。作为合伙人的法人、其他组织执行合伙事务的，由其委派的代表执行合伙事务。因此，根据上述规定，在对外代表合伙、执行合伙事务的问题上，我国采取的是"共同执行"的原则，即赋予每一位合伙人以事务执行人的权利。即使合伙人通过合伙协议或共同决定的方式确定了专门的事务执行

① 参见徐景和主编：《合伙企业法条文释义》，北京，人民法院出版社，1997，第 49 页。

② 参见朱少平主编：《中华人民共和国合伙企业法释义及适用指南》，北京，中国民主法制出版社，2006，第 145 页。

人，但所有合伙人基于合伙的人合性以及法律的规定对外代表合伙的行为仍然对合伙发生效力。不过，根据《合伙企业法》第26条第2、3款的规定，法律也允许合伙人以约定指定特定的合伙事务执行人对外代表合伙企业。

二、合伙的外部关系

(一) 与第三人发生法律关系时的效果归属

合伙事务执行人有权代表合伙执行事务。其在事务执行过程中与第三人发生法律关系时，以全体合伙人的名义或以合伙的名义对外从事的行为，可以对合伙或全体合伙人产生效力。合伙事务执行人可以是一人，也可以是数人。其享有的代表权因被委托执行合伙事务而当然成立，不需要另行特别授权。代表权的范围应当限于执行合伙事务的范围之内。[①]《合伙企业法》第37条规定："合伙企业对合伙人执行合伙事务以及对外代表合伙企业权利的限制，不得对抗善意第三人。"这就是说，合伙企业关于管理、执行和代表合伙事务的约定（如确定由特定合伙人具体执行合伙事务），只能对内在合伙人之间发生效力，不能对抗合伙企业外的善意的第三人。法律之所以设定该规则，主要是为了保护第三人的合理信赖，并维护交易安全。

不执行合伙事务的合伙人对外同等地享有合伙代表权，能够代表合伙和全体合伙人与第三人发生法律关系，由此产生的效果也应该归属于合伙及全体合伙人。问题在于，如果合伙已经对事务执行的代表权作出限制，是否意味着不具有合伙事务执行权的合伙人对外不能代表合伙和全体合伙人与第三人发生法律关系？笔者认为，合伙对其事务执行权的限制属于合伙的内部关系，此种内部约定不能对抗善意第三人。

(二) 合伙人的责任

1. 合伙人原则上对外承担无限连带责任

在合伙的财产不足以清偿合伙的债务时，合伙人原则上应当承担无限连带清偿责任。《合伙企业法》第38条规定："合伙企业对其债务，应先以其全部财产进行清偿。"第39条规定："合伙企业不能清偿到期债务的，合伙人应承担无限连带责任。"因此，普通合伙人对外承担合伙债务的原则是：对于合伙企业的债务，首先应当以合伙企业的财产清偿。在合伙企业财产不能清偿合伙债务的情况下，各个合伙人应当承担无限连带清偿责

① 参见郑玉波：《民法债编各论》（下册），台北，三民书局，1985，第673页。

任。这就是说，合伙人对合伙债务的个人责任的承担前提是合伙财产不足以承担合伙债务。合伙人对合伙债务承担的责任是无限连带责任。

在普通合伙中，合伙人承担的无限连带清偿责任的特点在于：首先，它是一种法定责任，即合伙人不能通过约定免除，任何约定只能在当事人之间产生效力，而不能对抗债权人，除非得到债权人的认可。其次，连带责任是一种对外的责任。也就是说，合伙人应该以个人财产对全部合伙债务负责，任何人都不能以合伙债务非因其个人行为所致而提出抗辩。但是这并不妨碍合伙人在对外承担责任以后，享有向其他合伙人追偿的权利。再次，连带责任强调各个合伙人之间的关系，即每一个合伙人都要对他人的责任财产不足负责，实际上构成一种特殊的担保。

无限连带清偿责任的设定具有重要意义。一方面该责任扩大了清偿债务的履行担保，对债权人充分实现其债权无疑是非常有利的，这也是合伙能够具有较高信用度的原因。另一方面，无限连带责任体现了公平原则。合伙本身是基于人身信任关系所形成的人和财产的集合。合伙人对合伙事业共同经营、共享利益，每个合伙人以合伙名义从事的行为，其权益归全体合伙人享有，其义务自然也应由全体合伙人承担。即以合伙名义与债权人在经济交往中所产生的一切后果，都应由合伙人共同承担，这也体现了权利义务的一致性。如果使这种损失由不知情的债权人承担，显然是不公平的。此外，从效率上考虑，法律规定连带责任也有利于督促合伙人在建立合伙时，慎重地选择合作伙伴，在从事合伙经营时互助协作，搞好经营，维护合伙组织的人合性，以避免共同承担连带责任，这也有利于提高合伙经营的效率。

2. 合伙财产和合伙人个人财产清偿债务的顺序

在普通合伙中，各合伙人依法都对合伙债务承担无限连带责任。但关于合伙财产和合伙人个人财产清偿合伙债务的先后顺序，学理上历来存在争议。在大陆法国家，主要有两种立法模式：一是并存主义。所谓并存主义，是指对合伙债务，由合伙财产和合伙人个人财产负担连带清偿责任，债权人可就合伙财产和合伙人个人财产选择请求清偿。采取并存主义的国家，主要有德国和瑞士。[①] 二是补充连带主义。所谓补充连带主义，就是

① 大陆法国家大多采纳了此主张。例如《德国民法典》第427条规定："数人因契约对同一可分的给付负有共同责任者，在发生疑问时，作为连带债务人负其责任。"参见史尚宽：《债法各论》(下)，台北，荣泰印书馆有限公司，1980，第667页。

对合伙债务，债权人应首先要求以合伙财产作出清偿，合伙财产不足清偿时，各个合伙人就不足部分负连带赔偿责任，即合伙人个人对合伙债务仅负补充责任。[①] 我国《合伙企业法》第 38 条规定："合伙企业对其债务，应先以其全部财产进行清偿。"第 39 条规定："合伙企业不能清偿到期债务的，合伙人承担无限连带责任。"从这些规定可以看出，我国采取的是补充连带主义。这就是说，既然合伙企业本身是一个独立的民事主体，并且具有自己相对独立的财产，那么合伙企业首先应当以企业自己的财产对外承担责任。当合伙企业自身财产不足以清偿债务时，债权人才能请求无限责任合伙人承担责任。笔者认为，这一规定是合理的。首先，这种立法例是在对债权人利益充分保障的前提下，兼顾了合伙人个人利益。其次，这种立法例考虑到了合伙本身具有一定的团体性，区分了团体债务和个人债务。再次，从债权人平等主义考虑，合伙的债权人和合伙人的债权人都是平等的，合伙人不能直接以合伙财产来清偿个人的债务，合伙的债权人当然也不能要求先以合伙人个人财产来清偿。最后，从节约交易成本来看，由于追索合伙财产以实现债权相对比较容易，先以合伙财产来实现债权可以节约交易成本；同时，由于合伙企业大都拥有字号，直接对合伙组织起诉在诉讼上也较为便捷。

应当指出，法律规定合伙债务应当先以合伙财产承担，但此种规定可以由合伙人作出选择，即先以合伙人个人财产全部负责，还是先以合伙财产承担责任。如果合伙人愿意保存合伙财产的统一性，自愿以合伙人个人财产清偿债务的，只要不损害债权人的利益，依据诚信原则，债权人应当允许。

第四节 合伙协议主体的变更

一、入伙

入伙，是指合伙设立以后，非合伙人加入合伙而成为合伙人。由于新合伙人的入伙，将使合伙人数增加，对合伙也会产生一定的影响，因而，

---

① 参见郑玉波主编：《新编六法参照法令判解全书》，台北，五南图书出版公司，1975，第161页。

入伙必须符合一定的条件。《合伙企业法》第 43 条规定："新合伙人入伙，除合伙协议另有约定外，应当经全体合伙人一致同意，并依法订立书面入伙协议。"

由于入伙涉及合同主体的变更，并对合伙中原有其他合伙人的权益亦会产生影响，因而应取得原合伙人的同意，在合伙企业新增合伙人时，还应采用特定的形式。入伙之所以必须经过原合伙人的一致同意，一方面，是因为合伙具有人合性质，它是基于合伙人之间的信任关系而设立的团体。法律要求新合伙人的入伙一定要取得原全体合伙人的同意，既符合合伙的性质，也是为了保持合伙人之间的信任关系。且合伙企业的管理也因为其人合的性质而具有独特之处。如果原合伙人对新合伙人缺乏信任，则会严重影响合伙企业的经营活动的开展，从而在合伙内部出现矛盾，影响合伙事业的进行。另一方面，合伙债务需要全体合伙人承担无限连带清偿责任，若新合伙人不具有充分的责任承担能力，也会加重其他合伙人的负担。若新合伙人个人陷入经济困境，也可能导致其合伙份额被强制执行，甚至导致合伙的解散。因此，除非合伙人就入伙事宜作出了特别约定，新合伙人入伙必须得到全体合伙人的一致同意。关于全体同意问题，具体的方式可以在合伙协议中进行约定，只要合伙协议中规定，新合伙人的入伙只要过半数以上合伙人同意，则该约定应为有效。① 但如果没有此种约定，则应当由全体合伙人同意，未经全体合伙人同意的，入伙行为无效。

虽然《民法通则》第 31 条要求就入伙、退伙事项订立书面协议，但该规定更多是倡导性规范，并不意味着在未采用书面形式的情况下有关入伙就不生效力。但是，对于合伙企业新增合伙人，法律对形式要件已有明确规定。一是要依法订立书面入伙协议。由于入伙对于入伙人以及其他原合伙人的权利义务影响重大，因而，入伙除应当达成一致的意思表示以外，还应当形成书面协议。在协议中，应当对新入伙人的权利义务作出明确的规定，尤其是对入伙前的合伙债务、收益的分配作出明确的规定，这有利于防止纠纷的发生，以防患于未然，便利于未来的纠纷解决。根据《合伙企业法》第 43 条第 2 款，订立入伙协议时，原合伙人应当向新合伙人如实告知原合伙企业的经营状况和财务状况。该规定可以说是确立了强制性的告知义务。二是要办理登记手续。《合伙企业法》第 9 条第 1 款规定："申请设立合伙企业，应当向企业登记机关

---

① 参见史尚宽：《债法各论》（下），台北，荣泰印书馆有限公司，1980，第 688 页。

提交登记申请书、合伙协议书、合伙人身份证明等文件。”据此，合伙人入伙必将导致合伙人的变动，应当到企业登记机构办理登记。这也是为了对社会进行公示，以利于第三人知道合伙人构成的变化，从而维护交易安全。

关于入伙人入伙以后对原合伙债务的责任，我国《合伙企业法》第44条第2款规定：“新合伙人对入伙前合伙企业的债务承担无限连带责任。”笔者认为，此种规定是非常必要与合理的。一方面，入伙人入伙后，已经取得合伙人的资格，与原合伙人一样享有同等的权利，理所当然应当与原合伙人一样对原合伙的债务承担连带无限责任。另一方面，对于债权人来说，其并不知道某一合伙人是新加入的还是最初的合伙人，如果可以免除新加入的合伙人的连带责任，债权人的利益便难以保障，甚至整个合伙中的合伙人的无限连带清偿责任也会形同虚设。所以，规定连带无限责任有利于保护合伙的债权人的利益，维护交易安全。需要指出的是，《合伙企业法》第44条第1款规定：“入伙协议另有约定的，从其约定。”该条规定似乎给人一种误解，即新合伙人的责任可以通过入伙协议来安排，甚至可以改变法定的无限连带责任。此种理解是不妥当的。从体系解释来看，该项内容规定在第1款第2句中，而法律关于无限连带责任的规定，是单独地规定在第2款中，可见立法者是有意强调第2款的独立地位和不可通过约定改变的特征。尤其是责任承担的问题事关第三人利益的保护，而协议安排只是在当事人之间生效，若无充分理由，并不应当被赋予对抗第三人的效力。也就是说，任何免除新合伙人责任的协议都不能对抗第三人。不管第三人是善意还是恶意，不论其是否对此知情，新的入伙人的连带责任是不能通过合伙协议加以改变的。① 在对外关系上，新合伙人对于其加入前合伙所负的债务与其他合伙人一样，应当对合伙债权人负同一的责任。但在合伙人内部，新合伙人承担的责任可由合伙人约定。② 也就是说，在合伙人内部，新的合伙人究竟应当分担多少责任，完全可以由合伙人自由约定。

二、退伙

退伙是指已经取得合伙人身份的合伙人脱离合伙组织体，使其合伙人

---

① 参见马强：《合伙法律制度研究》，北京，人民法院出版社，2000，第164页。

② 参见张弢等：《〈中华人民共和国合伙企业法〉适用与研究》，北京，中国人民公安大学出版社，1997，第132页。

资格消灭的法律事实。合伙在成立以后，合伙人并非固定不变。某个或某些合伙人因合伙的经营状况、自身的原因等可能会要求退伙。同时，基于法律规定或其他原因，也会出现退伙。在民法上，根据退伙的原因不同，可以将退伙分为三种形式：一是法定退伙，又称当然退伙，是指基于法律直接规定的原因而退伙。一旦法律所规定的这些原因出现，合伙人就失去继续作为合伙人的资格，所以此种退伙又称为当然退伙。我国《合伙企业法》第 48 条对当然退伙作出了明确规定。[①] 二是强制退伙，又称除名退伙，是指因某一合伙人违反法律或合同的约定，或发生了合伙协议约定的事由，而被强制性地剥夺合伙人资格。在强制退伙的情形下，通常需要通过合伙决议的方式经其他合伙人一致同意才可以将某一违反法定或者约定义务的合伙人除名，但被除名人对除名决议有异议的，可以提出异议或者向人民法院起诉。[②] 三是自愿退伙，是指合伙人依据约定或单方面向其他合伙人声明退伙。无论是否出现法律规定的事由，合伙人都有退伙的权利。自愿退伙包括协议退伙或单方声明退伙两种方式。其中，协议退伙是指合伙协议中约定的退伙事由发生，或者退伙人与其他合伙人通过协商达成退伙协议，从而退出合伙组织。单方声明退伙是指某一个或某几个合伙人单方面表示其退出合伙，从而使其合伙人资格消灭的一种退伙方式。从法律上说，合伙人加入合伙后，应当享有退伙的权利，因为合伙作为人合组织，一旦某个合伙人不愿意继续参与该合伙，应当允许其退伙。在这三种退伙方式中，退伙人的私法自治程度有差异，就法定退伙而言，无论退伙人是否愿意退伙，都会基于法律的规定当然发生退伙的法律效果。不管合伙协议中是否有约定，法定退伙事由都自动成为退伙的条件，基于此，法定退伙也被称为当然退伙。强制退伙基于合伙人在合伙协议中的事先约定或者出现法定特别情形时通过合伙决议实现退伙，体现了全体合伙人的私法自治。而自愿退伙则只体现了退伙人的自主自愿。

退伙发生合伙人资格丧失的法律效果，使合伙人与合伙组织体脱离了

---

① 该条规定："合伙人有下列情形之一的，当然退伙：（一）作为合伙人的自然人死亡或者被依法宣告死亡；（二）个人丧失偿债能力；（三）作为合伙人的法人或者其他组织依法被吊销营业执照、责令关闭、撤销，或者被宣告破产；（四）法律规定或者合伙协议约定合伙人必须具有相关资格而丧失该资格；（五）合伙人在合伙企业中的全部财产份额被人民法院强制执行。"

② 《合伙企业法》第 49 条规定："合伙人有下列情形之一的，经其他合伙人一致同意，可以决议将其除名：（一）未履行出资义务；（二）因故意或者重大过失给合伙企业造成损失；（三）执行合伙事务时有不正当行为；（四）发生合伙协议约定的事由。"

关系。但是，基于合伙的人合性，为充分保护第三人的利益与交易安全，退伙人对退伙前所发生的合伙债务仍应承担责任。这有助于避免债权人因为合伙主体的变更而使得自己的利益受到损害。《合伙企业法》第53条规定："退伙人对基于其退伙前的原因发生的合伙企业债务，承担无限连带责任。"依据这一规定，如果合伙企业对外负担债务，退伙人对其退伙前发生的合伙企业债务，应承担无限连带责任。如果债务发生于退伙后，但其原因发生于退伙前，已经退伙之人仍然对此负有清偿责任。例如，合伙曾在某一合伙人退伙前向他人借款，但是在某一合伙人退伙后不能清偿债务，则该退伙人也要对该债务负责。这主要是因为此种债务仍属于退伙之人参与合伙企业经营期间发生，合伙人共同参与合伙企业事务的经营，当然也应当共担风险。

第五节　违反合伙协议的责任

一、违反合伙协议的责任概述

违反合伙协议的责任，是指合伙人违反合伙协议的有关约定，对其他合伙人所应承担的责任。《合伙企业法》第103条第1款规定："合伙人违反合伙协议的，应当依法承担违约责任。"如前所述，合伙分为对内和对外关系。就外部关系而言，虽然合伙协议的约定也具有一定的意义，但主要是受法律法规的强制性规定调整，因而合伙所承担的外部责任是法定责任。本书所说的违反合伙协议的责任主要是指发生在合伙人之间的内部责任，其性质属于违约责任。合伙协议中关于合伙人内部关系的约定，是确定合伙人权利义务的基本规范。因此，合伙人违反了合伙协议的约定，也构成违约，需要承担违约责任。

合伙人承担违反合伙协议的违约责任具有如下特点：首先，从损害后果来看，有关损害通常并非直接指向特定合伙人，而是造成合伙组织体事业经营上的损害。例如，违反竞业禁止义务直接损害的是合伙企业的利益。其次，违反合伙协议的责任方式与通常的违约责任方式不同。例如，在违反合伙协议的情况下，通常违约的合伙人应进行损害赔偿，或者实际履行合伙义务，或依法承担强制退伙等责任。作为违约责任形式的违约金责任较少适用于合伙责任。尤其是针对合伙人违反义务的行为，有时采取强制退伙的方式，这实际上只是对合伙组织体的责任。最后，违约责任的抗辩事由不同。例如，在一般的双务合同中，当事人可以援引同时履行抗辩、先履行抗辩等对其不履行合同的行为进行抗辩。而在合伙协议履行中，由于合伙协议并非双务合同，上述履行抗辩权自然不能适用。

二、违反合伙协议的类型

（一）违反出资义务

合伙人未按照约定出资，构成对出资义务的违反。在某一合伙人未履行出资义务的情形下，合伙事务执行人有权代表合伙请求其履行出资义务，同时其他合伙人也有权请求其履行出资义务。但是，对于自身同样负有出资履行义务的合伙人而言，其是否有权请求其他合伙人履行出资义务，存在争议。一般认为，只有已经履行出资义务的合伙人，才有权请求其他合伙人履行出资义务，尚未履行出资义务的合伙人无权要求其他合伙人履行出资义务。

在某一合伙人未依约履行出资义务的情形之下，学说上认为可派生出两种请求权，一为合伙出资请求权，它是指合伙本身对于合伙人享有的请求其出资的请求权，它属于合伙自身的请求权；二为合伙人出资请求权。它是指合伙人请求其他合伙人出资的请求权，在性质上属于合伙人个人的请求权。[①] 在这两种派生的请求权中，前者系合伙代表人请求个别合伙人向合伙履行出资义务，后者为个人合伙人请求其他合伙人向合伙履行出资义务。[②] 通过这两种请求权的行使都有助于督促合伙人及时履行其出资义务。但在某一合伙人未履行出资义务的情况下，无论是合伙组织还是全体合伙人都有权要求其承担违约责任。

合伙人不履行出资义务构成对合伙协议的违反，合伙本身以及其他合伙人都享有请求权。但此处所说的合伙本身是指合伙企业，如果没有形成合伙企业，则合伙本身不享有请求权。问题在于，其他合伙人是否享有同时履行抗辩权？一般认为，合伙人订立合伙协议的目的不在于交换财产，而旨在经营合伙事业。合伙人履行出资不仅是对其他合伙人所负担的义务，同时也是对合伙的义务。如果允许某一合伙人以其他合伙人未履行出资义务为由，拒绝履行其自己的出资义务，则合伙财产难以形成，合伙共

---

① 参见林诚二：《民法债编各论》（下），台北，瑞兴图书股份有限公司，2002，第 15 页。

② 参见邱聪智：《新订债法各论》（下），北京，中国人民大学出版社，2006，第 20 页。

同事业也无法经营。如甲、乙、丙、丁 4 人约定各出资 10 万元经营某项事业，如果甲以乙未依约出资而拒绝自己的出资，则共同事业就难以维持。所以，在一合伙人未履行出资义务时，其他合伙人只能基于其违反合伙协议而获得补救，而不能行使同时履行抗辩权。毕竟出资义务是各个合伙人都应该向合伙负担的法定义务。

（二）从事损害合伙利益的行为

《合伙企业法》第 32 条第 3 款规定，“合伙人不得从事损害本合伙企业利益的活动”。据此，合伙人负有不得从事有损合伙利益行为的义务。合伙具有人合性，是基于经营共同事业而设立的，每个合伙人作为合伙的成员，都必须忠实地履行不得损害合伙企业利益的义务。这不仅是诚信原则的要求，也是合伙关系的本质要求。合伙人必须依据合伙协议行使权利、履行义务，如果某个合伙人擅自代表合伙对外从事交易活动，或某合伙人违反法律规定擅自处分合伙的不动产或以合伙名义对外提供担保等，给合伙造成损害的，应当向其他合伙人承担违约责任。

（三）违反竞业禁止义务

《合伙企业法》第 32 条第 1 款规定，“合伙人不得自营或者同他人合作经营与本合伙企业相竞争的业务”，该条规定了竞业禁止义务。所谓竞业禁止，是指企业的成员或经营管理人员不得从事与本企业相竞争的业务。法律规定竞业禁止的目的，是防止企业的成员或经营管理人员利用企业的客户名单、交易信息、经营战略等资源从事个人的业务，损害企业的利益。在合伙企业中，主要指合伙人不得自己经营与合伙企业有竞争关系的业务，也不得与他人共同经营与本合伙企业相竞争的业务。[①] 竞业禁止义务也是合伙协议的重要内容，合伙人从事任何与本合伙企业竞争性业务的行为都会损害合伙的利益，并构成违约。

（四）与合伙进行交易并损害合伙利益

《合伙企业法》第 32 条第 2 款规定，“除合伙协议另有约定或者经全体合伙人一致同意外，合伙人不得同本合伙企业进行交易”。据此，合伙人负有不得与本合伙企业进行交易的义务。如前所述，合伙人根据代理关系执行合伙事务，任何代理人不得从事自己代理行为。合伙人既然是合伙企业的当然代理人，就不能够代理合伙企业与自己进行交易。对于“交

---

① 参见张弢等：《〈中华人民共和国合伙企业法〉适用与研究》，北京，中国人民公安大学出版社，1997，第 81 页。

易”应当如何理解？笔者认为，对于交易不能作狭义的理解，不能仅仅理解为合伙人与合伙企业进行买卖等直接的交易，对于间接的交易，如以合伙企业的名义为自己提供担保，也属于此处所说的交易。因为合伙人在代理合伙企业事务的同时，又为自己从事交易，这样就不可避免地要损害合伙企业的利益。① 禁止合伙人擅自与合伙进行交易，也是合伙协议的重要内容。因为合伙人未取得全体合伙人的同意而与本合伙进行的交易，在绝大多数情况下都可能损害其他合伙人的利益。因此，合伙人违反该项义务的，应当承担违约责任。对于合伙人擅自与合伙进行交易的行为，如果合伙协议已有特别约定或经全体合伙人同意，或者事后得到全体合伙人追认的，该交易行为仍然有效。

合伙人根据合伙协议负有诸多的义务，而违反该义务，就应当承担相应的责任。从合同相对性的角度出发，合伙人违反合伙协议，应当对其他合伙人承担责任。问题在于，如果合伙人违反合伙协议的同时，也损害了合伙本身的利益，合伙本身是否有权要求其承担责任？笔者认为，应当区分合伙本身是否形成独立的民事主体，以此来确定合伙是否可以以合伙本身的名义请求导致合伙损害的合伙人承担责任。

三、责任形态

1. 强制退伙（除名退伙）

强制退伙也称为除名退伙，指因某一合伙人违反法律或合同的约定，或发生了合伙协议约定的事由，而被强制性地剥夺合伙人资格。强制退伙的责任方式是合伙人违约责任的特殊方式，根据《合伙企业法》第 49 条的规定，强制退伙的原因主要包括：未履行出资义务；因故意或者重大过失给合伙企业造成损失；执行合伙事务时有不正当行为；发生合伙协议约定的事由。因为强制退伙将直接导致合伙人资格的丧失，所以，为了充分尊重被退伙人的利益，法律在程序上也提供了相应的保障。对合伙人的除名决议应当书面通知被除名人。有异议的被除名人接到除名通知之日起 30 日内可以向人民法院起诉。

2. 返还财产与相关利益

合伙人违反合伙协议，侵占合伙财产的，应当依法将财产返还给合伙。《合伙企业法》第 96 条规定：“合伙人执行合伙事务，或者合伙企业

① 参见朱少平主编：《中华人民共和国合伙企业法释义及适用指南》，北京，中国民主法制出版社，2006，第 163 页。

从业人员利用职务上的便利，将应当归合伙企业的利益据为己有的，或者采取其他手段侵占合伙企业财产的，应当将该利益和财产退还合伙企业。”

若合伙人在执行合伙事务的过程中，为牟取私利，违反法定和约定的义务，从事有损合伙企业的行为，例如在代表合伙企业进行交易时接受贿赂，使企业蒙受损失的，或者违反竞业禁止义务，从事与合伙企业有竞争的经营，其他合伙人不仅有权依法强制其退伙，也有权要求其返还所得收益。《合伙企业法》第 99 条规定：“合伙人违反本法规定或者合伙协议的约定，从事与本合伙企业相竞争的业务或者与本合伙企业进行交易的，该收益归合伙企业所有。”

3. 继续履行

继续履行，是指合伙人依据合同约定而继续履行其义务。如前所述，在合伙中，通常难以因违约而适用解除合同，但可以适用继续履行。例如，要求合伙人继续履行出资义务。由于履行出资义务是合伙人对合伙企业承担的基本义务，如果不履行将影响合伙企业的设立和存续，因而合伙可以要求未履行出资义务的合伙人强制退伙，也可以要求其继续履行出资义务。

4. 损害赔偿

我国《合伙企业法》规定了相关的损害赔偿责任。从解释来看，这种损害赔偿责任的性质主要是侵权损害赔偿责任。例如，依据《合伙企业法》第 96 条的规定，合伙人执行合伙事务，或者合伙企业从业人员利用职务上的便利，给合伙企业或者其他合伙人造成损失的，依法承担赔偿责任。但是在违反合伙协议的情况下，也会产生违约责任。例如，如果合伙人执行合伙事务存在不正当的行为，其应当依据合伙协议的约定对其他合伙人承担违约责任。

第六节　合伙协议的终止

一、合伙协议终止的原因

1. 合伙期限届满，合伙人决定不再经营。合伙的存续期限通常是由合伙协议约定的，在协议期限届满以后，合伙人不愿继续经营的，可以解散合伙。若合伙协议没有规定存续期限，合伙人可就合伙协议延长的事项进行协商，任何合伙人不同意续期，合伙协议均告终止，合伙均应予以解散。

2. 合伙人约定解散的事由出现。这主要是指当事人在合同中约定了法定事由之外的解散事由。合伙协议约定的解散事由通常是指合伙人事先在协议中约定的事由，如约定在某些合伙人不具有特定资质时合伙解散，只要这些约定不违反法律的规定，在有关约定事由出现时，合伙即应按约定解散。

3. 合伙的目的已经实现或无法实现。如果合伙协议所约定的特定目的已经实现或无法实现，也会导致合伙的解散。这可以分为两种情形：一是合伙目的已经实现。此时合伙企业已失去存在的意义，合伙已经没有存在的必要。不过，在此情况下，合伙人可以通过决议修改合伙协议，变更合伙目的，从而维持合伙组织的存续。二是目的无法实现。例如，合伙人为了开发并应用某项技术而设立合伙，但在开发完成前，该项技术已被他人在先申请专利，从而导致合伙目的无法实现，合伙已无存续的必要。①

4. 全体合伙人决定解散。在合伙关系存续期间内，只要全体合伙人决定终止合伙企业，就可以解散合伙。此时，合伙企业的解散和合伙协议的签订一样，在全体合伙人一致决定解散合伙企业的情形中，仍然属于合伙人意思自治的作用领域。如果有少数合伙人不同意解散合伙，则在不存在约定或法定的退伙事由时，合伙企业应继续存续，有关合伙人也应继续履行其相应的义务。

5. 合伙人人数不足。根据《合伙企业法》第 14 条的规定，合伙企业的合伙人必须在两人以上，一旦出现合伙人死亡、丧失行为能力、退伙等原因，使合伙企业的合伙人变为一人时，合伙企业事实上已经成为独资企业。但为了避免合伙立即终止，法律规定了一定的宽限期，即允许合伙人在 30 天内寻找新的合伙人，以满足法定人数的要求。若合伙人不足法定人数满 30 天，则合伙应解散。②

6. 法律或者行政法规规定的合伙企业解散的其他原因。例如，合伙企业被依法吊销营业执照、责令关闭或者被撤销。这属于因合伙企业进行违法活动或违反公序良俗，而被行政机关依行政命令撤销营业执照，合伙实际上已无法经营，因此应当宣告解散。又如，合伙企业因被兼并、宣告

---

① 参见《合伙企业法》修改起草小组：《〈中华人民共和国合伙企业法〉条文释义》，上海，上海财经大学出版社，2006，第 264 页。

② 参见朱少平主编：《中华人民共和国合伙企业法释义及适用指南》，北京，中国民主法制出版社，2006，第 278 页。

破产而被解散等导致合伙企业终止。

二、合伙的清算

合伙的清算是合伙宣告解散后，为了终结合伙现存的各种法律关系，依法清理合伙的债权债务的法律程序。引起合伙清算的原因很多，除了上述解散原因外，还包括协议解散、因合伙人死亡、丧失行为能力等而发生的解散。《合伙企业法》第 86 条第 1 款规定：“合伙企业解散，应当由清算人进行清算。”法律上设定清算程序的目的，除了分配合伙经营终止后的剩余财产外，还具有保护债权人的功能。这是作为组织体的合伙企业与作为合同关系的合伙协议的主要区别。如果合伙人之间仅仅是订立了合伙协议，而未设立合伙企业，则在合同终止后，一般只是在当事人之间发生恢复原状的后果，而不必适用企业的清算程序。若未经清算程序，合伙就不能当然终止，仍须对外承担民事责任。①

合伙的清算必须依照法定程序进行。依据《合伙企业法》第 88 条的规定，清算期间，合伙企业仍然存续，但不得开展与清算无关的经营活动。由此可见，在清算期间，合伙仍然可以从事必要的交易行为。但与合伙正常经营期间从事的交易行为不同，此类交易行为应当与清算有关联，以清算为目的，如为处分和变现财产而订立买卖合同，为在清算期间维护和保管财产而订立有关合同等。但若清算人在清算期间订立与清算无关的协议，则有可能损害债权人利益，也超出了清算人的权限。故法律规定，若清算人在执行清算事务时，侵占合伙财产，牟取非法收入，应承担赔偿因此给合伙债权人或其他合伙人造成的损害以及其他责任。②

① 参见“昆明市商业银行股份有限公司昆钢支行诉沐某等借款合同纠纷案”，云南省昆明市中级人民法院民事判决书（2006）昆民四初字第 26 号。

② 参见余延满、马俊驹：《民法原论》，北京，法律出版社，2005，第 167 页。

第十一章 信托合同

第一节 信托合同的概念和特征

一、信托合同的概念

信托，是指委托人为了受益人的利益，将其财产移转给受托人，由受托人对信托财产进行管理或处分，并将所获收益交给受益人的制度。[①] 依据美国《信托法重述（第三版）》第 2 条的规定，信托，除回复信托及拟制信托外，是一种关于财产的信赖关系，其起因于设定此种关系之明示意图，并使拥有财产权之一方负有义务，为公益或一人或数人，至少其中一人为非单独受托人之利益管理该财产。[②] 1984 年由海牙国际私法会议第十五次会议通过的《关于信托的法律适用及其承认的公约》（以下简称《海牙信托公约》）第 2 条规定："在本公约中，当财产为受益人的利益或为了特定目的而置于受托人的控制之下时，'信托'这一术语系指财产授予人设定的、在其生前或身后发生效力的法律关系。"该规定与上述《信托法重述（第三版）》第 2 条基本类似。从这些定义可见，信托的核心是委托人将信托财产移转给受托人，受托人为了受益人的利益而对之进行管理或

---

① 《牛津法律大辞典》对信托的解释为："信托，持有并管理财产的一种协议。据此，财产或法定权力的所有者（信托人）将财产和权力交给另一个人或几个人（受托人），后者据此代表或为另一方（受益人）或为其他人、或为某一特定目的或为几个目的而持有财产和行使权力。信托之概念的本质在于法定所有权与受益所有权之间的分离。"〔英〕戴维：《牛津法律大辞典》，北京，光明日报出版社，1988，第 898 页。《不列颠百科全书》中对信托的解释为："信托一词是指一种法律关系；在此项关系中，一人拥有财产所有权，并负有受托人的义务，为另一人的利益而运用此项财产。"上海社科院法学研究所编译：《不列颠百科全书》第 14 版第 22 卷的 Trust 词目之中。

② See Restatement of（Third）Trusts（2003）§2.

处分。作出此种财产安排的主要意义在于：由受托人负担保有财产所有权而带来的风险，而由受益人享有财产所带来的收益。①

我国《信托法》对信托的定义虽然受到英美法上信托制度的影响，但却并未完全采纳英美法上关于信托的定义，而采用了与“委托”概念相类似的定义方式。《信托法》第2条规定：“本法所称信托，是指委托人基于对受托人的信任，将其财产权委托给受托人，由受托人按委托人的意愿以自己的名义，为受益人的利益或者特定目的，进行管理或者处分的行为。”从该条规定来看，信托包含了如下含义：一是信托的基础是委托人对受托人的信任。就信托本意而言，因“信”而“托”。可见，委托人对受托人的信任是信托成立的基础。② 因此，该条强调信托是基于信任关系而产生的，较为准确地概括了信托产生的基础。③ 二是强调委托人对受托人特定财产权的委托。如何理解《信托法》第2条中所说的“委托给”的含义？有学者认为，“委托给”并不等于“移转给”，这意味着在我国信托立法中，设立信托只需作出相应的意思表示即可，无须财产权的移转，信托设立后，财产权仍保留在委托人手中。④ 这种理解显然是值得商榷的。笔者认为，“委托给”的含义实际上是指财产权的移转，即委托人将一定的财产移转给受托人，由受托人为受益人的利益进行管理。所以，“委托给”含义意味着委托人应将其财产的所有权移转给受托人。基于这种移转才产生了独立的信托财产和受托人享有的财产权利。从本质来看，信托实际上是一种灵活的财产保有与处分机制。⑤ 由此可见，《信托法》第2条中的“委托”和委托合同中的委托概念并不完全一致。三是该定义强调受托人必须按照信托合同或信托目的以自己的名义对信托财产进行管理或处分。这就是说，在信托关系中，受托人必须以自己的名义，而非以委托人或受益人的名义对信托财产进行管理或处分。⑥ 四是强调信托的目的是实现对

---

① See Rosalind F. Atherton, *The International Academy of Estate and Trust Law* (Selected Papers 1997～1999), Kluwer Law International, 2001, p. 5.

② 参见余卫明：《信托受托人研究》，北京，法律出版社，2007，第6页。

③ 参见王连洲、何宝玉、蔡概还：《〈中华人民共和国信托法〉释义》，北京，中国金融出版社，2001，第14页。

④ 参见周小明：《信托制度：法理与实务》，北京，中国法制出版社，2012，第41页。该书作者也认为，这种理解是不妥当的。

⑤ See Rosalind F. Atherton, *The International Academy of Estate and Trust Law* (Selected Papers 1997～1999), Kluwer Law International, 2001, p. 5.

⑥ 参见余卫明：《信托受托人研究》，北京，法律出版社，2007，第6页。

信托财产的管理或处分。委托人之所以将财产交付给受托人，主要目的不是为了简单地保存信托财产，而是为了使信托财产增值、产生收益，并将收益交给受益人。因此，当事人设立信托的目的与保管合同或储蓄合同不同，受托人在取得委托人移转的财产权后，其所从事的管理或处分行为是为了受益人的利益或者特定目的而进行的，通过受托人的这一行为才能实现设立信托的目的，发挥信托制度的价值。当然，《信托法》第 2 条关于信托的定义中，仍然采用了“委托”一词，显然未将信托与委托严格区别开来。

笔者认为，信托是指委托人基于对受托人的信任，将其财产权益移转给受托人，由受托人按照信托目的或信托合同的约定而对信托财产进行管理和处分，并由信托受益人从中获取收益的制度。一方面，信托本质上是一种合同关系。信托可以基于多种原因产生，但典型的信托是基于合同而产生的关于财产权益的管理与分配的法律关系。从实践来看，无论是民事信托，还是营业信托，大多都是通过信托合同设立的，同时，信托合同也是信托得以运作的直接依据，信托合同对信托的设立与存续具有重要意义。① 所以，“最灵活的对信托进行定义的方式是将受托关系视为一个在委托人与受托人之间订立的同时对第三人发生效力的合同”②。另一方面，信托不同于委托合同关系。讨论信托的概念，必须将信托与委托区别开来。信托虽与委托具有一定的相似性，但二者是两种不同的法律关系，具有各自独立的发展历史和制度特征。③ 在表述信托的定义时，应当避免使用“委托”一词，从而对信托与委托进行区分。还要看到，信托是一种三方当事人之间的财产管理和处分关系，在信托合同中，信托财产由委托人提供给受托人进行管理或处分，由此获得的收益依据法律或合同约定归受益人或委托人享有。④ 信托是一种介于合同法和物权法之间的制度，信托关系的核心就是对信托财产的管理和处分。⑤

---

① 参见张淳：《信托合同论：来自信托法适用角度的审视》，载《中国法学》，2004（3）。

② Stefan Grundmann：《信托法示范法》，载《中国信托法起草资料汇编》，北京，中国检察出版社，2002。

③ 笔者认为，《信托法》第 2 条对信托的定义，并没有准确地表述出信托的本质特征，需要在今后法律修改中加以完善。立法者在起草信托法时，深受合同法所规定的委托合同的影响，所以在界定信托的概念时采取了委托人将财产委托给受托人的提法。学界一般认为，该条定义采用“委托”一词，有可能造成信托与委托的混淆。

④ 参见张淳：《信托合同论：来自信托法适用角度的审视》，载《中国法学》，2004（3）。

⑤ 参见孟强：《信托登记制度研究》，北京，中国人民大学出版社，2012，第 66 页。

就信托与合同法的关系而言，信托合同是信托制度的重要内容，也是合同法的重要内容。一方面，信托合同的订立、解除、解释、效力、违约责任等，都应当在合同法的体系之下进行理解与适用，并应当适用合同法总则的相关规定。另一方面，必须承认信托合同是特别法上的合同。因为虽然信托适用范围较为广泛，但合同法并没有对其作出规定，其主要原因在于，信托合同在合同的订立、履行等方面具有较强的特殊性，且和物权法具有紧密的联系，不完全受合同法的调整。所以我国合同法并未将信托合同作为一种有名合同进行规定，但信托法对信托合同作出了规定，故信托合同属于特别法上的合同。

二、信托合同的特征

与委托等合同相比较，信托合同具有如下法律特征：

1. 主体具有特殊性

信托法律关系的主体一般包括三方当事人，而且其中部分当事人的身份可以发生重合，因此，信托的主体既可以是双方，也可以是三方。① 但典型的信托关系存在三方当事人，即委托人、受托人和受益人。当然，在一定的情况下，这些主体也可以发生重合。例如，在自益信托中，委托人和受益人就是同一主体。此外，在一些公益信托中，由于信托是为了特定目的而设立的，因而没有特定的受益人。信托合同主体应当具有完全民事行为能力，由于信托合同是在委托人和受托人之间订立的，委托人需要将一定的财产移转给受托人管理、处分，同时受托人也应当按照信托合同约定的方式管理和处分信托财产，因而，委托人和受托人都应当具有完全民事行为能力。但就受益人而言，由于其只是享有信托财产的收益，因而，法律对受益人的行为能力并没有限制，其只需要具有权利能力即可，限制民事行为能力人和无民事行为能力人也可以成为受益人。②

2. 涉及财产权的移转、管理和处分

信托合同区别于一般的债权合同，其不仅在当事人之间产生债权债务关系，而且还涉及财产权利的移转、管理和处分。委托人应当按照信托合同将其财产权益移转给受托人，受托人也应当按照信托合同约定的方式管

---

① 《欧洲信托法原则》（Principles of European Trust Law）第 1 条规定，在同一个信托关系中，可以有两名以上受托人和两名以上受益人；受托人也可以是受益人之一。

② 参见谢哲胜：《不动产信托受益人的权利义务及责任》，载《南京大学法律评论》，2009（1）。

理和处分信托财产，同时应当按照信托合同的约定将信托财产收益移转给受益人，所以信托法律关系同时涉及财产权益的移转、管理和处分。设立信托时，委托人对信托财产的处理方式主要有两种：一是所有权的移转；二是财产权的设定。[①] 前者是指委托人将其对特定财产的所有权移转给受托人，后者是指委托人设定某种财产性权利，并将其移转给受托人。委托人在设立信托之后，将其对信托财产的权利移转给受托人，从而退出信托法律关系，而受托人就此取得信托财产权利，但其必须为了信托目的并按照信托合同约定的方式管理和处分信托财产。同时，受托人还应当按照信托合同的约定，将信托财产管理、处分的收益移转给受益人。[②] 信托合同还涉及信托财产的管理问题，受托人有权对信托财产进行管理运用，甚至处分。此处所说的管理，包括保存、改良、利用等行为，例如，对不动产进行出租、出售、设定抵押等，从而充分实现不动产的价值。[③] 受托人应当按照信托合同约定的方式管理和处分信托财产。

3. 具有涉他性

信托合同的涉他性，是指信托合同虽然在委托人与受托人之间订立，但却涉及受益人的利益。因为信托设立的目的是使受益人能够从信托中获取收益，因而信托合同具有典型的涉他性。除了自益信托之外，委托人和受益人身份是分离的，受益人是第三人，信托合同所确定的利益由第三人即受益人获取，这是信托的典型形式。我国《信托法》第 49 条还规定："受益人可以行使本法第二十条至第二十三条规定的委托人享有的权利。受益人行使上述权利，与委托人意见不一致时，可以申请人民法院作出裁定。"因此，受益人享有的权利远比一般涉他性合同中第三人的权利要多，在受托人违反信托目的处分信托财产或者因违背管理职责、处理信托事务不当致使信托财产受到损失时，受益人享有撤销权，有权申请人民法院撤销该处分行为，并有权要求受托人恢复信托财产的原状或者予以赔偿。[④]

4. 具有要式性

《信托法》第 8 条规定："设立信托，应当采取书面形式。书面形式包括信托合同、遗嘱或者法律、行政法规规定的其他书面文件等。采取信托

① 参见赖源河等：《现代信托法论》，北京，中国政法大学出版社，2002，第 24 页。

② 参见孟强：《信托登记制度研究》，北京，中国人民大学出版社，2012，第 57 页。

③ 参见赖源河等：《现代信托法论》，北京，中国政法大学出版社，2002，第 26 页。

④ 参见于海涌：《论英美信托财产双重所有权在中国的本土化》，载《现代法学》，2010（3）。

合同形式设立信托的，信托合同签订时，信托成立。采取其他书面形式设立信托的，受托人承诺信托时，信托成立。”依据该条规定，信托合同属于要式合同，即委托人与受托人必须订立书面形式的信托合同。法律规定信托合同必须采用书面形式的主要原因在于，与一般的合同相比，信托合同涉及的法律关系较为复杂，其不仅涉及三方当事人，而且涉及信托财产权益的移转、对信托财产的管理和处分等，因此，为了使当事人在设定信托时更为谨慎，同时也是为了明晰各方当事人的权利义务关系、减少纠纷的发生，法律规定信托合同必须采用书面形式订立。[①]

5. 具有继续性和长期性的特点

信托合同具有继续性和长期性的特点。一方面，信托合同不是一次性的交易，其涉及财产的经营管理，尤其是在以不动产设定信托的情形，其往往需要受托人对信托财产进行长期的经营管理。另一方面，信托合同约定的时间比较长，而且信托合同的义务并不是一次能够履行完毕的，受托人需要在信托存续期间内，持续地对信托财产进行管理，并按照约定将信托财产收益移转给受益人，因此，信托合同具有继续性和长期性的特点。

三、信托的分类

（一）法定信托与意定信托

根据信托设立依据的不同，可以将其区分为法定信托和意定信托。法定信托是指依照法律的规定而成立的信托。意定信托也称任意信托，是指由当事人根据自己的意思而设立的信托。“惟无论如何，意定信托必因当事人明确之意思表示而产生，非意定信托则否。”[②] 实践中，绝大多数信托都是意定信托，即由委托人自行设立的信托。法定信托与意定信托存在如下区别：第一，设立的根据不同。法定信托依据法律、行政法规的规定而设立，而意定信托则依据当事人的合意而设立。[③] 因此，法定信托一般不考虑当事人的意愿，而由法律直接设定；而意定信托则主要是基于当事人的意思而设定。第二，设立的条件不同。设定法定信托，通常必须符合法律规定的特殊要件；而设定意定信托，则无须具备法定的条件，只需当事人订立书面的信托合同即可设立。《信托法》第 8 条规定：“采取信托合

① 参见周小明：《信托制度：法理与实务》，北京，中国法制出版社，2012，第 49 页。
② 方嘉麟：《信托法之理论与实务》，北京，中国政法大学出版社，2004，第 231 页。
③ 参见赖源河等：《现代信托法论》，北京，中国政法大学出版社，2002，第 36 页。

同形式设立信托的，信托合同签订时，信托成立。”第三，信托的内容不同。法定信托中，信托的内容由法律法规进行规定；而在意定信托中，信托的内容由当事人自行协商确定。

（二）遗嘱信托与合同信托

依据信托发生效力时间的不同，可以将意定信托分为遗嘱信托和合同信托。通过合同方式设立的信托称为合同信托，通过遗嘱方式设立的信托称为遗嘱信托。[①] 遗嘱信托与合同信托都属于基于意思表示而产生的信托，都属于意定信托的范畴。但两者的主要区别在于：第一，是否需要合意不同。遗嘱信托是依据单方行为设立的信托，无须委托人和受托人通过合意来订立，只需要委托人以遗嘱的形式作出单方意思表示即可成立。而合同信托则是基于委托人和受托人的双方合意而设立的。第二，设立的形式不同。我国信托法要求信托的成立应当采取书面形式。对遗嘱信托而言，其通过当事人设定遗嘱的方式而设定。当然，设定遗嘱信托的遗嘱，必须符合遗嘱的形式要件，遗嘱的订立和执行往往需要通过特定的程序。[②] 而合同信托是通过当事人订立信托合同的方式设定的，需要符合合同的成立和生效要件。第三，适用的法律不同。遗嘱信托除了适用信托法之外，还必须适用继承法的规定。《信托法》第 13 条前段规定：“设立遗嘱信托，应当遵守继承法关于遗嘱的规定。”而合同信托除了适用信托法之外，主要适用合同法的规定。[③] 第四，信托成立的前提条件不同。遗嘱信托的成立，必须以遗嘱的成立并生效为前提。而合同信托的成立，必须以信托合同的有效成立为前提。第五，生效要件不同。遗嘱信托属于死因行为，以委托人的死亡为遗嘱的生效要件；而合同信托一般为生前行为，并不以委托人死亡为生效要件。

（三）自益信托与他益信托

根据信托受益人是否为委托人，信托可以区分为自益信托与他益信托。自益信托是指为了自己利益而设立的信托，在此种信托中，委托人同时也是信托利益的受益人，即信托合同的委托人同时也是信托受益人。例如，我国大量存在的金融信托产品，购买者一般都是受益人。他益信托是指委托人为了他人利益而设立的信托，例如，为子女利益而设立的信托

① 参见余卫明：《信托受托人研究》，北京，法律出版社，2007，第 39 页。
② 参见卞耀武主编：《中华人民共和国信托法释义》，北京，法律出版社，2002，第 61 页。
③ 参见余卫明：《信托受托人研究》，北京，法律出版社，2007，第 39 页。

等。他益信托是典型的信托形式，在他益信托中，委托人与受益人是不同的主体，存在委托人、受托人、受益人三方不同的主体。他益信托可以分为两种，一种是为特定第三人利益设定的信托，另一种是为公共利益而设定的信托，例如，慈善信托就属于为公共利益而设定的他益信托。[①] 自益信托与他益信托的区别主要在于：

第一，设立的目的不同。自益信托设立的目的是委托人自己的利益，此时委托人与受益人发生重合；而他益信托设立的目的则是受益人的利益，且受益人与委托人并非同一主体。

第二，信托主体不同。在自益信托中，委托人与受益人是重合的主体，自己投资，自己受益。因此，在一般的家庭理财等信托中，都是采取自益信托的方式。[②] 而在他益信托中，委托人和受益人是不同的主体，存在委托人、受托人与受益人三方主体，委托人委托受托人管理、处分信托财产，因此产生的收益归受益人所有。

第三，合同的终止不同。自益信托中，由于不涉及第三方的利益，因而，委托人可以随时终止信托合同。《信托法》第 50 条规定："委托人是唯一受益人的，委托人或者其继承人可以解除信托。信托文件另有规定的，从其规定。"而在他益信托中，委托人除了在信托合同中有所保留或者得到受益人同意之外，一般不得随意终止信托合同。[③]

（四）公益信托与私益信托

根据信托设立目的的不同，可以将信托分为公益信托与私益信托两种。公益信托是指基于公共利益而产生的信托，具体而言，是以慈善、文化、学术、环境保护、宗教、科技等公共利益为目的设立的信托[④]，例如，为了保护野生动物而设立的信托。我国《信托法》第 60 条规定了公益信托的几种类型，该条规定："为了下列公共利益目的之一而设立的信托，属于公益信托：（一）救济贫困；（二）救助灾民；（三）扶助残疾人；（四）发展教育、科技、文化、艺术、体育事业；（五）发展医疗卫生事业；（六）发展环境保护事业，维护生态环境；（七）发展其他社会公益事业。"私益信托是指为了特定当事人的利益而设立的信托。例如，投资者为了自身利益而将自己的财产委托他人进行管理、处分所设立的信托即属

① 参见余卫明：《信托受托人研究》，北京，法律出版社，2007，第 41 页。
② 参见张淳：《信托合同论》，载《中国法学》，2004（3）。
③ 参见赖源河等：《现代信托法论》，北京，中国政法大学出版社，2002，第 37 页。
④ 参见赖源河等：《现代信托法论》，北京，中国政法大学出版社，2002，第 38 页。

于私益信托。

私益信托与公益信托的主要区别在于：第一，设立目的不同。公益信托的设立是为了公共利益，而非特定受益人的利益，例如，慈善信托就属于典型的公益信托。而私益信托的设立则不是为了公共利益，而是为了特定个人的利益，例如，委托人为其子女而设立的信托等。[①] 第二，受益人是否特定不同。私益信托的受益人必须是特定的、可确定的，而公益信托可能并不存在特定的受益人，其设立往往是为了实现特定的公益目的，如为维护生态环境而设立的公益信托，即不存在特定的受益人。第三，税收政策不同。因为公益信托是为了公共利益，所以一般国家的税收政策都会予以减免优待；而私益信托中，受益人从信托中获取的经济利益作为个人所得，应当按照法律规定纳税，并无特殊优待。第四，存续期间不同。私益信托的存续期间有明确的限制，而公益信托则一般不受时间限制。[②] 第五，受托人的变更不同。私益信托的受托人的变更，可由委托人依据法律规定或合同约定变更，而公益信托的受托人的变更可依据《信托法》第68条的规定，由公益事业管理机构变更。

（五）营业信托与非营业信托

按照受托人行为的性质，可以将信托划分为营业信托和非营业信托。所谓营业信托，是指受托人是专业信托公司的信托，此种信托中，受托人接受委托以商业行为从事信托业务活动。营业信托中，受托人一般为专业的信托投资公司、兼营信托业务的银行等专业机构。[③] 所以，营业信托也被称为商事信托。所谓非营业信托，也称为民事信托，是指受托人不是信托公司而是普通自然人或法人的信托。

两者的主要区别在于：第一，受托人不同。区分营业信托与非营业信托的依据不在于信托是否以营利为目的，而在于受托人是否是营业性的信托机构。营业信托的受托人是专业的信托机构或者从事信托业务的其他金融机构；而非营业信托的受托人则是一般的自然人或法人，并非以信托业务为主业。[④] 第二，受益人不同。在营业信托中，受益人往往人数众多，如一项信托投资或理财计划往往涉及众多受益人。而在非营业信托中，受益人往往是特定的一人或数人。第三，信托目的不同。在营业信托中，委

① 参见余卫明：《信托受托人研究》，北京，法律出版社，2007，第37页。
② 参见方嘉麟：《信托法之理论与实务》，北京，中国政法大学出版社，2004，第232页。
③ 参见余卫明：《信托受托人研究》，北京，法律出版社，2007，第38页。
④ 参见赖源河等：《现代信托法论》，北京，中国政法大学出版社，2002，第39页。

托人设立信托的目的，是为受益人获取经济利益，因此，委托人通常聘请专业的信托机构管理信托财产。而在非营业信托中，委托人可能是为受益人使用某项财产而设立信托，也可能是使受益人获取其他利益。第四，委托人与受益人是否重合不同。在营业信托中，委托人将信托作为一种投资工具，其本身往往就是受益人，因此，营业信托的委托人与受益人通常会发生重合。而在非营业信托中，委托人往往是为他人的利益而设立信托，委托人与受益人的身份一般不发生重合。

（六）积极信托与消极信托

积极信托是指受托人负有积极管理和处分信托财产义务的信托。消极信托是指受托人无须积极管理和处分信托财产，而只需在名义上拥有信托财产的信托。两者的区别主要在于受托人所负担的义务不同。在积极信托中，受托人负有积极的作为义务，往往需要对信托财产进行积极的管理、处分等。而消极信托中的受托人则无须对信托财产进行积极的管理和处分行为，只需在名义上持有信托财产即可。① 有些学者认为，消极信托应该被确认为无效信托，理由是消极信托只是名义上的信托，不是实质上的信托，与信托法所要求的受托人承担信托财产管理、处分义务的规定相抵触。② 笔者认为，此种理解过于严苛，并不符合《信托法》的本意。因为信托是私法上的制度，应尊重当事人意思自治，只要受托人的行为符合信托文件的约定和信托目的的范围，即便是消极地持有和保管信托财产，也应属合法有效。所以，消极信托也是合法的信托。

第二节 信托制度的历史发展

一、信托制度的起源与发展

关于信托制度的起源，学理上一直存在争议。有学者认为，信托制度起源于罗马法上的信托遗赠（fideicommissum）制度。信托遗赠也称为遗产信托，其在一定意义上也是一种规避法律的设计，因为罗马法对于继承人的限制较为严格，只有罗马市民的自由民才能作为继承人取得遗产。③

---

① 参见方嘉麟：《信托法之理论与实务》，北京，中国政法大学出版社，2004，第234页。

② 参见中野正俊、张军建：《信托法》，北京，中国方正出版社，2004，第33～34页。

③ 参见周枏：《罗马法原论》（下册），北京，商务印书馆，1994，第618页。

信托遗赠是指被继承人要求受托人（即继承人）在被继承人死亡后，将所取得的遗产移转或给付给特定的第三人，可见，信托遗赠的法律架构和信托制度是一致的，因此，可以认为信托制度起源于罗马法。[1] 但也有学者持不同看法，例如，梅特兰认为，信托制度与罗马法上的信托遗赠并无任何关系。[2] 有学者认为信托制度起源于日耳曼法，因为公元5世纪的《萨利克法典》（Lex Salica）就已确认了受托人（salmannus）制度。根据这一制度，受托人有权在遗嘱人死亡后，先取得遗产的所有权和占有（Gewere），然后按照遗嘱的规定对遗产进行处分。[3] 由于受托人的职责在于"为了他人的用益"并"实现他人的信托"，因而类似于现代信托中的受托人。[4] 但也有学者认为，日耳曼法中的salmannus一词，仅仅是指遗嘱执行人，其和信托受托人具有不同的功能，而且没有证据表明受托人制度和英国的用益（use）制度之间存在某种关联。因此，不能认为现代信托制度来源于日耳曼法的受托人制度。[5]

毫无疑问，现代意义的信托起源于普通法，是基于衡平法而发展起来的一项普通法制度，被法律史学家梅特兰（Maitland）誉为"普通法皇冠上的宝石"[6]。在英国，中世纪就已形成用益（use）制度，根据这一制度，委托人可以将自己的土地等不动产转移给其信任的亲人或朋友，并让其指定的人从中受益。这一制度兴起的主要原因在于，一方面，中世纪时，英国战乱不断，人们担心在战争中一旦伤亡，就无法保护自己的土地权利，不能照顾自己的家人。因此，不少人在参加战争前通过用益制度，将自己的土地权利交给自己的亲属或者朋友，委托他们按照自己的意愿管理土地，并照顾自己的家人。另一方面，通过该制度可以很好地解决方济会修士（Franciscan friars）的生活来源问题。因为在中世纪，教士没有不动产，缺乏生活来源，而且法律也禁止教士保有不动产。[7] 为了规避这

① 参见赖源河等：《现代信托法论》，北京，中国政法大学出版社，2002，第1页。

② See F. W. Maitland, "The Origin of Uses", 8 *Harv. L. Rev.* 127 (October, 1894), p. 136.

③ 参见李宜琛：《日耳曼法概说》，北京，中国政法大学出版社，2003，第222页。

④ See Brendan F. Brown, "The Ecclesiastical Origin of the Use", 10 *Notre Dame L. Rev.* 353, 357, 365 (1935).

⑤ See Henry Cattan, "The Law of Waqf", in *Law in the Middle East* (Majid Khadduri & Herbert H. Liebesny eds., 1955); at 216.

⑥ 何宝玉：《英国信托法原理与判例》，北京，法律出版社，2001，第1页。

⑦ See Rosalind F. Atherton, *The International Academy of Estate and Trust Law* (Selected Papers 1997～1999), Kluwer Law International, 2001, pp. 7-8.

一规定，信徒们便以“为了修士们的使用或居住”为目的，通过用益制度把房屋或土地移转给当地社区，从而使修士们可以放心地居住在这些房屋之中，教会即在实际上取得了土地的权利。[①] 此外，英国中世纪一直实行长子继承制，只有最年长的儿子才能继承父亲的遗产，除长子之外的子女无法继承财产。在此情况下，通过用益制度，人们就可以按照自己的意愿处分财产，使得其他子女也能够获得财产的收益，从而保障了其他子女的生活来源。[②] 15 世纪衡平法法官正式在法律上认可了用益制度的法律效力，从而在事实上实现了所有权负担与收益权的分离。[③] 一般认为，用益（use）制度是现代信托法的起源[④]，是信托制度的前身，信托正是由用益制度发展而来。[⑤]

由于用益制度能够满足上述多种经济需求，因而在 1500 年左右，英国几乎所有的土地都采用了用益制度。后来，这一制度逐渐得到衡平法院的支持和保护。但用益制度的盛行严重减少了封建贵族和国王的财政收入，到 16 世纪，信托制度甚至成为经济欺诈的工具。例如，一些农场主、庄园主利用该制度，规避土地赋税义务，也有一些债务人利用该制度逃避债权、继承人规避遗产税，一些修道士利用该制度规避宗教财产税。[⑥] 因此，议会便通过各种立法来限制用益制度的使用。1535 年，英国国王亨利八世颁布了著名的《用益权条例》（Statute of Uses），试图全面废止用益制度。[⑦] 但该法并没有全面禁止用益制度，而只是确认了受益人的法律地位。该法规定，一旦设立信托，受托人的所有利益被剥夺，财产的合法所有权应当归属受益人。依据该法律规定，即使设立了用益，也将受益人认定为法律上的所有人，对受益人进行征税。[⑧] 为了规避该法案的适用，

---

① See F. W. Maitland, “The Origin of Uses”, 8& *Harv. L. Rev.* 127 (October, 1984), p. 130.

② See Rosalind F. Atherton, *The International Academy of Estate and Trust Law* (Selected Papers 1997～1999), Kluwer Law International, 2001, pp. 7-8.

③ See Oliver W. Holmes, “Law in Science and Science in Law”, 12 *Harv. L. Rev.* 443 (1899) p. 445.

④ See Rosalind F. Atherton, *The International Academy of Estate and Trust Law* (Selected Papers 1997～1999), Kluwer Law International, 2001, p. 5.

⑤ See Avisheh Avini, “The Origins of the Modern English Trust Revisited”, 70 *Tul. L. Rev.* 1139, March, 1996.

⑥ See Henderson's Dictionary of Biological Terms, 10th ed. New York: John Wiley & Sons. Lotman, Juri M. 2000. p. 110.

⑦ 参见赖源河等：《现代信托法论》，北京，中国政法大学出版社，2002，第 4 页。

⑧ See Avisheh Avini, “The Origins of the Modern English Trust Revisited”, 70 *Tul. L. Rev.* 1139, March, 1996.

实现设立信托的目的，实践中出现了“双层用益”制度，这就是说，在原有用益的基础上再增加一次用益，即增加一个受托人和一个虚假的受益人之后，就能重新实现原来用益制度的效果。因此，双层用益中的第二层用益就被称为“信托”（Trust），其得到了衡平法院的保护，双重用益权的合法性就这样获得了承认①，信托制度在《用益权条例》之外得以存续下来。② 正是从这个意义上说，信托制度是起源于衡平法的制度。

到1925年，英国对土地法进行了彻底的改革，废除了《用益权条例》，并颁布了一系列法案，如《财产法》、《土地登记法》、《限制授予土地法》、《不动产管理法》等，从此，英国法就不再区分用益（Use）和信托（Trust）的区别，而统一称为信托（Trust），并在此基础上形成了现代信托制度。上述法案构建了现代信托制度的基础，并正式确立了现代信托制度。③

美国法借鉴了英国法上的信托制度。1792年，美国成立了第一家信托公司。之后，银行、信托公司和保险公司等都广泛开展了信托业务。但美国在建国后的相当长时期内，主要以判例的形式调整信托关系。20世纪初，美国开始制定一系列有关信托的法律，美国国会先后颁布了四部关于信托的单行法律法规，即1906年的《信托公司储备金法》、1933年的《统一信托收据法》、1933年的《信托契约法》和1940年的《投资公司法》。④ 1935年，美国法律协会制定了《信托法重述》，该重述对信托法的规则进行了系统而详细的规定，并且随着时代的发展而不断变化更新。

二、大陆法国家对信托制度的继受

虽然信托制度起源于英美法国家，但对大陆法国家也产生了重大影响。意大利很早就引入了信托制度，有学者认为，早期罗马法中存在类似于信托的遗嘱信托制度，这对意大利较早引入信托制度产生了一定的影响。例如，意大利曾经存在与信托类似的家庭基金、遗嘱执行人、单方独立财产等制度。但总体而言，这些法律制度与真正的信托制度仍然存在巨大的差别，不存在英美法中的信托制度，也不存在《欧洲信托法原则》所

---

① 参见赖源河等：《现代信托法论》，北京，中国政法大学出版社，2002，第5页。

② See Henderson's Dictionary of Biological Terms，10th ed. New York：John Wiley & Sons. Lotman，Juri M. 2000. p. 110.

③ 参见钱弘道：《英美法讲座》，北京，清华大学出版社，2004，第296～297页。

④ 参见徐孟洲主编：《信托法》，北京，法律出版社，2006，第17页。

界定的信托。[①]

1804年的《法国民法典》没有承认信托制度，这主要是考虑到信托制度区分了所有权和收益权，与传统大陆法系的财产法体系存在冲突，因此，法国在长达两百年的时间内，并没有承认信托制度，但随着1991年法国政府加入《海牙信托公约》后，为了履行该公约的内容，法国开始准备修改民法典，并增加信托的相关内容。2007年，法国修订了民法典，并在“取得所有权的不同方式”中，将信托作为一种合同类型进行了规定。[②] 在法国现行的法律制度中，起到与信托类似功能的法律制度主要是fiduicie（信托），但fiduicie与真正的信托制度还是存在很大的区别的，因为在fiduicie制度下，受托人取得了信托财产的所有权之后，信托财产并不具有独立性，受托人自己的债权人可以就信托财产主张优先受偿，因此，fiduicie与英美法上的信托制度仍存在较大的差别。[③]

大陆法系国家中，早在1900年，日本在其颁布的《日本商业银行条例》中，就首次使用了“信托”的概念，1902年，日本兴业银行开始承办信托业务，其他一些银行也随之展开信托业务。[④] 1905年，日本已经开始在社会生活中运用信托的方式筹集资金，立法机关颁布了《担保债券信托法》。1922年，日本颁布了《信托法》和《信托业法》，从此信托制度在日本得到了蓬勃发展，并在商业领域和人们的生活领域得到了广泛的运用。[⑤] 日本先后在1947年和1979年对《信托法》进行了修改。除民事信托之外，日本还制定了有关商事信托法，如1951年的《证券信托投资法》、1952年的《贷款信托法》。

大陆法系国家（地区）新近颁行的民法典，如《魁北克民法典》，均规定了信托制度。该法典第四编第七篇专门规定了信托制度，这显然是借鉴了普通法信托制度的结果。有学者认为，魁北克在1865年的民法典就已经规定了信托制度，这可以说是普通法因素的最早体现。[⑥] 1825年的

① 参见于海涌：《英美信托财产双重所有权在中国的本土化》，北京，中国政法大学出版社，2011，第48页。

② 参见孟强：《信托登记制度研究》，北京，中国人民大学出版社，2012，第42页。

③ 参见于海涌：《英美信托财产双重所有权在中国的本土化》，北京，中国政法大学出版社，2011，第44页。

④ 参见徐孟洲主编：《信托法》，北京，法律出版社，2006，第18页。

⑤ 参见于海涌：《英美信托财产双重所有权在中国的本土化》，北京，中国政法大学出版社，2011，第48页。

⑥ 参见孙建江等译：《魁北克民法典》，北京，中国人民大学出版社，2006，第9页。

《路易斯安那州民法典》规定了普通法的信托制度，该法典第三编（取得物之所有权的各种方法）第二章（生前赠与和遗嘱）规定了信托制度，其中第一节是路易斯安那信托法典，第二节是以慈善或周济为目的的信托。大陆法系一些国家在其民法典中规定信托制度，体现了民法典为适应经济全球化而不断发展，这也是大陆法系国家注重借鉴和吸收普通法经验的结果。此现象表明两大法系的法律制度正出现相互影响、相互融合的趋势。

需要指出的是，信托制度被引入大陆法系国家后，其虽然在促进经济发展、资金流通等方面发挥了重要的作用，但也存在着与大陆法系民法制度之间的不兼容之处。例如，信托所有权的构造（所谓的双重所有权）与大陆法系的一物一权和所有权的排他性等原则之间存在着抵触[①]，受托人所享有的处分权的性质也很难从传统物权的角度得到解释。[②] 大陆法沿袭了罗马法的所有权概念，采取一物一权主义，因此，有些大陆法国家在引入信托制度之后，也对信托制度进行了一些必要的改造。例如，通常赋予受托人对信托财产享有物权，但是对受益人权利规定的则明显具有债权化的倾向，以尽可能避免出现双重所有权的现象。通常受益人的权利只能针对受托人行使，如果受托人违反信托目的处分信托财产，则受益人享有撤销权，这实际上是按照债权模式来构建的。[③] 因此，信托制度在大陆法系国家中还有待进一步的发展与完善。

三、我国信托制度的发展

在中国，受人之托、代人理财的委托方式古已有之，但并没有形成现代意义上的信托制度。例如，在汉代，出现了“牙行”和“牙栈”，类似于信托商店，但其从事的活动主要是以自己的名义代客买卖物品并收取佣金，所以其并非真正的信托。[④] 清朝末年出现了“挂号道契”，它是指华人为了能够享受外国人在华租界的土地权利，将自己的土地作为信托财产，由外国人作为受托人，以外国人自己的名义为该土地取得道契，土地登记在外国人名下，但由华人作为受益人实际享有利益，因此类似于

① 参见方嘉麟：《信托法之理论与实务》，北京，中国政法大学出版社，2004，第8页。
② 参见钟瑞栋：《信托财产权、信托法与民法典》，载《甘肃政法学院学报》，2007（2）。
③ 参见周小明：《信托制度：法理与实务》，北京，中国法制出版社，2012，第12页。
④ 参见周小明：《信托制度：法理与实务》，北京，中国法制出版社，2012，第33页。

信托。[①] 20世纪初，信托开始引入中国。1921年，上海商业储蓄银行就设立了信托部，开办了个人信托业务和公益信托业务。以后有一些银行开始效仿开办信托业务。民国时期的信托业务已经有了较大的发展，1937年国民党政府颁布了新《银行法》，其中有不少条款适用于银行信托业务。[②]

新中国成立之后，中央人民政府接管了国民党的中央信托局以及有关银行机构，并保留了其中的部分信托业务，直到1952年公私合营之后，才逐步停止。在高度集中的计划经济体制下，信托已无适用的必要，信托制度已经不复存在。直到改革开放之后，信托公司才重新开始发展起来，1979年，我国成立了中国国际信托投资公司，之后信托机构大量产生，但由于缺乏规范，信托业的发展呈现出无序的状态，并因此进行了几次整顿。[③] 随后，信托立法开始纳入立法机关的立法计划之中，从1993年起，全国人大财经委员会成立信托法起草小组，准备信托法的起草工作。2001年，第九届全国人大常委会正式通过了《信托法》。该法共分七章，74条，分别规定了总则、信托的设立、信托财产、信托当事人、委托人、受托人、受益人、信托的变更与终止、公益信托与附则。《信托法》成为我国信托法律领域的基本法，在促进信托制度发展、推动信托业发展方面起到了重要的作用。迄今为止，信托业在我国已经得到了极大的发展，民间信托日渐增强，信托成为民间融资的重要渠道，据统计，2012年信托资金超过6万亿，信托业已经成为中国第二大资产管理行业。[④]

信托制度是民法的重要组成部分，对市场经济的发展具有重要的推动作用，但我国目前仍然是通过单行法的方式对其进行规定，因此，许多学者主张将信托制度纳入民法典之中，尤其是我国已经颁布了《信托法》，其内容已经比较完善，可以考虑整体纳入民法典。但笔者认为，鉴于大陆法系国家在民法典之中规定信托制度的做法并没有得到普遍的认可，且将信托制度整体纳入民法典可能导致民法典体系的不和谐，并引发法律解释和适用的困难，所以，在民法典的制定过程中，可以考虑规定一些有关适用信托的引致性规范，但信托制度的主要内容还是应当在特别法中进行规定。

---

① 参见孟强：《信托登记制度研究》，北京，中国人民大学出版社，2012，第48页。
② 参见徐孟洲主编：《信托法》，北京，法律出版社，2006，第21页。
③ 参见徐孟洲主编：《信托法》，北京，法律出版社，2006，第21页。
④ 参见陈辰：《信托六万亿后走向何方》，载《参考消息》，2012-12-10。

第三节 信托合同和相关合同的区别

一、信托合同与委托合同

信托关系和委托关系存在着一定的相似性，主要表现在：一方面，委托合同的目的是受托人基于委托人的委托，而代为从事一定的法律行为、处理一定的委托事务。而在信托关系中，受托人也是基于委托人的意愿从事一定的法律行为。我国《信托法》第 2 条规定："本法所称信托，是指委托人基于对受托人的信任，将其财产权委托给受托人，由受托人按委托人的意愿以自己的名义，为受益人的利益或者特定目的，进行管理或者处分的行为。"可见，信托的产生必须以委托合同的订立为前提。另一方面，委托合同中，委托人和受托人之间往往存在一定的人身信任关系。同样，在信托法律关系中，委托人和受托人之间也存在着一定的人身信任关系。此外，委托一般是信托的基础。《信托法》第 2 条采用了"委托"的概念，似乎没有对信托和委托的概念进行区别。但笔者认为，信托合同与委托合同作为不同的法律制度，仍然存在一定的区别，主要表现在：

第一，主体不同。在委托法律关系中，只存在双方当事人，即委托人和受托人。而在信托法律关系中，通常存在三方法律关系主体，即除了委托人和受托人之外，还有受益人。正是因为这一原因，许多学者认为，信托合同是一种特殊的利他合同，在信托合同订立时，受益人并不参与合同的订立，但可以根据信托合同对受托人请求给付信托财产的收益，如果受托人违反信托，不向受益人支付此种利益，受益人有权请求受托人承担民事责任。①

第二，适用范围不同。比较而言，由于委托合同的内容是为他人处理事务，而法律上没有对事务作出限定，不仅包括法律行为，还包括事实行为，因而其适用范围更为广泛，包括代为财产买卖、财产租赁、资产处置、商务谈判、代签合同、代办工商登记手续等。② 而信托合同主要是委托他人管理和处分财产，受托人处理的事务内容限于财产性事务，信托的

① 参见史尚宽：《债法总论》，北京，中国政法大学出版社，2000，第 619 页。

② 参见周小明：《信托制度：法理与实务》，北京，中国法制出版社，2012，第 97 页。

成立以委托人将其财产权委托给受托人为前提，受托人的职责就是管理、处分信托财产和分配信托利益。因此，信托主要适用于财产移转和管理问题。①

第三，受托人从事法律行为的名义不同。在委托合同中，受托人虽然可以以自己的名义从事法律行为，但一般是以委托人的名义对外从事法律行为。而在信托法律关系中，受托人则是以自己的名义对外从事法律行为。在信托财产管理和处分的过程中，如果需要与第三人签订合同，则受托人必须以自己的名义与第三人签订合同；如果需要处理信托财产的有关纠纷，则受托人也必须以自己的名义提起仲裁或诉讼。② 而且从法律行为的效果归属上看，委托合同中，受托人从事法律行为，其效果一般归属于委托人。而在信托合同中，受托人管理、处分信托财产后，应当按照信托合同的约定确定法律效果的归属。

第四，受托人的权限不同。在委托合同中，受托人的权限是有限的，通常只能在授权范围内行为，并应当将处理事务的情况报告给委托人。而在信托合同中，委托人必须依据信托合同的约定将相关的财产权移转给受托人，受托人有权依据信托合同对信托财产进行管理和处分，可以自主作出处分信托财产的决定，在这一点上，受托人处于类似于所有权人的地位。信托一旦成立，委托人就不得对受托人处理信托事务的行为进行干预，受托人在法律规定的范围内对信托财产享有自由管理和处分的权利。因此，与委托合同中的受托人相比，信托合同中的受托人权限较大。③

第五，委托合同与信托合同的受益主体不同。在委托合同中，受托人基于委托人的授权而从事的法律行为，其法律后果完全归属于委托人。而在信托法律关系中，受托人基于委托人的意愿而从事的法律行为，其法律后果归属于受益人。④ 虽然受益人可以和委托人重合，但是在大多数情况下，两者是分离的，其法律后果由委托人以外的第三人（受益人）享有。

第六，是否要式不同。信托合同是要式合同，必须采用书面形式。而委托合同则是不要式合同，通过书面或者口头形式均可成立委托合同。

---

① 参见余卫明：《信托受托人研究》，北京，法律出版社，2007，第9页。

② 参见周小明：《信托制度：法理与实务》，北京，中国法制出版社，2012，第97页。

③ 参见余卫明：《信托受托人研究》，北京，法律出版社，2007，第10页。

④ 参见郭明瑞、王轶：《合同法新论·分则》，北京，中国政法大学出版社，1997，第320页。

二、信托合同与行纪合同

行纪合同，是指行纪人以自己的名义为委托人从事贸易活动，委托人支付报酬的合同。行纪人以自己的名义与相对人之间发生合同关系，为该合同的当事人，独立地享受权利、承担义务和责任。在这一点上，两者具有相似性，且无论是信托还是行纪，其涉及的内容都是关于委托人财产的管理和处分。[①] 但两者之间具有明显的区别，主要表现在：

第一，是否限于贸易行为不同。行纪是典型的商事交易行为，其涉及与第三人的贸易行为。所谓贸易行为，可以理解为所有的商业上的交易，但与一般的公民之间从事的标的额较小的交易存在区别。但在信托中，受托人所从事的行为，既可以是与贸易有关的行为，例如信托财产的管理处分和买卖，也可以是与贸易无关的行为，例如，对某块土地的信托就不属于贸易行为。[②]

第二，对主体资质的要求不同。在行纪合同中，行纪人必须具备相应的资格。现代社会，行纪已逐渐成为具有专业化和独立性特点的行业。行纪人必须取得从事某种行纪行为的特定资格。实践中，行纪人大多是专门接受客户委托、从事买进卖出行为的特定机构，他们通常要获取一定的资格许可，许多国家的法律都对行纪人的资格作出了明确规定。但在信托合同中，虽然对于部分信托活动，根据受托人所从事的不同业务而存在相应的资质要求，例如，从事房地产信托业务，受托人必须具有房地产开发的相关资质；如果从事证券投资理财，则受托人则需要具有相应的证券从业资质，而有的信托活动并没有对受托人的资质作出明确要求。

第三，是否涉及第三人不同。信托合同中，尤其是他益信托中，委托人设立信托的目的，是通过受托人对信托财产的管理与处分，而使受益人从中获取财产上的利益。但是在行纪中，则不存在利益第三人的问题。

第四，财产范围不同。信托合同中，信托财产的范围较为广泛，不仅包括动产，还包括不动产，从信托制度的发展历史来看，其管理的财产主要是不动产。而在行纪合同中，进出口业务中所涉及的主要是动产，因此，行纪人所处分的财产一般限于动产。

---

① 参见余卫明：《信托受托人研究》，北京，法律出版社，2007，第11页。

② 参见周小明：《信托制度：法理与实务》，北京，中国法制出版社，2012，第101页。

三、信托合同与利益第三人合同

所谓利益第三人合同，又称为利他合同、第三人取得债权的合同或为第三人利益订立的合同，是指合同当事人约定由一方向合同关系外第三人为给付，该第三人即因此取得直接请求给付权利的合同。此种合同中，订立合同的双方当事人常常被称为“立约人”。由于此类合同中的第三人仅享受权利而不承担义务，因而，此类合同又被称为“第三人利益合同”，第三人也常常被称为“受益人”①。利益第三人合同中的第三人享有独立的请求权。第三人只享有权利不承担义务，即一旦当事人指定其为利他合同中的第三人，其就享有独立的请求权。所以，大陆法国家常常认为信托合同和利益第三人合同非常类似，信托中的受益人类似于利益第三人合同中的第三人。② 这就是说，信托合同中的受益人虽然不参与缔约，但是却享有基于信托合同而产生的受益权，如果受托人拒绝按照合同约定向受益人支付信托利益，则受益人有权向受托人请求支付；在受托人违反信托目的将信托财产处分给第三人时，受益人还享有撤销权，并有权要求受托人承担民事责任。从这些特征来看，信托合同与利他合同十分类似，因此，从广义上说，可以将为他人利益而订立的信托合同归入利他合同的范畴。③ 笔者认为，利益第三人合同与信托存在明显的区别，主要表现在：

第一，设立方式不同。利益第三人合同，顾名思义，其设定只限于采取合同的方式，而且需要涉及利益第三人。而设立信托既可以采用合同的方式设立，也可以采用遗嘱的方式设立，还可以依据法律的规定直接设立，而并不限于采取合同的方式设立。④ 依据《信托法》第 8 条的规定，书面形式包括信托、遗嘱或者法律、行政法规规定的其他书面文件等。即使在信托合同中，信托也可以分为自益信托与他益信托。在自益信托中，就不存在为了第三人的利益问题。自益信托是指由委托人本人享受信托利益的信托，在这种信托中受益人与委托人为同一人。只有在他益信托中，才存在第三人的利益问题，这与利益第三人合同存在明显区别。

---

① 张家勇：《为第三人利益的合同的制度构造》，北京，法律出版社，2007，第 16 页。

② 参见周小明：《信托制度：法理与实务》，北京，中国法制出版社，2012，第 105 页。

③ 参见〔日〕星野英一：《日本民法概论Ⅳ—契约》，姚荣涛译，台北，五南图书出版公司，1998，第 57 页；史尚宽：《债法总论》，北京，中国政法大学出版社，2000，第 619 页。

④ 参见周小明：《信托制度：法理与实务》，北京，中国法制出版社，2012，第 105 页。

第二，是否要求采取书面形式不同。利益第三人合同并无形式要求，采用口头或书面形式均可成立。例如，某人订购一个蛋糕，口头指示店员将蛋糕送给他的一个朋友，则此种口头形式的合同也可以构成利益第三人合同。但是，信托则必须采取书面形式。采取口头形式设立的信托是无效的。

第三，是否涉及物权不同。利益第三人合同是一个纯粹的债权合同，合同当事人只享有债权，而不享有物权，所以，通常利益第三人合同只受合同法调整。但在信托合同中，信托一旦设立，则受托人便享有对信托财产的占有使用和处分权，只不过其对信托财产的管理处分行为受到信托目的和信托合同的约束。在信托中，受托人在形式上是信托财产的物权人。因此，信托不仅受合同法的调整，还要受物权法的调整。

第四，第三人的地位不完全相同。在利益第三人合同中，第三人享有的权利在性质上仍然是债权。① 第三人可请求债务人向其作出履行，并在债务人不履行时请求其承担违约责任。如果第三人认为债务人所从事的法律行为有损其利益，也不得请求撤销债务人与他人之间的合同。第三人也不能将其权利转让给他人。但在信托中，受益人虽然主要享有债权请求权，但对信托财产还享有一定的物权请求权，即当受托人违反信托目的处分信托财产时，受益人享有撤销权。因此，有学者认为，信托受益人的受益权，不仅是一种合同债权，同时还具有某种物权的性质。② 我国《信托法》第 48 条也规定受益人的信托受益权可以依法转让和继承，这也与一般的利他合同的第三人所享有的受益权不同。

四、信托合同与保管合同

保管合同，是指双方当事人约定一方将物交付他方保管的合同。其中，保管物品的一方称为保管人，交付物品保管的一方称为寄存人。信托合同与保管合同的类似之处在于，一方面，两者都涉及财产占有的移转。另一方面，在信托合同中，也涉及财产的保管问题。例如，受托人为了受益人的利益而占有和保管不动产。尤其是在消极信托合同中，受托人主要是从事信托财产的占有和保管，这与保管合同具有一定的相似性。但是，两者也存在较大的区别，主要表现为：

---

① 参见周小明：《信托制度：法理与实务》，北京，中国法制出版社，2012，第 105 页。

② 参见赖源河、王志诚：《现代信托法论》，增订 3 版，台北，五南图书出版公司，2001，第 82 页。

第一，合同订立的目的不同。保管合同的订立是为了寄存人的利益，以实现保管物的妥善保存。而典型的信托主要不是为了财产的消极保管，而是为了信托财产的积极利用，从而最大限度地发挥信托财产的效益，并且信托合同的订立可以是为了委托人自身的利益（自益信托），也可以是为了受益人的利益（他益信托）。

第二，是否移转财产所有权不同。在保管合同中，寄存人虽然将保管物的占有移转给保管人，但保管物的所有权仍然归属于寄存人，并不发生所有权的移转。而在信托合同中，委托人需要按照信托合同的约定，将财产的所有权移转给受托人。

第三，是否涉及第三人不同。保管合同是寄存人和保管人之间的合同关系，一般不涉及第三人。而在信托合同中，一般要涉及第三人，即受益人。因此，其法律关系较保管更为复杂。

第四，保管人和受托人的权限不同。保管人只能消极地进行保管，按照标的物的性质进行保管、维护，不能积极地使用和处分该物。而在信托合同中，受托人一般要按照信托目的对信托财产进行保管、使用甚至处分。

第四节　信托合同的成立与生效

一、信托合同的成立

信托合同的成立，是指委托人与受托人基于意思表示一致而订立信托合同。实践中，信托大多是通过合同设立的，我国信托法专章规定了信托的设立要件，其中绝大多数都是关于信托合同的规定。信托合同的成立必须符合《信托法》所规定的信托的设立条件。具体而言，信托合同的成立应当具备如下条件：

第一，必须具备信托目的。信托目的，是指当事人设立信托所欲实现的目标。《信托法》第 6 条规定："设立信托，必须有合法的信托目的。"依据这一规定，当事人订立信托合同时，必须明确表达设立信托的目的。例如，设立公益信托的目的是从事特定的公益活动。信托目的是影响信托产生、变更和消灭的基本因素。[①] 信托目的通常应当具有确定性，即当事

① 参见卞耀武主编：《中华人民共和国信托法释义》，北京，法律出版社，2002，第 56 页。

人必须在订立信托合同时明确表达信托设立所追求的目标，从而为受托人管理信托财产的行为提供明确的指引，该目的既要充分体现委托人的意愿，也应符合法律规定的要求。法律要求信托的设立必须具有明确的信托目的，一方面是为了使受托人了解管理信托财产的目的，以保障其正确履行信托义务，防止当事人利用信托规避法定义务；另一方面也有利于第三人准确判断受托人管理、处分信托财产的行为是否超越权限。

第二，必须具备信托财产。信托以信托财产为中心，并以信托财产的管理和处分为内容。《信托法》第7条规定："设立信托，必须有确定的信托财产，并且该信托财产必须是委托人合法所有的财产。本法所称财产包括合法的财产权利。"依据这一规定，任何信托都必须具备独立的信托财产，信托制度的存在就是为了管理和处分信托财产，信托本质上是关于信托财产的管理和运用的法律制度，"信托系一种以财产为中心之法律关系"①，没有信托财产则无法设立信托。在信托合同生效后，委托人应当按照约定将信托财产移转给受托人。

我国《信托法》第10条规定："设立信托，对于信托财产，有关法律、行政法规规定应当办理登记手续的，应当依法办理信托登记。"因此，依法需要办理登记的，必须进行登记，信托才能生效；未登记的，则信托不能生效。根据我国相关法律法规的规定，需要办理登记的信托财产范围较为广泛，主要包括不动产物权、船舶、航空器和机动车等特殊的动产物权、建设用地使用权、权利质权、知识产权质权等。② 未依照规定办理信托登记的，应当补办登记手续；不补办的，该信托不产生效力。信托财产的登记有助于保持信托财产的独立性。

第三，必须具备书面的信托文件。我国《信托法》对信托合同的成立采取要式主义的立法模式，即要求必须以书面形式订立信托合同。《信托法》第8条规定："设立信托，应当采取书面形式。书面形式包括信托合同、遗嘱或者法律、行政法规规定的其他书面文件等。采取信托合同形式设立信托的，信托合同签订时，信托成立。采取其他书面形式设立信托的，受托人承诺信托时，信托成立。"依据这一规定，信托合同的成立应当采取书面形式。对于采用合同书形式订立的信托合同，信托自信托合同签订时成立，而对于采用其他书面形式订立的信托合同，信托合同自受托

---

① 杨崇森：《信托之基本观念》，载《中兴法学》，第8期。

② 参见孟强：《信托登记制度研究》，北京，中国人民大学出版社，2012，第108～114页。

人作出接受信托的承诺时成立。

第四，必须对合同的主要条款作出约定。《信托法》第 9 条规定："设立信托，其书面文件应当载明下列事项：（一）信托目的；（二）委托人、受托人的姓名或者名称、住所；（三）受益人或者受益人范围；（四）信托财产的范围、种类及状况；（五）受益人取得信托利益的形式、方法。除前款所列事项外，可以载明信托期限、信托财产的管理方法、受托人的报酬、新受托人的选任方式、信托终止事由等事项。"依据这一规定，当事人应当对上述条款作出约定，才能成立信托合同。但该条所规定的条款可以分为两类，一是必备条款。所谓必备条款是指依据合同的性质和当事人的特别约定所必须具备的条款，缺少这些条款将影响合同的成立。笔者认为，该条中所规定的信托合同应当载明的五项内容属于信托合同的必备条款，如果当事人没有在合同中就上述内容作出约定，则当事人没有就合同的主要内容达成合意，信托合同不能成立。二是非必备条款。所谓非必备条款，是指依据合同的性质在合同中不是必须具备的条款。该条中，上述五项内容之外的，当事人可以在信托合同中载明的条款（如信托期限等条款），属于信托合同的非必备条款。对于非必备条款，即使当事人没有作出约定，也不应当影响信托合同的成立。当事人可以通过事后达成补充协议等方式对上述内容作出约定。不过，非必要条款并非没有意义，其对当事人订立信托合同具有一定的指引作用，目的是减少未来可能产生的纠纷。

二、信托合同的生效

一般而言，合同成立即生效，可以立即产生法律拘束力。但对信托合同而言，还需具备信托的生效要件，信托合同才能生效。具体而言，信托合同必须具备如下要件才能生效：

（一）信托目的合法

《信托法》第 6 条规定："设立信托，必须有合法的信托目的。"由此可见，我国《信托法》强调信托目的的合法性。目的合法要求信托的目的不得违反法律法规的强制性规定和公序良俗。例如，如果当事人通过设立信托洗钱，或者利用信托从事非法交易，则信托合同无效。此外，当事人也不得通过设立信托逃避债务。①

① 参见卞耀武主编：《中华人民共和国信托法释义》，北京，法律出版社，2002，第 57 页。

（二）有确定的、合法的信托财产

《信托法》第 7 条规定："设立信托，必须有确定的信托财产，并且该信托财产必须是委托人合法所有的财产。"因此，信托财产必须确定、合法。具体而言，一是信托财产必须具有确定性。所谓确定性，是指信托财产是委托人所实际拥有的财产，而不是在将来取得的财产。该财产应当是积极的财产，而不包括债务。信托财产的表现形式可以是多样的，既包括有形财产，也包括无形财产；既包括动产，也包括不动产。[①] 二是信托财产必须合法。一方面，所谓合法，是指信托财产必须是委托人合法享有的财产。信托财产是由委托人按照信托合同的约定转移给受托人的财产，因此，受托人对信托财产的权利来源于委托人的授予。[②] 只有信托财产具有合法性，受托人才能进行管理。另一方面，信托财产须为法律、行政法规未禁止流通的财产；法律、行政法规限制流通的财产，依法经有关主管部门批准后，可以作为信托财产。此外，信托财产必须是委托人合法取得的财产，非法取得的财产不能作为信托财产。[③] 例如，委托人将盗窃的赃物设立信托，这些信托虽然成立却不得生效。委托人需要对财产享有合法的权利，因此，如果委托人利用其代他人保管财物的机会而将该财物设立信托，则该信托无效。

（三）主体适格

1. 委托人适格

委托人是指设立信托并提供信托财产的人。其是信托最初的设立者，也是通过信托委托他人管理财产的人。依据《信托法》第 2 条的规定，信托合同成立后，委托人应当按照信托合同的约定提供信托财产，即必须将信托财产移转给受托人。委托人是信托的设立人，无论是自益信托还是他益信托，都必须由委托人设立，受托人和受益人都是由委托人选定的，当然委托人也可以指定自己为受益人。

由于委托人设立信托需要处分自己的财产，因而，委托人必须具备处分财产的行为能力。《信托法》第 19 条规定："委托人应当是具有完全民事行为能力的自然人、法人或者依法成立的其他组织。"由于信托的设立必须基于委托人的意思，且信托合同生效后，委托人还应当按照约定提供

---

① 参见周小明：《信托制度：法理与实务》，北京，中国法制出版社，2012，第 137～139 页。

② 参见卞耀武主编：《中华人民共和国信托法释义》，北京，法律出版社，2002，第 15 页。

③ 参见卞耀武主编：《中华人民共和国信托法释义》，北京，法律出版社，2002，第 58 页。

一定的信托财产，因而，只有具备完全民事行为能力人才能成为委托人。法人作为委托人设立信托的，还应当受到其设立目的等因素的限制。①

2. 受托人适格

受托人是接受委托人的委托，为受益人的利益或者特定目的对信托财产进行管理、处理信托事务的人。② 受托人是由委托人选定的，与委托人之间具有一定的人身信任关系，即委托人信任受托人具有处理信托事务和管理信托财产的能力，并且能够在信托目的范围内、为受益人的利益而管理和处分信托财产。信托关系中，受托人的地位至为重要，委托人是否设立信托在很大程度上取决于受托人能否履行信托合同的义务、管理好信托财产。③ 受托人应当以自己的名义、并为受益人的利益对信托财产进行管理和处分。

《信托法》第 24 条规定："受托人应当是具有完全民事行为能力的自然人、法人。法律、行政法规对受托人的条件另有规定的，从其规定。"依据这一规定，信托合同的受托人应当具备如下条件：第一，受托人应当具备完全民事行为能力。受托人接受委托人委托管理信托财产，负有依据信托目的管理、处分财产的义务，所以，受托人必须具有完全民事行为能力。第二，法律法规对信托受托人的资格有特殊要求的，受托人还必须符合该特殊要求。在我国，从事特殊的信托业务，受托人还应当符合特殊的资质要求。例如，依据《信托公司管理办法》第 8 条的规定，设立信托投资公司，依据信托投资公司管理条例的规定，符合该规定的主体才能成为受托人。④ 第三，受托人管理信托财产的权限来源于信托合同的约定和法律规定，即受托人有权依据信托合同的约定和法律规定，对信托财产进行管理和处分。从信托财产的取得来看，受托人从委托人处取得信托财产的权利来源于信托合同的约定或者法律的规定。从信托财产的管理和处分来

① 参见卞耀武主编：《中华人民共和国信托法释义》，北京，法律出版社，2002，第 86 页。

② 参见余卫明：《信托受托人研究》，北京，法律出版社，2007，第 49 页。

③ 参见周小明：《信托制度：法理与实务》，北京，中国法制出版社，2012，第 268 页。

④ 《信托公司管理办法》第 8 条规定："设立信托公司，应当具备下列条件：（一）有符合《中华人民共和国公司法》和中国银行业监督管理委员会规定的公司章程；（二）有具备中国银行业监督管理委员会规定的入股资格的股东；（三）具有本办法规定的最低限额的注册资本；（四）有具备中国银行业监督管理委员会规定任职资格的董事、高级管理人员和与其业务相适应的信托从业人员；（五）具有健全的组织机构、信托业务操作规程和风险控制制度；（六）有符合要求的营业场所、安全防范措施和与业务有关的其他设施；（七）中国银行业监督管理委员会规定的其他条件。"

看，受托人也应当按照信托目的、信托合同的约定或者法律规定管理和处分信托财产。

根据受托人身份的不同，可以将受托人分为自然人受托人和法人受托人两种，二者从事信托财产管理和处分的注意义务不同，法律对二者充当受托人的资格要求也有所差别。根据受托人人数的多少，还可以将受托人分为单一受托人和共同受托人两种，两者的主要区别在于，一是主体人数不同。单一受托人只存在一个受托人，而共同受托人则存在多个受托人。在单一受托人的情形下，受托人单独处理信托事务，这种信托关系比较简单，而在共同受托人的情形下，数个受托人共同处理信托事务，其权利义务更为复杂。[①] 二是受托人的责任形式不同。单一受托人须独立承担责任，其责任形式是单独责任。而共同受托人处理信托事务对第三人所负债务，应当承担连带清偿责任。共同受托人在承担责任后，还存在内部责任的分担与追偿问题。[②] 三是受托人处理事务的方式不同。在单一受托人中，受托人单独处理信托事务。而在共同受托人中，按照信托法的规定，共同受托人应当共同处理信托事务，但信托文件规定对某些具体事务由受托人分别处理的除外。共同受托人共同处理信托事务，意见不一致时，按信托文件的规定处理。

3. 受益人合格

依据《信托法》第 43 条的规定，受益人是在信托中享有信托受益权的人。受益人可以是一个人，也可以是多个人，受益人既可以是自然人，也可以是法人或者依法成立的其他组织。除了公益信托之外，在设立时必须具有明确的信托受益人，否则信托不能成立。[③] 因为私益信托的设立目的，旨在满足受益人的需要。当然，公益信托在设立时可能不存在明确的受益人，例如，为改善环境或者保护濒危野生动物而成立的信托，其在设立时即不存在明确的受益人。此类信托中，虽然信托财产和信托目的是确定的，而受益人则并不确定。具体而言，受益人具有如下特点：

第一，受益人是享有信托受益权的人。所谓信托受益权，是指受益人享有的在信托存续期间取得信托财产收益的权利，以及信托终止时，在信托文件没有另外约定信托财产归属时获得信托财产本金的权利。这就是

① 参见余卫明：《信托受托人研究》，北京，法律出版社，2007，第 63 页。
② 参见徐孟洲主编：《信托法》，北京，法律出版社，2006，第 108 页。
③ 参见张军建：《信托法基础理论研究》，北京，中国财政经济出版社，2009，第 109 页。

说，受益人有权从受托人对信托财产的管理中获得利益。而广义上的受益权还包括监督受托人管理、处分信托财产的权利等。[①] 受托人取得信托财产并非是为了自己的利益，而是依据信托合同的约定或法律的规定，为了特定的目的或受益人的利益而管理和处分信托财产。受益人所享有的受益权具有消极性，受益人有权督促受托人认真管理信托事务，并有权请求受托人向其转移信托收益，但其并不能直接介入信托事务的管理之中，也不能干预受托人正常的管理、处分信托财产的权利。

第二，受益人可以是委托人，也可以是第三人。如果受益人同时也是委托人本人，则此类信托属于自益信托；如果受益人是第三人，则属于他益信托。[②] 受益人的范围十分宽泛，由于法律对受益人的资格通常没有特殊要求，因而，任何人都可以成为受益人，无民事行为能力人、限制民事行为能力人都可以成为受益人，即使是未出生的胎儿，也可以成为信托中的受益人。

第三，受益人只享有权利，而不负有对待给付的义务。在通常情况下，受益人只享有信托利益，而不需要履行义务和承担责任。在特别的情况下，信托受益人也需要依据法律或信托合同的规定而承担一定的义务，例如，信托文件规定，受益人要取得某种收益，应当从事一定的行为，此时受益人就负有履行的义务。但此种义务并非与信托收益权对等的义务。除了信托当事人之间存在特别约定的情形下，受益人对受托人在管理财产过程中所产生的债务并不承担清偿责任。

三、信托财产合格

（一）信托财产具有同一性

所谓信托财产的同一性，是指在信托存续期间，不管信托财产发生何种形式变化，都要将其归入信托财产的范围之内。[③]《信托法》第 14 条第 2 款规定："受托人因信托财产的管理运用、处分或者其他情形而取得的财产，也归入信托财产。"依据这一规定，受托人在管理信托财产过程中，因信托财产形态发生变化而获得的财产，仍然属于信托财产。

受托人管理信托财产的过程中，并不只是消极地占有财产，而是要将信托财产进行积极管理、利用甚至处分。因此，信托财产在管理和处分过

① 参见徐孟洲主编：《信托法》，北京，法律出版社，2006，第 117 页。

② 参见徐孟洲主编：《信托法》，北京，法律出版社，2006，第 113 页。

③ 参见周小明：《信托制度：法理与实务》，北京，中国法制出版社，2012，第 198 页。

程中，并不一定必须保持原始的状态，其具体形态可能发生一定的变化。例如，以金钱形态设立的信托，该笔财产在信托存续过程中，可能会购买不动产，或者投资成为公司股份，或者购买动产，无论信托财产发生何种形态的变化，都属于信托财产。这就意味着，信托财产始终应当区别于受托人的固有财产，尤其是信托财产取得的收益、增值，都必须全部纳入信托财产之中，这样才能有效保护受益人的利益。受托人可以在信托目的的范围内，根据市场情况的变化，对信托财产进行管理和处分，以最大限度地实现受益人的利益。①

（二）信托财产管理和处分的合目的性

信托合同不同于财产保管合同之处，在于信托合同在本质上是一种关于财产的管理和处分的制度，注重对财产的积极利用和处分；而财产保管合同则只是对财产进行保管的制度，其仅限于对财产的消极保管，而不得对保管的财产进行利用。《信托法》第22条规定："受托人违反信托目的处分信托财产或者因违背管理职责、处理信托事务不当致使信托财产受到损失的，委托人有权申请人民法院撤销该处分行为，并有权要求受托人恢复信托财产的原状或者予以赔偿。"这就从反面确定了受托人负有按照信托目的管理和处分信托财产的义务。如果受托人违反该义务而致使信托财产遭受损失，则委托人有权申请撤销该处分行为，同时有权请求受托人恢复信托财产原状，因受托人的不当管理行为造成信托财产损失的，委托人有权请求受托人赔偿损失。例如，委托人将其房屋作为信托财产，根据约定，受托人对该房屋的主要利用方式为出租以收取租金，受托人违反信托将房屋转让给知情的第三人，则委托人或受益人有权请求法院撤销该转让行为，要求受托人恢复房屋的状况，并赔偿租金损失。

（三）信托财产具有独立性

信托法之所以要建立信托财产制度，就是为了保持信托财产的独立性。此种独立性体现在，信托财产不仅要与受托人的自有财产相区别，而且要与委托人的未设立信托的其他财产相分离。信托财产的独立性表现在如下几个方面：

1. 信托财产独立于委托人未设立信托的其他财产

《信托法》第15条规定："信托财产与委托人未设立信托的其他财产相区别。"因此，在信托设立之后，委托人就必须将信托财产移转给受托

---

① 参见卞耀武主编：《中华人民共和国信托法释义》，北京，法律出版社，2002，第15页。

人，这部分财产应当与委托人未设立信托的其他财产区分开。一方面，与委托人的其他财产相区别，才能形成信托财产。如果受托人管理的信托财产与委托人的固有财产相混淆，则会导致信托法律关系的不清晰，同时也难以保障受益人的权利。另一方面，信托财产与委托人的固有财产相区分，才能确保信托目的得以实现，保护受益人的合法权益。[①] 信托委托人在设立信托时应该将信托财产移转给受托人，以便受托人对信托财产进行管理和处分。因此，信托设立之后，信托财产独立于委托人的财产。

信托财产与委托人未设立信托的其他财产之间的区别在于：

第一，权利主体不同。对于委托人未设立信托的财产，仍然属于委托人的个人财产，其权利主体是委托人。而对于已经设立信托的财产，其权利主体为受托人。对于已经设立信托的财产，在法律上不能认为委托人仍然享有所有权，该权利应转归受托人。如果信托财产需要登记，则已设立信托的财产需要登记在受托人名下。

第二，权利内容不同。委托人对自己合法所拥有的、未设立信托的财产，享有完整的所有权，可以对该财产进行占有、使用、收益和处分。而对于已经设立信托的财产，委托人只能依照法律的规定或信托合同的约定而享有一定的权利。例如，委托人有权了解并查阅信托财产的管理运用、处分及收支情况等。在受托人违反受托义务处分信托财产时，委托人还有权请求撤销受托人的处分行为。[②] 但在法律上，委托人不得直接支配已经设立信托的财产，也不能随意干预受托人对信托财产的管理和处分。

第三，财产所担保的债务不同。由于委托人未设立信托的财产，仍然属于其个人财产，因而当然可以用以担保其个人债务。但对于已经设立信托的财产，其已经不再属于委托人的个人财产，所以不能用于担保委托人的个人债务，只能在信托存续过程中担保因信托财产的管理与处分而产生的债务。正是因为这一原因，委托人的债权人不得就已经设立信托的财产主张清偿，而只能就委托人的自有财产进行清偿。这也是信托财产不得强制执行的具体体现。[③]

第四，财产能否被继承不同。由于委托人未设立信托的财产，仍然属于委托人的自有财产，在委托人死亡时，这些财产属于遗产的范围，因而，委托人的继承人有权继承委托人未设立信托的其他财产。但委托人已

① 参见卞耀武主编：《中华人民共和国信托法释义》，北京，法律出版社，2002，第76页。
② 参见卞耀武主编：《中华人民共和国信托法释义》，北京，法律出版社，2002，第77页。
③ 参见周小明：《信托制度：法理与实务》，北京，中国法制出版社，2012，第212页。

经设立信托的财产，不再是委托人的固有财产，因此，委托人死亡后，信托财产不属于委托人的遗产，委托人的继承人不得进行继承或遗赠。[①] 但如果委托人也是受益人，则其受益权可以作为个人财产由其继承人继承。

2. 信托财产独立于受托人的自有财产

《信托法》第16条第1款规定："信托财产与属于受托人所有的财产（以下简称固有财产）相区别，不得归入受托人的固有财产或者成为固有财产的一部分。"这就确立了信托财产独立于受托人的自有财产的原则。受托人必须对信托财产进行分开记账管理。该原则包含如下几项规则：

第一，信托财产不得与受托人的自有财产相混同。信托设立后，虽然委托人将其财产交付给了受托人，受托人在法律上是该财产的权利人，但并非意味着信托财产就是受托人的固有财产。所谓固有财产，是指受托人自己所拥有的财产，不包括信托财产。信托财产的独立性意味着，其不得归入受托人的固有财产之中，或者成为受托人固有财产的一部分。即使当信托财产与委托人的自有财产属于同一财产上的自物权与他物权时，仍然不得发生混同。[②] 例如，委托人以其一套房屋作为信托财产设立信托以获取利益，受托人有权将房屋出租，但不能违反信托协议进行自用，否则也会导致信托财产与固有财产的混淆。信托关系中，虽然信托可能会带来交易成本的提高，但信托财产具有独立性，即受托人的债权人和委托人的债权人都不能对信托财产进行执行，从而使得信托具有一种风险阻隔的作用。

第二，受托人管理运用、处分信托财产所产生的债权独立于其固有财产。《信托法》第18条规定："受托人管理运用、处分信托财产所产生的债权，不得与其固有财产产生的债务相抵销。受托人管理运用、处分不同委托人的信托财产所产生的债权债务，不得相互抵销。"依据这一规定，受托人在管理、处分信托财产的过程中产生的债权，独立于其固有财产，受托人不得主张该债权与其固有财产产生的债务相抵销。例如，受托人以自己的财产从事经营，对外负债1 000万元，其经营信托财产获得收益1 000万元，其不得以此种收益与自己的债务相抵销。因为信托财产之上所生的债权，虽然其在名义上属于受托人，但仍属于信托财产的范畴，如果允许受托人进行抵销，则无异于用信托财产为自己偿债，构成对信托合同义务的违反以及对受益人权利的侵害。[③] 因此，即便给付种类相同且都

① 参见孟强：《信托登记制度研究》，北京，中国人民大学出版社，2012，第62页。
② 参见孟强：《信托登记制度研究》，北京，中国人民大学出版社，2012，第60页。
③ 参见孟强：《信托登记制度研究》，北京，中国人民大学出版社，2012，第61页。

已届清偿期，也不得进行抵销。[①]

第三，受托人破产时，信托财产不属于破产财产。因为信托财产在本质上并不属于受托人的固有财产，所以，受托人被宣告破产时，信托财产不应当被纳入破产财产的范围，受托人的债权人不得就信托财产主张受偿。《信托法》第16条第2款规定："受托人死亡或者依法解散、被依法撤销、被宣告破产而终止，信托财产不属于其遗产或者清算财产。"据此，受托人死亡之后，信托财产也不得列入其个人遗产而进行继承。[②]

3. 信托财产独立于受益人的财产

在信托设立后，受益人有权依照信托合同的约定获取信托财产所产生的收益，但这并不意味着信托财产就等于受益人的个人财产。受托人应当依照合同约定将管理和处分信托财产所获得的收益移交给受益人，但受益人只有权主张其应得收益的份额，却无权对信托财产主张所有权。[③] 除非在特定条件下受托人依照信托合同的约定，将信托财产全部移转给受益人，否则，受益人只能依据信托合同主张收益份额，而不得对信托财产主张权利。因此，受益人的债权人在受益人不能清偿债务时，只能在受益人的受益权范围内提出主张，而不得对全部信托财产提出清偿主张。

4. 信托财产具有不得强制执行性

信托财产具有不得强制执行性，是指委托人的债权人、受托人的债权人或受益人的债权人均不得将信托财产作为责任财产申请强制执行。虽然信托财产登记在受托人名下，但却必须与受托人的自有财产相区分，因此，受托人的债权人也不得对信托财产主张强制执行。[④] 如前所述，尽管受益人有权获取信托财产所产生的收益，但整个信托财产本身并不属于受益人所有，因此不能用于清偿受益人的债务，但是依据《信托法》第47条的规定，受益人不能清偿到期债务的，其信托受益权可以用于清偿债务。受益人的债权人只能对受益权请求强制执行，而不能直接针对信托财产主张强制执行。[⑤]

信托财产不得强制执行是一般原则，但并非绝对。依据《信托法》第

---

① 参见于海涌：《英美信托财产双重所有权在中国的本土化》，北京，中国政法大学出版社，2011，第13页。

② 参见赖源河等：《现代信托法论》，北京，中国政法大学出版社，2002，第81页。

③ 参见徐孟洲主编：《信托法》，北京，法律出版社，2006，第141页。

④ 参见孟强：《信托登记制度研究》，北京，中国人民大学出版社，2012，第62页。

⑤ 参见周小明：《信托制度：法理与实务》，北京，中国法制出版社，2012，第220页。

17 条的规定，在下列情形下，可以对信托财产强制执行：

第一，设立信托前债权人已对该信托财产享有优先受偿的权利，并依法行使该权利的。这是因为在信托成立之前，信托财产尚未从委托人的财产中独立出来，所以，委托人有权在其财产之上设立各种权利，如果设立信托前债权人已对该信托财产享有优先受偿的权利，委托人的债权人自然有权对委托人的财产申请强制执行。

第二，受托人处理信托事务所产生的债务。因处理信托事务而发生的债权，是因信托财产而发生、为了实现信托的目的而发生的债权，此时如果债权人要求清偿该债务的，则其有权主张对信托财产进行强制执行。因此，因处理信托事务而发生的债权，受托人有权运用信托财产及其收益进行清偿，在不能清偿时，债权人可以对信托财产提出强制执行的请求。[①] 例如，某辆汽车是信托财产，则受托人为该汽车进行修理和保养而发生的债务，就属于为处理信托事务而发生的债务，如果拖欠修理费，则修理厂作为债权人就有权主张对汽车强制执行。

第三，信托财产本身应担负的税款。支付税款是纳税义务人对国家应负的义务，因此，在信托存续期间，因信托财产的管理和处分所生的税款，国家有权对信托财产主张强制执行。因此，信托财产必须用于支付自身所应当负担的税款。在受托人拒绝缴纳信托财产本身应缴纳的相关税款时，国家税务机关有权主张对信托财产进行强制执行。例如，因信托财产交易所产生的交易税，应当由信托财产本身负担，但是与信托财产无关的税赋，则不应当从信托财产中进行支付。[②]

第五节 信托合同的效力

一、委托人的权利和义务

（一）委托人的权利

1. 指定受托人和受益人的权利

委托人是信托的设立人，其有权选定受托人和受益人，即委托人在设

① 参见孟强：《信托登记制度研究》，北京，中国人民大学出版社，2012，第 63 页。
② 参见赖源河等：《现代信托法论》，北京，中国政法大学出版社，2002，第 84 页。

立信托时，有权选任受托人，并指定受益人。一方面，委托人对受托人的选任是保障信托目的能够实现的基础。信托基于委托人对受托人的信任关系而存在，只有选定好受托人，信托财产才能得到有效的管理，从而实现信托的目的。另一方面，信托的设立又是为了实现受益人的利益，而受益人正是委托人所指定的，由委托人确定受益人才符合信托设立的目的。

2. 知情权

知情权是指委托人查询、知悉受托人管理和运用信托财产的情况的权利。委托人在设立信托后，已经将财产移转给受托人，其对信托财产不再享有所有权，但为了确保受托人能够勤勉、忠实地履行受托义务，有必要赋予委托人知悉信托合同履行情况的权利。《信托法》第 20 条规定："委托人有权了解其信托财产的管理运用、处分及收支情况，并有权要求受托人作出说明。委托人有权查阅、抄录或者复制与其信托财产有关的信托账目以及处理信托事务的其他文件。"依据这一规定，委托人所享有的知情权具体包括：第一，委托人有权了解信托财产的管理和处分等情况，尤其是了解信托财产的管理和处分是否符合信托合同的约定以及信托目的。① 第二，委托人有权查阅、抄录或者复制与信托财产有关的信托账目，因为信托账目是信托财产管理情况的记录，委托人了解了信托账目，有助于知悉信托财产的管理情况，防止受托人损害受益人的权益。第三，委托人有权查阅、抄录或者复制处理信托事务的其他文件。受托人在管理过程中所涉及的信托账目范围较广，委托人对于与信托财产交易有关的其他凭证（如纳税凭证等），也有权查阅、抄录或者复制。

3. 管理方法变更权

管理方法是指受托人对信托财产进行管理和处分的具体方法。管理方法通常都是在合同中约定的，一旦合同确定以后，受托人应当依据合同约定的管理方法管理信托财产，委托人不得随意变更。但在受托人管理财产期间，如果出现订立信托合同时所未能预料的特殊情况，则有必要赋予委托人对信托财产管理方法的变更权，从而充分发挥信托财产的价值和效率，更好地实现信托目的。我国《信托法》第 21 条规定："因设立信托时未能预见的特别事由，致使信托财产的管理方法不利于实现信托目的或者不符合受益人的利益时，委托人有权要求受托人调整该信托财产的管理方法。"依据该条规定，管理方法的变更必须符合两个条件，一是出现了设

① 参见卞耀武主编：《中华人民共和国信托法释义》，北京，法律出版社，2002，第 88 页。

立信托时未能预见的情形。如果出现了无法预见的情形，继续按照以前的方法将无法达到信托目的的，则需要进行管理方法的变更。① 例如，信托合同约定，受托人应当将信托财产购买股票以保值增值，但后来股市长期低迷，大盘持续走低，继续购买股票只能导致信托财产一再缩水，此时，委托人有权要求受托人变更信托财产的管理方法，不再购买股票，而进行储蓄或其他投资，以保持信托财产价值的增长。二是导致按照原管理方法管理信托财产不利于实现信托目的或者不符合受益人的利益。即按照原来约定的管理方法管理信托财产，可能难以实现信托的目的，甚至使信托财产遭受损失。例如，因投资股市已经有很大风险，不利于信托财产的保值增值，所以委托人有权请求受托人变更信托财产的管理方法。

4. 解任权

解任权是指委托人依据法律或信托合同的约定而解除受托人职务的权利。信托一旦设立，为了保持信托关系的稳定，在一般情况下，委托人不得解任受托人，除非出现了法律规定或合同约定的情形，委托人有权解任受托人。我国《信托法》第 23 条规定："受托人违反信托目的处分信托财产或者管理运用、处分信托财产有重大过失的，委托人有权依照信托文件的规定解任受托人，或者申请人民法院解任受托人。"依据这一规定，委托人依法行使解任权必须符合如下条件：一是受托人在管理和处分信托财产时违反了信托目的。例如，信托合同约定受托人只能将房产进行租赁以获取收益，但受托人却将房产出售，导致信托财产流失，信托目的无法实现，此时委托人就有权解任受托人。二是受托人具有重大过失。重大过失是指受托人对信托财产的管理和处分严重违反了信托目的和信托合同的要求。如果信托合同对重大过失的标准有约定的，则依照其约定；如果没有约定的，则按照一般人的注意义务来判断。这就是说，受托人存在严重的疏忽，此种疏忽是一般人稍加注意就可以避免的，此时受托人未能尽到注意义务，就属于重大过失。例如，受托人在将信托财产进行投资时，因轻率而导致严重亏损，则属于重大过失。除法律规定的解任权以外，当事人也可以约定解任的特定事由。一旦符合合同约定的解任事由，则委托人有权依照约定解任受托人。

5. 撤销权

撤销权，是指在信托设立之后，委托人发现受托人违反信托目的和信

① 参见周小明：《信托制度：法理与实务》，北京，中国法制出版社，2012，第 232 页。

托合同的约定而对信托财产作出不当处分，或者认为受托人履行职责不当，导致信托财产受损时，委托人有权申请人民法院撤销受托人的不当处分行为。依据我国《信托法》第22条规定，委托人行使撤销权应当符合如下条件：

第一，受托人管理和处分财产违反了信托目的。在信托有效存续期间，受托人有权对信托财产进行管理和处分，但不得违背信托目的。例如，设立信托的目的是对不动产进行管理，但受托人却将该不动产进行出售，这显然不符合信托目的。

第二，违背管理职责和不当处理信托事务。所谓违背管理职责，是指受托人没有依据信托法律和信托合同以及信托目的而履行其义务，对此应依据具体情况进行分析。例如，受托人没有将信托财产与其固有财产分别管理和分别记账。[①] 受托人未对市场行情进行必要的调查，便贸然以信托财产进行大规模投资，导致信托财产亏损严重。所谓处理信托事务不当，是指受托人在管理和处分信托财产时，因故意或重大过失而导致信托受益人的利益受损。例如，受托人轻率与他人从事交易，结果导致信托资产严重亏损。如果受托人实施上述行为，则表明其对信托财产的管理、处分偏离了委托人设立信托的宗旨，因此，委托人有权向人民法院申请撤销受托人的不当处分行为。

第三，第三人具有恶意。委托人在行使撤销权时，撤销的是受托人与第三人之间的交易，撤销权只能针对恶意第三人，即第三人明知受托人违反信托目的、超越受托权限，且明知交易的对象是信托财产，却仍然与受托人进行交易。在此情形下，委托人才能够撤销受托人与第三人之间的交易。由于撤销受托人处分信托财产的行为可能损害第三人的利益，如果第三人在与受托人进行交易时是善意的，则第三人的利益应当优先受到保护，受益人不得撤销受托人的处分行为，但恶意第三人的利益则无须进行保护，因此，委托人只能针对恶意第三人主张撤销。[②]

撤销权实际上是委托人请求法院撤销受托人的不当处分行为，其在本质上是一种请求权，只能通过裁判机关行使，也就是说，即使受托人实施了不当处分行为，委托人也不能单方宣布撤销，而只能在人民法院提起诉

① 参见扈纪华等：《〈中华人民共和国信托法〉条文释义》，北京，人民法院出版社，2001，第174页。

② 参见周小明：《信托制度：法理与实务》，北京，中国法制出版社，2012，第234页。

讼、请求撤销。

（二）委托人的义务

1. 移转信托财产的义务

信托财产是信托合同的标的，信托成立的前提是委托人将信托财产交付给受托人，由受托人占有和管理。因此，委托人作为信托设立人，在设立信托时有义务将信托财产的权利移转给受托人。[①] 如果在信托成立后仍由委托人占有和管理信托财产，则受托人无法对信托财产进行管理和处分，信托合同也无法履行，信托也就失去了其存在的意义。我国《信托法》第 2 条规定，信托的设立要发生财产权的移转。因此，一般认为，信托的生效必须由委托人依据信托合同将信托财产移转给受托人。[②]

2. 指定受益人的义务

信托合同的目的，就是使受益人从信托中受益。因此，当受益人确定之后，信托才能成立。就这一点而言，指定受益人也是委托人的一项义务。当然，委托人既可以指定他人作为受益人，也可以指定自己作为受益人。指定他人作为受益人的，是他益信托；指定自己作为受益人的，是自益信托。在某些公益信托中，也可以不存在具体的特定化的受益人，而是指定一个信托目的，此种信托也可以有效成立。例如，设立一个保护某种野生动物的信托，其受益人是不特定的多数人。

3. 不得妨碍信托受托人履行职责的义务

信托关系一旦形成，在信托有效存续期间，受托人在信托目的和信托合同范围内享有独立管理和处分信托财产的权利，为保护交易安全和受益人的利益，委托人不得干预和妨碍受托人正当处理信托事务的行为，也不得擅自撤销信托。

二、信托受托人的权利和义务

（一）受托人的权利

1. 信托财产占有、管理和处分权

信托一旦成立，委托人有义务将信托财产移转给受托人，受托人有权对信托财产进行占有、管理和处分。但受托人对信托财产所享有的权利属于何种性质的权利？对此，学界存在两种不同观点：一是所有权说。此种

---

① 参见徐孟洲主编：《信托法》，北京，法律出版社，2006，第 87 页。

② 参见周小明：《信托制度：法理与实务》，北京，中国法制出版社，2012，第 160 页。

观点认为，受托人享有对信托财产的所有权，这是信托受托人的一项基本权利。受托人享有对信托财产的所有权，是实现信托功能不可缺少的条件。[①] 二是债权说。此种观点认为，受托人的权利和委托合同中受托人的权利没有区别，《信托法》第 2 条采取了“委托”的表述，因此，受托人并不享有信托财产的所有权，而只享有合同债权，其只是依据合同的约定而占有和管理信托财产。笔者认为，受托人对信托财产所享有的权利既不是债权，也不是所有权，而是一种特殊的物权。受托人对信托财产所享有的权利在性质上是一种物权，受托人有权在法律规定和信托文件约定的范围内，对信托财产进行占有、使用、管理和处分。

受托人对信托财产的权利不是债权，而是物权，这是因为，一方面，在信托设立时，委托人必须将信托财产登记到受托人名下，由受托人对该财产占有、管理和处分。在一般的债权中，债权人不可能将财产事先登记在债务人的名下。另一方面，受托人享有的权利可以对抗委托人和受益人，其有权在信托目的和信托合同的范围内独立行使对信托财产的管理和处分等权利，在信托生效期间，委托人不能单方面撤销信托、收回信托财产，因此，受托人对信托财产享有的权利本质上是一种物权。虽然我国《物权法》采取物权法定的原则，但并非意味着所有的物权种类都只能通过《物权法》来规定，其他的法律也可以规定物权的种类。因此，《信托法》也可以规定物权的种类，而信托财产权便属于该法所规定的一种物权类型。受托人对信托财产享有的物权包括：一是占有权，即受托人有权在信托设立后对信托财产进行实际控制。如果信托财产需要进行登记，则委托人需要将信托财产移转给受托人并进行登记。二是管理权。所谓管理，是指依据法律和信托合同的约定，对委托人移转的财产进行保管、保存、利用等。受托人有权采取合同约定的管理方法，对信托财产进行包括事实行为和法律行为在内的各种类型的管理、投资、交易及处分等行为。三是处分权。所谓处分，是依据法律和信托合同的约定，对信托财产进行各种事实上和法律上的处分（例如转让或设置抵押）。[②] 由于我国信托法对受托人的管理和处分权限并未作出明确限制，因而，受托人只需依照信托合同的约定进行即可。[③]

---

① 参见徐孟洲主编：《信托法》，北京，法律出版社，2006，第 93 页。

② 参见赖源河等：《现代信托法论》，北京，中国政法大学出版社，2002，第 29 页。

③ 参见周小明：《信托制度：法理与实务》，北京，中国法制出版社，2012，第 270 页。

虽然受托人对信托财产的权利在性质上是物权，但并不是所有权，其原因在于，第一，所有权包括占有、使用、收益和处分四项权能，但在信托关系中，受托人虽然能够对信托财产进行占有、使用和处分，但其收益权受到严格限制，即其虽然取得收益，但必须将管理信托财产之后的收益交给受益人，因此并不具备所有权的完整权能。[①] 第二，受托人只能在信托目的范围内，对信托财产进行管理和处分，而不能将信托财产当做自己的所有物随意进行管理和处分。如果受托人违反信托目的和信托合同约定而处分信托财产时，受益人和委托人有权撤销受托人的行为。此种撤销权显然比一般的债权的效力要强大，这也就表明受托人的权利受到委托人和受益人的极大限制，不具备所有权所具有的自主处分的完整效力。第三，如果将受托人对信托财产的权利认定为所有权，则容易发生发生信托财产与其个人固有财产的混淆，从而使信托财产失去独立性。第四，在信托终止后，受托人必须将信托财产返还给受益人或其他人。《信托法》第 54 条规定："信托终止的，信托财产归属于信托文件规定的人；信托文件未规定的，按下列顺序确定归属：（一）受益人或者其继承人；（二）委托人或者其继承人。"从这一点而言，受托人并不是信托财产的真正所有人。

2. 信托事务处理权

信托事务处理权是指受托人依据信托合同的约定对信托事务进行处理的权利。《信托法》第 25 条第 1 款规定："受托人应当遵守信托文件的规定，为受益人的最大利益处理信托事务。"依据该规定，受托人依据法律和信托文件的规定处理各种信托事务。应当说，信托事务的核心内容就是管理信托财产，围绕着信托财产的管理，受托人有权依据法律和合同的约定处理相应的事务，此种事务的范围十分宽泛，难以作出具体的限定。但在法律上对受托人处理信托事务的权利有必要作出限制。一是必须遵守信托文件的规定。受托人对委托人和受益人都负有诚信义务，其在管理信托财产的过程中应当依据《信托法》所规定的诚实、信用、谨慎、有效管理等原则管理信托财产，勤勉尽责地履行自己的义务。二是实现受益人的最大利益。信托设立的根本目的就是要实现受益人的利益。因此，受托人应当为了受益人利益的最大化而对信托财产进行管理。[②]

① 参见于海涌：《论英美信托财产双重所有权在中国的本土化》，载《现代法学》，2010（3）。

② 参见余卫明：《信托受托人研究》，北京，法律出版社，2007，第 151 页。

3. 报酬请求权

传统上信托合同主要存在于民事领域，因此一般是无偿的，但随着社会的发展，财产管理趋于复杂化和专门化，信托在商事领域运用越来越多，诸如委托理财等，委托人一般都需要支付一定的报酬给受托人。[①] 因此，完全要求信托合同为无偿合同已经不符合时代的要求，有必要通过信托合同约定报酬的支付。《信托法》第35条规定："受托人有权依照信托文件的约定取得报酬。信托文件未作事先约定的，经信托当事人协商同意，可以作出补充约定。"依据这一规定，委托人是否负有支付报酬的义务取决于信托文件的约定。如果信托合同约定了受托人的报酬事项，受托人有权依据合同获取报酬。如果未作约定，当事人也可以事后达成补充协议。但未作事先约定和补充约定的，受托人不得收取报酬。在此情形下，应当推定该合同为无偿合同。

4. 费用补偿请求权

《信托法》第37条第1款规定："受托人因处理信托事务所支出的费用、对第三人所负债务，以信托财产承担。受托人以其固有财产先行支付的，对信托财产享有优先受偿的权利。"依据这一规定，受托人因处理信托事务而支出的费用（如税收等），其有权从信托财产中进行支付。但信托财产之上可能存在多项债务，而债权具有平等性，如果受托人享有的费用补偿债权与其他债权人的债权完全平等，则不利于受托人对信托财产开展必要的管理活动，如果信托财产因此遭到贬值，则所有债权人的利益都将受损，因此，有必要保护受托人的费用补偿请求权。[②] 法律赋予受托人以优先受偿权，旨在平衡其和其他债权人之间的利益。这就是说，如果信托财产之上存在多项债务，受托人以其固有财产先行垫付了相关费用，则其就该部分费用的债权对信托财产享有优先受偿的权利。此处所规定的"费用"，仅限于必要费用和有益费用，即必须是受托人因信托事务的管理而支出的必要费用和有益费用，否则，受托人不享有费用补偿请求权。

如果信托财产不足以支付受托人所代为垫付的费用，则应当允许受托人向受益人提出支付的请求。因为毕竟受益人从信托中无偿获得受

---

① 参见徐孟洲主编：《信托法》，北京，法律出版社，2006，第95页。

② 参见扈纪华等：《〈中华人民共和国信托法〉条文释义》，北京，人民法院出版社，2001，第195～196页。

益，且此种受益是以受托人垫付必要费用为代价而取得的，所以，当信托财产不足以清偿受托人的债权时，受托人有权向受益人提出偿还的请求。①

5. 辞任权

辞任权是指受托人依法辞去其职位的权利。受托人在信托成立之后，有权请求辞任。但我国法律对受托人辞任权的行使也做了非常严格的限制，受托人行使辞任权必须符合法律规定的条件。具体而言，第一，必须取得委托人和受益人的同意。《信托法》第38条规定："设立信托后，经委托人和受益人同意，受托人可以辞任。本法对公益信托的受托人辞任另有规定的，从其规定。"因此，在信托生效之后，受托人未经委托人和受益人同意，不得擅自辞去其职务。这是因为信托本身不仅涉及委托人的利益，还涉及受益人的利益，而且在对信托财产进行管理和处分时，往往还会涉及第三人的利益。如果允许受托人未经同意辞去其职务，则不仅会损害委托人与受益人的利益，也不利于保护第三人利益和维护交易安全。正是因为受托人的辞任对于其他信托当事人影响甚大，因而，受托人的辞任需要经过委托人和受益人双方的同意。第二，公益信托的受托人未经公益事业管理机构批准，不得辞任。② 法律之所以要求公益信托受托人的辞任须经公益事业管理机构的批准：一方面，是因为公益信托的成立须经过批准，因而受托人的辞任也需要经过批准。另一方面，是因为公益信托关系到公共利益，受托人的辞职会对公共利益的实现产生重大影响，所以，受托人辞任需要经过管理机构的批准。

需要强调的是，在新的受托人选出之前，原受托人仍应履行管理信托事务的职责，而不能直接辞任。法律作出此种规定的目的在于避免受托人的辞任而造成信托事务的中断，从而不利于信托目的的实现。

（二）受托人的义务

受托人的义务既来源于信托法的规定，也来源于信托合同的约定。当然，法律所规定的义务也是信托合同的固有内容，无论当事人是否有明确的约定，这些义务都属于信托合同中应有的内容，成为合同规定的义务。③ 具体而言，受托人的义务包括如下几方面：

---

① 参见赖源河等：《现代信托法论》，北京，中国政法大学出版社，2002，第140页。

② 参见《信托法》第66条。

③ 参见张淳：《信托合同论：来自信托法适用角度的审视》，载《中国法学》，2004（3）。

1. 谨慎义务

谨慎义务，是指受托人必须合理、谨慎地按照信托目的、遵守信托文件，处理信托事务和管理信托财产。所谓谨慎，就是指周到严谨、小心慎重。① 这也是受托人根据诚信原则所应当负有的义务。从比较法上来看，各国信托法律都要求受托人在管理信托财产时必须尽到谨慎义务。这是因为，信托财产移转给受托人之后，其享有极大的权利，但如何管理和处分财产，法律和信托文件无法作出事无巨细的规定，所以，信托目的能否实现，很大程度上依赖于受托人是否能尽到谨慎义务。我国《信托法》第25条第2款规定："受托人管理信托财产，必须恪尽职守，履行诚实、信用、谨慎、有效管理的义务。"该条就确立了谨慎义务的标准。但如何判断受托人是否尽到了谨慎义务，各国法律采取了不同的认定标准。例如，美国法采用谨慎投资的规则，要求受托人应当像一个谨慎的投资人那样管理信托财产。② 在学理上一般认为，应采用善良管理人或与处理自己事务同一注意义务标准。③ 善良管理人的注意义务，是指受托人应当像一个合理的、谨慎的管理人一样，对信托财产尽到必要的谨慎义务。善良管理人比普通人负有更高的注意义务。与处理自己事务同一注意义务标准是指受托人应当像管理自己财产一样去管理信托财产。这些标准都要求受托人恪尽职守、有效管理，维护信托财产的保值增值。

2. 忠实义务

所谓忠实义务，是指受托人管理、处分信托财产必须忠实于受益人，为了受益人的最大利益处理信托事务，而不能从信托事务的执行中牟取个人私利。我国《信托法》第25条规定："受托人应当遵守信托文件的规定，为受益人的最大利益处理信托事务。"该项规定实际上确立了受托人处理信托财产的忠实义务，该义务是信托受托人的核心义务。④ 广义上的受托人忠实义务还包括受托人对委托人的谨慎、忠实义务，但我国《信托法》采取了狭义的规定，即将受托人的忠实义务限于对受益人的忠实义务。因此，受托人应当为了受益人利益的最大化而管理信托财产，不能为了自己的利益而管理信托财产。具体而言，忠实义务主要包括如下几个方面：第一，忠诚义务，忠诚义务是指受托人应当遵循法律的规定和信托合

① 参见卞耀武主编：《中华人民共和国信托法释义》，北京，法律出版社，2002，第96页。
② 参见余卫明：《信托受托人研究》，北京，法律出版社，2007，第175页。
③ 参见赖源河等：《现代信托法论》，北京，中国政法大学出版社，2002，第124页。
④ 参见徐孟洲主编：《信托法》，北京，法律出版社，2006，第100页。

同的约定，为了受益人的利益而管理和处分信托财产，不从中牟取个人私利。忠诚义务既包括受托人要依据诚信原则履行义务，也包括受托人应履行因诚信原则而产生的其他义务。信托关系一旦成立，除发生变更或者终止信托关系的事由外，委托人一般不得干涉受托人处理信托事务的行为，而受托人则应当按照信托合同的约定忠实履行信托义务。[①] 例如，受托人对委托人、受益人的个人信息以及处理信托事务的情况和资料依法负有保密的义务。第二，不得谋取私利的义务。受托人不得将信托利益据为己有，除了合同约定的报酬之外，受托人不得从处理信托事务中获取个人私利。[②] 第三，使信托财产保值增值的义务。如果第三人侵夺信托财产，受托人应当及时、有效地制止第三人的侵害行为，确保信托财产不遭受损失。

3. 向受益人移转信托利益的义务

受托人管理信托财产就是为了实现受益人利益的最大化，而不是为了牟取自身的利益，因此，受托人负有向受益人移转信托利益的义务。《信托法》第 34 条规定："受托人以信托财产为限向受益人承担支付信托利益的义务。"依据这一规定，受托人必须履行向受益人移转信托利益的义务。因为信托是为了受益人的利益而设立，所以，受托人的基本职责就是为了受益人的利益而管理和运用信托财产，并向受益人支付所收取的利益。如果信托财产是资金，则需要按照信托合同的约定向受益人支付利息或本金。但受托人向受益人移转信托利益，必须以信托财产为限。受托人无须向受益人移转其个人财产，只需要将处理信托财产所获取的收益依照约定向受益人支付即可。[③]

4. 保持信托财产独立性的义务

由于受托人依据信托合同的约定取得信托财产的占有、管理和处分权，这就很容易使信托财产与受托人的固有财产混同，从而影响信托目的的实现。因而，《信托法》第 27 条规定："受托人不得将信托财产转为其固有财产。受托人将信托财产转为其固有财产的，必须恢复该信托财产的原状；造成信托财产损失的，应当承担赔偿责任。"依据这一规定，受托人在管理信托财产的过程中，必须将信托财产与自己的财产分开管理，不

① 参见方嘉麟：《信托法之理论与实务》，北京，中国政法大学出版社，2004，第 184 页。

② 参见徐孟洲主编：《信托法》，北京，法律出版社，2006，第 100 页。

③ 参见卞耀武主编：《中华人民共和国信托法释义》，北京，法律出版社，2002，第 110 页。

得混淆，更不得将信托财产转为自己的固有财产。[①] 此种义务又称为分别管理义务，例如，受托人不得用信托财产为自己购买房屋。如果受托人违反了分别管理的义务，导致信托财产失去独立性，则应当恢复信托财产的原状，造成损失的，还应当承担赔偿责任。为了防止信托财产在管理过程中发生混淆、损害信托财产的独立性，受托人必须将信托财产与其固有财产分别管理、分别记账，并将不同委托人的信托财产分别管理、分别记账。[②]

依据《信托法》第 28 条的规定，受托人在管理信托财产的过程中应当尽到如下义务：

第一，不得将其固有财产与信托财产进行交易。如前所述，受托人的固有财产与信托财产应当严格分开，否则，受托人可能从中获取不当利益，损害委托人或受益人的利益。[③] 如果受托人将其固有财产与信托财产进行交易，受托人同时扮演交易双方当事人的角色，很可能使信托财产遭受损失。例如，受托人依照信托合同的约定将作为信托财产的房屋进行出租以收取租金，而其自己又作为该房屋的承租人，并支付租金。此种情形就属于自我交易，在该笔交易中，租金可能会低于市场价格，从而损害委托人或受益人的利益。

第二，不得将不同委托人的信托财产进行交易。如果数个委托人同时委托同一个受托人管理信托财产，在此情形下，受托人同时担任多个信托受托人，其不得将不同委托人的信托财产相互交易，这一方面是为了防止各个委托人交付的信托财产混同，另一方面也是为了防止在相互交易中造成部分信托委托人或受益人的利益受损。

如果受托人违反上述义务，将自己的固有财产与信托财产进行自我交易，或者将不同委托人的信托财产相互交易，造成信托财产损失的，其应当承担赔偿责任。但禁止受托人自我交易的义务并不是绝对的，也存在例外的情形。依据《信托法》第 28 条的规定，在符合以下条件的情况下，受托人可以进行上述交易：一是信托文件有特别规定，例如信托文件允许在特殊情况下受托人可以以其固有财产与信托财产进行交易。二是经过委

---

① 参见赖源河等：《现代信托法论》，北京，中国政法大学出版社，2002，第 126 页。

② 参见扈纪华等：《〈中华人民共和国信托法〉条文释义》，北京，人民法院出版社，2001，第 174 页。

③ 参见卞耀武主编：《中华人民共和国信托法释义》，北京，法律出版社，2002，第 100 页。

托人或者受益人同意。即便在信托文件中没有作出规定，但事后委托人或者受益人同意受托人的内部交易行为，其交易仍有效。三是以公平的市场价格进行交易。即交易的价格完全符合市场交易的价格标准，不损害受益人的利益。法律作出此种例外规定，既有利于保护信托委托人和受益人的利益，防止受托人的自我交易行为损害委托人或受益人的利益，也有利于尊重当事人的意思自由，使受托人可以根据市场的变化，灵活管理信托财产，保障信托目的的实现。①

5. 亲自处理信托事务的义务

信托关系具有较强的人身属性，委托人选择某个受托人管理信托财产，往往是出于对受托人的能力、品行以及专业素养等的信赖，尤其是对受托人处理信托事务能力的信赖，因此，在信托成立以后，受托人应当亲自处理信托事务，而不得随意委托他人代自己处理信托事务，否则就会使委托人的信赖落空。②《信托法》第 30 条规定："受托人应当自己处理信托事务，但信托文件另有规定或者有不得已事由的，可以委托他人代为处理。受托人依法将信托事务委托他人代理的，应当对他人处理信托事务的行为承担责任。"依据该条规定，只有在如下两种情形下，受托人才能委托他人处理：一是符合信托合同的规定。虽然信托法要求受托人必须亲自处理信托事务，但如果信托当事人自愿约定在一定情形下可以转托他人处理信托事务，则应当允许此种自由约定。二是有不得已的事由存在。所谓不得已的事由，和委托合同中的紧急情况相类似，即出现紧急情况来不及亲自处理信托事务，如果不另行委托他人处理将会给信托财产造成损失的情况。在上述两种情形下，受托人可以委托他人处理信托事务。但依据上述规定，即使在受托人依法将信托事务委托他人处理的情形下，如果该他人的行为造成委托人损害的，则不论受托人是否存在过错，都应当承担责任。③

6. 记录和报告义务

我国《信托法》第 33 条前两款规定："受托人必须保存处理信托事务的完整记录。受托人应当每年定期将信托财产的管理运用、处分及收支情况，报告委托人和受益人。"因此，受托人应当忠实、勤勉地履行其信托义务，对于委托事务处理的情况，受托人应当进行记载，并应当向委托人

① 参见卞耀武主编：《中华人民共和国信托法释义》，北京，法律出版社，2002，第 100 页。

② 参见余卫明：《信托受托人研究》，北京，法律出版社，2007，第 184 页。

③ 参见余卫明：《信托受托人研究》，北京，法律出版社，2007，第 188 页。

和受益人报告处理信托事务的相关情况。[①] 法律上确认该义务的原因在于，一方面，受托人认真履行记录和报告义务，有利于委托人和受益人及时了解信托财产的管理状况，并对受托人执行信托事务的情况进行监督，保障信托目的的实现。受托人将信托事务的处理情况定期向委托人和受益人报告，也有利于接受委托人和受益人的监督。另一方面，保存处理信托事务的记录是为了方便查询，并有利于保障受托人认真履行自己的各项义务。

7. 保密义务

所谓保密义务，是指受托人在信托关系存续期间和结束之后，都应当保守因信托关系而知悉的委托人和受益人的个人信息、信托财产状况等秘密，不对外泄露这些秘密。因为信托关系涉及委托人的个人隐私和商业秘密，所以，受托人对信托关系中的相关信息负有保密义务。我国《信托法》第 33 条第 3 款规定："受托人对委托人、受益人以及处理信托事务的情况和资料依法负有保密的义务。"因此，受托人对于委托人、受益人的姓名、信托财产状况、收益情况等，都负有保密的义务。

三、信托受益人的权利和义务

（一）受益人的权利

1. 受益权

受益权是受益人得以从信托财产获得的收益中获益的权利。受益人所享有的受益权是针对受托人行使的权利。例如，受托人未依照合同的约定向受益人支付信托收益，则受益人有权向其提出请求。受益权是受益人最重要的权利，因为除公益信托之外，委托人设立信托的主要目的就是受益人的利益。《信托法》第 44 条规定："受益人自信托生效之日起享有信托受益权。信托文件另有规定的，从其规定。"依据这一规定，信托一旦生效，受益人即依据信托合同享有信托受益权。关于受益权的性质究竟是债权还是物权，学界存在争议。[②] 大陆法国家引入信托之后，虽然总体上承认受益人有物权请求权，但是为了避免出现双重所有权的现象，尽可能地

---

① 参见周小明：《信托制度：法理与实务》，北京，中国法制出版社，2012，第 282～283 页。

② 例如，日本学界有主张债权说的观点，认为受益人对信托财产没有直接的支配利用权，而且对受托人也只有给付请求权。也有学者主张物权说，认为受益人享有撤销权，以及信托财产具有独立性，受益人不仅对信托财产享有给付请求权，同时也享有物权性的权利，不是单纯的债权。参见赖源河等：《现代信托法论》，北京，中国政法大学出版社，2002，第 98 页脚注。

将受益人的请求权纳入债权的范畴。[①] 笔者认为，受益权是基于信托合同而产生的，因此，受益人主要对抗的是受托人，其在性质上属于债权。尽管受益人享有的权利较之一般的债权而言，增加了撤销权的内容，但其债权的属性并不因此而发生变化，我国《合同法》就确认了债权人也享有撤销权，但并不因此改变债权的性质。

受益权在内容上主要包括：第一，信托收益请求权。信托收益请求权是指受益人有权请求受托人按照信托合同的约定，向其移转信托收益。如果信托合同约定了支付收益的期限，则受益人有权请求受托人在该期限内向其移转信托收益。第二，信托收益保有权。信托收益保有权是指信托受益人有权合法保有信托财产中的收益，而不构成不当得利。第三，信托收益处分权。对于受益人而言，受益权是一种权利，因而其可以在法律规定和合同约定的范围内进行处分。[②]《信托法》第 46 条规定："受益人可以放弃信托受益权。"据此，受益人也可以放弃信托受益权，因为信托受益权在本质上是一种财产权，权利人可以依法作出处分，如果受益人认为信托收益对其是一种负担，也可以放弃信托受益权。

2. 知情权

知情权，是指信托受益人有权了解受托人对信托财产的管理和处分情况。因为信托财产的管理和处分直接关系到其受益权的实现，所以，信托受益人行使知情权，既是对自己权利的一种保障，也是对受托人的一种监督。《信托法》第 49 条规定："受益人可以行使本法第二十条至第二十三条规定的委托人享有的权利。"这些权利中就包括知情权，此种权利的内容包括受益人有权了解其信托财产的管理运用、处分及收支情况，并有权要求受托人作出说明，受益人有权查阅、抄录或者复制与其信托财产有关的信托账目以及处理信托事务的其他文件。

3. 解任权

解任权是指受益人依法解聘受托人的权利。如果受托人的行为违反了信托目的，并将导致受益人利益的损害时，受益人有权解任受托人，另行更换合格的受托人。[③]《信托法》第 23 条规定："受托人违反信托目的处

---

① 参见周小明：《信托制度：法理与实务》，北京，中国法制出版社，2012，第 12 页。

② 参见于海涌：《英美信托财产双重所有权在中国的本土化》，北京，中国政法大学出版社，2011，第 144 页。

③ 参见扈纪华等：《〈中华人民共和国信托法〉条文释义》，北京，人民法院出版社，2001，第 108 页。

分信托财产或者管理运用、处分信托财产有重大过失的，委托人有权依照信托文件的规定解任受托人，或者申请人民法院解任受托人。”因此，受益人也可以享有委托人所享有的解任权。但受益人只能在以下两种情况下行使解任权：一是受托人违反信托目的处分信托财产，例如信托目的是使受益人获取不动产出租的收益，而受托人擅自将不动产进行出售，此种行为便违反了信托的目的。二是受托人管理、处分信托财产存在重大过失。例如，受托人未经调查便轻率投资，致使信托财产遭受重大损失。通过赋予受益人解任权，能够对受托人形成有效的监督，保障信托目的的实现。

4. 请求调整信托财产管理方法权

信托财产管理方法是在信托合同中事先约定、保障受托人对信托财产进行有效管理的方法。在信托存续期间，受托人有权依照信托财产管理方法对信托财产进行管理。对受托人而言，不能擅自变更信托财产的管理方法。但毕竟合同确定之后可能出现各种难以预料的情形，致使按照原定的管理方法来管理信托财产，反而不利于信托财产的保值增值。《信托法》第21条：“因设立信托时未能预见的特别事由，致使信托财产的管理方法不利于实现信托目的或者不符合受益人的利益时，委托人有权要求受托人调整该信托财产的管理方法。”信托受益人同样享有此种权利。受托人对信托财产的管理和处分是为了实现信托目的，而信托则是为了信托受益人的利益而设，因此，当信托在管理过程中出现了设立信托时未能预见到的特别情况，使得信托财产的管理方法对受益人不再有利，也不符合信托目的的实现时，受益人有权请求受托人根据变化了的情况对管理方法作出适当的调整。例如，信托合同原规定房产只能用于出租不能出售，但后来租赁市场不景气，而房价却一路攀升。在此情形下，应当调整信托财产管理方法，允许受托人出售房产，使受益人获得更多收益。

5. 撤销权

虽然信托受托人是由信托的委托人选任，但是在信托存续期间，如果受托人违反了信托目的而处分信托财产，或者受托人履行职责不当致使信托财产受损的，受益人有权请求法院撤销受托人的不当管理、处分行为，恢复信托财产的原状，或者请求受托人赔偿损失。《信托法》第22条的规定赋予了委托人此项撤销权，而委托人的此项权利受益人同样享有。受益人享有撤销权有利于保障其受益权，对受托人形成有效的监督。就撤销权的行使时间而言，我国信托法关于受益人撤销权的行使时间的规定是关于除斥期间的规定，自受益人知道或者应当知道撤销原因之日起一年内不行使的，撤销权因除斥期间经过而归于消灭。①

（二）受益人的义务

信托合同类似于利益第三人合同，在信托合同中，受益人只是获取收益而并不承担相应的义务。依据法律规定和诚信原则，受益人也应当负担一定的义务：

1. 不得干预受托人正当行使对信托财产的管理处分权

受托人符合信托目的和信托合同约定的财产管理行为，受到法律保护，受益人不得加以干预，也不得随意撤销。只要受托人对信托财产进行管理和处分的行为符合信托目的和信托合同的约定，则受益人不得干预。如果受益人非法干预受托人对信托财产的正当管理权限，则有可能构成违约，应对受托人承担违约责任。

2. 履行信托所附条件

如果信托是一种附条件的信托，委托人在设立信托时对受益人附加一定的条件，则信托受益人必须履行信托所附条件，才能主张信托受益权。例如，委托人在信托合同中约定，只有受益人考上大学，才能获得10万元的奖励以支付学费，那么在受益人没有考上大学时，就无法主张10万元的受益权。如果条件不成就，则受益人无权主张从信托合同中受益。

3. 补偿义务

受托人在处理信托事务时，所支出的必要费用以及自己因此受到的损失，受益人有义务进行补偿，受托人也有权向受益人主张必要费用的支付或损失的赔偿。② 受托人处理信托事务，其目的在于使受益人依据合同的约定而获取利益。因此，受托人在处理信托事务中支付了必要费用，或者因为处理信托事务而导致自己受到一定损失时，受益人有义务进行补偿。

4. 费用返还的义务

受托人有权从信托财产中取回其在信托财产管理过程中垫付的必要费用。如果信托财产不足以支付其垫付费用时，其有权向受益人主张，受益人有义务向其支付。

---

① 参见卞纪华等：《〈中华人民共和国信托法〉条文释义》，北京，人民法院出版社，2001，第191页。

② 参见徐孟洲主编：《信托法》，北京，法律出版社，2006，第129页。

第六节　违反信托合同义务的责任

一、违反信托合同义务的责任概述

违反信托合同义务的责任是信托合同的当事人违反法定或约定的信托义务而应当承担的责任。在信托关系中，当事人的义务来源具有多样性，不仅包括信托合同所约定的义务，也包括信托法等相关法律、法规所规定的义务，例如，受托人的谨慎义务属于法定义务。无论是违反信托合同的义务，还是违反法律、法规所规定的义务，当事人都应当承担相应的责任。违反信托合同义务的责任主要具备如下特点：

第一，责任主体具有特殊性。在信托合同中，委托人和受托人都是合同当事人，受益人也是信托法律关系的主体。但就违约责任而言，则主要应由委托人和受托人承担。因为受益人并不承担主合同义务，而只是享受信托合同所规定的权利。依据我国《信托法》的规定，受益人享有较多的权利，而承担的责任较少。但如果受托人未履行合同义务，受益人也有权向其提出请求。

第二，违约责任主要是因为信托财产的管理和处分而产生的。违反信托合同的责任表现为受托人违反合同义务而应承担的责任，此种责任通常与管理和处分信托财产有关，是受托人在管理受托财产、处理信托事务的过程中未尽到善意、勤勉等义务而应承担的责任。受托人的责任可能导致违约责任与侵权责任的竞合。受托人管理信托财产，是其在信托合同中负有的义务，但是在管理财产过程中，违反该义务也可能出现侵害受益人或委托人权利的情形，因此，受托人的责任可能出现违约责任与侵权责任的竞合。

第三，责任形式大多表现为财产损害赔偿。违反信托合同的责任通常是受托人违反信托义务而产生的，并导致委托人及受益人遭受一定的财产损失。因此，受托人的责任形式大多表现为财产损害赔偿。当然，一般的违约行为通常并不会引发刑事责任，但如果受托人滥用信托财产、谋取私利，情节严重的，则可能会引发刑事责任。①

① 参见赖源河等：《现代信托法论》，北京，中国政法大学出版社，2002，第148页。

二、归责原则

受托人违反信托合同所应当承担的责任应采严格责任，其原因在于：一方面，我国合同法关于违约责任的归责原则，一般均适用严格责任的归责原则，只要出现违约情形，义务人均应当承担责任。同样，违反信托合同责任的类型，在信托法未作特别规定的情形下，也应当适用合同法关于违约责任的一般规定。另一方面，委托人与受托人之间具有信赖关系。基于此种信赖关系，受托人在处理信托财产的过程中享有很大的权限，与此种权限相对应的是其应当承担严格责任，这也符合权责一致的原则。还要看到，信托制度的特征决定了受托人通常具有较多的自主权，这是受托人顺利处理信托事务所必须享有的权限，但如果对此种权限不进行必要的限制，则可能出现受托人滥用权利、进而损害受益人的权利。因此，在法律上确立受托人的严格责任，有利于督促受托人认真履行职责，实现信托的目的，受托人只要违反了法定或约定的义务，就应当承担责任。

三、违反信托合同的典型形态

（一）违反信托目的处分信托财产

信托目的是信托合同的重要条款，受托人对信托财产的管理和处分行为都必须符合信托目的的规定，否则构成违约。例如，信托合同中约定，作为信托财产的房屋只能用于出租以收取租金，而不得出售，但受托人却将房屋出售给第三人。又如，信托合同约定，作为信托财产的资金只能采取储蓄的方式进行管理，不得进行资本市场的投资，但受托人却将资金在股市上进行投资。这些违反信托目的处分信托财产的行为，都违反了受托人的信托合同义务，并将导致信托目的难以实现。在此情形下，委托人有权主张撤销受托人的行为，要求受托人恢复原状或赔偿损失。从违约责任角度来看，违反信托目的而致信托财产遭受损失的，表明受托人的行为构成根本违约。

（二）因过错而致信托财产遭受损失

受托人虽然没有违反信托目的对信托财产作出事实或法律上的处分，但却违背管理职责或者处理信托事务不当，而造成了信托财产的损失，此种情形下，受托人同样违反了其信托合同义务，委托人有权请求法院撤销受托人的行为。例如，委托人将房屋设立信托之后，要求受托人妥善管理房屋，但当房屋玻璃破损之后，受托人却迟迟不予修理更换，导致雨水进入室内，损坏地板和墙壁，造成房屋的较大损失。此时，受托人的行为便违反了信托合同所约定的义务，委托人有权要求其恢复房屋的原状、赔偿损失。

（三）利用信托财产谋取私利

受托人在处理信托事务时，应当以受益人利益最大化为目的而管理信托财产，不得牟取个人的私利。《信托法》第 26 条规定："受托人除依照本法规定取得报酬外，不得利用信托财产为自己谋取利益。受托人违反前款规定，利用信托财产为自己谋取利益的，所得利益归入信托财产。"信托的本意是"受人之托，代人理财"。因此，如果信托合同约定受托人处理信托事务是有偿的行为，则受托人只能请求约定的报酬，而不得牟取其他私利。例如，受托人管理信托财产过程中，将作为信托财产的资金购买股票，并将获取的差价利润由其自己取得。[①] 此时，受托人的行为便属于利用信托财产谋取私利，其取得的利润应当归入信托财产之中。

（四）将信托财产转为固有财产

《信托法》第 27 条规定："受托人不得将信托财产转为其固有财产。受托人将信托财产转为其固有财产的，必须恢复该信托财产的原状；造成信托财产损失的，应当承担赔偿责任。"信托财产应当与受托人的固有财产相区分，保持其独立性，不得将信托财产转化为自己的固有财产，否则将违背其信托职责，并构成对他人财产的侵害。受托人将信托财产转化为其固有财产的形式有多种，例如直接侵吞、使用他人名义间接占有信托财产，或者通过关联交易等方式而从信托财产中获取非法利益等。这些都违反了信托财产独立于受托人固有财产的原则，受托人应当承担相应的赔偿责任。[②] 此种责任包括两类，一是恢复原状。即将信托财产恢复到原来的独立状态[③]；二是造成信托财产损失的必须承担赔偿责任。即在受托人将信托财产转化为个人固有财产的过程中，如果造成了信托财产的损失，还应当承担赔偿责任。

（五）从事具有利益冲突的交易

《信托法》第 28 条规定："受托人不得将其固有财产与信托财产进行交易或者将不同委托人的信托财产进行相互交易，但信托文件另有规定或

---

① 参见扈纪华等：《〈中华人民共和国信托法〉条文释义》，北京，人民法院出版社，2001，第 118 页。

② 参见卞耀武主编：《中华人民共和国信托法释义》，北京，法律出版社，2002，第 98 页。

③ 参见卞耀武主编：《中华人民共和国信托法释义》，北京，法律出版社，2002，第 98 页。

者经委托人或者受益人同意，并以公平的市场价格进行交易的除外”。据此，受托人从事具有利益冲突的交易具有两种典型形态，一是将受托人的固有财产与信托财产进行交易。除非信托合同事先约定允许受托人进行此种交易，或者受托人取得了委托人或受益人的同意，否则，受托人不得将其固有财产与信托财产进行交易。因为这属于自我交易的情形，难免会造成信托财产的损失。信托财产具有独立性，其虽然在受托人名下，但不能为受托人自己的利益而使用，所以，当受托人将自己的财产与信托财产进行交易时，可能会出现高买低卖等情形，从而导致信托财产流向其固有财产的情况出现。二是将不同委托人的信托财产相互交易。此种情形是同一个受托人担任不同委托人的受托人的情形，这在营业信托中较为常见。将不同的委托人的信托财产相互交易，这就意味着在同一个交易中，受托人既充当买方，又充当卖方，所以难免会出现损害某一个或某几个委托人利益的情形。因而此种情形除非在信托合同中事先约定，或取得委托人及受益人的同意，否则也属于法律所禁止的情形。而且，以公平的价格进行交易，才能从事上述两种交易活动。即使取得了同意，但并非以公平的价格进行交易，也不符合法律规定。①

第七节　信托合同的解除和终止

一、信托合同的解除

信托的解除，是指信托存续期间，信托关系当事人根据法律或者信托文件的规定，行使解除权而使信托关系归于消灭的行为。② 信托合同是合同的一种类型，因此有关信托合同的解除，应当适用合同法关于合同解除的一般规定。但是，也应当看到，信托合同毕竟具有自身的特殊性，所以也要考虑信托合同解除中的一些特殊情形。

信托合同的解除，根据信托受益人是否为委托人本人，可以分为自益信托的解除和他益信托的解除两种。一是自益信托的解除。在自益信托

① 参见扈纪华等：《〈中华人民共和国信托法〉条文释义》，北京，人民法院出版社，2001，第122页。

② 参见卞耀武主编：《中华人民共和国信托法释义》，北京，法律出版社，2002，第136页。

中，委托人和受益人为同一人，其解除较为简单。《信托法》第 50 条规定："委托人是唯一受益人的，委托人或者其继承人可以解除信托。信托文件另有规定的，从其规定。"因此，除了信托文件另有规定外，委托人或者其继承人可以随时解除信托。这是因为，在自益信托关系中，只存在着委托人和受托人，委托人与受益人合二为一，因此可类推适用于委托合同中委托人的任意解除权规则。但如果委托人行使任意解除权而给受托人造成损失的，则负有损害赔偿责任。二是他益信托的解除。在他益信托中，无论是委托人或受益人都不得任意解除信托合同。但如果当事人在合同中专门约定了解除权的行使条件，那么在条件成熟时，当事人有权行使约定解除权。如果合同没有约定，则依据法律的规定，委托人有权行使解除权。《信托法》第 23 条规定，"受托人违反信托目的处分信托财产或者管理运用、处分信托财产有重大过失的，委托人有权依照信托文件的规定解任受托人，或者申请人民法院解任受托人"。依据这一规定，只要出现了法律规定的事由（违反信托目的处分信托财产或者管理运用、处分信托财产有重大过失的），则委托人有权解任受托人。虽然解任受托人不能完全等同于信托合同的解除，但由于对受托人的解任将导致信托合同关系中合同主体的变化，因而也会导致信托合同的根本变化。

信托合同的解除，一般是因委托人和受托人的行为而发生的。但在特殊情形下，受益人的特定行为，也可能导致信托合同的解除。根据《信托法》第 51 条的规定，信托设立后，如果受益人对委托人有重大侵权行为（例如侵害委托人的人身安全）、经受益人同意或出现了信托文件规定的其他情形，则委托人可以解除信托、使信托关系归于终止。之所以规定受益人对委托人有重大侵权行为而解除信托的情形，是因为委托人将自己的财产设立信托、使受益人受益，此时受益人再对委托人实施重大侵权行为，则有违公序良俗，为法所禁止。[1] 之所以规定经受益人同意而解除信托的情形，是因为信托的目的就是让受益人从信托的设立中获取特定的利益，受益人获得信托利益是一种权利，既然是权利，就可以放弃。因此，当受益人同意解除信托时，委托人就可以解除信托关系。

信托关系解除之后，产生以下法律后果：第一，信托终止。信托的解除是信托终止的原因之一，当信托终止之后，信托财产就由信托合同规定的主体享有。如果信托合同没有规定的，则信托财产首先应该由受益人或

① 参见卞耀武主编：《中华人民共和国信托法释义》，北京，法律出版社，2002，第 124～125 页。

者其继承人享有，如果没有受益人或者其继承人，归委托人或者其继承人享有。第二，损害赔偿。委托人或者其继承人解除信托合同而给受托人造成损害的，则应当对受托人承担赔偿责任。受托人可能遭受的损失主要是预期可得报酬的减少等，对此，委托人或者其继承人应当予以赔偿。

二、信托合同的变更

信托关系一旦成立，即对信托当事人产生法律效力。一般情形下，委托人不得擅自变更受益人或者处分受益人的受益权。[①] 如果出现了法律规定或当事人约定的特殊情况，则委托人也可以变更受益人或者处分受益人的受益权。从广义上讲，合同主体的变更也属于合同的变更，本书采狭义的观点，即合同变更主要限于合同内容的变更，并不导致合同主体的变化。有关主体的变更视为原合同的终止而产生一种新的合同关系。

当事人变更信托合同关系，必须达成合意，但在特殊情形下，委托人可以变更受益人或者处分受益人的受益权，但这并不等同于信托合同的解除。依据《信托法》第 51 条的规定，如果受益人违反信托目的或信托合同的约定，而从事侵害委托人或者其他受益人权益的行为时，或者经受益人同意时，委托人可以变更受益人，或者对受益人的受益权作出处分。此处所说的对受益人的受益权作出处分，就是对合同内容的变更。但此种变更必须至少符合如下条件之一：

第一，受益人对委托人有重大侵权行为，即受益人基于故意或者重大过失而侵害委托人的人身权或财产权，造成严重损害后果的行为。重大侵权不仅主观过错严重，而且损害后果也较为严重，此种行为通常发生在信托关系成立后。[②] 由于信托关系是委托人以自己财产为受益人利益而设定的，如果受益人对委托人实施重大侵权行为，违背了信托设立的根本目的，也违反了社会正义和伦理道德的要求，因而，委托人有权要求变更受益人，或者处分受益人的收益权。[③]

第二，某一受益人对其他共同受益人有重大侵权行为。如果存在多数受益人，则其中一个或数个受益人对其他共同受益人为侵权行为并造成严重后果的，将导致其受益权的消灭。例如，某一个受益人为了能够独自取

---

① 参见卞耀武主编：《中华人民共和国信托法释义》，北京，法律出版社，2002，第 138 页。

② 参见周小明：《信托制度：法理与实务》，北京，中国法制出版社，2012，第 317 页。

③ 参见徐孟洲主编：《信托法》，北京，法律出版社，2006，第 182 页。

得全部信托利益而杀害其他受益人，则此种行为严重侵害了其他受益人的合法权益，将导致其受益权的消灭。

第三，经受益人同意。受益权是受益人的财产权，受益人有权处分自己的财产权，包括放弃自己的权利。因此，经过受益人同意，则委托人可以变更受益人或者处分其受益权。在此情形下，也可以认为受益人处分了受益权。

第四，信托合同约定的其他情形。如果信托合同事先约定了受益权变更的其他情形，则信托当事人应当尊重信托合同的规定。例如，信托合同约定在出现特定情形时，委托人有权变更受益人或者处分受益人的受益权，则此种约定受到法律保护，当出现约定情形时，委托人有权变更信托合同。

三、信托合同的终止

信托合同的终止，是指信托关系因法律规定或者信托文件约定的事由而归于消灭。信托合同终止的事由主要包括如下几种情形：

第一，发生了信托合同约定的终止事由。如果当事人在信托合同中约定了信托的终止事由，则在这些事由发生时，信托法律关系终止。例如，信托合同约定在某一固定时间信托终止，则在该时间到来时，信托关系终止。

第二，信托的存续违反信托目的。信托目的是信托关系存在的意义和依据，如果随着时间的变化，信托的存续已经违反了信托目的，则信托关系应当终止。即如果信托在存续过程中出现了委托人设立信托时不能预见或知道的事由，致使信托关系的存续将违反委托人设立信托的目的，此时信托关系将归于消灭。①

第三，信托目的已经实现或者客观上不能实现。一旦合同的目的达到，则合同自然失去其继续存在的意义，信托合同也是如此。这又具体分为两种情形，一是信托目的已经实现。如果信托目的在信托设立之后已经实现，则委托人的目的已经达到，信托自然无须继续存续下去。例如，信托设立的目的是资助某个未成年人求学，直至其考上大学。则当其考上大学时，信托的目的已经实现，信托就无须继续存续。二是信托目的不能实现。信托目的不能实现是指信托的目的在客观上无法实现。例如，为了某

---

① 参见徐孟洲主编：《信托法》，北京，法律出版社，2006，第185页。

一受益人的特定利益而设立的信托，结果该受益人意外死亡，则该信托已经无法实现，因为受益人死亡之后，信托已经失去了特定利益的主体，因而该信托就失去了存续的意义。当信托目的无法实现时，信托也就失去了其存续的意义，应当终止。①

第四，经信托当事人协商同意。信托合同是当事人意思自治的产物，是当事人之间达成一致的协议。因此，当信托当事人协商同意终止信托时，信托关系自然终止。例如，在信托存续期间，委托人认为信托存续的意义已经不大，经过与受益人、受托人的协商，取得了受益人和受托人的同意，则信托关系自此终止。

第五，信托被撤销。此处所说的撤销，是指信托经委托人的债权人申请而被法院撤销。我国《信托法》第 12 条规定："委托人设立信托损害其债权人利益的，债权人有权申请人民法院撤销该信托。"所谓设立信托损害债权人利益，是指设立信托的目的是为了转移财产、逃避债务，导致委托人的债务无法履行，或者委托人是以逃避履行债务为目的而设立信托。② 此时，由于信托的设立损害了委托人的债权人的利益，其目的具有违法性，所以委托人的债权人有权申请法院撤销信托，当法院作出撤销的判决后，信托关系自此终止。

第六，信托被解除。信托的解除，是指信托存续期间，信托关系当事人基于法律或者信托合同的规定，行使解除权而使信托关系消灭的民事法律行为。

四、信托合同终止的后果

信托合同终止，是指信托合同因解除等原因而结束。信托合同的终止导致原有的合同权利义务不复存在，其通常只是对将来发生效力，而不产生溯及既往的效力。③ 但信托合同终止后，涉及信托财产的归属、受托人的报酬和补偿以及报告义务等，需要在法律上予以明确。

（一）信托财产的归属

信托涉及委托人、受托人和受益人三方当事人。在信托合同终止之后，如果信托财产仍然存在剩余，则必须明确信托财产的归属。我国《信

① 参见卞耀武主编：《中华人民共和国信托法释义》，北京，法律出版社，2002，第 127 页。
② 参见扈纪华等：《〈中华人民共和国信托法〉条文释义》，北京，人民法院出版社，2001，第 67 页。
③ 参见周小明：《信托制度：法理与实务》，北京，中国法制出版社，2012，第 337 页。

托法》对此作出了规定，即有约定的按约定，没有约定的则应当按照法律规定顺序确定其归属。依据我国《信托法》第54条的规定，信托终止后，信托财产的归属应依如下原则确定：第一，归受益人或者其继承人享有。信托合同的设立目的就是让受益人从中受益，或者说信托的存在与受益人具有密切的利害关系。信托解除后信托财产由受益人或者其继承人享有，也符合信托合同当事人的意思自治。[①] 第二，归委托人或者其继承人享有。如果信托终止时没有受益人及其继承人的，则信托财产归委托人或者其继承人享有。毕竟信托财产是委托人以其合法财产设立的，其最初属于委托人所有的财产，在信托合同终止后，没有受益人或者其继承人，而信托财产仍有剩余的，则应当归委托人或者其继承人享有。

（二）受托人的报酬与补偿

信托合同的终止，并不导致受托人合法报酬请求权及必要费用补偿权利的消灭。我国《信托法》第57条规定："信托终止后，受托人依照本法规定行使请求给付报酬、从信托财产中获得补偿的权利时，可以留置信托财产或者对信托财产的权利归属人提出请求。"依据这一规定，受托人享有两方面的请求权，该权利不因信托终止而丧失。[②] 一是报酬给付请求权。例如，信托合同明确规定了受托人的报酬事项，那么在受托人完成受托事项之后、信托合同终止时，其当然有权请求支付报酬。二是必要费用补偿请求权。此种补偿请求权是指受托人在履行受托职责时，为了信托目的的实现而垫付了一定的必要费用。在信托合同终止时，受托人有权请求补偿其所垫付的必要费用。

（三）清算和报告

受托人在信托合同终止后还负有清算和报告的义务，其报告的对象是受益人或者信托财产的权利归属人。依据我国《信托法》第58条的规定，在信托合同终止后，受托人应当作出处理信托事务的清算报告。报告的内容主要是信托财产的管理和处分情况，以及剩余信托财产的处置与归属情况等。如果受益人或者信托财产的权利归属人对清算报告的内容没有提出异议，则受托人就清算报告所列事项解除责任。[③] 如果受益

① 参见扈纪华等：《〈中华人民共和国信托法〉条文释义》，北京，人民法院出版社，2001，第191页。

② 参见卞耀武主编：《中华人民共和国信托法释义》，北京，法律出版社，2002，第131页。

③ 参见扈纪华等：《〈中华人民共和国信托法〉条文释义》，北京，人民法院出版社，2001，第199页。

人或者信托财产的权利归属人对清算报告的内容提出异议，则受托人必须就异议所涉及的部分重新进行清算，并再次进行报告，直至获得同意。在信托合同终止后进行报告，才能够使信托存续期间的权利义务以及信托财产的处置情况变得清楚，在此项义务履行之后，受托人的受托义务才正式得到解除。

第十二章　和解协议

第一节　和解协议概述

一、和解协议的概念和特征

“和解”一词，古已有之。《荀子·王制》中说“和解调通”，其意是指宽容、宽和，后引申为平息争端，重归于好。① 儒家经典倡导“和为贵”的无讼思想，深刻影响着人们的观念，也常常成为促使人们通过和解解决争议的重要理由。民间流传的“千里修书只为墙，让他三尺又何妨?”的“六尺巷”的故事，也说明和解所具有的功效。在合同法中，和解是合同的一种类型，它是指当事人通过约定，互相让步，以终止争执、解决争议或使法律关系的内容得以确定的协议。② 和解协议就是当事人为了解决争议、确定法律关系的内容而达成的一种意思表示一致。

罗马法中就有和解合同的规定，《查士丁尼法典》和《学说汇纂》中都对和解合同作出了规定。14 世纪的著名评论法学家巴尔托勒（Bartole）就曾宣称：“和解是所有合同中最有用的种类之一。”作为《法国民法典》的编纂者之一的佩阿马卢（Preameneu）声称：“和解将是解决争议的最巧妙的手段。”③《法国民法典》第 2044 至 2058 条规定了和解合同。《德国民法典》第 779 条规定：“合同约定以互相让步的方式，消除当事人对某一法律关系的争执或者不确定性的，在依合同内容作为确定根据的情节不符合实际事实，并且此争执或者不确定性在知悉事实情况时将不会发生的，其合同不生效力。”由此也表明，和解协议本身并不是对原债权债务

① 如《史记·韩信卢绾列传》中说：“匈奴冒顿大围信，信数使使胡求和解。”

② 参见黄立主编：《民法债编各论》（下），北京，中国政法大学出版社，2003，第 831 页。

③ 周建华：《法国民法典中的和解合同》，载《人大法律评论》，2012（1），第 110 页。

关系的变更，而是形成了一种新的债权债务关系。我国台湾地区“民法”第736条至第738条也对和解进行了规定，其中第736条规定：“称和解者，谓当事人约定，互相让步，以终止争执或防止争执发生之契约。”在现代社会，和解与仲裁、调解相结合，能有效地化解社会矛盾，多元纠纷解决机制（ADR）正逐渐成为纠纷的重要解决方式之一，而在多元化的纠纷解决机制中，和解的地位日益突出。

在我国，有关法律和司法解释历来重视和解协议，并在法律上予以确认。《合同法》第128条规定：“当事人可以通过和解或者调解解决合同争议。当事人不愿和解、调解或者和解、调解不成的，可以根据仲裁协议向仲裁机构申请仲裁。”从合同法的规定来看，虽然已将和解作为一种解决争议的方法而加以规定，但和解协议实际上也构成一种特殊的合同。最高人民法院1998年6月11日《关于人民法院执行工作若干问题的规定（试行）》规定：“在执行中，双方当事人可以自愿达成和解协议，变更生效法律文书确定的履行义务主体、标的物及其数额、履行期限和履行方式。”因为上述法律以及有关司法解释有关于和解协议的规定，因而和解协议也是一种有名合同。和解协议的法律特征主要在于：

1. 和解是一种协议

虽然《合同法》对和解未采用协议的提法，但在学理上，一般都认为和解不同于一般的民事合同，其不是双方当事人相互对立的意思表示一致的产物，而是一种具有共同指向性的合意，因此，和解协议在性质上是一种共同法律行为。在和解协议中，其意思表示追求一种共同的目的，和解与相互对应的合同有一定区别，双方需要共同达成一项意思表示，指向共同的目的。比如在道路上两车发生轻微碰撞，为了尽快解决纠纷、避免道路拥堵，双方可以达成一个和解协议，尽快撤离现场。虽然和解协议是一种共同的法律行为，与一般的民事合同存在一定区别，但其本质上仍是一种协议，在有关合同的订立、履行、变更、解除以及合同的无效等，仍可以适用《合同法》的一般规定。①

2. 和解以解决争执为目的

和解协议以解决争执为目的。所谓争执，是指当事人就某种法律关系的成立、内容、效力等存在争议。只要当事人之间存在争执，就可适用和

① 参见郑玉波：《民法债编各论》（下），台北，三民书局，1981，第803页。

解，至于客观上法律关系的种类如何，并无限制。[①] 实践中，争执的表现形式具有多样性，而和解是解决争执的一种方式。和解协议是当事人通过约定，互相让步，以解决争执或防止争执的发生。罗马法谚云，“和解为最适当之强制执行”[②]。学理上一般认为，和解是为了解决争执，并消除不明确状态。所谓不明确状态，是指双方的争执在尚未解决之前，双方的法律关系和权利义务内容仍处于不明晰的状态。即使法律关系客观上已经明确，但当事人主观上认为法律关系不明确，则仍属于法律关系不明确的状态。[③] 针对各种争执或不明确状态，都可以达成和解协议。和解主要是通过当事人对自己权利的处分，及时化解矛盾。

3. 和解兼具创设权利和认定权利效力

和解协议兼具创设和认定效力，即和解既可能是对原有权利义务内容的认定，也可能创设新的权利义务关系。一是认定效力。这就是说，无论和解协议的内容是否为原权利义务关系所有，只要当事人达成和解协议，就对双方当事人都具有约束力。和解协议达成之后，当事人可以直接以该协议向法院请求履行协议所确定的义务内容。同时，对于双方当事人而言，在无合法抗辩事由时，都不得以原基础关系向对方当事人提出请求。[④] 因此，在此种意义上，和解协议具有认定效力。二是创设效力。这就是说，当事人应当以和解协议为依据确定各自的权利义务内容。就认定效力而言，和解协议是对当事人所争执的原权利义务关系内容的确定，并不发生否认原基础关系的效力，但就争议事项而言，当事人在达成和解协议后，应当以和解协议直接请求对方履行该义务内容。[⑤] 无论当事人创设新的权利义务内容，或是对原权利义务关系的认定，都是以平等协商为基础而形成的合意。对于当事人所达成的和解协议，对双方当事人均具有拘束力，当事人无正当抗辩事由不得拒绝和解协议的履行。

4. 和解协议具有诺成性、不要式性、双务性和有偿性

和解协议的成立由当事人意思表示一致即可，且无须现实交付一定的标的物[⑥]，因此，和解协议具有诺成性，只要当事人之间互相让步并达成

① 参见郑玉波：《民法债编各论》（下），台北，三民书局，1981，第804页。
② 包冰锋：《我国民事诉讼和解制度的反思》，载《西南政法大学学报》，2005（6）。
③ 参见黄立主编：《民法债编各论》（下），北京，中国政法大学出版社，2003，第833页。
④ 参见陈自强：《民法上和解之效力》，载《政大法学评论》，1999（61），第306页以下。
⑤ 参见陈自强：《民法上和解之效力》，载《政大法学评论》，1999（61），第306页以下。
⑥ 参见史尚宽：《债法各论》，北京，中国政法大学出版社，2000，第810页。

协议即可。关于和解协议是否具有要式性，存在不同观点。《法国民法典》第 2044 条规定，和解协议应当以书面形式写成。但大多数国家的立法都认为，和解协议并不具有要式性，只需当事人之间达成意思一致即可。[①] 有学者指出，因为和解是以终止争执或防止争执的发生为目的，为了避免当事人日后反悔，仍应以书面形式订立为宜。[②] 虽然以书面形式订立和解协议有利于明确双方当事人之间的权利义务关系，但书面形式只是证明和解协议存在以及确定和解协议内容的证据，和解协议的达成原则上不以订立书面形式为必要。只要当事人就和解协议的主要条款达成合意，和解协议即可成立。

关于和解协议是否具有双务性，学界存在一定争议。一种观点认为，和解协议是否具有双务性，不能一概而论，而应视和解协议的具体内容而定。例如，仅以确定双方当事人之间债的关系为内容的和解协议不具有双务性。[③] 另一种观点认为，和解协议具有双务性，双方当事人之间互负对价给付义务。[④] 笔者认为，和解协议具有双务性，主要是因为，双方当事人在进行和解时都需要作出让步，各方当事人在作出利益让步的同时，为达到终止争端、解决争议的状态，对方当事人也应作出相应的让步，否则无法达成和解。从此种意义上来看，和解协议具有双务性。和解协议本质上仍是一种双方互负权利义务的债的关系，具有双务性。同时，在达成和解协议过程中，如果当事人自愿放弃权利、另一方接受的，只要不侵害他人权利和社会公共利益，法律也应当认可其效力，但不应当将该协议认定为和解协议，从比较法来看，如果仅有一方当事人放弃权利，而对方所作出的让步微不足道，甚至是基本不存在的，则不属于和解。这也表明和解协议具有双务性。[⑤] 和解协议中，一方当事人履行和解协议通常需要对方当事人履行一定的义务，和解协议具有双务性、有偿性，因此，其可以适用同时履行抗辩权的规定。[⑥]

在现代社会，司法仍然是化解矛盾的主要途径，但因诉讼程序烦琐、持续时间较长、诉讼成本较高，其并不一定是最有效的纠纷解决方式。因

---

① 参见郑玉波：《民法债编各论》（下），台北，三民书局，1981，第 810 页。

② 参见郑玉波：《民法债编各论》（下），台北，三民书局，1981，第 810 页。

③ 参见黄立主编：《民法债编各论》（下），北京，中国政法大学出版社，2003，第 841 页。

④ 参见史尚宽：《债法各论》，北京，中国政法大学出版社，2000，第 810 页。

⑤ 法国最高法院第一民事庭，1976 年 5 月 4 日。参见罗结珍译：《法国民法典》（下册），北京，法律出版社，2005，第 1491 页。

⑥ 参见郑玉波：《民法债编各论》（下），台北，三民书局，1981，第 807 页。

此，应当构建以和解、调解和仲裁等为内容的多元化纠纷解决机制。从世界范围来看，多元解决机制已经为各国所广泛采纳。[①] 在当事人发生争议后，应在分清是非的基础上，鼓励沟通、协商和宽容，鼓励当事人互谅互让，通过达成和解协议的方式解决纠纷。和解制度历来为我国司法所承认，在诉讼过程中，只要双方自愿和解的，均可终结诉讼，而且法官组织的调解贯穿于整个民事诉讼过程。而且，对于在诉讼过程中达成的和解协议，当事人可以向人民法院申请确认并制作调解书，该和解协议具有强制执行的效力。

在现代社会中，人与人之间难免发生各种摩擦和冲突，如果发生争议之后都必须通过诉讼程序来解决，则难免造成司法机关的诉累。在各种解决冲突的纠纷解决方式之中，和解也是一种重要的方式，它通过双方理性对待纠纷、适当作出让步、处分自己权利的方式，起到尽快平和地解决纠纷的作用。从今后的发展趋势来看，由于通过和解解决纠纷的成本较低且迅速快捷，便于从根本上解决纠纷，因而，和解将会在纠纷解决的过程中发挥越来越重要的作用。

二、和解协议的适用范围

如前所述，和解在 ADR 中发挥着重要的作用，因而，和解在民法上适用的范围是非常宽泛的。和解协议达成的前提是当事人之间存在争执或相关法律关系处于不确定的状态。我国台湾地区学者大多认为，当事人进行和解，既可以是针对当事人之间既存的争执，也可以是为了预防可能发生的争执。[②] 笔者认为，仍应以当事人之间存在争执或法律关系处于不确定状态作为和解协议达成的前提，因为只有争执已经发生并存在，才有进行和解的必要。如果当事人之间尚未发生争执，而其针对可能发生的争执达成协议的，应仅视为各自对其权利的处分，而并非和解。当事人之间的争执或者法律关系处于不确定状态具体表现为如下形态：一是法律关系内容的不确定。所谓法律关系内容不确定，主要是指当事人之间就各自的权利、义务等内容存在争议。例如，双方订立买卖合同后，对于出卖人所应交付货物的数量存在争议等。二是责任承担不确定，即当事人之间就是否

---

① 参见杜闻：《论 ADR 对重塑我国非诉讼纠纷解决体系的意义》，载《政法论坛》，2003 (3)。

② 参见林诚二：《民法债编各论》(下)，北京，中国人民大学出版社，2007，第 196 页。

应承担具体的责任存在争议。例如，在发生侵权行为后，一方主张侵权责任应由另一方承担，但另一方认为其行为并不构成侵权，也不应承担具体的侵权责任。三是责任的范围不确定。这就是说，当事人之间就承担责任不存在争议，但对于应在何种范围内承担责任以及承担多大的责任，存在争议。例如，某人致他人损害，究竟应赔偿多少金额，双方存在争执。

和解在民法上适用的范围是非常宽泛的，主要包括如下几个方面：

第一，合同之债。在发生合同争议之后，无论是在合同履行过程中还是合同履行终了后，无论是否已经提起诉讼，当事人都可以通过达成和解协议的方式解决相关合同纠纷。如果当事人针对合同纠纷达成和解协议，实际上是在原有合同基础上达成了新的协议。一方不履行和解协议约定的义务，另一方当事人可以直接依据和解协议的约定请求其承担责任，而无须依据原合同关系请求其承担违约责任。问题在于，如果当事人对原合同内容是否违反法律、行政法规的强制性规定或者公序良俗，以及合同效力本身是否存在瑕疵存在争议，是否可以通过和解协议解决此类纠纷？笔者认为，这应当依据具体情形进行判断，如果合同本身已经违法而无效，但无效的合同仍然存在返还或损害赔偿问题，这些债权债务纠纷仍然可以由当事人通过和解解决。如果合同本身违反了法律的强制性规定和公序良俗，则当事人就合同效力达成的和解协议应当无效。相反，如果合同内容并没有违反法律、行政法规的强制性规定或者公序良俗，只是合同当事人对于合同效力存在不同看法，在不存在无效事由的情况下，此时当事人达成的合同和解协议应为有效。

和解协议也可能是对原合同进行变更，但和解协议与合同的变更仍存在区别，主要表现在如下几个方面：其一，合同的变更只是使原合同内容发生变更。但和解协议的范围更为宽泛，和解协议既可能是对原合同关系的变更，也可能是对原合同关系的确认。和解在某种程度上并不仅仅是变更权利义务内容，和解在本质上是对自身权利的处分。① 但是，在合同变更中，并不涉及权利处分，也可以是在原权利基础上扩大自身的权益。其二，变更只是行使合同权利的方式，本身并不涉及新合同的设定，而只是使合同内容发生部分变化。但当事人达成和解协议，即订立了新的合同。和解协议虽然是在原合同基础上达成的，但已成为一种新类型的合同。其三，合同变更不以当事人之间发生纠纷为前提，在合同履行过程中，只要

① 参见蒋学跃：《债的更新若干问题探讨》，载《云南大学学报（法学版）》，2004（5）。

当事人愿意就合同相关条款作出变更，法律一般应当认可其效力；而当事人达成和解协议一般以解决实际纠纷为目的，因此，和解协议的达成通常以已经发生纠纷为前提，并且以解决该纠纷为目的。

第二，侵权之债。在侵权之债中，只要不违反强行法的规定，都应当允许当事人进行和解。侵权责任以损害赔偿为主要责任形式，关于侵权损害赔偿的数额、支付方式等，均可以通过和解协议的方式解决。此外，对于停止侵害、恢复原状等责任形式，也可以通过和解协议约定此类责任的履行时间、履行方式等。通过达成和解协议的方式解决侵权纠纷，有助于维护社会的和谐与稳定。①

第三，其他民事争议。和解协议的适用范围十分宽泛，从争议的性质来说，无论对何种性质的法律关系发生争议，都可以通过和解解决，除了合同纠纷和侵权纠纷外，对于其他民事纠纷，如一些无因管理、不当得利、物权纠纷、知识产权纠纷以及婚姻家庭等纠纷，原则上也应当允许当事人通过达成和解协议的方式解决。

和解既可以在诉讼过程中，也可以在诉讼外达成。所谓诉讼外的和解，是指当事人在诉讼之外，通过互相洽商、互相让步，以终止争端、解决争议的协议。② 诉讼外的和解又叫庭外和解，它是一种典型的民事合同，许多国家的民法将其规定为有名合同，表明它与一般的民事合同没有本质的区别。诉讼外的和解本身是一种独立的解决争议的方法，其并未通过公权力的介入，而是通过当事人之间的意思加以和解的。而诉讼中的和解，又称庭内和解，是指当事人在诉讼过程中通过互相让步，在法院作出确定判决之前就相关争议达成的谅解，实现争议解决和争端终止。诉讼中的和解是在诉讼过程中达成的，如果诉讼程序已经终结，则不属于诉讼中的和解。《民事诉讼法》第50条规定："双方当事人可以自行和解。"因此，只要法院尚未作出确定判决，当事人均可以进行和解。和解成立后，当事人所争执的权利即归于确定，所抛弃的权利随即消失。一旦当事人达成和解协议，诉讼即宣告终结，因此，诉讼中的和解具有终结诉讼的效力。当事人在诉讼中达成的和解协议，可以结束诉讼程序的全部，也可以仅结束部分诉讼。如果经和解结束全部程序的，可以视为当事人撤销诉讼。

① 参见吴世彬：《论侵权和解协议的效力及对民事诉讼的影响》，载《学术交流》，2008（1）。

② 参见汤维建、单国军：《香港民事诉讼法》，郑州，河南人民出版社，1997，第30页。

在执行程序中，双方当事人也可以就纠纷的解决达成和解协议，此种协议也被称为执行中的和解。根据《民事诉讼法》第 230 条的规定，双方当事人一旦达成和解协议，则执行程序应当终止，如果当事人不履行和解协议，则应当恢复原执行程序。但是，如果在执行和解的达成过程中，申请执行人因受欺诈、胁迫与被执行人达成和解协议，或者当事人不履行和解协议的，依据《民事诉讼法》第 230 条第 2 款的规定，当事人可以向法院申请继续执行原有的生效判决，从而恢复对原生效法律文书的执行。此外，在刑事案件中，也可以考虑通过和解的方式解决争议。[①] 一方面，刑事案件涉及民事赔偿，对此部分，可以适用和解。因为刑事附带民事赔偿，性质上仍属于侵权损害赔偿关系，可适用私法自治原则，从有利于受害人保护的角度出发，应当允许进行和解。另一方面，对一些情节轻微的自诉案件，应当允许刑事案件进行和解，因为在这些案件中，如侮辱诽谤罪等自诉案件，如果情节并不严重，虽然行为人的行为已侵害被害人的权利，但如果被害人愿意通过和解的方式解决，法律原则上也应当允许。对于国家而言，由于“国家法律秩序……亦为权利提供法律保障，并使权利具有实际的稳定性，这种稳固性对财产和服务的经济交易成为可行以及对经济价值快速和可靠的流转均起着重要的作用”[②]。

总之，通过达成和解协议，双方互谅互让、促进和谐。这不仅有利于尽快解决纠纷，而且能够减少调查取证的费用、聘请律师的费用等诉讼成本，并有效地化解矛盾。

三、和解协议与调解协议的关系

调解（mediation、conciliation），是指在第三人介入的情况下对当事人的争议进行调停，使当事人互相谅解并解决其争议。《合同法》第 128 条规定：“当事人可以通过和解或者调解解决合同争议。当事人不愿和解、调解或者和解、调解不成的，可以根据仲裁协议向仲裁机构申请仲裁。涉外合同的当事人可以根据仲裁协议向中国仲裁机构或者其他仲裁机构申请仲裁。当事人没有订立仲裁协议或者仲裁协议无效的，可以向人民法院起诉。”该条所涉“和解”和“调解”包括和解协议和调解协议，它们都属

① 参见于锐：《民法视阈中的刑事和解协议》，载《理论与改革》，2012 (6)。

② 〔葡〕马沙度：《法律及正当论题导论》，2 版，黄清薇、杜慧芳译，澳门，澳门大学法学院，2007，第 107 页。

解决合同争议的协议，本质上都是当事人之间达成的纠纷解决协议，而且都要本着当事人自愿、合法原则达成。自古以来，和解和调解一直都是主要的纠纷解决方式。和解与调解的旨趣相同，都在于平息争端，二者都要双方根据私法自治和处分原则达成。和解和调解都是终止双方之间法律关系的方式，只不过和解协议大多是诉讼外达成的，在诉讼过程中达成的和解并非典型形态。但是调解协议与和解协议仍然存在一定的区别，主要表现在：

第一，是否由第三方主持不同。和解完全由当事人自行达成，不需要由第三方加以主持。如果当事人双方能够自行通过协商达成协议，就可以直接通过订立和解协议的方式来解决纠纷。而调解协议的达成则需要由第三方加以主持。[①] 例如在人民调解委员会主持下而达成的协议。或者进入诉讼程序后，在法院主持下达成协议，也应当属于调解协议的范畴。

第二，是否存在基础关系不同。在和解协议中，当事人之间在协议达成之前即存在基础关系（如合同关系、侵权责任关系），因为针对基础关系的内容发生争议，相互让步，才可达成和解协议。而调解协议的达成并不需要当事人之间存在基础关系，只要存在纠纷，通常就可以由人民调解委员会或法院等进行调解，从而达成调解协议。

第三，发生时间不同。和解协议不仅可以适用于未进入诉讼程序的诉讼外的合同纠纷，当事人在诉讼程序中以及执行过程中都可以自行和解，并达成和解协议。[②] 而对于在人民调解委员会主持下的调解，属于双方当事人对于尚未进入到诉讼程序的纠纷而达成的诉讼外协议。对于法院调解，则通常要进入诉讼程序后，才可由法院调解。

第四，是否可以申请司法确认不同。《人民调解法》第 33 条规定："经人民调解委员会调解达成调解协议后，双方当事人认为有必要的，可以自调解协议生效之日起三十日内共同向人民法院申请司法确认，人民法院应当及时对调解协议进行审查，依法确认调解协议的效力。"对于和解协议而言，应当区分诉讼外和解与诉讼过程中的和解而分别认定其效力，对于当事人在诉讼过程中达成的和解协议，最高人民法院《关于人民法院民事调解工作若干问题的规定》第 4 条第 1 款规定："当事人在诉讼过程中自行达成和解协议的，人民法院可以根据当事人的申请依法确认和解协议制作调解书。双方当事人申请庭外和解的期间，不计入审

---

① 参见郑玉波：《民法债编各论》（下册），台北，三民书局，1981，第 807 页。

② 参见李浩：《民事诉讼法学》，北京，法律出版社，2011，第 285 页。

限。”可见，诉讼中的和解协议，人民法院可以根据当事人的申请依法确认和解协议的效力，并通过出具调解书的方式加以确认；一旦确认，则具有强制执行的效力。而对于诉讼外的和解协议，尽管有的地方法院也有过将和解协议与调解协议一同纳入司法确认程序的尝试①，但现行法律并未对此作出规定，因此，在一般情况下，诉讼外的和解协议无法申请司法确认。

四、和解协议的类型

依据和解协议与诉讼关系的不同，可以将和解协议分为诉讼外的和解、诉讼中的和解和执行中的和解。

1. 诉讼外的和解

所谓诉讼外的和解，是指当事人在没有发生诉讼之前，通过互相洽商、互相让步，以终止争端、解决争议的协议。② 诉讼外的和解又叫庭外和解，它是一种典型的民事合同。诉讼外的和解本身是一种独立的解决争议的方法，并无公权力的介入，完全是当事人通过意思自治解决纠纷的体现。

2. 诉讼中的和解

所谓诉讼中的和解，又称庭内和解协议，是指当事人在诉讼过程中通过互相让步，在法院作出确定判决之前就相关争议达成的谅解，实现争议解决和争端终止。诉讼中的和解是在诉讼过程中达成的，如果诉讼程序已经终结，则不属于诉讼中的和解。《民事诉讼法》第 50 条规定：“双方当事人可以自行和解。”因此，只要法院尚未作出确定判决，当事人均可以进行和解。

3. 执行中的和解

执行中的和解也称为执行和解，是指在执行过程中，当事人之间就生效的民事判决的内容互相让步，从而达成一致的和解协议。《民事诉讼法》第 230 条规定：“在执行中，双方当事人自行和解达成协议的，执行员应当将协议内容记入笔录，由双方当事人签名或者盖章。”但是，在执行和解的达成过程中，如果申请执行人因受欺诈、胁迫与被执行人达成和解协议，或者当事人不履行和解协议的，依据《民事诉讼法》第 230 条第 2 款

---

① 参见姚小林：《司法确认的诉调对接实验及其法治完善》，载《法治研究》，2010（8）。

② 参见汤维建、单国军：《香港民事诉讼法》，郑州，河南人民出版社，1997，第 30 页。

规定，当事人可以向法院申请继续执行原有的生效判决，从而恢复对原生效法律文书的执行。最高人民法院《关于人民法院执行工作若干问题的规定（试行）》第86条规定："和解协议一般应当采取书面形式。执行人员应将和解协议副本附卷。无书面协议的，执行人员应将和解协议的内容记入笔录，并由双方当事人签名或盖章。"据此，执行中的和解协议与一般的和解协议不同，即一般的和解协议没有执行员主持或没有执行员将和解协议的内容记入笔录，一方当事人不履行该和解协议的，也不必恢复对原生效法律文书的执行。但这并不妨碍这种协议本身的效力，当事人可以以和解协议为依据，在法院提起诉讼，请求法院保护债权人基于和解协议所享有的权利。有一些学者认为，构成和解协议必须要符合形式要件的要求，即必须要采取书面形式，必须由执行人员将和解协议的内容记入笔录，必须由双方当事人签名或盖章，否则不能产生法律效力。[①] 笔者认为，不管是当事人私下达成的和解协议，还是在执行员主持下达成的和解协议，只要是双方意思表示一致的产物，内容不违反法律和社会公共利益，就应当承认其法律效力。不符合执行和解协议形式要件的，并不妨碍将其作为一般的和解协议。

当事人在执行过程中，一旦达成和解协议，执行程序中止，如果当事人在达成和解协议后，不履行和解协议的，当事人可以申请恢复原有判决的执行。执行中的和解协议从内容上讲，与诉讼中的调解协议大体相同。只不过前者是由当事人通过协商订立的，后者是在法院主持下由当事人自愿达成的。前者不具备直接的执行力，而后者具有直接的执行力。[②] 从内容上看，它们基本上都是就终止当事人之间的协议通过相互让步而达成和解。在最高人民法院发布的第一批指导性案例"吴某诉四川省眉山西城纸业有限公司买卖合同纠纷案"中，法院也持这一立场。其裁判要点部分指出："民事案件二审审理期间，双方当事人就一审判决的履行自愿达成和解协议向人民法院申请撤回上诉并经准许。该和解协议属诉讼外达成的和解协议，不具有对抗一审判决强制执行的效力。一方当事人不履行和解协议，另一方当事人申请人民法院执行原一审判决的，人民法院应予支持。"

---

① 参见廖仕梅等：《民事执行和解协议效力问题研究》，载《北京理工大学学报（社会科学版）》，2004（2）。

② 参见徐继年：《论执行和解协议的效力与性质》，载《法律适用》，2006（9）。

第二节 和解协议的订立

一、和解协议成立的条件

和解协议的订立应当满足如下几个方面的要件，主要包括：

（一）订约主体适格

在和解协议的订立过程中，订约主体适格主要包括如下两方面内容：一方面，当事人应具有订立和解协议所要求的行为能力。订立和解协议的当事人应具有完全民事行为能力，在无民事行为能力或限制民事行为能力人遭受损害的情况下，其自身不得与他人达成和解，而必须由其法定代理人进行和解。同时，法定代理人在进行和解时，必须遵守《民法通则》及其司法解释的规定，必须是为了被代理人的最大利益而进行和解，不得通过和解侵害被代理人的利益。另一方面，当事人对争执所涉及的法律关系的内容应具有处分能力。一般而言，当事人为达成和解协议，通常需要作出一定的让步，主要表现为需要对自己相关权利进行一定的处分，故当事人就相关权利应当享有处分权。此外，当事人对相关纠纷所涉及的法律关系的处分不应当违反法律法规的强制性规定或者公序良俗，对法律明令禁止当事人通过约定解决的纠纷，当事人不得就此种法律关系进行和解。[①] 例如，如果合同的内容违反法律规定，在发生纠纷时，当事人可以通过和解协议的方式解决因此产生的纠纷，但不得通过和解协议而变相使合同发生效力。又如，关于婚姻关系的成立以及婚姻关系的效力，不得为和解的标的。[②] 此外，当事人之间进行和解的对象，应仅限于当事人自己的法律关系。因为和解协议是对自己权利的处分，如果在没有授权的情况下，对别人的权利作出处分，则属于无权处分，构成对他人事务的干预。依据《民事诉讼法》第59条的规定，在诉讼代理人与对方当事人进行和解、达成和解协议时，应有委托人的特别授权。因此，和解必须是对自己事务的和解，而不能对他人的事务进行和解。

（二）当事人之间存在争执，或法律关系处于不确定的状态

和解协议达成的前提是当事人之间存在争执或者相关法律关系处于不

---

① 参见黄立：《民法债编各论》（下），北京，中国政法大学出版社，2003，第831页。

② 参见史尚宽：《债法各论》，北京，中国政法大学出版社，2000，第860页。

确定的状态。

（三）当事人之间互相让步

所谓让步，是指当事人为了相对人的利益，而部分放弃自己的利益，或仅主张全部或部分利益。[①] 互相让步是当事人之间能否达成和解协议的关键，而是否构成让步，应以相对人的主观考虑为准，而不应进行客观的判断。同时，当事人之间所作出的让步在客观上是否等值，则在所不论。[②] 俗话说，“退一步海阔天空”。在分清是非的基础上，我们也应当鼓励沟通、协商和宽容，这就需要当事人互相让步。从法律上看，互相让步就是当事人对自己的权益所作出的一种处分。法律允许当事人达成和解协议，就意味着承认当事人可以根据自己的意思作出一种处分行为，只要这种处分不损害国家利益、社会公共利益和他人利益，法律就应该承认这种处分的效力。

（四）达成协议

当事人之间在进行和解时，在互相让步之后，为了终止争端、解决争议，应当达成协议。和解一旦达成协议，即具有确定性，当事人的权利义务以及诉讼时效便由该和解协议重新创设，当事人都有义务遵守和解协议的约定。当事人一旦达成和解协议，就对双方都具有约束力。[③] 即使一方当事人因为和解协议的执行而遭受不利益，其也不得反悔，更不得依据和解之前的法律关系再行主张权利[④]，但和解协议无效、被依法撤销或因当事人合意解除的除外。

就合同纠纷所达成的和解协议而言，它是就原合同当事人的债权债务关系达成和解，也可以说是在原合同债权债务的基础上订立的新的合同。如果不存在原合同，就不可能有和解协议。尽管和解协议与原合同具有密切联系，但毕竟是两个不同的合同关系。双方达成的和解协议，虽然是在原债权债务的基础上达成的，但与原债权债务关系有着根本的区别，表现在：一方面，和解协议规定的是当事人之间在相互协商和让步的基础上对原债务的偿还问题。在和解协议中双方都作出了让步，在内容上改变了原合同的内容。另一方面，原合同只是当事人之间的债权债务，不涉及第三人，也没有第三人担保，而和解协议中还可能涉及担保人。因为主体都已

① 参见黄立：《民法债编各论》（下），北京，中国政法大学出版社，2003，第834页。

② 参见史尚宽：《债法各论》，北京，中国政法大学出版社，2000，第812页。

③ 参见邱智聪：《新订债法各论》（下），姚志明校订，北京，中国人民大学出版社，2006，第333页。

④ 参见丁南：《论民法上的和解》，载《政治与法律》，2004（3）。

经发生了变更，按照合同相对性的原则，应当认为原合同关系与和解协议中的合同关系是两个不同的合同关系。事实上，如果认为和解协议只不过是原债权债务的继续，则和解协议的存在没有任何意义。

二、和解协议的无效和撤销

和解协议具有确定性，一旦达成，当事人不能随意反悔。但和解协议可能因违反法律、行政法规的强制性规范、违反社会公共利益或意思表示不真实等原因而导致合同无效或者被撤销。

（一）和解协议的无效

和解协议的无效有两种情形，一是和解协议内容本身违反法律、行政法规的规定，或者违反公序良俗。例如，当事人一方自愿对自己的人身自由予以限制，从而达成和解，此种协议因违反公序良俗而无效。如果当事人在达成和解协议的过程中，侵害第三人的利益，此种协议是否无效？例如，当事人达成和解协议，以他人的财产进行债务清偿。笔者认为，此种行为构成无权处分，依据《合同法》第51条，如果真正权利人不进行追认，则合同无效。二是原合同关系无效。如果原合同关系因违反法律、行政法规的规定，或者因违反公序良俗而无效，则和解协议即失去了基础，也应当被宣告无效。例如，当事人之间就高利贷之债而达成协议，发生纠纷后，由此达成和解协议，由于原合同关系是无效的，因而，该和解协议也是无效的。

（二）和解协议的撤销

如果当事人在订立和解协议的过程中出现欺诈、胁迫等情形，导致意思表示不真实，一方可主张撤销该和解协议。例如，一方当事人故意隐瞒真实情况，诱使对方当事人与其达成和解协议。在此情形下，对方当事人可以主张撤销和解协议。对于可撤销的情形，《合同法》第54条规定了重大误解、显失公平、欺诈、胁迫、乘人之危的诸多事由。需要指出的是，和解协议必须是在发生重大误解的情况下才能被撤销。例如，我国台湾地区的“民法”规定，和解在一般情况下不得以理解错误为理由而撤销之，除非和解所依据的文件事后发现是伪造的，或和解事件已经经过法院的生效判决而当事人不知的，或当事人对于对方的资格或重要争点由错误理解才进行和解的。[①] 因为和解制度的目的，是在双方当事人都作出让步的情

① 参见我国台湾地区“民法”第738条；陈聪富主编：《月旦小六法》，台北，元照出版公司，2007，民法类，第99页。

况下，迅速对争端作出约定以化解纷争。各方基于自己的利益考量、成本计算，其作出的让步必然有大有小，当事人在达成和解协议之后不能以对和解内容存在误解等为由而主张撤销合同。否则，和解协议的效力就很难得到维持，并处于不确定的状态，不利于保护当事人的合理信赖。

在一方行使撤销权时，应当区分和解协议与原合同关系，由于和解协议已经形成了一种新类型合同，如果当事人仅是对和解协议的内容存在重大误解的，则仅影响该和解协议的效力，并不会对基础关系的效力产生影响。问题在于，如果原合同关系可撤销，则当事人能否主张撤销基于原合同关系纠纷而达成的和解协议？有一种观点认为，因和解协议在当事人之间创设了新的权利义务关系，原合同的效力不应当对和解协议的效力产生影响。笔者认为，该观点并不妥当，因为和解协议不仅是创设新的权利义务关系，而且是对原合同关系的确认或变更，如果原合同被撤销，则和解协议的内容失去了成立的基础，此时，如果继续认可该和解协议的效力，无异于变相认可原合同的效力，显然是不妥当的。

如果当事人所订立的和解协议被宣告无效或被撤销时，当事人可以继续主张原合同的效力，请求对方当事人继续履行原合同所约定的义务。但是如果和解协议被宣告无效或被撤销后，原合同的诉讼时效已经届满，此种情形下，对于当事人是否可以继续主张原合同所约定的义务，存在争议。笔者认为，原合同中的债务仍然属于自然债务，债权人虽然对债务人提出请求，但是，并不能请求法院强制执行。

第三节　和解协议的效力

和解协议效力的本质究竟为何，主要存在三种观点。一是创设效力说。此种观点认为，和解协议发生创设效力。所谓创设效力，是指因和解协议而创设新的法律关系，使权利消灭或取得权利。在当事人达成和解协议之后，即使有新的证据证明协议所确定的法律关系与之前的基础关系之间存在不一致，和解的效力也不受影响。① 二是认定效力说。此种观点认为，和解发生认定效力。和解协议的达成只是确认之前的基础法律关系，使其继续存续，而非创设新的法律关系。如果有证据证明和解所确定的法

① 参见郑玉波：《民法债编各论》（下），台北，三民书局，1981，第812页。

律关系与之前的法律关系不一致的，和解协议应当归为无效。[①] 三是折中说。此种观点认为，和解的效力应当根据和解协议的具体内容而确定，其既可以发生创设效力，也可以发生认定效力。[②] 笔者赞成第三种观点，因为前两种观点都未能全面概括和解的功能，而只是部分地反映了和解的效力。事实上，和解既可能是对原有法律关系的确定，也可能是在原有的法律关系的基础上形成一种新的权利义务关系。

一、对当事人双方的效力

和解协议对当事人的效力主要体现在：

1. 对原法律关系内容的确定

和解协议通常是在原债权债务关系发生争执时达成的，为解决这一争执，需要对原债权债务关系的争议进行确定。具体来说，一是确定原合同关系的内容。例如，双方当事人对原合同应支付的价款、利息、交货的数量、期限以及违约金、损害赔偿金的数额等发生争议，在和解协议中，双方需要重新确定原合同关系的争议。至于法律规定合同当事人所享有的抗辩权、撤销权等，即使当事人不对其作出约定，权利人也应当享有。二是对侵权之债的内容的确定。这主要是指在发生侵权之后，对是否存在侵权行为，即对是否存在侵权之债的确定。此外，对侵权损害赔偿的数额、精神损害赔偿的数额等进行确定，也属于和解协议的内容。三是对其他法律关系内容的确定。例如，在婚姻家庭关系中，双方当事人可以在和解协议中对是否存在扶养义务以及扶养的期限、范围等予以明确，而这些都属于对原法律关系内容的确定。一旦和解协议确定相关法律关系的内容，当事人都应当按照和解协议所约定的内容履行，而不得再行主张确认前的权利义务内容。

2. 对原债权债务关系内容的变更

当事人对原来的债权债务关系的内容通过协议加以改变，主要表现为：一是对原给付的减少，如减少原借款合同中的利息数额。二是增加原给付义务的内容。例如，原借款合同只是规定了合同的履行，但是在和解协议中约定了违约金的数额或者增加损害赔偿金的数额。三是通过和解协议，以新的债权债务关系取代原债权债务关系。例如，当事人在原合同中

① 参见史尚宽：《债法各论》，北京，中国政法大学出版社，2000，第820～821页。

② 参见谭振波：《和解合同的效力》，载《河北法学》，2012（10）。

约定一方应当向另一方交付一笔货物，但在合同履行过程中发生争议，当事人通过和解协议解决该争议，并在和解协议中约定以新的给付内容取代原给付。如果当事人在和解协议中只是约定对原债权债务关系作出部分变更的，则已变更部分应依据和解协议的约定履行，未变更的部分仍应按照原合同约定履行。如果当事人在和解协议中明确约定以新的债权债务关系完全取代原有的债权债务关系，则原债权债务关系应当终止，当事人应当按照和解协议的约定履行债务。①

需要讨论的是，和解协议虽然通常涉及原合同内容的变更，但其与合同变更之间存在差异。和解协议和合同变更的主要区别在于：一方面，是否就法律关系存在争议不同。就和解协议而言，当事人是就存在争议的原合同关系的内容作出让步，从而达成协议。但是，在合同变更中，当事人对合同关系却并不存在争议。另一方面，是否需要作出让步不同。在当事人协议变更合同时，相互之间既可以作出让步，也可以不作出让步，而仅是通过协商而对合同的内容（如债务履行的时间、地点等）进行变更。但和解协议的达成，则需要当事人作出让步，否则和解协议便无法达成。

二、对第三人的效力

和解协议不仅对当事人双方发生效力，也可能对第三人发生效力，主要体现在以下几方面：一是对担保人的效力。担保人既包括保证人，也包括物上担保人。如果和解协议已经全部或部分免除原债务人的债务，则担保人在免除范围内不再承担相应的责任。如果和解协议延长债务履行期限而未经过担保人同意的，则担保人对履行期限延长的部分债务不再承担担保责任。二是对其他连带债务人的效力。如果当事人在和解协议中有免除各连带债务人全部债务的意思，则各个连带债务人不再承担债务；如果当事人在和解协议中仅仅免除连带债务人中一人或数人的责任，则各个连带债务人的债务并不因此免除，但在被免除责任的连带债务人所应分担的份额内，其他连带债务人不再承担连带责任。② 同时，如果当事人在和解协议中新增加连带债务之外的新债务，则该项新债务对其他连带债务人不发生效力，其他连带债务人仍可以依据原约定向债权人履行原连带债务。③

① 参见黄立：《民法债编各论》（下），北京，中国政法大学出版社，2003，第845页。
② 参见黄立：《民法债编各论》（下），北京，中国政法大学出版社，2003，第849页。
③ 参见林诚二：《连带债务人中一人所订和解契约之效力》，载《月旦法学教室》，2010（97）。

此外，如果当事人在起诉之后，在诉讼过程中于裁判作出之前达成和解协议，则可能产生两种效果：一是撤诉。如果当事人撤诉后，一方不履行和解协议，另一方仍可以根据和解协议起诉，但不能直接申请强制执行。二是法院通过出具调解书予以确认。该调解书的效力等同于判决。

三、和解协议对执行程序的影响

在执行过程中，当事人达成和解协议以后，在和解协议规定的履行期到来时，债权人根据和解协议提出请求，要求执行和解协议，法院是否可以以已过执行期为由予以驳回？笔者认为，已经达成和解协议的，应当执行此种和解协议，而不能以已过执行期为由驳回当事人的执行请求。主要理由在于：第一，不符合民法的保护债权人利益的原则。因为债务人在法院作出判决以后，本应当自觉地履行法院的判决，但债权人要求与债务人达成和解协议，本身对债务人是有利的。因为达成和解协议以后，不仅使债权人放弃了判决中的某些利益，而且使债务人得到了延期还款的机会。但是在和解协议的履行期到来后，债务人又不履行和解协议，如果驳回债权人的请求，且原判决也已过执行期，则债权人将找不到任何补救的机会，这无异于剥夺了债权人享有的权利和利益。这种做法实际上给那些恶意逃债的行为提供了机会，甚至从某种程度上鼓励了这种逃债行为。第二，违反了民法的诚实信用原则。在判决作出以后，如果债务人主动要求与债权人达成和解协议，法院将中止执行程序，如果执行期限届满，债务人又拒绝履行和解协议内容的，法院如果以已过执行期为由驳回当事人的执行请求，将会助长债务人的不诚信行为，有违诚信原则。第三，违反了民法的公平原则。如果体现了当事人双方真实意思表示的和解协议不能得到司法保护，原判决也得不到执行，其后果是债务人所欠的债务不用偿还，故意违约行为得不到任何追究，诚实的守约方的利益不能得到任何保护，这也很难使守约当事人充分相信司法应有的公正性。

第四节　违反和解协议的责任

和解协议既然是有名合同的一种类型，那么，在和解协议达成之后，如果任何一方当事人不履行或不完全履行协议的，非违约方既可以主张违约方履行原合同的义务，也可以向其主张因违反和解协议而产生的违约责任。

如果和解协议中明确约定违约金的，则非违约方可以向对方主张违约金。如果和解协议中未约定违约金条款的，则非违约方可以向其主张赔偿损失。

和解协议达成后，如果另一方拒不执行和解协议，是否应当恢复原合同的履行？在大陆法系中存在着所谓“为清偿之给付”或称“间接给付”理论。《德国民法典》第364条第1款规定：“债权人一经受领他种给付以代替履行给付时，债的关系即告消灭。”在解释上认为旧债务只能因新债务的履行而消灭，在新债务清偿时，新旧两债务并存，因此，其与代物清偿不同，如果新债务不能得到履行，债权人也可以要求恢复履行旧债务。[①] 此种理论是否可以适用于和解协议？在达成和解协议的过程中，债权人通常需要作出一定让步或放弃一定的利益，较之于原合同，和解协议的约定通常对其更为不利。但债权人作出让步的目的是换取对方的自愿履行，如果对方未自愿履行和解协议，则和解协议的基础已不复存在，债权人应有权要求恢复原合同的履行。从我国司法实践来看，也是采纳同样的做法。在和解协议生效以后，不管是在和解协议规定的履行期间届满之后，还是在履行期限届满之前，只要一方当事人不履行和解协议，则法院当然可以依据债权人的申请，恢复原生效法律文书的执行。这主要是因为：一方面，和解协议都是在相互让步的基础上达成的，且在一般情况下，债权人基于原判决所获得的权利和利益会因和解协议的达成而遭受一定的损失，否则当事人无法达成和解协议。因而，既然当事人没有履行和解协议，理应恢复对原判决的继续执行，从而实现对债权人的保护。另一方面，原审判决仍然是有效的，它是直接执行的依据，尽管当事人可以通过和解协议处分自己的权益，放弃判决中获得的某些利益，但是在当事人不愿意履行和解协议的情况下，当然应当使原来继续有效的判决发生效力。

问题在于，在一方拒不履行和解协议的情形下，是否可以认为和解协议自动失效，和解协议自始不存在，而应当继续履行原合同？笔者认为，认为和解协议当然失效的观点是不妥当的。其根据在于，第一，《民事诉讼法》第221条只是规定“恢复对原生效法律文书的执行”，但并没有规定和解协议当然失效。且从法律上看，恢复对原判决的执行不能成为使和解协议无效的理由。第二，在未对和解协议进行审理确定其效力的情形下，且又没有任何依据认定和解协议当然无效，否认和解协议的效力是不

① 参见史尚宽：《债法总论》，北京，中国政法大学出版社，2000，第821页。

妥当的。如前所述，和解协议也具有确定力，可以成为确定权利义务内容的根据。从法律上看，一旦和解协议达成，就形成一个新的合同，原合同已经被替代或被终止，当事人以新的意思表示替代了原合同所约定的权利义务内容。此时，应当以和解协议作为依据而要求拒绝履行的一方继续履行。但是，如果新的和解协议在权利义务关系上并未完全替代原合同关系，而仅是对原债权债务的内容进行补充或确定，也可以恢复原合同的履行。第三，简单地认定和解协议当然无效，极不利于对债权人的保护。[①]毕竟，和解协议是当事人意思一致的产物，在该协议达成之后，当事人已形成合理的期待，一方不履行或不完全履行和解协议，会使另一方遭受损失，此时，如果未经法院审理而认定和解协议具有无效或可撤销因素的，则仍应维持该和解协议的效力，保持其对当事人的法律约束力。

① 参见李科：《论执行和解协议之执行力》，载《政治与法律》，2008（11）。

第十三章　旅游服务合同

第一节　旅游服务合同概述

一、旅游服务合同的概念

所谓旅游，是指自然人为休闲、娱乐、游览、度假、探亲访友、就医、疗养、购物、参加会议或从事经济、文化、体育、宗教活动，离开常住地到其他地方，连续停留一定时间的活动。[①] 旅游服务合同，有狭义和广义之分。从广义上而言，旅游服务合同是指旅行社等旅游经营者提供一定的旅游服务、旅游者支付相应费用的合同，以及为实现旅游服务的目的而由旅行社与其他服务业经营者签订的有关运送、住宿等服务合同。[②] 广义上的旅游服务合同，除了旅行社与旅游者之间订立的包价旅游合同之外，还包括由农家乐等非旅行社提供旅游服务的合同，以及由旅行社与其他旅游辅助人之间订立的旅游者运送合同、旅店住宿合同等旅游代办合同。[③]《旅游纠纷司法解释》采纳了广义旅游服务合同的概念。狭义上的旅游服务合同，又称包价旅游合同，是指旅行社预先安排行程，提供或者通过履行辅助人提供交通、住宿、餐饮、游览、导游或者领队等两项以上旅游服务，旅游者以总价支付旅游费用的合同。[④] 它是指由旅行社提供整体性、连续性的旅游服务，而旅游者支付约定费用的合同。从《旅游法》第 57 条的规定来看，其并未明确究竟是采取狭义还是广义的旅游服务合同概念。但从其规范的主要内容来看，主要还是以包价旅游合同为规范对

---

① 参见刘伟、朱玉槐：《旅游学》，广州，广东旅游出版社，1999，第 22 页。

② 参见曾隆兴：《现代非典型契约论》，台北，三民书局，1988，第 253 页。

③ 参见曾隆兴：《现代非典型契约论》，台北，自版，1996，第 263 页。

④ 参见《旅游法》第 111 条。

象。据此，本书采纳狭义的旅游服务合同的概念。

包价旅游合同之所以成为旅游服务合同的典型形态，主要是因为：一是包价旅游是旅游服务的主要形式。在包价旅游合同中，由旅行社组织和安排旅游活动，旅游者仅需履行相应的配合义务即可。此种方式具有极大的便利性。[①] 同时，包价旅游是现代旅游业产生的主要动因，从19世纪中期开始，包价旅游已逐渐成为旅游业的主要业务活动。[②] 基于此种旅游形式的包价性，才得以使旅游实现产业化。在现代社会，旅游者广泛选择此种方式，是因为包价旅游方便、快捷、安全，尤其是对于大量的出境旅游来说，旅游者通过包价旅游仅需一次性支付费用，就可以由旅行社提供代办签证、安排行程、住宿、餐饮等服务，对其极为便利。二是此种合同体现了旅游的团体性。团体性是由旅游服务的营利性所决定的，强调团体性也有利于保护旅游者的安全。三是包价旅游包含了旅游给付的主要内容。[③] 在此类合同中，旅馆、运输公司等主体主要是作为旅行社的履行辅助人而存在的。除旅行社之外的其他主体与旅游者所订立的合同虽然与旅游有关，但它只是为了辅助旅游服务合同目的的实现。而且，由各类旅游服务商所提供的运送、餐饮、住宿等服务，大多可以适用《合同法》的相关规定，如适用运输合同、租赁合同等规定予以调整。因此，广义上的旅游服务合同概念显得过于宽泛。四是从比较法上来看，大多数国家或地区采用的旅游服务合同的概念也多是狭义上的旅游服务合同，即旅游者与旅行社所订立的，由旅行社提供旅游服务，而旅游者支付费用的合同。[④] 我国全国人大法工委2002年制定的《民法典草案》（第一稿）所采用的也是狭义上的旅游服务合同概念。[⑤] 最高人民法院在《民事案件案由规定》中把旅游合同纠纷定为四级案由，与同为四级案由的“餐饮服务合同纠纷”、“旅店服务合同纠纷”等并列。据此，有学者认为，最高人民法院实际上也认为旅游合同就是指包价旅游合同。[⑥] 因此，旅游服务合同是指旅行社提供一定的旅游服务，旅游者支付相应费用的合同。

---

① 参见刘劲柳：《旅游合同》，北京，法律出版社，2004，第19页。

② Zinnburg，Kleine Fremdenverkehrslehre，1966，S. 9 f.

③ Münchener Kommentar/Tonner，Vorbemerkungen vor §§ 651a bis 651m，Rn. 2.

④ Münchener Kommentar/Tonner，Vorbemerkungen vor §§ 651a bis 651m，Rn. 2.

⑤ 《民法典草案》（第一稿）第27章第1条规定：“旅游合同是旅客交付费用，旅行社提供旅游服务的合同。旅游服务包括为旅客提供旅行服务、导游服务、景点观赏服务以及附带的餐饮娱乐购物服务等。”

⑥ 参见汪传才：《旅游合同一方当事人的认定探微》，载《旅游学刊》，2011（4）。

旅游服务合同是随着旅游业的出现而产生的，并已成为现代社会生活中日益重要的合同类型。旅游服务合同常常被视为是一种新型的有名合同[①]，在比较法上，旅游服务合同的立法模式主要有：一是专门立法模式。例如，日本在1983年专门颁布《标准旅行业约款》，对旅游服务合同进行规制；法国1982年颁布了《调整旅行社同顾客关系的一般销售条件》。二是民法典规定的模式。如德国法中，1979年将旅游服务合同添加进民法典之内。[②] 应当看到，尽管《德国民法典》有旅游服务合同的专门规定，但是该国的行业规范在调整旅游服务合同法律关系的过程中也起到一定的积极作用，并对民法典的基本内容起到一定的补充作用。[③] 我国台湾地区在2000年进行"民法"债编修订时，增加了旅游合同一节。我国采取了第一种模式，专门颁布《旅游法》对旅游服务合同进行调整。

在我国，自改革开放以来，旅游业迅速发展，目前我国国内旅游市场规模居全球第一位，接待入境旅游人数和公民出境旅游消费居全球第三位。旅游业的迅速发展既促进了我国经济的增长，同时也为人的全面发展提供了空间，有利于更好地实现人的价值。[④] 而旅游者通过旅游也可以获取审美和愉悦等精神利益。[⑤]《合同法》分则中虽然并未将旅游服务合同作为一种有名合同加以规定，但我国现有的法律、法规和司法解释对旅游服务合同作出了规定。例如，1999年国务院颁布的《导游人员管理条例》、2001年国务院颁布的《中国公民出国旅游管理办法》，以及最高人民法院所出台的《旅游纠纷司法解释》、2009年国务院颁布的《旅行社条例》都对旅游服务合同的相关问题作出了规定。尤其是2013年《旅游法》以专章的形式对旅游服务合同的内容作了详细规定，其中包括旅游服务合同的定义、订立、合同内容、双方当事人的权利义务关系、合同的变更和解除、违约责任等。因此，旅游服务合同是特别法规定的有名合同。从我国立法的发展趋势来看，现阶段仍有必要将旅游服务合同作为特别法所规定的有名合同来对待，但今后在制定民法典时有必要将其纳入民法典之中

① 参见〔德〕梅迪库斯：《德国债法分论》，北京，法律出版社，2007，第7页。

② 参见《德国民法典》第651（a）条。

③ 参见孟凡哲：《比较法视野下的旅游合同立法模式》，载《北京第二外国语学院学报（旅游版）》，2007（11）。

④ 参见宋云博：《我国旅游法律与"人本"思想》，载杨富斌、韩玉灵等主编：《旅游法论丛》（第二辑），北京，中国法制出版社，2010，第138页。

⑤ 参见王建喜、张霞：《论旅游合同违约的精神损害赔偿》，载杨富斌、韩玉灵等主编：《旅游法论丛》（第二辑），北京，中国法制出版社，2010，第120页。

加以规定。这主要是因为：一方面，旅游服务合同是一种有名合同，《合同法》总则和分则中的内容对其具有较大的适用的价值。另一方面，旅游服务合同的规则已经较为成熟，也是现实生活中频发的交易类型，具有典型性，因此，将其纳入未来民法典的合同法分则中加以规定也是必要的。

二、旅游服务合同的特征

旅游服务合同主要具有如下特征：

1. 主体具有特殊性

旅游服务合同的主体是旅行社与旅游者。在旅游服务合同中，提供旅游服务一方的主体通常是依法经过批准登记专门从事旅游服务业（或其营业项目中有旅游服务）的旅行社[①]，他们亲自提供或通过履行辅助人向旅游者提供旅游服务。[②] 依据《旅游纠纷司法解释》第1条，以自己的名义经营旅游业务、向公众提供旅游服务的主体被称为“旅游经营者”，作为旅游服务合同一方当事人的“旅游经营者”不仅仅限于旅行社，其范围比旅行社宽泛，还包括农家乐、网上组织的旅游团体等旅游经营行为中的提供旅游服务的一方当事人。[③] 笔者认为，该司法解释所确立的旅游服务合同的当事人概念过于宽泛，应当将提供旅游服务的一方主体界定为旅行社。主要原因在于，一方面，在我国，旅游服务的提供通常是由具有法定资质的旅行社所提供的，不同资质等级的旅行社所能提供的旅游服务也不同。对于不具备法定资质的主体，法律、法规则禁止其向社会公众提供旅游服务。至于农家乐等旅游形态，不具有典型性，此类合同纠纷可以参照旅游服务合同的相关规定处理。另一方面，将旅行社作为旅游服务合同的主体，也有利于保护旅游者的人身、财产安全。相较于其他提供旅游服务的主体，旅行社具有从事旅游经营而必备的人员、资金等方面的条件，对于旅游路线和行程的安排也更为合理，可以更多地考虑到旅游者的人身、财产安全。因此，应当将旅行社而非旅游经营者作为旅游服务合同的一方当事人。《旅游法》第57条规定：“旅行社组织和安排旅游活动，应当与旅游者订立合同。”由此可见，在旅游服务合同中，旅行社是作为合同当

---

① 参见郭明瑞、王轶：《合同法新论·分则》，北京，中国政法大学出版社，1997，第358页。

② Münchener Kommentar/Tonner，Vorbemerkungen vor §§ 651a bis 651m，Rn. 10.

③ 参见奚晓明主编：《最高人民法院审理旅游纠纷案件司法解释理解与适用》，北京，人民法院出版社，2010，第29页。

事人而存在的。

在旅游服务合同中，还大量涉及旅行社与旅游辅助服务者之间的关系。所谓旅游辅助服务者，是指与旅行社之间存在合同关系，协助旅行社履行旅游服务合同义务，实际提供交通、游览、住宿、餐饮、娱乐等旅游服务的人。在包价旅游合同中，旅游辅助服务者所提供的服务只是辅助旅行社履行旅游服务合同的义务，但其本身并非旅游服务合同的一方当事人。因而，旅游辅助服务者又被称为“履行辅助人”。依据《旅游法》第111条的规定，为旅游者提供交通、住宿、餐饮、购物、娱乐等服务的经营者（即旅游辅助服务者）和旅行社统称为旅游经营者。当然，关于酒店、运输公司、景区等旅游辅助提供者是否应当向旅游者承担违约责任，存在争议。笔者认为，旅游服务合同应被界定为旅游者和旅行社之间的合同关系，酒店、航空公司等不过是旅行社的债务履行辅助人。因此，即使因酒店、航空公司等债务履行辅助人的原因而导致违约的，仍应当由旅行社承担违约责任。基于合同相对性原则，债务履行辅助人不应当承担连带责任，旅游者不应向债务履行辅助人主张违约责任。在债务人承担违约责任之后，其可以依据与债务履行辅助人之间的约定进行追偿。①

2. 订约目的具有特殊性

旅游者订立旅游服务合同并非为了获得物质利益，而是为了通过境外和境内旅游而使自身休闲娱乐、游览名胜、观赏风景，获得精神上的愉悦和享受。而旅行社提供一定的旅游服务则以营利为目的。因而，与买卖、承揽等典型的交易形态不同，旅游服务虽然也是一种交易关系，但在旅游服务合同中，旅游者所获取的并非具有物质形态的合同标的物，也并不以取得财产的所有权和使用权为目的。正是基于这一原因，在旅行社违约时，对于旅游者是否可以主张精神损害赔偿，一直是立法及司法上的争议问题。

3. 合同内容的复合性

虽然旅游服务合同是属于提供服务的合同，但其与委托、居间、行纪等提供服务的合同的内容不同。委托、居间、行纪等合同的内容具有单一性，而旅游服务合同的内容则具有复合性。因为一方面，在旅游服务合同

① 当然，在特殊情况下，其他主体也可能成为旅游服务合同的当事人，例如，游客提出了个性化的服务需求，或特殊的服务要求，经过酒店、运输公司的承诺，此时，酒店、运输公司则是作为合同当事人而存在的，旅游者可以要求其履行合同义务并承担违约责任。

中，旅行社所提供的旅游服务通常包括交通、住宿、餐饮、购物、娱乐、观光等内容。旅行社在提供旅游服务时应当向旅游者提供两项以上的给付内容，否则不构成旅游服务合同。[①] 例如，旅行社仅是向旅游者提供住宿服务，此时，合同内容并不具有复合性，应属于住宿合同，而非旅游服务合同。从《旅游法》第111条有关包价旅游合同的定义来看，包价旅游合同中的旅行社应当提供或者通过履行辅助人提供交通、住宿、餐饮、游览、导游或者领队等两项以上的旅游服务。另一方面，依据《旅游法》第58条的规定，旅游服务合同应载明旅游行程安排、交通、住宿、餐饮等旅游服务安排和标准，以及游览、娱乐等项目的具体内容和时间等内容。由此可见，旅游服务合同的内容应包含两项以上有关交通、住宿、餐饮、购物、娱乐、观光等旅游服务内容，但这些内容可以由多个履行辅助人具体提供，而不必由旅行社亲自提供全部旅游服务。例如，旅行社与运输公司签订合同，由该运输公司负责具体的运输业务。此外，从《旅游法》第111条的规定来看，在包价旅游合同中，除了由旅行社提供或通过履行辅助人提供交通、住宿、餐饮、游览、导游或者领队等两项以上旅游服务之外，还应当负担预先安排行程的义务。对此，通常认为，旅行社所提供的服务内容必须包含安排行程的义务在内，如果旅行社并不对旅游行程进行组织和安排，则并不构成旅游服务合同。[②]

4. 旅游者一方具有团体性

所谓团体性，是指包价旅游需采取组团的方式进行，因而旅游者一方通常要达到约定的人数。包价旅游自产生之日起，团体性就是其典型特点。之所以强调包价旅游的团体性，一方面是由旅游服务的营利性所决定的。旅行社从事旅游经营活动，是为了获取一定的利益，而只有在旅游者一方的人数达到约定人数时，旅行社才能通过旅游服务收回成本、获取利益。如果在未达到约定的组团人数时，仍强行要求旅行社提供旅游服务，旅行社就可能通过擅自变更旅游路线、减少游览项目等方式降低旅游成本，其结果最终还是会导致对旅游者的利益造成损害。[③] 另一方面，强调团体性也有利于保护旅游者的安全。团体旅游比单独旅游更具人数的优势，这就可以降低旅游者在旅游行程中遭受损害的几率。也正是因为在旅

① 参见王泽鉴：《定型化旅行契约的司法控制》，载王泽鉴：《民法学说与判例研究》，第7册，北京，中国政法大学出版社，2003，第58页。

② 参见刘劲柳：《旅游合同》，北京，法律出版社，2004，第22页。

③ 参见刘劲柳：《旅游合同》，北京，法律出版社，2004，第29页。

游服务合同中，旅游者一方具有团体性，从而决定了旅游服务合同的典型形态是以包价旅游合同为主。

5. 具有消费者合同的特点

在旅游合同中，旅游者实际上是消费者，与旅行社相比较，其在信息掌握、订约能力以及对风险的防范等方面往往处于弱势地位，法律有必要对其进行特殊保护。这种特殊保护主要体现在以下两个方面：一方面，法律对旅行社在风险防范和合同订立等方面进行特殊规定，以保护旅游者的合法权益。[①] 如法律规定旅行社应当尽到一定的信息披露义务，对相关合同条款应当尽到一定的解释说明义务以及在旅游活动进行过程中应当对旅游者尽到一定的救助义务等。另一方面，法律规定旅游者在旅游合同中享有广泛的权利，以全面保护其合法权益。我国《旅游法》全面列举了旅游者享有的各项权利，且赋予旅游者一些特殊权利，如旅游者有任意解除旅游合同的权利[②]，这些都表明法律对作为消费者的旅游者的特殊保护。

6. 具有格式性

旅游服务合同经常采用格式条款确定当事人间的权利义务关系，格式化旅游服务合同是现代旅游业蓬勃发展的产物。伴随着旅游者人数的大幅增加，旅行社为了降低成本、加快交易速度和效率，通常会预先制定格式条款。[③] 但由于在旅游服务合同中，旅行社和旅游者之间的地位不完全平等，合同文本由旅行社起草，旅游者经常会因信息不对称等原因而无法参与旅游服务合同具体条款和内容的议定。旅游者对于交通、住宿、观光等旅游服务都无法自由选择，只能被动地接受。[④] 因而，有必要对旅游服务合同的格式条款进行必要的干预。我国《合同法》总则已经对格式条款作出了必要限制，如果旅游服务合同采用格式条款的，也应受到《合同法》总则相关规定的限制。

7. 具有定期性和继续性

所谓定期性，是指旅游服务必须在约定的时间内提供，否则合同目的无法实现。例如，旅行社和旅游者订立“十一黄金周”旅游服务合同，旅行社必须在该期间内向旅游者履行义务，否则旅游者有权向其主张违约责

① 参见宁红丽《〈旅游法（草案）〉与旅游合同的有名化》，载《旅游学刊》，2012（12）。

② 参见《旅游法》第65条。

③ 参见高咏：《论格式化旅游合同》，载杨富斌、韩玉灵等主编：《旅游法论丛》（第一辑），北京，中国旅游出版社，2005，第62页。

④ 参见俞宏雷：《刍议旅游合同纠纷案件的审理》，载《法律适用》，2001（3）。

任。一般而言，旅游服务合同并非一次性完成的，旅行社所提供的是一种继续性的连续服务，自订立旅游服务合同到旅游服务合同终了，有相当长的时间间隔。[①] 因此，旅游服务合同是继续性合同。一般认为，旅游服务合同持续的时间不超过 12 个月。正是因为旅游服务合同具有继续性的特点，所以，其在合同履行、合同解除等方面也具有特殊性。[②]

8. 具有诺成性、要式性、双务性和有偿性

一旦旅游和旅行社之间就合同的权利义务关系达成一致，旅游服务合同即可成立，因此，旅游服务合同具有诺成性。同时，依据《旅游法》第 58 条规定："包价旅游合同应当采用书面形式。"因此，旅游服务合同也具有要式性。此外，旅游者在接受旅行社所提供的旅游服务的同时，需要支付相应的旅游费用，因此，旅游服务合同具有双务性、有偿性。

三、旅游服务合同的分类

（一）包价旅游服务合同和旅游代办合同

《旅行合同国际公约》将旅游服务合同区分为"有组织的旅行之合同"与"中间人承办的旅行之合同"，因此，在旅游服务合同中，依旅游经营者所提供的服务的不同，其可区分为包价旅游服务合同和旅游代办合同。依据《旅行合同国际公约》第 1 条第 2 项的规定，所谓包价旅游服务合同，是指作为当事人一方的旅游经营者收受旅游者所支付的全部价金，以自己的名义负责为旅游者提供包括运输、住宿、餐饮以及其他相关给付等在内的旅游服务合同。而旅游代办合同，则是指旅游代办人为旅游者提供代办服务，而旅游者应支付相应费用的合同。[③]《旅游法》第 74 条第 1 款规定："旅行社接受旅游者的委托，为其代订交通、住宿、餐饮、游览、娱乐等旅游服务，收取代办费用的，应当亲自处理委托事务。"这实际上是对旅游代办合同所作出的规定。无论是包价旅游服务合同，还是旅游代办合同，都可以被纳入广义上的旅游服务合同之中，但二者仍存在较大区别，主要表现在如下方面：

第一，合同性质不同。旅游代办合同可以被归入传统的合同形态之

① 参见郭明瑞、王轶：《合同法新论·分则》，北京，中国政法大学出版社，1997，第 359 页。

② 参见林诚二：《论旅游契约之法律关系》，载苏永钦等：《民法七十年之回顾与展望纪念论文集（一）总则·债编》，北京，中国政法大学出版社，2002，第 336 页。

③ 参见刘劲柳：《旅游合同》，北京，法律出版社，2004，第 24 页。

中，例如，委托合同、代理或行纪。[①] 而我国《旅行社条例实施细则》第2条实际上是将旅游代办合同界定为一种委托。学理上也大多认为，旅游代办合同在本质上属于委托合同。[②] 而包价旅游合同是一种独立的有名合同，其不能为承揽、委托或居间合同所代替，也不属于混合合同。

第二，合同内容不同。在旅游代办合同中，旅游代办人所提供的服务一般具有单一性，即通常仅是提供代订机票、代订客房等单项服务。而在包价旅游服务合同中，旅行社所提供的服务是一揽子服务，包括两项以上的服务内容，旅游者一般以总价支付旅游费用[③]，因此，给付具有整体性，旅行社不能单一地、分别地提供旅游服务。如果仅仅只是运输服务或住宿服务等，就不属于包价旅游合同。包价旅游合同之所以被称为旅游服务合同的典型形态，是因为其体现了旅游服务合同的全部内容。

第三，旅游者支付的费用不同。在旅游代办合同中，旅游者向旅行社所支付的费用仅是其提供代办服务的对价，且大多需要根据不同的代办服务项目而分别支付费用。例如，旅行社代订机票，旅游者应向航空公司支付机票价款，并应向旅行社支付代办的手续费。而在包价旅游合同中，旅游者向旅行社所支付的费用是作为整体旅游服务的对价。旅游者仅需要支付一次性的价金，无须针对具体的每一项旅游服务项目而分别支付价金。[④]

第四，责任不同。即使存在旅游代办，具体的旅游服务合同仍是由旅游者与旅行社之间订立合同，因此，因旅行社不履行或不完全履行约定义务的，旅游代办人通常并不承担具体的责任，旅游者应当向旅行社主张违约责任。[⑤] 当然，旅游代办人在提供代办服务的过程有过错的，应当承担赔偿责任。但在包价旅游合同中，如果餐馆、宾馆、运输公司等主体所提供的服务不符合约定的，旅游者应当向旅行社主张违约责任，而不得向餐馆等主体直接主张违约责任。

第五，适用法律不同。因为旅游代办合同在性质上属于委托、居间等合同，所以，其应当适用委托、居间等合同的相关规定。而包价旅游合同

---

① 参见易军、宁红丽：《合同法分则制度研究》，北京，人民法院出版社，2003，第461页。

② 参见汪传才：《旅游合同一方当事人的认定探微》，载《旅游学刊》，2011（4）。

③ 参见《旅游法》第111条。

④ 参见王惠静、汪立宏：《包价旅游营业人的违约责任初探》，载《政治与法律》，2005（1）。

⑤ 参见刘劲柳：《旅游合同》，北京，法律出版社，2004，第25页。

则应当适用单独的法律规则。从比较法上来看，一些国家的立法也严格区分了包价旅游合同和旅游代办合同，并将旅游代办合同从旅游服务合同中剥离出去，单独适用委托合同的规定。例如，德国法仅将包价旅游服务合同作为规范对象，立法者认为旅游代办合同在本质上是委托合同，因而未将其纳入到旅游服务合同之中加以规定。①

如前所述，当今旅游服务领域最重要的、最典型的合同类型就是包价旅游服务合同。从比较法上来看，大多数国家所采纳的狭义上的旅游服务合同概念，主要是指包价旅游服务合同。② 例如，德国法仅是将包价旅游服务合同作为规范对象，立法者认为旅游代办合同在本质上是委托合同，因而未将其纳入旅游服务合同之中加以规定。③ 但依据《德国民法典》第651a条第2项的规定，如果旅行社的行为给旅游者造成其将亲自提供全部旅游给付的表象时，其嗣后不得主张自己只是承担居间代办责任，仍应承担与包价旅游服务提供者相同的责任。法律作出此种规定的主要原因在于：相较于旅游代办合同，包价旅游合同中的旅行社应向旅游者提供全部的、整体式的旅行服务，因此，其责任较重。由于在旅游服务合同中，旅游者经常处于信息不对称的弱势地位，因而，如果旅行社的行为已从表象上使旅游者认为其将提供全部旅游服务，为了保护旅游者的信赖利益，有必要使旅行社承担与包价旅游服务提供者相同的责任。对此，我国立法有必要予以借鉴。

（二）国内旅游服务合同和出境旅游服务合同

随着旅游业的发展，出境旅游已经成为一种常态。因此，出境旅游合同也已经成为一种典型的旅游服务合同类型。严格来讲，国内旅游服务合同和出境旅游服务合同都是以旅游为内容，如果采用包价旅游的方式，这两种形态的旅游都应符合包价旅游合同的规定，在大部分合同内容上也具有一致性。但是，两者之间仍然存在一定的区别，主要表现在：

第一，旅行社的资质要求不同。与国内旅游相比较，出境旅游关系中

① Bart, Reiserecht, 2. Aufl., 1981; Loewe, Das neue Pauschalreiserecht, 1981; Tonner, Der Reisevertrag, 2. Aufl., 1986.

② 参见王泽鉴：《定型化旅行契约的司法控制》，载王泽鉴：《民法学说与判例研究》，第7册，北京，中国政法大学出版社，2003，第57页。

③ Bart, Reiserecht, 2. Aufl., 1981; Loewe, Das neue Pauschalreiserecht, 1981; Tonner, Der Reisevertrag, 2. Aufl., 1986.

的旅行社所应具备的资质要求更为严格。例如，《旅行社条例》第8条规定："旅行社取得经营许可满两年，且未因侵害旅游者合法权益受到行政机关罚款以上处罚的，可以申请经营出境旅游业务。"这就表明，从事出境旅游业务的旅行社应满足特殊的资格限制。依据现行法律规定，仅获准办理国内旅游业务的旅行社不得提供出境旅游服务，因为在境外旅游时，旅游者可能遇到的风险更大。在旅游者的人身、财产利益受损时，可能难以获得及时、有效的救济，为保护旅游者的权益，有必要对经营出境旅游业务的旅行社设置更为严格的资质要求，并加重其所应负担的义务和责任。

第二，旅游的目的地限制不同。如果旅游者出境旅游，必须符合法律、法规的相关规定。例如，组团出境旅游，应当符合国家公布的有关出国旅游目的地和路线的要求。依据有关法律、法规规定，在出境旅游服务合同中，旅游路线一经确立，旅行社不得擅自更改。但对国内旅游而言，原则上没有限制，在不违反法律、法规规定的前提下，旅游者可以到任何目的地旅游。

第三，合同内容存在差异。在出境旅游服务合同中，旅行社负有办理出境所需的相关文件的义务，例如，代办签证等。同时，在出境旅游服务合同中，旅行社所负担的注意程度更高。这主要是因为，在出境旅游中，旅游者的人身、财产安全更容易受到侵害，且难以获得及时救济。因此，在出境旅游服务合同中，旅行社所负担的安全保护义务等更为严格。旅行社违反这些义务的，应当承担相应的责任。

第二节 旅游服务合同的性质

一、旅游服务合同的性质

关于旅游服务合同的性质，在学说上存在争议，主要有如下两种观点。

（一）承揽合同说

此种观点认为，旅游服务合同是承揽合同[①]，因此，应当适用合同法有关承揽合同的相关规定。在比较法上，《德国民法典》第651a条到第

① 参见〔德〕梅迪库斯：《德国债法分论》，北京，法律出版社，2007，第304页。

651m 条将旅游合同规定在承揽合同项下，据此，德国不少学者认为，旅游服务合同的内容被认为是一种复合的整体的给付，具有承揽的性质。[①]德国联邦最高法院在一个有关度假房屋（Ferienhaus）的判决中，也认为此种法律关系并非单纯的租赁，应属于承揽合同。[②] 不少学者认为，旅游服务合同是承揽合同[③]，应当适用合同法中关于承揽合同的规定。旅行社所提供的整体给付不仅是提出给付行为，而且负有按照约定方式达成结果的义务，其颇为重视给付效果，这是其与承揽合同的共通之处。[④] 将旅游服务合同的性质界定为承揽合同，其意义在于使旅行社就旅游服务所存在的瑕疵负担保责任，即旅行社对旅游给付的瑕疵，无论其是否有过失，均应承担责任。[⑤]

以德国法为代表的国家将旅游服务合同作为一种承揽合同对待，是因为旅游服务合同的重点在于旅游者旅游的完成以及旅游经营者提出给付的结果，与承揽合同的特征相符。[⑥] 采用此种学说，主要着眼于使旅游经营者就旅游服务所存在的瑕疵负担保责任，旅游经营者对旅游给付的瑕疵，无论其是否有过失，均应承担责任。[⑦] 但笔者认为，旅游服务合同不是承揽合同，两者的主要区别表现在：

第一，是否需要交付工作成果不同。承揽合同是成果之债，而旅游服务合同仍然属于非成果之债。在承揽合同中，承揽人需要按照定作人的要求完成工作，交付工作成果。但在旅游服务合同中，旅行社所提供的整体给付通常表现为一种服务，并不存在工作成果的交付。

第二，合同内容存在区别。承揽合同与旅游服务合同性质不同，决定了各自的内容也不同。例如，承揽合同通常还涉及材料的提供以及工作成果的验收等，但旅游服务合同的履行则并不涉及这些内容。又如，在旅游服务合同中，旅行社负有相应的安保义务，而在承揽合同中，承揽人对定

---

① Münchener Kommentar/Tonner，Vorbemerkungen vor § § 651a bis 651m，Rn. 13.

② BGHZ 61，275ff. 转引自许惠佑：《旅游契约之研究》，（台湾）政治大学法律学研究所 1988 年博士学位论文，第 3～4 页。

③ 参见〔德〕梅迪库斯：《德国债法分论》，北京，法律出版社，2007，第 304 页。

④ 参见郭丽珍：《非典型契约之现况与发展——旅游契约》，载《月旦法学杂志》，1997 (8)。

⑤ 参见许惠佑：《旅游契约之研究》，（台湾）政治大学法律学研究所 1988 年博士学位论文，第 4～5 页。

⑥ 参见刘劲柳：《旅游服务合同》，北京，法律出版社，2004，第 100 页。

⑦ 参见许惠佑：《旅游契约之研究》，（台湾）政治大学法律学研究所 1988 年博士学位论文，第 4～5 页。

作人并不负有此种义务。

第三，风险责任承担不同。承揽合同的风险责任承担规则与旅游服务合同也有较大差异。在承揽合同中，因其属于成果之债，承揽人需要完成工作，并交付工作成果。在这个过程中，就可能涉及材料以及工作成果的毁损、灭失。在此情形下，应当根据是否已经交付以及材料、工作成果的所有权属而确定风险负担。但在旅游服务合同中，通常并不存在材料及工作成果的毁损、灭失风险，如果因不可抗力等原因导致旅行社不能按照约定提供服务的，则应根据旅行社是否已经尽到合理的预见义务或采取避免措施而确定责任。在因履行辅助人的原因而导致合同无法履行的情形，可能因该服务内容是由公共服务提供商所提供的，而使旅行社免责。

（二）混合合同说

此种观点认为，旅游服务合同包含多种有名合同的内容。① 因为旅行社所提供的旅游给付具有多样性，通常包括住宿、餐饮、运输等，而这些给付大多能分别归入合同法分则所规定的有名合同之中，例如租赁合同、买卖合同和运输合同，所以应当分别适用合同法分则的相关规定。旅游服务合同是多种有名合同的混合，因此可称混合合同。在1970年布鲁塞尔《旅游合同国际公约》的制定过程中，最初是将旅游服务合同的性质界定为承揽合同，但在其后的草案和正式文本中，一方面规定由旅行社直接对旅游者负责②，另一方面则适用混合合同的法律规则来确定旅行社的责任③，由各个不同给付所属的合同类型来确定旅行社的责任。④

应当看到，旅游服务合同的内容尽管具有复合性，但其仍然是一种独立的有名合同。主要原因在于：一方面，旅游服务合同的内容虽具复合性，但并不丧失其整体性。虽然旅游服务合同的内容具有复合性，涉及餐饮、娱乐、购物、游览、交通等内容，但各个给付内容之间是作为一个有

① 参见〔德〕梅迪库斯：《德国债法分论》，北京，法律出版社，2007，第304页；曾隆兴：《现代非典型契约论》，台北，自版，1996，第264页；刘孔中：《旅行契约——兼介德国旅行契约法》，载（台湾）《军法专刊》，第31卷，第9页；林诚二：《论旅游契约之法律关系》，载苏永钦等：《民法七十年之回顾与展望纪念论文集（一）总则·债编》，北京，中国政法大学出版社，2002，第333页。

② 《旅游合同国际公约》第13条第1款规定："旅游业者因未履行契约或本公约所订定之组织义务之全部或一部，所引起之任何损失或损害，应对旅客负赔偿之责。"

③ 参见刘劲柳：《旅游服务合同》，北京，法律出版社，2004，第103页。

④ 《旅游合同国际公约》第14条规定："当旅游业者本人提供交通、膳宿或其他与实现旅行或短期居留之服务，对旅客所引起之任何损害，应按照有关该项服务之规定负赔偿之责。"

机整体，由旅行社一体性给付，并由旅游者整体接受的。有关住宿、餐饮等服务内容都是旅游服务合同的组成部分，而并非分别成立餐饮或住宿等合同。[①] 因而，旅游服务合同仍然是内容具有整体性的一种独立合同。另一方面，正是因为各项履行内容是一个整体，在旅行社不能按照合同约定的时间、质量提供餐饮、住宿等服务时，应当由旅行社承担违约责任，而非由旅游者单独、分别向宾馆、餐馆等主张违约责任。如果认为这些履行内容都是独立的合同，使旅游者分别向各项服务的提供者主张违约责任，对于旅游者而言是不利的。从责任承担来看，在旅行社与旅游者订立旅游服务合同之后，其通常要与酒店、商场、景点、客运公司、航空公司等分别签订合同，从而为旅游者提供合同所约定的服务内容。旅游服务合同就是旅行社有偿向旅游者提供由具体旅游服务构成的整体服务。[②] 这就意味着，旅行社是旅游服务合同的主体，而其他的债务履行辅助人则并非合同的当事人。如果认为旅游服务合同是混合合同，分别适用有名合同的相关规则，不仅导致法律适用过分复杂化，而且要求债务履行辅助人承担合同责任，会违反合同的相对性规则，不利于保护旅游者的利益。

二、旅游服务合同与相关合同的关系

（一）旅游服务合同与居间合同

通常，在旅游服务合同中，旅行社通常亲自提供的仅是部分旅游服务，大部分旅游服务是由第三人提供的，如运送、餐饮、住宿等，都需要由他人提供，甚至旅游目的地的接待、导游等，都需要由当地的旅行社提供。因此，在实践中，有的旅行社为了逃避自己所应承担的责任，经常在旅游服务合同之中加入居间条款，表示其只是提供居间代办有关的旅游服务，而并不亲自向旅游者提供整体性给付。[③] 正是基于这一原因，《德国民法典》第 651a 条第 2 项规定，如果旅行社给旅游者所造成的印象是由其提供旅游给付内容时，则应当适用旅游服务合同的规定，而不应适用居间合同。这些都表明，旅游服务合同与居间合同具有相似性。

笔者认为，有必要严格区分旅游服务合同和居间合同，两者的主要区别在于：

---

① 参见林诚二：《民法债编各论》（中），北京，中国人民大学出版社，2007，第 114～115 页。

② 参见〔德〕梅迪库斯：《德国债法分论》，北京，法律出版社，2007，第 306 页。

③ 参见刘劲柳：《旅游服务合同》，北京，法律出版社，2004，第 55 页。

第一，主体资质要求不同。我国有关的法律、法规为了保护旅游者的利益、规范旅游市场秩序，对作为旅游服务合同当事人一方的旅行社规定了明确的资质要求。但对于居间合同中的居间人，通常无须具备特殊资质上的要求。即便从事旅游居间等活动，也并不要求达到旅行社经营旅游业务所应具备的资质。

第二，义务内容不同。旅游服务合同中的旅行社所负担的主要义务是提供整体性的旅游服务，其中包括旅游住宿、交通、餐饮、游览等各项服务，这些服务都必须由旅行社向旅游者提供。如果旅行社不履行或不完全履行这些义务的，应当承担违约责任。如果将旅游服务合同界定为居间合同，则旅行社并不需要向旅游者具体提供前述服务，而只需要向旅游者报告订立合同的机会或提供订立合同的媒介服务。这显然不符合旅游服务合同的固有内容。

第三，违约责任的承担不同。在旅游服务合同中，旅行社对任何未按照约定提供旅游服务的行为都应当向旅游者承担违约责任。在因第三人所提供具体旅游服务的质量等发生争议时，旅游者只能向旅行社主张违约责任，而不能要求第三人承担违约责任。但如果旅游服务合同是居间合同，旅行社则并不向旅游者作出具体的履行，提供餐饮、住宿、娱乐等服务，因此，旅游者也不能就餐饮、住宿、交通等服务内容的不履行或不完全履行而向旅行社主张违约责任。这与旅游服务合同不符。

（二）旅游服务合同与委托合同

旅游服务合同在性质上属于委托合同的观点最早是由德国学者 Corsten 提出的[①]，但由于德国法上的委托合同是无偿的，而旅游服务合同一般是有偿的，因此该观点并未被《德国民法典》所采纳。我国台湾地区一些学者也赞成此种观点，认为旅游服务合同属于委托合同，旅游经营者仅是受旅游者委托提供具体旅游服务，并代旅游者缔结合同，为其组织有关的给付等。因此，旅游经营者是受旅游者的委托，为旅游者处理事务，其应当是委托合同中的受托人。[②]

应当看到，旅游服务合同与委托合同之间具有一定的相似性，因为两者都属于提供服务类型的合同，且一方当事人都必须按照另一方的要求提

① 参见刘劲柳：《旅游服务合同》，北京，法律出版社，2004，第 97 页。

② 参见刘孔中：《旅行契约——兼介德国旅行契约法》，载（台湾）《军法专刊》，第 30 卷第 2 期。

供约定的服务。尤其是就旅游代办合同而言，其实质上是一种委托合同。尤其是在旅行社接受旅游者的委托，为其提供旅游行程设计、旅游信息咨询等服务时，实际上就属于典型的委托合同。① 例如，在“周某诉北京携程国际旅行社有限公司案”② 中，二审法院认为，原告选择的旅游产品内容为委托携程旅行社预订机票及酒店，出行期间的相关活动由其个人负责，与携程旅行社无关，因此，双方当事人之间成立委托关系而非旅游服务合同关系。在我国，《旅游法》第 74 条也承认旅游代办合同性质上即属于委托合同。

如前所述，本书采纳狭义的旅游服务合同概念，因此，笔者认为，旅游服务合同（包价旅游合同）与委托合同存在明显的区别，主要表现在：

第一，提供的服务内容不同。在委托合同中，虽然委托人委托受托人所办理的事项范围十分广泛，但通常，委托合同中受托人受托处理的事务非常具体，且常具有单一性。例如，就旅游代办合同而言，受托的旅行社仅仅是根据旅游者的委托而从事代订机票、住宿和餐饮等服务。但旅游服务合同的内容具有整体性，旅行社负责组织、安排整个旅程，多项具体给付内容是作为一个整体而向旅游者提出的。在司法实践中，法院也常常根据委托的事项是单一的，还是整体的，来界定是否属于旅游服务合同。例如，在“柯某某诉中安国际旅行社（北京）有限公司案”③ 中，法院经审理后认为，被告仅为原告安排预订机票及酒店等事项，属于单向委托业务，被告出行期间的一切活动属于个人行为，因此，原被告之间订立的合同属于委托合同而非旅游服务合同。

第二，是否应当按照指示行事不同。在委托合同中，受托人所处理的事务毕竟是委托人自己的事务，所以，受托人应当按照委托人的指示处理委托事务。但在旅游服务合同中，旅行社并不需要按旅游者的指示行事，而旅游者通常也无法对向旅行社作出指示。相反，在旅游过程中，旅游者应当遵守旅行社的指示，根据其指示和安排从事相关的活动。④ 对于旅行社针对旅游行程、路线等作出的必要的变更，旅游者也应容忍和遵守。

第三，是否负有报告义务不同。委托合同中，受托人在委托事务履行完毕后，一般需要向委托人详细报告委托事务处理情况，包括就处理委托

① 参见《旅游法》第 74 条第 2 款。

② 北京市第二中级人民法院民事判决书（2010）二中民终字第 13361 号。

③ 北京市东城区人民法院民事判决书（2009）东民初字第 05872 号。

④ 参见许惠佑：《旅游契约之研究》，（台湾）政治大学法律学研究所 1988 年博士学位论文，第 94～95 页。

事务中所支出的费用、事务处理结果等内容向委托人报告。但在旅游服务合同中，旅行社仅需按照约定向旅游者提供旅游服务即可，而且对于旅游服务合同中所约定的具体内容，旅游者在订立合同时已经知晓，旅行社并不负有向旅游者报告有关旅游服务的义务，而仅需在旅游过程中进行必要的说明、警示即可。①

第四，是否亲自履行不同。由于委托关系一般建立在委托人对受托人的信任和信赖关系之上，尤其是建立在对受托人个人的能力、技术、专业知识、品德等各个方面的信任关系之上，因而，受托人负有亲自履行的义务。除非是在紧急情况下，无法事先向委托人进行报告的，出于维护委托人利益的必要，受托人才有权转托他人代为履行。在紧急情况消除之后，受托人应当及时就此情况向委托人报告。但在旅游服务合同中，如果合同未明确约定旅行社必须亲自提供全部的旅游服务内容，旅行社可以与其他的经营主体（如运输公司、宾馆、餐馆等）订立具体的合同，由其他经营者提供各项具体的服务。但是，如果第三人作为债务履行辅助人所提供的服务内容不符合约定的，旅游者应当向旅行社主张违约责任。

需要指出的是，与旅游者签订旅游服务合同的旅行社经常会与地接社签订合同，将目的地的具体接待业务委托给地接社履行。虽然《旅游法》第111条在对地接社的概念进行界定时使用了“委托”一词，但合同当事人的权利义务关系在性质上是不同于委托合同的。因接受委托的旅行社违约而造成旅游者合法利益受到损害的，应由作出委托的旅行社承担相应的赔偿责任，而作出委托的旅行社不能仅就选择和指示负担责任。所以，就法律性质而言，地接社虽然接受了组团社的委托，但其性质上仍属于组团社的债务履行辅助人。

第三节　旅游服务合同的订立和内容

一、旅游服务合同的订立

（一）旅游服务合同的要式性

《旅游法》第58条规定：“包价旅游合同应当采用书面形式。”同时，

① 参见郭明瑞、王轶：《合同法新论·分则》，北京，中国政法大学出版社，1997，第357页。

《旅行社条例》第 28 条也明确规定了旅行社负有订立书面合同的义务。[①] 因此，旅游服务合同为要式合同，如果未具备书面方式的，旅游服务合同不能成立。[②] 我国法律法规之所以要求旅游服务合同应采用书面形式，主要是因为：一方面，旅游服务合同的内容较为复杂，其内容涉及交通、住宿、餐饮、娱乐、购物和游览六大环节，如果不采用书面形式加以载明，极容易发生纠纷。另一方面，采用书面形式也有利于保护旅游者的利益。在旅游服务合同中，旅游者处于弱势地位，为了避免旅游者的人身、财产利益遭受损害，明确双方当事人之间的具体权利义务关系，旅游服务关系的成立需要旅行社和旅游者就相互之间的权利义务关系达成一致，且应当签订书面合同。

（二）提供旅游行程单的义务

《旅游法》第 59 条规定："旅行社应当在旅游行程开始前向旅游者提供旅游行程单。旅游行程单是包价旅游合同的组成部分。"所谓旅游行程单，是指旅行社所设计的有关旅游行程具体安排的文件，通常包括旅游行程的起止时间、交通、住宿、餐饮、游览、娱乐等具体旅游项目、旅游路线、导游服务以及具体接待事宜等内容。旅游行程单的提供既可以是在缔约前，也可以是在缔约之后，但旅行社所负担的该项义务必须在旅游行程开始前履行。通过旅行社所提供的旅游行程单，可以使旅游者详细地了解旅游行程的安排。为了保护旅游者的利益，旅行社所提供的旅游行程单被视作包价旅游合同的组成部分，也具有法律约束力，如果旅行社违反其所提供的旅游行程单，擅自改变旅游行程、删减旅游项目等，应当向旅游者承担违约责任。

（三）合同内容的说明义务

依据《旅游法》第 58 条第 2 款的规定，旅行社在与旅游者订立旅游服务合同时，负有缔约说明义务。说明义务的主要内容包括旅游行程安排，旅游团成团的最低人数、交通、住宿、餐饮等旅游服务安排和标准，游览、娱乐等项目的具体内容和时间，自由活动时间安排，旅游费用及其交纳的期限和方式以及违约责任和解决纠纷的方式等内容。要求旅行社负担说明义务的主要原因在于：一方面，便于旅游者掌握相关旅游信息。旅

---

① 参见国务院法制办工交商事法制司、国家旅游局政策法规司组织编写：《〈旅行社条例〉释义》，北京，人民交通出版社，2009，第 120 页。

② 参见许惠佑：《旅游契约之研究（二）》，载《法学评论》，第 52 卷第 2 期，第 7 页。转引自林诚二：《民法债编各论》（中），北京，中国人民大学出版社，2007，第 116 页。

游服务合同的双方当事人存在信息不对称的现象，旅游者通常对旅游活动的目的地并不了解，有关旅游活动内容的信息主要来自于旅行社的说明。因此，为了使旅游者全面了解旅游行程安排以及旅游服务合同的其他内容，旅行社在缔约过程中应当履行一定的说明义务。例如，旅行社应当就旅游费用、旅游过程中的购物、旅游目的地的相关情况等向旅游者进行说明。① 另一方面，有利于避免纠纷的发生。旅游服务合同的内容较为复杂，旅游者可能因缺乏经验或必要的旅游知识而对合同内容产生误解，如果旅行社不事先对合同内容进行说明，则在合同履行过程中极易产生纠纷。尤其是在出境旅游服务合同中，旅游者对国外的旅游目的地的情况了解较少，这就更需要旅行社作出明确的警示和说明。② 此外，由于旅游服务合同大多采用格式条款订立，依据合同法规定，格式条款的提供方负有说明义务。由于许多格式条款具有专业性，旅游者通常难以全面理解其内涵，这也要求旅行社在缔约过程中应旅游者的要求而向其说明具体条款的含义。

因此，无论旅游者是否要求旅行社就合同内容进行说明，旅行社都负有法定的缔约说明义务，其应当就合同内容主动向旅游者进行说明。问题在于，如果旅行社未尽到该说明义务的，应当产生何种法律效果？笔者认为，对此应当区分两种情况，一是对于一些旅行社未尽到说明义务的条款，旅游者有权主张其未被纳入合同条款之中。如果因旅行社未尽到说明义务导致合同无法成立并因此造成旅游者损失的，旅游组织者应当承担缔约过失责任。二是在合同已经成立并生效，而旅行社未对格式条款尽到说明义务时，关于该条款的内容发生争议，则应当按照“疑义不利解释”规则，作出不利于提供格式条款一方的解释。

（四）特别告知义务

依据《旅游法》第 62 条的规定，订立包价旅游合同时，旅行社应当向旅游者告知下列事项：

1. 旅游者不适合参加旅游活动的情形。在旅游行程中，无论是进行旅游观光，或是参与特殊的旅游活动，如漂流、攀岩等，都对旅游者的身体状况等有着特殊的要求。因此，旅行社在缔约时对旅游者不适合参加旅

① 参见刘劲柳：《旅游合同》，北京，法律出版社，2004，第 314 页。

② 《中国公民出国旅游管理办法》第 18 条规定：“旅游团队领队在带领旅游者旅行、游览过程中，应当就可能危及旅游者人身安全的情况，向旅游者作出真实说明和明确警示，并按照组团社的要求采取有效措施，防止危害的发生。”

游活动的情形进行告知，这既有利于保护旅游者的人身健康安全等利益，也有利于保障整个旅游活动的顺利进行。

2. 旅游活动中的安全注意事项。在旅游活动中，旅行社与旅游者之间的信息不对称，旅游者通常无法事先全面了解途经地、目的地等有关旅游活动的详细信息，因此，要求旅行社在缔约时告知安全注意事项，可以使旅游者提前采取措施保护自己的人身、财产安全，避免旅游危险事件的发生。

3. 旅行社依法可以减免责任的信息。要求旅行社在缔约时向旅游者告知此类信息，既可以提请旅游者注意相关的条款，也可以提醒旅游者对旅行社依法可以减免责任的情形尽到谨慎注意义务，从而保护自身的利益。例如，《旅游法》第 70 条规定，由于旅行者自身原因造成旅游者人身、财产损失的，旅行社不承担责任。旅行社在缔约时将此项免责事由告知旅游者，可以使其遵守旅行社及导游的安全警示，根据自身的健康状况决定是否参加特定的活动，从而保护其自身的利益。

4. 旅游者应当注意的境外旅游目的地相关法律、法规和风俗习惯、宗教禁忌等情况。旅行社之所以需要告知上述事由，是因为旅游目的地位于境外，而旅游者对目的的相关法律、法规和风俗习惯、宗教禁忌等信息常常不完全了解，如此也很容易引发纠纷。因此，有必要在缔约时向旅游者告知此类信息。例如，旅游目的地位于阿拉伯国家，旅行社在缔约时应向旅游者告知有关伊斯兰教的宗教禁忌以及着装要求等。

5. 法律、法规规定的其他应当告知的事项。对于除前述事项以外的其他事项，如果法律、法规明确规定旅行社在缔约时应当告知旅游者的，旅行社也负有告知义务。例如，在出境旅游中，旅游者不得在境外非法滞留。对于法律的该项要求，旅行社在缔约时应当明确告知旅游者。

二、旅游服务合同的主要内容

一般而言，旅游服务合同应载明下列事项：

1. 旅行社、旅游者的基本信息。这些基本信息包括当事人的名称、经营范围、联系方式等。在旅游服务合同中对当事人的名称等信息予以明确，既有利于明晰合同权利义务的主体，也有利于当事人实现各自的权利。依据我国现有法律法规的规定，旅行社的设立以及旅游业务的开设都有严格的限制，在旅游服务合同中载明旅行社的经营范围、业务经营许可证编号等信息有利于保护旅游者的知情权及其他合法权利。如果旅行社依法将其负担的部分接待业务委托给他人履行的，应当在合同中明确载明受托旅行社的基本信息。

2. 旅游行程安排。旅游行程安排包括旅游行程的出发地、途经地和目的地等内容。由于出发地、途经地和目的地构成旅行行程的主要内容，因而，应当在合同中明确作出约定。

3. 旅游团成团的最低人数。如前所述，旅游服务合同具有团体性。依据我国相关法律、法规的规定，在未达到约定成团人数时，旅行社有权解除合同。这就有必要在合同中对旅游团成团的最低人数进行明确约定。

4. 交通、住宿、餐饮服务安排及其标准。旅游服务合同常常涉及旅游过程中“吃、住、行、游、购、娱”六大环节，其所涉及的环节多、链条长、责任主体多元化。① 尽管并不是所有的旅游活动都涉及六大环节，但通常而言，交通、住宿、餐饮等服务项目是必不可少的，应当在合同中作出具体的约定。例如，就住宿而言，合同应当明确约定住宿的标准、旅游者是否可以自行选择住宿等内容。在合同中对此作出约定有利于明确双方当事人之间的权利义务关系，避免纠纷的发生，同时也便于旅游服务合同目的的实现。

5. 游览、娱乐项目的具体内容和时间。旅游者订立旅游服务合同的主要目的是在目的地进行参观、游览。因此，在旅游服务合同中需要对游览、娱乐项目的具体内容及时间予以明确，从而保障当事人订约目的的实现。游览、娱乐项目一旦在合同中确定之后，旅行社不得单方面擅自变更。例如，合同约定游览某景区半天，旅行社不得仅仅通过乘车经过的方式履行该义务。当然，如果旅游者自愿接受，也可以作必要的调整。

6. 自由活动时间安排。在旅游过程中，旅游者的时间可以划分为随团参观旅游的时间以及自由活动的时间。在各个期间内，旅行社和旅游者各自所应尽到的注意义务以及所负担的责任也有较大差异。例如，有的旅行社擅自将随团参观时间改为自由活动时间，在出现旅游事故之后，主张损害是在旅游者自由活动期间内造成的而拒绝承担责任，因此，在合同中明确自由活动时间和次数是十分必要的。②

7. 旅游费用及交纳的期限和方式。旅游费用是指旅游者因接受旅行社提供的旅游服务而应支付的费用。因为旅游服务合同是双务、有偿合同，所以，旅游费用的交纳是旅游者所应负担的主要义务。在实践中，包

---

① 参见奚晓明主编：《最高人民法院审理旅游纠纷案件司法解释理解与适用》，北京，人民法院出版社，2010，第21页。

② 参见国务院法制办工交商事法制司、国家旅游局政策法规司组织编写：《〈旅行社条例〉释义》，北京，人民交通出版社，2009，第123页。

价旅游合同中的旅游者通常应当一次性支付全部的旅游费用，而非分别支付。但如果合同约定采取分期支付等方式缴纳旅游费用的，应当遵守该约定。通过明确约定旅游费用及其交纳的期限和方式，既有利于保护旅行社的利益，也有利于避免旅行社在旅游行程中任意加价，而对于旅行社安排的购物活动或另行付费的项目而增收的费用，旅游者有权拒绝。

8，违约责任和解决纠纷的方式。在合同条款中明确约定违约责任和解决纠纷的方式，既可以督促双方当事人按照合同约定的内容履行义务，也可以在纠纷发生之后为当事人提供指引。

9. 法律、法规规定和双方约定的其他事项。根据合同自由原则，当事人可以对一些其认为是必要的事项进行约定。例如，在实践中，有的旅行社为吸引旅游者参团旅游，以“零团费”、“低团费”进行宣传，在吸引旅游者报团参加旅游后，又任意增加付费旅游项目或强迫旅游者进行购物，从而发生争议，因此有必要对旅游者另行付费的游览项目及价格等进行明确约定。此外，合同中也可以明确旅行社安排的购物次数、停留时间及购物场所的名称，这有利于保护旅游者的合法利益。①

在上述各项内容中，应当进一步区分必要条款和非必要条款。必要条款是旅游服务合同必须具备的内容，如果缺失该条款的，将导致合同无法成立。而如果合同缺失非必要条款的，当事人有权进行补充。笔者认为，在旅游服务合同中，必要条款应当包括当事人、旅游行程安排和旅游费用的缴纳，因为缺乏这三者中的任何一项，都将导致合同无法成立。如果缺少其他条款的（如自由活动时间安排等），应当依据《合同法》第61条的规定，允许当事人进行补充约定，或依据合同的有关条款或交易习惯确定。

第四节　旅游服务合同的效力

一、旅行社的义务

1. 依照约定提供各项旅游服务的义务

按照约定提供各项旅游服务的义务，是旅行社负担的主合同义务。

① 参见国务院法制办工交商事法制司、国家旅游局政策法规司组织编写：《〈旅行社条例〉释义》，北京，人民交通出版社，2009，第123页。

《旅游法》第 69 条规定："旅行社应当按照包价旅游合同的约定履行义务，不得擅自变更旅游行程安排。"依据这一规定，旅行社应当按照合同约定的时间、地点或约定的内容提供旅游服务。旅行社应当按照合同的约定向旅游者提供行程安排以及交通、住宿、餐饮、游览等服务内容。同时，如果旅行社组织团队出境旅游或组织、接待团队入境旅游的，应当按照规定向旅游者提供导游服务，为其安排领队或导游全程陪同。从《旅游法》第 58 条针对旅游服务合同的内容以及第 111 条关于包价旅游合同的规定来看，旅游行程安排是旅游服务合同的重要内容，也是合同的必要条款。因而，旅行社必须按照合同所约定的行程安排为旅游者提供服务，而不得擅自变更旅游行程安排，否则，应当向旅游者承担违约责任。

旅行社应当按照约定的标准提供旅游服务。旅游服务合同中有明确约定的，旅行社应当按照该约定提供，当事人在旅游服务合同中没有作出约定、约定不明确，或者双方当事人的约定内容不符合国家标准和行业标准时，可以依照旅行社在旅游服务合同订立前向旅游者发放的旅游说明书、广告宣传以及相关的国家标准和行业标准予以确定。① 依据《旅游纠纷司法解释》的规定，旅游经营者在经营过程中，不得遗漏旅游景点、减少旅游服务项目以及降低旅游服务标准等。旅游经营者之所以负有此项义务，是因为旅游行程、旅游景点、旅游服务项目和旅游服务标准是旅游服务合同中最为关键的条款，直接关系到旅游服务的品质②，也是影响旅游者签订旅游服务合同的重要因素。如果旅行社擅自改变旅游行程，将会导致合同约定的旅游目的无法完全实现，并可能引发各种争议。③ 因此，旅行社应当按照合同约定的旅游行程等履行义务。

2. 说明、警示义务

依据《旅游法》第 80 条的规定，旅游经营者应当就旅游活动中有关适宜参加相关活动的群体以及可能危及旅游者人身、财产安全的其他情形，以明示的方式事先向旅游者作出说明或者警示。法律作出此种规定的原因在于，旅行社和旅游者之间就旅游行程等内容存在严重的信息不对称。④

---

① 参见王惠静：《论旅游服务合同中当事人的权利和义务》，载杨富斌、韩玉灵等主编：《旅游法论丛》（第一辑），北京，中国旅游出版社，2005，第 50 页。

② 参见奚晓明主编：《最高人民法院审理旅游纠纷案件司法解释理解与适用》，北京，人民法院出版社，2010，第 212 页。

③ 参见刘璐：《旅游服务合同纠纷的法律适用》，载《法律适用》，2003（7）。

④ 参见黄健雄：《大陆居民赴台旅游服务合同法律问题研究》，载《福建政法管理干部学院学报》，2009（3）。

对于旅游者而言，旅游目的地通常是其从未到达的地方，其对于旅游行程中的危险等情况并不了解。在实践中，旅游者赴境外旅游已经发生多起安全事故。因此，在旅游过程中，旅行社应当就旅游活动中的安全注意事项等内容向旅游者进行告知，在旅游行程中，如果遇到可能危及旅游者人身、财产安全的事项，旅行社也应进行说明和警示。旅行社的说明、警示义务主要包括如下内容：

第一，说明和告知义务。因为在旅游活动的任何一个环节，都有可能发生安全事故。尤其是在出境旅游中，对于当地的自然情况、交通情况以及游览项目是否具有危险性等情况，旅游者并不了解，旅行社应当就有关的安全注意事项随时提醒旅游者。

第二，警示义务。这就是说，对于可能危及到旅游者的人身、财产安全的旅游事项，旅行社应预先对其危险性、不确定性向旅游者作出警示。[①] 警示可以分为抽象的警示和具体的警示。所谓抽象的警示，是指旅行社在行程开始前或过程中对可能造成旅游者人身和财产损害的事由作出警示，提醒旅游者注意人身和财产安全。所谓具体的警示则要求旅行社在参与某些可能对旅游者人身造成损害的具体项目之前作出警示。[②] 通过警示，使旅游者认识到相关的危险性，并采取必要的预防措施。

如果旅行社、履行辅助人以及其他旅游经营者已经尽到告知、警示义务，但旅游者仍执意从事不适合自身条件的旅游活动，致使其人身或财产遭受损害的，旅游者无权请求旅行社及其履行辅助人承担责任。例如，某旅游者要求参与“过山车”、“海盗船”等游乐活动，导游已经进行了必要的告知、警示，但某游客明知自己有心脏病仍参与上述活动，导致自身健康严重受损，在此情形下，其无权请求旅行社承担责任。

3. 不得擅自全部委托他人提供服务的义务

在旅游服务合同中，关于旅行社是否应当亲自履行义务，对此存在不同的观点。一种观点认为，旅行社应当亲自履行其在旅游服务合同中的义务，而不能委托他人履行该义务。[③] 这主要是因为旅游服务属于一项专门服务，虽不需要旅行社具备特殊的技能，但对旅游经营者的经营能力却有专门的要求，否则根本无法保证旅游服务合同的切实履行。另一种观点认

① 参见周江洪：《旅游服务合同性质决定之局限性探讨》，载《旅游学刊》，2009（11）。
② 参见许伟基：《旅游纠纷案例解析》，北京，法律出版社，2010，第55页。
③ 参见郭明瑞、王轶：《合同法新论·分则》，北京，中国政法大学出版社，1997，第360页。

为，旅游服务合同为双务合同的一种，法律不应强制性地规定旅行社必须亲自履行各项义务。[①]《旅游法》第 69 条第 2 款规定："经旅游者同意，旅行社将包价旅游合同中的接待业务委托给其他具有相应资质的地接社履行的，应当与地接社订立书面委托合同，约定双方的权利和义务，向地接社提供与旅游者订立的包价旅游合同的副本。"依据这一规定，旅行社并不必亲自提供各项旅游服务，在符合如下法定条件时，旅行社也可以将部分服务委托具有相应资质的地接社履行接待义务。所谓地接社，是指接受组团社委托，在目的地接待旅游者的旅行社。[②] 该条确立的条件包括如下几项：

第一，征得旅游者同意。旅行社亲自提供服务是合同的主要义务，其主要目的是保证履行合同义务的能力，因此，旅行社的义务是不能随意转给他人承担的，否则可能导致旅游者的信赖落空，损害旅游者的利益。[③]征得旅游者同意包括两种方式，一是事先在旅游合同中明确载明将部分的接待业务委托给他人，并在合同中具体载明受托旅行社的基本信息；二是事后取得旅游者的同意，如双方事后订立委托合同。

笔者认为，该条中要求委托必须取得旅游者同意，实际上是采取了禁止擅自转委托的规则。但此处所说的转委托应当是指将全部接待业务转托给他人。因为旅游服务合同具有一定的人身信任性，旅游者在决定是否同旅行社订立旅游服务合同时，通常会考虑到旅行社的经营资质、商业信誉、服务水平等。[④] 所以，旅行社在未征得旅游者同意的情况下，不得擅自将全部接待业务转委托给他人。但毕竟因为旅行社提供的服务非常广泛，其不可能都可以亲自履行其义务，所以，在某些情形下，将部分接待业务委托第三人来处理，可能更有利于维护旅游者的利益，从而实现合同订约的目的。

第二，接受委托的旅行社具备相应的资质和能力。旅游服务作为一项专门服务，对旅行社的经营能力有专门的要求。[⑤] 同时，旅游服务合同在

---

① 参见易军、宁红丽：《合同法分则制度研究》，北京，人民法院出版社，2003，第 464 页。

② 参见《旅游法》第 111 条。

③ 参见俞宏雷：《刍议旅游服务合同纠纷案件的审理》，载《法律适用》，2001（3）。

④ 参见国务院法制办工交商事法制司、国家旅游局政策法规司组织编写：《〈旅行社条例〉释义》，北京，人民交通出版社，2009，第 158 页。

⑤ 参见杜军：《旅游服务合同研究》，载《西南民族学院学报（哲学社会科学版）》，2001（5）。

某种程度上具有人身信任属性，旅游者对旅行社的选择多是出于对旅游经营者的资质、行程安排等服务能力的信任，为了保护旅游者的利益以及确保合同所约定的旅游标准，即便旅游者同意转委托，接受转委托的旅行社也应具备提供旅游服务的资质和能力。否则，就可能对旅游者的利益造成侵害。

第三，委托方与受托方之间应当订立书面委托合同。旅行社转委托只是将部分旅游服务委托其他旅行社提供，但并未对提供旅游服务的内容、标准作出变更，因此，应当通过书面形式将上述内容加以明确，从而确保受托方可以按照原定的标准和内容向旅游者提供旅游服务，也可以保护旅游者的利益。同时，依据《旅游法》第60条第2款的规定，旅行社在依法将包价旅游合同中的接待业务委托给地接社履行的，应当在包价旅游合同中载明地接社的基本信息。

此外，依据《旅游法》第69条第2款的规定，旅行社将包价旅游合同中的接待业务委托给其他具有相应资质的地接社履行的，应当向地接社支付不低于接待和服务成本的费用，从而避免旅行社将接待和服务成本的费用转嫁到旅游者身上，出现所谓“零负团费”的委托。因为在“零负团费”的委托中，受托的旅行社为了实现自身的盈利，往往擅自改变旅游路线，增加旅游购物项目，以从中获取提成，进而实现对零团费或低团费的补偿。因此，要求作出委托的旅行社向受托的旅行社支付不低于接待和服务成本的费用，既可以实现对旅游竞争秩序的规范，维护接受委托的旅行社的正当利益，也有利于避免对旅游者的合法利益造成损害。

4. 预防损害和救助义务

旅游活动本身具有一定的风险，旅行社应采取各种必要的措施，防范风险的发生。[①]《旅游法》第81条规定：“突发事件或者旅游安全事故发生后，旅游经营者应当立即采取必要的救助和处置措施，依法履行报告义务，并对旅游者作出妥善安排。”因此，旅行社应当承担必要的预防损害和救助的义务，以保障旅游者的人身、财产安全。具体来说，该义务包括两方面：

第一，旅行社应当采取必要措施，防范旅游者的人身、财产安全遭受威胁或实际损害。通常，旅游者对于旅行社所安排的游览项目、相关项目

① 参见李长健：《论旅游格式合同中的政府规制》，载杨富斌、韩玉灵等主编：《旅游法论丛》（第一辑），北京，中国旅游出版社，2005，第39页。

所存在的危险性等内容通常是不熟悉的，其人身、财产安全在旅游过程中极容易受到外来的侵害。所以，旅行社作为旅游活动的组织者，应当采取积极的措施防范损害的发生。对于因此所产生的费用，由旅行社和旅游者合理分担。在法律上对旅行社课以预防损害的义务，既可以保护旅游者的利益，也有利于确保旅游活动的顺利进行。例如，在“李某诉中青旅控股股份有限公司案”[①] 中，法院经审理认为，被告作为旅游服务的提供者，在提供旅游服务时，有义务保障旅游者的人身和财产安全，被告未尽到相应的安全保障义务，致使原告的身体受到伤害，被告应当承担相应的违约赔偿责任。旅行社负有的保证旅游者人身、财产安全义务的条款，应当被视为合同的默示条款。[②] 在旅游服务合同中，旅行社是否尽到预防损害的义务，应当根据旅行社所从事的经营活动而作出判断。[③] 预防损害是旅行社负有的法定义务，即使合同条款并未对此义务加以明确，旅行社仍负有此种义务。

在旅游行程中，如果发生不可抗力或意外事件而危及旅游者的人身、财产安全时，根据《旅游法》第 67 条的规定，旅行社应当采取相应的安全措施，因此支出的费用，由旅行社与旅游者分担。例如，由于某地发生山洪导致滑坡，需要改道通行，换乘飞机，由此增加的费用应当由旅行社与旅游者分担。

第二，在旅游者的人身、财产遇到危险或遭受损害时，旅行社负有救助的义务。《旅游法》第 82 条规定：“旅游者在人身、财产安全遇有危险时，有权请求旅游经营者、当地政府和相关机构进行及时救助。”依据这一规定，在旅游者的人身、财产遭受损害时，旅游者有请求救助的权利，与此相对应的，旅行社及当地政府和相关机构等应当采取必要的处置措施，并进行救助。因为一方面，在旅游行程中，旅游者通常不仅处于信息弱势地位，在经济上也处于弱势地位，在损害发生之后，其很难作出准确的判断，也无力对自身进行救助。例如，旅游者在境外遇到财物被窃、证件丢失、突发疾病、遭遇抢劫等情形，因为旅游者缺乏经验，且

---

① 北京市东城区人民法院民事判决书（2009）东民初字第 08291 号。

② 参见郑晶：《论旅行社的违约责任》，载杨富斌、韩玉灵等主编：《旅游法论丛》（第一辑），北京，中国旅游出版社，2005，第 71 页。

③ 参见“洪甲等诉上海某国际旅行社生命权纠纷”，上海市第二中级人民法院民事判决书（2008）沪二中民一（民）终字第 2381 号。参见许伟基：《旅游纠纷案例解析》，北京，法律出版社，2010，第 40 页。

势单力薄，旅行社应当给予必要的帮助。另一方面，积极救助也有利于及时弥补损失，减少对旅游者所造成的损害。在游客因自身原因发生损害时，只要旅游经营者尽到了救助义务，则应减轻或被免除责任。如在“张某某等诉北京春秋旅行社有限公司案”[①] 中，法院经审理认为，在旅行团进行旅游的过程中，李某某在宾馆房间休息期间，因突发疾病去世，而当时在场的相关各方对其进行救助的行为并无不当，因此，被告无须承担责任。

5. 谨慎选择旅游辅助者的义务

在旅游服务合同中，旅游服务涉及餐饮、住宿、交通、游览、娱乐和购物等多个环节，旅行社无法亲力亲为，亲自提供所有的旅游服务，而需要选定有关旅游辅助服务者协助其提供旅游给付。旅游辅助者是作为旅行社履行旅游服务合同的辅助人而存在的。旅游辅助者所提供的服务的质量通常与旅游服务合同能否实现其目的存在直接关系，且直接关系旅游者的切身利益。因此，在旅游服务合同中，旅行社负有谨慎选择旅游辅助服务者的义务。从合同的相对性出发，旅游辅助服务者并非旅游服务合同的当事人，其属于旅行社的债务履行辅助人。因此，在因旅游辅助服务者的原因导致旅游者的人身、财产权利遭受侵害的，仍应由旅行社承担责任。旅行社承担责任之后，可以向旅游辅助服务者追偿。由旅行社负责也有利于督促其谨慎地选择旅游辅助服务者。[②] 依据《旅游法》第 71 条的规定，由于履行辅助人的原因导致违约的，应当由组团社承担责任。但如果由于履行辅助人的原因造成旅游者的财产或人身遭受侵害，而构成侵权的，则旅游者可以要求履行辅助人承担赔偿责任，也可以要求组团社承担赔偿责任。

6. 保密义务

《旅游法》第 52 条规定：“旅游经营者对其在经营活动中知悉的旅游者个人信息，应当予以保密。”据此，旅行社负有保密义务。所谓保密义务，主要是指对于旅行社在签订旅游服务合同过程中所获知的关于旅游者的个人信息，如个人的身份证号码、银行账户、职业、家庭住址、健康状况、家庭成员等，应当妥善保存和管理，不得擅自泄露或挪作他用。这也

---

① 北京市东城区人民法院民事判决书（2010）东民初字第 02696 号。

② 参见奚晓明主编：《最高人民法院审理旅游纠纷案件司法解释理解与适用》，北京，人民法院出版社，2010，第 58 页。

是维护旅游者个人信息权的重要体现。由于旅游服务合同中提供服务的一方当事人并不仅限于旅行社，还包括相关旅游辅助服务者。这些旅游辅助服务者在为旅游者提供旅游服务的过程中也会接触和了解到大量有关旅游者的信息，因而，也应负有保密义务。《旅游法》将保密义务的主体确定为旅游经营者，这就将包括旅行社以及为旅游者提供交通、住宿、餐饮等服务的旅游辅助服务者都涵盖在内。此种义务性质上属于法定义务。

7. 亲自处理代办手续的义务

《旅游法》第 74 条规定："旅行社接受旅游者的委托，为其代订交通、住宿、餐饮、游览、娱乐等旅游服务，收取代办费用的，应当亲自处理委托事务。因旅行社的过错给旅游者造成损失的，旅行社应当承担赔偿责任。"该条既是旅游代办合同的规定，也是对包价旅游合同中旅行社按照约定代办手续等的规定。在旅游服务合同中，尤其是在国外旅游服务合同中，为了确保旅游活动的正常开展，经常需要旅游者办理护照、签证或相关手续。如果当事人在旅游服务合同中明确约定由旅行社为其代办相关手续，旅行社负有亲自处理的义务。

8. 旅游者自行活动期间安全提示、救助义务

《旅游法》第 70 条第 3 款规定："在旅游者自行安排活动期间，旅行社未尽到安全提示、救助义务的，应当对旅游者的人身损害、财产损失承担相应责任。"据此，旅行社在旅游者自行活动期间负有安全提示、救助义务。所谓自行安排活动期间，包括根据旅游行程安排的独立的自由活动期间、旅游者不参加旅游行程的活动期间以及旅游者经导游同意暂时离队的个人活动期间等。[①] 在旅游者自行活动期间，旅行社首先应对可能危及旅游者人身、财产安全的危险予以提示，使旅游者能够对危险有预先的了解，且能够采取预防措施。此外，如果旅游者在自行活动期间遭受人身、财产损失的，旅行社应对其予以救助。需要注意的是，在自行安排活动期间，旅行社仅应在必要的限度内履行提示、救助义务，其仅应于了解的范围内向旅游者进行提示，并应在能力范围之内对旅游者进行救助。

9. 不得指定具体购物场所和安排另行付费旅游项目的义务

在实践中，购物是旅游纠纷的重灾区。[②] 因此，规范旅行社的购物安

---

① 参见《旅游纠纷司法解释》第 19 条第 2 款。

② 参见国务院法制办工交商事法制司、国家旅游局政策法规司组织编写：《〈旅行社条例〉释义》，北京，人民交通出版社，2009，第 123 页。

排行为，有利于保护旅游者的合法权益。《旅游法》第 35 条第 2 款规定："旅行社组织、接待旅游者，不得指定具体购物场所，不得安排另行付费旅游项目。但是，经双方协商一致或者旅游者要求，且不影响其他旅游者行程安排的除外。"据此，旅行社负有不得指定具体购物场所和安排另行付费旅游项目的义务。但是，如果当事人协商一致的，或者旅游者明确提出安排购物的要求的，根据合同自由原则，旅行社应当在不影响其他旅游者行程安排的前提下为其提供相应的服务。在当事人未明确约定购物安排的情形下，旅行社指定具体购物场所或安排另行付费旅游项目的，旅游者有权在旅游行程结束后 30 日内，要求旅行社为其办理退货并先行垫付退货货款，或者退还另行付费旅游项目的费用。①

10. 附随义务

旅游服务合同中除当事人约定的主给付义务和从给付义务之外，还应当包括一些附随义务，具体而言，主要有以下几项：

（1）照顾义务。《旅游法》第 79 条第 3 款规定："旅游经营者组织、接待老年人、未成年人、残疾人等旅游者，应当采取相应的安全保障措施。"因此，对于老幼病残者，旅行社应给予其特殊的照顾，以保障其在旅游中的人身、财产安全。

（2）告知风俗习惯等义务。依据《旅游法》第 62 条的规定，在旅游服务合同的履行过程中，旅行社负有告知旅游者旅游目的地相关法律、法规和风俗习惯、宗教禁忌，依照中国法律不宜参加的活动等义务。在旅游过程中，尤其是在国外旅游服务合同中，旅游经营者应向旅游者提示旅游风俗、习惯，这既是对当地风俗习惯的尊重，也有利于维护旅游者自身的利益，使其不致因风俗习惯的不同而产生纠纷，同时，还有利于维护国家的形象。②

（3）妥善保管代管物品的义务。在旅游服务合同的履行过程中，旅行社或者履行辅助人应对其所代管的旅游者的物品尽到妥善保管的义务。防止物品遭受不当的损毁或灭失。但依据我国《旅游纠纷司法解释》第 22 条的规定，如果代管物品的损毁、灭失是基于以下情形而导致的，旅游经营者或者旅游辅助服务者则不承担赔偿责任。这些情形主要包括：第一，损失是由于旅游者未听从旅游经营者或者旅游辅助服务者的事先声明或者

---

① 参见《旅游法》第 35 条第 3 款。

② 参见《旅行社条例实施细则》第 42 条。

提示，未将现金、有价证券、贵重物品由其随身携带而造成的；第二，损失是由于不可抗力、意外事件造成的；第三，损失是由于旅游者的过错造成的；第四，损失是由于物品的自然属性造成的。

二、旅游者的义务

1. 缴纳旅游费用的义务

旅游服务合同作为双务、有偿合同，旅游费用的交纳是旅游者所负担的主要合同义务。对此，《旅游法》第111条也作出了明确规定。旅游者在接受旅行社所提供的旅游服务的同时，应当以总价支付旅游费用。旅行社所收取的旅游费用实际上可分为两部分，一是为旅游者订票、订餐、订房等支出的费用，二是旅行社为旅游者提供导游等服务而应收取的报酬。[①] 在旅游服务合同订立后，旅游者应按合同约定的时间、数额、方式及时将旅游费用支付给旅行社。如果在旅游服务合同约定的服务项目之外，旅游者自愿接受或参加旅行社提供的其他服务或付费项目的，还应当另外支付服务费用。缴纳旅游费用作为旅游者的主要义务，也是其享受旅行社所提供的旅游服务的基础。因此，即使旅游者在旅游过程中死亡或因其他的原因致旅游服务合同终止，旅游者仍应对其已经享受的旅游服务支付相应的旅游费。

2. 如实提供旅游所必需的个人信息的义务

在旅游服务合同的订立和履行过程中，旅游者负有如实提供个人信息的义务。这些信息主要包括：一是为办理旅游证件等所需的个人身份信息等，如果旅游者未及时提供这些信息，导致旅行社无法及时为其办理相关证件，而无法按时开始旅游行程的，旅游者应当自行承担相应损失。二是告知与旅游活动相关的个人健康信息。《旅游法》第15条规定："旅游者购买、接受旅游服务时，应当向旅游经营者如实告知与旅游活动相关的个人健康信息，遵守旅游活动中的安全警示规定。"因为在某些情形下，如漂流、攀岩、野外露营等，旅行社所提供的旅游服务与旅游者自身的健康状况等有密切关系，所以，旅游者应当如实告知这些信息。三是应当如实告知可能危害其他旅游者健康和安全的相关信息，如是否患有传染性疾病等。如果某个旅游者患有危及其他旅游者人身健康安全的疾病，而未如实事先告知的，旅行社可以解除合同，因此而给旅行社造成损失的，旅游者

---

① 参见俞宏雷：《刍议旅游合同纠纷案件的审理》，载《法律适用》，2001（3）。

应当承担相应的赔偿责任。但是，旅游者所需要提供的个人信息仅限于与旅游活动相关的，如果并非为旅游活动所要求或必需的，则旅游者并不负有提供义务。

3. 遵守旅游行程安排的义务

旅游者必须按照旅行社预先安排的路线、行程和时间等从事相关活动。因为遵守旅游行程安排有利于旅游目的顺利实现。旅游服务的提供需要依赖旅游者的协助和配合才能完成。[①] 如果旅游者不遵守旅游行程安排，旅游经营者可能无法按照约定的时间、路线等内容向其提供旅游服务。另外，因为旅游通常具有团体性，单个旅游者不履行遵守旅游行程安排的义务，也会对其他旅游者的利益造成影响。所以，旅游者负有遵守旅游行程安排的义务，其在旅游过程中未经导游或者领队许可，不得故意脱离团队。《旅游纠纷司法解释》第 20 条规定："旅游者在旅游行程中未经导游或者领队许可，故意脱离团队，遭受人身损害、财产损失，请求旅游经营者赔偿损失的，人民法院不予支持。"

4. 遵守安全、警示规定的义务

《旅游法》第 15 条第 1 款规定，旅游者接受旅游服务时，应当遵守旅游活动中的安全警示规定。例如，旅游者在参加攀岩、漂流活动中，应当听从旅行社及导游、领队等的指挥，遵守其对时间、地点和安全措施等操作规则的要求。此外，依据《旅游法》第 13 条的规定，旅游者也应当遵守旅游目的地的法律、风俗习惯。

第五节　旅游服务合同的变更、转让及解除

通常，旅游服务合同的履行极易受到自然、天气等各方面因素的影响。换言之，旅游服务合同的依赖性体现得较为明显。在合同履行过程中，合同目的是否能够实现，与旅游目的地的天气、环境等因素存在密切关联。[②] 例如，甲与旅行社签订了冰岛五日游，但在甲到达冰岛之后，因火山喷发而导致旅游活动无法展开，此时，旅游目的即无法实现。此外，

① 参见奚晓明主编：《最高人民法院审理旅游纠纷案件司法解释理解与适用》，北京，人民法院出版社，2010，第 247 页。

② 参见孙森焱：《旅游契约之研究》，载《东吴大学法律学报》，1998（1）。

在旅游服务合同中，除旅行社自行提供整体旅游给付之外，其通常需要通过其他旅游经营者来提供相关旅游服务。[①] 例如，因航空公司晚点导致旅行社未按照约定时间将旅游者运抵目的地，在此情形下，合同当事人以外的第三人能否按照约定履行义务是旅行社及旅游者无法控制的。因此，在旅游服务合同订立之后，旅行社能否依据合同约定履行义务、旅游者能否通过旅游获得精神上的愉悦等都具有一定程度的不确定性。正是因为这一原因，旅游服务合同在变更、解除等方面具有特殊性。

一、旅游服务合同的变更

《旅游法》第67条规定，因不可抗力或者旅行社、履行辅助人已尽合理注意义务仍不能避免的事件，导致合同不能完全履行的，旅行社经向旅游者作出说明，可以在合理范围内变更合同。依据上述规定，具备下列条件时，旅行社可以依法变更合同：

第一，必须是因发生不可抗力或意外事件导致合同不能完全履行。如果旅游服务合同在履行过程中并无不可抗力等事由的发生，旅行社或旅游者仍应按照合同的约定履行。如果这些事件的发生导致整个合同无法继续履行，就不宜采取合同变更的方式，而只能解除合同。

第二，对意外事故的发生，旅行社、履行辅助人没有过错。例如，在“王某诉上海某旅行社旅游合同纠纷案”中，旅游合同签订时，气象部门就台风的发生已经有所预报，原告得知后主动与旅行社联系，这时，旅行社应当采取取消合同或建议延期出游等妥善措施，但旅行社仍组织出游，明显具有过错，应当承担相应的违约责任。[②]

第三，向旅游者作出说明并取得其同意。因不可抗力等不可归责于旅行社的客观原因而需要变更旅游行程时，在征得旅游者同意后，可以变更合同。依据《旅游法》第69条的规定，在旅游服务合同订立之后，旅行社不得擅自变更旅游行程安排。如果旅行社或旅游者一方未与对方当事人进行协商，而擅自变更合同内容的，应当承担违约责任。

因前述原因而变更合同的，依据《旅游法》第67条，因此增加的费用由旅游者承担，减少的费用退还旅游者。例如，旅行社组团到欧洲旅

① 参见许惠佑：《旅游契约之研究》，（台湾）政治大学法律学研究所1988年博士学位论文，第1～6页。

② 参见《台风吹“停”岱山二日游 游客获赔2 140元》，载《新闻晨报》，2009-04-24。

行，因火山爆发而取消部分行程，对于节省的费用应当退还给旅游者。

在未发生不可抗力或者意外事件的情形下，依据《合同法》第 77 条的规定，当事人双方协商一致，可以变更合同内容。此外，在根据旅游者的具体要求而安排旅游行程的包价旅游合同中，依据《旅游法》第 73 条的规定，旅游者也可以请求变更旅游行程安排。但在此情形下，增加的费用应由旅游者承担，减少的费用应退还旅游者。

二、旅游服务合同的转让

1. 旅游者在旅游行程开始前转让旅游服务合同

《旅游法》第 64 条规定："旅游行程开始前，旅游者可以将包价旅游合同中自身的权利义务转让给第三人，旅行社没有正当理由的不得拒绝，因此增加的费用由旅游者和第三人承担。"因此，旅游者在旅游行程开始前，有权将旅游服务合同转让给第三人。这主要是因为：一方面，在旅游行程开始前，旅游者解除合同通常并不会对旅行社的利益造成明显损害。对于旅行社因办理护照、证明文件、预订住宿等事项而已经支出的费用，其有权请求旅游者承担。另一方面，旅游者从事旅游活动是为了获得精神愉悦和享受，如果禁止旅游者在旅游行程开始前解除合同，强行要求其参与旅游活动，则不利于保障其精神愉悦的实现。但是，旅游者转让旅游服务合同中自身的权利义务，应满足如下条件：

第一，应在旅游行程开始前进行转让。因为在旅游行程开始之前，旅行社尚未向旅游者提供实质性的旅游服务，在此期间内旅游者有权转让。但在旅游行程开始后，如果旅游者任意将合同中自身的权利义务转让给第三人，则会造成合同履行的不确定性。[①] 当然，在旅游行程开始前，旅游者转让自身的权利义务也应当在合理期间内进行转让。这主要是因为，旅游行程的安排涉及代订住宿、机票、代办证件等多个环节，尤其是在出境旅游中，这些证件的办理通常需要经过特定的程序和时间，如果旅游者未能在旅游行程开始前的合理期间内进行转让，不仅会影响到旅游行程的如期开始，也会影响到同团旅游的其他旅游者的利益。例如，旅游者在旅游行程开始的前一天将合同中的权利义务转让给第三人，并通知旅行社。此时，旅行社已经为旅游行程的开始作出了大量准备，而为变更后的第三人

① 参见奚晓明主编：《最高人民法院审理旅游纠纷案件司法解释理解与适用》，北京，人民法院出版社，2010，第 135 页。

办理机票、住宿等手续在一天内显然无法完成，为了保障旅游行程的如期开始，旅行社有权拒绝旅游者作出的转让。笔者认为，可以借鉴国家旅游局等制定的《团队国内旅游合同》第14条所规定的出发前7天解除合同的规定，在旅游开始前7天提出转让。

第二，转让的是旅游者自身的权利义务。《旅游法》第64条规定，旅游者有权转让给第三人的合同内容限于其自身的权利义务。对于依据旅游服务合同约定、旅游者并不享有的权利义务，其无权进行转让。同时，旅游者所转让的权利义务应当是合同所约定的自身享有的全部权利义务内容，而不能仅是将部分权利义务转让给第三人，或仅转让权利而不转让义务。

第三，旅行社无拒绝的正当理由。受让人参加旅游可能不符合旅行社的要求，例如，以荒野、攀岩、漂流探险为主要内容的旅游服务合同，接受转让的第三人健康状况未达到约定的状态，不足以参加该项旅游，或第三人的行动自由依法受限，如被取保候审者、被禁止出境者①，在此情形下，旅行社可以拒绝旅游者将旅游合同的权利义务转让给第三人。旅行社拒绝旅游者转让自身的权利义务，必须要向旅游者说明正当的理由，并就此承担举证责任。此外，如果当事人在订立旅游服务合同时，明确约定不得将自身的权利义务转让给第三人的，旅游者应当遵守该项约定。

第四，无须征得旅行社的同意。在旅游行程开始前，旅游者将合同中自身的权利义务转让给第三人，无须向旅行社说明理由，征得其同意。但是，依据诚信原则，旅游者应当将转让的情况通知旅行社。在其作出通知之后，旅行社无正当理由不得拒绝。

《旅游法》第64条规定，因旅游者转让合同中的权利义务而增加的费用，由旅游者和第三人承担。需要注意的是，旅游者和第三人仅就旅游者转让合同权利义务而增加的费用承担连带责任。例如，甲在旅游行程开始前，因其身体不便而将旅游服务合同转让给乙，旅行社因此需要另行为乙办理出国签证，由此所产生的费用，旅行社可以请求甲、乙进行支付。对于依据原旅游服务合同所产生的其他费用，其并非因合同变更而增加或多出的费用，旅行社无权请求旅游者和第三人负担连带责任。

在旅游服务合同转让之后，如果旅游者所缴纳的旅游费用多出实际支出的，其有权向旅行社主张返还。例如，甲与旅行社签订旅游服务合同，

① 参见孟凡哲、王惠静：《旅游法前沿问题研究》，北京，中国法制出版社，2011，第53页。

共支付旅游费 1 万元，后来甲将旅游服务合同转让给乙，因乙是未成年人，仅需支付 8 000 元的旅游费。在此情形下，对于多支付的 2 000 元旅游费，甲是否有权请求旅行社返还该费用？在比较法上，大多数国家或地区规定，旅游者不得请求返还因此而减少的费用，因为旅行社依据其与原旅游者所订立的旅游服务合同而享有的合同利益不应因合同变更而受影响。[①]但因为旅游服务合同具有双务、有偿性，旅游者所支付的费用应以旅行社所提供的服务为对价，如果因旅游服务合同的转让而导致旅游费用减少的，基于公平、等价的考虑，应允许旅游者向旅行社请求返还因此减少的费用。因此，《旅游纠纷司法解释》第 11 条第 2 款规定，旅游者有权请求返还。

2. 旅行社转让全部旅游服务

旅行社将旅游服务合同中的权利义务全部转让给其他旅行社，一般被称为“转团”或“卖团”。此种转让不同于部分旅游服务的委托。例如，组团旅行社委托地接社提供导游服务，此种情形并不构成转让，而仅是将部分旅游服务委托其他旅行社提供。旅行社将旅游业务转让给其他旅行社，应征得旅游者的同意。这主要是因为：一方面，依据《合同法》第 84 条的规定，债务人将其所负担的义务转让给第三人的，应当取得债权人的同意。另一方面，旅游服务合同双方当事人之间存在着一定的信任关系。在旅游服务合同中，组团社将其全部的旅游服务转让给其他旅行社后，与旅游者签订旅游服务合同的组团社将退出合同的履行，由受让的旅行社替代进行履行，因此应取得旅游者的同意。如果旅游者不同意转让的，依据《旅游纠纷司法解释》第 10 条第 1 款的规定，旅游者可以请求解除旅游服务合同或者请求旅游经营者承担违约责任。

旅行社擅自将旅游业务转让给其他旅行社，不仅会构成违约，还可能因受让的旅行社未能尽到充分的注意义务或安全保障义务等而给旅游者造成损害，使旅游者遭受损失。在此情形下，旅游者既可以主张原旅游经营者承担违约责任，也可以向与其签订旅游服务合同的旅游经营者和实际提供旅游服务的旅游经营者承担连带责任。[②]

三、旅游服务合同的解除

（一）旅游者的任意解除权

《旅游纠纷司法解释》第 12 条规定：“旅游行程开始前或者进行中，

---

① 参见孙森焱：《旅游契约之研究》，载《东吴大学法律学报》，1998（1）。

② 参见《旅游纠纷司法解释》第 10 条第 2 款。

因旅游者单方解除合同，旅游者请求旅游经营者退还尚未实际发生的费用，或者旅游经营者请求旅游者支付合理费用的，人民法院应予支持。”据此，在旅游服务合同成立后至旅游行程结束前，旅游者可以解除合同，而无须征得旅行社的同意。《旅游法》第 65 条的规定只是对旅游者解除合同后的费用分担问题作出了规定，但从立法本意来看，该条实际上承认了旅游者的任意解除权。所谓任意解除权，是指依一方当事人的意思即可发生合同解除的效力，无须经对方当事人的同意。该项权利是旅游者所享有的一项法定权利，其原因在于：一方面，旅游者作为消费者，享有旅游自主权。在旅游者不愿意继续旅游行程时，其有权解除合同。另一方面，旅游者通过旅游服务是为了获取精神的愉悦和享受，允许旅游者在旅游行程开始前解除合同，有利于保障旅游目的的实现。[①] 从比较法上来看，大多数国家（地区）都承认了旅游者所享有的任意解除权，如《德国民法典》第 651b 条、英国 1992 年 12 月生效的《包价旅游法规》第 10 条以及我国台湾地区“民法”第 514 条等都对旅游者的任意解除权作出了规定。

对于旅游者的任意解除权的行使期间，是仅限于在旅游行程开始之前，还是在旅游行程结束前，对此存在争议。笔者认为，在旅游行程结束前的任一阶段，都应当允许旅游者任意解除合同，而不应在法律上作出限制。例如，旅游者在游览某个景点之后，感觉索然无味，其不愿再继续游览其他景点，应允许其解除合同。即便是在旅游即将结束前，旅游者不愿再随团行动，也有权解除合同。如前所述，旅游服务合同不同于其他合同类型，旅游者与旅行社订立合同主要是为了获取游览旅游景点的精神享受，如果其基于自身的原因而不愿意继续履行旅游服务合同的，也应允许其解除合同。因此，旅游者在旅游行程结束前的任何一个阶段，都享有任意解除权，且无须向旅行社解释理由。[②]

因旅游者行使任意解除权而解除合同的，旅游者是否可以请求旅行社退还费用?《旅游法》第 65 条规定：“组团社应当在扣除必要的费用后，将余款退还旅游者。”从该条规定来看，其并未对旅游者解除合同的事由作详细区分，而是针对旅游者解除合同的后果作出了统一规定。因此，旅游者行使任意解除权的法律后果也包括在内。根据该规定，对于已经发生

① 参见刘琦、陈运来：《论旅游者在旅游服务合同中的权利和义务》，载《湖南行政学院学报》，2002 (4)。

② 参见马国香：《论包价旅游服务合同中旅游者的权利与义务》，载《法制与经济》，2008 (9)。

的必要费用，旅行社有权扣除。但对于尚未发生的余款，其应当退还旅游者。例如，旅行社已经为旅游者预定住宿，但旅游者在旅游行程开始前即已解除合同，并未发生实际入住的事实，对于旅游者已经支付的住宿费用，因该部分尚未实际发生，旅游者有权请求返还。但是，对于已经发生的住宿预订费用，就属于“必要费用”，旅行社有权予以扣除。

在旅游者行使任意解除权后，旅行社是否有权向其请求由此而导致的损失？一种观点认为，旅游者行使任意解除权的，应赔偿旅行社因此而遭受的损失。[①] 另一种观点认为，旅游者应当赔偿旅行社因合同终止而遭受的损害，是否赔偿其他损失取决于旅游者是否有过错。[②] 从我国司法解释来看，其并未规定旅行社的损害赔偿请求权。笔者认为，法律通过赋予旅游者以任意解除权，而对旅游者形成一种全面的利益保护，但也应当照顾到合同另一方当事人的合理利益，从而实现当事人之间的利益平衡。因此，对于旅行社因旅游者行使任意解除权而遭受的损失，旅游者应当赔偿。如果允许旅游者任意解除合同而不予赔偿，可能会极大增加旅游经营的风险，影响旅游产业的发展。

（二）旅行社在未达到约定人数时的解除权

《旅游法》第 63 条第 1 款规定：“旅行社招徕旅游者组团旅游，因未达到约定人数不能出团的，组团社可以解除合同。但是，境内旅游应当至少提前七日通知旅游者，出境旅游应当至少提前三十日通知旅游者。”这实际上确认了旅行社在未达到约定人数不能出团情形下解除合同的权利。这一做法也是国际通行惯例。例如，布鲁塞尔《旅游合同国际公约》第 10 条第 2 款规定：“游客未达旅游文件中所约定之最低限度之人数时，旅游业者亦得撤销契约而不负赔偿之责。但至迟应在旅行或短期居留开始前十五日通知旅客。”之所以允许旅行社在未达到约定人数时解除合同，是因为旅游活动具有团体性，旅行社组织、安排旅游活动是为了实现盈利，如果未达到约定人数仍要求旅行社出团，旅行社则会因成本过高而产生亏损。在此情形下，旅行社可能通过擅自改变旅游行程、删减游览项目、强令旅游者进行购物等行为转嫁成本，对旅游者的利益造成损害，因此，此时旅行社享有通知解除合同的权利。但旅行社应当按照法律规定履行提前

---

① 参见马国香：《论包价旅游服务合同中旅游者的权利与义务》，载《法制与经济》，2008（9）。

② 参见刘劲柳：《旅游服务合同》，北京，法律出版社，2004，第 174～175 页。

通知义务，即境内旅游至少提前 7 日，而出境旅游至少提前 30 日通知解除合同。

《旅游法》第 63 条第 2 款规定，在未达到约定人数不能出团时，如果旅游者愿意继续旅游行程的，组团社经征得旅游者书面同意，可以委托其他旅行社履行合同。这既有利于保护组团社的利益，使其不至于亏损经营，也有利于保护旅游者的合法利益。毕竟，旅游者对于未达到约定人数不能出团的结果并不具有可归责性，此时，由组团社委托其他旅行社履行合同，可以使旅游者的利益继续得以实现和满足。在组团社委托其他旅行社履行合同时，组团社仍应对旅游者承担责任，受委托的旅行社对组团社承担责任。当然，在因未达到约定人数不能出团、组团社委托其他旅行社履行合同时，如果旅游者不同意的，有权解除合同。因未达到约定的成团人数而解除合同的，依据《旅游法》第 63 条第 3 款的规定，旅行社应当向旅游者退还已经收取的全部费用。

（三）法定解除权

所谓法定解除权，是因一方当事人违约或因不可抗力而导致合同无法履行时，守约的一方当事人可以依法解除合同。在旅游服务合同中，旅游者和旅行社双方都有权行使法定解除权而解除合同。

1. 因不可抗力或意外事件导致合同无法履行

《旅游法》第 67 条规定，因不可抗力或者意外事件导致旅游服务合同不能继续履行的，当事人有权解除合同。具体包括：一是因不可抗力导致合同无法履行。例如，冰岛火山爆发导致大量游客滞留机场。因此，在发生不可抗力致使合同不能继续履行时，当事人有权解除合同。二是因意外事件导致合同不能履行。此处所谓的“意外事件”，主要是指旅行社、履行辅助人已尽合理注意义务仍不能避免的事件。对于旅行社、履行辅助人未能尽到合理注意义务而导致合同不能履行的，其应向旅游者承担违约责任。例如，在前述“王某诉上海某旅行社旅游合同纠纷案”中，原告在知晓气象部门的台风预报之后主动与被告（旅行社）联系，咨询出游事宜，但被告在原告主动询问台风事宜之后，仍未尽到合理注意义务并采取必要措施，导致旅游目的因台风而无法完全实现。在此情形下，被告仍应对此承担违约责任。①

需要指出的是，在因不可抗力或意外事件等原因而解除合同的情形

① 参见许伟基主编：《旅游纠纷案例精析》，北京，法律出版社，2010，第 7～11 页。

下，首先应区分此种事件对合同影响的范围。只有在因不可抗力或意外事件导致合同不能继续履行时，旅行社和旅游者才有权解除合同。如果合同不能完全履行的，旅行社经向旅游者作出说明，可以在合理范围内变更合同。例如，某地因暴雨而发生山体滑坡之后，通往某一景点的道路堵塞，旅行社向旅游者作出说明后，提出调整原定的旅游项目，改至附近的另一景点，但因为该景点较远，所以部分旅游者不同意变更，其可以解除合同。而已经作出同意的旅游者可以继续履行合同。

合同解除后，组团社应当在扣除已向地接社或者履行辅助人支付且不可退还的费用后，将余款退还旅游者；合同变更的，因此增加的费用由旅游者承担，减少的费用退还旅游者。例如，某地发生洪灾之后，无法到该地旅行，但旅行社可以改变旅游行程或减少旅游项目。此时，因为旅游活动具有团体性，在旅行社作出必要变更之后，不同意变更的旅游者有权解除合同，而其他同意变更的旅游者应当承担因变更而增加的费用，减少的费用则应由旅行社退还给旅游者。

因不可抗力或意外事件造成旅游者滞留的，旅行社应当采取相应的安置措施。因此增加的食宿费用，由旅游者承担；增加的返程费用，由旅行社与旅游者分担。例如，因突降暴雪造成航班取消，旅游者滞留机场，此时，旅行社应当为其安排紧急住宿和餐饮服务。在此情形下，旅游者应当自行承担因此而增加的食宿费用，而不能将此费用全部转给旅行社负担。

2. 一方当事人根本违约或有其他法定事由

在旅游合同中，任何一方当事人严重违反合同义务，导致合同目的无法实现，构成根本违约时，对方当事人有权解除合同。例如，旅行社擅自改变旅游行程、减少旅游项目，构成根本违约的，旅游者有权解除合同。

鉴于旅游者已经享有任意解除权，因而，我国《旅游法》重点针对旅行社的合同解除权利作出了规定。《旅游法》第 66 条第 1 款规定，在如下情形下，旅行社可以解除合同：第一，患有传染病等疾病，可能危害其他旅游者健康和安全的。在此情形下，其他旅游者的健康和安全可能会遭受损害，而患病的旅游者自身可能也不适宜继续进行旅游活动，因而为了保护其他旅游者以及患病旅游者自身的人身权益，应当允许旅行社解除合同。第二，携带危害公共安全的物品且不同意交有关部门处理的。在旅游者携带易燃、易爆、放射性等危害公共安全的物品时，如果其不同意交有关部门处理的，为了保护其他旅游者的人身安全，确保旅游活动的顺利进行，旅行社可以解除合同。但是，如果旅游者同意将其所携带的危害公共安全的物品交予有关部门处理时，相应的危险也会随之消除，旅行社不得与其解除合同。第三，从事违法或者违反社会公德的活动的。例如，旅游者在旅行地点聚众赌博，或从事有伤风化的行为。第四，从事严重影响其他旅游者权益的活动，且不听劝阻、不能制止的。例如，旅游者在旅游过程中殴打其他旅行者，或不听导游劝阻擅自脱团、导致旅游活动难以正常进行。第五，法律规定的其他情形。该项规定属于兜底条款，除前述解除事由外，如果法律明确规定旅行社有权解除合同的，其可以依据法律规定而解除合同。

依据《旅游法》第 66 条第 2 款的规定，旅行社因前述事由而解除合同的，组团社应当在扣除必要的费用后，将余款退还旅游者。例如，在旅游者身患传染病时，对于其已经游览的项目，旅行社有权扣除该部分的必要费用，而将尚未发生的、旅游者未参与的旅游活动的余款退还给旅游者。同时，如果因旅游者的行为给旅行社造成损失的，旅游者应当依法承担赔偿责任。例如，某一旅游者在旅游行程中殴打其他旅游者，导致整个旅行团未能及时乘坐航班，旅行社因此而遭受的损失，应当由该旅游者承担赔偿责任。

（四）合同解除后的协助义务

在合同解除后，当事人无须承担合同所约定的义务，但仍应履行相应的附随义务。《旅游法》第 68 条规定："旅游行程中解除合同的，旅行社应当协助旅游者返回出发地或者旅游者指定的合理地点。由于旅行社或者履行辅助人的原因导致合同解除的，返程费用由旅行社承担。"依据这一规定，旅行社在合同解除后负有协助义务。因为在合同解除后，旅游者可能无法自行返回出发地，甚至会遭受人身、财产损失。尤其是在出境旅游中，旅游者可能因语言、资讯等障碍无法返回出发点，此时，旅行社应当协助其返回出发地或旅游者指定的合理地点。无论合同的解除是否可归责于旅游者，旅行社都负有该项义务。

如前所述，合同解除的原因具有多样性，既可能是基于旅游者自身的原因，也可能是基于旅行社或其履行辅助人的原因。《旅游法》第 68 条规定，由于旅行社或者履行辅助人的原因导致合同解除的，返程费用由旅行社承担。例如，旅游者因旅行社擅自改变行程而解除合同，此时，合同解除完全是因旅行社的原因而造成的，由其负担返程费用也属合理。从该条的反面解释来看，如果合同解除是因旅游者自身的原因而导致的，返程费用则由旅游者负担。但此时，旅行社仍应当对其进行协助，如协助其购买机票等。

第六节　违反旅游服务合同的责任

一、违约形态

（一）未按合同约定履行义务

旅行社应当按照法律或合同约定履行义务，其未按合同约定履行义务主要表现为：旅行社违反合同约定，擅自改变旅游行程、遗漏旅游景点、减少旅游服务项目、降低旅游服务标准等，对于未完成约定旅游项目的合理费用，旅游者有权请求旅行社予以赔偿。[①] 对于旅游者而言，其不履行合同义务的主要形态表现为未按照合同约定的时间和方式交纳旅游费用。

（二）不适当履行

旅行社不适当履行合同义务主要表现为如下几种形态：一是旅行社未按照合同约定的时间提供旅游服务，既可能因可归责于旅行社自身的原因，也可能因不可归责于其自身的原因，如公共交通工具的延误。在可归责于旅行社的情形下，旅行社应对其未按照合同约定的时间而提供旅游服务的行为承担违约责任。二是旅行社违反告知、警示义务。如前所述，依据《旅游法》第 80 条的规定，旅行社负有告知、警示义务。该义务是旅行社的法定义务，是法律依据诚实信用原则对当事人的基本要求，不能通过合同约定免除该项义务的履行。[②] 在旅行社、履行辅助人未尽告知、警示义务的，造成旅游者人身损害、财产损失的，既可以构成违约责任，也可以构成侵权责任。[③] 此时，旅游者可以择一行使。[④] 三是旅行社未履行及时救助义务。如前所述，对于旅游者在旅行社安排活动期间，以及自行活动期间所遭受的损害，旅行社都应当及时进行救助。依据《旅游法》第 70 条第 3 款的规定，在旅游者自行安排活动期间，旅行社未尽到安全提示、救助义务的，应当对旅游者的人身损害、财产损失承担相应责任。此

---

① 参见《旅游纠纷司法解释》第 17 条第 1 款。

② 参见奚晓明主编：《最高人民法院审理旅游纠纷案件司法解释理解与适用》，北京，人民法院出版社，2010，第 93 页。

③ 参见奚晓明主编：《最高人民法院审理旅游纠纷案件司法解释理解与适用》，北京，人民法院出版社，2010，第 101 页。

④ 参见《旅游纠纷司法解释》第 8 条第 1 款。

种责任不限于合同责任，旅游者既可以向旅行社主张违约责任，也可以要求旅行社或履行辅助人承担侵权责任。[①] 四是违反保密义务。在旅游服务合同中，为了充分维护旅游者的合法利益[②]，旅行社、履行辅助人对其所获知的关于旅游者的个人信息负有保密义务。如果旅行社或履行辅助人泄露旅游者的个人信息或者未经旅游者同意公开其个人信息的，则既可能构成违约，也可能构成侵权。旅游者因旅行社、履行辅助人违反保密义务，而主张违约责任或侵权责任，都无须证明存在损害后果，而只要证明旅行社、旅游辅助人违反保密义务即可。

（三）拒绝履行和预期违约

在合同订立后，如果旅行社或旅游者明确表明其将不履行合同义务的，将构成拒绝履行。如果旅行社无法定事由（如未达到约定的出团人数）而拒绝履行合同义务的，应向旅游者承担违约责任。对于旅游者而言，旅游者在旅游行程结束前享有任意解除权，其在旅游行程开始前自然也可以解除合同，且无须向旅行社说明理由。但是，如果旅游者在合同订立之后明确表明不履行合同义务的，如未明确向旅行社提出解除合同，其仍应受合同的约束，在此情形下，旅行社可以向其主张违约责任。

在债务履行期限届满之前，如果旅行社或旅游者以自己的行为表明其已不履行合同主要义务的，将构成预期违约。在此情形下，依据《合同法》第108条的规定，对方当事人有权要求其承担违约责任。例如，在出境旅游中，按照合同约定由旅行社代办出境的签证等证明文件，在旅游行程开始的前一天，旅行社仍未要求旅游者提交办理签证等所需的证照，从旅游行程开始的时间考虑，出境旅游势必无法成行。此时，旅游者可以向旅行社主张违约责任。

二、责任承担方式

《旅游法》第70条第1款规定："旅行社不履行包价旅游合同义务或者履行合同义务不符合约定的，应当依法承担继续履行、采取补救措施或

① 《旅游纠纷司法解释》第7条规定："旅游经营者、旅游辅助服务者未尽到安全保障义务，造成旅游者人身损害、财产损失，旅游者请求旅游经营者、旅游辅助服务者承担责任的，人民法院应予支持。因第三人的行为造成旅游者人身损害、财产损失，由第三人承担责任；旅游经营者、旅游辅助服务者未尽安全保障义务，旅游者请求其承担相应补充责任的，人民法院应予支持。"

② 参见奚晓明主编：《最高人民法院审理旅游纠纷案件司法解释理解与适用》，北京，人民法院出版社，2010，第110页。

者赔偿损失等违约责任。”据此，责任人主要应承担如下几种违约责任：

（一）继续履行

在旅游过程中，旅行社未经旅游者同意而擅自改变旅游行程、减少游览项目等，旅游者可以请求其按照合同所约定的内容继续履行。但是，如果旅游行程已经结束，对于旅行社擅自减少游览项目等行为，则不宜要求旅行社以继续履行的方式承担违约责任。这主要是因为，旅游活动具有团体性，如果要求旅行社在旅游行程结束后承担继续履行的违约责任，旅行社所应支付的成本则过高。此时，应当由旅行社承担赔偿损失等违约责任。例如，在“马某诉上海某旅行社旅游纠纷案”中，因被告旅行社擅自缩减两个景点并增加一个购物点，原告请求旅行社就合同中未履行部分承担继续履行的违约责任，法院判决认为，考虑到本案所涉旅游合同的特殊性，并不适于强制履行。①

（二）采取补救措施

此处所说的补救措施主要包括如下几种方式：一是退还部分或全部费用。旅行社未按照约定的内容提供旅游服务，如减少旅游项目、遗漏旅游景点的，应将未实际发生的费用返还给旅游者。对此，有学者指出，旅游者在此情形下所遭受的损失，应当是与旅行社所遗漏、减少或变更的服务比例相当的旅游费用。② 笔者认为，旅游服务合同是双务、有偿合同，旅游者所支付的旅游费用与旅行社所提供的旅游服务构成对待给付关系。因此，当旅行社未能按照约定内容提供旅游服务时，应当按照比例退还相关的费用。二是另行安排住宿、交通工具等。例如，酒店不符合合同所约定的标准，旅行社应当及时为旅游者调换。三是及时救助。如果因旅行社不履行合同义务或履行合同义务不符合约定而造成旅游者人身、财产损害的，旅行社应当予以及时救助，从而尽可能缓解对旅游者所造成的损害，可以降低由此产生的不利影响，也有利于保护旅游者的权益。③

（三）财产损害赔偿

所谓财产损害赔偿，是指违约方应对因其违约行为给对方当事人所造成的损失承担赔偿责任。在旅游服务合同中，如果双方当事人明确约定违约金的，则在一方当事人违约后，另一方当事人有权向违约方请求违约

① 参见《国内首例消费者“补游”案在沪判决》，载《中国青年报》，2007-10-26。

② 参见刘璐：《旅游合同纠纷的法律适用》，载《法律适用》，2003（7）。

③ 参见国务院法制办工交商事法制司、国家旅游局政策法规司组织编写：《〈旅行社条例〉释义》，北京，人民交通出版社，2009，第153页。

金。如果合同未约定违约金的，则应赔偿因违约而造成的实际损失。此外，因为旅行社的行为造成旅游者人身损害、财产损失的，依据《旅游法》第70条第1款的规定，旅游者可以向旅行社主张侵权责任，旅行社对于旅游者所遭受的损失应当依法承担赔偿责任。

需要讨论的是，因旅行社违约导致旅游者未能获得约定的旅游服务，造成其假期时间浪费，此种损失能否归入财产损失的赔偿范畴？从比较法上来看，依照《德国民法典》第651f条第2款的规定，在旅游活动无法进行或者旅游活动明显受到侵害时，旅游者可以因"无益消耗的休假时间"请求给予适当的金钱赔偿。关于该项损失的计算，德国以前的判决认为，休假时间是以劳动或者收入损失为代价换取的，因此休假时间的价值应当以工作收入为计算标准。[①] 因为"无益消耗的休假时间"会造成旅游者的痛苦或其他主观感受，本质上属于非财产损害，即精神损害。[②] 我国台湾地区"民法"第514—8条也规定了时间浪费的赔偿请求权。笔者认为，休假时间的耗费在本质上属于无形财产的损失，而非精神损害。浪费他人假日时间虽然也有可能导致旅游者的不愉快，但并不一定会导致其遭受严重的精神痛苦，其所造成的损失仍主要是因时间浪费而产生的经济损失。俗话说，"时间就是金钱"。所以，应将假期时间的浪费归入财产损失的范畴，而不应被纳入精神损害赔偿之中，对于此种损害通常应根据工资标准等具体的经济因素而确定。

（四）惩罚性赔偿

《旅游法》第70条第1款规定："旅行社具备履行条件，经旅游者要求仍拒绝履行合同，造成旅游者人身损害、滞留等严重后果的，旅游者还可以要求旅行社支付旅游费用一倍以上三倍以下的赔偿金。"该条实际上是在旅游服务合同中确立了惩罚性赔偿制度。惩罚性赔偿制度所针对的通常是合同当事人的恶意行为。在旅游服务合同中，旅行社具备履行条件，经旅游者要求仍拒绝履行合同，表明旅行社具有恶意。因旅行社的此类行为造成旅游者人身损害、滞留等严重后果的，旅游者可以主张支付旅游费用一倍以上三倍以下的惩罚性赔偿。此外，如果旅行社提供服务时有欺诈行为，旅游者有权依据《消费者权益保护法》第49条和《合同法》第

① 参见〔德〕梅迪库斯：《德国债法分论》，北京，法律出版社，2007，第313页。

② 参见王泽鉴：《民法学说与判例研究》，第7册，北京，中国政法大学出版社，2003，第176页。

113 条第 2 款请求旅行社双倍赔偿其遭受的损失。[①] 这既有利于实现对实施欺诈行为的旅游经营者的制裁，也可以充分保护旅游者的合法利益。

（五）精神损害赔偿

所谓精神损害赔偿，是指因行为人侵害他人的人身权益，造成受害人严重的精神痛苦，所应承担的赔偿责任。此种赔偿是侵权责任法中的一种责任方式，也是针对侵害人格权而造成的精神损害的救济方式。从比较法上来看，各国合同法大都确认了合同责任不得对精神损害予以补救的原则，但在例外情况下允许基于违约责任而赔偿受害人的精神损害。英美法一般认为，合同之诉不适用精神损害（injured feelings），如果某个雇员因被解雇而蒙受羞辱，某个委托人因律师未能在离婚之诉中采取适当措施保护其利益而遭受精神损害等，都不能根据合同要求赔偿。[②] 在英美法中，在例外情形下允许在合同责任中主张精神损害赔偿，这最早源于英国丹宁勋爵在贾维斯诉天鹅旅游有限公司案（Jarvis v. Swans Tours Ltd）。该案作出了大胆的突破，支持了原告所提出的对被告违反旅游服务合同的承诺所造成的精神损害予以赔偿的请求。[③] 自该案之后，在旅游服务合同纠纷中，开始适用精神损害赔偿。国际统一私法协会《国际商事合同通则》第 7.4.2 条（赔偿）规定，受损害方对由于不履行而遭受的损害有权得到完全赔偿。该损害既包括该方当事人遭受的任何损失，也包括其被剥夺的任何利益。[④]

《旅游纠纷司法解释》第 21 条规定："旅游者提起违约之诉，主张精神损害赔偿的，人民法院应告知其变更为侵权之诉；旅游者仍坚持提起违约之诉的，对于其精神损害赔偿的主张，人民法院不予支持。"《侵权责任法》第 22 条规定："侵害他人人身权益，造成他人严重精神损害的，被侵权人可以请求精神损害赔偿。"据此，只有在因侵权造成他人严重精神损

① 参见《旅游纠纷司法解释》第 17 条第 2 款。

② Guenter H. Treitel, *International Encyclopedia of Comparative Law*, Vol. Ⅶ, Contract in General, Chapter 16, Remedies for Breach of Contract, Tübingen, 1976. p. 38.

③ Jarvis v. Swans Tours Ltd [1972] EWCA Civ 8. 在该案中，Jarvis 是一个律师，受到旅行社宣传手册的吸引，到瑞士度假，但旅行社并未按照宣传手册的承诺提供服务。法官认为其有权取得精神损害赔偿。丹宁法官认为，Jarvis 先生不仅有权要求赔偿假日的花费，仍有权因对方违约而给其带来的精神上的不愉快（disappointment, the distress, the upset and frustration）而向旅行社主张赔偿。

④ 参见张玉卿主编：《国际商事合同通则 2004》，北京，中国商务出版社，2005，第 533 页。

害时才能请求精神损害赔偿，在旅游服务合同关系中不适用精神损害赔偿。司法实践中，绝大多数法院都认为，在旅行社违约的情形下，旅游者不能基于违约而主张精神损害赔偿。例如，在“李某某等诉张掖市某国际旅行社有限公司旅游合同纠纷案”[①] 中，法院认为，违约责任下的精神损害赔偿请求无相关法律依据，故本院对原告请求精神损害赔偿的诉讼请求不予支持。又如，在“洪某诉宁波某旅游有限公司旅游合同纠纷案”[②] 中，法院认为，对于原告主张的精神损害赔偿金，因其就本案提起的是合同之诉，并非侵权之诉，故此项赔偿主张依据不足，不予以支持。

但在旅游服务合同中，因旅行社违约，造成旅游者精神损害的，能否允许旅游者基于违约而主张精神损害赔偿？对此，学界一直存在争议。在我国，有学者认为，在旅游服务合同中，旅游者可以基于旅行社的违约行为而主张精神损害赔偿。[③] 在旅游服务合同中，旅游者支付一定的价款购买旅行社所提供的服务，其主要目的是获得精神上的审美与愉悦，与当事人的精神利益直接相关。[④] 在旅游、观看演出等以旅游者、观众等权利人获得精神享受（愉悦）为权利内容的合同场合，必须成立精神损害赔偿责任。[⑤] 对因可归责于旅行社的事由导致旅游合同不能履行，采用实际赔偿的方法无法填补旅游者的全部损害，违约方还必须赔偿旅游者的精神损害。[⑥] 在实践中，也有个别法院认为应当允许旅游者基于违约而主张精神损害赔偿。例如，在“阮某诉上海市某国际旅行社旅游纠纷案”[⑦] 中，法院认为，因导游的行为给原告的身心造成一定程度的伤害，因此，被告旅行社应当向原告赔偿精神抚慰金。笔者认为，违约责任原则上不宜采取精神损害赔偿的方式。一方面，在违约责任中，对精神损害提供补救有可能会破坏交易的基本法则。损害赔偿在本质上是交易的一种特殊形态，仍然反映交易的需要，而精神损害赔偿使得非违约方获得了交易之外的利益，这就违背了交易的基本原则，与等价交换的精神相违背。另一方面，在违

① 甘肃省张掖市甘州区人民法院民事判决书（2011）甘民初字第449号。
② 浙江省宁波市鄞州区人民法院民事判决书（2009）甬鄞民初字第4445号。
③ 参见王建喜、张霞：《论旅游合同违约的精神损害赔偿》，载杨富斌、韩玉灵等主编：《旅游法论丛》（第二辑），北京，中国法制出版社，2010，第131页。
④ 参见王建喜、张霞：《论旅游合同违约的精神损害赔偿》，载杨富斌、韩玉灵等主编：《旅游法论丛》（第二辑），北京，中国法制出版社，2010，第125页。
⑤ 参见崔建远：《精神损害赔偿绝非侵权法所独有》，载《法学杂志》，2012（8）。
⑥ 参见宁红丽：《〈旅游法（草案）〉与旅游合同的有名化》，载《旅游学刊》，2012（12）。
⑦ 万里：《旅游途中遭遇导游恐吓殴打》，载《人民法院报》，2002-02-02。

约之诉中允许对精神损害进行赔偿也违反了合同法的可预见性规则。但法院在确定具体的违约损失数额时，可以酌情考虑旅游者的精神利益损失。

三、地接社和履行辅助人的责任

（一）地接社的责任

《旅游法》第71条第1款规定："由于地接社、履行辅助人的原因导致违约的，由组团社承担责任；组团社承担责任后可以向地接社、履行辅助人追偿。"旅行社在提供旅游服务的过程中，可能将部分旅游服务委托给目的地的旅行社。接受委托、在目的地接待旅游者的旅行社也被称为地接社。依据该条规定，一方面，在组团社将其部分旅游业务委托地接社后，如果因受托人的原因而导致旅游者遭受损害的，旅游者仍然应当要求组团社承担违约责任。这主要是因为，组团社是旅游服务合同的当事人，旅游者与地接社之间并未签订合同，根据合同相对性原则，在出现违约情形时，仍应当由对方当事人（即组团社）承担违约责任。而且由于旅游服务合同具有一定的人身信任性，旅游者在选择旅行社时通常会考虑旅行社的规模、服务质量等，因而，即使组团社将某些具体接待业务交由地接社完成，其仍应向旅游者负责。另一方面，在组团社承担责任后可以向地接社、履行辅助人追偿。在因地接社的原因导致组团社违约时，组团社作为合同当事人虽应向旅游者承担违约责任，但在其承担责任之后，组团社有权基于其与地接社之间的合同约定而向其追偿。

除违约责任之外，因地接社原因造成旅游者人身、财产损失的，依据《旅游法》第71条第2款的规定，旅游者可以要求地接社、履行辅助人承担赔偿责任，也可以要求组团社承担赔偿责任。这主要是为了保护旅游者的权益，方便其提起诉讼、主张权利。如果组团社先行承担侵权责任的，在其承担责任后可以向作为直接侵权行为人的地接社追偿。

（二）履行辅助人的责任

所谓履行辅助人，是指与旅行社存在合同关系，协助其履行包价旅游合同义务，实际提供相关服务的法人或自然人。[①] 在包价旅游过程中，因为涉及交通、餐饮、住宿等内容，组团社通常需要与第三人签订合同，由其代为提供具体的餐饮、住宿等服务。这些主体通常被称为履行辅助人。在因履行辅助人的原因造成违约时，应当如何承担责任？对此，存在几种

① 参见《旅游法》第111条。

不同观点。一是履行辅助人负责说。此种观点认为，在运输合同、餐饮合同等涉及第三人为旅游给付的情形中，旅游者实际上处于利他合同中的受益人的地位，第三人不履行的，旅游者可以直接向其行使请求权。[①] 二是旅行社或旅游辅助服务者共同负责说。此种观点认为，在因履行辅助人的原因造成违约时，旅游者对向第三人还是旅行社主张权利享有选择权。[②] 三是旅行社负责说。此种观点认为，对于因旅游辅助服务者的原因而导致旅游经营者违约的，旅游者应当向旅行社主张违约责任。依据《旅游法》第 71 条第 1 款的规定，因履行辅助人的原因而造成违约的，组团社应当承担违约责任。该规定实际上也是合同相对性规则的具体体现，因为履行辅助人和旅游者之间不存在合同关系，依据合同相对性规则，旅游者无法向履行辅助人直接请求违约责任，而只能由作为合同当事人的组团社承担违约责任。但组团社在向旅游者承担违约责任后，可以向地接社或者其他履行辅助人追偿。

依据《旅游法》第 71 条的规定，由于公共交通经营者的原因造成旅游者人身损害、财产损失的，由公共交通经营者依法承担赔偿责任，旅行社应当协助旅游者向公共交通经营者索赔。法律作出此种规定的原因主要在于：公共交通经营者并不属于履行辅助人的范畴，因为履行辅助人通常与旅行社存在合同关系，而公共交通经营者与旅行社之间并不存在合同关系，不属于履行辅助人的范围，由于公共交通运输者的原因造成旅游者遭受损害时，旅游者不能基于有关履行辅助人的规定而请求旅行社承担违约责任。旅游者在乘坐公共交通工具时，其与公共交通经营者之间存在合同关系，因公共交通经营者的原因造成旅游者损害的，旅游者有权请求公共交通经营者承担违约责任或侵权责任。[③] 如果因公共交通经营者的原因造成旅游者的人身、财产受损，旅行社只负有协助索赔的义务，具体的责任仍应由公共交通运营者实际承担。

---

① 参见孙森焱：《旅游契约之研究》，载《东吴大学法律学报》，第 11 卷第 1 期，第 8 页。

② 参见易军、宁红丽：《合同法分则制度研究》，北京，人民法院出版社，2003，第 468～471 页。

③ 参见奚晓明主编：《最高人民法院审理旅游纠纷案件司法解释理解与适用》，北京，人民法院出版社，2010，第 227～228 页。

第十四章　医疗服务合同

第一节　医疗服务合同的概念和特征

一、医疗服务合同的概念和特征

所谓医疗服务合同，是指医疗机构与患者之间订立的，一方提供诊疗服务，另一方支付医疗费用的合同。医疗是公民生命健康的保障，是民生之本，因而，医疗关系也是多个法律部门调整的重心。在民法上，医疗关系可分为医疗服务合同关系和医疗侵权法律关系等多种关系，而医疗服务合同也是合同法调整的重要内容。

从性质上看，医疗服务关系是一种合同关系，即依据患者与医疗机构之间的约定，医疗机构负有提供医疗服务的义务，并享有收取一定医疗费的权利，而患者享有请求医疗机构进行诊疗的权利，同时负有支付医疗费等费用的义务。笔者认为，确认医疗服务关系属于合同关系具有重要意义，主要表现在：一方面，将医疗服务关系认定为一种合同关系，有利于厘清双方当事人的权利义务关系。特别法并未对医患之间的权利义务关系作出全面的规定，因此，必须依赖于医患双方的意思自治，通过合同的方式约定具体的权利义务。此外，在出现医疗损害后果时，虽然可以通过侵权责任来进行处理，但侵权责任只能在事后解决医患之间的纠纷，无法事先确定双方的权利义务关系。[①] 另一方面，从合同关系的角度对医疗当事人的权利义务关系进行调整，也有利于尊重和保护患者的各项权利。[②] 因为医疗服务合同属于平等主体之间的关系，所以，是否接受医疗服务以及

---

① 参见胡名态：《论我国医疗法律关系的性质》，载《中山大学学报论丛》，2005（6）。

② 参见屈茂辉、彭赛红：《论医疗服务合同》，载《中南工业大学学报》（社会科学版），1999（3）。

医疗服务的具体内容等都需要双方当事人达成合意。例如，在患者需要进行特殊治疗、手术时，医疗机构需要对患者进行特殊说明，并得到患者的同意。尤其是对许多特殊的诊疗行为而言，只要医疗机构作出了允诺，就应当严格履行合同，为患者提供符合约定的服务。① 因此，将医疗服务关系认定为一种合同关系，也有利于改进医疗服务，保护患者的权益。

关于医疗服务合同是否为有名合同，存在争议。一种观点认为，医疗服务合同是无名合同。② 另一种观点则认为，医疗服务合同属于有名合同，并且是委托合同的一种类型。③ 从比较法来看，许多国家都承认医疗服务合同是一种重要的有名合同。④ 当然，关于医疗服务合同的性质，各国法律规定的并不完全一致。我国现行法律中没有专门规定“医疗服务合同”，只有行政法规、规章等对医疗服务合同作出了零散的规定，但笔者认为，医疗服务合同应当是一种特别法规定的有名合同。主要原因在于：第一，我国《侵权责任法》第七章关于医疗损害责任的规定，虽然是从侵权损害责任角度规定的，但多项规定可以适用于合同关系。例如，该法第55条规定的医疗机构的说明义务、第57条所规定的符合当时医疗水平的相应诊疗义务、第61条规定的妥善保管病历资料的义务、第62条规定的对患者隐私保密的义务等都可以成为合同义务的重要来源。第二，我国一些特别法律法规对医疗服务合同的内容也做了相应的规定。例如国务院《医疗事故处理条例》第11条、《医疗机构管理条例》第33条、《计划生育技术服务管理条例》第14条等都规定了患者知情同意权。第三，2011年2月18日最高人民法院《关于修改〈民事案件案由规定〉的决定》将医疗服务合同纠纷归入服务合同纠纷之中⑤，这实际上也承认了医疗服务行为的合同属性。第四，司法实践中还区分医疗服务合同纠纷与医疗损害赔偿纠纷⑥，这实际上也承认了医疗服务合同为一种独立的合同类型。正

① 参见屈茂辉、彭赛红：《论医疗服务合同》，载《中南工业大学学报》（社会科学版），1999（3）。

② 参见陈一凡：《医患关系法律分析》，北京，人民法院出版社，2013，第104页。

③ 参见韩世远：《医疗服务合同的不完全履行及其救济》，载《法学研究》，2005（6）。

④ 参见〔德〕梅迪库斯：《德国债法分论》，北京，法律出版社，2007，第264页。

⑤ 最高人民法院（法〔2011〕41号）第一次修正。

⑥ 例如，浙江省高级人民法院民一庭《关于审理医疗纠纷案件若干问题的意见》（试行）第3条规定：“患者一方因医疗行为而遭受损害，有权提起侵权责任之诉或违约责任之诉。患者一方主张医疗机构承担侵权责任的，案由为‘医疗损害赔偿纠纷’；患者一方主张医疗机构承担违约责任的，案由为‘医疗服务合同纠纷’”。

是从这个意义上，笔者认为，应该将医疗服务合同认定为特别法上的有名合同。

根据医疗服务合同，医疗机构对患者实施诊疗行为，向患者提供医疗服务，而患者支付相应的医疗费用。医疗服务合同的主要特点在于：

1. 主体的特殊性

医疗服务合同的双方当事人为医疗机构和患者，此处所谓医疗机构是指依法取得医疗经营许可证的机构。关于医疗机构的类型，我国有关法律法规已经作出专门规定[①]，其主要包括：医院、卫生院、疗养院、急救中心、急救站等。关于医疗服务合同的一方主体是医疗机构还是医师，存在不同观点。从比较法上看，许多国家法律都将医疗服务合同的一方当事人界定为医师。例如，在德国法上，医师作为专业人士，其和患者之间应当订立合同，此种合同在性质上被认为是雇佣合同。[②] 在法国法中，通常来说，患者与医师之间也存在医疗服务合同关系，患者可以根据《法国民法典》第 1147 条向医师主张合同责任。[③] 但在我国，医疗服务合同是在患者与医疗机构之间订立的，医师并不是医疗服务合同的主体。因而，与前述比较法上的做法不同，我国法律实际上是将医疗服务合同的一方主体界定为医疗服务机构。这就是说，一方面，医务人员是医疗机构的工作人员，他们并不是以个人身份对外行医，而是以医疗机构的名义对外从事医疗服务活动，在因医师的过错导致患者损害时，医务人员的过错属于医疗机构的过错，应由医疗机构承担责任。[④] 另一方面，即便医师是个体行医，依据有关规定，其也必须成立医疗机构，而不能单纯以个人身份从事职业活动。至于医务人员兼职从事医疗活动，其仍然要以其兼职所在的医疗机构的名义从事医疗活动。虽然诊疗活动具体由医师实施，但其在诊疗活动中给患者造成损害的，相关责任仍应由医疗机构承担。

2. 订约目的的特殊性

医疗服务合同，是以提供医疗服务为目的在医疗机构与患者之间形成的合同，当事人订立医疗服务合同的目的就是提供诊疗服务。[⑤] 医疗服务的范围比较宽泛，如检查、手术、诊治、康复、理疗、安装义齿、义肢、

---

① 参见《医疗机构管理条例实施细则》第 3、4 条。

② 参见〔德〕梅迪库斯：《德国债法分论》，北京，法律出版社，2007，第 264 页。

③ 参见周友军：《侵权责任法专题讲座》，北京，人民法院出版社，2011，第 380～381 页。

④ 参见姜柏生：《医疗事故法律责任研究》，南京，南京大学出版社，2005，第 3 页。

⑤ 参见韩世远：《医疗服务合同的不完全履行及其救济》，载《法学研究》，2005（6）。

修补牙齿以及美容整形等都可以纳入医疗服务合同之中。[①] 但医院提供住宿、膳食等行为，因为与诊疗活动无关，所以不属于医疗服务合同的内容。

由于医疗服务关系到公民的生命权、健康权，为保护患者的这些权利，法律对医疗行为进行了一些特别规制。如法律对医疗器械采取了分类管理的制度，对医疗服务水平不同的医疗服务机构设置了不同的资质等级，以保障医疗服务的质量。

需要讨论的是，医疗服务合同是否属于结果之债？对此存在两种观点。一种观点认为，医疗服务合同在性质上属于结果之债，以医疗机构治愈患者的疾病为患者给付报酬的条件，并将其认定为承揽合同。[②] 另一种观点则将其认定为行为之债，即医疗服务合同属于提供服务的合同，是否治愈疾病并不是患者给付报酬的条件。例如，在日本，有不少学者认为，医疗服务合同属于“非保证结果的专业性劳务提供合同”[③]。笔者认为，医疗服务是医疗机构依照法律、合同等对患者提供的服务，但其本身并非要保证特定的诊疗效果，医疗机构应当尽力救助患者，只要其尽到了相关的诊疗义务，即便没有达到特定的诊疗结果，除非当事人有特别约定，也不应构成违约。由于人体的复杂性、患者的个性差异性以及医疗技术自身的限制，医疗服务机构不能保证诊疗行为一定会达到某种确定的诊疗结果。当然，如果医疗服务机构在医疗服务合同中承诺达到特定的诊疗效果，则可以认定其属于结果之债。例如，就部分美容合同而言，在当事人约定医疗美容机构的美容行为达到特定的美容效果，或者美容服务机构通过宣传广告中承诺达到特定的美容效果时，则可以将其认定为结果之债。

3. 合同订立方式具有特殊性

与一般的合同相比，医疗服务合同的订立方式具有特殊性，主要体现在：一方面，医疗服务合同通常采取口头形式订立。患者在医疗机构挂号后，就意味着其与医疗机构之间订立了医疗服务合同。当然，从事美容、手术、专项诊断等，当事人之间可能也需要订立书面合同，其也

---

① 参见宁红丽：《大陆法系国家的医疗合同立法及其对中国大陆的借鉴意义》，载《月旦民商法杂志》（第4辑），台北，元照出版公司，2004。

② 参见苏永钦等：《民法七十年之回顾与展望纪念论文集（一）》（总则·债编），北京，中国政法大学出版社，2002，第237页。

③ 周江洪：《服务合同研究》，北京，法律出版社，2010，第466页。

属于医疗服务合同的范畴。另一方面，医疗服务合同的订立具有一定的人身信任关系。[①] 因此，如果患者失去了对医疗机构的信任，应当允许其解除合同。例如，即便患者已经在特定医院挂号，也并不意味着，其必须负有接受特定诊疗活动的义务。在诊疗过程中，如果患者希望转院，医疗机构也应当允许。此外，在医疗服务合同订立过程中，医疗机构还负有强制缔约的义务，医疗机构不能拒绝对患者收诊。

4. 合同内容具有特殊性

由于医疗服务合同以提供医疗服务为目的，所以其内容具有一定的特殊性，这主要体现在：一是从合同义务的来源来看，医疗服务机构的义务既来源于医疗服务合同的约定，也来源于法律规定。我国有关法律、行政法规、规章等对医疗服务合同的内容都作了明确规定，其中部分规定具有补充当事人意思自治的作用，即在当事人没有对相关内容作出约定时，直接适用相关法律规定确定当事人的权利义务关系，这些规定可以直接转化为医疗服务合同的内容；部分法律规定还属于强行性规范，不允许当事人对其进行变更。二是合同法的许多规则并不适用于医疗服务合同。这是因为医疗服务合同涉及患者的生命健康法益，所以，一方面，需要在法律上对患者的知情权、隐私权等作出规定，即使当事人没有在合同中作出约定，医疗机构也应当尊重患者的上述权利。[②] 另一方面，从保护患者生命健康等权利出发，需要对医疗机构的诸多合同权利进行一定的限制。例如，医疗机构在患者不能按期支付医疗费用时，从“救死扶伤”的目的出发，医疗机构不能享有并主张同时履行抗辩权，中止对患者的治疗。又如，医疗机构对患者医疗费用的请求权属于债权，基于双方的合同而取得，是合同债权。但医疗机构不能为了保障其债权的实现而采用不允许患者出院等自助方式来实现其债权。[③] 三是医疗服务的内容具有复杂性和多样性。在缔结医疗服务合同时，合同的许多内容可能并不确定，而是伴随着检查和诊疗活动的展开而逐步得以确定的。[④] 医疗机构除了提供诊疗服务外，还伴随其他的附属服务内容。患者在住院过程中，除接受诊疗服务

---

① 参见〔德〕梅迪库斯：《德国债法分论》，北京，法律出版社，2007，第270页。

② 参见叶名怡：《医疗合同责任理论的衰落》，载《甘肃政法学院学报》，2012（6）。

③ 据报道，深圳市一对夫妇因欠医院12万元医疗费，其生下的一对双胞胎被扣在医院之中两个月。院方表示，医院也希望家属能够将孩子接走，但曾有家属找借口逃费，不得不采取这样的措施。参见《医院扣新生双胞胎 因夫妇欠12万元治疗费》，载《新快报》，2012-08-22。

④ 参见周江洪：《服务合同研究》，北京，法律出版社，2010，第266页。

之外，还往往需要接受医疗机构所提供的住宿、护理、饮食等方面的服务。正是基于此种原因，有学者将医疗服务合同称为混合合同。

5. 医疗服务合同具有有偿性、双务性、非要式性和继续性

一是医疗服务合同的有偿性。医疗服务合同通常是有偿的，医疗服务机构应当根据合同约定向患者提供诊疗服务，患者也应当支付相应的医疗费用。从比较法上看，为了保护患者的利益，各国法律大多都对医疗服务的收费作出了规定，而不能由当事人完全自愿协商。①

二是医疗服务合同的双务性。关于医疗服务合同是否属于双务合同，存在不同观点。一种观点认为，医疗服务合同具有双务性，双方当事人依据医疗服务合同互负对待给付义务，医疗机构应当按照医疗服务合同向患者提供相关的医疗服务，而患者也应当支付相应的医疗费用。② 另一种观点认为，医疗服务合同并不是以对待给付为内容的合同，所以双务合同的很多规则不适用于医疗服务合同。笔者认为，医疗服务合同中，医疗机构负有提供诊疗服务的义务，而患者负有支付医疗费的义务，两者构成对待给付。只不过为了维护患者的生命健康权益，为了实现对患者的紧急救助等目的，适用于双务合同的部分规则在特殊情形下不能适用。例如，为了紧急救助患者，医疗机构不得以患者尚未支付医疗费用而行使同时履行抗辩权等。

三是医疗服务合同的非要式性。医疗服务合同经双方当事人意思表示一致而成立，并不需要采取特定的形式。实践中，医疗服务合同一般不采取书面形式。虽然在美容、保健等特定情形，当事人通常会订立书面的合同形式，但此类合同的成立并不以订立书面的合同文本为要件，只要当事人之间就合同主要条款达成合意，就应当认定合同已经成立。

四是医疗服务合同的继续性。医疗机构诊疗行为往往具有继续性，因为诊疗行为往往不是一次提供即可完毕，其常常存在后续的复诊等诊疗服务，很多慢性疾病通常也需要反复的、长期间的治疗。③

医疗服务合同关系到国民的健康，在保障民生方面具有重要意义，虽然《侵权责任法》及相关法律、法规对医疗服务合同的相关内容作出了部分规定，但我国法律尚未从正面对其作出明确规范，为规范医疗服务合

---

① 参见〔德〕梅迪库斯：《德国债法分论》，北京，法律出版社，2007，第269页。

② 参见屈茂辉、彭赛红：《论医疗服务合同》，载《中南工业大学学报》（社会科学版），1999（3）。

③ 参见薛迎春：《论医疗合同关系》，载《政法学刊》，2009（3）。

同、明确医患双方权利义务关系，我国未来民法典应当对医疗服务合同作出规定。需要指出的是，现代医疗制度发展的重要趋势是，医疗关系已经超出了合同的范畴，而具有了一定伦理性的内容。例如，在德国法中，产生了“信赖与关怀”理论，认为患者与医师之间的关系并非单纯的合同关系，还涉及医师对患者的关爱，这也是医疗关系的核心内容。正是基于此种信赖与关爱，才能实现医师治病救人的目的。[①] 在法国，理论上也认为医患关系并非单纯的经济关系，而具有一定的伦理性，其与一般的债权债务关系存在一定的区别，医师只有秉持医疗伦理，以及对病人的关爱，才能真正做到治病救人。[②] 这些观点也值得借鉴。

二、医疗服务合同与相关概念

（一）医疗服务合同与承揽合同

承揽合同是承揽人按照定作人提出的要求完成一定的工作，并将工作成果交付给定作人，定作人接受该工作成果，给付约定报酬的合同。医疗服务合同本质上是一种提供服务的合同，原则上无须交付一定的工作成果，但从比较法上来看，有的国家判例和学说认为，在医疗服务合同中，也可能采用承揽合同的形式。例如，德国联邦最高法院认为，制作假牙、安装假肢等医疗服务合同可适用承揽合同中的瑕疵担保责任。[③] 同时，与承揽合同一样，医疗服务合同通常也存在一定的人身信任关系[④]，如果患者不再信任医疗机构，应当允许其解除合同。在法国，按照学界通说，一般也认为医疗服务合同并非结果之债，医生仅承诺谨慎治疗，而并不保证达到治疗效果，但如果从事补牙等治疗，则属于结果之债。[⑤] 日本也有不少学者认为，医疗服务合同属于承揽合同，例如，在牙科治疗合同中，医师需要保证特定的诊疗效果，因此，其在性质上属于承揽合同。[⑥]

笔者认为，医疗服务合同不同于承揽合同，两者的区别主要表现为：

---

① 参见黄茂荣：《债法各论》（第一册增订版），台北，植根法学丛书编辑部，2003，第440页。

② 参见叶名怡：《医疗合同责任理论的衰落》，载《甘肃政法学院学报》，2012（6）。

③ 参见〔德〕梅迪库斯：《德国债法分论》，北京，法律出版社，2007，第270页。

④ 参见〔德〕梅迪库斯：《德国债法分论》，北京，法律出版社，2007，第270页。

⑤ See M. Barendrecht et al., *Principles of European Law: Services Contracts*, European Law Publishers 2007, p. 796.

⑥ 参见周江洪：《服务合同研究》，北京，法律出版社，2010，第467页。

第一，是否要求实现特定的结果不同。医疗服务合同一般是一种行为之债而非结果之债，即依据医疗服务合同，医疗机构仅负担谨慎治疗的义务，但并不保证达到特定的诊疗效果，只是在特殊的治疗活动中，如补牙、安装心脏起搏器等医疗活动中，医疗机构应当保证达到约定的治疗效果，在这一点上与承揽合同属于结果之债存在明显的差异。因此，医疗服务合同中，双方当事人通常约定医生应当尽到合理的注意义务，而不是保证达到特定的诊疗效果。[①] 否则，医疗机构可能负担过大的风险，影响医师从医的积极性，不利于鼓励医疗机构救死扶伤，也容易导致大量医疗纠纷的增加。但承揽合同在性质上属于结果之债，承揽人的加工等行为必须完成约定的工作效果。

第二，是否交付特定的工作成果不同。承揽合同是以交付特定的工作成果为目的的合同，承揽人的义务通常是交付有体物，这些成果都是物化的工作成果。而医疗服务合同属于提供服务的合同，并不需要交付物化的工作成果，即使在有的医疗服务合同中，医疗服务需要达到特定的效果，但此类效果具有很强的人身属性，不存在所谓物化的工作成果。[②] 同时，相关成果的交付应当属于医疗服务的组成部分，这与承揽合同中承揽人交付独立的工作成果存在明显差别。

第三，是否可以任意约定相关的费用标准不同。在承揽合同中，定作人和承揽人可以任意约定具体的承揽费用。而在医疗服务合同中，考虑到其公益性的特点，同时为了保护患者的利益，法律一般会确定相关的医疗收费项目和收费标准，当事人不能任意约定医疗费数额。

第四，是否可以行使履行抗辩权不同。在承揽合同中，可以适用双务合同的诸多规则，如同时履行抗辩权等。但在医疗服务合同中，因为合同目的的特殊性，这些规则并不能完全适用。如在紧急情况下，即使患者没有支付医疗费，医疗机构也负有紧急救助的义务，而不得行使同时履行抗辩权拒绝提供医疗服务。

（二）医疗服务合同与委托合同

委托合同，又称委任合同，是指当事人双方之间约定，一方当事人接受委托为另一方处理委托事务，另一方当事人依据约定支付报酬的合同。

---

① 参见林志红：《医疗合同有名化的探讨》，载《湖北经济学院学报（人文社会科学版）》，2011（2）。

② 参见周江洪：《服务合同研究》，北京，法律出版社，2010，第466页。

医疗服务合同与委托合同之间存在一定的相似性：一方面，两者都是为他人处理事务的合同。因为委托合同中，受托人接受委托人的委托，为委托人处理一定的事务；而医疗服务合同也是医疗机构为患者提供诊疗服务。另一方面，两者都具有一定的人身信任关系。委托合同中，委托人基于其对受托人的人身信任关系而委托其处理委托事务，而医疗服务合同中，患者正是因为信赖特定医疗机构，才与其订立合同，并接受其医疗服务。正是因为两种合同均存在一定的人身信任关系，所以委托合同中的委托人具有任意解除权，而医疗服务合同中的患者也享有类似于任意解除权的权利。

日本学界许多学者主张医疗服务合同是委托合同。① 但考虑到医疗行为本质上属于事实行为，目前日本通说认为，医疗合同属于一种准委任契约。② 我国台湾地区学界通说认为，医疗契约属于一种委托契约，由于我国台湾地区“民法”上委托契约的范围包括法律行为与事实行为，所以通说将医疗服务合同定性为一种委托契约。③ 在我国大陆，有学者认为由于医疗服务合同以诊疗活动为核心，所以，医疗服务合同从整体上应当纳入委托合同中。④ 笔者认为，医疗服务与委托合同存在一定的相似性，但也存在如下区别：

第一，二者涉及事务的范围不同。委托合同所处理的事务范围十分宽泛，不论是法律行为，还是事实行为，都可以成为委托合同所处理的事务范围。但对医疗服务合同而言，由于医疗服务合同的目的在于诊疗疾病，因而，医疗服务机构所处理的事务范围限于诊疗活动。

第二，委托合同既可以是有偿的，也可以是无偿的，而医疗服务合同通常是有偿的。尤其应当看到，委托合同的当事人可以自由协商确定处理事务的报酬；而在医疗服务合同中，为了保护患者的权益，法律通常会对医疗服务的收费项目和收费标准作出规定，而不允许当事人自由约定。

第三，在委托合同中，对有偿委托合同而言，双方当事人可以适用双务合同的诸多规则，如同时履行抗辩权等；但在医疗服务合同中，因为合同目的的特殊性，并不能完全适用双务合同的许多规则。

---

① 参见周江洪：《服务合同研究》，北京，法律出版社，2010，第467页。

② 参见龚赛红：《医疗损害赔偿立法研究》，北京，法律出版社，2001，第29页。

③ 参见黄丁全：《医事法》，北京，中国政法大学出版社，2003，第64页。

④ 参见韩世远：《医疗服务合同的不完全履行及其救济》，载《法学研究》，2005（6）。

此外，在委托合同中，受托人应当及时向委托人报告处理事务的具体状况，而在医疗服务合同中，医疗机构并不负担相关的报告义务。

（三）医疗服务合同与劳动合同

劳动合同，是指用人单位和劳动者之间订立的，以劳动者的工作为内容的合同。劳动合同是从传统民事合同中发展出来的，具有社会法性质的合同。在比较法上，有一些国家将医疗服务合同作为雇佣合同对待。在欧洲一些国家的法律中，认为医疗服务合同是由服务合同所调整的，如西班牙和葡萄牙的相关法律。① 此类合同类似于我国的劳动合同。有观点认为医疗服务合同在性质上属于雇佣合同，其主要原因在于，医生通常并不能也不需要承诺实现特定的治疗效果，而只需要提供一定的医疗服务即可。笔者认为，医疗合同与劳动合同存在明显的区别，主要表现为：

第一，合同的性质不同。二者都属于特别法上的合同，但医疗服务合同属于民事合同的范畴，而劳动合同属于社会法领域的合同。由于医疗服务合同双方当事人的主体资格平等，其在性质上属于民事合同的范畴；而劳动合同更多地关注劳动者权益的保护，因此，其属于社会法领域的合同。

第二，合同内容不同。医疗服务合同通常涉及患者的人身健康安全，医疗机构向患者所提供的诊疗服务也是为了使患者恢复健康，而劳动合同的内容则一般不涉及治病救人问题。而且，劳动者所提供的劳动服务的范围也较为宽泛，基本上可以涵盖社会生活的方方面面。

第三，合同期限不同。劳动合同的期限通常较长，双方当事人能够形成相对稳定的工作关系。而医疗服务合同的期限通常较短，且双方当事人之间通常无法形成相对稳定的工作关系。

第四，受指示程度不同。劳动合同中，劳动者需要按照用人单位的指示开展工作，其受指示程度较高。而医疗服务合同中，医师虽然需要按照医疗服务合同的约定向患者提供医疗服务，但医师开展医疗活动具有较强的自主性，医师可以依据患者病情自主采取一些医疗措施，一般无须按照患者的指示开展医疗活动，患者只能配合医师的诊疗活动。

---

① See M. Barendrecht et al., *Principles of European Law: Services Contracts*, European Law Publishers 2007, p. 796.

第二节 医疗服务合同的订立和内容

一、医疗服务合同的订立

（一）医疗服务合同的订立具有非要式性

虽然医疗服务合同的适用范围较为广泛，但由于医疗服务关系到患者的生命健康权，而且医疗服务的内容较为复杂，法律对医疗服务合同的大部分内容都作出了明确规定，并不要求医患双方必须订立书面形式的医疗服务合同。从医疗服务合同订立的实际情况来看，患者前往医疗机构挂号就诊，医疗机构接受患者就诊，即视为双方之间已达成订立医疗服务合同的合意，医疗服务合同即可成立。

关于医疗服务合同成立的时间，存在不同观点。一种观点认为，医疗服务合同自患者挂号时成立。医院开业并标明挂号费以及公开自己的服务项目，应视为发出要约，而患者的挂号行为应视为承诺，所以，应当以患者的挂号行为作为医疗服务合同的成立时间。[①] 另一种观点认为，应当以医疗机构接受挂号的时间作为医疗服务合同成立的时间。患者的挂号行为视为要约，而医疗机构接受挂号的行为属于承诺，因此，应当以医疗机构接受挂号的时间作为医疗服务合同成立的时间。[②] 笔者赞成后一种观点，从实践来看，虽然医疗机构负有强制缔约义务，但如果医疗机构出现预约已满或者挂号已满，无力再接受更多就诊者时，医疗机构拒绝患者就诊也无须承担违约责任。[③] 所以，采纳这种观点也与现实情况相符。司法实践也通常认为，病人到医院挂号就诊，医疗机构接受患者的挂号申请，医疗服务合同即可成立。[④] 这就是说，医疗服务合同的成立应当自医疗机构接受挂号之时成立。

当然，在以下特殊情形，医疗服务合同应当采取书面形式订立：

第一，整容合同。整容，即指通过外科手术改善外貌，通常指脸部整

---

① 参见刘劲松：《医疗事故的民事责任》，北京，北京医科大学出版社，2000，第 34 页。

② 参见柳经纬、李茂年：《医患关系法论》，北京，中信出版社，2002，第 29 页；龚赛红：《医疗损害赔偿立法研究》，北京，法律出版社，2001，第 18 页。

③ 参见柳经纬、李茂年：《医患关系法论》，北京，中信出版社，2002，第 28 页。

④ 参见最高人民法院中国应用法学研究所：《人民法院案例选》（第 1 辑），北京，人民法院出版社，2011，第 173 页。

形。与一般医疗服务合同相比，整容合同的当事人往往存在一些特殊要求，双方当事人之间的权利义务关系较为复杂，法律难以事先作出规定。因此，当事人订立整容合同一般应当采取书面形式，以便于明确当事人之间的权利义务关系，也便于纠纷的解决。

第二，人工辅助生殖服务。它是指医疗机构与当事人之间签订合同，医疗机构提供人工授精、试管婴儿等服务，另一方当事人支付报酬的合同。由于此类医疗服务合同关涉生殖方面，内容较一般的医疗服务合同更为复杂，因而，应当采用书面形式订立。例如，在“郑某某、陈某某诉江苏省人民医院医疗服务合同纠纷案”① 中，当事人对双方签订的“试管婴儿辅助生育诊疗协议”发生争议。法院认为，医院应当依据合同履行治疗义务。人工辅助生殖服务的医疗服务合同，应当采取书面形式订立，我国有关部门规章对此也作了规定，如卫生部 2001 年《人类辅助生殖技术管理办法》第 14 条第 1 款规定：“实施人类辅助生殖技术应当遵循知情同意原则，并签署知情同意书。”

第三，实验性医疗服务合同。它是指医疗机构以人体为对象而使用处于试验阶段的诊疗方法或者药物、医疗器械等，进行新药、新技术的实验，以提高医疗技术和药物治疗水平而订立的合同。现代医疗进步离不开人体实验，但人体实验是一柄双刃剑，它既可能促进医学的发展，也可能对受试人造成伤害，不仅可能危及受试人的生命，还有可能因病毒的传染而危及他人的健康。因此，要求此类合同采用书面形式而订立，既有利于纠纷的解决，也可以促使患者审慎考虑是否参加相关的试验。

第四，适用知情同意规则的医疗服务合同。在医疗机构从事特殊的诊疗活动时，通常需要医疗机构以书面方式履行告知义务并取得患者的同意。② 这主要是因为，此类特定诊疗活动对患者权益影响较大，通过书面形式可以使患者了解相关的信息，以决定是否接受该特定的诊疗活动。因而，出于尊重个人生命权的考虑，对病人实施新的治疗方法，实施麻醉、外科手术、切除或移植器官，必须得到病人本人的书面同意。如果本人为未成年人、丧失行为能力人或者处于昏迷状态的，则必须得到其父母、监护人或近亲属的书面同意。在法律上严格禁止未经同意对他

① 奚晓明主编：《最高人民法院法官阐释侵权法疑难问题》，北京，中国法制出版社，2010，第 181 页。

② 对此，我国《侵权责任法》第 55 条也作出了相应的规定，规定其应当采取书面形式。

人非法进行强制治疗。[①]

（二）医疗服务合同的成立需要双方当事人就主要条款达成合意

医疗服务合同的成立以双方当事人就主要条款达成合意为标准。现行法律并没有明确规定医疗服务合同的主要条款。笔者认为，医疗服务合同的主要条款是医疗服务事项和医疗服务费用。但医疗费用并不要求在订立合同时予以明确，其主要原因在于，我国的医疗费用收取主要采取法定价格的形式，当事人可以自由协商的空间较小。且医疗费用往往事后收取，在订立医疗合同并不明确约定医疗费的数额，所以只要病人要求提供特定的医疗服务，而医疗机构表示接受的，即可认定医疗服务合同成立。

医疗服务合同具有一定的人身信任性质，即便当事人之间的合同成立，患者也不负有必须就诊的义务，其可以任意解除医疗服务合同。如果患者事后没有到该医疗机构就诊，一般不会给医疗机构带来损害，因此，也不应承担赔偿责任。但是在特殊情况下，如果患者因行使任意解除权而给医疗机构带来了损害，其也应当承担赔偿责任。例如，在美容合同中，医疗机构已经为合同的履行作出了准备，患者行使任意解除权会导致医疗机构的损失，则应当赔偿损失。

（三）医疗服务合同成立的特殊情形

1. 默示方式订约

特殊情形下，患者可能并没有在医院挂号，但医疗机构为其提供了医疗服务，患者接受该医疗服务的，可以认定在当事人之间成立了医疗服务合同。例如，在“梁某诉某县人民医院医疗损害责任纠纷案”中，法院认为，医疗服务合同只是判断医患关系存在、诊疗活动开始的一种证据，绝非前提和基础。不挂号就诊，只要医生实施了诊疗行为，也应当认定患者与医院之间形成医患关系。[②] 在该案中，患者既没有挂号，也未交付医药费，但医院口腔科医师为患者实施了拔牙手术，后导致医疗事故，是否可以认为在患者没有挂号和交费的情况下就形成了医疗服务合同关系？笔者认为，既然我国合同法承认当事人可以通过实际履行的方式促成合同成立，所以即便患者没有挂号，只要双方当事人已经实施和接受了实际诊疗行为，也可以认为当事人之间形成了医疗服务合同关系，这有利于明确双

---

① 参见杨立新等：《〈中国民法典·人格权编〉草案建议稿的说明》，载王利明主编：《中国民法典草案建议稿及说明》，北京，中国法制出版社，2004，第343页。

② 江西省新余市中级人民法院民事判决书（2009）分民一终字第130号（2010年1月19日）。

方的权利义务关系，保护医患双方的合法权益。

2. 强制缔约

强制缔约是指合同的订立不以双方当事人的合意为要件，只要一方当事人提出缔结合同的请求，另一方当事人就负有法定的、与之缔结合同的义务。在医疗服务合同中，对医疗机构而言，其并不享有选择患者的权利，只要患者发出订立医疗服务合同的要约，医疗机构原则上都应当对其作出承诺。① 从这个意义上说，医疗合同的缔结具有一定的强制性。医疗机构和医生一般被认为负有救死扶伤的使命，对病人的求诊不得拒绝②，不得以患者无法按时交纳医疗费用而拒诊。

强制缔约制度是对当事人缔约自由的限制。在医疗领域规定强制缔约，从根本上是为了保障患者的生命健康权。第一，医疗机构通常是公共服务机构，而医疗服务具有公共服务的特点。医疗行为不单单是医疗机构和患者之间的诊疗行为，还具有一定的公益色彩。强制缔约义务通常主要适用于一些关涉公共利益的领域，"凡居于事实上独占地位而供应重要民生必需品者，负有以合理条件与用户订立契约的义务"③，如煤气公司、自来水公司等。而医疗服务是保障和改善民生之需，属于民生必需品，具有很强的公益色彩，因此，应当课以医疗服务机构强制缔约的义务。第二，对患者而言，生命健康权是最高的法益，医疗机构所从事的是救死扶伤的活动，直接关系到公民的生命健康等人身权益，课以医疗机构强制缔约义务有利于保障患者的人身权利，也有利于体现民法的人文关怀理念。④ 此外，从医疗服务合同双方当事人的订约能力看，医疗服务机构在医疗服务合同的订约过程中处于优势地位，如果严格坚守订约自由原则，可能会助长医疗服务机构相互推诿、见死不救等不良风气。因此，只要患者向医疗机构发出订立医疗服务合同的要约，医疗服务机构原则上应当作出承诺，超出医疗服务机构诊疗能力的，医疗服务机构首先应当尽到必要的救治义务，但应当建议患者及时转院。从比较法上来看，各国和地区的法律大多规定了医疗机构的强制缔约义务，如《日本医师法》第 19 条规定："从事诊疗之医师，在诊察治疗之情形存在的场合，若无正当事由，不得拒绝该请求。"我国《执业医师法》规定了执业医师的强制缔约义务，

① 参见高向华：《从合同法发展趋势看医疗合同的特性》，载《中国医院管理》，2006 (4)。

② 参见薛迎春：《论医疗合同关系》，载《政法学刊》，2009 (3)。

③ 王泽鉴：《债法原理》(第 1 册)，北京，中国政法大学出版社，2001，第 78 页。

④ 参见龚赛红：《医疗损害赔偿立法研究》，北京，法律出版社，2001，第 20 页。

该法第 24 条规定：“对急危患者，医师应当采取紧急措施进行诊治，不得拒绝急救处置。”《医疗机构管理条例》第 31 条也规定，“医疗机构对危重病人应当立即抢救”。因此，医疗机构对患者发出的订立医疗服务合同的要约，原则上都负有强制缔约的义务。一旦有人将危重病人送至医疗机构，医疗机构负有强制缔约的义务，不得拒诊。

3. 缔约的及时性

医疗服务合同缔约的及时性，是指医疗机构对患者发出的要约，应当及时与患者缔约。这主要是因为，在患者到医疗机构求诊后，如果医疗机构不及时与患者订立医疗服务合同并采取医疗措施，则患者的病情有可能进一步恶化。所以，在患者发出订立医疗服务合同的要约之后，医疗机构应当及时同患者订立医疗服务合同，使患者及时接受治疗。

二、医疗服务合同的内容

医疗服务合同的内容是指医疗服务合同在订立和履行过程中，合同当事人彼此承担的具体权利和义务。就医疗机构而言，其不仅要负担医疗服务合同约定的义务，还应当承担法定义务和其他注意义务。许多学者认为，医疗服务合同的内容主要集中在诊疗义务、说明义务及保密义务三方面，这三项义务是医疗服务合同的主要内容。[①] 笔者认为，医疗服务合同的内容仍然要区分患者和医疗机构双方的权利义务。就患者而言，其在医疗服务合同中的主要义务是支付诊疗费用。因此，医疗服务合同的内容主要是对医疗机构的义务而言。当然，诊疗义务、说明义务及保密义务共同构成医疗机构的主要义务，但对医疗机构而言，其主要义务并非仅限于此，而是随着诊疗行为的发展而不断变化。

医疗机构的义务是医疗服务合同的主要内容，具体来说，医疗机构的义务来源包括如下三个方面：

第一，约定义务。医疗服务合同当事人可以在合同中约定具体的权利义务关系，医疗机构应当按照合同约定向患者提供相应的诊疗服务。当事人还可以在合同中特别约定，由医疗机构向患者提供特定的医疗服务，或者约定医疗服务达到特定的诊疗效果，或者约定特定的医疗方案。一旦当事人作出约定，该约定即成为医疗机构的义务来源。例如，在“郑某某、陈某某诉江苏省人民医院医疗服务合同纠纷案”中，法院认定，医院为郑

① 参见周江洪：《服务合同研究》，北京，法律出版社，2010，第 470～471 页。

某某、陈某某治疗过程中，在未出现需要紧急抢救等非常状态的情况下，未经郑某某、陈某某同意，擅自改变治疗方案。人民医院的行为，属于履行合同义务不符合约定，由此造成合同相对方的损失，依法应当承担赔偿损失的责任。①

第二，法定义务。如前所述，由于医疗服务事关患者的生命健康权，医疗服务的质量和水平也直接关系到社会公共利益的实现程度，因而，法律对医疗机构的诊疗行为进行了一定的规范，这些规范都应当成为医疗机构义务的来源。如《医疗机构管理条例》第 27 条规定："医疗机构必须按照核准登记的诊疗科目开展诊疗活动。"这就规定了医疗机构从事诊疗行为的专业性规则，医疗机构不得超出核准登记的诊疗科目范围开展诊疗活动。该条例第 28 条规定："医疗机构不得使用非卫生技术人员从事医疗卫生技术工作。"有关法律法规也对医疗机构医疗费用的收取作出了明确的规定，这些规定都应当成为医疗机构义务的来源。

第三，附随义务。在约定义务和法定义务之外，依据诚实信用原则，当事人还负有一些附随义务。附随义务包括保护义务、保密义务、协助义务等。就医疗服务合同而言，医疗机构和患者都负有一定的附随义务。例如，医疗机构因患者就诊而知悉其个人隐私等，应当注意保护其隐私。又如，在患者需要向公司请假时，医疗机构应当为其出具假条。在医疗服务合同终止之后，医疗机构也应根据医疗服务合同的性质、目的以及患者的情况，对患者负有必要的告知、协助、提醒等义务。例如，提醒患者应当进行复查等。②

第三节　医疗服务合同的主体

一、医疗服务合同主体的特殊性

在我国，依据法律规定，医疗服务合同的主体一般是医疗机构与患者。依据《医疗机构管理条例》第 60 条第 1 款的规定，医疗机构是指依法取得医疗经营许可证的合法机构。医疗机构包括：从事疾病诊断、治疗

① 参见《中华人民共和国最高人民法院公报》，2004（8）。

② 参见高向华：《从合同法发展趋势看医疗合同的特性》，载《中国医院管理》，2006（4）。

活动的医院、卫生院、疗养院、门诊部、诊所、卫生所（室）以及急救站等机构。[①] 任何单位或者个人设置医疗机构，必须经县级以上地方人民政府卫生行政部门审查批准，并取得设置医疗机构批准书，方可向有关部门办理其他手续。[②]

医疗机构的内部工作人员，如医师和其他医务人员，虽实际从事诊疗活动，但其并非医疗服务合同主体。医务人员有狭义和广义之分。狭义的医务人员仅指卫生技术人员，即按照国家有关法律、法规和规章的规定取得卫生技术人员资格或者职称的人员。广义上的医务人员则是指从事医疗、护理工作的自然人。《执业医师法》第 2 条规定："依法取得执业医师资格或者执业助理医师资格，经注册在医疗、预防、保健机构中执业的专业医务人员，适用本法。本法所称医师，包括执业医师和执业助理医师。"[③] 从比较法上看，大多都承认医师是医疗服务合同的主体，正是因为这一原因，医疗损害责任也被称为专家责任，相关的医师责任保险也由医师个人购买。当然，也有一些国家将医疗机构作为医疗服务合同的当事人，如日本判例与通说均将医院作为医疗合同的当事人，而将医师界定为医疗服务合同的履行辅助人。[④] 在我国，依据法律规定，诊疗活动具体由医务人员实施，但其并非合同当事人，其在法律上属于医疗机构的债务履行辅助人，医务人员在诊疗活动中造成患者损害的，应由医疗机构承担违约责任。主要原因在于：

第一，各级各类医院的医务人员都是隶属于医疗机构的，他们并不是以个人的身份对外行医，而是以医疗机构的名义对外活动，所以，在因医

---

① 参见《医疗机构管理条例》第 2 条。

② 卫生部《医疗机构管理条例实施细则》第 3 条规定："医疗机构的类别：（一）综合医院、中医医院、中西医结合医院、民族医医院、专科医院、康复医院；（二）妇幼保健院；（三）中心卫生院、乡（镇）卫生院、街道卫生院；（四）疗养院；（五）综合门诊部、专科门诊部、中医门诊部、中西医结合门诊部、民族医门诊部；（六）诊所、中医诊所、民族医诊所、卫生所、医务室、卫生保健所、卫生站；（七）村卫生室（所）；（八）急救中心、急救站；（九）临床检验中心；（十）专科疾病防治院、专科疾病防治所、专科疾病防治站；（十一）护理院、护理站；（十二）其他诊疗机构。"

③ 1988 年 5 月 10 日卫生部颁布《关于〈医疗事故处理办法〉若干问题的说明》中指出，"医疗事故的行为人必须是经过考核和卫生行政机关批准或承认，取得相应资格的各级各类卫生技术人员。因诊疗护理工作是群体性的活动，构成医疗事故的行为人，还应包括从事医疗管理、后勤服务等人员。"

④ 参见〔日〕远藤浩等：《民法 6 契约各论》，东京，有斐阁，1997，第 245 页。转引自罗丽：《日本的医疗合同》，载《北京理工大学学报》（社会科学版），2001（1）。

疗过错导致损害的情况下，应由医疗机构承担责任。[①] 在一般情况下，医务人员的过错都属于医疗机构的过错。

第二，即便是个体行医，依据有关规定其也必须成立医疗机构，而不能单纯以个人身份从事执业活动。至于医务人员从事兼职活动，对外也仍然要以其兼职所在的医疗机构的名义从事医疗活动。一般来说，医疗服务合同在患者与医疗机构之间订立，医疗机构与医务人员的关系属于内部关系，对患者与医疗机构的合同关系不产生影响，在发生医疗损害时，也应当由医疗机构负担医疗损害赔偿责任。

第三，医疗服务合同中，患者应当向医疗机构而非医师支付医疗费用。虽然由医师个人提供具体的诊疗服务，但其并无相应的医疗费用请求权。将医疗机构作为合同主体，则医疗机构可以选派相当水平的医师实施诊疗活动，更有利于保障诊疗活动的进行。而且在发生违约的情形，由医师个人承担违约责任，可能会加重医师个人的负担，也不利于保障患者的利益，所以，一旦发生医疗损害事故，将医疗机构作为医疗服务合同的当事人更有利于对患者的救济。

医疗服务合同的一方当事人是医疗机构，医师在医疗服务合同中处于债务履行辅助人的地位。需要讨论的是，医疗机构邀请专家会诊或者坐诊，此时，被邀请的专家是否属于医疗机构的工作人员？笔者认为，医疗合同的当事人是医疗机构与患者，医疗机构邀请有关专家会诊或坐诊的，在医疗机构与被邀请专家之间实际上形成临时合同关系，被邀请的专家属于医疗机构的债务履行辅助人，其只是辅助医疗服务机构履行医疗服务合同，并非医疗服务合同当事人，被邀请的专家在诊疗过程中造成患者损害的，应当由医疗机构依据医疗服务合同承担责任或者承担相应的医疗损害侵权责任。

二、患者

患者是出于自身需要而与医疗机构订立医疗服务合同并接受相应医疗服务的一方当事人。即使当事人之间没有订立书面的医疗服务合同，但医疗服务机构提供医疗服务，患者接受该医疗服务的，应当认为当事人之间以行为的方式订立了医疗服务合同，此时，接受医疗服务的患者也属于合同当事人。实践中，由于医疗服务的情形比较复杂，在以下情形下，患者

---

① 参见姜柏生：《医疗事故法律责任研究》，南京，南京大学出版社，2005，第3页。

是否仍属于合同当事人需要分别讨论：

1. 处于昏迷状态被他人送至医疗机构的患者

在患者昏迷、严重受伤被他人送至医院的情形，究竟以护送人为医疗服务合同的主体，还是以患者本人为医疗服务合同的主体？对此，学界存在不同看法。一种观点认为，应当以患者本人为合同主体，护送人属于患者的代理人。另一种观点认为，应当区分护送人的不同身份，具体认定合同当事人：如果护送人是患者配偶，则合同当事人仍为患者本人；如果护送人是配偶之外的其他近亲属，则该护送人是医疗服务合同的当事人；如果是其他第三人，除第三人特别明示愿意成立合同外，不应当认为该第三人是合同关系的当事人，医院和接受医疗服务的一方成立无因管理关系。① 我国台湾地区学者也大多认为，此种情形下不存在医疗服务合同，应当按照无因管理的规则处理。② 笔者认为，在患者处于昏迷状态被他人送至医疗机构的情形下，患者不能作出意思表示，应当以护送人是否是患者的近亲属为标准确定当事人：如果护送人是患者的近亲属，则应当将护送人认定为患者代理人，患者本人是合同当事人，此时，在患者处于昏迷状态时，则推定其近亲属是以患者代理人的身份与医疗机构订立医疗服务合同。而在其他第三人将患者送往医院的情形下，如果该第三人明确表示愿意缔结医疗服务合同，则该第三人为合同当事人，如果第三人并无代患者订立合同的明确意思，则不应当强行将其认定为医疗服务合同的当事人，此时第三人与患者之间成立无因管理关系，医疗机构与患者之间成立事实上的医疗服务合同关系。

2. 患者是限制民事行为能力人

如果患者是限制民事行为能力人，其能否作为医疗服务合同主体？例如，未满 10 周岁的未成年人和间歇性的精神病人自己到医院看病，医院已提供了医疗服务，如果其代理人不予认可，该医疗服务合同能否生效？在比较法上，各国对此规定不完全一致。例如，在德国，如果接受医疗服务的一方是 7 岁以上的限制民事行为能力人，则其所缔结的合同效力待定，其效力可以由其法定代理人作出追认而得到补正。③ 日本有学者认

---

① 参见龚赛红：《医疗损害赔偿立法研究》，北京，法律出版社，2001，第 25 页。

② 参见黄茂荣：《债法各论》（第一册增订版），台北，植根法学丛书编辑部，2003，第 46 页。

③ 参见宁红丽：《大陆法系国家的医疗合同立法及其对中国大陆的借鉴意义》，载《月旦民商法杂志》第 4 辑，台北，元照出版公司，2004。

为，在患者是限制民事行为能力人时，不管是否有亲属陪同，都应当将患者本人作为合同当事人。[①] 笔者认为，如果未成年人已接受医疗服务，确定该合同是否有效，应当根据《合同法》的相关规定，考虑该未成年人是否有权订立医疗服务合同。依据《合同法》的相关规定，限制民事行为能力人可以从事与其年龄、智力相适应的法律行为，因此，如果限制民事行为能力人去医院请求诊治的是轻微的疾病，则可以认为该行为是与其年龄、智力相适应的行为，该行为合法有效，该限制民事行为能力人即为医疗服务合同当事人。但如果限制民事行为能力人同医疗机构订立的医疗服务合同的内容是诊疗重大疾病或者是进行重大手术、美容整形等医疗服务，则应当认定该行为与其年龄、智力不相适应，该合同为效力待定合同，在得到其法定代理人的允许或者同意的情形下，该合同有效；如果该合同未得到其法定代理人的允许或者事后追认，则合同无效[②]，但不论如何，合同当事人均为该限制行为能力人。

3. 患者是无民事行为能力人

如果患者是无民事行为能力人，其能否作为医疗服务合同的主体？对此，学界存在不同观点。一种观点认为，基于医疗服务的公共性以及订立合同时合同形式的标准性，应当承认无民事行为能力人可以作为医疗服务合同的当事人。[③] 另一种观点认为，当接受医疗服务的一方是无民事行为能力人时，其父母或其他法定代理人为医疗合同的当事人，此时的医疗合同属于为第三人利益的合同。[④] 还有一种观点认为，对于无民事行为能力人也应当以其是否有意志能力而区别对待：对于无意志能力的无民事行为能力人，其父母或者其他法定代理人为缔结医疗合同的当事人，而有意志能力的无民事行为能力人则可以成为医疗合同的当事人。[⑤] 笔者认为，在患者是无民事行为能力人时，应当区分以下两种情况分别认定医疗服务合同的当事人：一是在该无民事行为能力人的监护人以法定代理人的名义与医疗服务机构订立医疗服务合同的，则合同当事人是医疗服务机构与该无民事行为能力人，监护人与医疗机构之间订立的医疗服务合同的效果由该无民事行为能力人承受。二是该无民事行为能力人的监护人以自己的名义

---

① 参见罗丽：《日本的医疗合同》，载《北京理工大学学报》（社会科学版），2001（1）。

② 参见龚赛红：《医疗损害赔偿立法研究》，北京，法律出版社，2001，第26～27页。

③ 参见柳经纬、李茂年：《医患关系论》，北京，中信出版社，2002，第33页。

④ 参见龚赛红：《医疗损害赔偿立法研究》，北京，法律出版社，2001，第26页。

⑤ 参见艾尔肯：《论医疗合同关系》，载《河北法学》，2006（12）。

与医疗服务机构订立医疗服务合同的，合同当事人是医疗服务机构与该监护人[①]，在无民事行为能力人生病时，监护人对被监护人负有一定的监督、照管等义务，监护人同医疗机构订立医疗服务合同也是其履行监护职责的内容之一。[②] 此时，该医疗服务合同属于第三人利益合同，该无民事行为能力人属于利益第三人。

第四节　医疗服务合同的效力

一、医疗机构的义务

在医疗服务合同中，医疗机构主要负有以下几种义务：

1. 询问病情义务

医疗机构在诊疗过程中，应当认真询问病情。从比较法上来看，各国法律都确认了医疗机构应当负有向患者询问病情的义务。医疗机构询问病情的义务主要包括如下内容：一是与患者交谈，以获知患者的健康状况、病症、病史、过敏症、先前或正在接受的治疗，以及患者对诊疗措施优先序位的考虑。二是进行必要的检查以诊断患者的健康状况。在开展诊疗活动之前，为进一步确定患者的症状和病因，根据患者的病情采取相应的检查措施。如果涉及特殊检查的，依据《侵权责任法》的规定，医疗机构还应当取得患者的书面同意。三是在诊疗过程中，与其他相关的医疗服务提供者进行会诊。[③] 医疗机构只有在认真查询患者病情的基础上，才能作出正确的诊断，并采取相应的诊疗措施。

2. 告知义务

医疗机构的告知义务，是指医疗机构负有的向患者说明病情和医疗措施的义务。告知义务也被称为“说明义务”[④]，其是基于尽力帮助患者的

---

① 参见罗丽：《日本的医疗合同》，载《北京理工大学学报》（社会科学版），2001（1）。

② 日本学者也认为，在医疗服务合同中，如果患者是无民事行为能力人，监护人同医疗服务机构订立医疗服务合同应当是亲权人或者监护人履行其监护义务的一种方式，原则上应当将该亲权人或者监护人认定为医疗合同的当事人。参见罗丽：《日本的医疗合同》，载《北京理工大学学报》（社会科学版），2001（1）。

③ See M. Barendrecht et al.，*Principles of European Law：Services Contracts*，European Law Publishers 2007，p. 802.

④ 黄丁全：《医事法》，北京，中国政法大学出版社，2003，第244页。

医师伦理以及诚信原则而产生的法定义务。同时，该项义务也有利于保护患者的生命健康权及知情同意权。医疗机构所负担的告知义务，同时对应着患者的知情同意权。这两项内容都旨在赋予患者自主决定权，以实现对其生命健康权、身体权的充分尊重。[①]《执业医师法》、《医疗机构管理条例》等有关法律法规都规定医疗机构负有的告知义务作出了规定，例如，《执业医师法》第26条规定："医师应当如实向患者或者其家属介绍病情，但应注意避免对患者产生不利后果。医师进行实验性临床医疗，应当经医院批准并征得患者本人或者其家属同意。"

关于告知义务的标准，学说上存在着合理医师说、合理患者说、具体患者说等不同观点。[②] 从学说发展趋势来看，大多采纳具体患者说，即应当依据患者的具体情况，如考虑患者的年龄、身体状况等，确定医师说明义务的内容和标准。[③] 医疗机构告知义务的内容可以分为两种，即一般的说明义务和特殊的说明义务。一般的说明义务，是指在所有诊疗活动中，医疗机构所负有的向患者说明病情和医疗措施的义务。在诊疗活动中，医疗机构要具体告知患者所患何种疾病，以及该疾病的严重程度等，同时要告知针对患者的病情，医疗机构可以选择的各种医疗措施、各种医疗措施的利弊分析，医疗机构希望采取的医疗措施等。特殊的说明义务，是指在法律规定的特定类型的诊疗活动中（例如有较大风险的诊疗活动），医疗机构所负有的说明义务。这就是说，在需要对患者实施手术、特殊检查、特殊治疗时，医疗机构应当尽到特殊说明义务。例如，实施手术时，要告知手术过程中可能要承受的不适、麻烦以及手术不成功可能出现的后果、潜在危险，手术的成功率、目的、方法、预期效果等。[④] 当事人可以对医疗机构告知义务的履行时间、履行方式等作出约定。例如，在"郑某某、陈某某诉江苏省人民医院医疗服务合同纠纷案"中，法院认定，在实施医疗方案之前，除非在紧急情况下，医院有义务就该医疗方案向患者或其代理人进行充分的说明，患者有权充分了解医疗方案可能给自己带来的后

① 参见龚赛红：《医疗损害赔偿立法研究》，北京，法律出版社，2001，第224页。

② 合理医师说是指医师应当根据当时的医学水平来判断是否应当对患者作出说明；合理患者说是指应当以患者一般的需要为标准，凡是可能影响患者决定的一切危险，医师都应当进行说明；具体患者说是指医师是否具有说明义务，应当根据患者的具体情况而定。参见柳经纬、李茂年：《医患关系法论》，北京，中信出版社，2002，第48页。

③ 参见柳经纬、李茂年：《医患关系法论》，北京，中信出版社，2002，第48页。

④ 参见唐德华主编：《〈医疗事故处理条例〉的理解与适用》，北京，中国社会科学出版社，2002，第158页。

果，有权对医疗方案进行选择。[①]

医疗机构应当依据患者的特殊情况来选择履行告知义务的方式，原则上医疗机构告知义务应当以一种可以被患者所理解的方式作出。[②] 除了法律所规定的因紧急抢救而无法向患者充分进行告知，以及不宜将特殊病情（如身患绝症）直接告知患者而只能告诉其近亲属等情形外，医疗机构的告知应当严谨、完整，努力为患者提供准确的信息，既不能夸大，也不能隐瞒。[③] 患者的知情同意应当建立在医疗机构充分履行其说明义务的基础上，如果医疗机构没有尽到其说明义务，以致患者丧失对于医疗行为的选择权，并造成损害的，医疗机构应当承担相应的责任。例如，在“陈某诉中国人民武装警察部队上海总队医院案”[④] 中，法院认为，患者对手术的同意及对手术后果的接受应当建立在对手术风险充分认识的基础之上，否则不能视为真正意义上的同意，医疗机构应当承担相应的责任。又如，在“方某某诉同安医院医疗损害赔偿纠纷案”中，法院认为，有风险的医疗行为如果是在征得患者及其亲属同意后实施的，风险责任应由患者及其亲属承担。[⑤]

3. 合理诊疗义务

所谓合理诊疗义务，是指医疗机构应当以查明的病情为基础，采取与当时的医疗水平相适应的方法对患者进行诊疗的义务。此种义务既可来源于当事人的约定，也可来源于法律的规定。一般认为，医疗机构的注意义务还包括其所进行的诊疗活动应满足法律、行政法规、规章以及其他有关诊疗规范的规定，应当在其医疗水平范围内，尽到合理的注意义务，全力救治患者。[⑥] 依据《侵权责任法》第 57 条的规定，应当依据当时的医疗水平来判断医疗机构是否尽到注意义务。如何理解“当时的医疗水平”？所谓“当时的医疗水平”是指当时的全国范围内通行的医疗水平。如果某个医疗机构被认定为达到了一定的级别，就应当达到当时相应级别的医疗机构应有的医疗技术水平。如果其无法为患者提供适当的诊疗服务，就应

---

① 参见《中华人民共和国最高人民法院公报》，2004（8）。

② M. Barendrecht et al.，*Principles of European Law*：*Services Contracts*，European Law Publishers 2007，p. 840.

③ 参见何志：《侵权责任判解研究与适用》，北京，人民法院出版社，2009，第 491 页。

④ 上海市第一中级人民法院民事判决书（2000）沪一中民终字第 900 号。

⑤ 参见《中华人民共和国最高人民法院公报》，2004（2）。

⑥ See M. Barendrecht et al.，*Principles of European Law*：*Services Contracts*，European Law Publishers 2007，p. 803.

当及时告知患者或其近亲属转院治疗。对医务人员，同样应当依据当时的医疗水平来判断其是否尽到了注意义务，即以社会整体的医学水平来作为医务人员诊疗义务的判断标准，而不再考虑医务人员的个人学识、技术能力、研究水平、从业经验的差异等因素。例如，提供诊疗活动的医务人员既可能是具有丰富的诊疗经验的医师，也可能是实习医生，但并不能因其从业经验的差异而降低注意义务的标准。[①] 医疗行业本身有一个职业准入的资格，医务人员只要获得医疗资格，即应具备相应的知识和技能，该医师也应当尽到与当时医疗水平相适应的诊疗义务。当时的医疗水平应当以当时的医疗技术发展水平来判断，而不能因某种疾病嗣后发现了治疗方法，就认为诊疗机构未尽到相应的诊疗义务。

医疗机构应当尽到诊疗义务是医疗服务合同的重要内容，医疗机构未尽到其诊疗义务造成患者损害的，患者既可以请求医疗机构承担违约责任，也可以请求其承担侵权责任。例如，在“李某等诉当涂县大陇医院医疗服务合同纠纷案”中，法院认为，根据《母婴保健法》第 17 条、第 18 条的规定，医院的法定义务有三项：即发现胎儿异常的诊断义务、向夫妻双方说明情况的告知义务以及提出终止妊娠意见的医学建议义务。医疗保健机构在产前医学检查中未尽到勤勉和忠诚义务导致检查结论失实，使信赖该项检查结果的合同相对人生育缺陷婴儿，应当根据《合同法》第 107 条的规定承担损害赔偿责任。[②] 当然，此时患者也可以请求医疗机构承担侵权责任。

4. 提供合格药品、医疗器械、消毒药剂、血液等义务

药品，是指用于预防、治疗、诊断人的疾病，有目的地调节人的生理机能并规定有适应症或者功能主治、用法和用量的物质[③]，药品不合格，不仅无法达到预期的治疗效果，而且会危及患者生命健康。医疗器械，是指能够单独或者组合使用于人体的，以达到对疾病的预防、诊断、治疗、监护、缓解等为目的的仪器、设备、器具、材料或者其他物品。[④] 随着医学技术的发展，医疗器械在诊疗活动中的作用愈发重要，医疗理论和实践的发展也越来越依赖于精密的医疗器械，但因医疗器械的不合格、不适可

① 参见奚晓明主编：《最高人民法院法官阐释侵权法疑难问题》，北京，中国法制出版社，2010，第 187 页。

② 参见安徽省马鞍山市中级人民法院民事判决书（2009）马民二初字第 39 号。

③ 参见 2001 年《药品管理法》第 102 条。

④ 参见国务院 2000 年《医疗器械监督管理条例》第 3 条。

能而导致患者在诊疗活动中感染其他疾病。因此，医疗器械的质量应当符合国家标准；没有国家标准的，医疗器械应当符合行业标准。[①] 医疗机构为患者所提供的医疗器械也应当能够满足诊疗行为的需要，且有助于实现特定的诊疗目的。[②] 消毒药剂是指用于灭杀传播媒介上病原微生物，使其达到无害化要求的制剂。[③] 消毒药剂的主要功能是灭菌消毒，但如果消毒药剂本身存在缺陷，则不仅不能达到消毒的目的，而且可能造成患者新的损害。血液不合格是指用于诊疗用途的血液或血液制品不符合诊疗要求。血液要输入患者体内，直接与患者自身的血液融为一体，并经过心脏输送到全身。一旦血液不合格（例如带有某种传染性病菌），则输入患者血管之后将在极短的时间内输送到患者全身，从而造成无法弥补的损害。因此，医疗机构在进行诊疗活动的过程中，负有提供合格的药品、医疗器械、血液、消毒药剂等义务，合理使用医疗器械的义务。

5. 转诊义务

如前所述，医疗服务合同中，医疗机构负有强制缔约义务，只要患者发出订立医疗服务合同的要约，医疗机构不得拒诊，但为了保障患者的生命、健康权，在患者的疾病超出医疗服务机构的诊疗能力范围时，医疗服务机构应当及时将患者转诊。[④] 转诊义务本质上是医学伦理的重要内容，但也是医疗机构应当尽到的法定义务。对此，我国相关法律法规也有相应的规定。例如，《医疗机构管理条例》第 31 条规定："医疗机构对危重病人应当立即抢救。对限于设备或者技术条件不能诊治的病人，应当及时转诊。"如果医疗机构未尽到转诊义务，则对于患者所遭受的损害，其应当承担相应的责任。例如，在"郑州瑞龙纺织有限公司与郭某某医疗损害赔偿纠纷上诉案"[⑤] 中，法院认为，瑞龙公司职工医院负有对其专业领域之外的患者或者超出治疗能力的患者及时转送到有治疗条件的其他医疗机构的转诊义务，但该医院并没有对郭某某进行必要治疗和转诊告知，因而，对于郭某某延误治疗，瑞龙公司负有一定责任。

在转诊前以及转诊过程中，医疗机构也应当尽到必要的救助义务。例

① 参见国务院 2000 年《医疗器械监督管理条例》第 15 条。

② See M. Barendrecht et al., *Principles of European Law: Services Contracts*, European Law Publishers 2007, p. 809.

③ 参见王竹：《侵权责任法配套规定》，北京，法律出版社，2010，第 113 页。

④ 参见王萍：《论医疗合同中医患双方的主要权利和义务》，载《实用医技杂志》，2002 (12)。

⑤ 河南省郑州市中级人民法院民事判决书（2009）郑民二终字 236 号。

如，在“莫某某等与中国人民解放军第四五八医院157临床部医疗服务合同纠纷上诉案”① 中，法院认为，157医院护士只是建议其到南方医院小儿急诊科抢救而未采取任何急救措施，对患儿的抢救造成了一定程度的延误，减低了患儿可能获救的机会，157医院应承担相应的民事责任。

6. 附随义务

医疗服务合同中，医疗机构的附随义务包括以下几个方面：

第一，保密义务，也称为伦理性义务②，是指医疗机构应当对其在诊疗过程中所获取的、有关患者的个人信息以及健康状况等医疗信息进行保密，未经患者同意不得泄露或加以使用。有关国际公约也对医疗机构的保密义务作出了规定，如《里斯本患者权利宣言》第7条规定：“患者有权知道病历上自己的信息与医疗健康状况，但病历上如有第三者的保密信息，则应征得第三者的同意才能透露给患者。”医疗机构所负担的保密义务主要包括两项内容：一方面，医疗机构对于患者就诊过程中所提供的有关个人姓名、年龄、住址等个人信息，以及患者的生理信息应加以保密。例如，医疗机构应当对患者个人的身高、体重、血型、肤色、长相以及基因等信息尽到保密义务。③ 另一方面，涉及患者诊疗方案、健康状况等医疗隐私，在不涉及公共利益、公共安全的情况下，医疗机构也应当负有保密义务。因为医疗机构一旦公开个人相关医疗隐私，就可能对患者的正常交往产生影响，甚至使其遭受他人歧视。对于传染性疾病或者隐秘性较强的疾病，如肺炎、肝炎、宫外孕、肿瘤疾病及性病等，更应当注重保护患者的隐私。④ 如果医疗机构未尽到保密义务造成患者损害的，应当承担相应的责任。但医疗机构所负担的保密义务也存在一定的限制，尤其是当患者的个人隐私信息或者医疗隐私信息涉及公共安全或公共利益时，医疗机构应及时向公众披露。例如，病人患有传染性疾病，依据有关规定，医疗机构应向卫生主管机关报告。⑤ 不过，该披露应当限定在满足公共利益需要的范围之内。除此之外，未经患者同意，医疗机构不得随意泄露患者的个人隐私信息或者个人医疗隐私信息。当然，为了医疗科研的需要，应当

---

① 广东省广州市中级人民法院民事判决书（2008）穗中法民一终字第1961号。

② 参见郭升选、李菊萍：《论医疗注意义务与医疗过失的认定》，载《法律科学》，2008（3）。

③ 参见李秀芬：《论隐私权的法律保护范围》，载《当代法学》，2004（4）。

④ 参见曲直：《留给隐私多大空间》，北京，中华工商联合出版社，2003，第95页。

⑤ 参见张跃铭：《试析医疗合同法律关系》，载《法律与医学杂志》，2007（2）。

允许医疗机构以一种匿名的方式将医疗记录用于统计目的或科研目的。①

第二，提供安全诊疗环境的义务。从比较法上看，医疗机构负有防止不当损害的保护义务。② 医疗服务合同中，医疗机构负有提供安全诊疗环境的义务。医疗机构应当采取必要的安全措施，防止第三人侵害患者。

第三，尽力救治义务。医疗机构应当从更有利于救治患者的角度履行其诊疗义务。如前所述，医疗关系已经逐渐超出合同关系范畴，而具有了伦理性的内容，医疗机构及医务人员应当尽可能从有利于救治患者的角度履行各种诊疗义务。

7. 记录诊疗过程和妥善保存病历的义务

在诊疗过程中，医疗机构应当按照法律、法规、规章以及诊疗规范的规定，对诊疗过程、检查结果以及诊疗方案等进行详细记载并建档。例如，《医疗机构管理条例实施细则》第 53 条规定："医疗机构的门诊病历的保存期不得少于十五年；住院病历的保存期不得少于三十年。"依据《侵权责任法》第 61 条的规定，医疗机构及其医务人员应当按照规定填写并妥善保管住院志、医嘱单、检验报告等病历资料。所谓病历资料，是指在诊疗过程中形成的，记载患者病情、病史、症状以及治疗的进展和结果等情况的资料。③ 该条实际上确立了医疗机构负担记录诊疗过程及妥善保存病历的义务。医疗机构记录诊疗过程和妥善保存病历的义务是医疗机构负担的重要合同义务。医疗机构伪造、篡改或者销毁病历资料的，既构成侵权行为，也应当依据医疗服务合同承担违约责任。例如，在"江某某等与某医院医疗损害赔偿纠纷上诉案"④ 中，法院认为，某医院向法院提供的病历与江某某等所取得的病历复印件内容不一致，而某医院也没有提供确切证据证明其不存在篡改病历资料的行为，故可推定某医院在对患者郑某戊的诊疗过程中存在过失。

8. 不得从事过度检查的义务

所谓过度检查，又称为不必要检查，属于过度诊疗的一部分。过度诊疗不仅造成患者不必要的费用支出，还会耽误患者正常的治疗，并且会对

---

① See M. Barendrecht et al., *Principles of European Law*: *Services Contracts*, European Law Publishers 2007, p. 876.

② 参见黄茂荣：《债法各论》（第一册增订版），台北，植根法学丛书编辑部，2003，第 456 页。

③ 参见孟强：《医疗损害责任：争点与案例》，北京，法律出版社，2010，第 270 页。

④ 浙江省衢州市中级人民法院民事判决书（2012）浙衢民终字第 199 号。

患者的身体健康造成其他的损害（例如过度进行X光透视造成患者的辐射受损）。认定是否进行了不必要的检查，要考虑患者病情的特点、检查措施和最终诊疗方案的相关度、诊疗是否合理适度等因素，进行综合判断。① 所以，过度检查的判断具有个案认定的特点和综合认定的特点，而且具有很强的专业性。通常认为，按照一般的诊疗规范和医疗技术水平，针对患者的病情，医生所从事的检查与需要治疗的疾病没有关系，就属于不必要的检查。例如，病人腿部生疮，医疗机构要求其进行脑部检查，就属于不必要的检查。在违反不必要检查义务的情况下，医疗机构应当承担相应的责任，具体的责任形式应当依据患者所遭受损害的具体情形确定。如果患者遭受的主要是财产损害，则医疗机构应当承担返还财产、赔偿损失的责任；如果患者遭受的是人身损害，则医疗机构应当承担因人身损害所造成的财产损失的赔偿责任。

二、患者的义务

1. 支付医疗费用的义务

医疗服务合同是双务、有偿合同，患者所负担的主给付义务是支付医疗费用。患者所应当支付的医疗费用，是其接受医疗机构所提供的诊疗服务的对价。患者应当依据国家的相关规定以及医疗服务合同的约定而支付医疗费用。对于超出国家规定标准的收费项目和收费水平的部分，患者有权予以拒绝。

2. 配合诊疗的义务

诊疗活动是医师对患者的身体健康状况进行诊断并治疗的活动，只有在患者的配合下，医师才能顺利诊断并有效治疗患者的病症。《医疗机构管理条例实施细则》第61条规定："医疗机构在诊疗活动中，应当对患者实行保护性医疗措施，并取得患者家属和有关人员的配合。"依据这一规定，在医疗过程中，患者应当配合医务人员的诊疗活动。患者配合治疗的义务主要包括以下内容：一是如实告知病情的义务。在医师询问病情时，患者应当如实陈述自己的病痛、感受及对病情的认识，以便为医师提供诊断的线索，确保医师能够获得准确的病情信息，并采取相应的治疗措施。针对医师的询问，如果患者故意作出不实陈述或隐瞒相关病史，因此产生

① 参见赵明华：《医疗损害纠纷案件适用侵权责任法初探》，载《人民司法·应用》，2010（11）。

的医疗损害，医疗机构并不负担损害赔偿责任。二是配合诊断的义务。医师为准确诊断疾病，可能需要患者对病情、病史作出正确详细的回答，患者应当积极配合医师的问询。[①] 在确定患者病情后，医师便会采取相应的医疗措施，例如进行检查、验血、化验等，患者应当积极配合医师的诊疗活动。三是配合治疗措施的义务。在对患者的病情进行医学诊断之后，医师需要对患者采取各种治疗措施，例如物理治疗、针剂、开具中西药等。在具体的治疗过程中，患者应在用药、检查、保养等方面遵从医嘱，应当配合医师的治疗活动。同时，患者还需要调整自己的情绪，结合医师的物理和病理疗法，注重用心理疗法加快自己的康复。[②] 如果患者不遵守医嘱、不配合诊疗（如不服用医生开具的药物而是私自使用所谓的“偏方”或其他药物），因此造成损害后果的，患者也无权请求医疗机构承担责任。[③]

从性质上讲，患者配合诊疗的义务属于不真正义务，患者违反此种义务并非要对医疗机构承担责任，而只是应当自行承受因违反该义务而给自己造成的损失。例如，在“廖某某与江西省全南县妇幼保健院婚检损害赔偿纠纷上诉案”[④] 中，法院认为，根据民法理论，在医疗服务合同中，患方负有配合、协助医方的诊疗活动的“协助义务”。

第五节　医疗美容合同

一、医疗美容合同的概念和特征

医疗美容合同是医疗美容机构与医疗美容服务接受者之间订立的、由一方提供医疗美容服务而另一方接受服务并支付报酬的合同。所谓医疗美容，是指运用手术、药物、医疗器械以及其他具有创伤性或者侵入性的医学技术方法对人的容貌和人体各部位形态进行的修复与再塑。[⑤] 医疗美容活动具体包括：隆鼻术、祛除眼袋术、面部除皱、隆胸术、抽脂术、浅表

① 参见艾尔肯：《论医疗合同关系》，载《河北法学》，2006（12）。
② 参见艾尔肯：《论医疗合同关系》，载《河北法学》，2006（12）。
③ 参见郭升选、李菊萍：《论医疗注意义务与医疗过失的认定》，载《法律科学》，2008（3）。
④ 江西省赣州市中级人民法院民事判决书（2003）赣中民一终字第732号。
⑤ 参见卫生部2002年《医疗美容服务管理办法》第2条。

瘢痕的矫治等。[①]

从广义上说，医疗美容服务属于医疗活动的一种，医疗美容机构与医疗美容服务接受者之间的法律关系仍应归于医疗服务合同关系之中。[②] 对某些美容服务接受者而言，其欲通过医疗美容而改变的状况，例如通过医疗美容而改变皮肤出现的色泽、斑点等，也属于广义的诊疗范围。许多医疗美容手术都需要借助于具有创伤性或者侵入性的医学技术方法进行整容，都是针对合同当事人的身体而进行的医学措施，因此，医疗美容合同在广义上也属于医疗服务合同的范畴。但是，医疗美容合同毕竟与一般意义上的医疗服务合同存在较大差异。一方面，从合同的目的来说，医疗美容合同的当事人并不是要治疗生理或心理上的病症，而是通过手术对外形、外貌作出一定的改变，从而达到美观的目的。另一方面，从医疗措施上来看，医疗美容合同中的美容机构虽然也需要借助一定的医疗方法，但其所采用的医疗措施与一般医疗服务合同中所采用的检查化验、针剂药剂等措施有很大差异，主要是采取抽脂、去眼袋、面部整容等手术措施。尤其应当看到，医疗美容合同中，医疗机构有可能会对达到特定的结果作出承诺，在这一点上，显然不同于一般的医疗服务合同。[③] 具体而言，医疗美容合同的主要特征在于：

1. 主体的特殊性

主体的特殊性主要表现在两个方面：一方面，医疗美容服务从业者需要具备特定的资质。一般的医疗服务合同中，医疗机构的执业人员也需要具备一定的资质。例如，《执业医师法》第 12 条规定："医师资格考试成绩合格，取得执业医师资格或者执业助理医师资格。"但是，医疗美容服务从业者所需要的资质与医师所需要的资质并不相同。由于医疗美容手术具有的一定风险性和不确定性，医疗美容服务从业者应当符合法律规定的资质要求。医疗美容服务者必须是有职业许可证并经登记注册的医疗机构，其主诊医师必须具有医师从业资格证，而且经过了医疗美容的专门培训。例如，《医疗美容服务管理办法》第 11 条规定："负责实施医疗美容项目的主诊医师必须同时具备下列条件：……经过医疗美容专业培训或进

---

① 参见石小英：《医疗美容事故相关问题的法律思考》，载《内蒙古农业大学学报》（社会科学版），2007（5）。

② 参见石小英：《医疗美容事故相关问题的法律思考》，载《内蒙古农业大学学报》（社会科学版），2007（5）。

③ 参见李赢天：《医疗美容损害赔偿研究》，载《法制与社会》，2009（7）。

修并合格，或已从事医疗美容临床工作 1 年以上……”另一方面，接受医疗服务的当事人具有一定的特殊性。一般的医疗服务合同主要以患者为服务对象，而医疗美容合同的服务对象并不仅限于因患有某种疾病而必须进行医疗美容的患者，还包括健康的个人。在医疗美容合同中，接受医疗服务的一方当事人尽管也包括患有某种疾病而必须整容的患者（如因牙齿疾病而更换坏牙）①，但其可能并不是为了治愈疾病而接受医疗美容手术，所以其一般称为医疗美容服务接受者，而非患者。

2. 目的的特定性

一般医疗服务合同以诊断、治疗、护理为主要内容，以恢复患者的健康为目的。而医疗美容的目的则是通过手术、药物及物理等医疗手段，改变人体的外部形态以及生理功能，进而达到增强人体外在美感或修复、再造等目的。医疗美容合同是以对非病人群体的容貌和人体各部位形态进行修复和再塑为内容和目的。② 美容服务接受者订立该合同是为了追求特定审美目的的实现，而不是为了疾病的康复。可以说，一般的医疗服务是为了“治病救人”，而医疗美容则是“锦上添花”③。正是因为这一原因，医疗美容服务提供者通常不负有强制缔约义务，合同的订立完全基于双方当事人的意思自治。

3. 内容的特殊性

《医疗美容服务管理办法》第 2 条第 4 款规定：“医疗美容科为一级诊疗科目，美容外科、美容牙科、美容皮肤科和美容中医科为二级诊疗科目。”例如，重睑形成术、假体植入术、药物及手术减肥、隆胸等，都属于医疗美容的范畴。虽然美容过程中也需要进行一定的手术，但其不同于传统的医疗手术，传统医疗手术的目的在于恢复人体器官等的一定功能，而医疗美容服务过程中的手术则是为了增强人体的外在美感，而非治愈疾病。

4. 具有风险性

医疗美容服务合同是通过具有创伤性或者侵入性的医学技术方法对人的容貌和人体各部位形态进行的修复与再塑的合同。④ 由此可见，医疗美

---

① 参见张鹏博、钱翠华：《医疗美容事故精神损害赔偿》，载《法律适用》，2001 (8)。

② 参见石小英：《医疗美容事故相关问题的法律思考》，载《内蒙古农业大学学报》（社会科学版），2007 (5)。

③ 肖添有、李蕾、司徒朴：《浅析医疗美容事故纠纷的原因及其预防》，载《中华医学美容杂志》，1997 (1)。

④ 参见卫生部《医疗美容服务管理办法》第 2 条第 1 款。

容活动本身具有创伤性和侵入性的特征，医疗美容手术的成功与否通常与患者的人身、健康有着密切的联系，手术失败通常会对患者的容貌、健康等产生损伤。而且特定美容效果能否实现具有一定的不确定性，一旦预期的美容效果无法实现，通常都会对医疗美容服务的接受者产生一定的损害。因此，医疗美容服务合同具有一定的风险性。① 此外，在医疗美容手术中，为了实现特定的美容效果，医疗美容服务提供者往往需要使用一定的医疗填充物，医疗填充物本身也可能存在一定的质量问题，这也从某种程度上加大了医疗美容合同的风险性。例如，在“奥美定事件”中，经国家药监局审批的“奥美定”被作为人体软组织填充材料，用于注射隆胸、丰颞、隆颊、隆臀等美容手术。但因“奥美定”的材质不合格，会对人体产生极大危害性，导致全球范围内近 30 万人为此付出了惨痛的代价。② 正是因为医疗美容可能是在没有疾病的情况下进行的一种具有风险性的活动，所以，行为能力欠缺的人进行此类活动应当得到其监护人的同意，否则不得擅自订立此类合同。

5. 具有一定的结果性要求

关于医疗美容服务合同是否属于结果之债，在学理上存在不同观点。一种观点认为，在医疗美容合同中，其是以特定美容效果的实现或达到为内容的，因此，属于结果债务。③ 因为这一原因，有学者甚至认为，其属于承揽合同。④ 另一种观点认为，医疗美容服务合同不是结果之债，因为其具有一定的不确定性，既包括能否达到期望的美容效果的不确定性，也包括是否会造成原有容貌损害的不确定性。⑤ 笔者认为，结果之债通常是达到一种物化的结果，医疗服务具有不确定性，而医疗美容可能需要直接作用于人体，医疗美容的手段也通常具有侵入性、创伤性，这更加剧了其自身的不确定性，故不宜要求医疗美容必须实现特定的效果。因此，从总体上看，不宜将医疗美容合同视为结果之债。

---

① 参见李赢天：《医疗美容损害赔偿研究》，载《法制与社会》，2009（21）。

② 参见《奥美定 10 年间致 30 万丰胸女性受害 无一人获赔》，载《扬子晚报》，2010-05-19。

③ 但在德国法的实务中，仍有认为整形手术乃劳务合同而非承揽合同的裁判。参见 OLG Köln，VersR 1998，1510。转引自詹森林：《德国医疗过失举证责任之研究》，载朱柏松、詹森林等：《医疗过失举证责任之比较》，武汉，华中科技大学出版社，2010，第 30 页。

④ 参见李赢天：《医疗美容损害赔偿研究》，载《法制与社会》，2009（21）。

⑤ 参见陈丽杰：《医疗美容诉讼中的法律问题》，载《中国临床医生》，2003（3）。

尽管医疗美容服务合同不是结果之债，但与医疗服务合同相比较，部分医疗美容服务合同仍具有一定的结果性要求。一方面，在有些医疗美容服务合同中，当事人可以在合同中约定，相关的美容服务应当达到特定的美容效果。如果未达到约定效果，医疗美容服务者应当承担相应的违约责任。另一方面，从医疗美容服务合同的订立目的来看，当事人往往是为了实现特定的美容目的，其对于医疗美容的效果也具有一定的预期性。因此，医疗美容应符合当事人双方的缔约目的，实现合同所约定的美容效果。

6. 双务性、有偿性、诺成性

在医疗美容合同中，医师或医疗机构负有对医疗美容服务接受者的容貌和人体特定部位的形态进行修复与再塑的义务，而医疗美容接受者应支付相应的医疗报酬，因此，医疗美容合同具有双务性。① 由于在医疗美容合同中，医疗机构提供医疗美容服务的目的在于获取一定的收益，这就决定了医疗机构通常具有营利性，所以，医疗美容合同具有有偿性。同时，医疗美容合同仅需双方当事人达成合意即可成立，因此其也具有诺成性。

从上述特征来看，医疗美容服务合同是一种新型的合同类型。我国传统观念认为，"身体发肤，受之父母，不敢毁伤，孝之始也"。从这个意义上来说，医疗美容手术是背离我国传统观念的。从比较法上来看，各国合同法在分则中也没有对医疗美容合同作出规定。但近几十年来，随着物质生活水平的提高和人们审美观念的发展，医疗美容合同逐渐为人们所接受，因而出现了新型的医疗美容服务合同。在我国，医疗美容业发展迅速，据2012年《纽约时报》的报道，继美国和巴西后，中国成为全球第三整容大国。② 而据中国消费者协会的一项统计显示，美容等领域连续多年是消费者投诉热点。因此，在法律上有必要对其作出规范。鉴于其与医疗服务合同存在一定的区别，其不能完全适用医疗服务合同的规则，因而，有必要通过专门的立法予以规范。

二、医疗美容合同的效力

医疗美容合同的效力主要包括医疗美容机构的义务和医疗美容服务接

① 参见石小英：《医疗美容事故相关问题的法律思考》，载《内蒙古农业大学学报》（社会科学版），2007（5）。

② 参见《美容不成变毁容呈上升趋势 我国10年整形毁20万张脸》，载中国广播网，2012-02-27。

受者的义务，具体体现为：

（一）医疗美容机构的义务

1. 依据法律规定和合同约定提供医疗美容服务的义务

医疗美容机构的主要合同义务就是提供医疗美容服务，该义务主要源自于合同约定，也可以源自于法律规定。就特殊医疗效果的实现而言，应根据当事人之间的合同约定作出判断。医疗美容服务机构应当按照合同约定提供医疗美容服务。如果医疗机构允诺或者当事人约定医疗美容手术将达到特定的美容效果，则应当保证达到该特定的美容效果。医疗美容合同区别于一般的医疗服务合同，当事人可以就合同效果的实现或达到作出约定。只要当事人之间作出的约定不违反法律、法规的强制性规定，就应承认其效力。

此外，医疗美容服务的内容必须合法，不得违反法律、行政法规的强制性规定。《医疗美容服务管理办法》第 18 条第 1 款规定："美容医疗机构执业人员要严格执行有关法律、法规和规章，遵守医疗美容技术操作规程。"因此，医师及医疗美容机构应依据法律规定提供医疗美容服务。例如，不得为通缉犯做相貌面容有重大改变的整容手术。又如，医疗美容机构也不得违反规定为他人进行变性手术。①

从实践来看，如果当事人约定医疗美容服务应当达到特定的效果，在没有达到特定的效果时，医疗美容机构是否应当承担违约责任？笔者认为，在有约定的情形，医疗美容机构应当负有达到特定效果的义务，否则应承担违约责任。其原因在于：尽管医疗美容合同与一般的医疗服务合同都具有风险性，但如果在合同订立之时，医疗机构保证手术将实现特定效果，则应当负有保证特定结果实现的义务，即使医师的医疗行为符合法律、行政法规、规章以及其他有关诊疗规范的规定，但如果医疗美容手术未达约定效果的，医疗机构仍应承担相应的违约责任。而在一般的医疗服务合同中，只要医师或医疗机构的行为符合法律、行政法规、规章以及其他有关诊疗规范的规定，并符合当时的医疗水平要求的，即使未能治愈患者自身的疾病，也并不承担违约责任。此外，在司法实践中，因虚假广告而出现美容损害是医疗美容合同纠纷的主要事由之一。② 但是，对于广告

① 卫生部 2009 年颁布的《变性手术技术管理规范（试行）》规定："手术前患者必须提交当地公安部门出具的患者无在案犯罪记录证明。"

② 参见李燕、张家钧：《29 例美容损害赔偿诉讼案的法律分析》，载《中华医学美容杂志》，2000（4）。

中所作的承诺是否可以成为认定医疗机构的合同义务的依据，理论上存在一定的争议。笔者认为，如果医疗机构在广告宣传中明确保证将达到特定的美容效果，而这一保证对当事人缔结合同产生实质性影响的，即使当事人在医疗美容合同中未作出明确约定，也应将其作为医师及医疗机构所应负担的义务，医疗美容机构的医疗美容行为未达到该宣传的美容效果的，应当向医疗服务接受者承担相应的违约责任。

2. 瑕疵担保义务

医疗美容机构的瑕疵担保义务，是指医疗美容机构对其用于医疗美容服务接受者的医疗器械、医疗填充物产品的质量所负有的担保责任。在医疗美容合同中，医疗机构负有瑕疵担保义务，这是由医疗美容合同作为具有一定结果性要求的债务的特性所决定的。[①] 另外，医疗美容效果的实现通常与医师或医疗美容机构自身义务的履行以及医疗填充物的质量等有密切的联系。实践中，为达到特定的医疗美容效果，医疗美容合同中往往需要使用一些美容产品。例如，在隆鼻、隆胸等医疗美容手术中，通常需要通过手术在美容者的特定部位填充美容产品。为了保障医疗服务接受者的人身安全，我国法律专门就医疗美容所使用的医用材料或产品的质量作出了规定。例如，《医疗美容服务管理办法》第 18 条第 2 款规定："美容医疗机构使用的医用材料须经有关部门批准。"一旦医疗美容产品的质量存在问题，将会对医疗服务接受者的生命、健康利益产生损害。因此，因医疗填充物等瑕疵而导致医疗服务接受者的身体、健康损害的，医疗美容机构应承担相应的责任。

3. 书面告知义务

在一般的诊疗活动中，医疗机构均负有向患者进行说明告知的义务。而医疗美容活动更具有侵袭性和创伤性的特点，所以，医疗机构也应当按照"知情同意"规则的要求履行相应的告知义务，而且，必须采取书面形式。《医疗美容服务管理办法》第 20 条规定："执业医师对就医者实施治疗前，必须向就医者本人或亲属书面告知治疗的适应症、禁忌症、医疗风险和注意事项等，并取得就医者本人或监护人的签字同意。"依据该条规定，医师或医疗机构负有书面说明的义务。因为在医疗美容合同中，医师

① Brox / Walker, Besonderes Schuldrecht, 31. Aufl., 2006, § 27 Rn. 1. 转引自詹森林："德国医疗过失举证责任之研究"，载朱柏松、詹森林等：《医疗过失举证责任之比较》，武汉，华中科技大学出版社，2010，第 30 页。

或医疗机构所采取的医疗措施与医疗服务接受者自身的身体健康等密切相关，一旦造成损害，将使医疗服务接受者的容貌、肢体等产生损伤，所以，医师及医疗机构应当以书面形式向接受服务者本人或者其亲属说明相关的事项，这一方面有利于避免和减少纠纷的发生，另一方面也有利于促使就医者或者其近亲属审慎决定是否接受相关的医疗美容服务。

医师告知的对象是医疗美容服务接受者。告知义务主要分为如下三个方面：一是医疗前的告知义务，以保障医疗服务接受者自身的知情决定权；二是将医疗过程中的情况向医疗服务接受者进行告知，如采取麻醉措施、医疗填充物等；三是医疗服务结束后的疗养方面的告知义务等。对于医疗美容手术可能出现的危险，还必须进行特别的告诫。① 医师告知的内容是医疗美容所产生的医疗风险、治疗的适应症或禁忌症以及相关注意事项等。就这些内容，医师都应当明确告知医疗美容服务接受者。具体内容的判断应当采取合理医师的标准进行判断。通过告知使医疗美容服务接受者明晰自身的健康状况，以及其不治疗或采取不同治疗方法可能产生的转机、不治疗的恶化可能性及其可预见的结果、采取不同治疗方法时其治愈的概然性、可能的后遗症及危险②，也有利于使其进行充分而慎重的考虑。

在医疗美容机构尽到其告知义务之后，按照知情同意规则的要求，要进行诊疗活动就必须取得医疗美容服务接受者本人或监护人的签字同意。如果无行为能力或者限制行为能力人实施医疗美容项目应经监护人同意，否则不得为其提供医疗美容服务。

4. 保密义务

课以医疗美容机构负担保密义务既是医师执业伦理道德的基本要求，也是保护医疗美容服务接受者隐私权的需要。在医疗美容合同中，其内容常常涉及医疗美容服务接受者的个人隐私，所以，保密义务是医疗美容合同的重要内容。我国的相关法律、法规也对医疗机构的保密义务作出了规定。例如，《医疗美容服务管理办法》第 21 条规定："美容医疗机构和医疗美容科室的从业人员要尊重就医者的隐私权，未经就医者本人或监护人同意，不得向第三方披露就医者病情及病历资料。"依据上述规定，在医

① 参见〔德〕梅迪库斯：《德国债法分论》，北京，法律出版社，2007，第 272 页。

② Adolf Laufs, Arztrecht, 2. Aufl., 1978, S. 40f. 转引自黄茂荣：《债法各论》（第一册），北京，中国政法大学出版社，2004，第 260 页。

疗美容合同中，医师及医疗机构对于其所了解和掌握的有关医疗服务接受者的秘密，负有保密义务，不得任意向第三方披露接受服务者的病情、病历资料等。医师及医疗机构未经接受服务者本人或者其监护人同意而向第三方披露接受服务者病情及病历资料的，应当承担相应的损害赔偿责任。

（二）医疗服务接受者的义务

1. 支付医疗费用的义务

医疗美容合同具有双务、有偿性，因此，医疗服务接受者在接受医疗美容服务的同时，应当按照约定向医疗美容机构支付医疗费用。支付医疗费用的义务是医疗美容服务接受者在医疗美容合同的主要义务，构成医疗机构提供医疗美容服务的对待给付。有关医疗费用支付的具体标准和方式，应当依据相关规定和合同约定。

2. 配合义务

在接受医疗美容服务的过程中，医疗服务接受者负有配合的义务，其应当按照医师及医疗美容机构的要求而对自身的健康状况以及既往的病史加以说明，配合医疗美容机构进行手术，对医嘱加以遵守。如果因医疗服务接受者未能尽到配合义务而导致未实现合同所约定的医疗美容效果的，医疗服务接受者应自担责任；如果因为医疗服务接受者未尽到配合义务导致其遭受医疗损害的，医疗美容机构有权主张减轻或者免除责任。

第六节　违反医疗服务合同的责任

一、违反医疗服务合同的责任构成

在医疗过程中，患者与医疗机构之间通常存在医疗服务合同关系，医疗机构违反医疗服务合同，应当向患者承担违约责任，此外，医疗机构违反合同义务通常还会导致患者的人身利益遭受损害，此时可能构成违约责任与侵权责任的竞合，这也是医疗服务合同的重要特点之一。[①] 从比较法上来看，许多国家对违反医疗服务合同的责任采过错责任。例如，在法

① 参见〔德〕梅迪库斯：《德国债法分论》，北京，法律出版社，2007，第275页。

国，对医疗损害采过错责任，但如果患者在诊疗过程中遭受了与其所患疾病无关的损害，则可以认定医疗机构违反了安全保障义务。[①] 但我国现行法并没有明确规定违反医疗服务合同责任的归责原则。笔者认为，违反医疗服务合同的责任应当属于过错责任，理由主要在于：一方面，这与医疗机构所负担义务的性质是一致的。医疗机构所负有的义务只是以善良管理人的标准尽到其诊疗义务，原则上属于手段性债务。如果采取严格责任原则，则医疗机构实际上负担了结果性债务，这与医疗机构所负担的义务性质存在冲突。另一方面，这与医疗机构所负担的侵权责任也具有内在的一致性。依据我国《侵权责任法》，医疗机构承担的侵权责任的归责原则为过错责任原则。如果违反医疗服务合同的责任属于严格责任，则可能导致患者都转而通过合同责任寻求救济，如此，将使得《侵权责任法》的规定成为具文。

据此，违反医疗服务合同的责任构成要件主要包括：

1. 违反合同义务

如前所述，医疗服务合同的义务来源具有多样化的特点。违反合同义务的行为，不仅包括违反约定义务，还包括违反法定义务和附随义务。在当事人之间明确约定具体合同义务的情形下，一方当事人违反约定的，构成违约，理应承担违约责任。但在实践中，除了医疗美容、人工授精等合同外，当事人通常并不会就合同义务、诊疗效果等医疗服务的效果作出明确约定。在此情形下，如何判定当事人的行为是否构成违约？一般认为，当事人在医疗服务合同中未约定具体的合同义务时，应当依据法律、行政法规、规章以及其他有关诊疗规范的规定确定当事人的权利义务关系，即在判断医疗机构的行为是否构成违约行为时，不仅以法律和行政法规的规定为标准，而且应以诊疗规范为标准。所谓诊疗规范，是指法律、行政法规、规章等规定的诊疗活动方面的技术标准和操作规程，它主要涉及医疗机构和医务人员在进行医疗、护理、检验、保健、诊断等各项活动中所应当遵循的工作方法、程序、步骤。[②] 例如，我国《执业医师法》、《职业病防治法》、《药品管理法》、《传染病防治法》、《医疗事故处理条例》、《医疗机构管理条例》等规定的相关内容，就属于重要的诊疗规范。除了诊疗规范之外，判断是否违反合同义务，还必须依据相关法律、行政法规和合同的约定。例如，在医疗美容合同中，医疗机构没有达到实现约定的特定效

① 参见叶名怡：《医疗合同责任理论的衰落》，载《甘肃政法学院学报》，2012（6）。

② 参见王竹：《侵权责任法配套规定》，北京，法律出版社，2010，第114页。

果，也属于违反合同义务。

2. 医疗机构存在过错

医疗机构所提供的诊疗服务应当符合提供医疗服务之时的医疗水平。所谓医疗水平，是指基于医学理论和实践经验的积累而普遍适用的专业水平。在以医疗水平为标准认定医疗机构的过错时，需要采取客观判断的标准，即应当以医疗行为进行之时一般医务人员应达到的医疗水平作为判断标准。同时，还应当根据全国统一的医疗水平进行判断。在我国，卫生部制定了大量的相关规范，在医疗行业内部也有诊疗操作规范，不同等级的医院有与其资质等级相适应的不同规范，这些都是认定诊疗义务的依据。所以，在判断医疗机构的过错时，不应当区分不同的地域而作出不同的认定。例如，某三甲医院在进行眼科手术时，因为临时停电导致手术失败，该医院作为三甲医院本应当具备紧急供电的设施而没有具备，所以其是有过错的。此外，在根据与当时的医疗水平相应的诊疗义务的标准来判断过错时，还要适当地考虑医疗机构和医务人员的资质因素，例如，有的医院是二级甲等医院，有的医院是三级甲等医院。医疗机构的资质本身就表明，其在医疗水平方面存在差异，在过错认定时也应当有所不同。又如，医务人员有特需专家、专家和普通医师的区分，不同的医务人员进行诊疗活动时，对其过错的认定也应当存在差异。

但在医疗机构提供不合格的药品、医疗器械、血液以及消毒药剂等情形下，造成患者损害的，应当承担何种责任？对此，学界存在争议，一种观点认为，医疗机构只有在存在过错的情形下才承担责任，即医疗机构只有在提供不合格的药品、医疗器械等具有过错时，才应承担责任。另一观点则认为，医疗机构应承担严格责任，其负有保障患者安全的义务。[①] 只要医疗机构提供的药品、医疗器械等不合格造成患者损害的，医疗机构都应当承担相应的责任。笔者赞成后一种观点，我国《侵权责任法》第59条对药品、医疗器械等不合格造成患者损害的，采严格责任，《合同法》也应采取此种做法。

3. 因违约而造成实际损害

一般而言，受害人除了证明其遭受了损害之外，还应当证明损害和违反合同义务的行为之间存在因果联系。所谓损害，主要是指因一方当事人

---

① M. Barendrecht et al., Principles of European Law: Services Contracts, European Law Publishers 2007, p. 810.

违约而给另一方带来的履行利益的损失。就损失的证明而言，遭受损失的一方应当举证证明损失的具体程度和数额，对因违约而造成的实际损害进行举证，也有利于限制损害赔偿的范围。

就因果关系的证明而言，法律上的因果关系是指损害结果和造成损害的原因之间的关联性，它是各种法律责任中确定责任归属的基础。在违约责任中，虽然大量适用约定的责任，只要当事人构成违约，就可以根据违约金等条款确定违约方所应承担的违约责任。但这并不意味着，遭受损害的一方当事人无须就损害与违约之间的因果关系举证，应当承担责任的一方也可以通过举证证明因果关系不存在而提出抗辩，对因果关系的证明有利于确定违约方责任的成立和具体范围。

二、违反医疗服务合同的违约责任

1. 损害赔偿

违反医疗服务合同的主要责任形式是损害赔偿。在医疗服务合同中，当事人极少采用违约金的方式，因为诊疗结果存在不确定性，现有的医疗水平无法对具体的医疗结果作出准确的预测。所以要求医疗机构达到确定的诊疗效果，不仅对其过于苛刻，而且会影响医疗科学的发展。更何况，疾病能否治愈取决于一系列因素，如患者特殊的体质、医师的水平等。所以，在实践中，当事人通常不会在合同中约定医疗服务合同的违约金条款。一方违约后，另一方通常可能提供损害赔偿请求。

关于损害赔偿的范围，应当限于医疗机构在订约时能够合理预见的损失。如果当事人在合同中约定损害赔偿计算方法的，则应按照约定的方法计算。如果当事人未作约定的，则因医疗机构的违约行为使受害人遭受的各种损失，医疗机构都应当赔偿。具体的赔偿范围包括：死亡赔偿金、残疾赔偿金、误工损失、另行转院治疗的费用、康复费、护理费、交通费等。例如，在“郑某某、陈某某诉江苏省人民医院医疗服务合同纠纷案”中，法院认为，原告为履行医疗服务合同而付出的医疗费属于其损失，具体范围包括原告向人民医院支付的检查费、医药费以及原告在院外购买药品支出的费用。对于这些费用，被告都应当予以赔偿。①

2. 继续履行

在医疗机构违约的情形下，如果医疗机构能够继续履行约定义务的，

① 参见《中华人民共和国最高人民法院公报》，2004（8）。

受害人有权请求其继续履行，以实现订立医疗服务合同的目的。例如，在医疗机构未履行告知义务的情形下，患者要求其履行告知义务并继续诊疗的，医疗机构应当继续履行。又如，在康复阶段，如果医疗机构未按照约定照料患者的，患者可以要求其按照约定继续履行该义务。

当然，由于医疗服务合同在性质上属于服务合同，具有一定的人身信任关系，患者正是基于其对医疗机构或者特定医师的信任才与特定的医疗机构订立医疗服务合同的，因而，在医疗机构违约的情形下，如果患者不同意医疗机构继续履行，医疗机构不得主张继续履行，而应当承担损害赔偿等责任。

3. 其他责任形式

除了赔偿损失、继续履行外，患者还可以要求医疗机构承担停止侵害、消除影响等违约责任。需要讨论的是，患者在获得赔偿损失之后，是否可以请求退还医疗费用？笔者认为，只要医疗机构在合理收费的范围内已经提供了服务，则不应当退还。医疗费用的收取如果确实违反规定，对于违规的部分，应当退还。

需要讨论的是，在医疗美容合同中，是否可以适用精神损害赔偿，对此存在不同看法。一般认为，精神损害赔偿主要适用于侵权责任。但从比较法来看，一些国家的立法和判例已经突破此种限制。例如，在 Sullivan v. O'Connor 案中，一位外科医生给患者所做的鼻子整容手术未达到约定的美容效果，患者不得已而接受第二次手术以进行矫正，其由此遭受了疼痛和精神痛苦，对此，马萨诸塞州最高法院判决患者有权因疼痛、痛苦及精神苦恼而向该外科医生主张精神损害赔偿。[①] 在我国司法实践中，有的法院也针对医疗美容未能达到约定的美容效果而作出允许主张精神损害赔偿的判决。例如，在“马某某诉鞍山市铁东区服务公司梦真美容院美容损害赔偿纠纷案”中，法院认为，原告在被告处作激光扫斑美容后，致面部形成麻斑，是被告方美容手术技术不过关造成的，现已经过半年之久，脸部麻斑尚未恢复，给原告精神上带来不可弥补的损失，对于原告因此而遭受的精神损害，被告应当赔偿。[②] 依据《侵权责任法》第 22 条的规定，精神损害赔偿原则上仍应适用于侵权责任。依据这一规定，在违约之诉

① Sullivan v. O'Connor，363 Mass. 579，296 N. E. 2d 183 (1973).

② 参见“马某某诉鞍山市铁东区服务公司梦真美容院美容损害赔偿纠纷案”，载《人民法院案例选》（总第 7 辑），北京，人民法院出版社，1994，第 89～90 页。

中，原则上不得主张精神损害赔偿。但是否有必要在例外情况下，也承认因违约导致的精神损害可以获得赔偿？笔者认为，从有利于保护受害人的角度考虑，有必要在特殊情况下，允许非违约方就其所遭受的严重精神损害请求赔偿抚慰金。就医疗美容合同而言，如果该合同的违反导致医疗美容服务接受者的精神损害，而且，其实际上遭受了严重的精神损害，则受害人应当可以基于违约请求精神损害赔偿。

三、违反医疗服务合同的责任与医疗损害侵权责任的竞合

在诊疗过程中，医疗机构违反约定义务可能会造成患者其他的人身、财产损害，此时构成违约责任和侵权责任的竞合。从比较法上看，大陆法系一些国家（如法国、比利时等），传统上认为医生和病人之间存在医疗合同关系，此种合同是受害人的求偿依据。[①] 在法国法中，患者既可以选择违约责任，也可以选择侵权责任，但司法实践常常采取“合同优位原则”（la primauté du contrat），即合同责任优先于侵权责任，发生竞合的时候优先适用合同责任。[②] 因为采合同责任对受害人是有利的，例如，合同请求权的消灭时效要长于侵权责任请求权的，同时，受害人证明过错的责任更轻。在我国司法实践中，对于医疗纠纷，大多采用侵权之诉。我国《侵权责任法》第七章规定了“医疗损害责任”，该法第 54 条规定：“患者在诊疗活动中受到损害，医疗机构及其医务人员有过错的，由医疗机构承担赔偿责任。”该条规定对医疗损害责任的定义较为宽泛，以致实践中所发生的医疗纠纷大多都通过侵权责任加以救济。笔者认为，虽然采用侵权责任有利于保护受害人，但这并不意味着医疗损害纠纷中完全排除了违约责任的适用。从法律上看，违约责任和侵权责任的法律效果存在区别，主要表现在：

第一，归责原则不同。在我国《侵权责任法》中，医疗损害责任原则上采过错责任原则，受害人要对医疗机构及其医务人员的过错负担举证责任。在特殊情形下，采过错推定原则[③]，这与比较法上多数国家的做

① See P J Zepos & Ph Christodoulou，*International Encyclopedia of Comparative Law*，Vol 4，Torts，Chapter 6，Professional liability，JCB Mohr（Paul Siebeck，Tübingen），1975，p. 8.

② Y. BuffelanLanore，v. Larribau-Terneyre，Droit civil：Les obligations，12e éd.，Sirey，N°2313，p. 799.

③ 参见《侵权责任法》第 58 条。

法一致。[①] 但对于违反医疗服务合同责任的归责原则，我国现行法的规定并不十分清楚。笔者认为原则上应当采取过错责任原则，但在当事人约定要达到特定效果的情形，应当采严格责任，即只要受害人证明医疗单位违反了合同约定，且不具有免责事由，患者就可请求医疗机构承担违约责任。例如，在提供整容服务时，医疗单位许诺可以使就诊人在整容以后达到某种效果，但最终没有实现承诺，医疗单位便应当承担违约责任。

第二，请求权主体不同。在医疗侵权之诉中，请求医疗机构承担侵权责任的主体是患者。在医疗违约之诉中，通常也是患者请求医疗服务机构承担违约责任。所以，在通常情况下，无论是侵权责任还是合同责任，请求权的主体都是患者。但在特殊情形下，也可能由其他主体请求医疗机构承担违约责任。例如，患者就医时处于昏迷状态或者为无行为能力人时，由于其不具备意思表达能力，因而，医疗服务合同的主体并非患者本人，而是患者的亲属或其他有特定关系的人。在这一点上，违约责任与侵权责任的请求权主体存在一定的区别。[②] 此外，在因医疗事故造成患者死亡或丧失民事行为能力时，患者的近亲属可以基于侵权之诉而主张相应的损害赔偿，而不得基于违约之诉而要求医疗机构承担违约责任。

第三，是否涉及医疗费的返还不同。医疗损害的侵权责任中，并不涉及医疗费返还的问题。而合同责任中，如果医疗机构没有履行合同义务，患者依据法律规定或合同约定解除合同之后，有权请求医疗服务机构返还医疗费。

第四，赔偿范围不同。在违约责任中，当事人之间可以事先约定损害赔偿，一旦发生违约，就可直接执行约定的损害赔偿条款，当事人无须再证明损害的具体范围。尤其是在医疗美容等合同中，当事人可能直接就违约损害赔偿的计算方法或违约金作出约定。在此情形下，应当依据当事人的约定来确定损害赔偿范围和数额。就法定的损害赔偿而言，合同责任的承担还应当受到可预见性规则的限制。[③] 而在侵权责任中，由于医疗损害的发生具有偶然性和突发性，当事人通常无法事先约定赔偿范围或赔偿的计算方法。如果患者因诊疗行为遭受人身损害的，则可能通过医疗事故鉴

① 参见〔德〕冯·巴尔：《欧洲比较侵权行为法》（上），张新宝译，北京，法律出版社，2002，第598页。

② 参见林文学：《医疗损害赔偿审判实践中几个法律问题的探讨》，载《人民司法》，2007（17）。

③ Geneviève Viney，Introduction *à* la responsabilité，LGDJ，2008，pp. 447-458.

定等形式而确定损害赔偿数额。此外，合同责任一般不能包括精神损害赔偿，而在侵权责任中，受害人可以请求精神损害赔偿。

第五，免责事由的证明不同。医疗服务合同责任中的法定免责事由仅为不可抗力。而即便是不可抗力，医疗机构也并非当然免责，而必须依据不可抗力所影响的范围，部分或全部地免除责任。[①] 但对于受害人来说，如果存在约定的免责事由，其可以据此主张免责。而对医疗侵权责任而言，当事人约定免责事由的权利受到严格限制，但医疗机构可以依据《侵权责任法》关于法定免责事由的规定而免责。例如，如果医疗机构证明，患者在治疗过程中未配合其进行手术活动，或者证明限于当时的医疗水平该手术难以成功，则依据《侵权责任法》第 60 条可以部分或全部地免除责任。

第六，诉讼时效的区别。在医疗服务合同纠纷中，违约责任的诉讼时效通常是两年。但依据《民法通则》的相关规定，因医疗纠纷而发生的人身伤害侵权责任的诉讼时效是一年。

《合同法》第 122 条规定："因当事人一方的违约行为，侵害对方人身、财产权益的，受损害方有权选择依照本法要求其承担违约责任或者依照其他法律要求其承担侵权责任。"据此，在医疗纠纷发生后，如果构成违约责任与侵权责任的竞合，应当允许遭受损害的一方当事人选择对其最为有利的救济措施。从今后的发展趋势来看，医疗服务越来越呈现出个性化、特色化的特点，患者与医疗机构之间也会就医疗活动的预期效果作出越来越明确的约定。届时，患者主张医疗机构承担违约责任将会更为普遍。

① 参见《合同法》第 117 条。

第十五章 特许经营合同

第一节 特许经营合同概述

一、特许经营合同的概念和特征

特许经营合同，是指特许人与受许人之间订立的，特许人将其拥有的注册商标、企业标志等经营资源许可他人使用，受许人按照合同约定开展经营活动，并向特许人支付特许经营费用的合同。在我国古代，“特许”是指特别授权，其并不限于经济领域，《资治通鉴》第五十六卷中有“旧制，边人不得内徙，诏以奂有功，特许之”，其意即“特别许可”。现代意义上的特许经营（Franchising），原意是指由政府授予个人或公司的一种特权。[①] 后运用到商业领域，形成了商业特许经营，其涵盖范围非常广泛，涉及加工、产品销售、提供服务、咨询、餐饮、酒店等众多领域。许多著名的国际连锁企业，如肯德基、麦当劳等，都是采用特许经营的模式运营的。在实践中，商业特许经营通常也被称为“加盟店经营”。

特许经营合同是一种新型的合同类型。在此种合同关系中，由于特许人和受许人都是独立的主体，特许经营合同本质上也是平等主体之间订立的民事合同。[②] 根据《欧洲民法典草案》第 4.5—4：101 条，特许经营合同是指一方当事人（特许人）为取得报酬，授予对方当事人（被特许人）从事经营活动（特许经营活动）的权利，被特许人有权为自身利益，以自己的名义在特许人的经营体系下提供特定产品，被特许人有权利也有义务使用特许人的商号、商标或其他知识产权、技术秘密以及模式的合同。美

---

① 参见何易：《特许经营法律问题研究》，北京，中国方正出版社，2004，第 1 页。

② See Christian von Bar and Eric Clive, *Principles, Definitions and Model Rules of European Private Law*, Vol. 3, Sellier, European Law Publishers GmbH, Munich, 2009, p. 2382.

国特许经营协会（IFA）也对其作出了类似的规定。[①] 我国合同立法虽未对此作出明确规定，但相关的行政法规和规章对此作出了规定。根据我国《商业特许经营管理条例》第3条的规定，特许经营合同是指特许人将其拥有的注册商标、企业标志、专利、专有技术等经营资源许可他人使用，受许人按照合同约定在统一的经营模式下开展经营，并向特许人支付特许经营费用的合同。在特许经营合同中，许可他人使用其所拥有的注册商标、企业标志、专利、专有技术等的主体称为特许人，而被许可使用的另一方主体称为受许人或被特许人。特许经营合同的主要特征在于：

1. 特许人资格的特殊性

为了保护受许人，防止商业欺诈行为，法律通常会对特许人的主体资格设定一定的限制条件。在我国，只有符合法律规定条件的企业，才能够作为特许人从事特许经营活动。一方面，只有登记注册的企业才能成为特许人，开展特许经营活动。《商业特许经营管理条例》第3条第2款的规定："企业以外的其他单位和个人不得作为特许人从事特许经营活动。"另一方面，企业必须符合一定条件才能开展特许经营活动。《商业特许经营管理条例》第7条的规定："特许人从事特许经营活动应当拥有成熟的经营模式，并具备为被特许人持续提供经营指导、技术支持和业务培训等服务的能力。特许人从事特许经营活动应当拥有至少2个直营店，并且经营时间超过1年。"法律要求特许人具备"两店一年"的条件，主要是为了确保特许人具有成熟的经验和商业经营模式，从而提高受许人经营活动的成功率。但对受许人而言，法律通常并无限制性规定，其只要符合特许人所设定的条件，就可以从事特许经营活动。

2. 权利许可内容的综合性

所谓综合性，是指特许经营合同包含的内容非常宽泛，其中涵盖了多种不同类型合同的相关内容。[②] 特许经营合同通常同时包含如下内容：一是为了保持特许经营体系的外观一致性，特许人通常会授权受许人使用商

---

① 美国特许经营协会（IFA）将其定义为：特许经营是特许人与受许人之间的一种契约关系，根据该契约，特许人向受许人提供一种独特的商业经营特许权，并给予人员培训、组织结构、经营管理、商品采购等方面的指导与帮助，受许人则向特许人支付相应的费用。参见李维华、陆颖蕊、侯吉建：《特许经营概论》，北京，机械工业出版社，2003，前言第2页。

② See Christian von Bar and Eric Clive, *Principles, Definitions and Model Rules of European Private Law*, Vol. 3, Sellier, European Law Publishers GmbH, Munich, 2009, p. 2383.

业名称、商号、商标等商业经营要素，以及统一员工服装、店面装潢等内容。[①] 这就有可能涉及专利实施许可合同、企业名称使用许可合同、商标使用许可合同和租赁合同等多个合同类型的内容。二是为了保障特许经营产品、服务的质量，特许经营合同中通常会包含受许人应当从特许人或者其指定的人处获取货源[②]，或者应当遵循特许人提供的产品制造方法等内容，这就可能涉及买卖合同、产品分销协议、运输合同等。三是为了保障受许人顺利开展特许经营活动，特许人需要许可受许人使用商业秘密、商业经营方法等，这就有可能涉及商业秘密、商业经营方法的许可使用合同等内容。[③] 由此可见，在特许经营合同中，权利许可内容具有综合性，涉及多个类型的有名合同，不能将其简单归入现有的某一种有名合同之中。例如，虽然特许人需要按照特许经营合同许可受许人使用其专利，但特许人授权受许人使用的权利并不限于专利权，还包括商标、商号等，因此，特许经营合同无法完全包括在专利实施许可合同中。

3. 标的的特殊性

特许经营合同的标的是特许经营权，其本质上只是权利的许可使用。与一般的权利许可使用相比，其特殊性在于，特许人需要许可受许人使用其多项权利，如商标、商号等，以保证受许人顺利开展特许经营活动。受许人可能因为使用特许人的商标、商号等，而在外观上难以与特许人相区分，但其仍属于独立的民事主体，在特许经营合同没有特别约定的情况下，受许人经营中获取的利益归自己所有，原则上应当独立对外承担责任，也应当独立承担相关的经营风险。[④]

4. 对外承担责任的特殊性

所谓对外承担责任的特殊性，是指在特许经营关系中，特许人与受许人是独立的经营主体，原则上应当独立承担责任，但在特殊情形下，特许人可能也要依法承担责任。在特许经营活动中，受许人并非因使用特许人的商标、商号等经营要素而成为特许人的一部分，受许人也并不因加入特许经营关系而成为特许人的一部分。特许人和受许人之间并不成立母公司

---

① See Odavia Bueno Diaz, *Franchising in European Contract Law*, Sellier. European Law Publishers, 2008, pp. 101-102.

② 参见孙连会：《特许经营法律精要》，北京，机械工业出版社，2006，第 181 页。

③ See Odavia Bueno Diaz, *Franchising in European Contract Law*, Sellier. European Law Publishers, 2008, pp. 126-127.

④ 参见任海青、宁红丽：《特许连锁经营中出现的问题之法律探讨》，载《山西师大学报》（社会科学版），第 26 卷第 3 期。

与子公司或者分支机构之间的关系，双方各自具有独立的主体资格和法律地位。[①] 因此，在造成第三人损害时，受许人应当独立对外承担责任。受许人订立特许经营合同、加入特许经营体系是为了自己营利，而非为特许人的利益从事特许经营活动。因此，特许人与受许人原则上应当独立对外承担责任。尤其是对受许人而言，因其行为致他人损害的，原则上应当由其独立承担责任，而不应当由特许人承担责任。[②] 但在特殊情况下，由于受许人与特许人在经营的外观上具有一致性，尤其是受许人在特许经营中需要使用特许人的商标、商号等，这就可能使消费者产生合理信赖，且特许人对受许人的经营活动通常也会实施一定的控制[③]，所以在受许人造成他人损害时，特许人仍有可能承担一定的责任。[④]

5. 具有继续性

在特许经营合同中，合同的履行并非一时完成的，而需要持续、不间断地履行，因此，特许经营合同属于继续性合同。在特许经营关系存续期间，特许人应向受许人持续提供技术、经营模式等方面的指导，受许人也应当按照合同约定持续使用特许人的商号、商业标志、专利技术、经营模式等。同时，特许经营的费用通常不是一次性支付的，通常应根据特许经营状况分批进行支付。所以，特许经营合同具有继续性。

6. 诺成性、要式性、双务性和有偿性

就特许经营合同的性质而言，其具有如下特征：一是诺成性，即合同的成立只需双方当事人意思达成一致即可，而无须交付标的物。二是要式性。《商业特许经营管理条例》第 11 条第 1 款规定："从事特许经营活动，特许人和被特许人应当采用书面形式订立特许经营合同。"因此，特许经营合同具有要式性。采取书面形式订立合同，有利于明晰和规范当事人之间的权利义务关系，方便当事人举证，从而避免纠纷的发生。三是双务、有偿性。在特许经营合同中，双方当事人互负对待给付义务。特许人应将其拥有的注册商标、企业标志、专利、专有技术等经营资源许可对方当事人使用，受许人也应按照合同约定在统一的经营模式下开展经营，并向特许人支付特许经营费用。因此，特许经营合同是双务、有偿的合同。从比

① 参见林美惠：《加盟店契约之法律问题研究》，载《月旦法学杂志》，1995 (6)。

② 参见张驰、黄鑫：《区域特许经营结构和责任探析》，载《华东政法学院学报》，2005 (2)。

③ 参见林美惠：《加盟店契约之法律问题研究》，载《月旦法学杂志》，1995 (6)。

④ 参见孙连会：《特许经营法律精要》，北京，机械工业出版社，2006，第 228～229 页。

较法上看，各国判例学说也大多认可特许经营合同的双务有偿性。例如，欧盟《关于对特许经营类型协议适用条约第 85 条第 3 款的 4087/88 号法规》第 1 条第 3 款（b）在定义特许经营协议时认为，特许人向受许人许可使用其知识产权、商业秘密等开展特许经营必须的条件时，受许人应当直接或者间接向特许人支付一定报酬或者对价。① 我国学界和实务部门也认为特许经营合同是一种有偿合同，毕竟特许经营是一种交易行为，且都是发生在经营者之间，特许人许可受许人使用其知识产权、商业秘密等，受许人应当向特许人支付一定的特许权使用费（特许权经营费）。②

需要指出的是，关于特许经营合同究竟是有名合同还是无名合同，学界存在两种观点：一种观点认为，特许经营合同是无名合同。《商业特许经营管理条例》属于行政法的范畴，是对特许经营行为的行政规制，而不在于确定当事人之间的民事权利义务关系。③ 因此，特许经营合同是无名合同。另一种观点认为，由于我国《商业特许经营管理条例》已经对特许经营合同作出规定，所以，特许经营合同是有名合同。笔者认为，有名合同并不仅限于《合同法》所规定的 15 种有名合同，还包括《合同法》之外的其他法律、行政法规所规定的合同类型。由于国务院《商业特许经营管理条例》已经对特许经营合同的基本内容以及双方的权利义务作出了规定，因而，可以认为特许经营合同是一种特别法所规定的有名合同。事实上，特许经营合同的内容虽然具有综合性，但其已经成为一种独立的有名合同类型。在发生法律纠纷之后，应当直接适用《商业特许经营管理条例》、《商业特许经营信息披露管理办法》等有关特许经营合同的法律规定。当然，由于现行立法没有对特许经营合同作出规定，并不利于特许经营合同纠纷的解决，鉴于特许经营合同适用范围的日益扩展，我国未来民法典有必要将其作为一种独立的有名合同进行规定。

二、特许经营合同的分类

依照不同标准可以将特许经营合同分为不同种类：

---

① Commission Regulation (EEC) No. 4087/88 on the application of Article 85 (3) of the Treaty to categories of franchising agreements, art. 3 (b).

② 朱静华：《从特许经营加盟店被克隆案分析受许人的商圈保护》，载《判解研究》，2007 (5)。北京市第二中级人民法院民五庭：《关于特许经营合同纠纷案件审理中若干问题的调研报告》，载《法律适用》，2010 (2)、(3)。

③ 因此可能出现偏袒一方当事人利益的情形。朱静华：《从特许经营加盟店被克隆案分析受许人的商圈保护》，载《判解研究》，2007 (5)。

1. 商品销售特许经营合同与经营模式特许经营合同

以特许经营合同的内容为标准，可以将特许经营合同分为商品销售特许经营合同与经营模式特许经营合同两种。所谓商品销售特许经营合同，一般是特许人与受许人订立的，由特许人许可受许人从事商品的销售，而受许人应当支付一定费用的合同。① 商品销售特许经营是早期的一种特许经营类型，在现代商业中仍发挥着重要作用，此种类型的特许经营主要包括一些名牌饮料、化妆品、汽车销售等，如可口可乐、百事可乐、通用汽车等都是采用此种方式进行特许经营。② 所谓经营模式特许经营合同，是指由特许人许可受许人在一定区域内使用特许人的商业经营模式，并以特许人的企业形象开展特许经营活动。③ 例如，某快餐企业通过订立特许经营合同，其授权内容不仅包含产品的销售，还包括授权受许人使用其商标、商业标志、商业经营方法等，授权内容具有综合性，此种模式的特许经营合同就是经营模式的特许经营合同。经营模式特许经营的发展较晚，但是发展较快，并逐渐成为主流的特许经营模式，如麦当劳、肯德基等所进行的特许经营都是采取此种类型。作此种区分的主要意义在于许可的内容不同，受许人的义务也因此存在一定差别。在经营模式特许经营合同中，由于特许人的授权具有综合性，授权内容不仅包含产品的销售，还包含相关知识产权的保护等，与商品销售特许经营相比，受许人的义务更为广泛。

2. 国内特许经营合同和国际特许经营合同

以特许经营是否跨越一国国境为标准，可以将特许经营分为国内特许经营合同和国际特许经营合同。④ 国内特许经营合同是指特许经营的范围在一国之内的特许经营合同，而国际特许经营合同则是特许经营范围跨出一国范围的特许经营合同。事实上，特许经营最初都是从国内特许经营起步，再逐渐发展为国际特许经营的。目前，特许经营的国际化趋势越来越明显，国际特许经营所面临的各种法律问题要比国内特许经营复杂得多。此种区分的主要意义体现在特许经营的法律纠纷解决方面。国内特许经营合同不涉及域外法律适用问题，通过国内法即可有效解决相关纠纷，而国际特许经营合同法律纠纷的解决可能涉及各国法律之间冲突的协调、法律

① 参见肖朝阳：《特许经营法律实务》，北京，中信出版社，2003，第3页。
② 参见徐印州：《特许连锁经营》，广州，广东经济出版社，2000，第16页。
③ 参见肖朝阳：《特许经营法律实务》，北京，中信出版社，2003，第4页。
④ 参见何易：《特许经营法律问题研究》，北京，中国方正出版社，2004，第10页。

适用的选择、诉讼管辖的确定、判决的承认与执行等。尤其是在诉讼管辖方面，由于国际特许经营合同的经营范围往往超出了一国范围，因而，与国内特许经营合同相比，其诉讼管辖更为复杂，也涉及外国法以及有关的国际公约等的适用问题。

3. 直接特许经营合同与分特许经营合同

以受许人是否具有分特许经营权为标准，可以将特许经营合同分为直接特许经营合同与分特许经营合同。直接特许经营合同，是指特许人将特许经营权直接授予受许人，受许人按照特许经营合同的约定开展特许经营活动，但其不得再行转让或者授权他人开展特许经营活动的合同。[①] 分特许经营合同（sub-franchising），是指特许人将在指定区域内的独家特许经营权授予受许人，该受许人可将特许权再授予其他分受许人从事经营活动。[②] 对此，国际统一私法协会将其定义为："在区域总特许协议中特许者授权另一个人，即次特许人在某一特定区域内独占的、自己开特许店和/或向次受特许人进行特许的权利。"[③] 在分特许经营中，特许人许可受许人使用自己的商业名称、商号、商标等商业经营要素，并允许其在该区域内再授权他人开展特许经营活动。受许人可以自己从事特许经营活动，也可以在该区域内再次特许他人开展特许经营活动，并且受许人和次受许人之间将形成一种特许经营关系，次受许人应当向受许人支付一定的特许经营费用。[④] 特许人采用此种方式授予特许经营权的主要目的在于降低向同一区域内众多受许人分别授予特许经营权的复杂性。

区分这两类合同的主要意义在于，有利于明晰特许经营关系中各个主体的对外和对内的责任关系，就内部责任而言，特许人、受许人与次受许人之间的关系原则上应当严格按照合同的相对性原则予以确定。在外部责任方面，受许人与次受许人都是独立的主体，原则上应当独立对外承担责任，但在例外情况下，特许人与受许人也可能承担补充责任或替代责任。[⑤]

---

① 参见孙连会：《特许经营法律精要》，北京，机械工业出版社，2006，第 21 页。

② 参见孙连会：《特许经营法律精要》，北京，机械工业出版社，2006，第 21 页。

③ 国际统一私法协会：《国际特许经营指南》，张玉卿、庞正中等编译，北京，法律出版社，2002，第 3 页。

④ See Rupert M. Barkoff & Andrew C. Selden Editors, *Fundamentals of Franchising*, ABA Publishing, 2008. p. 54.

⑤ 参见张驰、黄鑫：《区域特许经营结构和责任探析》，载《华东政法大学学报》，2005（2）。

三、特许经营合同与相关合同的区别

（一）特许经营合同与名称权许可使用合同

所谓名称权许可使用，是指名称权人与受让人达成协议，允许他人使用其名称。名称许可使用的典型形态就是特许经营，例如，麦当劳等连锁店通过特许经营合同允许多个受许人使用其名称标志。由于这一原因，有人认为，特许经营合同属于名称权许可使用的类型。但笔者认为，特许经营合同与名称权许可使用合同存在明显区别，主要表现在：一方面，从适用范围来看，虽然名称许可使用的典型形态是特许经营，但名称权的许可使用范围并不限于特许经营活动，其他商业经营活动中也可能涉及名称权的许可使用。另一方面，从内容上看，名称权许可使用合同的内容仅涉及名称权的许可使用，依据我国《民法通则》的规定，名称权在性质上属于人格权，而非知识产权。而特许经营合同的内容则具有综合性，除名称权外，还包含商号、商标等权利的许可使用，以及商业经营指导、企业装潢等内容。

（二）特许经营合同与专利、商标实施许可合同

所谓专利、商标实施许可合同，是指专利权人和商标权人及其授权的人许可对方当事人（即被许可人）在约定期限和范围内实施专利或使用其商标，而被许可人应支付约定使用费的合同。[①] 所谓许可，是指在不转让专利权或商标权的前提下，授权他人在一定范围和期限内使用其专利技术或商标的合同。许可在本质上并非权利的整体转让。[②] 我国合同法对此类合同作出了规定。与专利、商标实施许可合同一样，在特许经营合同中，特许人通常也需要许可受许人使用其专利、商标等，但特许经营合同与专利、商标实施许可合同存在明显区别，主要表现在：一方面，二者许可使用的权利内容不同。在专利、商标实施许可合同中，许可人授权他人使用的权利内容为专利权或商标权；而在特许经营合同中，特许人许可受许人使用的权利内容具有综合性，其不限于专利、商标的许可使用，还包括商业秘密、商业经营模式、机器设备、商号等多项内容。另一方面，在特许经营合同中，受许人应当以特许人的名义从事经营活动，其与特许人及其他受许人构成一个完整的特许经营体系。而在专利、商标实施许可合同

① 参见段瑞春：《技术合同》，北京，法律出版社，1999，第177页。

② 参见〔美〕Jay Dratler，Jr.：《知识产权许可》（上），王春燕译，北京，清华大学出版社，2003，第1页。

中，被许可人则无须以许可人的名义对外从事经营活动，其仅需按照合同约定的方法、范围和时间等使用特定的专利技术或商标即可。

（三）特许经营合同与产品分销合同

产品分销合同，是指产品的制造商或者供应商在一定地域范围内委任分销商，约定由该分销商向其购买产品，然后转售给批发商、零售商或者直接销售给消费者的合同。虽然部分特许经营合同也以产品分销为目的，但特许经营合同与产品分销合同存在明显区别[①]，主要表现为：首先，从内容上看，产品分销合同的主要内容为销售产品，而特许经营合同的内容并不限于此，通常还包含商业名称、商号、商业秘密等的许可使用等内容，其内容较为宽泛。其次，从合同性质来看，产品分销合同属于买卖合同，而特许经营合同是一种特殊的有名合同，其内容不仅限于买卖，受许人有权依据特许经营合同使用特许人的经营方法、商业秘密等权益。最后，从经营体系的一致性来看，特许经营体系与产品分销体系虽然具有一致性，但特许经营体系的统一性、一致性（uniformity）比普通的分销经营网络更加明显。

第二节　特许经营制度的历史发展

在我国，特许经营古已有之，但一直没有形成现代意义上的商业特许经营法律制度。在欧洲中世纪以前，特许经营活动的范围限于政府特许经营，中世纪以后，商业特许经营开始产生与发展，如在英国，特许经营关系当时已经出现在酒厂及与其有合同关系的酒馆之间。[②] 一般认为，近代意义上的特许经营起源于南北战争后的美国。[③] 为了实现对特许经营权以及特许经营活动的规范，美国联邦贸易委员会于 1978 年颁布了《商业特许经营管理条例》，从 20 世纪 70 年代开始，美国各州也开始针对特许经营活动进行立法，1970 年加利福尼亚州所颁布的《特许投资法》（Franchise Investment Act）是世界上最早的一部特许经营信息披露法。[④]

---

① See Christian von Bar and Eric Clive, *Principles, Definitions and Model Rules of European Private Law*, Vol. 3, Sellier, European Law Publishers GmbH, Munich, 2009, p. 2383.

② 参见李维华：《特许经营概论》，北京，机械工业出版社，2003。

③ 参见欧阳光等编著：《公司特许经营法律实务》，北京，法律出版社，2007，第 14 页。

④ 参见孙连会：《特许经营法律精要》，北京，机械工业出版社，2006，第 26 页。

在欧洲，最早的特许经营网络出现于20世纪30年代的法国，此后，欧洲各国普遍认可了这一商业经营模式，并通过法律手段对特许经营活动进行规范，如法国1991年生效的《关于商业和手工业企业发展及其经济、法律和社会环境改善的第89－1008号法律》，但该法只是一部信息披露法，而非专门针对特许经营的立法。[①] 20世纪80年代，许多特许经营网络断裂，同时，很多受许人因特许人不履行其承诺而破产，这些问题引发有关特许经营协议是否应由法律进行规制的争论。[②] 后来，法国发布了第91－337号政府令，其中详细规定了特许人的信息披露义务。[③] 欧盟范围内，各成员国都通过相关的法律、法规、指令、判例等对特许经营合同予以调整，例如，2004年，意大利国会制定了特许经营法令，立陶宛则于2000年在民法典中规定了特许经营的相关规则。

从比较法上来看，大多数国家都针对特许经营进行了专门调整，主要有如下三种模式：

一是民法典调整模式，即在民法典中专门对特许经营加以规定，以明晰特许人与受许人之间的权利义务关系。例如，立陶宛于2000年在民法典中规定特许经营的相关规则。德国法上并无专门的法律或者政府机构来管理特许经营活动，特许经营活动主要通过民法典中合同法的一般条款、消费者保护法、商法典的相关规定以及不公平交易和反托拉斯法来规制的。特许人在特许经营合同签订前应当向受许人披露相关的信息，因此，在特许经营合同签订以前，特许人或者次特许人（sub-franchisor）必须保证潜在的或未来的受许人能够清楚地知道所有相关的事实和信息，如果特许人没有履行相关的义务，受许人有权利请求相关的损害赔偿。[④]

二是特别法模式。从各国特许经营法律制度的发展趋势来看，许多国家纷纷采取了单独立法的方式来规范特许经营关系，并取得了很好的效果。例如，意大利国会于2004年专门制定了《特许经营法令》，针对特许人和受许人所订立合同的形式和内容进行了规定。澳大利亚在1993年制定了《特许经营法准则》（franchising code of practice），1998年制定了《贸易行为（行业准则——特许经营）条例》。[⑤] 在西班牙，关于零售买卖

---

① 参见孙连会：《特许经营法律精要》，北京，机械工业出版社，2006，第43页。

② See Odavia Bueno Diaz, *Franchising in European Contract Law*, Sellier. European Law Publishers, 2008, p. 33.

③ 这部法也称为Loi Doubin法，因引进该法的部长为Loi Doubin而得名。

④ See Adam Myers, *Franchise 2011*, Law Business Research Ltd, 2011, p. 55.

⑤ 参见汪传才：《论澳大利亚特许经营立法及其借鉴价值》，载《暨南学报》，2006（2）。

的7/1996号法律（LOCM）第62条规定了特许经营，该条规定在界定特许经营概念的基础上，对特许人课以两项先合同义务，即进行登记和向受许人事先披露信息。①

三是综合调整模式。所谓综合调整模式，即通过多种方式对特许经营关系进行调整。例如，在法国，通常采用立法、特别法以及判例等多种方式规范特许经营活动②，同时，特许经营合同也可以适用《法国商法典》的相关规定。

从比较法上来看，特许经营制度的发展呈现如下趋势：第一，普遍强化特许人的信息披露义务，以保护受许人与消费者的利益。因为在特许经营中，通常存在信息不对称问题，特许人有可能利用其信息优势，进行虚假宣传等活动，损害受许人与消费者的利益，在此情况下，有必要强化特许人的信息披露义务。所以，各国有关特许经营的立法大多倾向于保护处于弱势地位的消费者和受许人的利益。从比较法上来看，意大利《特许经营法令》明显倾向于保护处于弱势一方的受许人，以防止特许人利用其缔约优势地位侵害受许人利益，例如，限制特许人行使其单方决定权，强化特许人的信息披露义务等③，以避免欺诈的发生。在比利时、法国和西班牙等国家，虽然并未就特许经营制定专门的法律以调整当事人的内部关系，但都规定了法定披露规则，即特许人负有向受许人披露信息的先合同义务。④ 第二，在责任承担方面注重对消费者的保护。例如，在特许经营的产品造成消费者损害等情形下，虽然受许人与特许人属于独立的主体，特许人可能需要对受许人造成的损害承担替代责任（vicarious liability），以强化对消费者的保护。第三，特许经营合同出现了有名化趋势。世界知识产权组织在《特许经营指南》导言中指出："特许经营主要依靠合同法来调整，并不一定需要专门的特许经营立法，尽管有些国家制定了专门的特许经营法规。"因此，承认特许经营合同是一种独立的有名合同，对规范特许经营关系、明确当事人的权利义务关系、保护

---

① See Odavia Bueno Diaz, *Franchising in European Contract Law*, Sellier. European Law Publishers, 2008, p. 39.

② See Odavia Bueno Diaz, *Franchising in European Contract Law*, Sellier. European Law Publishers, 2008, p. 34.

③ See Odavia Bueno Diaz, *Franchising in European Contract Law*, Sellier. European Law Publishers, 2008, p. 21.

④ See Odavia Bueno Diaz, *Franchising in European Contract Law*, Sellier. European Law Publishers, 2008, p. 20.

消费者合法权益，具有重要意义。例如，《欧洲示范民法典草案》就是将特许经营合同专门作为一类有名合同予以规制，对特许人所负有的义务（如信息披露义务、协助义务、告知义务）以及受许人支付特许经营费用的义务进行明确规定，以规范特许经营关系。①

我国1999年《合同法》所规定的15种有名合同并不包括特许经营合同，这主要是因为特许经营行为在当时并不具有普遍适用性。② 但伴随着市场经济的逐步发展，特许经营行为已经越来越普遍。据商务部统计，截至2010年年底，我国特许经营体系已超过4 500个，位居世界第一；经营范围已覆盖70多个行业，从最初的零售业扩展到住宿、餐饮、美容、娱乐等服务行业。鉴于有些商业特许经营企业的运营和管理系统不完善，品牌存活率低，一些中小城市加盟店质量难以达到要求，在实践中一些不法分子以招商加盟形式实施商业欺诈。③ 国务院于2007年颁布了《商业特许经营管理条例》，商务部也于2007年颁布了《商业特许经营信息披露管理办法》④、《商业特许经营备案管理办法》，以实现对特许经营活动的规范。其中，前两部法律文件规定了特许经营合同的主要内容，从而有利于明晰各方当事人的权利义务关系、便于纠纷的及时解决。由于在特许经营中，可能出现特许人虚构或夸大其经营业绩、产品质量等现象，在吸引受许人支付加盟费用之后，其提供的经营模式或产品等并没有承诺的市场价值。因而，上述规范性文件对特许人的主体资格以及经营能力等作出了具体要求⑤，同时强化了特许人的信息披露义务。虽然上述规范性文件对特许经营关系作出了规范，但毕竟效力层次较低，尤其是部门规章对于法院裁判仅仅具有参考作用⑥，无法为当事人行为和法院裁判提供明确的指

① 参见欧洲民法典研究组、欧盟现行私法研究组编著：《欧洲示范民法典草案》，高圣平译，北京，中国人民大学出版社，2012，第284～287页。

② 参见全国人大法制工作委员会民法室：《〈中华人民共和国合同法〉立法资料选》，北京，法律出版社，1999，第24页。

③ 参见《商业特许经营将建品牌评价机制》，载《新京报》，2012-01-11，B11版。

④ 2007年制定的《商业特许经营信息披露管理办法》于2012年被修改，并于2012年1月18日被商务部第60次部务会议审议通过，自2012年4月1日起施行。

⑤ 例如，国务院《商业特许经营管理条例》第7条规定："特许人从事特许经营活动应当拥有成熟的经营模式，并具备为被特许人持续提供经营指导、技术支持和业务培训等服务的能力。特许人从事特许经营活动应当拥有至少2个直营店，并且经营时间超过1年。"

⑥ 参见朱静华：《从特许经营加盟店被克隆案分析受许人的商圈保护》，载《判解研究》，2007（5）。

引，故有必要从法律层面对其进行规范，以充分发挥商业特许经营模式的优点、克服其不足。

第三节　特许经营合同的订立

（一）特许经营合同的订立概述

特许经营合同的订立，必须由特许人和受许人之间达成合意。同时，特许经营合同应当采用书面形式。但实践中，为了维持特许经营体系的一致性，合同文本一般是由特许人预先拟定的，具有格式性的特征，受许人通常无权对合同条款及内容作出修改。

（二）特许人负有的作为先合同义务的信息披露义务

为保护受许人的利益，法律通常规定在特许经营合同订立之前，特许人负有信息披露义务。从比较法上来看，关于特许人所负担的此项义务，有的国家是将其确定为法定义务，有的国家则是从成文法所确立的有关合同前义务的基本规则中，引申出特许人合同前的信息披露等义务，还有的国家则是通过其他法律或者模范合同规则的类推而引申出该项义务。例如，在芬兰法上，除了通过诚实信用原则引申出特许人合同前的信息披露义务外，还通过类推适用《商事代理法》（Commercial Agent Act）的规则而引申出特许人合同前的信息披露义务。[①] 德国等国是从诚实信用原则中引申出该项义务。[②] 在我国，特许人所负担的该项义务是通过立法而直接加以规定的。该项义务是特许人负担的先合同义务。法律作此规定的主要原因在于：一方面，特许经营合同当事人之间信息不对称，特许人可能利用其信息优势，进行虚假宣传等活动，这就有可能加大受许人的投资风险，并会对消费者利益产生损害。在合同订立前，受许人一般并不了解特许人的经营状况及其享有的知识产权、技术秘密、运营方法等信息内容。要求特许人在合同订立之前进行信息披露，有利于受许人对特许人的经营方法、经营模式等内容进行初步了解，也便于其尽快开展特许经营活动，及时融入整个特许经营体系，从而实现对受许人利益的保护。另一方面，

① See Christian von Bar and Eric Clive, *Principles, Definitions and Model Rules of European Private Law*, Vol. 3, Sellier, European Law Publishers GmbH, Munich, 2009, p. 2391.

② See Adam Myers, *Franchise 2011*, Law Business Research Ltd, 2011, p. 55.

有利于防止欺诈。通过特许人所披露的信息，受许人可以充分了解特许人的经营状况，有利于防止特许人进行欺诈。此外，由特许人进行信息披露，也有利于监管机关对其进行监督和审查，从而维护受许人的合法利益，保障特许经营的稳定、健康发展。[①]

1. 信息披露义务的内容

第一，信息披露的时间。特许人所负担的该项义务，应当在合同订立前的一定期间内履行。特许人通常应当在与受许人为缔约而进行接触后的一段时间内披露相关信息，但其应当在合同订立前的多长期间内履行该义务，各国立法的规定并不完全一致。例如，法国法规定应当在合同签订前或付款前的 20 天，将披露文件和格式合同提交准受许人。[②] 我国《商业特许经营管理条例》第 21 条规定："特许人应当在订立特许经营合同之日前至少 30 日，以书面形式向被特许人提供本条例第二十二条规定的信息，并提供特许经营合同文本。"依据该规定，特许人所负担的信息披露义务的履行时间应当在合同订立之前至少 30 日，这有利于受许人充分了解特许人的经营状况，避免因时间过于仓促而导致决策失误。[③]

第二，信息披露的形式。关于特许人在履行信息披露义务时是否应当采用书面形式，有两种不同的立法例：一是必须采用书面形式。例如，意大利、西班牙等国家，都采此种模式。[④] 二是并不要求采取特定形式。例如，在德国法上，特许人在进行合同订立前的信息披露时，无须采取特定形式。[⑤] 我国《商业特许经营管理条例》第 21 条规定："特许人应当在订立特许经营合同之日前至少 30 日，以书面形式向被特许人提供本条例第二十二条规定的信息，并提供特许经营合同文本。"据此可见，在我国，特许人履行信息披露义务必须采取书面形式。这主要是因为信息披露的内容会对受许人的决策产生重要影响，通过采用书面形式有助于保存证据、避免发生纠纷。

第三，信息披露的内容。所谓信息披露的内容，主要是指特许人所应披露的事项范围。我国《商业特许经营管理条例》采取了具体列举的立法

① 参见欧阳光等编著：《公司特许经营法律实务》，北京，法律出版社，2007，第 282 页。

② 参见法国 1989 年制定的《关于发展商业和贸易企业以及改善其经济、法律和社会环境的法律》。

③ 参见林美惠：《加盟店契约之法律问题研究》，载《月旦法学杂志》，1995（6）。

④ Italy Law no. 129/2004，art. 3（1），art. 4（1）. Spanish Retail Trade Act，art. 62（3）.

⑤ See Christian von Bar and Eric Clive，*Principles*，*Definitions and Model Rules of European Private Law*，Vol. 3，Sellier，European Law Publishers GmbH，Munich，2009，p. 2393.

模式，对信息披露的具体内容作出了规定。依据该条例第 22 条的规定，特许人所应披露的信息主要包括：一是特许人的基本经营信息，包括特许人的名称、住所、法定代表人、注册资本额、经营范围及其从事特许经营活动的基本情况；二是特许人拥有知识产权的状况，包括特许人所掌握的注册商标、企业标志、专利、专有技术和经营模式的基本情况。三是特许经营关系的基本情况，包括特许经营费用、双方的经营状况。四是特许人的财务状况和是否存在违法行为的情况。如果特许人因从事违法行为而受到处罚，也应当将相关情况及时通知受许人。

需要注意的是，在合同订立前后，特许人的信息披露义务在内容上存在一定区别。在合同订立前，特许人所披露的信息内容通常只要达到能够使受许人对特许经营活动形成全面、初步了解即可，受许人自己应当掌握的市场信息，特许人不负有披露义务。但如果受许人并不了解该市场信息，而该信息对于特许经营合同具有重要意义时，特许人应当进行披露。[①] 而在合同订立后，特许人应当全面、详细地向受许人进行信息披露，所披露的信息应达到能够使受许人顺利开展特许经营活动的程度。

2. 特许人信息变更后的通知义务

《商业特许经营管理条例》第 23 条第 2 款规定："特许人向被特许人提供的信息发生重大变更的，应当及时通知被特许人。"因此，在特许人已经履行了合同前的信息披露义务后，如果相关信息发生重大变更，其应当及时通知受许人。这些重大变更主要是指特许人的经营信息、知识产权状况等发生变更、因从事违法行为受到追究、自身严重资不抵债等情况，这些信息的变更会对受许人的利益产生重大影响，也会实质性地影响合同的订立，如果及时通知受许人，受许人可能不会订立合同。

3. 违反合同前信息披露义务的责任

从比较法上来看，关于特许经营中特许人没有尽到合同前信息披露义务的法律后果，各国主要有以下几种不同的立法例：一是赋予受许人撤销权。例如，意大利 2004 年第 129 号法令第 8 条规定："如果一方（特许人）提供了错误的信息，则另一方（受许人）可以依据《民法典》第 1439 条请求撤销合同（annulment），并可以请求赔偿相应的损失。"[②] 二

---

① See Adam Myers, *Franchise 2011*, Law Business Research Ltd, 2011, p. 55.

② Italy Law NO. 129/2004, art. 8.

是确认特许经营合同无效。《希腊民法典》、《葡萄牙民法典》认为特许人未尽合同前的信息披露义务会导致合同的无效，同时，受许人可以基于缔约过失责任请求特许人赔偿相关损失。[①] 三是赋予受许人解除合同的权利。例如，加拿大《统一特许经营法》（Uniform Franchise Act）第 6 条第 1 款规定，如果特许人没有在规定时间内提供披露相关信息的文件或者作出相关重大变化的声明，或者所披露信息的内容不符合相关要求的，受许人可以在收到披露文件之日起 60 日内解除合同（rescind the franchise agreement），而不用承担相应的责任或者处罚。根据该法第 7 条的规定，受许人以特许人披露文件或者重大变化的声明中有虚假陈述而遭受损失的，有权请求赔偿。[②]

我国《商业特许经营管理条例》第 23 条第 3 款规定："特许人隐瞒有关信息或者提供虚假信息的，被特许人可以解除特许经营合同。"据此，在特许人隐瞒有关信息或者在广告宣传等活动中提供虚假信息时，被特许人享有单方解除权。作出此种规定的原因在于，在特许经营关系中，双方当事人之间具有一定的信任基础，如果一方当事人未履行合同义务，导致当事人之间信任关系基础丧失的，另一方当事人有权解除合同。

依据上述规定，被特许人行使解除权应当符合如下要件：第一，特许人实施了欺诈行为。只有特许人隐瞒了有关信息或者提供虚假信息的，被特许人才可以解除合同。例如，在"北京欧时莱服装有限公司与王某某特许经营合同纠纷上诉案"中，法院认为，被告签约时隐瞒尚未取得涉案商标注册的重要信息，以涉案商标唯一合法持有者身份向王某某颁发商标许可授权书，属于提供虚假信息，势必影响涉案合同的订立和履行，依据《商业特许经营管理条例》第 23 条第 3 款的规定，原告有权解除涉案合同。[③] 第二，特许人未尽信息披露义务对被特许人的经营活动产生重大影响，致使受许人不能实现合同目的。特许人应当披露的各种信息，对受许人经营状况影响不同，只有特许人未尽披露义务致使受许人无法实现合同目的时，受许人才能解除合同。例如，特许人未披露其享有的专利权、商标权等存在权属争议，可能导致受许人无法开展特许经营活动的情形，受许人有权解除合同。如果特许人只是隐瞒一些与特许经营无关的信息或者

① See Christian von Bar and Eric Clive, *Principles, Definitions and Model Rules of European Private Law*, Vol. 3, Sellier, European Law Publishers GmbH, Munich, 2009, p. 2392.

② Canada Uniform Franchise Act, art. 6, 7.

③ 参见北京市第一中级人民法院民事判决书（2011）一中民终字第 9319 号。

只是轻微的虚假广告宣传，被特许人不应当据此解除特许经营合同。例如，在“王某与北京金汉森啤酒技术开发有限责任公司特许经营合同纠纷上诉案”[①] 中，法院认为，被告虽然未在合同签订时披露其不具备“两店一年”的条件、未向商务主管部门进行备案及未取得有关注册商标专用权的事实，但并不会对特许经营合同的签订和履行造成实质性影响，原告无权据此解除合同。第三，欺诈行为是在合同有效成立后出现。如果在合同订立过程中，特许人隐瞒有关信息或提供虚假信息，被特许人有权撤销合同，而在合同成立后，特许人的欺诈行为致使受许人合同目的无法实现时，受许人有权解除合同。在具备上述条件之后，被特许人享有合同的解除权，但特许经营合同并不当然解除，只有被特许人实际行使解除权才能导致合同的解除。

需要指出的是，上述规定没有赋予受许人撤销权，而是合同解除权，此种规定是否合理，值得探讨。由于特许人违反其合同前的信息披露义务属于合同订立阶段的瑕疵，应当适用合同撤销制度，而不是合同解除制度。因为合同解除是针对合同有效订立之后出现问题而确立的法律制度，特许人违反信息披露义务，导致受许人的合同目的无法实现，则受许人可以解除合同。但如果仅仅只是信息披露不全面，未披露的信息并不是信息的主要内容，并没有实质性的影响受许人的利益，则受许人不能解除合同。此外，因为该法没有明确解除权的行使期限，所以，可能使得特许经营合同关系时刻面临被解除的危险，并会影响合同关系的稳定。不过，既然现行法律已经将其作为一项解除条件，据此可以认为特许人只要违反信息披露义务，受许人就有权解除合同。一般认为，在特许人违反信息披露义务的情况下，如果受许人因重大误解而订立合同的，其有权撤销合同。如果特许人的行为构成欺诈，受许人也可以基于《合同法》的相关规定而撤销合同。在合同被撤销之后，合同自始无效。

在受许人解除合同后，特许人应当承担一定的损害赔偿责任，但此种责任究竟是缔约过失责任还是合同责任，在法律上值得探讨。《欧洲民法典草案》第3：102条规定，即使受许人不能证明他是受根本性错误的影响而订立特许经营合同的，特许人也可能有责任进行赔偿。从比较法上来看，特许人在缔约阶段违反信息披露义务，所应承担的责任仍属于缔约过

① 北京市第一中级人民法院民事判决书（2011）一中民终字第2657号。

失责任。[①] 笔者认为，根据《合同法》相关规定，如果特许人未能履行提供充分的、及时的信息的义务，而导致受许人因根本性错误的影响而缔结合同的，其有权解除合同。如果构成欺诈或重大误解，受许人也有权撤销合同。因此，因被特许人采取的救济手段不同，而出现了两种责任。一是受许人行使撤销权而撤销特许经营合同的，特许人应当承担缔约过失责任。[②] 二是受许人解除合同的，特许人则应当根据《合同法》第 97 条承担相应的责任。

（三）特许人对特许经营合同文本的说明义务

在特许经营合同订立的过程中，合同文本通常是由特许人提供的，其中有关许可、授权的内容，特许人应当向受许人进行解释和说明，以便于受许人充分理解其含义。同时，特许经营合同中也通常会包含一些专业术语，受许人可能难以理解，这就需要特许人在合同订立过程中对其进行解释和说明。尤其是特许经营合同大多采用格式文本，在此情形下，特许人应当就格式条款等内容向受许人进行说明和解释。

（四）必要的培训义务

受许人经过特许人的许可，需要利用特许人的商标、商号、企业标志等，以维持特许经营体系的一致性，因此，在特许经营合同订立前，特许人应当对受许人进行必要的培训，以便于受许人能够尽快掌握经营方法及相关信息，从而尽快开展特许经营活动。[③] 此外，有些特许经营具有专业的要求，受许人只有经过培训才能快速融入特许经营网络，并开展特许经营活动，因此，在合同订立前，特许人负有必要的培训义务。

（五）其他先合同义务

在特许经营合同订立过程中，依据诚实信用原则和交易习惯，双方当事人都应当负担其他一些附随义务，这些义务具体包括如下几项：

第一，忠实义务。它是指在合同订立之前，合同双方当事人都不得进行虚假宣传或隐瞒重要信息。《商业特许经营管理条例》第 17 条第 2 款规定："特许人在推广、宣传活动中，不得有欺骗、误导的行为，其发布的广告中不得含有宣传被特许人从事特许经营活动收益的内容。"该条不仅适用于合同订立后，也应当适用于合同订立之前特许人所开展的推广、宣

---

① See Odavia Bueno Diaz, *Franchising in European Contract Law*, Sellier. European Law Publishers, 2008, p. 20.

② 参见林美惠：《加盟店契约之法律问题研究》，载《月旦法学杂志》，1995（6）。

③ 参见孙连会：《特许经营法律精要》，北京，机械工业出版社，2006，第 180～181 页。

传活动。比较法上也对特许经营双方当事人的忠实义务进行了规定，例如，英国法上，特许经营合同的双方当事人在合同订立前负有不得进行虚假宣传的义务。[①] 特许经营的双方当事人在合同订立前都应当负有一定的忠实义务，如特许人负有信息披露义务，受许人也应向特许人如实告知其相关信息，如资金状况、是否具有经营经验等。

第二，保密义务。它是指特许经营双方当事人应当对其在合同磋商过程中可能了解到的经营信息等内容负有保密义务。《商业特许经营管理条例》第 18 条第 2 款规定："被特许人不得向他人泄露或者允许他人使用其所掌握的特许人的商业秘密。"因此，受许人对于其在缔约过程中所了解到的一些重要经营信息以及相关商业秘密等内容应当加以保密。例如，特许人的管理诀窍、经营技术、客户关系、产品配方等。对于这些信息，受许人不得向他人泄露或者允许他人使用，否则应当承担相应责任。[②]

第三，协助义务。双方当事人都应当通过相互协作促使合同的订立，从而不使另一方当事人对合同订立的合理期待落空。例如，在特许人进行合同订立前的培训、指导时，受许人应当予以配合，并提供一定的场地、人员等，以协助特许人进行培训和指导。

第四节　特许经营权

一、特许经营权的概念和特征

所谓特许经营权，又称为特许权，它是指受许人基于特许经营合同而享有的由特许人许可其使用企业标志、商号、专利、专有技术、经营模式等的权利。[③] 特许经营合同的标的，并非物或权利的交付或移转，更不是劳务的提供，而是特许经营权。特许经营权主要具有如下特征：

第一，主体具有特殊性。特许经营权的权利主体是受许人。特许经营权的取得必须经过特许人的许可，在特许经营合同订立之后，受许人享有

① See Christian von Bar and Eric Clive, *Principles, Definitions and Model Rules of European Private Law*, Vol. 3, Sellier, European Law Publishers GmbH, Munich, 2009, p. 2391.

② 参见肖朝阳：《特许经营法律实务》，北京，中信出版社，2003，第 134 页。

③ 参见肖朝阳：《特许经营法律实务》，北京，中信出版社，2003，第 11 页。

特许经营权，但必须支付一定的对价，即受许人应当按照特许经营合同约定的方式、方法使用上述权利，并且应当支付一定的特许经营许可费。特许经营权的转让是以商标、商号、商业秘密等各类权利的使用权为标的的。[①] 依据这一权利，受许人有权使用特许人的商标、商号、企业标志及商业秘密等经营资源。

第二，内容具有综合性。所谓综合性，是指特许经营权的内容是由知识产权、商号、名称权、经营管理权、商业秘密等多项内容的使用权结合在一起而形成的。为了保障受许人顺利开展和进行特许经营活动，特许人应将作为特许经营活动运行基础的多项权利，如商号、商标、专利权等同时许可受许人使用。因此，在特许经营关系中，受许人同时享有对特许人多种权利的使用权，这也是特许经营合同区别于商标、专利实施许可等合同的重要特点之一。[②] 特许经营权的权利内容具有综合性，有利于保障受许人自身经营活动的完整性，也有利于实现整个特许经营体系的一致性。但受许人所享有的权利，不得超出特许人许可的范围，受许人应当严格在特许人许可的范围内使用上述权利。

第三，内容为使用许可权。所谓使用许可权，就是为了维持特许经营活动的进行，特许人将其所享有的一系列权利许可受许人进行使用。通过特许人的使用许可，受许人有权使用特许人的商标、商号、商业秘密等。如前所述，特许经营只是一种使用许可，并不发生权利的移转。所以，该权利在本质上仍是一系列使用权的集合。受许人使用这些权利，应当在特许经营合同约定的期限和地域范围内使用，而不能享有特许人的全部权利。[③] 例如，受许人只能经特许人许可对有关知识产权进行使用，但这并不发生知识产权的转让。此外，受许人不能擅自将这些权利转让他人或者许可他人使用，而只能按照约定的方式、方法自行使用这些权利。在合同约定的特许经营期限届满之后，未经特许人授权，其不得继续使用特许人所拥有的商号、企业标志、商标、专利、技术秘密等，否则应向特许人承担相应的民事责任。

第四，具有地域性。所谓地域性，是指受许人应当在约定的地域范围内开展特许经营活动。例如，某国外著名快餐连锁企业可能在同一城市内

---

① 参见任海青、宁红丽：《特许连锁经营中出现的问题之法律探讨》，载《山西师大学报》(社会科学版)，第26卷第3期。

② 参见欧阳光等编著：《公司特许经营法律实务》，北京，法律出版社，2007，第50页。

③ 参见欧阳光等编著：《公司特许经营法律实务》，北京，法律出版社，2007，第49页。

同时许可多个受许人开展特许经营活动，各个受许人只能在特定的“商圈”内从事特许经营活动，其特许经营权具有明显的地域性。受许人不得在约定的地域范围外从事特许经营活动，否则应向特许人或其他受许人承担相应的责任。

第五，具有期限性。所谓期限性，是指特许经营关系的存续是有期限限制的，受许人应在合同约定的期限内开展特许经营活动。特许经营权之所以具有期限性，主要基于以下两个方面的原因：一是特许经营合同本身具有一定的期限。如果受许人超出合同约定的期限继续开展特许经营活动，应承担相应的责任。二是具体权利内容具有期限性。这主要是指特许经营权所包含的商标权、专利权等权利具有期限性，一旦相关权利的存续期间届满，特许经营权的权利内容则发生部分终止的效力。另外，在特许经营合同中，特许人并没有将其享有的商标、专利权等权利完全移转给受许人，受许人只能在特许经营合同的期限内使用专利、商标等权利，一旦合同期限届满，其就不再享有使用的权利。

第六，内容具有合法性。特许经营权的权利内容具有综合性，其包含了多项权利内容，但各项权利内容应当具有合法性。一方面，法律所禁止的商业要素，不能成为特许经营权的内容。例如，捕杀野生动物、野生动物制品买卖、商品传销等。[①] 另一方面，特许人许可受许人使用的权利，应当是其有权作出授权的权利。如果特许人无权将相关商标权、专利权等授予他人使用，则该项权利不应作为特许经营权的内容，受许人也可以向其主张违约责任。

二、特许经营权的法律性质

在 20 世纪 60 年代，美国学者弗里德曼就提出，像养老金、就业机会、营业执照、补贴、政治特许权利等都属于财产权范畴[②]，特许经营权本质上也是一种财产权，但该财产权在民法中处于何种地位？对此存有不同观点：

第一，特许权说。此种观点认为，特许经营关系中特许人授予的是一种特许权[③]，其内容一般包括知识产权、商业秘密等（商业合作一揽子协

① 参见肖朝阳：《特许经营法律实务》，北京，中信出版社，2003，第 12 页。

② See Lawrence M. Friedman, “The Law of The Living, The Law of The Dead: Property, Succession, and Society”, 1966 *Wis. L. Rev.* 340.

③ 参见何易：《特许经营法律问题研究》，北京，中国方正出版社，2004，第 4 页。

定)，受许人也有权利使用这些运营方法。

第二，无形财产权说。此种观点认为，特许经营关系中，特许人所转移的是一种无形财产权，即特许人向受许人转让的是其经营管理的商标、服务标志、商业名称或者整体经营模式等无形财产的经营性占有、使用和收益的权利。①

第三，财产权说。此种观点认为，特许经营中特许人转让的是一种产权。即特许经营权是产权主体对客体，包括有形物、无形物以及其他一切客体的权利，此种权利是一个权利束，而非单一的权利。“产权说”主要是一些美国学者的观点。②

特许经营权的权利性质直接关系到受许人能否基于特许经营权请求排除妨害或者赔偿损失，因此，有必要对特许经营权的性质加以探讨。如果特许经营权是一种绝对权，则受许人有权基于特许经营权而请求排除妨碍或者赔偿损失；如果特许经营权是一种相对权，则原则上只能对合同相对人产生效力，而不能直接对抗第三人。笔者认为，特许经营权是一种新型的财产权，属于具有一定对抗效力的债权。具体来说：

首先，它是一种合同债权。这就是说，特许经营权是基于特许合同而产生的。被特许人所享有的所有权利都来自于特许人的许可，不能超出合同约定的权利范围。例如，特许经营权的内容、许可的范围、期限等，都是由合同明确界定的。正是由于特许经营权是一种合同债权，所以其可以对抗特许人，如果特许人违反约定（例如，特许人在同一区域范围内再授权他人开展特许经营活动），将构成违约，特许人应当向受许人承担违约责任。

其次，它具有一定的对抗第三人的效力。一方面，受许人所享有的特许经营权在特定范围内具有对抗第三人的效力，任何人侵害其权利，受许人都有权以特许经营权受侵害请求救济。③ 例如，第三人在特定区域内，擅自使用特许人的商业标志、商号等开展同类特许经营活动的，将构成对受许人特许经营权的侵害，受许人有权基于特许经营权直接请求行为人承担责任。

最后，特许经营权是一类特殊的财产权利。一方面，按照弗里德曼的

---

① 参见向欣、孟扬编著：《特许经营：商业发展的国际化潮流》，北京，中国商业出版社，1997，第1页。

② 参见吴汉东、胡开忠：《无形财产权制度研究》，北京，法律出版社，2001，第579页。

③ 参见朱静华：《从特许经营加盟店被克隆案分析受许人的商圈保护》，载《判解研究》，2007 (5)。

观点，特许权等属于财产权范畴，而且是一种新类型的财产权。[①] 这是因为，受许人所享有的由特许人所许可使用的企业的名称、知识产权、商业秘密等权利，都具有财产权的性质，特许经营权本身也具有一定的财产价值。在此种权利遭受侵害的情形下，受许人有权请求赔偿财产损失。另一方面，它是一种特殊的财产权，其特殊性表现在，它是多种权利的集合，既具有相对性，也具有一定程度的绝对性，既不同于普通债权，也不同于物权，更不同于知识产权，无法将此类权利归入任何一类既有的财产权利之中，应当将其作为一种独立的民事权利类型。

三、特许经营权的内容

特许经营权是受许人对特许人许可其使用的多种权利的集合。为了保障受许人顺利开展特许经营活动，特许人需要授权受许人使用多种权利，如商标、商业秘密、商业经营方法等。[②] 特许经营权的内容主要包括如下几方面：

（一）名称权的许可使用

名称权的许可使用，是指受许人经特许人许可，有权使用特许人的企业名称。例如，麦当劳的加盟商有权依据特许经营合同使用麦当劳的企业名称，特许经营权的首要内容就是名称权的许可使用。名称是商誉和无形财产，利用他人名称，实际上就利用了他人的商誉，因此，受许人不按照约定使用特许人的企业名称，就有可能损害特许人的商誉，而受许人按照约定的方法使用特许人的企业名称，则会增进特许人的商誉。

在许可使用的情形，并不发生名称权的转让，名称权人只是授权他人在合同约定的时间、地域范围内予以使用。名称权的许可使用在性质上类似于商标、专利等工业产权的许可使用。一方面，被许可人只能在一定的期限内使用他人的名称。例如，特许经营合同常常约定了特定的经营期限，该期限就是被许可使用他人名称的时间。另一方面，被许可人也只能在一定的区域内使用该名称。例如，当事人在特许经营合同中约定，在特定的城市或特定城市的特定区域内使用其名称。在许可使用的情形，受许人虽然使用特许人的企业名称，但其仍然是独立的民事主体，在造成他人

---

① See Lawrence M. Friedman, "The Law of The Living, The Law of The Dead: Property, Succession, and Society", 1966 *Wis. L. Rev.* 340.

② 参见肖朝阳：《特许经营法律实务》，北京，中信出版社，2003，第 11 页。

损害时，仍然应当独立承担责任。

（二）商标权和专利权的许可使用

特许经营一般都包含知识产权的许可使用。[①] 为了保障受许人顺利开展特许经营活动，特许人还应许可受许人使用其商标权、专利权，受许人依据特许经营合同所享有的对相关商标权、专利权的使用权，是其享有的特许经营权的重要组成部分，受许人应当严格按照特许经营合同的约定方法使用相关的商标权、专利权，而不能再授权他人使用。合同终止后，受许人应当将相关的技术文件等返还给特许人。同时，这些注册商标、专利既是被特许人正常开展特许经营活动的基本前提，也是被特许人顺利生产、销售特许经营产品的重要条件，被特许人使用特许人的注册商标、专利等也是保持消费者对整个特许经营体系的辨识度和认可度的重要条件，对特许经营活动的正常开展具有重要意义，也是被特许人加入特许经营网络的主要原因。[②]

（三）企业标志的许可使用

特许经营网络对外要保持统一的企业形象。特许人和众多受许人虽然具有独立的法律地位，但是特许人与受许人对外都必须保持统一的企业形象[③]，这就需要特许人授权受许人使用其企业标志，如品牌标志、商号、店铺标志等。店铺的布局、装潢、设计等，应当有统一的形象，从而便于消费者辨识。[④]

（四）商业秘密的许可使用

在特许经营关系中，为了保证受许人特许经营活动的正常开展，特许人通常需要授权受许人使用其商业秘密。受许人应当按照合同约定的方式、方法使用特许人的商业秘密，而不能再授权他人使用，也不能随意向第三人披露。在特许经营合同终止后，应当将相关的商业秘密文件返还给特许人。在商业秘密发生变化或者更新时，特许人也应当尽到相应的通知与告知义务。《欧洲民法典草案》第 IV. E-4：202 条第 1 款规定，特许人应当在特许经营合同关系持续过程中许可受许人使用相关的知识产权，因此，只要在该合同关系持续过程中特许人的商业秘密发生变化或者有所更

① 参见何易：《特许经营法律问题研究》，北京，中国方正出版社，2004，第 156 页。

② See Odavia Bueno Diaz, *Franchising in European Contract Law*, Sellier. European Law Publishers, 2008, p. 101.

③ 参见何易：《特许经营法律问题研究》，北京，中国方正出版社，2004，第 5 页。

④ 参见肖朝阳：《特许经营法律实务》，北京，中信出版社，2003，第 12 页。

新，特许人应当向受许人提供更新后的商业秘密。[①] 特许人许可受许人使用其商业秘密是特许经营权的重要内容。为了保证特许经营活动的正常开展，在特许经营活动开始时以及开展过程中，特许人都应当许可受许人使用其商业秘密。特许人许可受许人使用相关的商业秘密对于特许人和特许经营体系内的其他受许人来说，也具有重要意义。

（五）销售许可

销售许可，是指特许人依据特许经营合同的约定，许可受许人销售其产品。在从事产品销售的特许经营体系中，特许人需要借助受许人实现其产品的销售。这就需要特许人授权受许人销售其产品。受许人销售的产品不一定是特许人生产的，也可能是其指定的人供货，或者由特许人提供原材料、半成品。但是，产品的设计、质量标准等都要符合特许人预先设定的标准。例如，麦当劳销售的产品包装和产品质量，都应当符合特许人预先设定的标准。[②] 在产品销售的特许经营中，一旦产品存在缺陷造成他人损害，受许人应当作为销售者承担产品责任，特许人以及产品的实际生产者则应当承担生产者责任。

（六）经营模式的许可使用

所谓经营模式的许可，是指特许人依据特许经营合同，许可受许人使用其经营模式，特许人应当对受许人的经营运作提供支持和指导。经营模式型特许经营也被称为"第二代特许经营"，被特许人取得的不仅是商品的销售权和商标的使用权，而且是整个商业模式的经营权。[③] 特许人负有授权被特许人运用其商业经营模式的义务，同时在特许经营关系存续期间，特许人还应当对被特许人运用其商业经营模式提供指导，以保障受许人运用其商业经营模式顺利开展特许经营活动。

四、对特许经营权的侵害

受许人的特许经营权来源于特许人的授权许可，即特许人应当按照特许经营合同的约定，授权受许人使用其商标、商号等，受许人也应当按照特许经营合同的约定使用上述权利。在受许人开展特许经营活动的过程

---

① See Christian von Bar and Eric Clive, *Principles, Definitions and Model Rules of European Private Law*, Vol. 3, Sellier, European Law Publishers GmbH, Munich, 2009, p. 2397.

② 参见肖朝阳：《特许经营法律实务》，北京，中信出版社，2003，第 14 页。

③ 参见孙连会：《特许经营法律精要》，北京，机械工业出版社，2006，第 20 页。

中，特许人负有尊重受许人特许经营权的义务。特许人一旦违反合同义务，侵害特许人的特许经营权，即应当向受许人承担违约责任。如在特许经营合同中，特许人许可受许人使用其商标，但在合同期限届满前，特许人禁止受许人继续使用其商标的，即构成对受许人特许经营权的侵害，应当承担违约责任。

由于特许经营权是一种独立的财产权，具有对抗第三人的效力，因而，在第三人侵害受许人特许经营权的情形，受许人可以直接请求第三人承担侵权责任。例如，第三人在受许人的商圈范围内以特许人的商标、商号等开展同类特许经营活动，即构成对受许人特许经营权的侵害，受许人有权以特许经营权受侵害为由请求该第三人承担侵权责任。

第五节　特许经营合同的效力

一、特许人的义务

（一）授予特许经营权的义务

受许人订立特许经营合同的目的就是取得特许经营权，因此，在特许经营合同生效后，特许人应当按照合同约定授予受许人特许经营权，这也是其负有的主要合同义务。一方面，特许人授予受许人特许经营权，是保障受许人顺利开展特许经营活动的需要。特许经营的目的就是要许可他人使用其商业要素，包括品牌、技术、商业渠道、经营模式等，从而使受许人享有特许经营权。另一方面，特许人授予受许人特许经营权，对于整个特许经营体系也具有重要意义。特许经营体系对外应当具有统一的企业形象，各个受许人的经营状况将直接影响到特许经营体系的整体商誉和企业形象，因此，特许人许可受许人使用其相关权利，对于保证特许经营产品或者服务质量、维护特许经营体系的整体商誉，都具有重要意义。特许人向受许人授予特许经营权，是特许人所负有的主要义务，也是特许经营合同的核心内容，如果合同当事人在合同中未就该义务作出约定的，依据《欧洲民法典示范草案》的规定，不应将其界定为特许经营合同。①

① See Odavia Bueno Diaz, *Franchising in European Contract Law*, Sellier. European Law Publishers, 2008, p. 102.

1. 许可的内容

许可的内容必须由合同约定，即特许人应当依照特许经营合同的约定许可受许人使用其相关权利。通常情况下，为了保障特许经营体系的一致性，保障受许人顺利开展特许经营活动，特许人应当向受许人许可使用其商标、商号、商业经营模式等，具体的许可内容，应当由当事人约定。当然，特许人许可受许人使用的相关权利，应当能够保障受许人特许经营活动的正常开展。从比较法上来看，依据《欧洲示范民法典草案》第3：201条的规定，特许人允许受许人使用的经营资源，应在经营特许经营活动的必要限度内。① 在我国，虽然并未对特许人应当许可被特许人使用的经营资源范围作出限定，但其许可使用的经营资源应当能够保障特许经营活动的正常开展。

2. 许可授权的时间

特许人许可授权受许人使用其相关权利，应当符合及时性的要求，该及时性应当以保障受许人顺利开展特许经营活动作为判断标准。通常情况下，当事人都会对特许人履行许可义务的期限作出约定。如果当事人没有就相关期限进行约定，特许人应当及时作出授权许可。

3. 特许人许可义务的履行方式

特许人应当许可受许人使用其相关权利，特许人应当协助受许人办理相关的授权手续。例如，法律要求授权应当进行登记的，特许人应当及时办理授权登记。对于使用特定商业要素所必需的相关资料等，特许人也应当及时移转给受许人，例如，授权他人使用其专利，应当将相关的专利文件交付给受许人。当然，特许人许可受许人使用的商业要素应当符合合法性的要求，特许人应当对相关权利承担权利瑕疵担保义务。

4. 不得侵害受许人的“商圈权利”

特许人与受许人通常会在合同中约定，受许人应当在特定的区域范围内开展特许经营活动，在该地域范围内，受许人享有一定的“商圈权利”，即在特定的地域范围内，受许人享有独家经营的权利。② 在此情形下，特许人就负有不得在该地域内再次授权他人开展特许经营的义务。我国法院在处理关于受许人商圈保护的纠纷时，一般倾向于只查看特许经营合同中

---

① See Odavia Bueno Diaz，*Franchising in European Contract Law*，Sellier. European Law Publishers，2008，p. 102.

② 参见朱静华：《从特许经营加盟店被克隆案分析受许人的商圈保护》，载《判解研究》，2007（5）。

是否明文规定受许人拥有“独家代理权”，来判断受许人应否享有商圈保护。例如，在“徐某某诉成都圣珈瑜伽健身培训发展有限公司特许经营合同纠纷案”中，法院认为，“结合加盟合同约定商圈保护权利、义务的条款以及唯一的违约责任条款中也对违反商圈保护义务的情形作出了约定等”，应认定被告许可第三方在特定区域内开展特许经营活动的行为违反了商圈保护义务。[①] 如果当事人没有在合同中约定特许人的商圈保护义务，此时，特许人是否负有保护受许人商圈的义务？笔者认为，为了保障受许人顺利开展特许经营活动，即便当事人没有在合同中对特许人的商圈保护义务作出约定，仍应当认定特许人负有一定的商圈保护义务，具体商圈范围的大小，可以依据受许人的经营规模、交纳的特许经营费用及其他合同条款等综合判断。如果特许人违反约定侵害被特许人“商圈权利”，并造成被特许人损害的，应当承担相应的违约责任。

（二）信息披露义务

在特许经营合同订立之前，特许人应当向受许人进行前期的信息披露，以便其全面了解特许人的经营状况。在合同订立之后，特许人也应当持续向受许人履行信息披露义务，以使受许人能够及了解特许人经营体系、经营状况的变化，从而对其经营方式作出调整。从比较法上来看，许多国家法律承认了特许人的持续信息披露义务。《欧洲民法典草案》第Ⅳ. E-4：205条规定：“告知义务要求特许人应当向受许人披露以下信息：（a）市场状况；（b）特许经营网络的发展状况；（c）（特许经营）产品的特点；（d）所供产品的价格和期限；（e）（受许人）在此向消费者供货的建议价格和期限；（f）特许人与消费者之间的一些相关交流与互动情况；（g）相关的广告情况。”我国《商业特许经营管理条例》第20条规定：“特许人应当依照国务院商务主管部门的规定，建立并实行完备的信息披露制度。”依据该规定，在特许经营合同的履行过程中，特许人负有信息披露义务。特许人应当按照法律规定的方式履行信息披露义务，信息披露的时间、方式等都应当符合法律的规定。既有利于使受许人了解整个特许经营体系的经营状况，了解市场行情，便于对其生产经营作出调整，适应市场变化[②]，同时也有利于维护双方之间的信任和合作关系。

---

① 参见广西南宁市青秀区人民法院民事判决书（2011）青民三初字第9号。

② 参见肖朝阳：《特许经营法律实务》，北京，中信出版社，2003，第260页。

1. 特许人信息披露义务的内容

依据《商业特许经营管理条例》第22条的规定，特许人应当向被特许人披露的信息主要包括如下内容：（1）特许人及其从事特许经营活动的基本情况，主要包括特许人的名称、住所、法定代表人、注册资本额、经营范围以及从事特许经营活动的基本情况。[①]（2）特许人许可的权利情况。特许人将许可受许人使用一些权利，如商标权、商业秘密等，特许人应当及时向受许人披露这些权利的基本状况、有效期等。这些权利是特许经营权的核心内容，是被特许人开展特许经营活动的前提和基础。为了保障受许人能够享有并使用特许经营权，特许人需要将相关权利的基本情况向受许人说明，以便于受许人全面了解和掌握特许人所享有的各项权利的基本情况。（3）供货情况。一般来说，特许人为了保证整个特许经营体系的一致性，保证相关产品或服务的质量，当事人通常会在特许经营合同中就供货情况作出约定。如当事人约定被特许人只能向特许人或者其指定的人购买原材料、产品等。因此，在合同订立后，特许人需要按照合同约定向受许人供货，或者要求受许人从特许人指定的人处获取货源。在相关产品的存货状况发生变化，可能影响其履行供货义务的，特许人应当及时向受许人披露相关信息。[②]（4）特许经营体系的相关情况。整个特许经营构成一个整体，为了使受许人能够快速融入特许经营体系，顺利开展特许经营活动，特许人需要及时向受许人披露特许经营体系的相关情况。被特许人只能在特定的地域范围内从事经营活动，如果特许人在不违反合同的情况下，同时许可多个被特许人从事特许经营活动，特许人就有义务向受许人说明相关情况。（5）特许人向被特许人提供经营指导、技术支持、业务培训等情况。（6）指导、监督的具体办法。在特许经营关系中，特许人为了保障整个特许经营网络的一致性，保障特许经营产品或者服务的质量，有必要对受许人的经营活动进行一定的指导和监督，特许人也应当将相关的情况向受许人进行说明。（7）其他相关情况。除上述各项内容外，特许人还应当披露其他一些与特许经营活动相关的情况，如最近两年的经会计师事务所审计的财务会计报告摘要和审计报告摘要等财务状况、最近五年内与特许经营相关的涉诉情况以及国务院商务主管部门规定的其

---

① 参见商务部《特许经营信息披露管理办法》第5条。

② 参见方新军：《现代社会中的新合同研究》，北京，中国人民大学出版社，2005，第144页。

他信息。

对于以上信息，特许人应当及时向被特许人进行披露，从而便于被特许人作出准确的商业判断。如果特许人未及时进行信息披露，应当承担相应的违约责任；造成被特许人损害的，特许人应当予以赔偿。

2. 不同阶段信息披露义务的差异

特许人的持续信息披露义务与特许经营合同订立前的信息披露义务一样，都是特许人应当负有的法定义务，二者的不同主要在于：第一，阶段不同。持续信息披露义务存在于特许经营合同订立之后①，而合同订立前的信息披露义务应当在订立商业特许经营合同之日前至少 30 日履行。第二，目的不同。缔约前的信息披露义务主要是帮助受许人形成对特许经营活动的初步而全面的了解，以使其对特许经营活动的投资、运营、风险及预期收益全面了解，从而帮助其作出是否订约以及如何订约的决策。而持续信息披露义务的主要目的在于使受许人及时了解整个特许经营体系的运营状况，从而对经营方式作出调整，并使受许人能够快速掌握专有技术、商业秘密等经营资源，以适应市场变化。第三，内容不同。缔约前的信息披露义务内容主要包括特许人及其经营活动、特许人拥有的经营资源等基本情况。而根据商务部《商业特许经营信息披露管理办法》第 5 条的规定，特许人在合同成立后的信息披露义务除包含上述内容外，还应当包括特许经营费用的基本情况，特许人向被特许人提供产品、服务、设备的价格、条件情况，特许人向被特许人持续提供服务的情况，特许人对被特许人的经营活动进行指导、监督的方式和内容，特许经营网点投资预算等情况。第四，责任不同。在合同订立之前，特许人违反信息披露义务主要产生的是缔约过失责任，而在合同成立之后，其不履行或不按照约定履行信息披露义务主要产生违约责任。据此，特许人未全面履行其信息披露义务的，被特许人有权请求其承担违约责任，不能实现合同目的的，被特许人有权解除合同。②

（三）权利瑕疵担保义务

在特许经营关系中，特许人应当按照特许经营合同的约定许可受许人

① 商务部《商业特许经营信息披露管理办法》第 4 条规定："特许人应当按照《条例》的规定，在订立商业特许经营合同之日前至少 30 日，以书面形式向被特许人披露本办法第五条规定的信息，但特许人与被特许人以原特许合同相同条件续约的情形除外。"

② 商务部《商业特许经营信息披露管理办法》第 9 条规定："特许人隐瞒影响特许经营合同履行致使不能实现合同目的的信息或者披露虚假信息的，被特许人可以解除特许经营合同。"

使用其商标、企业标志、专有技术、商业秘密等，特许人应当保证受许人能够顺利使用相关权利，其授权应当符合合法性的要求，即特许人应当负担权利瑕疵担保义务。[①] 特许经营权的权利瑕疵担保义务的内容主要包括：第一，特许人应当授权受许人使用其商标、企业标志、专利等，并保证受许人在特许经营权行使过程中不受第三人追夺或主张。[②] 换言之，特许人应当保证其是相关注册商标、企业标志、专利等权利的合法权利人或者有权将相关权利授权他人使用。第二，特许人应当对专有技术、客户名单、商业秘密等具有秘密性的经营信息采取保密措施。这些信息不同于注册商标、企业标志、专利等权利，其经济利益的实现是与特许人所采取的保密措施及经营信息的保密性紧密联系在一起的。如果这类信息丧失秘密性，则可能丧失商业价值。所谓保密性，是指商业秘密的持有人主观上将其持有的某种商业信息作为秘密对待，并在客观上采取了保密措施。一般认为，保密措施只要能够达到防止第三人知悉的程度即可。[③] 因此，特许人在实施特许行为之后，仍负有保护其商业秘密的义务，防止其商业秘密泄露。[④] 第三，在受许人所享有的权利受到第三人追夺的情形下，特许人应当按照特许经营合同的约定承担违约责任。此外，特许人将他人的权利授权受许人使用，构成对他人权利的侵害，特许人应当对第三人承担侵权责任。

（四）指导、培训及协助义务

1. 指导义务

特许人在履行授权义务的同时，由于部分特许经营活动具有较强的专业性，为了使受许人能够顺利开展特许经营活动，特许人还应当对受许人进行必要的指导。《商业特许经营管理条例》第 14 条规定："特许人应当向被特许人提供特许经营操作手册，并按照约定的内容和方式为被特许人持续提供经营指导、技术支持、业务培训等服务。"特许人向受许人提供特许经营操作手册也是保障受许人顺利开展特许经营活动的需要。特许经营操作手册包括了特许业务日常营运的所有相关资料，受许人的商业管理

---

① See Odavia Bueno Diaz, *Franchising in European Contract Law*, Sellier. European Law Publishers, 2008, p. 101.

② See Rupert M. Barkoff & Andrew C. Selden Editors, *Fundamentals of Franchising*, ABA Publishing, 2008, p. 11.

③ 参见吴汉东、胡开忠：《无形财产权制度研究》，北京，法律出版社，2005，第 332 页。

④ See Rupert M. Barkoff & Andrew C. Selden Editors, *Fundamentals of Franchising*, ABA Publishing, 2008. p. 81.

知识及特许业务知识，因此，提供该操作手册也是特许人的义务。[①]

2. 培训义务

所谓培训义务，是指特许人在合同订立后，依据合同的约定应对被特许人进行必要的培训。从比较法上来看，一些国家立法对特许人的培训义务作出了规定。[②]《商业特许经营管理条例》第14条也对特许人的培训义务作出了规定。特许人负有培训义务的主要原因在于，特许经营活动通常涉及对专有技术、商业秘密等的使用，而这些专有技术、商业秘密等具有较强的专业性，为了保证受许人对这些专有技术、商业秘密等的正常使用，特许人需要对受许人进行必要的培训，从而保障受许人顺利开展特许经营活动。[③] 同时，为了保持特许经营体系统一的企业形象，特许人还应当对被特许人进行培训，如特许经营的历史、现状和企业文化，店面管理，人事管理，业务管理，广告宣传等。[④]

3. 协助义务

在有的特许经营关系中，特许人仅仅授权受许人使用其商标、商号、知识产权等权利，还不足以保证受许人顺利开展特许经营活动，特许人还需要对受许人的经营活动进行必要的协助。在受许人独立生产产品或者提供服务的场合，特许人应当对其进行必要的协助。在此需要讨论的是，对于特许人的协助，受许人是否应当支付一定的费用？通常情况下，为了保证特许人顺利开展特许经营活动，特许人往往需要向各受许人提供标准化的协助，此时，受许人不应当支付费用；但在特许人向受许人提供标准化的协助（standard assistance），不能满足部分受许人开展特许经营活动的需要时，特许人需要向受许人提供额外的协助，此时，特许人可以向受许人请求支付一定的费用，因为此种协助并非特许经营活动所必需的，特许人有权要求受许人支付合理的费用。

（五）依据合同负有的供货义务

所谓供货义务，是指受许人有权向特许人或特许人指定的第三人购买

① 参见欧阳光等编著：《公司特许经营法律实务》，北京，法律出版社，2007，第124页。

② 例如，《欧洲民法典草案》第IV. E-4：203条规定："（1）特许人应当以商业培训、指导和建议的方式向受许人提供商业协助，以保证受许人特许经营活动的正常开展，而不得据此向受许人请求额外的费用。（2）特许人应当应受许人合理请求、以合理的价格向其提供额外的协助（further assistance）。"

③ See Rupert M. Barkoff & Andrew C. Selden Editors, *Fundamentals of Franchising*, ABA Publishing, 2008, p. 110.

④ 参见孙连会：《特许经营法律精要》，北京，机械工业出版社，2006，第180页。

原材料、半成品等，而特许人应当向受许人提供稳定的货源。在特许经营合同中，通常会要求被特许人只能从特许人处或者被指定的人处获得货源，而不能私自从他处获取货源。[①] 这既是保证受许人顺利开展特许经营活动的需要，也是保障特许经营中产品质量、维护特许经营体系整体商誉的需要。正是因为这一原因，双方当事人通常会在特许经营合同中约定特许人的专属供货权，也就意味着，受许人只能够从特许人处或者特许人指定的人处获得货源，以维护特许经营体系的整体商誉。[②] 特许人的供货义务主要包括如下内容：

第一，特许人应当按照合同约定，向受许人提供货源。如果当事人在特许经营合同中已经明确约定，特许人应当向受许人提供货源，则特许人应当按照特许经营合同的约定，向受许人供货。在特许人有义务向受许人供货的情况下，特许人有义务保障受许人货源的稳定，这也是基于保障受许人能够持续、稳定开展特许经营活动的需要。[③] 在合同约定了特许人的供货义务后，特许人应当满足受许人合理的供货请求，如果受许人的供货请求超出了合同约定的范围或者受许人开展特许经营的实际需要，则特许人有权予以拒绝。

第二，特许人应当保证其所供货物的质量。《商业特许经营管理条例》第15条规定："特许经营的产品或者服务的质量、标准应当符合法律、行政法规和国家有关规定的要求。"根据该条规定，在由特许人向受许人提供货源的情况下，特许人应当保证其所供货物符合法定或约定的质量标准，否则受许人有权予以拒绝，并请求特许人承担相应的违约责任。

第三，在特许人或者其指定的供货人的供货能力显著下降时，特许人应当及时告知受许人，以便受许人及时调整经营策略。法律规定特许人负有此种义务的原因主要在于：在双方当事人约定受许人有义务从特许人或者其指定的人处获得货源的情况下，即使特许人或者其指定的人的供应能力显著下降，受许人也不能从他处获得货源，如果特许人不及时履行其告知义务，将会影响受许人特许经营活动的开展。因此，特许人应当及时将相关情况告知受许人，使受许人能够及时对其经营活动作出调整。

---

① 参见欧阳光等编著：《公司特许经营法律实务》，北京，法律出版社，2007，第129页。

② 参见方新军：《现代社会中的新合同研究》，北京，中国人民大学出版社，2005，第155页。

③ See Rupert M. Barkoff & Andrew C. Selden Editors, *Fundamentals of Franchising*, ABA Publishing, 2008, p. 76.

（六）维持商业品牌价值的义务

为了保持特许人的商业品牌价值，维护特许经营体系的整体商誉，特许人有义务开展定期的广告宣传活动，从事一些有利于提升特许经营商品品牌价值的活动。如果特许经营合同明确约定在何种地域范围内进行宣传的，特许人应按照合同的约定进行相应的宣传。特许经营关系中，受许人应当分担部分广告宣传费用，双方当事人也可以在特许经营合同中对相关的广告宣传费用的承担作出约定。[①] 依据《商业特许经营管理条例》第17条的规定，特许人在推广、宣传活动中，不得有欺骗、误导的行为。此外，特许人也不得从事有损于特许经营商业品牌价值的行为。

二、受许人的义务

（一）支付特许经营费用的义务

特许经营活动是双务、有偿的，受许人的主要义务是支付相关的特许经营费用，这也是其获得特许经营权所应当支付的对价，当事人应当在特许经营合同中对受许人需要支付的费用作出约定。关于受许人费用支付的具体范围和内容，双方当事人可以在特许经营合同中作出明确约定。[②] 通常而言，特许经营费主要包括下列几种：

第一，加盟费。它是指被特许人为获得特许经营权而一次性向特许人支付的费用。加盟费是被特许人取得特许经营权的对价，特许人与受许人通常在特许经营合同中明确约定加盟费的数额、支付方式等，被特许人在合同订立后应当缴纳加盟费，既可以一次性支付，也可以分批支付。受许人支付的加盟费通常包含特许人的培训和招商费用。[③]

第二，使用费。它是指被特许人在使用特许经营权过程中按一定的标准或比例向特许人定期支付的费用，其目的在于维持特许经营活动的进行或者获得特许人的帮助等。使用费一般没有固定的标准，应当根据被特许人的经营状况来确定。使用费通常采用两种方式收取，一是按照比例收取，即按照被特许人的销售额比例收取。特许人可以确定最低的收费标准，如果销售额没有达到确定的数额，应当按照最低标准收费。二是按照

---

① See Rupert M. Barkoff & Andrew C. Selden Editors, *Fundamentals of Franchising*, ABA Publishing, 2008, p. 84.

② See Franchising in European Contract Law, p. 178.

③ See Rupert M. Barkoff & Andrew C. Selden Editors, *Fundamentals of Franchising*, ABA Publishing, 2008, p. 82.

固定数额收费，即不管被特许人的销售额和盈利情况如何，都要缴纳特定数额的费用。[①]

第三，责任保证金。所谓责任保证金，是指受许人为了担保其承担违约责任或者侵权责任而向特许人支付的费用。例如，被特许人违反了对于商业秘密的保密义务，其应当承担的责任可以从责任保证金中扣除。依据《商业特许经营管理条例》第22条的规定，在进行信息披露时，特许人应当向被特许人提供特许经营费用的种类、金额和支付方式（包括是否收取保证金以及保证金的返还条件和返还方式）等信息。实践中，保证金可能包含在加盟费中，也可能单独收取。责任保证金的数额、支付方式应当由双方当事人根据公平合理的原则商定；合同终止后，如果受许人没有违约，特许人应当将保证金退还受许人。[②]

第四，其他费用。它是指被特许人根据合同约定向特许人支付的其他费用。我国现有规定并未对此作出明确限定，实践中，当事人可对此自由约定。如《商业特许经营管理条例》第17条第1款规定："特许人向被特许人收取的推广、宣传费用，应当按照合同约定的用途使用。推广、宣传费用的使用情况应当及时向被特许人披露。"从法律上说，宣传费和使用费的区别在于，宣传费不是特许人的收入，而是其应当支出的费用。[③] 这就是说，在特许经营中，合同中可能约定被特许人要分摊一定的广告宣传费用。双方当事人应当对费用缴纳的时间、数额等事项作出约定。

关于特许经营费用支付的方式和时间，双方当事人也可以自由约定。如当事人可以约定采用一次性支付或者分期支付的方式支付特许经营费用。就支付的时间而言，一般而言，特许经营费用应当在特许经营合同订立后支付；如果当事人约定在合同订立前支付特许经营费用的，依据《商业特许经营管理条例》第16条的规定，特许人应当以书面形式向被特许人说明该部分费用的用途以及退还的条件、方式。

（二）合理行使特许经营权的义务

所谓合理行使特许经营权的义务，是指受许人应按照合同约定的时间、地域范围和方式行使特许经营权。要求受许人合理行使特许经营权，一方面是为了维持特许经营体系的一致性，保证特许经营产品或服务的质

① 参见欧阳光等编著：《公司特许经营法律实务》，北京，法律出版社，2007，第132页。

② 参见孙连会：《特许经营法律精要》，北京，机械工业出版社，2006，第213页。

③ 参见孙连会：《特许经营法律精要》，北京，机械工业出版社，2006，第215页。

量；另一方面是为了防止受许人滥用特许经营权，损害特许人及其他受许人的利益。该项义务主要包括如下内容：

第一，受许人应按照约定时间使用特许经营权。受许人所享有的特许经营权是有期限限制的，受许人应当在特许经营合同约定的期间内行使特许经营权。超出该时间而使用的，受许人应当向特许人承担违约或侵权责任。

第二，受许人应在约定的地域范围内使用特许经营权。如前所述，特许经营权具有一定的地域性特点，即特许经营合同通常会约定受许人开展特许经营活动的地域范围，该地域范围就是所谓的商圈。受许人只能在特定的商圈内使用特许经营权，否则可能侵害其他受许人的利益。比较法上，一些国家法律对此作出了明确的规定，例如，欧盟 4087/88 号规则第 3 条第 2 款第 i 项规定："没有特许人的同意，受许人不得改变合同确定的地点。"当然，为了保护受许人的商圈，特许人在特定的地域范围内，也不得再授权他人进行特许经营，以维护被特许人的利益。①

第三，受许人应按照合同约定的方式使用特许经营权。受许人应按照约定的经营方法和指示开展特许经营活动，使用统一的标识、提供统一标准的服务或产品等。这既有利于消费者辨识特许经营的标志，也有利于保障特许经营体系的一致性，维持特许经营体系的商誉。但应当注意的是，受许人按照特许人的经营方法和指示从事特许经营活动并不使其丧失独立的法律地位，受许人仍然具有独立的法律地位。

第四，受许人不得滥用特许经营权。受许人应当按照特许经营合同约定的方式、方法行使特许经营权，而不得滥用其权利，如受许人对于特许人许可其使用的商业秘密负有保密的义务，但受许人随意对外泄露相关信息，则应承担违约或侵权责任。此外，受许人也不得擅自转让特许经营权。特许经营权本来是特许人授权被特许人使用的权利，它本身是基于信赖关系以及被特许人的自身情况确定的，该权利具有专属性，受许人通常只享有使用权，而不能授权他人使用。《商业特许经营管理条例》第 18 条第 1 款规定："未经特许人同意，被特许人不得向他人转让特许经营权。"问题在于，如果未经特许人同意而擅自转让，转让合同是否无效？笔者认为，上述规定的目的在于保护特许人的利益，而且第三人一般也应当知道该特许经营商业品牌为特许人所有，因此，该规定在性质上属于强制性规

① 参见朱静华：《从特许经营加盟店被克隆案分析受许人的商圈保护》，载《判解研究》，2007 (5)。

定中的效力性规定，违反该规定的合同应当无效。

（三）协助特许人履行合同的义务

所谓协助义务，是指受许人在特许人按照约定进行培训、指导等活动的过程中，应当履行的参与、配合、告知等协助义务。受许人的协助义务主要体现在如下几个方面：

第一，参与义务。受许人应当按照约定，参与特许人提供的培训、指导等活动。为保持特许商业经营体系的一致性、保证受许人所提供产品及服务的质量，在特许经营活动开展前及持续中，特许人通常会对受许人进行一定的培训，受许人应当按照约定的时间、方式等参与。

第二，配合义务。受许人应当配合特许人依法行使正当的指导和监督，并为其提供便利条件。例如，被特许人应当允许特许人合理地进入其经营场所，以便特许人进行检查。此外，被特许人应当允许特许人合理地查阅其会计账簿。

第三，告知义务。在第三人侵害特许人权利或者就特许人授权受许人使用的权利提出权利主张时，受许人应当及时将相关情况告知特许人。① 如前所述，在受许人知道第三人对特许人许可其使用的权利提出权利主张或者侵害相关权利时，应当及时将相关的情况报告给特许人。

（四）接受特许人监督、指导的义务

由于特许经营活动通常会涉及相关专有技术、商业秘密、商业经营模式等的运用，因而，受许人通常难以单独实施，其往往需要特许人提供持续的指导。同时，为了保证特许经营的产品质量、维护特许经营体系的整体商誉，特许人应当有权对该产品的质量进行一定的检查和监督，如通过抽样分析、取样检查、培训等方式对受许人的产品质量进行控制，受许人应当接受特许人的检查和监督。此外，特许人也有权全面了解受许人特许经营的真实情况，从而确定相应的定期费用等。各国法律一般也都对受许人接受特许人监督、指导的义务进行了规定。② 依据《商业特许经营管理条例》第 22 条第 6 项的规定，特许人应当披露“对被特许人的经营活动

---

① 各国法律大多对受许人的告知义务进行了规定，如《欧洲民法典草案》第 IV. E-4：302 条规定：“根据《欧洲民法典草案》第 IV. E-2：202 条的规定，受许人应当向特许人告知以下信息：(a) 第三人对特许人所许可使用的知识产权主张权利；(b) 第三人侵害特许人所许可使用的知识产权。”

② 如《欧洲民法典草案》第 IV. E-4：304 条规定：“（1）受许人应当许可特许人进入其经营场所，以检查其是否按照特许人的经营方法和指示从事特许经营活动；（2）受许人应当许可特许人对其账册进行查询。”

进行指导、监督的具体办法”。当然，特许人的监督、指导不得妨碍被许可人正常的特许经营活动。

第六节　违反特许经营合同的责任

一、特许人违反特许经营合同的责任

（一）未尽信息披露义务的责任

如前所述，在特许经营合同中，信息披露义务是特许人负有的重要义务，在合同有效成立后，特许人违反该义务，应当承担相应的违约责任。从比较法上来看，各国法律都明确规定了违反该义务的责任。例如，《荷兰民法典》第3：44、6：228条规定了特许人违反信息披露义务的责任。如前所述，我国有关规范性文件详细规定了特许人的信息披露义务，因违反信息披露义务造成受许人损失时，特许人应当承担损害赔偿责任。依据《商业特许经营管理条例》第23条第3款的规定，受许人有权解除合同，并请求特许人赔偿损失。

在特许人未尽信息披露义务的情形下，受许人是否有权解除合同，应当根据下列因素判断：一是特许人未尽信息披露义务是否导致受许人合同目的无法实现。司法实践中，判断特许人未尽信息披露义务是否导致受许人合同目的无法实现，需要结合特许人隐瞒的信息、提供的虚假信息或夸大的经营资源与合同目的的关联性等综合进行判断。如果特许人的行为构成根本违约，受许人有权解除合同。二是特许人是否隐瞒了重要信息，造成受许人作出错误判断。例如，在“张某某诉御美坊（北京）化妆品有限公司特许经营合同纠纷案”① 中，法院认为，被告向原告披露的相关信息，使原告误认为被告“雅琳娜”品牌与法国集团存在联系，并据此签订特许经营合同，被告的行为属于隐瞒有关信息或者提供虚假信息。三是特许人披露的虚假信息或者隐瞒的信息与真实信息的背离程度及其对特许经营合同订立和履行的影响程度。如果特许人披露的虚假信息对特许经营合同的订立和履行并无实质影响，则受许人无权解除合同。②

---

① 北京市第一中级人民法院民事判决书（2009）一中民初字第6036号。

② 参见“王某与北京金汉森啤酒技术开发有限责任公司特许经营合同纠纷上诉案”，北京市第一中级人民法院民事判决书（2011）一中民终字第2657号。

（二）侵害被特许人商圈利益的责任

所谓侵害受许人商圈利益，主要是指特许人在许可受许人在特定区域内从事特许经营以后，又在同一时间许可他人在该区域内从事特许经营活动，从而构成对受许人商圈的侵害。如前所述，我国司法实践在认定侵害商圈的行为时，通常以合同是否约定作为标准。[①] 笔者认为，此种观点过于僵硬，不利于保护受许人的利益，在法律上，商圈是特许人许可受许人从事特许经营的特定区域范围，即便当事人没有在合同中约定特许人保护受许人商圈的义务，但为了保障受许人顺利开展特许经营活动，也应当认定特许人负有保护受许人商圈的义务。当事人没有约定受许人商圈的具体范围的，一般应依据受许人的地理位置、经营规模、交纳的特许加盟费等因素综合判断。如果特许人违反约定在相同区域内授权他人开展特许经营活动，特许人应当承担违约责任，因此造成受许人收益减少的，特许人应当赔偿损失。如果造成受许人收益显著减少，致使合同目的无法实现的，受许人有权解除合同，并请求特许人承担违约责任。

（三）未按照约定许可受许人使用相关权利的责任

特许经营的实质是特许人授予受许人特许经营权，受许人向特许人支付相应的费用，而特许经营权的主要内容就是相关权利的许可使用，这也是特许人所负担的主要合同义务。如果特许人未按照约定授权受许人使用相关权利，不仅导致受许人无法正常开展特许经营活动，还可能给受许人造成一定的损失。如特许人未授权受许人使用其商标，导致受许人的产品销量受到影响的，因此给受许人造成的损失，特许人负有赔偿的责任；如果特许人未授权受许人使用相关权利，导致受许人订立特许经营合同的目的无法实现的，受许人有权解除合同，并请求特许人承担违约责任。

（四）未尽培训、供货等义务的责任

在特许经营关系中，如果特许人未尽到培训、供货等义务的，并不一定导致特许经营合同的解除，受许人有权请求特许人继续履行。因特许人未尽到培训、供货等义务造成受许人损失的，受许人有权请求赔偿。例如，在“上海新×酒业贸易有限公司诉上海吉×实业有限公司特许经营合同纠纷案”[②]中，被告未按约提供铺货产品，法院认为，被告负有继续供货的义务。

---

① 参见“徐某某诉成都圣珈瑜伽健身培训发展有限公司特许经营合同纠纷案”，广西南宁市青秀区人民法院民事判决书（2011）青民三初字第9号。

② 上海市虹口区人民法院民事判决书（2012）虹民二（商）初字第1090号。

二、受许人违反合同的责任

（一）未支付加盟费等费用的责任

在特许经营合同中，受许人的主要合同义务是支付加盟费等特许经营费用。受许人未支付费用的行为主要表现在：一是未按照约定支付加盟费。例如，合同约定分期支付的，受许人未按照合同约定的支付时间分期支付特许经营费用；二是未按照合同约定支付加盟费之外的其他费用（如定期费用、广告宣传等费用）。受许人没有按照约定的时间、方式支付特许经营费用的，特许人有权请求受许人实际履行，并承担违约金及迟延支付的利息等责任；如迟延支付，经催告后，受许人在合理期限内仍不支付的，特许人有权解除合同。

（二）未按照约定的方法使用商业要素的责任

未按照约定的方法使用商业要素，主要表现在受许人不当使用特许人的商标、商号，或者超出约定的范围使用特许人的商标、商号等。如受许人将特许人的商标使用在约定范围之外的产品之上，或者将特许人授权其使用的商标、商号等再授权他人使用的情形，都属于受许人未按照约定的方法使用商业要素的行为。受许人加入特许经营体系的重要义务之一，就是应当按照双方约定的经营方法来从事特许经营活动，从而保证整个特许经营体系的一致性，受许人违反该义务，应当承担一定的违约责任。例如，在“北京巴拿米餐饮管理有限公司与金某某侵害商标权及不正当竞争纠纷上诉案”① 中，法院认为，对于特许人授权受许人使用的商标，受许人有权在约定的商品中使用该商标，但不得侵害特许人的商标专用权。对“巴拿米”商标的使用不规范，在很多场合作了服务商标性质的使用，侵害了特许人对涉案注册商标享有的专用权，受许人应当承担侵权责任。因此，受许人应当按照约定的方法使用特许人的商标、商号、专利等权利。

（三）违反附随义务的责任

受许人在违反因诚信原则产生的附随义务时，也应当承担相应的违约责任。在合同关系终止后，受许人也应当负担一定的附随义务，如应当及时将相关的技术材料等返还特许人。例如，在“上海某某某节能环保房屋建筑技术有限公司诉王某某特许经营合同纠纷案”② 中，当事人在合同中

① 北京市高级人民法院民事判决书（2012）高民终字第 4583 号。
② 上海市浦东新区人民法院民事判决书（2010）浦民三（知）初字第 61 号。

约定，特许人许可受许人使用其节能、环保、保温、隔音、保护生态等房屋建筑等专利技术以及商业秘密等，受许人有权按照约定的方法使用上述专利技术和商业秘密，但在合同解除后，受许人应当在一定的期限内将上述商业技术秘密资料返还给特许人。

三、特许经营关系的对外责任

特许经营关系不仅涉及当事人之间的关系，还涉及与第三人的关系问题。从比较法上看，一些立法也规定了特许经营合同不仅涉及合同责任，还可能涉及侵权责任。因为特许经营关系成立后，受许人在行使特许经营权的过程中，直接同消费者进行交易，同时，受许人行使特许经营权，还与其他受许人存在一定的关联，所以，受许人行使特许经营权，不仅可能构成违约，而且可能造成对第三人权利的侵害。在实践中，可能出现受许人违反约定侵害消费者利益的情形，此时，特许人是否应当承担责任？从比较法上来看，为了维护特许经营体系的一致性，维护特许经营体系的整体商誉，特许人要对受许人的行为进行一定的控制，因此，特许人可能要对受许人的行为承担替代责任。笔者认为，此种经验是值得借鉴的。一般而言，在对外责任方面，主要有两种形态：

第一，产品责任。特许经营关系中通常伴随着产品的销售行为，在受许人所销售的产品造成他人损害时，受许人应当承担违约或者侵权责任。但特许人是否应当承担责任？在英美法上，存在“代理责任”理论，即特许人基于对受许人的控制关系而为受许人承担替代责任。我国法律对此没有作出规定。笔者认为，如果特许人具有供货义务，因为特许人提供的货物存在缺陷造成他人损害的，应当按照《侵权责任法》关于产品责任的规定向受害人承担侵权责任。但特许人提供产品有缺陷，也可能造成受许人损害，如导致受许人商誉降低或者对第三人承担责任等，特许人应当向受许人承担违约责任。

第二，侵害第三人的知识产权。如果特许人许可受许人使用其知识产权存在权利瑕疵，特许人原则上应当对第三人承担赔偿责任。问题在于，受许人是否应当承担责任？笔者认为，如果受许人具有过错，也应当对侵害第三人知识产权的行为承担责任。这就是说，如果受许人在生产、销售产品时，明知其使用的知识产权不属于特许人享有，而属于第三人，仍然进行产品的生产、销售的，即构成对他人知识产权的侵害，应当承担相应的侵权责任。但如果受许人在开展特许经营活动时，不知道特许人授权其使用的商标、专利等属于他人所有的，则受许人不应当承担侵权责任。

第七节　特许经营合同的终止

一、特许经营合同终止的原因

特许经营合同是继续性合同，合同期限通常也较长，《商业特许经营管理条例》第 13 条规定：“特许经营合同约定的特许经营期限应当不少于 3 年。但是，被特许人同意的除外。”特许经营合同终止的原因主要包括如下几个方面：

第一，期限届满。特许经营合同一般有期限的限制，特许人应当在合同约定期限内许可受许人使用其商业标志、商标、专有技术、商业秘密等，受许人也应当在特许经营合同约定的期限内向特许人支付各种特许经营费用、接受特许人的必要监督等。一旦特许经营合同约定的特许经营期限届满，特许经营合同的效力也宣告终止，双方权利义务关系也终止。当然，当事人同意续签的，则可以续签特许经营合同。

第二，因对方根本违约而解除合同。根据《合同法》第 94 条的规定，一方当事人违反合同义务，致使对方当事人合同目的不能实现的，对受许人的特许经营活动的继续运行产生实质影响，构成根本违约，另一方当事人有权解除合同。例如，在“昆明梵医门美容连锁有限公司与蒋某某特许经营合同纠纷上诉案”[①] 中，法院认为，特许人在签约时未能真实、全面地向受许人披露特许经营的相关信息，违反了信息披露义务，受许人有权依据《商业特许经营管理条例》第 22 条的规定解除合同。

第三，主体资格丧失。特许人与受许人具有独立的主体资格，虽然受许人在开展特许经营活动时需要使用特许人的商标、商号、店面装潢，甚至需要接受特许人的检查、监督等，但受许人并不属于特许人的组成部分，其具有独立的主体资格。特许经营关系的存续也应当以双方当事人主体资格的存续为前提条件，一旦一方当事人的主体资格丧失，特许经营合同即宣告终止。

第四，一方当事人基于法定的单方解除权解除合同。特许经营关系具

① 云南省高级人民法院民事判决书（2011）云高民三终字第 9 号。

有一定的人身信任属性。受许人是基于对特许人的经营模式、方法等的信赖而与特许人订立特许经营合同，并加入特许经营关系的，且特许人选任受许人也是基于对受许人的经营能力、经济能力等的信赖而允许其加入特许经营体系的。因此，在特许经营合同订立之后，如果一方当事人对对方当事人的信赖基础不复存在，该方当事人就有权请求解除特许经营合同。

《商业特许经营管理条例》第12条规定："特许人和受许人应当在特许经营合同中约定，受许人在特许经营合同订立后一定期限内，可以单方解除合同。"据此，受许人享有单方的任意解除权。法律作此规定主要是为了保护受许人的利益，使其在营业一段时间后，如果经营效益低下，则通过赋予其单方解除权，使得其可以自由脱离特许经营关系。同时，法律为了维持特许经营合同的稳定性，规定受许人只能在合同订立后的一定期限内享有该权利。例如，在"上海帕尼化妆品有限公司与黄某等特许经营合同纠纷案"[①] 中，法院认为，根据《商业特许经营管理条例》第12条的规定，特许人和被特许人应当在特许经营合同中约定，被特许人在特许经营合同订立后一定期限内，可以单方解除合同。因此，被特许人在订立特许经营合同后的一定期限内享有单方解除权，合同解除后，被告应当将相关费用返还给受许人。根据上述规定，双方当事人应当在合同中明确约定受许人享有单方解除权的期限。当然，受许人在行使单方法定解除权时，应当提前通知对方当事人，给对方必要的准备时间。如果因受许人未履行此通知义务而给对方当事人造成损失的，应当予以赔偿。

二、合同终止后的后合同义务

我国《合同法》第92条规定："合同的权利义务终止后，当事人应当遵循诚实信用原则，根据交易习惯履行通知、协助、保密等义务。"这就确立了当事人在合同终止后的后合同义务。在特许经营合同中，后合同义务主要包括如下方面：第一，特许人营业标志的撤除。在合同终止之后，受许人应当将许可人的统一的商业标志、装潢、设计等及时拆除，不得继续使用，以免造成消费者误解。[②] 第二，特许经营专用物品、设备的处置。在销售产品的许可中，没有售出的产品应当及时返还。在专用设备被租赁的情形，受许人应当在合同终止后返还给特许人。如果受许人以买卖

① 上海市第二中级人民法院民事判决书（2012）沪二中民五（知）终字第44号。

② 参见肖朝阳：《特许经营法律实务》，北京，中信出版社，2003，第175页。

的形式取得了专用设备的所有权，则受许人可以与特许人协商将其卖回。另外，带有营业标志的物品应当回收，受许人也不可使用特许人的商标或与之近似的商标。[①] 第三，保密义务。商务部《商业特许经营信息披露管理办法》第 7 条规定："特许人向受许人披露信息前，有权要求被特许人签署保密协议。""受许人在订立合同过程中知悉的商业秘密，无论特许经营合同是否成立，不得泄露或者不正当使用。""特许经营合同终止后，受许人因合同关系知悉特许人商业秘密的，即使未订立合同终止后的保密协议，也应当承担保密义务。"受许人违反该条前两款规定，泄露或者不正当使用商业秘密给特许人或者其他人造成损失的，应当承担相应的损害赔偿责任。第四，与知识产权、商业秘密有关的文件、经营指南、操作手册、设计图样、客户资料等应当返还给特许人。第五，责任保证金的返还。合同到期后，在没有发生违约行为的情况下，已缴纳的责任保证金应当返还给受许人。例如，在"王某某诉北京奥科视清科技发展有限公司特许经营合同纠纷案"[②] 中，法院认为，特许人应当将收取的保证金及时退还受许人。

在合同终止后，特许人是否应当返还加盟费？我国司法实践通常并不支持受许人的加盟费返还请求权。例如，在 2003 年"避风塘公司与唐某的纠纷案"[③] 中，法院认为，特许加盟费是受许人为获得特许经营权而一次性支付的费用，所以，依据合同性质及商业惯例，该费用不予返还。笔者认为，加盟费是受许人取得特许经营权应当支付的对价，在受许人已经按照约定开展特许经营活动的前提下，特许人无须再将加盟费返还给受许人。

① 参见欧阳光等编著：《公司特许经营法律实务》，北京，法律出版社，第 140 页。
② 北京市朝阳区人民法院民事判决书（2012）朝民初字第 32657 号。
③ 上海市第二中级人民法院民事判决书（2004）沪二中民三（商）终字第 394 号。

主要参考书目

一、中文文献

[1] 朱广新．合同法总则．北京：中国人民大学出版社，2008

[2] 全国人大常委会法制工作委员会民法室．中华人民共和国合同法及其重要草稿介绍．北京：法律出版社，2000

[3] 梁慧星主编．中国物权法研究．北京：法律出版社，1998

[4] 金俭．房地产法研究．北京：科学出版社，2004

[5] 吴志忠．买卖合同法研究．武汉：武汉大学出版社，2007

[6] 吴兆祥，韩君贵编著．房屋租赁买卖合同疑难问题案例解析．北京：法律出版社，2012

[7] 符启林．商品房预售法律制度研究．北京：中国政法大学出版社，2002

[8] 崔建远．合同法．北京：法律出版社，2011

[9] 住房和城乡建设部政策法规司、住房与房地产业司、村镇建设办公室．房屋登记办法释义．北京：人民出版社，2008

[10] 建设部房地产业司、体改法规司．城市房地产管理法释义．北京：中国建筑工业出版社，1995

[11] 最高人民法院中国应用法学研究所．人民法院案例选．第2辑．北京：人民法院出版社，2011

[12] 奚晓明主编．最高人民法院关于买卖合同司法解释理解与适用．北京：人民法院出版社，2012

[13] 邓基联主编．房屋租赁合同纠纷．北京：法律出版社，2010

[14] 河山等．合同法概要．北京：中国标准出版社，1999

[15] 最高人民法院民事审判第一庭编著．最高人民法院关于审理商品房买卖合同纠纷案件司法解释的理解与适用．北京：人民法院出版社，2003

［16］雷兰．商品房预售法律问题研究．北京：知识产权出版社，2007

［17］周珂．房地产法．北京：中国人民大学出版社，2008

［18］李永然．预售屋买卖经典．台北：永然文化出版股份有限公司，1994

［19］谢贤程．香港房地产市场．北京：商务印书馆，1995

［20］王利明，崔建远．合同法新论·总则．北京：中国政法大学出版社，2000

［21］许明月．抵押权制度研究．北京：法律出版社，1998

［22］王闯．让与担保法律制度研究．北京：法律出版社，2000

［23］陈耀东．商品房买卖法律问题专论．北京：法律出版社，2003

［24］郭明瑞，王轶．合同法新论·分则．北京：中国政法大学出版社，1997

［25］蔡耀忠主编．中国房地产法研究．北京：法律出版社，2002

［26］乔燕主编．租赁合同．北京：人民法院出版社，2000

［27］胡康生主编．中华人民共和国合同法释义．北京：法律出版社，1999

［28］魏耀荣等．中华人民共和国合同法释论·分则．北京：中国法制出版社，2000

［29］许步国．物业管理法研究．北京：中国民主法制出版社，2006

［30］宋宗宇，黄锡生．房地产法学．重庆：重庆大学出版社，2003

［31］陈华彬．建筑物区分所有权研究．北京：法律出版社，2007

［32］周珂．物业管理法教程．北京：法律出版社，2004

［33］万鄂湘主编．物权法理论与适用．北京：人民法院出版社，2005

［34］肖海军．物业管理与业主权利．北京：中国民主法制出版社，2006

［35］张柳青主编．物权法审判实务疑难精解．北京：中国法制出版社，2007

［36］王旭光等．物权法适用疑难问题研究．济南：山东人民出版社，2007

［37］梅夏英，高圣平．物权法教程．北京：中国人民大学出版社，2010

［38］奚晓明主编．最高人民法院建筑物区分所有权、物业服务司法解释理解与适用．北京：人民法院出版社，2009

［39］郑云瑞．民法物权论．北京：北京大学出版社，2006

［40］李延荣等．房地产法．北京：中国人民大学出版社，2005

［41］高富平，黄武双．物业权属与物业管理．北京：中国法制出版社，2002

［42］周树基．美国物业产权的物业管理．北京：北京大学出版社，2005

［43］冯晓青，杨利华．知识产权法学．北京：中国大百科全书出版社，2008

［44］方新军．现代社会中的新合同研究．北京：中国人民大学出版社，2005

［45］侯春雷．信用卡交易的民法分析．北京：法律出版社，2010

［46］陈甦编著．委托合同 行纪合同 居间合同．北京：法律出版社，1999

［47］高圣平．担保法新问题与判解研究．北京：人民法院出版社，2001

［48］高圣平．担保法论．北京：法律出版社，2009

［49］曹士兵．中国担保诸问题的解决与展望．北京：中国法制出版社，2001

［50］程啸．保证合同研究．北京：法律出版社，2006

［51］邓曾甲．中日担保法律制度比较．北京：法律出版社，1999

［52］韩世远．合同法学．北京：高等教育出版社，2010

［53］蔡永民．比较担保法．北京：北京大学出版社，2004

［54］全国人大常委会法制工作委员会民法室编著．中华人民共和国担保法释义．北京：法律出版社，1995

［55］最高人民法院民二庭编著．担保法新释新解与适用．北京：新华出版社，2001

［56］李国光主编．担保法新释新解与适用．北京：新华出版社，2001

［57］李永军，易军．合同法．北京：中国法制出版社，2009

［58］陈本寒．担保法通论．武汉：武汉大学出版社，1998

［59］田土城，宁金成主编．担保制度比较研究．开封：河南大学出

版社，2001

［60］姚红主编．中华人民共和国物权法精解．北京：人民出版社，2007

［61］孙礼海等主编．中华人民共和国担保法全书．北京：法律出版社，1996

［62］邹海林，常敏．债权担保的方式和应用．北京：法律出版社，1998

［63］刘言浩．担保法典型判例研究．北京：人民法院出版社，2002

［64］郭明瑞，杨立新．担保法新论．长春：吉林人民出版社，1996

［65］周林彬主编．比较合同法．兰州：兰州大学出版社，1993

［66］何志．担保法判解研究与适用．北京：人民法院出版社，2010

［67］叶金强．担保法原理．北京：科学出版社，2002

［68］李燕．独立担保法律制度．北京：中国检察出版社，2004

［69］贺绍奇．国际金融担保法律理论和实务．北京：人民法院出版社，2001

［70］贾林青．保险法．北京：中国人民大学出版社，2007

［71］吴定富主编．《中华人民共和国保险法》释义．北京：中国财政经济出版社，2009

［72］林宝清编著．保险法原理与案例．北京：清华大学出版社，2006

［73］张俊岩主编．保险法热点问题讲座．北京：中国法制出版社，2009

［74］任自力主编．保险法学．北京：清华大学出版社，2010

［75］樊启荣．保险法．北京：北京大学出版社，2011

［76］杨文开编著．保险合同及文本格式．北京：法律出版社，2000

［77］韩长印主编．商法教程．北京：高等教育出版社，2011

［78］曹兴权．保险缔约信息义务制度研究．北京：中国检察出版社，2004

［79］任自力，周学峰．保险法总论 原理·判例．北京：清华大学出版社，2010

［80］许崇苗，李利．保险合同法理论与实务．北京：法律出版社，2002

［81］张海棠主编．保险合同纠纷．北京：法律出版社，2009

[82] 许良根．保险代位求偿制度研究．北京：法律出版社，2008
[83] 奚晓明主编．合同法讲座．北京：中国政法大学出版社，2001
[84] 高富平等．合伙企业法原理与实务．北京：中国法制出版社，1997
[85] 马强．合伙法律制度研究．北京：人民法院出版社，2000
[86] 龙卫球．民法总论．北京：中国法制出版社，2002
[87] 马俊驹，余延满．民法原论．2 版．北京：法律出版社，2005
[88] 徐景和主编．合伙企业法条文释义．北京：人民法院出版社，1997
[89] 朱少平主编．中华人民共和国合伙企业法释义及适用指南．北京：中国民主法制出版社，2006
[90] 张弢等．《中华人民共和国合伙企业法》适用与研究．北京：中国人民公安大学出版社，1997
[91]《合伙企业法》修改起草小组．《中华人民共和国合伙企业法》条文释义．上海：上海财经大学出版社，2006
[92] 何宝玉．英国信托法原理与判例．北京：法律出版社，2001
[93] 陈雪萍，豆景俊．信托关系中受托人权利与衡平机制研究．北京：法律出版社，2008
[94] 余卫明．信托受托人研究．北京：法律出版社，2007
[95] 王连洲，何宝玉，蔡概还．《中华人民共和国信托法》释义．北京：中国金融出版社，2001
[96] 张淳．信托法原论．南京：南京大学出版社，1994
[97] 赖源河等．现代信托法论．北京：中国政法大学出版社，2002
[98] 余卫明．信托受托人研究．北京：法律出版社，2007
[99] 卞耀武主编．中华人民共和国信托法释义．北京：法律出版社，2002
[100] 方嘉麟．信托法之理论与实务．北京：中国政法大学出版社，2004
[101] 周枏．罗马法原论（下册）．北京：商务印书馆，1994
[102] 孟强．信托登记制度研究．北京：中国人民大学出版社，2012
[103] 钱弘道．英美法讲座．北京：清华大学出版社，2004
[104] 于海涌．英美信托财产双重所有权在中国的本土化．北京：中国政法大学出版社，2011

[105] 孙建江等译．魁北克民法典．北京：中国人民大学出版社，2006

[106] 周小明．信托制度：法理与实务．北京：中国法制出版社，2012

[107] 张家勇．为第三人利益的合同的制度构造．北京：法律出版社，2007

[108] 徐孟洲主编．信托法．北京：法律出版社，2006

[109] 张军建．信托法基础理论研究．北京：中国财政经济出版社，2009

[110] 汤维建，单国军．香港民事诉讼法．郑州：河南人民出版社，1997

[111] 强世功编．调解、法制与现代性：中国调解制度研究．北京：中国法制出版社，2001

[112] 江伟主编．民事诉讼法．北京：中国人民大学出版社，2000

[113] 范愉．非诉讼纠纷解决机制研究．北京：中国人民大学出版社，2000

[114] 李浩．民事诉讼法学．北京：法律出版社，2011

[115] 王生长．仲裁与调解相结合的理论与实务．北京：法律出版社，2001

[116] 叶青主编．中国仲裁制度研究．上海：上海社会科学院出版社，2009

[117] 杨富斌，韩玉灵等主编．旅游法论丛（第一辑）．北京：中国旅游出版社，2005

[118] 奚晓明主编．最高人民法院审理旅游纠纷案件司法解释理解与适用．北京：人民法院出版社，2010

[119] 刘伟，朱玉槐．旅游学．广州：广东旅游出版社，1999

[120] 刘劲柳．旅游服务合同．北京：法律出版社，2004

[121] 易军，宁红丽．合同法分则制度研究．北京：人民法院出版社，2003

[122] 国务院法制办工交商事法制司，国家旅游局政策法规司组织编写．《旅行社条例》释义．北京：人民交通出版社，2009

[123] 马特，李昊．英美合同法导论．北京：对外经济贸易大学出版社，2009

[124] 张玉卿主编．国际商事合同通则2004. 北京：中国商务出版社，2005

[125] 周友军．侵权责任法专题讲座．北京：人民法院出版社，2011

[126] 姜柏生．医疗事故法律责任研究．南京：南京大学出版社，2005

[127] 柳经纬，李茂年．医患关系法论．北京：中信出版社，2002

[128] 龚赛红．医疗损害赔偿立法研究．北京：法律出版社，2001

[129] 王利明主编．中国民法典草案建议稿及说明．北京：中国法制出版社，2004

[130] 何志．侵权责任判解研究与适用．北京：人民法院出版社，2009

[131] 孟强．医疗损害责任：争点与案例．北京：法律出版社，2010

[132] 何易．特许经营法律问题研究．北京：中国方正出版社，2004

[133] 李维华，陆颖蕊，侯吉建．特许经营概论．北京：机械工业出版社，2003

[134] 孙连会．特许经营法律精要．北京：机械工业出版社，2006

[135] 肖朝阳．特许经营法律实务．北京：中信出版社，2003

[136] 徐印州．特许连锁经营．广州：广东经济出版社，2000

[137] 段瑞春．技术合同．北京：法律出版社，1999

[138] 欧阳光等编著．公司特许经营法律实务．北京：法律出版社，2007

[139] 全国人大法制工作委员会民法室．《中华人民共和国合同法》立法资料选．北京：法律出版社，1999

[140] 向欣，孟扬编著．特许经营：商业发展的国际化潮流．北京：中国商业出版社，1997

[141] 吴汉东、胡开忠．无形财产权制度研究．北京：法律出版社，2001

[142] 史尚宽．物权法论．北京：中国政法大学出版社，2000

[143] 史尚宽．债法各论．北京：中国政法大学出版社，2000

[144] 史尚宽．债法总论．北京：中国政法大学出版社，2000

[145] 梅仲协．民法要义．北京：中国政法大学出版社，2004

[146] 王泽鉴．民法债编总论（第一册）．台北：三民书局，1996

[147] 王泽鉴．民法学说与判例研究．北京：北京大学出版社，2009

[148] 王泽鉴．债法原理（第 1 册）．北京：中国政法大学出版社，1999

[149] 王泽鉴．民法学说与判例研究（第 7 册）．北京：中国政法大学出版社，2003

[150] 王泽鉴．民法物权通则·所有权．北京：中国政法大学出版社，2001

[151] 林诚二．民法债编各论（上）．北京：中国人民大学出版社，2007

[152] 林诚二．民法债编总论——体系化解说．北京：中国人民大学出版社，2003

[153] 詹森林．民事法理与判决研究．台北：自版，1998

[154] 谢在全．民法物权论．北京：中国政法大学出版社，1999

[155] 黄立．民法债编各论（上）．北京：中国政法大学出版社，2003

[156] 郑玉波．民法债编各论（上册）．台北：三民书局，1986

[157] 郑玉波．民法债编总论．修订 2 版．北京：中国政法大学出版社，2004

[158] 曾世雄．损害赔偿法原理．台北：自版，1996

[159] 刘得宽著．民法诸问题与新展望．台北：三民书局，1980

[160] 吴启宾．租赁法论．台北：五南图书出版公司，1998

[161] 戴修瓒．民法债编各论．北京：中国方正出版社，2008

[162] 曾隆兴．现代非典型契约论．台北：三民书局，1988

[163] 杨淑文．新型契约与消费者保护法．台北：自版，2002

[164] 薛祀光．民法债编各论．台北：三民书局，1960

[165] 蔡章麟．民法债编各论（下册）．台北：自版，1959

[166] 戴修瓒．民法债编各论（下）．台北：三民书局，1995

[167] 刘宗荣．保险法．台北：三民书局，1995

[168] 江朝国．保险法逐条释义（第一卷·总则）．台北：元照出版公司，2011

[169] 江朝国．保险法基础理论．北京：中国政法大学出版社，2002

[170] 陈云中．保险学．台北：五南图书出版公司，1985

[171] 陈云中．保险学．台北：五南图书出版公司，1998

[172] 林群弼．保险法论．台北：三民书局，2002

[173] 苏俊雄．契约原理及其实用．台北：（台湾）中华书局，1978

[174] 李宜琛．日耳曼法概说．北京：中国政法大学出版社，2003

[175] 王志诚．信托法．台北：五南图书出版股份有限公司，2009

[176] 苏永钦等．民法七十年之回顾与展望纪念论文集（一）总则·债编．北京：中国政法大学出版社，2002

[177] 黄丁全．医事法．台北：元照出版公司，2000

[178] 陈自强．契约之成立与生效．台北：学林文化事业出版有限公司，2002

[179] 郑玉波主编．民法债编论文选辑（中）．台北：五南图书出版公司，1984

二、译著

[1] 欧洲民法典研究组，欧盟现行私法研究组编著．欧洲示范民法典草案．高圣平译．北京：中国人民大学出版社，2012

[2]〔美〕杰弗里·费里尔等．美国合同法精解．4版．北京：北京大学出版社，2009

[3]〔英〕施米托夫．国际贸易法文选．赵秀文译．北京：中国大百科全书出版社，1993

[4]〔英〕戴维．牛津法律大辞典．北京：光明日报出版社，1988

[5]〔德〕梅迪库斯．德国债法分论．杜景林，卢谌译．北京：法律出版社，2007

[6] 国际统一私法协会．国际特许经营指南．张玉卿，庞正中等编译. 北京：法律出版社，2002

[7]〔德〕U. 马格努斯．侵权法的统一：损害与损害赔偿．北京：法律出版社，2009

[8]〔德〕冯·巴尔．欧洲比较侵权行为法（上). 张新宝译．北京：法律出版社，2002

[9]〔英〕约翰·T·斯蒂尔，孟兴国．保险的原则与实务．北京：中国金融出版社，1992

[10]〔葡〕马沙度．法律及正当论题导论．2版．黄清薇，杜慧芳译. 澳门：澳门大学法学院，2007

[11]〔日〕星野英一．日本民法概论Ⅳ——契约．姚荣涛译．台北：五南图书出版公司，1998

[12]〔日〕我妻荣．债法各论．周江洪译．北京：中国法制出版社，

2008

［13］〔日〕植木哲．医疗法律学．冷罗生，陶芸，江涛等译．北京：法律出版社，2006

三、外文书目

［1］Graf von Westphalen. Vertragsrecht und AGB-Klauselwerke，2012， Franchising， Rn. 8； Staudinger/Ferrari/Kieninger/Mankowski. Verbraucherverträge，Rn. 27

［2］Tadas Klimas. Comparative Contract Law，A Transystemic Approach with an Emphasis on the Continental Law Cases，Text and Materials，Carolina Academic Press，2006

［3］Roderic A. Macdonad. Encoding Canadian Civil Law in Department of Justice Canada，The Harmonization of Federal Legislation with Quebec Civil Law and Canadian Bijuralism（Department of Justice Canada 1999）

［4］Gregory A. Williams. Note，Tuttle v. Raymond："An Excessive Restriction upon Punitive Damages Awards in Motor Vehicle Tort Cases Involving RecklessConduct"，48 Ohio St. L. J. 551，554（1987）

［5］Michael K. Carrier. "Federal Preemption of Common Law Tort Awards by the Federal Food，Drug and CosmeticAct"，51 Food & Drug

［6］Berry v. City of Muskogee，900 F. 2d 1489，1507（10th Cir. 1990）

［7］Michael Goldsmith & Mark Jay Linderman. "Civil RICO Reform：The Gatekeeper Concept"，43 Vand. L. Rev. 735，744（1990）

［8］John F. Vargo. "TheAmerican Rule on Attomey Fee Allocation：The Injure Person，Access to Justice"，42 Am. U. L. Rev. 1567，1575—1578（1993）

［9］M. Minzer & J. Nates & D. Axelrod. Damages in Tort Actions 39—40（1994）

［10］Rebecca Dresser. Personal Identity and Punishment，70 B. U. L. Rev. 395，419（1990）

［11］David F. Partlett. Punitive Damages：Legal Hot Zones，56 La. L. Rev. 781，797（1996）

［12］Robert E. Fink and Robert B. Febuniak. Futures Trading，1988，New York Institute of Finance Practice-Hall，p. 10

［13］Jauernig/ Berger. § 883，Rn. 2. MünchKomm / Kohler，5. Auflage 2009，§ 883，Rn 2

［14］Boston Hous. Auth. v. Hemingway，363 Mass. 184，293 N. E. 2d 831（1973）

［15］Annotation. Dangerous Condition of Rented Premises，64 A. L. R. 3d. 344-45

［16］Paul-Henri Antonmattei，Jacques Raynard. Droit civil，Contrats spéciaux，LexisNexis，Litec，2008，p. 246

［17］W. S. Holdsworth. The Early History of the Contract of Insurance，Columbia Law Review，Vol. 17，No. 2（Feb.，1917）

［18］M. Bensa. Ⅱ contrato di assicurazionen el medio evo；studi e ricerche（1894）. pp. 18-24

［19］W. Vance. The Early History of Insurance Law，in 3 Select Essays in Anglo-American Legal History 98，113（A. A. L. S. ed.，1909）. 104-108

［20］George G. Bogert & George T. Bogert，Handbook of the Law of Trusts，（5th ed. 1973）

［21］Marie-Michèle Blouin. Le Nouveau Code civil du Québec，in Bernard Beigner，La codification，Dalloz，1996

［22］Alan Redfern And Martin Hunter. Law and Practice of International Commercial Arbitration［M］. Fourth Edition，（2004），Sweeta and Maxwell

［23］Suenner. Die Rechtsbeziehungen zwischen dem Gast dem Speiseund Beherbergungsbetrieb und dem Reiseveranstalter bei Veranstaltung von Gesellschaftsreisen，Diss. Hamburg，1968

［24］Guenter H. Treitel. International Encyclopedia of Comparative Law，Vol. Ⅶ，Contract in General，Chapter 16，Remedies for Breach of Contract，Tübingen，1976

［25］M. Barendrecht et al. Principles of European Law：Services Contracts，European Law Publishers 2007

［26］Farnsworth. Legal Remedies for Breach of Contract，70 Colum. L. Rev. 1145（1970）

［27］P J Zepos & Ph Christodoulou. International Encyclopedia of

Comparative Law，Vol 4，Torts，Chapter 6，Professional liability，JCB Mohr（Paul Siebeck，Tübingen），1975

［28］Christian von Bar and Eric Clive. Principles，Definitions and Model Rules of European Private Law，Vol. 3，Sellier，European Law Publishers GmbH，Munich，2009

［29］Pascal Puig. Contrats spéciaux，2e éd.，Dalloz，Paris，2007

［30］Philippe Merle. Droit commercial，Sociétés commerciales，11e édition，Dalloz

［31］Medicus. Grundwissen zum Bürgerlichen Recht，München：Verlag Franz Vahlen GmbH，Rn. 80ff

［32］Larenz/Canaris. Lehrbuch des Schuldrechts，Bd. 2，Halbband. 2，München：C. H. Beck Verlag，1994，S. 42

［33］Zimmermann. Roman Law，Contemporary Law，European Law，Oxford University Press，2001

［34］Münchener Kommentar/Tonner. Vorbemerkungen vor §§ 651a bis 651m，Rn. 2

［35］Rupert M. Barkoff & Andrew C. Selden Editors. Fundamentals of Franchising，ABA Publishing，2008

后 记

本书是国家社科基金后期资助项目“合同法分则研究（批准号11FFX034)”的结项成果。在本书写作过程中，中国社会科学院法学研究所谢鸿飞教授，北京航空航天大学法学院任自力教授、周友军副教授，北京理工大学法学院孟强讲师，湖南大学法学院许中缘副教授，安徽大学法学院尤佳博士，中国人民大学财政金融学院张俊岩副教授，中国人民大学法学院博士生张尧、王叶刚等人都对书稿提出不少宝贵的意见，中国人民大学出版社施洋编辑提出许多修改意见，在此一并表示衷心的感谢。

图书在版编目（CIP）数据

合同法分则研究．下卷/王利明著．—北京：中国人民大学出版社，2013.7
国家社科基金后期资助项目
ISBN 978-7-300-17840-0

Ⅰ.①合… Ⅱ.①王… Ⅲ.①合同法-分则-研究-中国 Ⅳ.①D923.64

中国版本图书馆 CIP 数据核字（2013）第 171681 号

国家社科基金后期资助项目
合同法分则研究（下卷）
王利明　著
Hetongfa Fenze Yanjiu

出版发行	中国人民大学出版社		
社　　址	北京中关村大街 31 号	**邮政编码**	100080
电　　话	010－62511242（总编室）		010－62511398（质管部）
	010－82501766（邮购部）		010－62514148（门市部）
	010－62515195（发行公司）		010－62515275（盗版举报）
网　　址	http://www.crup.com.cn http://www.ttrnet.com(人大教研网)		
经　　销	新华书店		
印　　刷	涿州市星河印刷有限公司		
规　　格	165 mm×238 mm　16 开本	**版　　次**	2013 年 7 月第 1 版
印　　张	44.5 插页 2	**印　　次**	2013 年 7 月第 1 次印刷
字　　数	720 000	**定　　价**	139.00 元